Schlüsselwerke: Theorien (in) der Kommunikationswissenschaft

Ralf Spiller · Christian Rudeloff
Thomas Döbler
Hrsg.

Schlüsselwerke: Theorien (in) der Kommunikationswissenschaft

 Springer VS

Hrsg.
Ralf Spiller
Macromedia Hochschule
Köln, Deutschland

Christian Rudeloff
Macromedia Hochschule
Hamburg, Deutschland

Thomas Döbler
Macromedia Hochschule
Stuttgart, Deutschland

ISBN 978-3-658-37353-5   ISBN 978-3-658-37354-2 (eBook)
https://doi.org/10.1007/978-3-658-37354-2

Die Deutsche Nationalbibliothek verzeichnet diese Publikation in der Deutschen Nationalbibliografie; detaillierte bibliografische Daten sind im Internet über http://dnb.d-nb.de abrufbar.

Planung/Lektorat: Barbara Emig-Roller
Springer VS ist ein Imprint der eingetragenen Gesellschaft Springer Fachmedien Wiesbaden GmbH und ist ein Teil von Springer Nature.
Die Anschrift der Gesellschaft ist: Abraham-Lincoln-Str. 46, 65189 Wiesbaden, Germany

Einleitung

Warum (noch) ein Buch zu Theorien der Kommunikationswissenschaft?

Ein Band zu Schlüsselwerken der Kommunikationswissenschaft – ist das denn notwendig, ist das sinnvoll, ist das weiterführend? So mag manch Eine und Einer fragen. In dem 2002 von Christina Holtz-Bacha und Arnulf Kutsch herausgegebenen Band „Schlüsselwerke für die Kommunikationswissenschaft" werden doch bereits fast 200 vorgestellt. Und dann gibt es doch auch schon die von Matthias Potthoff erst 2016 herausgegebenen „Schlüsselwerke der Medienwirkungsforschung". Was vermag denn ein weiterer Band zu kommunikationswissenschaftlichen Schlüsselwerken, der zudem weit weniger umfassend ist als das 2002 herausgegebene Werk, tatsächliche Neues zu bieten?

Zunächst vorweg: Wir, die Herausgeber wie auch alle Kolleg*innen, die für diesen Band ein „Schlüsselwerk" aufbereitet haben und hier vorstellen, meinen eindeutig, ja, dieser Band ist sinnvoll.

Eine erste Ausgangsüberlegung für dieses Buch war die Frage, inwieweit heutige (Bachelor-)Studierende der Kommunikationswissenschaft mit dem etablierten Lehrwissen des Faches tatsächlich noch vertraut sind. Folgt man zumindest den eigenen, zweifellos sehr subjektiven, diese gleichwohl auch unterstützt und bestätigt durch Einschätzungen weiterer Kolleg*innen im Fach, sieht es um die Kenntnisse von Studierenden zum „Kernwissen" des Faches heute oftmals bescheidener aus als noch vor einigen Jahren. Ungeachtet dessen, ob diese subjektiven Einschätzungen tatsächlich einer empirischen Prüfung standhalten würden, bildet eine wichtige Zielgruppe dieses Bandes Studierende der Kommunikationswissenschaft. Wenn es mit diesem Band gelingen sollte, Studierende an für die Kommunikationswissenschaft basale theoretische Ansätze – und empirische Erkenntnisse – heranzuführen, wäre ein wichtiges Ziel erreicht.

Doch der Band versteht sich keinesfalls nur als Nachschlagewerk für Studierende, vielmehr können idealerweise auch Lehrende und Forschende wieder zur genaueren Lektüre mancher Schlüsselwerke und einer kritischen Auseinandersetzung mit diesen angeregt werden. Wie Rühl pointiert ausführt, wird wissenschaftliches Wissen nicht einfach angehäuft, sondern „Erkenntnisse werden gegen früheres Wissen gebildet" (2004, S. 182).

Schon seit etlichen Jahren wird nicht zuletzt auch im Zusammenhang mit dem umfassenden Wandel moderner medienkommunikativer Verhältnisse die Notwendigkeit nach mehr Theoriearbeit im disziplinären Rahmen der Kommunikationswissenschaft immer wieder eingefordert, so etwa Brosius, Jandura und Fahr (2013) in ihrer Einleitung zum Band „Theorieanpassungen in der digitalen Medienwelt". Ohne eine Überprüfung, Anpassung und Weiterentwicklung zentraler Positionen und Ideen, so führen sie weiter aus, bestehe die Gefahr, dass die Kommunikationswissenschaft als Disziplin „in Richtung einer Marginalisierung" (ebd., S. 8) laufe. Und Mitte der 2000er-Jahre hieß es im Call für zwei explizit theorieorientierte Tagungen der Fachgruppe Soziologie der Medienkommunikation der DGPuK „… insgesamt scheint es angesichts der gesellschaftlichen, medialen und der theoretischen Entwicklungen der letzten Jahre aber wichtig, dass die Kommunikationswissenschaft ihren Theoriebestand heute sorgfältig inspiziert." (Hepp et al. 2004). Diese damals workshopmäßig angelegten Tagungen, deren Ergebnisse in einem von Winter, Hepp und Krotz (2008) herausgegebenen Band mit dem Titel ‚Theorien der Kommunikations- und Medienwissenschaft' „kondensiert" wurden, waren explizit als Ausgangspunkt gedacht, um eine „Bestandsaufnahme und Diskussion von Theorien der Kommunikationswissenschaft zu leisten" (ebd.). Dass es zum Alltagsgeschäft jeder Wissenschaft gehört, „Theorien unter wissenschaftsfähigen Bedingungen selbstkritisch zu vergleichen" (Rühl 2004), zu verwerfen oder weiterzuentwickeln, gilt grundsätzlich und dürfte unstrittig sein – ist aber besonders notwendig in Zeiten, in denen sich nicht nur die Rahmenbedingungen für die Untersuchungsgegenstände dynamisch verändern, sondern diese Dynamik selbst ganz neue Untersuchungsgenstände hervorbringt.

Angesicht einer nun schon seit etlichen Jahren unvermindert hohen, ja stellenweise sich weiter beschleunigenden Dynamik in der Entwicklung und Vernetzung von Informations- und Kommunikationstechnologien und all den damit einhergehenden Veränderungen der gesellschaftlichen Kommunikation, nicht zuletzt unter Bedingungen der Corona-Pandemie gleichsam schubartig auch in Lebensbereiche wie z. B. Lernen und Arbeiten diffundiert, erscheint es den Herausgebern dieses Bandes begründet, die Frage zu stellen, welches analytische und welches empirische Potenzial die hier ausgewählten Schlüsselwerke, und wir konzentrieren uns vor allem auf theorieorientierte Schlüsselwerke, in und für Zeiten zunehmend digitalisierter und vernetzter Kommunikation (noch) haben. Jedenfalls sind wir, ähnlich wie Hepp (2016) es für die von ihm so beschriebene „datafizierte" Kommunikation ausführt, der Auffassung, dass ein Rückbezug auf basale kommunikationswissenschaftliche Theoriebestände auch vor dem Hintergrund von Digitalisierung und Vernetzung weiterhin lohnenswert ist. Unabhängig von spezifischen Auffassungen über die Folgen der Digitalisierung für die Kommunikationswissenschaft und ihren Theoriekanon (Brosius 2016; Jarren 2016; Theis-Berglmair 2016; Strippel et al. 2018), sind wir der Ansicht, dass die Beschäftigung mit den Schlüsselwerken der Disziplin weiterhin grundlegend ist, zumal – so zeigen es die einzelnen Beiträge in diesem Band – sie auch erkenntnisstiftend in einer digitalisierten Welt angewendet werden können.

Der Fokus dieses Bandes liegt auf „grundlegenden Theorien", die das Potenzial bieten, „auf verschiedene Phänomenbereiche" angewendet werden zu können, bzw. die „verbindend einen konzeptuellen Zugang zu Gegenständen" der Kommunikationswissenschaft begründet haben (Krotz et al. 2008, S. 10). Mit Krotz et al. (2008) verstehen wir Theorien als „aus aufeinander bezogenen Begriffen bestehende und durch übergreifende Konzepte gekennzeichnete Aussagensysteme und darüber ausgedrückte Sinnzusammenhänge" (ebd., S. 11). Die Frage, ob die theoretischen Ansätze und Positionen dabei originär kommunikationswissenschaftlich gebildet oder grundlegendere Theorieansätze etwa aus der Soziologie oder der Psychologie entlehnt und angepasst wurden, ist für uns in diesem Band eher zweitrangig, was wir auch mit dem Titel, nämlich dem „in" in Klammern, also ‚Theorien (in) der Kommunikationswissenschaft' deutlich machen wollen.

Wichtig ist uns aber, und das sollte in der Bearbeitung der Schlüsselwerke auch jeweils aufgegriffen werden, wie und in welchem Maße die aus Nachbardisziplinen übernommenen Theorien zu einer „...theoretischen Fundierung der Kommunikationswissenschaft als sich ausdifferenzierendes Fach, ... und zur Reflexion der Veränderungen seiner Gegenstände" (Katzenbach und Pentzold 2017, S. 483) beitragen, also geeignet sind, theoriefähige Lösungen für kommunikationswissenschaftliche Gegenwartsprobleme anzubieten. Ob und inwieweit alle hier vorgestellten Schlüsselwerke tatsächlich auch dem Anspruch genügen, „Theorien" zu sein, ist dabei mitunter durchaus strittig, was die Autor*innen in der Bearbeitung der einzelnen Werke jedoch in den Blick genommen haben.

Zur Auswahl der Schlüsselwerke

Wie im Grunde alle Herausgeber*innen von Bänden zu Schlüsselwerken standen auch wir vor einer Selektionsfrage: Welche Werke sollen behandelt werden? Die grundsätzliche Herausforderung bei der Auswahl von Schlüsselwerken besteht darin, dass es kein eindeutiges Kriterium dafür gibt, welche Bücher oder Artikel als Schlüsselwerke betrachtet werden können und welche nicht (Kühl 2015). Trotz aller Versuche zur „Vermessung der Wissenschaft" gibt es keine „offizielle" Liste, denen man die wichtigsten Schlüsselwerke eines Forschungsfeldes entnehmen kann (ebd.). Die Auswahl und Zusammenstellung von Texten erfolgen immer aus der spezifischen Position der beteiligten Akteure im wissenschaftlichen Feld, und damit aus einer spezifischen Machtposition heraus (Bourdieu 1998). Insbesondere der Versuch einer Kanonisierung von Theorien läuft damit Gefahr, spezifische Perspektiven zu verabsolutieren und damit bewusst oder unbewusst die Durchsetzung bestimmter Interessen zu befördern und andere zu marginalisieren.

Um dieser Problematik ansatzweise zu begegnen und unser Vorgehen soweit wie möglich zu objektivieren haben wir bei der Auswahl der vorliegenden Schlüsselwerke mehrere Herangehensweisen kombiniert: Zunächst haben wir 1) über einschlägige Literatur-Datenbanken recherchiert, welche Theorien in der Kommunikationswissenschaft besonders häufig zitiert werden. Des Weiteren haben wir ausgewertet, 2) welche Theorien in anderen kommunikationswissenschaftlichen Überblicksbeiträgen besonders häufig genannt werden. Darüber hinaus haben wir 3) geprüft, welche Theorien in anderen Lehrbüchern aus dem Umfeld der Kommunikationswissenschaft behandelt werden. Und schließlich 4) haben wir unsere Auswahl mit zahlreichen Kolleg*innen aus unterschiedlichen Positionen im Feld diskutiert und sie gebeten, Ergänzungen und Streichungen vorzunehmen.

Das Ergebnis ist eine Sammlung an 28 Schlüsselwerken, die jeweils einen spezifischen theoretischen Ansatz begründet oder diesen maßgeblich geprägt und/oder beeinflusst haben. Wir haben nicht versucht, etwa eine zusammenhängend konzipierte Geschichte von für die Kommunikationswissenschaft bedeutsamen Ansätzen und ihrer praktischen Fragestellungen erstellen zu wollen, gleichwohl meinen wir, dass die hier vorgestellten „Schlüsselwerke", in Anlehnung an Vorbemerkungen von Papcke und Oesterdiekhoff (2001) zu Schlüsselwerken der Soziologie, als Informations- und Deutungsangebot zumindest eine hilfreiche „Pfadfinderfunktion" übernehmen können. Und selbst diese Pfadfinderfunktion bleibt vielfach noch provisorisch, denn etliche Pfade finden sich in diesem Band gar nicht erkundet, z. B. um nur ein besonders Auffälliges, da nicht nur in Nachbar-disziplinen, sondern auch gesellschaftspolitisch seit Jahren so gegenwärtiges, zu nennen, nämlich die Pfade zu den Gender Studies. Sicherlich gilt auch innerhalb der Kommunikationswissenschaft nun seit geraumer Zeit schon, dass Gender Stu-dies nicht mehr „in erster Linie als Lückenfüller" (Klaus et al. 2002, S. 10) ver-standen werden. In einer kritischen Zwischenbilanz auf 20 Jahre kommunikations-wissenschaftliche Geschlechterforschung verweisen Klaus und Lünenborg einerseits auf die vielfältigen innovativen Erträge der Gender Studies für die Kommunikationswissenschaft (2011, S. 102 ff.) vor allem im Bereich der Öffentlichkeitsarbeit, der Unterhaltungs- und Journalismusforschung, andererseits arbeiten sie auch die weiterhin bestehenden Schwierigkeiten heraus, diese im Main- bzw. „Malestream" (a. a. O., S. 100) des Faches zu verankern. Letztlich konstatieren sie nur eine „zaghafte" (a. a. O., S. 111) und allein personengebunde Etablierung der Gender Studies innerhalb der Kommunikationswissenschaft, die sie u. a. mit der strukturell interdisziplinären Anlage der Gender Studies erklären. Neben dem hierdurch erschwerten disziplinären Zugang sehen sie zudem auch in den stark anwendungsorientierten, der unmittelbar an politischen Handlungslogi-ken und Gestaltungsoptionen orientierten Gender-Forschungen eine Schwächung für dezidierte Theoriearbeit und -entwicklung (ebd.). Hieran mag es liegen, dass wir, die – allerdings allesamt männlichen – Herausgeber, kein Schlüsselwerk der Gender Studies identifizieren konnten, welches für kommunikationswissenschaft-liche Theoriebildung und Forschung bislang eine nachhaltige Wirkung entfaltet hat, sodass sich ein solches auch nicht in dem vorliegenden Band findet. Bei mög-lichen künftigen Auflagen mag das anders sein.

Aufbau des Bandes und Positionierung

Die Schlüsselwerke haben wir chronologisch nach ihrer „Entstehung", jeweils aber noch entlang einer von uns vorgenommenen Systematisierung in Mikro-, Meso- und Makroansätze, geordnet. Eine solche Systematisierung nach Analyseebenen kann problematisch sein, wenn die Anwendung eines Ansatzes auf mehreren Ebe-nen möglich ist (Quandt und Scheufele 2011), vorliegend erschien sie aber sinn-voll, um den Schwerpunkt eines Beitrags schnell zu erfassen.

Die nach einem abgesprochenen Schema verfassten Beiträge bieten bei aller Unabhängigkeit der Autor*innen eine gut lesbare Darstellung von Inhalt, Be-deutung, Wirkung sowie Relevanz angesichts der durch neue Medien und Digitali-sierung angetriebene beschleunigte Dynamik der gesellschaftlichen Kommunikation vorgestellten Werke. Wie schon angemerkt, macht das die Eigenlektüre der Originalwerke nicht überflüssig und ersetzt auch nicht die kritische Auseinandersetzung mit den Denkansätzen ihrer Autoren.

Nach unserer Einschätzung existiert bisher kein vergleichbarer Band auf dem Buchmarkt. Zwar gibt es mehrere Bücher die „Theorien der Medien" (Weber 2010), „Medientheorien" (Kloock und Spahr 2012) oder „Medientheorien kompakt" (Ströhl 2014) heißen, doch sie alle behandeln im Kern Medientheorien, also eher hermeneutische Ansätze von Autoren wie Walter Benjamin, Neil Postman und Vilém Flusser, die eine Nähe zu den Geisteswissenschaften, insb. Literatur- und Kulturwissenschaften, aufweisen. Theorien aus den Kommunikationswissenschaften, die der vorliegende Band im Wesentlichen vereint, folgen hingegen einem sozialwissenschaftlichen Ansatz und haben eine Nähe insbesondere zur Soziologie und Psychologie.

Andere Bücher, die sich im deutschsprachigen Raum mit kommunikationswissenschaftlichen Theorien beschäftigen, befassen sich immer nur mit einem Teilbereich, z. B. der Medienwirkungsforschung (Potthoff 2016), Medienkulturen (Ziemann 2019) oder soziologischen Kommunikationstheorien (Schützeichel 2015; Rommerskirchen 2016). Anders formuliert fokussieren existierende Bände entweder primär auf Theorien mittlerer Reichweite im Sinne von Merton (1968) (z. B. Potthoff 2016) oder auf Meta-Theorien, die tendenziell auf umfassende „Welterklärungen" (Krotz et al. 2008, S. 12) abzielen (z. B. Rommerskirchen 2016). Explizites Ansinnen des vorliegenden Buches ist es, beide Welten sichtbar zu machen. Entsprechend finden sich in unserem Band sowohl Ansätze, die primär auf die Analyse der subjektiven Rezeption von Medieninhalten abzielen („medien-kulturalistische Theorien"), als auch „sozial-kulturalistische" sowie „sozial-materialistische" Ansätze, die soziale Faktoren sowie gesellschaftlich-materielle Aspekte in den Mittelpunkt rücken. (Krotz et al. 2008; McQuail 2010). Erstere finden sich naturgemäß primär im Kapitel Mikrotheorien wieder, letztere lassen sich dagegen auf der Meso- oder Makroebene verorten.

Hervorzuheben ist in diesem Zusammenhang der Band von Winter et al. (2008), der sich zwar intensiv einer großen Breite an kommunikationswissenschaftlichen Theorien widmet. Die einzelnen Beiträge fußen jedoch hier nicht auf systematischen Darstellungen grundlegender Texte, sondern versuchen eher eine Theoriediskussion abzubilden. Der eingangs bereits erwähnte umfangreiche Band von Holtz-Bacha und Kutsch (2002) ist bereits vor 20 Jahren erschienen, die kommunikationswissenschaftlichen Debatten rund um das Themenfeld der Digitalisierung finden in diesem Band daher naturgemäß nicht statt.

Zum Potenzial der Klassiker in Zeiten digitaler Kommunikation

Im Folgenden möchten wir zunächst selektiv und synoptisch einige Anknüpfungspunkte der in diesem Band vorgestellten Schlüsselwerke an Themen der Digitalisierung aufgreifen. Hierbei differenzieren wir, dem Aufbau dieses Bands entsprechend, zwischen der Mikro-, Meso- und Makroebene.

Anknüpfungspunkte auf Mikroebene

Gleich im ältesten der hier ausgewählten Schlüsselwerke auf Mikroebene geht es mit „The People's Choice. How the Voter makes Up His Mind in a Presidential Campaign" um einen Klassiker der Kommunikationswissenschaft. Auch wenn die Hypothese vom „Two-Step-Flow of Communication" für den Prozess der Informationsübertragung kaum noch praktische Relevanz beanspruchen kann, sieht Michael Schenk insbesondere die Bedeutung der Meinungsführer, als dem „Kern der Lazarsfeldschen Hypothese", in unterschiedlichen Varianten auch in Zeiten einer digitalisierten Medienwelt weiterhin als aktuell an, was sich etwa an einem Phänomen wie dem Influencer-Marketing in sehr eindrücklicher Weise aufzeigen lasse.

Mit „Mass communication and parasocial interaction: Observations on intimacy at a distance" folgt ein weiterer Meilenstein der Kommunikations-, genauer der Rezeptions- und Wirkungsforschung. Alexander Godulla arbeitet heraus, dass das Grundkonzept trotz aller Kritik auch heute weiterhin erfolgreich scheint, zumindest immer wieder neue Befunde aus aller Welt hervorbringe. Und insbesondere mit Blick auf digitale Medien schlussfolgert Godulla, dass die Mitte der 50er-Jahre verfassten Überlegungen Donald Hortons und R. Richard Wohls geradezu „zwangsläufig" den Sprung in die Gegenwart geschafft hätten. Da deren Idee der Persona ausreichend abstrakt ausfalle, um immer neue Charaktere oder Wesen, seien sie real oder fiktional, aufzunehmen biete das Konzept etwa im Gaming zum Aufdecken möglicher parasozialer Interaktionen und Beziehungen zu Avataren einiges Potenzial. Daneben sieht Godulla parasoziale Prozesse auch mit realen Personen in sozialen Netzwerken und auf Plattformen, nicht zuletzt auch die Analyse parasozialer Prozesse mit Social-Media-Influencern, als lohnende Betrachtungsobjekte.

Matthias Degen, der sich mit dem Beitrag „The Structure of Foreign News" von Johan Galtung und Mari Holmboe Ruge aus dem Jahre 1965 dem nächsten kommunikationswissenschaftlichen Schlüsselwerk zuwendet, welches wir der

Mikroebene zuschreiben, sieht die Nachrichtenwerttheorie und die Untersuchung von Nachrichtenfaktoren auch mehr als 50 Jahre nach der Veröffentlichung des Artikels weiterhin als sehr aktuell. So bilde sie u. a. den Rahmen für zahlreiche empirische Studien zur Rezeption digitaler Nachrichten und ihrem Einfluss auf die Nachrichtenauswahl ab. Ein besonderes Augenmerk gelte hierbei oft den kommunikationstechnologisch nun so einfach ermöglichten Aspekten der Multiplikation und Partizipation, welche vor allem mit Bezug auf Social Media und User-Generated-Content auf Nachrichtenwebsites und privaten Websites thematisiert würden.

Birgit Stark und Pascal Schneiders beschäftigen sich in ihren Ausführungen zum Aufsatz „Uses and Gratification Research" von Elihu Katz, Jay G. Blumler und Michael Gurewitch aus dem Jahr 1973 mit einem weiteren kommunikationswissenschaftlichen Schlüsselwerk. Ein Ansatz, der trotz nicht verstummender Kritik insb. an seiner schwachen theoretischen Fundierung, durch den Siegeszug des Internets ein Revival erfahren habe. So wurde er für die Analyse neuer, interaktiver Medienangebote, deren Gebrauch sich erst etablieren musste, ab ca. der Mitte der 1990er-Jahre wieder verstärkt eingesetzt, ja habe sich durch das Postulat des aktiven Rezipienten bzw. Users für die Analyse neuer, interaktiver Online-Medien „geradewegs aufgedrängt". Eine Vielzahl von Studien, so führen Stark und Schneiders aus, greifen für ihre Forschungsfragen auf den Uses-and-Gratifications Ansatz als konzeptionellen Rahmen zurück, sei es um den Einfluss von Persönlichkeitsmerkmalen auf Bedürfnis- und Belohnungsstrukturen im Kontext von Social Media zu erforschen oder sei es, um Online-Spiele oder Dating-Portale zu untersuchen oder um Binge-Watching oder die Nutzung von On-Demand Angeboten zu erfassen.

„Der dynamisch-transaktionale Ansatz. Ein neues Paradigma der Medienwirkungen" von Werner Früh und Klaus Schönbach Anfang der 1980er-Jahre wird von Björn Brückerhoff bearbeitet. Er stellt heraus, welche zahlreichen neue Anwendungsmöglichkeiten für diesen Ansatz als Theorie-Rahmenkonzept bestehen, um die weiter an Bedeutung gewinnenden „selbstständigen", auf technischen Para-Feedback- und technischen Transaktionsprozessen beruhende Erbringung von Leistungen durch künstliche Intelligenz erfassen zu können. In welcher Form sich der dynamisch-transaktionale Ansatz für die neuen Interaktions- und Transaktionsbeziehungen etwa zwischen (menschlichen) Nutzer*innen und Computerprogrammen, dem Zusammenspiel von digitalen Assistenten, Bots, Datensammlung und ihre Auswertung mittels Algorithmen nutzen lässt, illustriert Brückerhoff am Beispiel von Suchmaschinen.

Marco Dohle, der den Aufsatz „The Third-Person Effect in Communication" von W. Phillips Davison aus dem Jahr 1983 als nächstes Schlüsselwerk vorstellt, hebt hervor, dass die von Davison für eine von Fernsehen, Radio und Printmedien geprägte Medienwelt entwickelten Annahmen auch in der Online-Welt aktuell seien. Auch in der Online-Welt seien etwa Überlegungen, welche Auswirkungen Online-Medien und die dort verbreiteten Inhalte auf andere Menschen haben, folgenreich. So komme es beispielsweise auch bei der Einschätzung der Wirkungen online vermittelter Kommunikation oft zu Third-Person Perceptions, zu Unterstellungen problematischer Wirkungen von Online-Medien, die z. B. zu verstärkten Forderungen nach restriktiven Maßnahmen führen würden. Oder Online-Aktivitäten, die primär der Selbstdarstellung dienen, würden umso intensiver durchgeführt, je stärker die Wirkungen seien, die man sich durch diese Form der Online-Kommunikation auf andere Menschen erhoffe. Dohle schlägt schließlich vor, die Verknüpfungen zwischen Third-Person-Effekt und anderen Ansätzen künftig konsequenter zu intensivieren.

Magdalena Rosset wendet sich mit dem im Jahr 1986 erschienen Artikel „The Elaboration Likelihood Model of Persuasion" von Richard E. Petty und John T. Cacioppo dem nächsten Schlüsselwerk zu. Trotz einiger Kritik an dem Modell bleibe es, wie Rosset ausführt, eine zentrale theoretische Basis der Persuasionsforschung und sei gut an die digitalisierte Medienlandschaft anpassbar. So nutzten Studien das Modell beispielsweise, um das Vertrauen gegenüber Online-Händlern oder Einflussfaktoren auf die Glaubwürdigkeit von Internetquellen zu untersuchen. Welche Eigenschaften Nutzer*innen dazu bewegen, Beiträge zu liken und zu teilen werde unter dem Aspekt persuasiver Social Media-Marketingaktivitäten untersucht. Rosset sieht darüber hinaus interessantes Anwendungspotenzial des Modells im Online-Werbemarkt gegeben, z. B. zur Erklärung erfolgreicher Werbemaßnahmen mit Ansprache von Zielgruppen, die eine starke Elaborationswahrscheinlichkeit aufweisen.

„Framing: Toward clarification of a fractured paradigm" von Robert M. Entman ist das Schlüsselwerk, mit dem sich Bertram Scheufele auseinandersetzt. Wie Scheufele ausführt, ließen sich Entmans Frame-Elemente natürlich auch auf „online verbreitete Botschaften aller Art und damit verbundene Framing-Konflikte" anwenden, sodass es „fast ein wenig müßig" sei, diesen Aspekt weiter zu vertiefen. Den heutigen Mehrwert von Entmans Schlüsselwerk und Framing-Ansatz zeigt Scheufele deshalb auch lieber entlang eines Fallbeispiels zum aktuellen Diskurs über den Klimawandel auf. In einem kleinen Fallbeispiel verweist er darauf, wie in diesem Diskurs nicht nur je bestimmte Aspekte adressiert oder betont, sondern vor allem andere Aspekte ausklammert bzw. ignoriert werden. Nicht nur die zeitgemäße Aktualität von Entmans Überlegungen findet sich in diesem Beispiel herausgearbeitet, Scheufele erörtert entlang des Klimawandeldiskurses auch die relevanten Frame-Elemente, ebenso jedoch manch begriffliche Unschärfe.

Anknüpfungspunkte auf Mesoebene

Die Mesoebene bietet vielfältige Möglichkeiten, den gesellschaftlichen Trend der Digitalisierung aufzugreifen. So beschreibt Marie-Kristin Döbler in Ihrem Beitrag zu „The Presentation of Self in Everyday Life" von Ervin Goffman (1956), wie sein Konzept einer Bühne mit verschiedenen Darstellern auch auf neue virtuelle und mediale Räume ausgeweitet werden kann. Freilich gelten da ein paar andere Regeln, so erlaubten digitale Interaktionen im Rahmen von Videokonferenzen bspw. das doppelte Monitoring: Man sieht nicht nur die anderen, sondern – im Gegensatz zu ‚klassischen' Situationen – immer auch sich selbst. Nicht nur in physischer Kopräsenz werde Theater gespielt, sondern eine Kontrolle von Kulisse und Maske finde genauso auch online statt, was noch viel Platz für wissenschaftliche Forschung böte.

Cornelia Wolf spricht in Ihrem Aufsatz zum Buch „Diffusion of Innovations" von Everett M. Rogers (1962) seinem Ansatz noch einiges an Potenzial zu. Neuere Ansätze zur Diffusionsforschung seien häufig psychologisch elaborierter und insgesamt detaillierter und komplexer, auf Basiserkenntnisse von Rogers werde aber immer noch zurückgegriffen. Er habe zu vielfältiger Anschlussforschung in zahlreichen wissenschaftlichen Disziplinen geführt, und präge bis heute die Innovationsforschung innerhalb der Kommunikationswissenschaft.

Mit dem 1966 von Berger und Luckmann publizierten Band „The social construction of reality: A treatise in the sociology of knowledge" bearbeitet Thomas Döbler einen sozialwissenschaftlichen Klassiker, auf den mit seinem sozialkonstruktivistisch angelegten Entwurf bis heute auch in der kommunikationswissenschaftlichen Forschung regelmäßig direkt oder indirekt Bezug genommen wird. Die vielfach ausdifferenzierten und erweiterten sozialkonstruktivistischen Blickwinkel erlauben z. B. einen auf Datafizierung und Algorithmen basierenden Journalismus hinsichtlich veränderter Prozesse sozialer Konstruktion zu beschreiben oder auch die Kommunikation mit nicht-menschlichen Akteuren, also mit auf künstliche Intelligenz basierenden Systeme und Robotern als Teil gesellschaftlicher Konstruktionsprozesse zu untersuchen.

Marcus Maurer geht in seinem Beitrag zu „The Agenda-Setting Function of Mass Media" von Maxwell E. McCombs und Donald L. Shaw (1972) davon aus, dass die zunehmende Verwendung von Online-Medien zahlreiche neue Forschungsfragen aufwerfe und der Agenda Setting-Forschung eine Reihe neuer Analysemöglichkeiten biete. Dies betreffe z. B. Analysen des Einflusses der Publikumsagenda auf die Medienagenda und die Agenda politischer Akteure. Methodisch betrachtet könne die kontinuierliche Messung von Aktivitäten auf Online-Websiten und Social Media deutlich bessere Messergebnisse liefern als klassische Befragungen.

Das Werk „The Spiral of Silence A Theory of Public Opinion" (1976) hat nach Ansicht von Florian Haumer im frühen 21. Jahrhundert eher an Bedeutung gewonnen. Die Effekte einer Schweigespirale ließen sich auch im Kontext sozialer Medien nachweisen. Auch in digitalen Räumen seien wir ständig bestrebt, unsere eigenen Meinungen und Überzeugungen mit denen unserer Umwelt abzugleichen. Ein grundlegendes Verständnis der Prinzipien der Schweigespirale könne dabei helfen, die Ursachen von dysfunktionalen Entwicklungen im Zusammenhang mit gesellschaftlichen Debatten besser zu verstehen.

Christine E. Meltzer wendet sich mit dem 1976 erschienenen „Living with television: The violence profile" von George Gerbner und Larry Gross einem der bis heute wichtigsten Ansätze kommunikationswissenschaftlicher Forschung, nämlich der Kultivierung zu. Kritisch betont Meltzer, dass oftmals Studien unzutreffenderweise mit dem Label Kultivierung versehen werden, hebt jedoch hervor, dass viele der ursprünglich angenommenen besonderen Aspekte des Fernsehens auch heute noch zutreffen; weiterhin finde eine hohe zeitliche Inanspruchnahme statt und durch mobile Endgeräte könne man sich sogar leichter denn je, zeit- und ortsungebunden in der Fernsehrealität bewegen. In neuen technischen Entwicklungen sieht sie fruchtbare Perspektiven für bisher vernachlässigte Aspekte der Kultivierungsforschung. Und auch für die moderne Kultivierungsforschung gelte es, die Produktionsinstanzen, die in den Sendungen vermittelten Botschaften und deren Wirkung auf das Publikum zu erforschen.

Swaran Sandhu nimmt in seinem Beitrag zum Aufsatz „Institutionalized Organizations: Formal Structure as Myth and Ceremony" den soziologischen Neo-Institutionalismus in den Blick. Insbesondere seien Organisationen betroffen, die zunehmend in eine postfaktische Plattformökonomie eingebunden seien. Seiner Ansicht nach gelten die ursprünglichen Ideen des Beitrags von Meyer & Rowan (1977) auch heute noch. Dazu zähle der Einfluss institutioneller Umwelten durch Rationalitätsmythen und organisationale Reaktionsmöglichkeiten durch Anpassung und Entkopplung auch für mediatisierte und digitalisierte Umwelten. Dieser Ansatz zwinge die Kommunikationswissenschaft, verstärkt institutionelle Rahmenbedingungen in den Blick zu nehmen.

Dennis Schoeneborn geht in seinem Beitrag zu „What makes communication ‚organizational'? How the many voices of a collectivity become the one voice of an organization?" von James R. Taylor und François Cooren (1997) auf eine spezielle Sicht auf Organisationen ein, die Communicative constitution of organization (CCO) -Perspektive. Nach seiner Auffassung eigne sich diese Perspektive insbesondere zu einer Neubetrachtung der strategischen Kommunikation von Organisationen bzw. Unternehmen. Auch biete sie sich zur Erforschung von fluiden und rudimentären Formen des Organisierens an, die sich jenseits der Grenzen konventioneller, formaler Organisation ereignen. Für Studierende und Forschende der Kommunikationswissenschaften eröffne dieser Blickwinkel vielfältige und vielversprechende Möglichkeiten, die Rolle von Kommunikation gerade auch in ungewöhnlichen und rudimentären Organisationskontexten (z. B. sozialen Bewegungen) in den Blick zu nehmen.

Elke Kronewald und Lars Rademacher gehen in ihrem Beitrag zum Aufsatz „Protecting organization reputations during a crisis: the development and application of situational crisis communication theory" von W. Timothy Coombs (2007) auf die kommunikative Bewältigung von Unternehmenskrisen ein. Dafür böte die Situational Crisis Communication Theory (SCCT) einiges an Potenzial, müsse aber an das Digitalzeitalter angepasst werden. Aktuelle und frühere Verfehlungen seien jederzeit recherchier- und verfügbar, sie blieben im digitalen Gedächtnis. Dies mache es notwendig, Krisen und Krisenkommunikation insgesamt stärker als bewegliche, fluide Konzepte zu denken und zu modellieren.

Anknüpfungspunkte auf Makroebene

Auch auf Makro-Ebene lassen sich zahlreiche Bezugspunkte der hier vorgestellten Schlüsselwerke zur Analyse digitaler Kommunikation erkennen. Naturgemäß stehen hier vor allem die Bedingungen, Formen und Effekte der Digitalisierung auf gesellschaftsweiter Ebene im Vordergrund. So zeigt Sebastian Meißner in seinem Beitrag über das Schlüsselwerk „Functional Analysis and Mass Communication" von Charles R. Wright (1960), wie der Funktionalismus, als zwischenzeitlich vergessene Theorie der Kommunikationswissenschaft, sich durchaus heute wieder als anschlussfähig an aktuelle gesellschaftliche Entwicklungen erweisen könnte. So stelle sich etwa angesichts der schwindenden Reichweiten der klassischen Massenmedien die Frage, inwiefern diese ihre Funktionen, wie Integration und Information, für das Sozialsystem Gesellschaft noch erfüllen können. Gleichzeitig böten sich auch funktionale Analysen – auf Ebene der Wrightschen „Methoden" – von Social Media-Plattformen an. Hier lenke die Theorie Wrights den Blick insbesondere auf die dysfunktionalen Effekte, die der Stabilisierung des Gesellschaftssystems entgegenwirken, etwa durch Fake News oder die zunehmende Amateurisierung von Berichterstattung durch Influencer*innen und Blogger*innen.

Christian Pentzold stellt in seinem Beitrag über „Die Ordnung des Diskurses" von Michel Foucault (1972) die Metapher des Foucaultchen Panoptikums als besonders fruchtbar zur Analyse digitaler Kommunikationsbedingungen und dem damit verbundenen Wandel der Beobachtungsverhältnisse heraus. Das Panoptikum biete ein hilfreiches und bereits auch vielfach eingesetztes gedankliches Konzept, um datenbasierte Kontrollszenarien zu beschreiben und zu kritisieren. Dadurch kämen neben der massenhaften Überwachung durch staatliche Agenturen auch die Neujustierung der Machtbeziehungen und Diskurskräfte durch Monitoringaktivitäten privatwirtschaftlich betriebener Plattformen wie Google, Amazon oder Instagram in den Fokus.

Auf das große Potenzial der Sozial- und Gesellschaftstheorie Pierre Bourdieus zur Analyse von Digitalisierungsphänomenen weist Christian Rudeloff in seinem

Beitrag zu den Schlüsselwerken „Die feinen Unterschiede" (1979) und „Über das Fernsehen" (1996) hin. So seien die für das Werk Bourdieus zentralen Begriffe Habitus, Kapital und Feld bereits vielfach eingesetzt worden, um die Nutzungspraktiken digitaler Medien empirisch zu beschreiben. Hierbei stehe ganz deutlich die Analyse sozialer Ungleichheit („Digital Divide") im Vordergrund. Einen weiteren Schwerpunkt bilde zudem die Beschäftigung mit „digitalem Kapital" und dessen Wechselverhältnis zu den anderen Kapitalformen wie dem ökonomischen, kulturellem und sozialem Kapital.

Ähnlich wie Foucault, aber etwa im Unterschied zu Wright, werde auch das Begriffsinstrumentarium von Hall bereits intensiv in der Kommunikationsforschung zu digitalen Medien genutzt. Darauf weist Gernot Wolfram in seinem Beitrag zum Text „Encoding/Decoding" von Stuart Hall (1980) hin. Insgesamt kommt Wolfram zu dem Schluss, dass sich Halls Ansatz gerade in der Auseinandersetzung mit digitalen Kommunikationen wie Social-Media-Plattformen als erkenntnisstiftend erweise, da das Aushandeln der Bedeutung und Codes und medialen Enkodierungen hier eine besondere politische Schlagkraft aufweise. Die Untersuchung von hegemonialen Diskursen verlaufe dabei nicht mehr in den klassischen Dimensionen von rechten oder linken Politiken, sondern zeige hybride Formen von Macht und Ausgrenzung, in denen Produzent*innen und Rezipient*innen immer stärker miteinander verschmelzen.

Floris Biskamp identifiziert in seinem Beitrag über die „Theorie des kommunikativen Handelns" von Jürgen Habermas (1981) die digitalisierte Kommunikation als vielversprechendes Feld, um das Habermas'sche Werk zu aktualisieren. Zum einen im Hinblick auf das Weiterdenken des von Habermas geprägten Begriffs des Strukturwandels über die kulturindustriell-massenmediale Öffentlichkeit des 20. Jahrhunderts hinaus. Zum anderen böten die Debatten über soziale Medien auch die bislang wenig verfolgte Möglichkeit, die These von der Lebensweltkolonialisierung durch System-Imperative zu belegen: Große Teile lebensweltlicher Interaktionen spielen sich mittlerweile in den sozialen Medien ab. Dort sind sie durch Algorithmen strukturiert, deren Zwecke durch die kommerziellen Interessen der jeweiligen Plattform und der dort Werbetreibenden definiert sind.

In ihrem Beitrag zum Schlüsselwerk „The Constitution of Society" von Anthony Giddens (1984) stellt Ulrike Röttger heraus, dass die Strukturationstheorie als allgemeine Sozialtheorie konzipiert und in diesem Sinne universell und zeitlos sei. Beispielhaft nennt sie folgende Fragestellungen, für deren empirische Untersuchung die Strukturationstheorie einen geeigneten Analyserahmen bilden könne: Wie etablieren sich durch die Anwendung welcher Regeln im Kontext der Social Media Nutzung Gesellschaften neue Strukturen öffentlicher Kommunikation und welche Rolle spielen dabei unterschiedliche Ressourcenausstattungen der involvierten Akteure? Und: Welche neue, gelebte Kommunikationsstruktur und -kultur bildet sich durch die Einführung eines Social Intranets in Organisationen aus und welche Rolle spielen hier Alltagsroutinen sowie etablierte Deutungsmuster und wie werden diese durch neue Social-Intranet-Praktiken modifiziert?

In seinem Beitrag über den „Berliner Schlüssel" (1991) beschreibt Sebastian Pranz die Akteur-Netzwerk-Theorie von Bruno Latour als kritische Archäologie der Dinge, die ein brauchbares Instrumentarium bei der Analyse von Medien, ihrer Materialität und Infrastrukturen zur Verfügung stelle. Sie lenke im Kontext digitaler Kommunikation den Blick insbesondere auf das sogenannte *Internet of Things*, also die zunehmende Vernetzung physischer und virtueller Objekte und deren Austausch über Kommunikationstechnologien. Mit Latour ließen sich so etwa die impliziten kulturellen und politischen Voraussetzungen des *Internet of Things* thematisieren und empirisch durchleuchten.

Eine Vielzahl von Anknüpfungspunkten zwischen einer an Marx orientierten kritischen Kommunikationswissenschaft und der Analyse der digitalisierten Medienökonomie veranschaulichen Sebastian Sevignani und Julia Polkowski in ihrer Vorstellung des Schlüsselwerks „Medienkommunikation: Einführung in handlungs- und gesellschaftstheoretische Konzeptionen" von Horst Holzer (1994). Mit Holzer gelangten unter anderem neuere Phänomene der aktiven Mediennutzung, wie der ‚Prosumption' sozialer Medien und deren Ausbeutung in überwachungsbasierten Geschäftsmodellen der digitalen Medienindustrie in den Blick. Zudem gingen von Holzer starke Impulse für eine kritisch-empirische Medienkonzentrationstheorie aus, die sich etwa im Zuge der Debatte um die Regulierung von Social-Media-Plattformen als produktiv erweise. Auf Basis einer Erweiterung von Holzers Kapitalismusverständnis ließen sich zudem „Grenzkämpfe", z. B. um informationelle Selbstbestimmung analysieren.

In seinem Beitrag zum Schlüsseltext „Die Realität der Massenmedien" von Niklas Luhmann (1995) stellt Olaf Hoffjann heraus, dass die Theorie sozialer Systeme auch für Fragen der Digitalisierung einen geeigneten theoretischen Rahmen biete, der allerdings bislang kaum ausgeschöpft worden sei. In der Systemtheorie sei Öffentlichkeit nicht zwingend auf Massenmedien angewiesen, sondern habe sich bereits in der analogen Vergangenheit in Form von Mikro- und Meso-Öffentlichkeiten realisiert. Diese seien heute in Online Communities und sozialen Netzwerken beheimatet. Während der Fokus bisheriger Forschungen auf den Folgen der Digitalisierung für die Öffentlichkeit gelegen habe, sieht Hoffjann das Potenzial der Systemtheorie unter anderem darin, den analytischen Blick auf die grundlegenden Probleme zu richten, die die Gesellschaft mit der Digitalisierung löst.

Die Anschlusspunkte der Mediatisierungstheorie(n) an die Analyse des digital vernetzten Individuums in einer globalisierten Lebenswelt stellt Leif Kramp in seinem Beitrag zum Schlüsselwerk „Die Mediatisierung kommunikativen Handelns.

Der Wandel von Alltag und sozialen Beziehungen, Kultur und Gesellschaft durch die Medien" von Friedrich Krotz (2001) heraus. Die Untersuchung kommunikativer Figurationen orientiere sich dabei u. a. an der zunehmenden Datafizierung, d. h. der wachsenden Relevanz medienvermittelter Daten und der ihnen zugrunde liegenden Software und Infrastruktur für das soziale Leben.

In dem Beitrag zum Werk „The Rise of the Network Society" von Manuel Castells (1996) hebt Ralf Spiller darauf ab, wie stark in den Industriegesellschaften mittlerweile unser Leben und unsere Wirtschaft rund um globale informationelle Netzwerke organisiert sind. Nach Castells sei das neue technisch-ökonomische System eine Form von „informational capitalism". Ihm zufolge würden Netzwerke die neue soziale Morphologie unserer Gesellschaften bilden und die Verbreitung der Netzwerklogik verändere die Funktionsweise und die Ergebnisse von Produktions-, Erfahrungs-, Macht- und Kulturprozessen erheblich. Wie genau sich diese Prozesse verändert haben, beschreibe Castells jedoch nur zum Teil und lasse Raum für tiefer gehende regionale, nationale und globale empirische Studien zu seiner Theorie einer „Netzwerkgesellschaft".

Danksagung

Zur guten Sitte einführender Bemerkungen gehört insbesondere auch der Dank an alle Autorinnen und Autoren, die nicht nur die konzeptionellen Wünsche, sondern auch die Überarbeitungsideen der Herausgeber ertragen haben. Es ist ihnen geschuldet, dass die, überlagert von Corona-Pandemie und den sich daraus für jede*n Einzelne*n ergebenden individuellen Herausforderungen, sich rund zwei Jahre hinziehende Arbeit an diesem Band stets etwas Anregendes und vor allem sachlich Herausforderndes behielt.

Literatur

Bourdieu, P. (1998). *Homo academicus*. 2. Aufl. Frankfurt am Main: Suhrkamp.

Brosius, H.-B., Jandura, O. & Fahr, A. (2013). Einleitung. In: Jandura, O., Fahr, A., Brosius, H.-B. (Hrsg.): *Theorieanpassungen in der digitalen Medienwelt*. Baden-Baden: Nomos, 7–11.

Brosius, H.-B. (2016). Warum Kommunikation im Internet öffentlich ist. Zu Andreas Hepps Beitrag „Kommunikations- und Medienwissenschaft in datengetriebenen Zeiten", *Publizistik*, 61, 363–372.

Hepp, A. (2016). Kommunikations- und Medienwissenschaft in datengetriebenen Zeiten. *Publizistik*, JG 61, 225–246. DOI https://doi.org/10.1007/s11616-016-0263-y

Hepp, A., Krotz, F. & Winter, C. (2004). Call for Papers: *Theorien der Kommunikationswissenschaft: Bestandsaufnahme und Diskussion?* Workshop der DGPuK-Fachgruppe „Soziologie der Medienkommunikation". Online: https://www.dgpuk.de/de/2004-05-theorien.html

Holtz-Bacha, C. & Kutsch, A. (Hrsg.) (2002). *Schlüsselwerke für die Kommunikationswissenschaft.* Wiesbaden: Westdeutscher Verlag.

Jarren, O. (2016). Nicht Daten, sondern Institutionen fordern die Publizistik- und Kommunikationswissenschaft heraus. Zu Andreas Hepps Beitrag „Kommunikations- und Medienwissenschaft in daten-getriebenen Zeiten", *Publizistik, 61*, 373–383.

Katzenbach, C. & Pentzold, C. (2017). Theoriearbeit in der Kommunikationswissenschaft zwischen Komplexitätssteigerung und Komplexitätsreduzierung. *M&K Medien & Kommunikationswissenschaft, JG 65, Heft 3*, 483–499.

Klaus, E. & Lünenborg, M. (2011). Zwanzig Jahre Gender- und Queertheorien in der Kommunikations- und Medienwissenschaft. In *SCM*, o. Jg., I/2011, 95–117.

Klaus, E., Röser, J. & Wischermann V. (2002). Kommunikationswissenschaft und Gender Studies. Anmerkungen zu einer offenen Zweierbeziehung. In: Klaus, E., Röser, J. & Wischermann V. (Hrsg.): *Kommunikationswissenschaft und Gender Studies.* Wiesbaden: Westdeutscher Verlag, 7–18.

Kloock, D. & Spahr, A. (2012). *Medientheorien: Eine Einführung.* Stutgart: W. Fink/UTB.

Krotz, F., Hepp, A. & Winter, C. (2008). Einleitung: Theorien der Kommunikations- und Medienwissenschaft. In: Winter, C., Hepp, A., Krotz, F. (Hrsg.). *Theorien der Kommunikations- und Medienwissenschaft: Grundlegende Diskussionen, Forschungsfelder und Theorieentwicklungen*, Wiesbaden: Verlag für Sozialwissenschaften. S. 9–25.

Kühl. S. (Hrsg.) (2015). *Schlüsselwerke der Organisationsforschung.* Wiesbaden: Springer Fachmedien.

McQuail, D. (2010). *McQuail's mass communication theory.* Sage publications.

Merton, R. K. (1968). On Sociological Theories of the Middle Range. In: Ders.: *Social Theory and Social Structure .* London/New York: The Free Press, 39–72.

Papcke, S. & Oesterdiekhoff, G.W. (Hrsg.) (2001). *Schlüsselwerke der Soziologie.* Wiesbaden: Westdeutscher Verlag.

Potthoff, M. (Hrsg.) (2016). *Schlüsselwerke der Medienwirkungsforschung.* Wiesbaden: Springer VS.

Quandt, T; Scheufele, B. (Hrsg.) (2011). *Ebenen der Kommunikation: Mikro-Meso-Makro-Links in der Kommunikationswissenschaft*, Wiesbaden: Springer VS.

Rommerskirchen, J. (2016). *Soziologie & Kommunikation: Theorien und Paradigmen von der Antike bis zur Gegenwart.* Wiesbaden: Springer VS, 2. Auflage.

Rühl, M. (2004). Ist eine Allgemeine Kommunikationswissenschaft möglich? Eine Autopolemik. *M&K Medien & Kommunikationswissenschaft,* JG 52, Heft 2, 173–192.

Schützeichel, R. (2015). *Soziologische Kommunikationstheorien.* 2. Aufl., Konstanz und München: UTB.

Strippel, C., Bock, A., Katzenbach, C. et al. (2018). Die Zukunft der Kommunikationswissenschaft ist schon da, sie ist nur ungleich verteilt. *Publizistik* 63, 11–27. https://doi.org/10.1007/s11616-017-0398-5

Ströhl, A. (2014). *Medientheorien kompakt.* Konstanz und München: UVK/UTB.

Theis-Berglmair, A.M. (2016). Auf dem Weg zu einer Kommunikationswissenschaft. Zu Andreas Hepps Beitrag „Kommunikations- und Medienwissenschaft in datengetriebenen Zeiten". *Publizistik,* 61, 385–391.

Weber, S. (Hrsg.) (2010). *Theorien der Medien: Von der Kulturkritik bis zum Konstruktivismus.* Konstanz: UVK/UTB.

Winter, C., Hepp, A. & Krotz, F. (Hrsg.) (2008). *Theorien der Kommunikations- und Medienwissenschaft: Grundlegende Diskussionen, Forschungsfelder und Theorieentwicklungen.* Wiesbaden: Verlag für Sozialwissenschaften.

Ziemann, A. (Hrsg.) (2019). *Grundlagentexte der Medienkultur: Ein Reader.* Wiesbaden: Springer VS.

Hochschule Macromedia University of Applied Sciences   Ralf Spiller,
Köln, Deutschland
Hochschule Macromedia University of Applied Sciences   Christian Rudeloff,
Hamburg, Deutschland
Hochschule Macromedia University of Applied Sciences   Thomas Döbler,
Stuttgart, Deutschland

Inhaltsverzeichnis

Teil I   Mikro-Ebene

The People's Choice. How the Voter makes Up His Mind
in a Presidential Campaign 3
Michael Schenk

Mass communication and para-social interaction:
Observations on intimacy at a distance 13
Alexander Godulla

The Structure of Foreign News 27
Matthias Degen

Uses and Gratifications Research 47
Birgit Stark und Pascal Schneiders

Der dynamisch-transaktionale Ansatz. Ein neues Paradigma
der Medienwirkungen 69
Björn Brückerhoff

The third-person effect in communication 85
Marco Dohle

„The Elaboration Likelihood Model of Persuasion" 99
Magdalena Rosset

Framing: Toward clarification of a fractured paradigm 115
Bertram Scheufele

Teil II   Meso-Ebene

The presentation of self in everyday life 131
Marie-Kristin Döbler

Diffusion of Innovations 151
Cornelia Wolf

The social Construction of Reality: A treatise in the sociology
of knowledge 171
Thomas Döbler

The Agenda-Setting Function of Mass Media 187
Marcus Maurer

The Spiral of Silence. A Theory of Public Opinion 201
Florian Haumer

Living with Television: The Violence Profile 213
Christine E. Meltzer

Institutionalized Organizations: Formal Structure as
Myth and Ceremony 227
Swaran Sandhu

What makes communication 'organizational'? How the many
voices of a collectivity become the one voice of an organization 239
Dennis Schoeneborn

Protecting organization reputations during a crisis: the development
and application of situational crisis communication theory 251
Elke Kronewald und Lars Rademacher

Teil III   Makro-Ebene

Functional Analysis and Mass Communication 269
Sebastian Meißner

Die Ordnung des Diskurses 289
Christian Pentzold

Die feinen Unterschiede, Über das Fernsehen 309
Christian Rudeloff

Encoding/Decoding 325
Gernot Wolfram

Theorie des kommunikativen Handelns 341
Floris Biskamp

The Constitution of Society 361
Ulrike Röttger

**Der Berliner Schlüssel. Erkundungen eines Liebhabers
der Wissenschaften** 373
Sebastian Pranz

**Medienkommunikation: Einführung in handlungs- und
gesellschaftstheoretische Konzeptionen** 389
Sebastian Sevignani und Julia Polkowski

Die Realität der Massenmedien 411
Olaf Hoffjann

The Rise of the Network Society 427
Ralf Spiller

**Die Mediatisierung kommunikativen Handelns. Der Wandel
von Alltag und sozialen Beziehungen, Kultur und Gesellschaft
durch die Medien** 437
Leif Kramp

Autor*innenverzeichnis 451

Teil I
Mikro-Ebene

The People's Choice. How the Voter makes Up His Mind in a Presidential Campaign

von Paul Felix Lazarsfeld, Bernard Berelson & Hazel Gaudet (1944)

Michael Schenk

Zusammenfassung

Die hier vorgestellte „Two-Step-Flow Hypothese" resultiert aus der häufig referierten Wahlkampagnenstudie mit dem Projekttitel „The People's Choice. How the Voter Makes Up His Mind in a Presidentential Campaign." Lazarsfeld, Berelson und Gaudet (The people's choice: how the voter makes up his mind in a presidential campaign, 3. Aufl. Columbia University Press, New York, 1948 und 1968) untersuchten Während der Präsidentschaftswahl 1940 in den USA untersuchte Lazarsfeld zusammen mit Berelson und Gaudet die Wirkung von Rundfunk und Presse auf die politische Meinungsbildung von Wähler*innen. Das überraschende Ergebnis ihrer empirischen Panel-Studie war, dass Wähler*innen in ihren politischen Entscheidungen durch Face-to-Face-Kontakte mit anderen Personen in ihrer unmittelbaren Umgebung stärker beeinflusst als durch die medialen Kampagnen und Medienberichte wurden. Aber nicht nur das Einflusspotenzial von direkter und kurzfristiger Beeinflussung durch Me-

---

Erstauflage 1944. Der vorliegende Text bezieht sich auf die Ausgabe von 1948.

M. Schenk (✉)
Universität Hohenheim, Stuttgart, Deutschland
E-Mail: fmk@uni-hohenheim.de

© Der/die Autor(en), exklusiv lizenziert an Springer Fachmedien Wiesbaden GmbH, ein Teil von Springer Nature 2022
R. Spiller et al. (Hrsg.), *Schlüsselwerke: Theorien (in) der Kommunikationswissenschaft*, https://doi.org/10.1007/978-3-658-37354-2_1

dien war deutlich geringer als soziale Kontakte in der unmittelbaren Umgebung, darüber hinaus setzten Wähler*innen sich selektiv denjenigen Medien und Kommunikatoren aus, die ihre existierenden Einstellungen und Überzeugungen stützten. Dieser Verstärkereffekt wurde auf die politische Homogenität der Gruppen zurückgeführt, denen die Befragten angehörten und in denen die Wähler*innen mit ihren Einstellungen verankert waren.

Schlüsselwörter

Two-Step-Flow of Communication · Politische Meinungsbildung · Verstärkereffekt · Meinungsführer · Informationsfluss und Beeinflussung

1 Kurzbiografie

Paul F. Lazarsfeld geboren 1901 in Wien, ist ein österreichisch-amerikanischer Soziologe, der als einer der Gründungsväter der internationalen Medien- und Kommunikationsforschung gilt. Er lebte von 1925–1933 in Wien, wo er zunächst als Gymnasialprofessor für Mathematik und Physik fungierte. Er wechselte an die Universität Wien und war dort Initiator und wissenschaftlicher Leiter der österreichischen Forschungsstelle für Wirtschaftspsychologie (1931–1933). 1933–1935 gelangte er als Stipendiat der Rockefeller Foundation in die USA und traf 1935 den Entschluss, in den USA zu bleiben. 1943 nahm er die US-amerikanische Staatsbürgerschaft an.

1936–1937 war er zunächst Research Director an der University of Newark, New Jersey. 1937–1940 leitete er als Research Director und Co-Director des von der Rockefeller Foundation geförderten „Office of Radio Research" an der Princeton University. Das Büro wurde 1939 an die Columbia University verlegt. 1944 agierte es mit neuem Namen als „Bureau of Applied Social Research", das sich einen bekannten Namen in der Medien- und Kommunikationsforschung machte und eine Reihe von innovativen Projekten durchführte. Lazarsfeld fungierte als Director bis 1949 und dann als Associate Director. Er lebte von 1939–1976 in New York City.

Lazarsfeld wurde 1971 an der Columbia University als Professor of Social Sciences emeritiert, arbeitete aber von 1971–1976 als Professor of Social Sciences an der University of Pittsburgh weiter. Am 30.08.1976 ist Lazarsfeld in New York City gestorben.

Paul F. Lazarsfeld hat viele umfangreiche Forschungs- und Beratungsprojekte für Print-, elektronische Medien, Politik und Ministerien durchgeführt, die bekannten Projekte wurden häufig aus Drittmitteln finanziert. Die in diesem Beitrag vorgestellte „Two-Step-Flow Hypothese" resultiert aus der häufig referierten Wahlkampagnenstudie mit dem Projekttitel „The People's Choice. How the Voter Makes Up His Mind in a Presidential Campaign."

Lazarsfeld hielt in den späteren Jahren wieder Kontakt zu der Universität Wien, wo er das Institut für Höhere Studien als Mitbegründer unterstützt hat (1963). Die Universität Wien hat ihm zu Ehren eine Paul-Lazarsfeld-Gastprofessur eingerichtet. Diese wird bedeutenden Wissenschaftler*innen mit innovativem Profil in der Theoriebildung und Methodologie der Sozialwissenschaften verliehen.

2   Inhalt des Textes: Hypothese des „Two-Step-Flow of Communication"

Lazarsfeld, Berelson und Gaudet (1948) untersuchten während der Präsidentschaftswahl 1940 in den USA die Wirkung von Rundfunk und Presse auf die politische Meinungsbildung der Wähler. Sie stießen in einer empirischen Panel-Studie auf ein überraschendes Ergebnis: Die Wähler*innen wurden in ihren politischen Entscheidungen durch Face-to-Face-Kontakte mit anderen Personen in ihrer unmittelbaren Umgebung stärker beeinflusst als durch die medialen Kampagnen und Medienberichte. Die Möglichkeit einer direkten und kurzfristigen Beeinflussung der Wähler*innen durch Medien erschien gering, während soziale Kontakte in der unmittelbaren Umgebung das stärkere Einflusspotenzial hatten. Hier erfuhren die Wähler*innen mehr über die Wahl als über die Massenmedien: „Wurden die Respondenten nämlich gebeten, über ihre in letzter Zeit stattgefundenen Kontakte mir Propagandamaterial aller Art zu berichten, nannten sie politische Diskussionen mit anderen Personen viel häufiger als Kontakte mit den Massenmedien Radio oder Zeitungen" (Lazarsfeld et al. 1948, S. 150).

Ferner zeigte sich ein *Verstärkereffekt*: Die Wähler*innen setzten sich selektiv denjenigen Medien und Kommunikatoren aus, die ihre existierenden Einstellungen und Überzeugungen stützten. Dieser Verstärkereffekt wurde auf die politische Homogenität der Gruppen zurückgeführt, denen die Respondenten angehörten und in denen die Wähler*innen mit ihren Einstellungen verankert waren. Die Wähler*innen schienen geradezu in Gruppen abzustimmen. Angeregt durch dieses unerwartete Ereignis versuchten Lazarsfeld et al. herauszufinden, ob es Individuen gäbe, die stärkeren Einfluss auf die Meinungsbildung in ihrer Umgebung hatten als andere. Mit zwei Selbsteinschätzungsfragen an die Befragten versuchten die Forscher, solche Personen zu identifizieren: (1) „Haben Sie in letzter Zeit versucht, jemanden von ihren politischen Aussichten zu überzeugen?", (2) „Hat Sie jemand in letzter Zeit um ihren Rat bezüglich politischer Fragen gebeten?". Befragte, die auf beide Fragen mit „ja" antworteten, nannten Lazarsfeld und seine beiden Kollegen Meinungsführer („*Opinion leaders*"). Diese Personen stellten die dominante Einflussquelle auf das Wählerverhalten anderer Personen in der unmittelbaren sozialen Umgebung dar: Die Meinungsführer erwiesen sich nicht etwa als formale Führer oder als Personen mit hohem Sozialprestige, sondern ihr Einfluss verlief horizontal, d. h. Meinungsführer unterschieden sich von den Gefolgsleuten in sozioökonomischer Hinsicht nicht wesentlich. Allerdings interessierten sie sich stärker für die anstehende Wahl als ihre Gefolgsleute und sie nutzten auch die Massenmedien häufiger.

Aus der Kombination von hohem Einflusspotenzial der Meinungsführer und der Tatsache, dass Meinungsführer sich den Massenmedien stärker aussetzen als andere Personen in ihrer Umgebung machten Lazarsfeld et al. Aussagen über den *Informationsfluss* von den Massenmedien zu den Rezipienten, sie formulierten die Hypothese des „*Two-Step-Flow of Communication*" wie folgt: „Ideas often flow from radio and print to he opinion leaders and from them to the less active sections of the population" (Lazarsfeld et al. 1948, S. 151).

3 Bezug zum Gesamtwerk

Paul F. Lazarsfeld hat an die Orginalstudie „The People's Choice" weitere Studien am „Bureau of Applied Social Research" angeregt und mit anderen Wissenschaftler*innen durchgeführt, wovon vier besondere Bedeutung erlangten: Mertons Studie (1949) über interpersonalen Einfluss und Kommunikation in der Kleinstadt Rovere, in der deutlich wurde, dass es zwei unterschiedliche Meinungsführer gibt: „Locals und Comopolitans". Die Decatur-Studie über Rezipientenverhalten und Entscheidungen in den Bereichen Marketing, Mode, Kinobesuche und Politik von Katz und Lazarsfeld (1955) hatte einen Fokus auf Entscheidungen der Menschen in den Bereichen Politik, Medien und Konsum. Die Elmira-Studie über die Wahlpropaganda im Jahr 1948 von Berelson, Lazarsfeld und Mc Phee (1954) sowie zwei zusammenhängende Studien über die Verbreitung eines neuen Medikaments unter Ärzten von Menzel und Katz (1955) und Coleman, Katz und Menzel (1957) erarbeiteten mit Hilfe soziometrischer Analysen Netzwerkkonzepte- und -studien. Alle Studien waren jeweils regional ausgerichtet, um das Forschungsvolumen kompakt und den Aufwand kostengünstig zu halten. In methodischer Hinsicht war die Durchführung von Panelstudien zu dieser Zeit ein Novum.

Es entstand ein Forschungsprogramm, das sich allerdings nicht auf eine weitere Überprüfung der „Two-Step-Flow-Hypothese" bezog. Die Studien sollten viel mehr Aufschluss bringen über Ausmaß und Richtung persönlichen Einflusses sowie über charakteristische Merkmale der Meinungsführer und ihren Beziehungen zu den Massenmedien (Schenk 2007, S. 352).

Auf alle Fälle haben Lazarsfeld et al. mit diesem Programm eine interessante Forschungsrichtung entwickelt und vorgelegt, die auch von anderen Wissenschaftler*innen intensiv aufgegriffen wurde. „Folgt man zusammenfassend den Ergebnissen der empirischen Arbeiten zum Meinungsführerkonzept und der Two-Step-Flow-Hypothese, muss der persönliche Einfluss der Meinungsführer auf die Einstellungen, Meinungen und Verhaltensweisen der Personen in ihrer unmittelbaren sozialen Umgebung höher veranschlagt werden als die Wirkung der Massenmedien" (Schenk 2007, S. 358).

Über die Eigenschaften der Meinungsführer wurden durch die Studien wichtige Merkmale gefunden (Katz 1957). Die Führerschaft der Meinungsführer ist meist auf ein Themengebiet beschränkt. Der Einfluss der Meinungsführer verläuft in der Regel horizontal und schichtenspezifisch homogen. Meinungsführer setzen sich den Medien auf ihrem Interessens- und Themengebiet intensiver aus als andere Menschen. Es kann aber auch dazu kommen, dass sich Meinungsführer nicht nur über die Medien, sondern auch bei anderen Meinungsführern informieren, wie z. B. Menzel und Katz (1955) zeigen konnten. In diesem Fall entwickelt sich der Two-Step-Flow zum „Multi-Step-Flow".

4   Wirkungsgeschichte, Kritik und Weiterentwicklung

Die Hypothese des Two-Step-Flow of Communication wurde einer heftigen Kritik unterzogen und mit anderen Forschungsergebnissen konfrontiert (s. Schenk 2007, S. 359 ff.). So hat z. B. Bostian (1970) geäußert, dass von Lazarsfeld et al. ein zweistufiger Informationsfluss gar nicht gemessen worden sei: „Die Übertragung bestimmter Informationen von den Massenmedien zu den Meinungsführern und von diesen zu den anderen Personen sei gar nicht untersucht worden (Bostian 1970; Kepplinger und Maurer 2000). Die Untersuchung trenne nicht zwischen *Informationsfluss und Beeinflussung*.

Mehrere Studien aus den 50er- und 60er-Jahren gelangten dann auch zum Ergebnis, dass interpersonale Kommunikation im Vergleich zu den Massenmedien bei wichtigen Ereignissen und solchen mit hohem Nachrichtenwert, wie z. B. die Ermordung Kennedys oder der Unfall von Prinzessin Diana, eine untergeordnete Rolle spielt. Nach Ergebnissen anderer Studien erhielten die Rezipienten bei wichtigen Ereignissen direkt die Information aus den Massenmedien (z. B. Deutschmann und Danielson 1960; Hill und Bonjean 1964). In einer Analyse verschiedener Studien belegt Rogers (2000), dass Ereignisse, die große Bedeutung erlangen („*high salience news events*") sehr schnell diffundieren. Die Diffusionsgeschwindigkeiten sind dann sehr hoch, wussten doch laut Umfragen z. B. 50 Prozent der Befragten binnen 30 Minuten über das „Challenger Unglück" Bescheid. Die elektronischen Medien sind bei der Diffusion von Nachrichten sehr bedeutsam. Wahrgenommene Wichtigkeit sowie hohe Nachrichtenwerte der Ereignisse tragen maßgeblich zu ihrer Verbreitung bei. In diesen Fällen ist auch interpersonale Kommunikation bei der raschen Verbreitung solcher Ereignisse wichtig. Im Fall des Unfalls von Prinzessin Diana wurde z. B. rege im Alltag diskutiert, zum Teil sogar mit fremden Personen. Dies trug zur Verbreitung der Ereignisse bei.

Die Rolle der Massenmedien für die Verbreitung von Informationen wird dadurch aber nicht geschmälert. So erfolgt die Informationsvermittlung nicht nur bei sehr wichtigen Ereignissen, sondern auch bei durchschnittlich wichtigen Ereignissen in der Regel direkt durch die Massenmedien (Schenk 2007, S. 366).

Fassen wir zusammen, so können wir behaupten, dass die Hypothese vom „Two-Step-Flow of Communication" für den Prozess der Informationsübertragung kaum noch praktische Relevanz beanspruchen kann (Schenk 2007, S. 366): So kann die Bedeutung interpersonaler Kommunikation nicht mehr an der „Relaisfunktion" der Meinungsführer festgemacht werden, denn in der Regel erreichen die Massenmedien die Rezipienten direkt, vor allem durch das Fernsehen, aber auch dem Radio, Zeitungen und Internet.

Aufgrund ihrer spezifischen Interessen bevorzugen Meinungsführer im Übrigen weniger das Fernsehen, sondern die Printmedien, die ihren Informationsbedarf decken, wie z. B. Zeitungen, Zeitschriften, Magazine, aber insbesondere auch Internet-Sites, wie Schenk (2006) in einer Studie über das Informationsverhalten von Finanz-Meinungsführern zeigen konnte. Spartenkanäle im TV erfuhren unter den Meinungsführern ebenfalls eine überdurchschnittliche Nutzung, während die TV-Vollprogramme von Meinungsführern nur eine durchschnittliche Nutzung auswiesen.

Weimann (1991, 1994) untersuchte den Zwei-Stufen-Fluss im Agenda-Setting. Er identifizierte die Meinungsführer im Rahmen einer Umfrage in Israel mit der Skala „Persönlichkeitsstärke" von Noelle-Neumann (1983) und nannte die Meinungsführer „Influentials". Im Vordergrund standen 15 aktuelle Themen, die mit einer Inhaltsanalyse festgestellt worden waren. Weimann fand, dass die „Influentials" informierende und kommentierende Beiträge zu den Themen intensiv und rege nutzten. Die Agenda der „Influentials" korrelierte eng mit der Medienagenda. Die

„Influentials" passten ihre persönliche Agenda schnell an die sich verändernde Medienagenda an, andere Personen benötigten dafür eine wesentlich längere Zeit. Für jedes Thema konnten die „Influentials" auch die höchste Rate an interpersonaler Kommunikation unter allen Befragten ausweisen. Nach Weimann sind „Influentials" „Multiplikatoren", „Trendsetter" und „Ratgeber" für andere. Im Ergebnis wird ein Stufenprozess im Agenda-Setting („multistep agenda-setting") deutlich (Weimann 1994, S. 285 f.): Medien beeinflussen die „Influentials" direkt, andere Personen werden durch interpersonale Kommunikation beeinflusst, wiederum andere durch eine Kombination von Medien und interpersonaler Kommunikation.

In der sich ständig weiterentwickelnden Medienlandschaft sind inzwischen zu den traditionellen Medien neue digitale Kommunikationskanäle hinzugekommen, die auch die interpersonale Kommunikation erfasst haben. Das „Social Web" mit seinen vielfältigen Möglichkeiten wird in der Bevölkerung rege genutzt, vor allem auch mobil über das weit verbreitete Smartphone. Es bestehen nicht nur vielfältige Informationsmöglichkeiten, sondern auch erweiterte Möglichkeiten zur interpersonalen Kommunikation, die im Konzept des „Two-Step-Flow" noch als face-to-face Kommunikation angelegt war. Heute können wir uns über entsprechende Dienste, wie z. B. Twitter, Instagram, YouTube, soziale Netzwerkplattformen wie Facebook austauschen. Die *mediatisierte Kommunikation* über solche Dienste ist erheblich fortgeschritten, insbesondere bei den jüngeren Bevölkerungsmitgliedern.

Die Meinungsführerschaft bleibt dabei weiterhin bedeutsam, wie Schäfer und Taddicken (2015) anhand einer Onlinebefragung in einem Access-Panel zeigen konnten. In der bisherigen Meinungsführerforschung wurden vor allem „Meinungsführer bzw. Influentials", „Follower bzw. Gefolgsleute" und „Inaktive" unterschieden. Letztere hielten sich in der interpersonalen Kommunikation und auch in der Mediennutzung zurück, waren eigentlich „Opinion Avoiders" (Troldahl und van Dam 1965).

Schäfer und Taddicken konnten in ihrer Studie ebenfalls mittels Clusteranalyse diese drei Cluster wie bei Troldahl und van Dam abbilden. Die erste Gruppe der Meinungsführer ist am jeweiligen Thema und Gegenstand sehr interessiert und gibt den anderen Ratschläge, wenn über das Thema gesprochen wird. Sie informiert sich in den Medien, aber auch bei anderen Meinungsführern, z. B. Experten. Die zweite Gruppe der „Follower" erhält häufig Rat von Meinungsführern und tauscht sich auch mit Meinungsführern aus aus („Meinungteilung"). Die dritte Gruppe der Inaktiven ist in der Regel weder am interpersonalen Austausch noch an den Medien und ihren Medienbotschaften interessiert. Schäfer und Taddicken (2015, S. 969) stießen darüber hinaus aber auf ein viertes Cluster, das sie „Mediatisierte Meinungsführer" nannten. Wie die regulären Meinungsführer geben diese anderen Rat und nehmen Einfluss. Sie weisen aber eine besonders intensive

Mediennutzung auf. Sie tauschen sich bei interpersonaler Kommunikation face-to-face aus, nutzen Massenmedien und Online-Medien intensiv, aber auch die sozialen Medien. Sie sind an den Themen ihres Interessensgebietes außerordentlich interessiert und schätzen ihr Wissen höher ein als das ihrer Freunde (S. 973). Sowohl die regulären als auch die mediatisierten Meinungsführer weisen relativ kleine soziale Netzwerke auf, in denen homogene Meinungen vorherrschen, die „mediatisierten Meinungsführer" teilen ihre Meinung mit anderen dabei vielfach online und auf sozialen Medien. Sie unterscheiden sich in ihren Ansichten nicht allzu sehr von ihren „peers" (S. 974).

Die Bedeutung der Meinungsführer in unterschiedlichen Varianten bleibt in der gegenwärtigen und zukünftige Medienlandschaft weiterhin aktuell. Die Meinungsführer wurden im Rahmen der „Two-Step-Flow-Hypothese" entdeckt und erforscht und bilden eigentlich den Kern der Lazarsfeldschen Hypothese. Der Informationsfluss von den Medien via Meinungsführern zu dem Rest der Bevölkerung über zwei Stufen ist in der Forschung allerdings eher zu einem *„One-Step-Flow"* geraten, da die verschiedenen Medienangebote den Informationszugriff der Rezipienten und Konsumenten auch in der gebotenen Schnelligkeit und Aktualität ermöglichen und erleichtern.

Die Bedeutung der Meinungsführer ist daher weiterhin sehr groß, da in verschiedensten Themenbereichen (z. B. Konsum, Politik, Mode, Reisen, Beauty usw.) der Rat von Meinungsführern insbesondere auch zur Einordnung der vielen angebotenen Informationen nachgefragt wird. Meinungsführer bieten sich aber auch mit ihren Tipps und Empfehlungen selbst an, die sie z. B. in Blogs und auf Sites und nicht mehr nur face-to-face offerieren. Das sogenannte *Influencer-Marketing* hat sich das zu Nutze gemacht. Inzwischen ist es sehr verbreitet und spielt bei verschiedenen Kampagnen eine immer größere Rolle. Zu Lazarsfelds Zeiten war das noch gar nicht absehbar.

Literatur

Berelson, B. R., Lazarsfeld, P. F. & McPhee W. N. (1954). *Voting. A Study of Opinion Formation in a Presidential Campaign.* Chicago: University of Chicago Press.

Bostian, L. R. (1970). The two-step flow theory: cross-cultural implications. *Journalism Quarterly, 47(1),* S. 109–117.

Coleman, J., Katz, E., & Menzel, H. (1957). The diffusion of an innovation among physicians. *Sociometry, 20(4),* S. 253–270.

Deutschmann, P. J., & Danielson, W. A. (1960). Diffusion of knowledge of the major news story. *Journalism Quarterly, 37(3),* S. 345–355.

Hill, R. J., & Bonjean, C. M. (1964). News diffusion: A test of the regularity hypothesis. *Journalism Quarterly, 41(3)*, 336–342.

Katz, E. (1957). The two-step-flow of communications: An up-to-date report on a hypothesis. *Public Opinion Quarterly, 21(1)*, 61–78.

Katz, E., & Lazarsfeld, P. F. (1955). *Personal influence: The part played by people in the flow of mass communications.* New York: Free Press.

Kepplinger, H. M., & Maurer, M. (2000). Der Zwei-Stufen-Fluß der Massenkommunikation: Anmerkungen zu einer nie bewiesenen und längst überholten These der Wahlforschung. In Klein, M. et al. (Hrsg.), *50 Jahre Emprirische Wahlforschung in Deutschland* (S. 444–464). Opladen: Verlag für Sozialwissenschaften.

Lazarsfeld, P. F., Berelson, B., & Gaudet, H. (1948 und 1968, 3. Aufl.). *The people's choice: How the voter makes up his mind in a presidential campaign.* New York: Columbia University Press.

Menzel, H., & Katz, E. (1955). Social relations and innovation in the medical profession: The epidemiology of a new drug. *Public Opinion Quarterly, 19(4)*, 337–352.

Merton, R. K. (1949). Patterns of influence: A study of interpersonal influence and of communications behavior in a local community. In P. F. Lazarsfeld, & F. N. Stanton (Hrsg.), *Communications research: 1848-1949* (S. 180–219). New York: Harper and Brothers.

Noelle-Neumann, E. (1983). Persönlichkeitsstärke: ein neues Kriterium zur Zielgruppenbestimmung. In Spiegel Dokumentation (Hrsg.), *Persönlichkeitsstärke: ein neuer Maßstab zur Bestimmung von Zielgruppenpotenzialen* (S. 7–21). Hamburg: Spiegel-Verlag.

Rogers, E. M. (2000). Reflection on news event diffusion research. *Journalism & Mass Communication Quarterly, 77(3)*, 561–576.

Schäfer, M., & Taddicken, M. (2015). Mediatized opinion leaders: New patterns of opinion leadership in new media environments? *International Journal of Communication, 9*, 960–981.

Schenk, M. (2006). *Finanzmeinungsführer.* Hamburg: Spiegel-Verlag.

Schenk, M. (2007). *Medienwirkungsforschung* (3. Aufl.). Tübingen: Mohr Siebeck.

Schenk, M., Tschörtner, A., & Jers, C. (2006). Die informellen Finanz-Ratgeber: Das Profil der Meinungsführer im Bereich Finanzdienstleistungen und ihr Einflusspotenzial. *Jahrbuch der Absatz- und Verbrauchsforschung, 52(3)*, 265–287.

Troldahl, V. C., & van Dam, R. (1965). Face-to-face communication about major topics in the news. *Public Opinion Quarterly, 29(4)*, 626–634.

Weimann, G. (1991). The influentials: Back to the concept of opinion leaders? *Public Opinion Quarterly, 55(2)*, 267–279.

Weimann, G. (1994). *The influentials: People who influence people.* Albany: State University of New York Press.

Mass communication and para-social interaction: Observations on intimacy at a distance

von Donald Horton und R. Richard Wohl (1956)

Alexander Godulla

Zusammenfassung

In den 1950er-Jahren erlebt das Fernsehen in den USA einen rasanten Aufstieg. Das erfolgreiche Medium offeriert seinem rasch wachsenden Publikum ein zu diesem Zeitpunkt neues Rezeptionserlebnis: Innovative Unterhaltungs- und Late-Night-Shows ermöglichen die Illusion, zu der Person in der Moderationsrolle von Angesicht zu Angesicht eine regelmäßig auftretende soziale Beziehung zu unterhalten. Diese Beziehung kann nicht nur langfristig angelegt sein, sondern auch Züge einer Freundschaft annehmen. Der Soziologe R. Richard Wohl und der Anthropologe Donald Horton widmen diesem von ihnen identifizierten Phänomen einen Essay, der zu einem Meilenstein der Rezeptions- und Wirkungsforschung wird: Ihr Aufsatz Mass Communication and Para-Social Interaction. Observations on Intimacy at a Distance (1956) etabliert die heute weit verbreiteten Begriffe parasoziale Interaktion (PSI) und parasoziale Beziehung (PSB). Während das Konzept zunächst kein wissenschaftliches Echo hervorruft, beginnt es sich in den 1970er-Jahren allmählich zu etablieren. Heute ist die von Horton und Wohl aufgeworfene Thematik populärer denn je. Ihre Gedanken werden längst auch auf fiktionale Figuren sowie praktisch alle denkbaren Medien und Formate angewandt. Auch im digitalen Zeitalter ist die Theorie

A. Godulla (✉)
Universität Leipzig, Leipzig, Deutschland
E-Mail: alexander.godulla@uni-leipzig.de

© Der/die Autor(en), exklusiv lizenziert an Springer Fachmedien Wiesbaden GmbH, ein Teil von Springer Nature 2022
R. Spiller et al. (Hrsg.), *Schlüsselwerke: Theorien (in) der Kommunikationswissenschaft*, https://doi.org/10.1007/978-3-658-37354-2_2

13

angekommen und wird erfolgreich auf die Kommunikation in sozialen Netzwerken sowie auf Avatare oder Influencer angewandt.

Schlüsselwörter

Parasoziale Interaktion · Parasoziale Beziehung · Persona · Horton · Wohl

1   Kurzbiografie

Donald Horton und R. Richard Wohl sind der Nachwelt nicht aufgrund ihrer ungewöhnlichen Biografien als Wissenschaftler oder ihres Gesamtwerks an sich in Erinnerung geblieben. Ihre heutige Bekanntheit verdanken sie stattdessen ganz wesentlich dem hier diskutierten Text, der im Lauf der Jahre und Jahrzehnte eine
kaum zu überblickende Zahl von Publikationen nach sich zog. Als der Aufsatz
Mass Communication and Para-Social Interaction 1956 im US-Journal *Psychiatry: Interpersonal and Biological Processes* erscheint, ist dieser bis heute spürbare
und wachsende Einfluss zunächst nicht absehbar.

   Die von Horton und Wohl auf 15 Seiten skizzierten *Observations on Intimacy
at a Distance* (so der Untertitel) entstehen vor dem Hintergrund des damals aktuellen Wandels der Medienlandschaft. In den USA dominieren bis Mitte der 1950er-
Jahre vier Mediengattungen die öffentliche Kommunikation (Parry 2011, S. 41).
Die in bunten Farben gedruckten Zeitschriften sind für Anzeigenkunden besonders
attraktiv und haben sich neben den zuvor entstandenen Zeitungen etabliert. Das
Kino ist im ganzen Land in Gestalt teils riesiger Lichtspielhäuser präsent. Das
Radio sendet täglich an ein Massenpublikum. All diese Medien geraten durch das
sich rasant verbreitende Fernsehen unter Druck. Obwohl seine Verbreitung nach
dem Zweiten Weltkrieg zunächst nur schleppend in Gang kommt, erreicht es 1960
bereits 90 Prozent aller Haushalte (Parry 2011, S. 299). Mit der wachsenden Reichweite nimmt auch die Vielfalt der Formate und Identifikationsangebote zu. Neben
den Nachrichten spielen dabei diverse Unterhaltungs- und Late-Night-Shows eine
besondere Rolle, die immer wieder von den gleichen Personen moderiert werden.
Die damit verbundene Illusion einer „face-to-face"-Beziehung sowie das Entstehen parasozialer Phänomene wecken das Interesse von Donald Horton und
R. Richard Wohl.

   Eine besonders gelungene Aufarbeitung ihrer Biografien findet sich bei Hartmann (2017, S. 23), der die hier zusammengetragenen Daten entnommen sind. Der

Soziologe R. Richard Wohl (1921–1957) promoviert in Harvard und lehrt dort sowie später an der University of Chicago, wo sich sein Weg mit dem des Anthropo-
logen Donald Horton (1910–?) kreuzt. Dieser ist mit einer 1943 publizierten kul-
turübergreifenden Schrift zu den Funktionen von Alkohol an der Yale University
promoviert worden. Bevor Horton Soziologie in Chicago lehrt, war er bereits wis-
senschaftlich für den Rundfunksender CBS tätig. Einen starken Einfluss übt die
Theorie des symbolischen Interaktionismus auf ihn aus. Aus dieser Perspektive
heraus widmet er sich elektronischen Medien wie dem Radio und dem Fernsehen.
Inhaltlich ist hier die Schnittstelle zu Wohl zu finden: Dessen Interesse galt unter
anderem der Populärkultur sowie der interpersonalen Kommunikation.

Gemeinsam veröffentlichen sie 1956 ihren einflussreichen Aufsatz, der zugleich
als erhoffter Aufschlag für weitere Publikationsideen zu sehen ist. So plant Wohl,
die eben genannten Themen in einem Buch zu vereinen. Vor diesem Hintergrund
wird deutlich, warum der gemeinsame Aufsatz keine Primärdatenanalyse darstellt,
sondern vielmehr theoretische Vorüberlegungen zum Thema systematisiert. Vermutlich wären viele der Gedanken in der geplanten Publikation ausgebaut worden.
Wohl bleibt dazu jedoch keine Gelegenheit, da er 1957 im Alter von nur 36 Jahren
an Krebs stirbt. Horton verfolgt das Thema zunächst mit dem Soziologen Anselm
L. Strauss weiter, mit dem er in Wohls Todesjahr einen weiteren einschlägigen Text
über parasoziale Prozesse in Fernsehshows publiziert.

2   Inhalt des Textes

Diese Inhaltsangabe definiert zunächst kurz die im Text auftretenden Schlüsselbegriffe *Persona, parasoziale Interaktion (PSI)* und *parasoziale Beziehung (PSB)*.
Diese Definitionen werden im Anschluss bei der Darstellung des Primärtextes weiter ausgebaut. Die Zusammenfassung orientiert sich dabei an dessen Struktur und
nennt die jeweils zu Grunde liegenden Seitenzahlen. Der Einleitung sowie den
insgesamt acht Abschnitten ist jeweils ein Absatz gewidmet. Dabei werden besonders jene Aspekte akzentuiert, die mit Blick auf moderne Weiterentwicklungen
bedeutsam sind. Obwohl es sich um eine Paraphrasierung des Inhalts handelt, wird
im Interesse der Lesbarkeit auf die Verwendung des Konjunktivs verzichtet.

Bei einer *Persona* handelt es sich um eine jener damals „neuen" Medienfiguren
(z. B. „quizmasters", „announcers", „interviewers"), die für die bereits genannten
TV-Formate der 1950er-Jahre etabliert wurden. Diese Medienfiguren genießen Bekanntheit aufgrund ihrer Medienpräsenz, wirken anders als Stars alltäglich und
nahbar, treten zuverlässig zur gleichen Zeit auf und haben einen verlässlichen Charakter. Sie sind daher geeignete Bezugspunkte für Interaktionen und Beziehungen.

Parasoziale Interaktion beschreibt die Art und Weise, wie sich die Persona gegenüber dem Publikum verhält und wie das Publikum die Persona wahrnimmt. Dies kann in einer *parasozialen Beziehung* münden, bei der das Publikum die Erfahrung von Intimität zum Anlass nimmt, um freundschaftliche Gefühle für die Persona zu entwickeln. Dies stellt allerdings nur eine mögliche Lesart des Textes dar, da dieser Begriff durch Horton und Wohl eher unscharf definiert und entwickelt worden ist.

Die *Einleitung* (S. 215–216) führt zunächst am Beispiel des Fernsehens ins Thema ein: Die Autoren zeigen, dass dort Personen auftreten, die wahlweise eine fiktive Rolle oder sich selbst verkörpern. Dabei interagieren sie mit anderen Personen oder wenden sich unmittelbar an das Publikum, etwa durch direkte Ansprache. Je besser die Person ihre Rolle spielt und sich dabei an angenommenen Reaktionen des Publikums orientiert, desto eher entsteht parasoziale Interaktion. Das Publikum ist nicht zur Partizipation verpflichtet, es muss keine Anstrengung investieren und trägt auch keine Verantwortung für den Prozess. Stattdessen kann es sich jederzeit zurückziehen und sich anderen Angeboten zuwenden. Auch dann gilt: Die Interaktion bleibt einseitig, nicht wechselseitig, unter der Kontrolle der eine Rolle spielenden Person. Sie kennt keine gemeinsame Entwicklung. Obwohl Horton und Wohl in der bereits beschriebenen Weise den Fokus auf Personen legen, die beispielsweise ein Quiz moderieren, Ansagen tätigen oder Interviews führen, nennen sie auch fiktionale Charaktere als möglichen Bezugspunkt parasozialer Beziehungen.

Im zweiten Abschnitt *The Role of the Persona* (S. 216–217) entwickeln Horton und Wohl die Idee, diese Personen und Charaktere mit dem Begriff *Persona* zu beschreiben. Das Verhältnis zu einer Persona kann außerordentlich eng und intim sein. Durch die Beobachtung ihres Erscheinungsbilds, ihrer Gesten und Stimmen, ihrer Gespräche und ihres Verhaltens können gegenüber der Persona freundschaftliche Gefühle aufkommen. Begünstigt wird dies durch ihr regelmäßiges Auftreten, ihre Zuverlässigkeit, ihre Berechenbarkeit und ihre Integrierbarkeit in den Alltag. Das Publikum entwickelt das Gefühl, die Persona zu kennen und ihre Werte sowie Motive zu verstehen. Auf diese Weise kann die Persona auch als jemand betrachtet werden, der Ratschläge erteilen würde, tröstet oder ein Vorbild ist.

Im darauffolgenden Abschnitt *The Bond of Intimacy* (S. 217–219) vertiefen die Autoren das Thema der Intimität mit einem Schwerpunkt auf personenzentrierten TV-Shows. Dort unternimmt die Persona große Anstrengungen, um eine Illusion von emotionaler Nähe hervorzurufen. Beispielsweise kopiert sie die Gesten, den Gesprächsstil und den Charakter eines persönlichen Zusammenkommens. Außerdem tritt sie auch gegenüber am Programm beteiligten Personen betont vertraut auf. Darüber hinaus kann sie direkt mit einem Studiopublikum interagieren oder auch Bezug auf Live-Bilder nehmen, die zu ihr ins Studio übertragen werden. Wird der Eindruck von Intimität auf diese Weise erfolgreich etabliert, kann das Publikum so für positive Reaktionen wie beispielsweise Fan-Post gewonnen werden. Darauf baut die Darstellung *The Role of the Audience* (S. 218–219) auf, in der Horton und Wohl zeigen, welche Bedeutung symbolische Rollen im Gesamtprozess spielen. Wenn die Persona sich direkt an ihr Publikum wendet (etwa mit einem Witz), ist beispielsweise die Antwortrolle eine passende Reaktion (etwa Lachen). Diese Reaktion ist zwar freiwilliger Natur, ihre sinnvolle Ausübung wird jedoch durch den angebotenen Inhalt suggeriert. So ist es denkbar, von der Weisheit der Persona zu profitieren, über ihre Ratschläge nachzudenken, ihren Problemen mit Mitgefühl zu begegnen, ihr Fehler zu verzeihen oder auch von ihr empfohlene Produkte zu kaufen. Umgekehrt können diese Rollen auch zurückgewiesen werden: Wer stattdessen den Inhalt nüchtern analysiert, sich bewusst gegen ihn stellt oder gar feindselige Gefühle entwickelt, wird jedoch im Umkehrschluss kein dauerhafter Teil des Publikums werden.

Nun zeigen die Autoren unter der Überschrift *The Coaching of Audience Attitudes* (S. 219–220), dass die Einstellung des Publikums über viele Mechanismen beeinflusst wird. Es ist also nicht dem Zufall überlassen, wie die Situation wahrgenommen wird und welche Einstellung gegenüber der Persona besteht. Stattdessen kann anhand der Interaktion der Persona mit ihrem Publikum, ihrer Assistenz, ihren Gästen oder ihrer Reaktion auf Fanpost erlernt werden, welche Eigenschaften die Persona auszeichnen. Die ihr entgegengebrachte, idealerweise positive, Einstellung wird außerdem durch den hinter der Persona stehenden Menschen, dessen Presseagentur oder die Massenmedien selbst beeinflusst.

Horton und Wohl vertiefen den Rollengedanken weiter im Abschnitt *Conditions of Acceptance of the Para-Social Role by the Audience* (S. 220–221). Sie schreiben von expliziten und impliziten Bedingungen, die das Publikum akzeptieren muss, um Teil der Performance sein zu können. Dabei vertreten sie die Theorie, dass die Rolle eher erfolgreich angenommen werden kann, wenn ihre Beschreibung gut zum „normal self" des Publikums passt. Scheitert diese Identifikation, können Verwirrung, Ekel, Zorn oder Langeweile die Folge sein. Als typische Beispiele für Probleme werden genannt: zu anspruchsvolle Diskussionsrunden oder (ausländische) Filme, von Kindern rezipiertes Erwachsenenprogramm, nicht dem eigenen Geschlecht entsprechende Identifikationsangebote, mangelnde Empathie gegenüber Minderheiten oder Personen am Rande der Gesellschaft.

Im Abschnitt *Values of the Para-Social Role for the Audience* (S. 221–223) wird gefragt, welche Art Rollen für das Publikum akzeptabel sind. Dies hängt stark davon ab, welche Rollen ihm traditionell vermittelt worden sind. Das Einnehmen einer parasozialen Rolle birgt dabei die Möglichkeit, neue Rollenmöglichkeiten, soziale Mobilität oder auch Rollen zu erforschen, die aus Gründen des Alters sowie

sozialer oder kultureller Eigenschaften im realen Leben nicht oder nicht mehr
möglich sind. Außerdem kann durch parasoziale Rollen erlernt werden, welches
Verhalten etwa gegenüber einem anderen Geschlecht, Menschen von höherem
oder niedrigerem Status sowie bestimmter Tätigkeiten oder Berufe möglich ist.
Horton und Wohl sehen darin schon allein wegen der Häufigkeit derartiger Interaktionsangebote den wichtigsten Aspekt ihrer Theorie. Außerdem wird eine kompensatorische Funktion deutlich, da isolierte Menschen auf diesem Weg eine Form von
Geselligkeit erfahren können.

Der zuletzt genannte Aspekt wird im Folgeabschnitt *Extreme Para-Sociability*
(S. 223–226) vertieft und um eine pathologische Komponente erweitert. Diese liegt
dann vor, wenn parasoziale Beziehungen an die Stelle echter sozialer Teilhabe treten oder im Widerspruch zur Wirklichkeit stehen – so die Kernaussage dieses Absatzes. Als problematisch wird auch erachtet, wenn mangelndem Selbstwertgefühl,
fehlenden Perspektiven, Einsamkeit oder sexuellen Defiziten durch derartige Programme ein Eskapismusangebot gegenübergestellt wird. Dies wird insbesondere
am ausführlich diskutierten Beispiel des in den späten 1940er-Jahren populären
Radioprogramms *The Lonesome Gal* illustriert. In diesem Programm adressiert das
„einsame Mädchen" als virtuelle Freundin ihr vorrangig männliches Publikum, an
das sie sich mit einem betont zugewandten und zärtlichen Monolog richtet.

Im letzten Abschnitt *The Image as Artifact* (S. 226–229) weisen Horton und
Wohl auf die Paradoxie hin, dass der Wunsch nach intimer Nähe zu einer Persona
im Widerspruch dazu steht, dass sie im Endeffekt nur ein Konstrukt darstellt. Damit sie im Radio oder Fernsehen bestehen kann, müssen Abweichungen zwischen
der öffentlichen Wahrnehmung und dem tatsächlichen Privatleben verdeckt werden. Die Autoren erläutern, dass die parasoziale Beziehung zugleich das Bedürfnis
erklärt, über die Persona eines Stars hinweg Kontakt zur realen Person aufzunehmen. Über verschiedene Beispiele gelangen sie schließlich zur Schlussfolgerung
ihres Essays: Sie erläutern, dass die Beziehung einer realen Person zu einer Persona in vielerlei Hinsicht die gleiche Qualität wie echte soziale Beziehungen aufweist. Dies ist insbesondere dann der Fall, wenn die Persona im tatsächlichen sozialen Umfeld eines Menschen zum Gesprächsgegenstand wird.

3   Bezug zum Gesamtwerk der Autoren

Es ist nicht sonderlich ergiebig zu fragen, welche weitere Rolle der Text für das
Gesamtwerk der Autoren gespielt hat. Insbesondere Wohls früher Tod verhindert
eine weitere Auseinandersetzung mit dem Thema. Das bereits erwähnte, sich anschließende Essay von Horton und Strauss (1957) vertieft zwar das Thema, stellt

jedoch keine entscheidende Weiterentwicklung dar. Am Ende des hier diskutierten Textes formulieren Horton und Wohl jedoch Ideen für weitere Forschung. So nennen sie es einen „most rewarding approach to such phenomena" (S. 228), das von ihnen aufgeworfene Thema auf die Frage anzuwenden, wie parasoziale Interaktion in gewöhnliche soziale Aktivitäten integriert wird. Ein von ihnen genannter Anknüpfungspunkt besteht nicht nur im Fernsehprogramm, sondern auch im Sport. Dort sei die Ansicht weit verbreitet, dass das Publikum passiv sei – eine These, die Horton und Wohl stattdessen durch eine interaktionistische Perspektive erweitern wollten. Außerdem stellen sie die Frage, wie Millionen von Menschen die angebotenen Personae sowie die personenzentrierten Programme in ihr Leben integrieren. Ein weiterer aufgeworfener Aspekt liegt darin zu betrachten, wie dieser Prozess die Handlungen und Einstellungen des Publikums beeinflusst. Der folgende Absatz zeigt, dass diese Gedanken auch ohne das Zutun der Autoren zu lebhaft diskutierten Gegenständen weiterer Forschung geworden sind.

4   Wirkungsgeschichte/Kritik

4.1   Die Entwicklung im 20. Jahrhundert

Horton und Wohls heute zum Standardrepertoire der Medien- und Wirkungsforschung zählender Entwurf stieß zunächst – man muss es so deutlich schreiben – auf keinerlei Resonanz. Niemand identifiziert ihn als jenen Meilenstein „voller exzellenter analytischer Gedanken" (Hartmann 2017, S. 109) oder gar als „Maßstab in der Konzeptualisierung parasozialer Interaktionen und Beziehungen" (ebd.), als der er heute anerkannt ist. Stattdessen interessiert sich außer den Autoren anderthalb Jahrzehnte niemand für deren Idee. Wie Liebers und Schramm (2017, S. 9) herausarbeiten, führt erst das Aufkommen der Forschung zu Uses and Gratifications einen Umschwung herbei. Die Kommunikationswissenschaftler Karl Erik Rosengren und Sven Windahl (1972) identifizieren parasoziale Interaktion als dazu passende Theorie und tragen so wesentlich zu ihrer Verbreitung bei. In den folgenden Jahren wird das Konzept schließlich auch Gegenstand empirischer Forschung. So legt Levy (1979) eine auf Nachrichtensprecher bezogene Pionierstudie vor. Darin kann er zeigen, dass parasoziale Beziehungen im Leben älterer Menschen an Wichtigkeit zunehmen.

Die Empiriefähigkeit des Konzepts nimmt weiter an Fahrt auf, als Rubin, Perse und Powell (1985) ihre bis heute in Gebrauch befindliche und immer wieder abgewandelte *Parasocial-Interaction-Scale* präsentieren. Damit liegt endlich auch ein empirisches Instrument vor, das für eine Vielzahl von Szenarien angepasst werden kann. Das Thema bleibt bis Mitte der 1990er-Jahre in der Forschung präsent, jedoch ohne die heutige Wucht zu entfalten. In dieser Zeit verbreitert sich das Verständnis der Persona: So geraten auch Figuren aus Seifenopern (Perse und Rubin 1989) oder Sitcoms (Auter 1992) in den Fokus. Im deutschsprachigen Raum ist ein von Vorderer (1996) herausgegebener Sammelband bemerkenswert, der Theorie und Empirie gleichermaßen abbildet. Gleich (1997) gelingt ein Jahr später eine viel zitierte Dissertation, die die Parasocial-Interaction-Scale für den deutschsprachigen Raum erschließt. Insgesamt ist das Thema in deutscher Sprache mittlerweile exzellent dokumentiert, unter anderem dank der bereits zitierten Lehrbücher bzw. Überblickswerke von Hartmann (2017) sowie von Liebers und Schramm (2017). Letzteren gebührt der Verdienst, unter dem Titel *60 Jahre Forschung zu parasozialen Interaktionen und Beziehungen* die *Steckbriefe von 250 Studien* (so der Untertitel) zusammengetragen und ausgewertet zu haben.

Diese enorme Zahl von Folgestudien macht es unmöglich, sämtliche Befunde an dieser Stelle abzubilden. Wie Liebers und Schramm (2017, S. 30–31) darlegen, hat deren Anzahl pro Jahr darüber hinaus stetig zugenommen. Als Resümee aus der Betrachtung all dieser Studien bündeln die Autorin und der Autor die Befunde zu übergreifenden Strängen (S. 42–47). Demnach liegen detaillierte Befunde dazu vor, welche Faktoren auf Seiten des Publikums oder der auftretenden Mediencharaktere parasoziale Phänomene begünstigen, welche zusätzlichen Phänomene damit einhergehen und welche Wirkungen durch sie vermittelt bzw. beeinflusst werden.

4.2   Kritik

Bei allem Erfolg muss die von Horton und Wohl angestoßene Forschung zu parasozialen Beziehungen an mancher Stelle kritisch hinterfragt werden. Ein Kritikpunkt ist zunächst in der Art und Weise zu sehen, wie das Konzept in der Forschung adaptiert worden ist. Obwohl die Begriffe parasoziale Interaktion und parasoziale Beziehung längst üblich sind, meinen längst nicht alle Veröffentlichungen dasselbe, wenn sie diese Termini gebrauchen. Die Begriffsintension (was damit gemeint ist) und die Begriffsextension (worauf es sich bezieht) können also graduell abweichen. Die Wurzel dieses Problems ist in gewisser Weise schon im Urtext zu suchen, der definitorische Defizite aufweist und die beiden Begriffe nicht so präzise voneinander abgrenzt, wie dies eigentlich wünschenswert wäre. Vermutlich macht sich hier die ausgebliebene Fortschreibung der Forschungsidee durch ihre Väter bemerkbar, denn dies hätte vermutlich zu einer Konkretisierung geführt.

Darüber hinaus ist anzumerken, dass viele Texte (dieser eingeschlossen) Folge-studien zu Horton und Wohl als gleichermaßen bewiesene wie gegebene Tatsachen darstellen. Dabei gerät häufig aus dem Blick, dass es sich – um es salopp auszudrü-cken – um ein Sammelsurium von Befunden handelt, die meistens auf einen sehr konkreten, aber doch anderen Gegenstand gerichtet sind. Ob dieser Gegenstand (z. B. parasoziale Beziehungen zu Harry Potter) zwangsläufig für alle Gegenstände (in diesem Fall: parasoziale Beziehungen zu Romanfiguren an sich) stehen kann – ob die Forschung also generalisierbar ist – darf jedoch bezweifelt werden.

Verschärft wird dieses Problem durch das oft stark voneinander abweichende Design der vorhandenen Studien. Zwar existieren verbindende Elemente wie die bereits genannte Parasocial-Interaction-Scale, die sich oft in Studien findet und so eine gewisse Vergleichbarkeit der Ergebnisse ermöglicht. Andere Parameter kön-nen jedoch stark schwanken: Handelt es sich beispielsweise um ein quantitatives Design (was eher auf die Prüfung von Hypothesen hindeutet) oder um ein qualita-tives Design (was eher der Exploration und Bildung von Hypothesen dient)? Be-zieht sich die Studie sehr stark auf einen spezifischen kulturellen Kontext, außer-halb dessen Medienrezeption einer anderen Logik folgt? Handelt es sich um eine Theorieschrift, ein Essay (wie Horton und Wohl 1956) oder wird stattdessen mit eigenen oder durch andere erhobene Daten gearbeitet? Welche weiteren Theorien werden ergänzend herangezogen? Und schließlich: Wie sehr unterscheiden sich bei empirischen Projekten die Grundgesamtheiten und Stichproben? All diese Parame-ter zeigen, dass Forschung zu parasozialen Phänomenen oft nicht auf der gleichen Basis beruht und dementsprechend sorgsam kontextualisiert werden muss.

4.3   PSI und PSB im digitalen Zeitalter

Abseits der dargestellten Kritik ist festzuhalten, dass das Grundkonzept gerade auch wegen seiner Interpretierbarkeit erfolgreich ist und ständig neue Befunde aus aller Welt hervorbringt. Mit Blick auf digitale Medien hat Horton und Wohls Bei-trag geradezu zwangsläufig den Sprung in die Gegenwart geschafft. Dies liegt un-ter anderem daran, dass die Idee der Persona abstrakt genug ausfällt, um immer neue Charaktere oder Wesen, seien sie real oder fiktional, aufzunehmen. Ein besonders nahe liegendes Beispiel stellen Avatare dar, also künstliche Personen oder Figuren, die von Menschen in virtuellen Umgebungen wie Computerspielen als digitale Repräsentationen ihrer selbst genutzt werden. Der ursprünglich durch den Science-Fiction-Schriftsteller Neal Stephenson (1992) popularisierte Begriff wird heute genutzt, um jede erdenkliche Form von Avataren zu beschreiben – seien es aufwändig animierte 3D-Figuren, Bilder oder auch Icons.

Wie Hartmann, Klimmt und Vorderer (2001) am Beispiel der Computerspielfigur Lara Croft zeigen, ähnelt die Intensität einer parasozialen Beziehung zu Avataren jener zu Zeichentrickfiguren. In Computerspielen wird Avataren beispielsweise von Chung und Kim (2009) eine wichtige Rolle beim Entstehen des Erlebens von Präsenz zugesprochen. Wer ihnen beim Gaming Empathie entgegenbringen kann, erlebt auch Präsenz im Spiel intensiver. Dies wiederum begünstigt die dabei stattfindende PSI. Für Avatare in verschiedenen Spielen liegen fallbezogene Erkenntnisse vor, etwa für Second Life (Jin 2010) oder World of Warcraft (Banks und Bowman 2016a). Auch einzelne Genres wurden bereits betrachtet, etwa Massively Multiplayer Online Games (Banks und Bowman 2016b) oder romantische Computerspiele (Song und Fox 2016).

Das Konzept der parasozialen Interaktion und Beziehung bietet so die Chance, in Gestalt der Gaming-Industrie einen popkulturell hochgradig relevanten Markt besser zu verstehen und einzuordnen. Der Konnex zwischen parasozialen Prozessen und Avataren erschließt jedoch auch andere Anwendungen. So wurde in Bezug auf den Wissens- und Kompetenzerwerb deutlich, dass dieser in digitalen Lernumgebungen durch Avatare positiv begleitet werden kann. So weist Jin (2011) nach, dass mit einer steigenden PSI auch eine positivere Bewertung der digitalen Umgebung an sich sowie ein höheres Vergnügen bei der Nutzung einhergehen. Luo, McGoldrick, Beatty und Keeling (2006) haben hingegen gezeigt, wie Avatare auf kommerziellen Webseiten durch ihr Design Vertrauen und Kaufentscheidungen beeinflussen. Es ist davon auszugehen, dass die Interaktion und Beziehung mit und zu Avataren auch in Zukunft viele weitere Studien hervorbringen wird.

Obwohl der hier vorgestellte Forschungsstrang durch das Aufkommen der Digitalisierung, des World Wide Webs sowie sozialer Netzwerke und Plattformen viele neue Impulse erfährt, können aktuelle Studien stets auf den reichen Fundus von Projekten aus der prädigitalen Ära zurückgreifen. Bereits vorhandene Skalen und Konstrukte werden dabei an hinzugekommene Themen angepasst. Ein Beispiel ist das in den letzten Jahren aufgekommene Phänomen des Binge-Watchings. Dabei werden gleich mehrere Folgen von TV-Serien hintereinander über Online-Streaming-Dienste wie Netflix bezogen. Dies ermöglicht ein intensives Abtauchen in die Welt fiktionaler Charaktere und dementsprechend starke parasoziale Erlebnisse. Hinzukommende Forschung zu diesem Thema (vgl. Godulla 2019) baut dabei auf den bereits genannten Erkenntnissen zu Seifenopern und Sitcoms auf. Neue Rezeptions-, Produktions- oder Distributionsroutinen können also iterativ in das bereits etablierte Forschungsprogramm integriert werden.

Während es sich bei Serienfiguren und Avataren in der Regel um fiktionale Konstrukte handelt, bieten sich im Umkehrschluss natürlich auch parasoziale Prozesse mit realen Personen als lohnende Betrachtungsobjekte an. Diese altbekannte Thematik wird im digitalen Zeitalter häufig auf soziale Netzwerke und Plattformen wie Facebook (wegen dessen Verbreitung), Twitter (wegen dessen besonders guter Untersuchbarkeit) oder Instagram und YouTube (wegen der dort anzutreffenden Betonung der visuellen Komponente) übertragen. Bei entsprechender Diffusion ist von einer steten Erweiterung dieser Perspektive auszugehen, etwa hin zu Angeboten wie TikTok. Naheliegende Beispiele für relevante Fragen wären die Wahrnehmung der Glaubwürdigkeit und zwischenmenschlichen Attraktivität von Menschen, die sich für politische Ämter bewerben (u. a. Powell et al. 2011), Motive für das Verfolgen der Social-Media-Aktivitäten von Sporttreibenden (u. a. Frederick et al. 2012) oder generell die Frage, mit welchen Themen sich Stars auf Twitter inszenieren (Stever und Lawson 2013).

Als bedeutsamer Kulminationspunkt haben sich in diesem Zusammenhang parasoziale Prozesse mit sogenannten Social-Media-Influencern herausgebildet. Bekanntlich handelt es sich dabei um Personen, die Faktoren wie Präsenz und Reputation in sozialen Netzwerken nutzen, um dort Produkte, Lebensstile oder weltanschauliche Ideen zu bewerben. Wie Lou und Kim (2019) zeigen, unterscheiden sich Influencer jedoch in vielerlei Hinsicht von jenen Medienfiguren, die Horton und Rogers im Urtext adressieren. Wie aus ihrer Studie hervorgeht, können Influencer durchaus in eine direkte Kommunikation mit ihrem Publikum eintreten. Demnach gehen Jugendliche mit jenen Influencern parasoziale Beziehungen ein, die ihren materiellen Ansichten entsprechen. Dies wirkt sich wiederum positiv auf die Absicht aus, von diesen Influencern beworbene Produkte zu kaufen.

In Einklang dazu schreibt Lueck (2015) mit Blick auf die Social-Media-Aktivitäten der US-Unternehmerin Kim Kardashian von parasozialer Werbung und empfiehlt Unternehmen daher ausdrücklich deren Einsatz. Hwang und Zhang (2018) argumentieren in eine ähnliche Richtung, können jedoch zugleich nachweisen, dass das Wissen um eine angestrebte Persuasion durch Influencer die Bereitschaft des Publikums senkt, durch sie beworbene Produkte zu erwerben oder selbst in sozialen Netzwerken auf sie hinzuweisen. Interessanterweise wird dieser aus Sicht von Unternehmen negative Effekt durch eine parasoziale Beziehung zu dem betreffenden Influencer wiederum reduziert.

So wie Horton und Wohl gleichermaßen positive wie pathologische Aspekte parasozialer Prozesse annahmen, wird diese Position häufig auch mit Blick auf das Leben in der digitalen Gesellschaft vertreten. Beispiele wären die Covid-19-Pandemie oder das kontinuierliche Arbeiten an einem weit von Zuhause entfernten Ort: Wie Jarzyna (2020) beobachtet, mangelt es Betroffenen unter diesen Bedingungen – abgesehen von E-Mails oder Videotelefonaten – oft an Chancen und Gelegenheiten zur Pflege sozialer Beziehungen. Parasoziale Interaktion vermag hier eine kompensatorische Funktion einzunehmen, da die Nutzung von Social Media oder die einseitige Interaktion mit Charakteren aus TV-Sendungen das Wohlbefinden von Menschen steigern kann – zumindest, solange sie nicht reale Beziehungen auf diese Weise ersetzen. In eine ähnliche Richtung deuten Baek et al. (2013), die in einer Studie zum Wohlergehen in sozialen Netzwerken nachweisen, dass Einsamkeit die Abhängigkeit von einer parasozialen Beziehung zu einer prominenten Person wahrscheinlicher macht. Dies wiederum begünstigt insgesamt die Sucht nach sozialen Netzwerken. Zugleich zeigt die Studie, dass die soziale Kommunikation zwischen dort aktiven Nutzenden positive Effekte hat und der Abhängigkeit von parasozialer Kommunikation entgegenwirkt.

Da parasoziale Interaktion im Prinzip mit jeder Form von Persona möglich ist, kann sie als Forschungsthema nahezu alle medial vermittelten Angebote inkludieren. Es handelt sich also um ein Querschnittsthema, das alle aktuellen und vermutlich auch zukünftigen Bereiche der Kommunikationswissenschaft berührt. Die bereits von Horton und Wohl angedeutete Erforschbarkeit parasozialer Prozesse mit fiktionalen Figuren hat sich dabei längst etabliert und wird nicht mehr in Frage gestellt. Es handelt sich daher um einen hochgradig interdisziplinären Forschungszugang, der immer neue Einzelbefunde hervorbringen wird.

Literatur

Auter, P. J. (1992). TV that talks back: An experimental validation of a parasocial interaction scale. *Journal of Broadcasting & Electronic Media 36*(2), S. 173–181. https://doi.org/10.1080/08838159209364165

Baek, Y. M., Bae, Y., & Jang, H. (2013). Social and parasocial relationships on social network sites and their differential relationships with users' psychological well-being. *Cyberpsychology, Behavior, and Social Networking 16*(7), S. 512–517. https://doi.org/10.1089/cyber.2012.0510

Banks, J., & Bowman, N. D. (2016a). Avatars are (sometimes) people too: Linguistic indicators of parasocial and social ties in player-avatar relationships. *New Media & Society 18*(7), S. 1257–1276. https://doi.org/10.1177/1461444814554898

Banks, J., & Bowman, N. D. (2016b). Emotion, anthropomorphism, realism, control: Validation of a merged metric for player-avatar interaction (PAX). *Computers in Human Behavior 54*(1), S. 215–223. https://doi.org/10.1016/j.chb.2015.07.030

Chung, D., & Kim, C. H. (2009). Causal Links of Presence. In J. A. Jacko (Hrsg.), *Human-Computer Interaction. Interacting in Various Application Domains* (S. 279–286). Berlin, Heidelberg: Springer.

Frederick, E. L., Lim, C. M., Clavio, G., & Walsh, P. (2012). Why we follow: An examination of parasocial interaction and fan motivations for following athlete archetypes on twitter. *International Journal of Sport Communication 5*(4), S. 481–502. https://doi.org/10.1123/ijsc.5.4.481

Gleich, U. (1997). *Parasoziale Interaktionen und Beziehungen von Fernsehzuschauern mit Personen auf dem Bildschirm: ein theoretischer und empirischer Beitrag zum Konzept des aktiven Rezipienten.* Landau: Verlag Empirische Pädagogik.

Godulla, A. (2019). Geliebtes Monster. Die Bedeutung und Wirkung parasozialer Beziehungen im Quality-TV. *Communicatio Socialis 52*(4), S. 431–444. DOI: https://doi.org/1 0.5771/0010-3497-2019-4-431

Hartmann, T. (2017). *Parasoziale Interaktion und Beziehungen.* 2., aktualisierte Auflage. Baden-Baden: Nomos. https://doi.org/10.5771/9783845285276-1

Hartmann, T., Klimmt, C., & Vorderer, P. (2001). Avatare: Parasoziale Beziehungen zu virtuellen Akteuren. *Medien & Kommunikationswissenschaft 49*(3), S. 350–368. https://doi.org/10.5771/1615-634x-2001-3-350

Horton, D., & Strauss, A. (1957). Interaction in audience-participation shows. *The American Journal of Sociology 62*(6), S. 579–587. https://doi.org/10.1086/222106

Horton, D., & Wohl, R.R. (1956). Mass communication and para-social interaction: Observations on intimacy at a distance. *Psychiatry: Interpersonal and Biological Prozesses 19*(3), S. 215–229. https://doi.org/10.1080/00332747.1956.11023049

Hwang, K., & Zhang, Q. (2018). Influence of parasocial relationship between digital celebrities and their followers on followers' purchase and electronic word-of-mouth intentions, and persuasion knowledge. *Computers in Human Behaviour 87*(10). https://doi.org/10.1016/j.chb.2018.05.029

Jarzyna, C.L. (2020). Parasocial Interaction, the COVID-19 Quarantine, and Digital Age Media. *Human Arenas.* https://doi.org/10.1007/s42087-020-00156-0

Jin, S.-A. A. (2010). Parasocial interaction with an avatar in second life: A typology of the self and an empirical test of the mediating role of social presence. *Presence 19*(4), S. 331–340. https://doi.org/10.1162/PRES_a_00001

Jin, S.-A. A. (2011). Leveraging avatars in 3D virtual environments (second life) for interactive learning: The moderating role of the behavioral activation system vs. behavioral inhibition system and the mediating role of enjoyment. *Interactive Learning Environments 19*(5), S. 467–486. https://doi.org/10.1080/10494820903484692

Levy, M. R. (1979). Watching TV news as parasocial interaction. *Journal of Broadcasting 23*(1), S. 177–187. https://doi.org/10.1080/08838157909363919

Liebers, N., & Schramm, H. (2017). *60 Jahre Forschung zu parasozialen Interaktionen und Beziehungen. Steckbriefe von 250 Studien.* Baden-Baden: Nomos. https://doi.org/10.5771/9783845276519

Lou, C., & Kim, H. K. (2019). Fancying the New Rich and Famous? Explicating the Roles of Influencer Content, Credibility, and Parental Mediation in Adolescents' Parasocial Relationship, Materialism, and Purchase Intentions. *Frontiers in Psychology 10*(2567). https://doi.org/10.3389/fpsyg.2019.02567

Lueck, J. A. (2015). Friend-zone with benefits: The parasocial advertising of Kim Kardashian. *Journal of Marketing Communications 21*(2), S. 91–109. https://doi.org/10.108 0/13527266.2012.726235

Luo, J. T., McGoldrick, P., Beatty, S., & Keeling, K. A. (2006). On-screen characters: Their design and influence on consumer trust. *Journal of Services Marketing 20*(2), S. 112–124. DOI https://doi.org/10.1108/08876040610657048

Parry, R. (2011). *The Ascent of Media: From Gilgamesh to Google via Gutenberg.* London, Boston: Nicholas Brealey Publishing.

Perse, E. M., & Rubin, R. B. (1989). Attribution in social and parasocial relationships. *Communication Research 16*(1), S. 59–77. https://doi.org/10.1177/009365089016001003

Powell, L., Richmond, V. P., & Williams, G. C. (2011). Social networking and political campaigns: Perceptions of candidates as interpersonal constructs. *North American Journal of Psychology 13*(2), S. 331–342.

Rosengren, K. E., & Windahl, S. (1972). Mass media consumption as a functional alternative. In D. McQuail (Hrsg.), *Sociology of mass communications* (S. 166–194). Hamondsworth: Penguin.

Rubin, A. M., Perse, E. M., & Powell, R. A. (1985). Loneliness, parasocial interaction, and local television news viewing. *Human Communication Research 12*(2), S. 155–180. https://doi.org/10.1111/j.1468-2958.1985.tb00071.x

Song, W., & Fox, J. (2016). Playing for love in a romantic video game: Avatar identification, parasocial relationship, and Chinese women's romantic beliefs. *Mass Communication and Society 19*(2), 197–215. https://doi.org/10.1080/15205436.2015.1077972

Stephenson, N. (1992). Snow Crash. New York: Bantam Books.

Stever, G. S., & Lawson, K. (2013). Twitter as a way for celebrities to communicate with fans: Implications for the study of parasocial interaction. *North American Journal of Psychology 15*(2), S. 339–354.

Vorderer, P. (Hrsg.) (1996). *Fernsehen als "Beziehungskiste". Parasoziale Beziehungen und Interaktionen mit TV-Personen.* Opladen: Westdeutscher Verlag.

The Structure of Foreign News

von Johan Galtung und Mari Holmboe Ruge (1965)

Matthias Degen

Zusammenfassung

Wie wählen Nachrichtenmedien aus, worüber sie berichten? Dieser Frage versuchen Nachrichtenwertforschende seit vielen Jahren auf den Grund zu gehen. Die Nachrichtenwertforschung ist eine der traditionsreichsten Forschungsrichtungen der Journalismusforschung, die bis zum heutigen Tag aktuell ist. Begründet wurde sie bereits in den 1920er-Jahren von Walter Lippmann, internationale Bekanntheit erfuhr sie durch Johan Galtung und Mari Holmboe Ruge, die 1965 eine Liste von Nachrichtenfaktoren entwickelten und diese empirisch überprüften. Es folgten unzählige empirische Untersuchungen zu diesem Thema, die sich an einer Weiterentwicklung der Theorie versuchten. Der vorliegende Beitrag gibt einen Überblick über die Entwicklungsgeschichte der Nachrichtenwertforschung und skizziert, was Forschende heutzutage an der Thematik interessiert.

Schlüsselwörter

Johan Galtung · Nachrichtenfaktoren · Nachrichtenwert · Nachrichtenauswahl · Journalismus

M. Degen (✉)
Westfälische Hochschule, Gelsenkirchen, Deutschland
E-Mail: matthias.degen@w-hs.de

© Der/die Autor(en), exklusiv lizenziert an Springer Fachmedien
Wiesbaden GmbH, ein Teil von Springer Nature 2022
R. Spiller et al. (Hrsg.), *Schlüsselwerke: Theorien (in) der Kommunikationswissenschaft*, https://doi.org/10.1007/978-3-658-37354-2_3

1 Kurzbiografie

Johan Galtung wird 1930 in Oslo geboren. In seiner Geburtsstadt studiert er Mathematik und Soziologie und wird in beiden Fächern promoviert. Galtung gilt als Begründer der Friedensforschung. So gründet er nach seinem Studium 1959 das *Peace Research Institute Oslo (PRIO)* und leitet dieses bis 1969. Daneben etabliert er 1964 das *Journal of Peace Research*. Er ist Autor und Co-Autor von über 170 Büchern und verfasst über 1700 Artikel und Buchkapitel zum Thema Friedensforschung und -arbeit (TRANSCEND International 2020). Sein Forschungsfokus liegt zudem auf dem von ihm selbst geschaffenen Begriff des „Friedensjournalismus". Im Zuge dessen veröffentlicht er zusammen mit Mari Holmboe 1965 den berühmten Artikel „The Structure of Foreign News". Dieses Werk ist Ursprung für unzählige Arbeiten und Analysen im Bereich der Nachrichtenwertforschung (Maier et al. 2010, S. 35).

In den vergangenen Jahrzehnten hatte Galtung Professuren auf der ganzen Welt inne, unter anderem an Universitäten in Oslo, Berlin, Buenos Aires, Kairo und New York City (TRANSCEND International 2020). Er trägt insgesamt zehn Ehrendoktortitel, der bis heute letzte wurde ihm 2017 von der Universität Madrid verliehen (Galtung-Institut 2017). Neben seiner Arbeit als Professor fungiert er als Vermittler und Berater in über 150 internationalen Konflikten. Im Jahr 1993 gründet er dazu das Netzwerk *TRANSCEND International*, ein globales Netzwerk für Frieden, Entwicklung und die Erhaltung der Umwelt. Mit der *TRANSCEND Peace University* folgt im Jahr 2000 die Gründung der ersten Online-Universität für Friedensforschung weltweit (TRANSCEND International 2020). Für sein Engagement für den Frieden wird ihm unter anderem 1987 der Right Livelihood Award (Alternativer Nobelpreis) verliehen. 2016 wird er außerdem für den Friedensnobelpreis nominiert (Galtung-Institut 2016).

Mari Holmboe Ruge wird 1934 in Halmar geboren und studiert Soziologie und Politikwissenschaften in Oslo. Galtung lernt sie über ihren Ehemann Herman kennen. Daraufhin arbeitet sie seit der Gründung des *Peace Research Institute Oslo* als Assistentin von Galtung. Für den berühmten gemeinsamen Artikel zur Nachrichtenwertforschung führt Ruge die Inhaltsanalyse der ausgewählten Zeitungsartikel durch. Im Jahr 1968 wechselt sie ihren Beruf und ist danach als Beamtin im norwegischen Industrie-Ministerium tätig. Ihr Engagement für die Friedensarbeit führt sie von da an privat weiter (Maier et al. 2010, S. 35).

2   Inhalt des Textes

Johan Galtung und Mari Ruge legen mit ihrem Artikel „The Structure of Foreign News" im Jahr 1965 den Grundstein für unzählige Forschungsarbeiten im Bereich der Nachrichtenwerttheorie. Sie sind nicht die ersten, die sich mit Nachrichtenwerten beschäftigten, aber die ersten, die versuchen, ihre Annahmen mit einer Inhaltsanalyse empirisch zu überprüfen.

Galtungs und Ruges Annahmen stützen sich auf eine Unterteilung in sogenannte „Topdog"- (u. a. Frankreich, USA) und „Underdog"-Nationen (u. a. Kongo, Kuba), die die öffentliche Wahrnehmung bestimmen. Diese basiert auf Instanzen, die für die Formung des Weltbildes verantwortlich sind. Als einige der wichtigsten Former des Weltbildes identifizieren sie die Medien, die mit ihren Nachrichten die öffentliche Meinung beeinflussen. Daher versuchten sie herauszufinden, wie aus Ereignissen, die irgendwo auf der Welt geschehen, Nachrichten entstehen und stellten die Grundannahme auf, dass es eine Reihe von Nachrichtenfaktoren (news factors) gebe, die die Berichterstattung über Ereignisse im Ausland beeinflussen (Galtung und Ruge 1965, S. 64–65).

2.1   Die Theorie

Um eine Theorie aus ihrer Annahme zu bilden, behalfen sich Galtung und Ruge mit der Radio-Metapher, durch die sie eine Theorie aus der menschlichen Wahrnehmungspsychologie mit der Nachrichtenauswahl verbinden:

Sie vergleichen dabei die Ereignisdichte auf der Welt mit einer großen Menge an Rundfunkstationen. Jedes Ereignis, das auf der Welt stattfindet – das kann auch eine Person sein, die einschläft – steht für eine bestimmte Wellenlänge, die ein Radio empfangen kann. Aus der Menge der Ereignisse, die jeden Tag auf der Welt passieren, entsteht ein „Rauschen", vergleichbar mit dem Rauschen eines Radios, das nicht genau auf der Wellenlänge eines Senders gestellt ist. Um etwas erfassen und verstehen zu können, müssen einzelne Wellenlängen (Nachrichten) ausgewählt werden (ebd., S. 65). Aus dieser Metapher leiten Galtung und Ruge insgesamt zwölf Nachrichtenfaktoren auf heuristische Weise ab, die relevant für die Nachrichtenauswahl sind (ebd., S. 65–71) (Abb. 1):

Die ersten acht Faktoren bezeichnen Galtung und Ruge als kulturungebunden. Das bedeutet, dass sie für die Nachrichtenauswahl relevant sind, egal in welchem Kulturkreis man sich befindet. Die Faktoren neun bis zwölf sind dagegen kulturgebunden und vor allem auf den nordwestlichen Kulturkontext ausgelegt (ebd., S. 68).

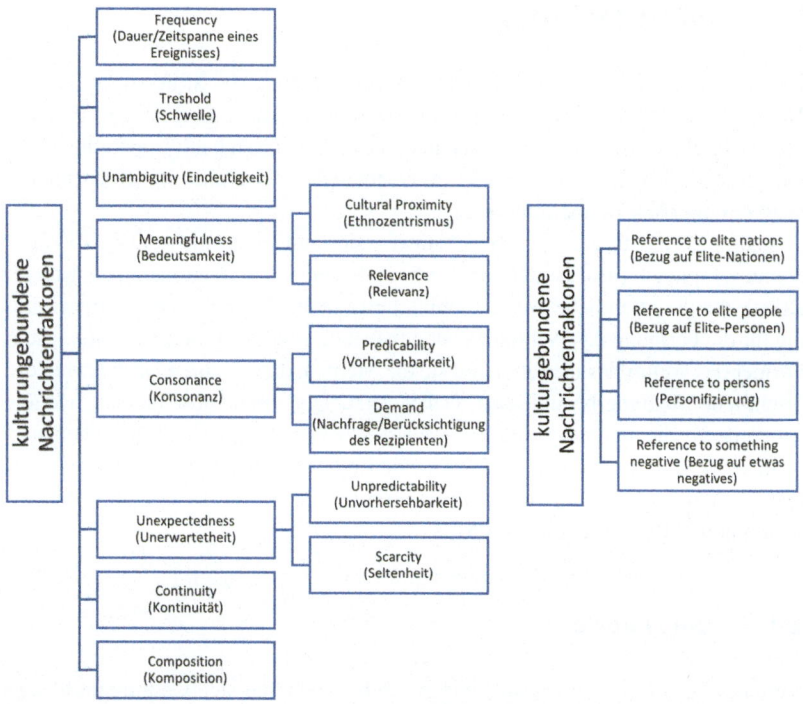

Abb. 1 Übersicht über die Nachrichtenfaktoren (eigene Darstellung in Anlehnung an Galtung und Ruge 1965, S. 65–71)

Diese Faktoren stehen aber laut Theorie nicht allein für sich. Alle Nachrichtenfaktoren stehen demnach in Wechselbeziehungen zueinander, wozu Galtung und Ruge drei Annahmen aufstellten:

1. Je mehr der genannten Kriterien von einem Ereignis erfüllt werden, desto wahrscheinlicher ist es, dass es in die Berichterstattung aufgenommen wird (Auswahl).
2. Sobald ein Ereignis ausgewählt wurde, werden die Merkmale hervorgehoben, die dessen Nachrichtenwert ausmachen (Verzerrung).
3. Sowohl der Auswahlprozess als auch der Prozess der Verzerrung ist in allen Schritten der Kette der Nachrichtenvermittlung vorhanden; vom Ereignis und der ersten Vermittlung bis zum Publikum einer Zeitung (Replikation).
   (ebd., S. 72)

Ausgehend von diesen drei Annahmen entwickeln Galtung und Ruge drei Hypothesen über die Wechselwirkung der verschiedenen Nachrichtenfaktoren:

1. Additivitätshypothese
   Je höher die Punktzahl (Erfüllung von Faktoren) eines Ereignisses, desto höher die Wahrscheinlichkeit, dass es zu einer Nachricht wird oder sogar zu einer Schlagzeile.
   Die Additivitätshypothese sah das Forscherpaar als selbstverständlich an, deswegen beziehen Galtung und Ruge sie nicht in ihre empirische Prüfung ein. Sie stellen aber einige Faktorenpaare auf, die nach ihrer Ansicht dafür sorgen, dass Ereignisse eher in die Nachrichten übernommen werden:
   * Elite-Personen in Elite-Nationen
   * Negative Nachrichten in Beziehung zu Elite-Nationen (z. B. Großmacht-konflikte)
   * Negative Nachrichten in Beziehung zu Elite-Personen (z. B. Machtkämpfe)
   * Negative Nachrichten in Beziehung zu Persönlichkeiten (z. B. Skandale)
2. Komplementaritätshypothese
   Erfüllt ein Ereignis einen oder mehrere Faktoren nicht oder nur wenig, kann dies durch die Erfüllung von anderen Faktoren ausgeglichen werden.
3. Exklusionshypothese
   Wenn auf ein Ereignis keine oder wenige Faktoren zutreffen, wird nicht darüber berichtet.
   (ebd., S. 71 f.)

2.2   Die Untersuchung

Ihre Hypothesen testen Galtung und Ruge anhand der vier Nachrichtenfaktoren Elite-Personen, Elite-Nationen, Negativismus und kulturelle Nähe mithilfe einer Inhaltsanalyse. Sie untersuchen Nachrichten in vier (ausschließlich norwegischen) Zeitungen. Dabei handelt es sich um Nachrichten über die Kuba-Krise, die Kongo-Krise und die Zypern-Krise. Die analysierten Nachrichten zur Kuba-Krise stammen aus dem Jahr 1960, also vor der Eskalation der Kuba-Krise zum Kalten Krieg zwischen den USA und der Sowjetunion. Grund für die Auswahl der Krisen ist die Rollenverteilung von Nationen, die beteiligt waren und die in das Schema von „Underdog-Nationen" und „Topdog-Nationen" passen (ebd., S. 72 f.).

Durch die Ergebnisse der Inhaltsanalyse bestätigten Galtung und Ruge folgende Hypothesen:

- Je weiter die Nation entfernt ist, desto höher ist die Tendenz zur Berichterstattung über Elite-Personen.
- Je niedriger der Rang einer Person ist, desto negativer muss ein Ereignis sein, damit über diese Person berichtet wird.
- Je weiter kulturell entfernt das Ereignis ist, desto relevanter muss das Ereignis sein.

   (ebd., S. 80–83)

Dies führt Galtung und Ruge zur Schlussfolgerung, dass ihre Hypothesen generell zutreffend sind. Für die anschließende Forschung schlagen sie daraufhin noch einige weitere Faktorenpaare zur Untersuchung vor. Insgesamt ergeben sich aus ihren Nachrichtenfaktoren 66 bivariate Paarungsmöglichkeiten.

Neben ihrem Hypothesentest warnen Galtung und Ruge vor einer durch diese Nachrichtenfaktoren gesteuerte Berichterstattung, da sich diese verzerrend auf das Weltbild des Publikums auswirken könne. Unter anderem erkennen sie, dass Ereignisse aus Nationen mit niedrigem internationalem Rang besonders negativ behaftet und unerwartet sein müssen, um berichtenswert zu sein. Dies schaffe ein Bild dieser Länder als gefährlich oder, dass sie zum Beispiel von launischen Eliten regiert werden. Negative Ereignisse treten dort wie Blitze ohne weiteren Kontext oder Vorberichterstattung auf. Dies führe zu einer Berichterstattung über solche Nationen aus der Sicht von Elite-Nationen; es finde kein Hineinversetzen in Underdog-Nationen statt. Stattdessen existiere eine Tendenz zur Vereinfachung von Sachverhalten. Dies und die kulturelle Distanz zu Underdog-Nationen führe zu einem vereinfachten und primitiven Bild dieser Länder (ebd., S. 83–85).

3   Bezug zum Gesamtwerk des Autors

Da Galtung und Ruge nicht aus der Journalismus- oder Kommunikationsforschung kommen, verorten sich ihre vorangegangenen Forschungsarbeiten thematisch zu weit von der Nachrichtenwerttheorie, um hier Erwähnung zu finden. Deswegen wird nachfolgend auf die Nachrichtenwertforschung eingegangen, die bereits vor Galtung und Ruge existierte. Sie sind zwar die ersten, die die Idee von Nachrichtenwerten empirisch mit ihrer Inhaltsanalyse belegen, aber bereits vor ihrer zentralen Veröffentlichung beschäftigt sich die Wissenschafts-Community mit diesem Theorieansatz.

Lippmann – Public Opinion (1922)

Der Ursprung der Nachrichtenwertforschung findet sich beim amerikanischen Journalisten Walter Lippmann, der im Jahr 1922 sein Buch „Public Opinion" veröffentlicht. Dort beschreibt er den Einfluss der Medien für die öffentliche Meinungsbildung und geht dabei auch auf die Nachrichtenauswahl durch Journalisten ein.

Lippmann ist der Erste, der den Begriff „news value" verwendet und beschreibt den enormen Druck für Journalisten, Nachrichten zu bringen, die gleichzeitig einen hohen Nachrichtenwert aufweisen und dem Publikum zusagen. Daher hält er es für unerlässlich, über ein redaktionelles System zu verfügen. Ohne eine Standardisierung in der Nachrichtenauswahl gebe es „endless trouble" (Lippmann 1966, S. 222). Er erkennt, dass die Berichterstattung mit mehreren Faktoren zusammenhängt und untermauert diese Faktoren mit mehreren Beispielen (ebd., S. 218–224):

* Präferenzen der Leserschaft (Das Publikum muss sich mit den Nachrichten identifizieren können.)
* Wahrheitsgemäße Nachrichten (Faktizität)
* Betroffenheit der Leserschaft
* Negativität
* Überraschung
* Konflikt/Streik

Nach Lippmann beschäftigen sich mehrere Forschende aus den USA „zumeist auf der Grundlage ihrer persönlichen Beobachtungen mit der Frage (…), welche Faktoren die journalistische Themenauswahl steuern" (Maier et al. 2010, S. 30).

Østgaard – Factors influencing the flow of news (1965)

Einar Østgaard, ein Friedensforscher, der zusammen mit Galtung und Ruge am Institute of Peace Research forscht, beschäftigt sich parallel zu ihnen mit der Nachrichtenwertforschung und stellt in seinem Artikel „Factors influencing the flow of news" im Jahr 1965 ebenfalls ausschließlich theoretische Überlegungen an. Er setzt sich zum Ziel, allgemeingültige Faktoren zu ermitteln, die zu einer Beeinflussung der internationalen Gemeinschaft durch die Nachrichtenmedien führen. Im Fokus steht die Rolle, die Medien in der Beeinflussung der öffentlichen Ansichten einnehmen und wie sie „den freien Fluss der Nachrichten beeinträchtigen" (Østgaard 1965, S. 39).

Østgaard geht davon aus, dass die journalistische Nachrichtenauswahl von politischen und wirtschaftlichen Faktoren beeinflusst wird, sowohl in Ländern mit

Zensur, als auch in solchen mit freier Presse. Daraus schließt er, dass es einen Unterschied zwischen Realität und Nachrichtenrealität gibt (ebd., S. 40).

Østgaard definiert Faktoren, die dem Nachrichtenfluss inhärent sind, und zwar solche, die den Nachrichtenwert von Nachrichten erhöhen (sie also interessanter machen). Außerdem orientiere sich die Auswahl am Publikum und dessen Interessen (ebd., S. 45):

- Simplifizierung:
  Medien neigen dazu, Themen einfacher darzustellen, als sie eigentlich sind, um sie für das Publikum verständlicher zu machen. Doch das birgt auch die Gefahr einer zu stark vereinfachenden Darstellung von komplexen Sachverhalten.
- Identifikation:
  Das Publikum muss sich für ein Thema interessieren und sich damit in gewissem Maße identifizieren. Lesende interessieren sich dabei am meisten für Nachrichten, die ihnen geografisch, kulturell und zeitlich nahe sind. Ebenfalls interessieren sich Lesende besonders für Menschen oder Nationen von hohem Rang, insbesondere dann, wenn es um Konflikte zwischen Parteien von hohem und niedrigem Rang gibt. Allerdings distanzieren sich Medien durch den Hang zur Identifikation noch stärker von ohnehin schon weit entfernten Sachverhalten.
- Sensationalismus:
  Ereignisse, die Erregung auslösen (z. B. Konflikte, Kontroversen oder Streiks) sind ebenfalls beim Publikum beliebt, allerdings verzerrt besonders der Hang zum Sensationalismus das Bild der Welt, das durch die Medien entsteht.
  (ebd., S. 45–51).

Neben diesen Faktoren thematisiert Østgaard die sogenannte „news barrier" (Nachrichtenschwelle). Er geht davon aus, dass eine Nachricht eine gewisse Nachrichtenschwelle überschreiten muss, damit der Nachrichtenwert für eine Publikation hoch genug ist, z. B. muss die Nachricht besonders spannend und/oder besonders einfach zu verstehen sein. Um die Nachrichtenschwelle zu überschreiten, muss die Nachricht mehrere Faktoren erfüllen; falls sich aber ein Ereignis über einen längeren Zeitraum erstreckt, wird es für folgende Nachrichten einfacher sein, die Schwelle zu überwinden (ebd., S. 51).

Auf diesen Überlegungen aufbauend stellte Østgaard diese Hypothesen auf:

- Medien neigen dazu, den Status Quo zu verstärken und die Handlungen von Regierungschefs führender Nationen zu übertreiben.

- Medien neigen dazu, die Welt konfliktgeladener darzustellen als sie ist (Sensationalismus).
- Medien neigen dazu, die Ordnung der Welt zwischen starken und schwachen Nationen aufrecht zu erhalten.

Diese Überlegungen nutzten Galtung und Ruge als Grundlage für ihren Artikel „The Structure of Foreign News", der nur wenig später erschien.

4   Wirkungsgeschichte und Kritik

Mit „The Structure of Foreign News" und der erstmals durchgeführten Inhaltsanalyse zur Nachrichtenwerttheorie von Galtung und Ruge beginnt die empirische Forschung an diesem Thema. Im Laufe der Jahre wird die Arbeit oft zitiert, kritisiert und weiterentwickelt.

Einige Forschende identifizieren Schwächen in der Arbeit von Galtung und Ruge. Karl-Erik Rosengren bemängelt zum Beispiel die Argumentationslogik der beiden skandinavischen Forscher sowie deren empirische Methodik (1974, S. 174). Es sei nicht möglich, etwas über Unterschiede zwischen dem Bild der Welt in Massenmedien und dem, „was wirklich geschah" auszusagen, wenn man nur Nachrichten untersucht. Dafür sei es nötig, sogenannte „Extra-Media-Daten" (im Unterschied zu „Inter-Media-Daten") zu erheben. Extra-Media-Daten sind Daten, die ausdrücklich nicht Erzeugnisse von Redaktionen sind (z. B. Zeitungsartikel). Diese spiegeln laut Rosengren die Realität wider, die neben der Medien-Realität existiert. Solche Daten gebe es zum Beispiel bei Parlamentswahlen oder Regierungswechseln (Schulz 1976, S. 22–23). Genauer mit diesem empirischen Vorgehen beschäftigt sich Stefanie Best und führt eine Analyse mit beiden Arten von Daten durch (Best 2000).

Andere fokussieren darauf, dass Galtung und Ruge zwar zwischen kulturgebundenen und -ungebundenen Nachrichtenfaktoren unterscheiden, einzelnen Industriestaaten und ihren Besonderheiten damit allerdings noch nicht gerecht würden (Kepplinger 2011, S. 64–65). Außerdem wird bemängelt, dass die beiden sich nur auf drei „Events" konzentrieren, dagegen aber der alltägliche Journalismus betrachtet werden müsse, um aussagekräftige Ergebnisse zu erhalten (Tunstall 1971 in Harcup und O'Neill 2001, S. 265).

4.1 Weiterentwicklung

Die Nachrichtenwerttheorie wurde um viele neue Aspekte und Faktoren erweitert
(u. a. Schulz 1976, 1982; Staab 1990b; Eilders 1997, 2006; Kepplinger und Weißbecker 1991; Kepplinger 1998; Kepplinger und Bastian 2000; Harcup und O'Neill
2001; Lewis und Cushion 2009; Engelmann 2010; Engesser et al. 2014; Kariel und
Rosenvall 2016; Van Belle 2016; Boukes und Vliegenthart 2020). Oft liegt
der Fokus dabei auf politischer Berichterstattung (u. a. Van Aelst et al. 2008;
Parks 2020).

Einige Weiterentwicklungen der Theorie werden im Laufe der Zeit besonders
oft zitiert und manche gelten inzwischen als genauso grundlegend wie der Artikel
von Galtung und Ruge. Im Folgenden wird auf einzelne Forschungen der letzten
Jahrzehnte näher eingegangen.

Øystein Sande (2016) fragt, welche Kombinationen von Nachrichtenfaktoren
nicht nur für die Nachrichtenauswahl wichtig sind, sondern welche die Aufmerksamkeit des Publikums besonders anziehen. Er ist der erste, der bei seiner Inhaltsanalyse das Medium Radio mit einbezieht. Zusätzlich zieht er Daten aus einer Be-
völkerungsbefragung heran und findet heraus, dass die Faktoren Negativität/
Personalisierung und Kontinuität den größten Einfluss auf die Nachrichtenrezeption haben, der Faktor Komposition dagegen gar keinen (S. 231).

Wegweisend für die deutsche und auch für die internationale Nachrichtenwertforschung ist der Beitrag „Die Konstruktion von Realität in den Massenmedien"
von Winfried Schulz aus dem Jahr 1976. Er trifft eine klare Unterscheidung zwischen Nachrichtenwert und Nachrichtenfaktoren und interpretiert die Nachrichtenrealität als eine Sicht der Redaktionen auf die Umwelt mit der Intention, diese
möglichst realgetreu abzubilden (S. 27–29). Schulz (ebd., S. 32–33) erstellt einen
modifizierten Katalog mit 19 Faktoren, die er in 6 Dimensionen gliedert (Zeit,
Nähe, Status, Dynamik, Valenz, Identifikation). Dieser Faktorenkatalog wird zu
einem „Standard-Instrument der Nachrichtenforschung" (Kepplinger 1998, S. 19).
Schulz untermauert seine Überlegungen mit einer breiten empirischen Basis und
untersucht neben Zeitungen auch Fernsehen und Radio, sowie neben internationalen Nachrichten auch innerdeutsche und unpolitische Nachrichten. 1982 modifiziert er seinen Faktorenkatalog noch einmal und benennt diese Dimensionen: Status, Valenz, Relevanz, Identifikation, Konsonanz, Dynamik (Schulz 1982, S. 146).

Pamela Shoemaker rechnet in einer viel zitierten und kontrovers argumentierenden Veröffentlichung den Nachrichtenwerten an sich einen geringeren Stellenwert
zu. Sie argumentiert, dass Nachrichten nicht aus einer Zahl an Faktoren bestehen,
die ihnen Nachrichtenwert geben. Für sie sind Nachrichtenwerte ein rein mentales

Konstrukt, „ein mentales Urteil". Der Nachrichtenwert sei nur einer von vielen Faktoren, der die Nachrichtenauswahl im Journalismus beeinflusse (Shoemaker 2006, S. 105).

4.2 Zwei Komponenten-Theorie

Die „Zwei-Komponenten-Theorie" wird ursprünglich von Kepplinger und Weißbecker als „Zwei-Faktoren-Modell" aufgestellt, allerdings später umbenannt, damit sie nicht mit den Nachrichtenfaktoren verwechselt wird. Sie besagt, dass die Berichterstattung auf zwei Bündeln von Ursachen beruht. Wer nur eine Ursache bei einer Theorie zur Nachrichtenauswahl berücksichtige, greife zu kurz (1991, S. 330). Eine Nachricht sei nicht nur deshalb produktionswürdig, weil sie einen Nachrichtenfaktor erfüllt (1. Komponente), sondern auch, weil Redaktionsverantwortliche diesen Fakt für ein bedeutendes Selektionskriterium halten (2. Komponente). „Alle Selektionstheorien müssen Informationen über zwei Komponenten enthalten – die Kriterien der Selektion und die Merkmale der zu selegierenden Objekte" (Kepplinger 1998, S. 20).

Eine wichtige Funktion der Zwei-Komponenten-Theorie ist, dass sie eingesetzt werden kann, um Nachrichtenauswahlentscheidungen zu prognostizieren. Kepplinger und Bastian (2000, S. 463) kritisieren, dass der Aspekt der Prognose, der zu jeder Theorie gehört, bisher vernachlässigt wurde. Bestätigt wurde die Theorie später noch einmal durch eine Inhaltsanalyse von Kepplinger und Ehmig (2006).

4.3 Finalmodell

Seit Staab (1990a) wird zwischen dem Kausal- und Finalmodell der Nachrichtenwerttheorie unterschieden.

Das Kausalmodell beschreibt Staab auf folgende Weise: Nach der Interpretation von Schulz und vielen weiteren Forschenden, die sich auf das Verständnis von Nachrichtenwerten und -faktoren von Schulz berufen, sind Nachrichtenfaktoren wenigstens teilweise als Gründe dafür zu sehen, wie hoch die Aufmerksamkeit ist, die Nachrichten und Geschichten bekommen. Es besteht also ein kausaler Zusammenhang zwischen Nachrichtenfaktoren und Nachrichtenwert (Staab 1990b, S. 427).

Das Finalmodell beruht hingegen auf einer Umfrage von Kepplinger (2011, S. 154). Damit bestätigte er die Theorie der „instrumentellen Aktualisierung". Sie besagt, dass die Nachrichtenauswahl nicht nur auf das Zutreffen von

Nachrichtenfaktoren hin erfolgt, sondern durch zielgerichtete Handlungen von Redaktionsverantwortlichen beeinflusst wird. Diese Befragung konnte empirisch nachweisen, dass Redaktionen in vielen Fällen Themen/Meinungen, die sie teilen, aktiv hochspielen beziehungsweise Meinungen, die sie nicht teilen, unter den Tisch fallen lassen.

Im Finalmodell sind die Nachrichtenfaktoren also nicht der Grund für die Nachrichtenauswahl, sondern die Folge der Nachrichtenauswahl (Maier et al. 2010, S. 40). Nachrichtenfaktoren würden zum Mittel für politische Ziele von Medien (Fretwurst 2008, S. 48).

4.4   Nachrichtenfaktoren in der Rezeption

Nach Sandes Rezeptionsstudie (2016) folgen, angefangen mit Eilders (1997), viele weitere Untersuchungen zur Rezeption (Eilders 2006; Fretwurst 2008; Lee 2009; Sommer et al. 2012; Weber und Wirth 2013; Lee und Chyi 2014; Kuhlmann et al. 2014).

So befragt Eilders (1997) Teilnehmende zu ihrer Erinnerung an Meldungen des Vortages, mit dem Ergebnis, „dass „Nachrichtenfaktoren als effiziente Auswahlkriterien sowohl für die Mediennutzung als auch für die Zurückhaltung von Nachrichtenbeiträgen durch das Publikum angesehen werden"" (Eilders 2006, S. 10).

Fretwurst (2008) identifiziert in einer Studie zur Nachrichtenauswahl und -rezeption einige übergeordnete Faktorenbündel, allerdings ohne eindeutigen Beleg, dass einzelne Nachrichtenfaktoren einen eindeutigen Effekt haben.

• Treten Nachrichtenfaktoren eines Bündels auf, haben andere eine geringere Wahrscheinlichkeit, dies widerspricht der Additivitätshypothese von Galtung und Ruge (Fretwurst 2008, S. 230).
• „Die selektive Erinnerung der Rezipienten unterscheidet sich von den Auswahlentscheidungen der Journalisten" (gilt eher nicht für politische Kommunikation, eher für den Faktor Negativismus ohne politische Relevanz (ebd, S. 231).

4.5   Andere Einflüsse auf die Nachrichtensselektion

Neben den eher „klassischen" Nachrichtenfaktoren, die zu großen Teilen auf dem Katalog von Schulz (1976) basieren, werden im Laufe der Jahre auch eingrenzende und abgrenzende Studien durchgeführt, die sich mit anderen Einflüssen auf die

Nachrichtenselektion beschäftigen und zu klären versuchen, was außerhalb der Nachrichtenfaktoren auf Selektion zu wirken vermag. Im Folgenden werden einige Beispiele dafür aufgeführt:

Ein mit der Zeit immer relevanterer Forschungsansatz wird die Untersuchung des Nachrichtenwerts von Bildern in der Berichterstattung (u. a. Dick 2014; Caple und Bednarek 2015).

Schultz (2007) beschäftigt sich mit dem Einfluss des Bauchgefühls von redaktionell Mitarbeitenden auf die Selektion von Nachrichten. Dafür beobachtete sie die Redaktionspraxis in einer dänischen Fernsehredaktion. Sie unterscheidet zwischen zwei Arten von Nachrichtenwerten: orthodoxe/heterodoxe Nachrichtenwerte, die zum journalistischen Urteilsvermögen gehören und stille, doxische Nachrichtenwerte, die von Redaktionen als wahr empfunden werden.

Lavie und Lehman-Wilzig (2016) untersuchten anhand der Nachrichtenfaktoren von Galtung und Ruge, ob das Geschlecht einer redaktionsverantwortlichen Person eine Auswirkung auf Selektionsentscheidungen habe. Die Ergebnisse zeigten keine signifikanten Unterschiede. Befragt wurden 16 weibliche und 25 männliche Redaktionsmitglieder von sieben israelischen Zeitungen. Sie bewertet den Nachrichtenwert von 16 verschiedenen allgemeinen Themenbereichen, 17 Auswahlkriterien für den Journalismus und 24 „konkreten" Schlagzeilen als Simulation. Die Ergebnisse deuten darauf hin, dass es keine signifikante „Andersartigkeit" zwischen weiblichen und männlichen Redaktionsmitgliedern gibt, weder bei den Kriterien für den Nachrichtenwert noch in der tatsächlichen Praxis. Uhlemann (2012) untersucht, inwiefern sich Nachrichtenwerte im situativen Kontext ändern, basierend auf dem Einwand von Staab (1990a), dass Berichterstattung von Tag zu Tag wegen der Nachrichtenlage variiert. Ihre Forschungsfrage ist einmal mehr, „wie ein Nachrichtenwert als ‚journalistische Hilfskonstruktion' oder ‚journalistisches Werturteil' aus Nachrichtenfaktoren zustande kommt" (Uhlemann 2012, S. 213). Aus ihren Ergebnissen ergibt sich erneut eine erweiterte Anzahl von Bereichen der Nachrichtenauswahl, die erforscht werden könnte – zum Beispiel der Bereich der „ereignisspezifischen" Nachrichtenfaktoren (ebd., S. 218).

4.6   Spezielle thematische Kontexte

Die Nachrichtenwerttheorie wird auch auf andere Bereiche übertragen, die von Nachrichtenredaktionen und Inhaltsanalysen von Medien eher weiter entfernt sind.

Die mutmaßlichen Eurovision Song Contest-Fans Wolfgang Schweiger und Hans-Bernd Brosius untersuchen, inwiefern die Punktevergabe durch das Publikum beim Eurovision Song Contest von Nachrichtenfaktoren beeinflusst wird.

Dafür führen sie eine Analyse von bestehenden Daten zu dem Verhältnis von einzelnen Ländern durch. Sie bestätigen ihre Hypothesen und übertragen die Theorie damit tatsächlich auf dieses Gebiet (Schweiger und Brosius 2003, S. 271–290). Nicht ganz so weit entfernt wie die ESC-Studie war eine Forschungslinie, die in den 1990er-Jahren von Jürgen Wilke initiiert wird. Dabei richtet er den Blick nicht auf Zeitungs-, TV- oder Hörfunkredaktionen, sondern auf die Instanz, die oft vorgeschaltet ist: die Nachrichtenagenturen. Er führt Inhaltsanalysen der Inhalte von Nachrichtenagenturen, Bilderdiensten und Videoagenturen durch und dehnt seine Untersuchungen auch auf die Nutzung und Bewertung der Agenturen durch deren abnehmende Medien aus (Wilke 2007, S. 329).

4.7 Digitalisierung

Aktuell wird die Nachrichtenwerttheorie intensiv weiter überprüft. Dabei geht es sehr oft um die Übertragung des Konzepts der Nachrichtenfaktoren auf neue Herausforderungen und Chancen, die die Digitalisierung mit sich bringt. Journalistische Redaktionen, insbesondere Online-Redaktionen, orientieren sich bei ihrer Arbeit an der Nutzung journalistischer Angebote durch das Publikum. Dies folge unter anderem aus der zunehmenden Konkurrenz-Situation in der Branche, die aufgrund gesunkener kommunikativer Hürden entstanden ist (Haim 2019, S. 256).

Die erhöhte Orientierung an Rezipierenden zeigt sich auch in der Nachrichtenwertforschung. Zahlreiche Artikel der letzten Jahre befassen sich mit der Rezeption digitaler Nachrichten und ihrem Einfluss auf die Nachrichtenauswahl (u. a. García-Perdomo et al. 2016; Holton et al. 2013; Wendelin et al. 2014; Welbers et al. 2016).

So untersuchen zum Beispiel Welbers et al. (2016), ob journalistische Redaktionmitglieder Daten ihrer Websites (z. B. Aufrufzahl von Artikeln) zur Nachrichtenauswahl heranziehen. Ihre Befunde zeigen, dass vor allem jene Storylines fortgeführt werden, denen besonders viel Aufmerksamkeit geschenkt wurde. Ein Hinweis darauf, dass die Klickzahlen als ein Nachrichtenfaktor fungieren. Dem widersprechen Redaktionsverantwortliche, mit denen sie daraufhin Interviews führt: Eine Nachrichtenauswahl, die auf Klickzahlen basiere, widerspreche beruflichen Normen.

Verbunden mit der Betrachtung der Nachrichtenrezeption ist online auch die Multiplikation und Partizipation (Wendelin et al. 2014, S. 444). Die Multiplikation und Partizipation durch Rezipierende bei der Nachrichtenauswahl wird vor allem in zwei Kontexten thematisiert: Social Media (García-Perdomo et al. 2016; Trilling et al. 2016) und User-Generated-Content auf Nachrichtenwebsites und privaten

Websites (Weber 2012; Holton et al. 2013). Die Untersuchung von Al-Rawi (2017) ist ein Beispiel für eine eher klassische Inhaltsanalyse zur Überprüfung von Nachrichtenfaktoren, die aber anhand von Artikeln durchgeführt wird, welche von internationalen Medien bei Facebook veröffentlicht wurden. Harcup und O'Neill (2016), die bereits 2001 eine vielzitierte Studie mit dem Ziel durchführten, um die Nachrichtenfaktoren von Galtung und Ruge auf ihre Aktualität zu überprüfen und einen neuen Faktorenkatalog vorschlagen, wiederholen dies im Jahr 2016. Diesmal überprüfen sie ihre eigenen Ergebnisse aus 2001 mit einer neuen Inhaltsanalyse im Hinblick auf die neuen Herausforderungen des Journalismus wie soziale Medien.

Trilling et al. (2016) untersuchten, inwiefern die Theorie der „Newsworthiness" auf die „Shareworthiness" übertragbar ist. Sie versuchen ein Konzept zur Vorhersage von Artikeln zu entwickeln, die es Rezipierenden wert sind, in sozialen Medien geteilt zu werden. Das Ergebnis: Traditionelle Nachrichtenfaktoren sind dafür durchaus geeignet (2016, S. 53–54).

Weber (2012) analysiert, welche Rolle Nachrichtenfaktoren bei der Entscheidung von Nutzenden spielen, ob sie einen Beitrag auf einer Nachrichtenwebsite kommentieren. Allein der Faktor „Schaden" führe sowohl bei internationalen als auch nationalen Artikeln zu einer höheren Zahl an Kommentaren. Holton et al. (2013) beleuchten das Thema „User-Generated-Content" von einer anderen Seite und beschäftigen sich mit Einstellungen zum sogenannten Bürgerjournalismus („citizen journalism" – Artikel von Personen, die den Journalismus nicht professionell als Beruf ausüben).

Auch die Nutzung großer Datenströme im Internet ist Gegenstand der Nachrichtenwertforschung geworden. Mit einer Inhaltsanalyse des Datenjournalismus von *The Guardian* finden zum Beispiel Tandoc und Oh (2015) heraus, dass Datenjournalismus zwar neue Trends zur Nutzung von Quellen mit sich bringt, die traditionellen Nachrichtenwerte aber nach wie vor Relevanz besitzen. Einen interessanten Fokus legt DeVito (2016) bei seiner Untersuchung des Newsfeed-Algorithmus von Facebook. In seinem Artikel stellt er eine Liste von Werten auf, nach denen der Algorithmus Nachrichten für die Anzeige an das Publikum auswählt (z. B. Seitenqualität und Nutzungsinteressen).

Zusammenfassend lässt sich sagen, dass die *Nachrichtenwerttheorie* und die Untersuchung von Nachrichtenfaktoren auch mehr als 50 Jahre nach der Veröffentlichung des Artikels von Galtung und Ruge aktuell und viel diskutiert sind. Sie wird in vielerlei Hinsicht weiterentwickelt. Die Nachrichtenwerttheorie ist, über ihre akademische Rezeption hinaus, zudem zu einem Teil der Grundausbildung von Medienschaffenden geworden. Darin sieht der Schöpfer der Theorie, Johan Galtung, allerdings ein Problem. Am Graduate Institute in Genf erklärte Galtung 2019, dass er sich falsch verstanden fühle. Die Nachrichtenwerttheorie sei nicht eine Anleitung dafür, wie Journalismus gemacht werden müsse und die Nachrichtenfaktoren seien nicht das einzige Kriterium, auf deren Basis Nachrichten ausgewählt werden sollten. Er betonte noch einmal, dass die Nachrichtenwerttheorie vielmehr als Warnung zu verstehen sei, wie Journalismus nicht gemacht werden sollte (Hirschi 2019).

Literatur

Al-Rawi, A. (2017). News values on social media: News organizations' Facebook use. *Journalism* (London, England), 18(7), 871–889. https://doi.org/10.1177/1464884916636142

Best, S. (2000). Der Intra-Extra-Media-Vergleich — ein wenig genutztes Analyseinstrument und seine methodischen Anforderungen. *Publizistik*, 45(1), 51–69. https://doi.org/10.1007/s11616-000-0050-6

Boukes, M., & Vliegenthart, R. (2020). A general pattern in the construction of economic newsworthiness? Analyzing news factors in popular, quality, regional, and financial newspapers. *Journalism: Theory, Practice & Criticism*, 21(2), 279–300. https://doi.org/10.1177/1464884917725989

Caple, H., & Bednarek, M. (2015). Rethinking news values: What a discursive approach can tell us about the construction of news discourse and news photography. *Journalism: Theory, Practice & Criticism*, 17(4), 435–455. https://doi.org/10.1177/1464884914568078

DeVito, M. A. (2016). From Editors to Algorithms. *Digital Journalism*, 5(6), 753–773. https://doi.org/10.1080/21670811.2016.1178592

Dick, M. (2014). Interactive Infographics and News Values. *Digital Journalism*, 2(4), 490–506. https://doi.org/10.1080/21670811.2013.841368

Eilders, C. (1997). *Nachrichtenfaktoren und Rezeption: Eine empirische Analyse zur Auswahl und Verarbeitung politischer Information*. Teilw. zugl.: München, Univ., Diss., 1995. Studien zur Kommunikationswissenschaft: Vol. 20. Opladen: Westdt. Verl.

Eilders, C. (2006). News factors and news decisions. Theoretical and methodological advances in Germany. *Communications*, 31(1), 135. https://doi.org/10.1515/COMMUN.2006.002

Engelmann, I. (2010). Journalistische Instrumentalisierung von Nachrichtenfaktoren. Einflüsse journalistischer Einstellungen auf simulierte Issue-, Quellen- und Statement-Entscheidungen. *Medien & Kommunikationswissenschaft*, 58(4), 525–543. https://doi.org/10.5771/1615-634x-2010-4-525

Engesser, S., Esser, F., Reinemann, C., Scherr, S., Matthes, J., & Wonneberger, A. (2014). Negativität in der Politikberichterstattung. Deutschland, Österreich und die Schweiz im Vergleich. *Medien & Kommunikationswissenschaft*, 62(4), 588–605. https://doi.org/10.5771/1615-634x-2014-4-588

Fretwurst, B. (2008). *Nachrichten im Interesse der Zuschauer: Eine konzeptionelle und empirische Neubestimmung der Nachrichtenwerttheorie*. Zugl.: Berlin, Freie Univ., Diss., 2008. Kommunikationswissenschaft. Konstanz: UVK Verl.

Galtung, J., & Ruge, M. H. (1965). The Structure of Foreign News. *Journal of Peace Research*, 2(1), 64–90. https://doi.org/10.1177/002234336500200104

Galtung-Institut (2016). *10 basic points about Johan Galtung*. Retrieved from https://www. galtung-institut.de/de/2016/10-basic-points-about-johan-galtung/

Galtung-Institut (2017). *Zehnte Ehrendoktorwürde für Johan Galtung* – Universität Madrid: Begründer der Friedensforschung Prof. Johan Galtung erhält, von der Universität Complutense in Madrid, den Doktor honoris causa. Retrieved from https://www.galtung-institut.de/de/2017/deutsch-ehrendoktorwuerde-fuer-johan-galtung-universitaet-madrid/

García-Perdomo, V., Salaverría, R., Kilgo, D. K., & Harlow, S. (2016). To Share or Not to Share. *Journalism Studies*, 19(8), 1180–1201. https://doi.org/10.1080/1461670X.2016.1265896

Haim, M. (2019). *Die Orientierung von Online-Journalismus an seinen Publika: Anforderung, Antizipation, Anspruch*. Wiesbaden: Springer Fachmedien Wiesbaden. Retrieved from https://doi.org/10.1007/978-3-658-25546-6

Harcup, T., & O'Neill, D. (2016). What is News? *Journalism Studies*, 18(12), 1470–1488. https://doi.org/10.1080/1461670X.2016.1150193

Harcup, T., & O'Neill, D. (2001). What Is News? Galtung and Ruge revisited. *Journalism Studies*, 2(2), 261–280. https://doi.org/10.1080/14616700118449

Hirschi, E. (2019). *Johan Galtung: «Meine Theorie war nicht als Anleitung für die Berichterstattung gedacht!»*. Retrieved from https://medienwoche.ch/2019/01/22/meine-theorie-war-nicht-als-anleitung-fuer-die-berichterstattung-gedacht/

Holton, A. E., Coddington, M., & Gil de Zúñiga, H. (2013). Whose News? Whose Values? *Journalism Practice*, 7(6), 720–737. https://doi.org/10.1080/17512786.2013.766062

Kariel, H. G., & Rosenvall, L. A. (2016). Factors Influencing International News Flow. *Journalism Quarterly*, 61(3), 509–666. https://doi.org/10.1177/107769908406100305

Kepplinger, H. M. (1998). Der Nachrichtenwert der Nachrichtenfaktoren. In: Holtz-Bacha, C./Scherer, H./Waldmann, N. (Hrsg.): Wie die Medien die Welt erschaffen und wie die Menschen darin leben. Opladen, S. 19–38.

Kepplinger, H. M. (Ed.) (2011). *Journalismus als Beruf*. Wiesbaden: VS Verlag für Sozialwissenschaften.

Kepplinger, H. M., & Bastian, R. (2000). Der prognostische Gehalt der Nachrichtenwert-Theorie. *Publizistik*, 45(4), 462–475. https://doi.org/10.1007/s11616-000-0143-2

Kepplinger, H. M., & Ehmig, S. C. (2006). Predicting news decisions. An empirical test of the two-component theory of news selection. *Communications*, 31(1), 243. https://doi.org/10.1515/COMMUN.2006.003

Kepplinger, H. M., & Weißbecker, H. (1991). Negativität als Nachrichtenideologie. *Publizistik*, 36, 330-342.

Kuhlmann, C., Schumann, C., & Wolling, J. (2014). „Ich will davon nichts mehr sehen und hören! " Exploration des Phänomens Themenverdrossenheit. *Medien & Kommunikationswissenschaft*, 62(1), 5–24. https://doi.org/10.5771/1615-634x-2014-1-5

Lavie, A., & Lehman-Wilzig, S. (2016). Whose News? *European Journal of Communication*, 18(1), 5–29. https://doi.org/10.1177/0267323103018001224

Lee, A. M., & Chyi, H. I. (2014). When Newsworthy is Not Noteworthy. *Journalism Studies*, 15(6), 807–820. https://doi.org/10.1080/1461670X.2013.841369

Lee, J. H. (2009). News Values, Media Coverage, and Audience Attention: An Analysis of Direct and Mediated Causal Relationships. *Journalism & Mass Communication Quarterly*, 86(1), 175–190. https://doi.org/10.1177/107769900908600111

Lewis, J., & Cushion, S. (2009). THE THIRST TO BE FIRST. *Journalism Practice*, 3(3), 304–318. https://doi.org/10.1080/17512780902798737

Lippmann, W. (1966). Public Opinion (2nd ed.). New York: *The Free Press* (Original work published 1922).

Maier, M., Stengel, K., & Marschall, J. (2010). *Nachrichtenwerttheorie*. Nomos.

Østgaard, E. (1965). Factors Influencing the Flow of News. *Journal of Peace Research*, 2(1), 39–63. https://doi.org/10.1177/002234336500200103

Parks, P. (2020). The Ultimate News Value: Journalism Textbooks, the U.S. Presidency, and the Normalization of Donald Trump. *Journalism Studies*, 21(4), 512–529. https://doi.org/10.1080/1461670X.2019.1686413

Rosengren, K. E. (1974). International News: Methods, Data and Theory. *Journal of Peace Research*, 11(2), 145–156.

Sande, Ø. (2016). The Perception of Foreign News. *Journal of Peace Research*, 8(3-4), 221–237. https://doi.org/10.1177/002234337100800303

Schultz, I. (2007). THE JOURNALISTIC GUT FEELING. *Journalism Practice*, 1(2), 190–207. https://doi.org/10.1080/17512780701275507

Schulz, W. F. (1976). *Die Konstruktion von Realität in den Nachrichtenmedien: Analyse der aktuellen Berichterstattung*. Alber-Broschur Kommunikation: Alber.

Schulz, W. F. (1982). *News Structure and People's Awareness of Political Events*. Gazette (Leiden, Netherlands), 30(3), 139–153.

Schweiger, W., & Brosius, H.-B. (2003). Eurovision Song Contest – beeinflussen Nachrichtenfaktoren die Punktvergabe durch das Publikum? *Medien & Kommunikationswissenschaft*, 51(2), 271–294. https://doi.org/10.5771/1615-634x-2003-2-271

Shoemaker, P. J. (2006). News and newsworthiness: A commentary. *Communications*, 31(1). https://doi.org/10.1515/COMMUN.2006.007

Sommer, D., Fretwurst, B., Sommer, K., & Gehrau, V. (2012). Nachrichtenwert und Gespräche über Medienthemen. *Publizistik*, 57(4), 381–401. https://doi.org/10.1007/s11616-012-0162-9

Staab, J. F. (1990a). *Nachrichtenwert-Theorie: Formale Struktur und empirischer Gehalt*. Zugl.: Mainz, Univ., Diss., 1988. Alber-Broschur Kommunikation: Vol. 17. Freiburg: Alber.

Staab, J. F. (1990b). The Role of News Factors in News Selection: A Theoretical Reconsideration. *European Journal of Communication*, 5(4), 423–443.

Tandoc, E. C., & Oh, S.-K. (2015). Small Departures, Big Continuities? *Journalism Studies*, 18(8), 997–1015. https://doi.org/10.1080/1461670X.2015.1104260

TRANSCEND International (2020). *Biography*. Retrieved from https://www.transcend.org/galtung/#bio

Trilling, D., Tolochko, P., & Burscher, B. (2016). From Newsworthiness to Shareworthiness. *Journalism & Mass Communication Quarterly*, 94(1), 38–60. https://doi.org/10.1177/1077699016654682

Tunstall, J. (1971). Journalists at work. Specialist correspondents: Their news organizations, news sources, and competitor-colleagues. *Communication and society*. London: Constable.

Uhlemann, I. A. (2012). *Der Nachrichtenwert im situativen Kontext: Eine Studie zur Auswahlwahrscheinlichkeit von Nachrichten*. Zugl.: Leipzig, Univ., Diss., 2010 (1. Aufl.).

Wiesbaden: VS Verlag für Sozialwissenschaften / Springer Fachmedien Wiesbaden GmbH. Retrieved from https://doi.org/10.1007/978-3-531-94335-0

Van Aelst, P., Maddens, B., Noppe, J., & Fiers, S. (2008). Politicians in the News: Media or Party Logic? *European Journal of Communication*, 23(2), 193–210. https://doi.org/10.1177/0267323108089222

Van Belle, D. A. (2016). New York Times and Network TV News Coverage of Foreign Disasters: The Significance of the Insignificant Variables. *Journalism & Mass Communication Quarterly*, 77(1), 50–70. https://doi.org/10.1177/107769900007700105

Weber, P. (2012). Nachrichtenfaktoren & User Generated Content. Die Bedeutung von Nachrichtenfaktoren für Kommentierungen der politischen Berichterstattung auf Nachrichtenwebsites. *Medien & Kommunikationswissenschaft*, 60(2), 218–239. https://doi.org/10.5771/1615-634x-2012-2-218

Weber, P., & Wirth, W. (2013). Nachrichtenfaktoren und Relevanzattribution. Der Einfluss von Nachrichtenfaktoren auf Relevanzurteile von Rezipienten und die moderierende Rolle von Civic Pride. *Medien & Kommunikationswissenschaft*, 61(4), 514–531. https://doi.org/10.5771/1615-634x-2013-4-514

Welbers, K., van Atteveldt, W., Kleinnijenhuis, J., Ruigrok, N., & Schaper, J. (2016). News selection criteria in the digital age: Professional norms versus online audience metrics. *Journalism: Theory, Practice & Criticism*, 17(8), 1037–1053. https://doi.org/10.1177/1464884915595474

Wendelin, M., Engelmann, I., & Neubarth, J. (2014). Nachrichtenfaktoren und Themen in Nutzerrankings. Ein Vergleich der journalistischen Nachrichtenauswahl und der Selektionsentscheidungen des Publikums im Internet. *Medien & Kommunikationswissenschaft*, 62(3), 439–458. https://doi.org/10.5771/1615-634x-2014-3-439

Wilke, J. (2007). Das Nachrichtenangebot der Nachrichtenagenturen im Vergleich. *Publizistik*, 52(3), 329.254.

Uses and Gratifications Research

von Elihu Katz, Jay G. Blumler, und Michael Gurevitch (1973)

Birgit Stark und Pascal Schneiders

Zusammenfassung

Der publikumszentrierte Uses-and-Gratifications-Ansatz stellt das individuelle Auswahl- und Nutzungsverhalten in den Vordergrund. Grundgedanke des Erklärungsmodells ist es, dass Rezipienten aktiv Medieninhalte auf Basis ihrer Motive auswählen. Ausgangsbasis bilden psychologische und soziale Bedürfnisse, die bestimmte Erwartungen an die Medien hervorrufen. Daraus resultieren konkrete Nutzungsmotive, die letztlich für die Wahl bestimmter Medienangebote ausschlaggebend sind. Werden die Erwartungen erfüllt, erhält der Rezipient die gewünschte Gratifikation, dann erhöht sich die Wahrscheinlichkeit, dass dasselbe Medienangebot auch zukünftig wieder ausgewählt wird. Der Uses-and-Gratifications-Ansatz, der durch das Schlüsselwerk von Katz, Blumler und Gurewitch (1973) einen wesentlichen Schub erfahren hat, geht somit davon aus, dass sich die Nutzer ihrer Motive bewusst sind und diese auch artikulieren können. Seit vielen Jahrzehnten bezieht sich die Nutzungs- und Wirkungsforschung auf den Uses-and-Gratifications-Ansatz und hat diesen im Kontext neuer Medien wieder aufleben lassen. Der Siegeszug des Internets hat dem Ansatz zahlreiche neue Impulse gegeben, denn die Publikumsaktivität ist durch digitale Nutzungs- und Navigationsoptionen enorm erweitert worden. Dennoch ist in den langen Jahren seiner Wirkungsgeschichte die Kritik an diesem Ansatz nicht gänzlich verstummt.

B. Stark (✉) · P. Schneiders
Johannes Gutenberg-Universität Mainz, Mainz, Deutschland
E-Mail: birgit.stark@uni-mainz.de; pascal.schneiders@uni-mainz.de

© Der/die Autor(en), exklusiv lizenziert an Springer Fachmedien
Wiesbaden GmbH, ein Teil von Springer Nature 2022
R. Spiller et al. (Hrsg.), *Schlüsselwerke: Theorien (in) der Kommunikationswissenschaft*, https://doi.org/10.1007/978-3-658-37354-2_4

Schlüsselwörter

Uses-and-Gratifications-Ansatz · Publikumsaktivität · Selektivität ·
Wirkungsforschung · Bedürfnisse und Motive

1   Kurzbiografie (des Erstautors)

Elihu Katz wurde 1926 in New York City geboren. Er absolvierte an der Columbia University 1948 einen B.A. und 1950 einen M.A. in Soziologie. Seine Studienwahl begründete er damit, dass die Kurse ihm die Möglichkeit gaben, sich mit Massenkommunikation und öffentlicher Meinung zu befassen (Meyen 2012). Zu seinen Lehrern zählten Paul Lazarsfeld, Robert Merton und Martin Lipset. 1951 wurde er wissenschaftlicher Mitarbeiter im Bureau of Applied Social Research an der Columbia University.

In seiner Dissertation befasste Katz sich mit den persuasiven Effekten von Face-to-Face Kommunikation in Kleingruppen (Woelke und Koch 2016). Die Arbeit mündete im gemeinsam mit seinem Doktorvater und dem Direktor des Bureau of Applied Social Research, Paul Lazarsfeld, 1955 veröffentlichten Werk „Personal Influence". Die dem Werk zugrundeliegenden Daten hatte Lazarsfeld bereits im Sommer 1945 in einer Panel-Befragung von Frauen in Decatur, Illinois, erhoben (Katz und Lazarsfeld 2006 [1955]). Ziel Lazarsfelds war es, die zusammen mit Berelson und Gaudet 1944 in „In the People's Choice" zusammengetragenen, den Vorstellungen direkter Medienwirkungen entgegenstehenden Erkenntnisse zu Meinungsführerschaft und dem Zweistufenfluss der Massenkommunikation zu vertiefen. Doch die Vollendung der Decatur-Studie stockte, und so bat Lazarsfeld 1953 Elihu Katz, seinen jüngst hinzugestoßenen Doktoranden, ihn dabei zu unterstützen (Katz 2006 [1955]). Dabei gelang es Katz, eine Brücke zwischen interpersonaler Kommunikation und Massenkommunikation zu schlagen, indem er auf die Rolle von kleinen Gruppen bzw. persönlichen sozialen Netzwerken bei der Verbreitung von Informationen einging (Katz 2006 [1955]; Meyen 2012). Entscheidend für Medienwirkungen seien letztlich zwei intervenierende Variablen zwischen Medien und Publika – Selektivität und interpersonale Beziehungen (Katz 2006 [1955]).

1955 zog es Katz von New York City an die University of Chicago, wo er bis 1969 als (Assistant) Professor in Soziologie tätig war. Zudem war er, neben diverser weiterer Gastaufenthalte bspw. an der University of Manchester oder der Keio University in Tokio, 1956 bis 1958 Gastdozent an der Hebrew University in Jerusalem. Dorthin kehrte er einige Jahre später, 1963, zurück, um mit Michael Gurevitch und Dina Goren das kommunikationswissenschaftliche *Israel Institute of Applied Social Research* zu gründen und bis 1993 als Professor der Soziologie und

Kommunikation zu arbeiten (Scannell 2014). 1992 wurde er zum Trustee Professor an der Annenberg School for Communiation der University of Pennsylvania ernannt, wo er bis 2014 tätig war. Ende 2021 verstarb Katz im Alter von 95 Jahren.

Katz' Werk beschränkt sich nicht auf akademische Forschung und Lehre. Auf Bitte der israelischen Regierung wirkte er Ende der 1960er-Jahre, kurz nach dem Sechstagekrieg, als Gründungsdirektor maßgeblich am Aufbau des Fernsehens in Israel mit (Meyen 2012; siehe auch Galili 2016). In den 1970er-Jahren beriet er CBS und die BBC in der Publikumsforschung. Die Arbeit im israelischen Fernsehen prägte seine weitere Forschungstätigkeit wesentlich. Galt sein sozialpsychologisch orientiertes Forschungsinteresse zuvor hauptsächlich interpersonalen sozialen Netzwerken und der Diffusion von Informationen (bspw. in „Medical Innovation. A Diffusion Study", das er 1966 mit James Coleman und Herbert Menzel veröffentlichte), näherte er sich nach seiner Arbeit im israelischen Fernsehen dem Einfluss des Fernsehens auf soziologischem Wege (Scannell 2014). So untersuchten er, Michael Gurevitch und Hadassah Haas in der „Israel-Studie" (Katz et al. 1973b; Katz & Gurevitch 1976) die Funktionen unterschiedlicher Massenmedien für die israelische Gesellschaft.

Seine Erkenntnisse zum Einfluss amerikanischer Populärkultur, verkörpert durch den Serien-Exportschlager *Dallas*, erforschte er zusammen mit Tamar Liebes in „The Export of Meaning. Cross Cultural Readings of Dallas" (1990). Viel Anerkennung erhielt auch „Media Events. The Live Broadcasting of „History"" (1992), in dem sich Katz zusammen mit Daniel Dayan mit global und live übertragenen Großereignissen auseinandersetzte. Das Medium TV hat Katz nie losgelassen. Beispielsweise blickte er 2009 auf bisherige Erkenntnisse zum Einfluss des Fernsehens auf Institutionen (wie Familie und Politik) und Werte zurück, und wie sich das Medium und sein Einfluss ändern (Katz 2009).

Im Laufe seiner Karriere hat Katz über 200 Bücher, Artikel und Buchbeiträge verfasst und war, angesichts seiner Lebensleistung nicht überraschend, Träger einer Vielzahl von Preisen (darunter der 1989 verliehene Israel-Preis als höchste Kulturauszeichnung des israelischen Staates). Katz wissenschaftlicher Beitrag liege vor allem darin, befand Livingstone 1997, dass er den Diskurs über „the possibility of an empowered audience and a more participatory democracy" aufrechterhalten habe (Livingstone 1997, S. 26). Nur wenige Zeit später, mit Etablierung des Internets und dem Senken medialer Zugangs- und Partizipationshürden, erfuhr Katz optimistisches Publikumsverständnis erst recht erneuten Aufwind und ist von ungebrochener Aktualität und Relevanz. So ist es Katz Verdienst, das Publikumsbild einer passiven, homogenen Masse um die Konzeption von Nutzern mit individuellen Bedürfnissen und Aktivitätsgraden ergänzt zu haben.

2   Inhalt des Textes

In ihrem Aufsatz „Uses and Gratifications Research" blickten Katz, Blumler und Gurevitch (1973) auf den Stand der Forschung zu Mediennutzungsmotiven und -gratifikationen zurück und legten Forschungsdefizite offen. Im Fokus standen theoretische und methodische Kritikpunkte, aber auch mögliche neue, zukünftige Forschungsrichtungen, um den bisherigen Schwächen des Ansatzes besser begegnen zu können. Verfasst in einer Phase, in der das Fernsehen (zumindest in westlichen Gesellschaften) das überragende Leitmedium bildete, war es den Autoren ein Ansinnen, das Bild des „bierseligen, biederen, beiläufigen Fernsehzuschauers mit der Vorstellung eines aktiveren Publikums" zu konfrontieren und zu ergänzen (Katz et al. 1973a, S. 520).

Nach Katz et al. liegen die Anfänge der Forschung in den 1940er-Jahren, als verschiedene Studien die Einsicht festigten, dass Medien keine mechanistischen, direkten, homogenen Wirkungen auslösen. So zeigte unter anderem die Erie-County-Studie von Lazarsfeld, Berelson und Gaudet (1944), dass sich Menschen Medieninhalten selektiv zuwenden. Eine Pionierleistung erbrachte auch Herta Herzog (1944), die Gratifikationen von Soap Opera-Fans im Hörfunk identifizierte, nämlich emotionale Entlastung, Wunschträume und Anregungen und Ratschläge. Deutlich wurde, dass die gleichen Medien(inhalte) ganz unterschiedliche Bedürfnisse bedienen und Funktionen erbringen können.

An derlei von Grant (2010) der ersten Phase der U&G-Forschung zugeordneten Studien übten Katz et al. (1973) die Kritik, dass sie zwar verschiedene Funktionen von Medien identifizierten und kategorisierten, aber die (psychologischen, sozialen und in den Umweltbedingungen verorteten) Ursprünge der Bedürfnisse und deren spezifischen Zusammenhänge mit Gratifikationen vernachlässigten (bereits Katz 1959). So gingen die frühen Studien nicht über eine reine Deskription der gefundenen Motive hinaus und lassen modelltheoretische Annahmen gänzlich außen vor. Die Hinwendung zu ebenjenen Defiziten kennzeichnet die zweite U&G-Forschungsphase (Grant 2010; siehe auch Rubin 2000, 2002), in der gezielt die Gründe für die Mediennutzung mit Gratifikationen für Bedürfnisse verbunden werden.

Eine weniger deskriptive, sondern Mediennutzung und -wirkung erklärende, systematischere U&G-Forschung befasst sich Katz et al. (1973a) zufolge mit: „(1) den sozialen und psychologischen Ursprüngen von (2) Bedürfnissen, die (3) Erwartungen an (4) Massenmedien oder andere Quellen generieren, die zu (5) unterschiedlichen Mustern der Medienzuwendung (oder anderer Aktivitäten) führen, und in (6) Bedürfnisgratifikationen und (7) anderen Konsequenzen, darunter eventuell zumeist unintendierten, resultieren" (Katz et al. 1973a, S. 510) – eine Systematisierung, die Blumler später als das „classic conceptual framework" (2019, S. 2) der Autoren bezeichnet.

Soziale und psychologische Bedürfnisse fließen also in Erwartungen ein. Menschen nutzen (auch) Medien in der Absicht, dass diese bestimmte, nützliche Wirkungen erzielen und ihre Erwartungen erfüllen. Das heißt, Erwartungen steuern die Auswahl und Nutzung von Medienangeboten und -inhalten und beeinflussen damit gleichzeitig Medienwirkungen. Rezipienten agieren diesem Verständnis folgend als „Informationsverarbeiter bzw. Problemlöser" (Schweiger 2007, S. 61; bereits Bauer 1964). Medienauswahl und -nutzung sind dabei nicht als Automatismus zu verstehen, sie geschehen nicht unterbewusst oder triebgesteuert, sondern nach einem „funktionalen Kalkül" (Schweiger 2007, S. 61). Welche Art von Gratifikationen sind im Zusammenhang mit Mediennutzung nun zu nennen?

Im Grunde, so Katz et al. (1973b) mit Verweis auf die elaborierte Israel-Studie von Katz, Gurevitch und Haas (1973), werden Medien genutzt, um sich mit anderen (Familie, Freunde, Nation) oder sich selbst auf instrumentelle, affektive oder sozial integrative Art und Weise zu verbinden (aber vielleicht auch zu lösen). Katz et al. (1971b) unterscheiden in ihrer medienübergreifenden Studie zwischen fünf grundlegenden, in sozialen Rollen und psychologischen Dispositionen begründeten Bedürfnissen, die durch Mediennutzung zu stärken beabsichtigt werden: 1) kognitive Bedürfnisse in Bezug auf Informationen, Wissen und Verständnis, 2) affektive Bedürfnisse in Bezug auf ästhetische, emotionale Erfahrungen, 3) persönlich-integrative Bedürfnisse in Bezug auf Glaubwürdigkeit, Vertrauen, Stabilität und Status, 4) sozial-integrative Bedürfnisse in Bezug auf den Kontakt zu Familie, Freunden und der Welt sowie 5) eskapistische oder spannungslösende Bedürfnisse (Katz et al. 1973b). Gratifikationen in Bezug auf diese Bedürfnisse leiten Rezipienten aus dem Medieninhalt, dem Medium (und seinen spezifischen technologischen und ästhetischen Eigenschaften) an sich, oder/sowie dem sozialen Kontext der Rezeption ab (Katz et al. 1973). Dabei betonen die Autoren, dass jedes Medium eine einzigartige Kombination von verschiedenen Inhalten, gattungsspezifischen Attributen und typischen Nutzungskontexten vereint. Die wichtige Frage ist demnach, welche Kombinationen von Eigenschaften verschiedener Medien mehr oder weniger zur Befriedigung unterschiedlicher Bedürfnisse beitragen.

Auf eine vermeintliche, dem Ansatz regelmäßig vorgehaltene Theoriearmut oder -abwesenheit gehen bereits Katz et al. in ihrem Aufsatz ein (siehe auch Blumler 1979). Sie verweisen darauf, dass der U&G-Ansatz auf fünf zentralen Annahmen beruhe (Katz et al. 1973b, S. 510–511):

1. „Das" Publikum wird nicht als homogene, inerte Masse, sondern als aus aktiven Individuen bestehend erachtet. Ein wesentlicher Teil der Mediennutzung geschieht also zielgerichtet, absichtsvoll und unter mehr oder weniger spezifischen Erwartungen.

2. Es sind die Angehörigen des Publikums, die initiativ werden und eine Medienauswahl treffen, um bestimmte Bedürfnisse zu befriedigen. Das macht unvermittelte, direkte Wirkungen von Medieninhalten auf Einstellungen und Verhalten unwahrscheinlich.

3. Medien konkurrieren mit anderen Quellen der Bedürfnisbefriedigung; es gibt also funktionale Alternativen zu Medien, die vergleichbare Leistungen erbringen (können).

4. Selbstauskünfte stellen eine valide Methode dar, um Auskunft über die Ziele der Mediennutzung zu gewinnen. Denn Menschen sind reflektiert und in der Lage, ihre Interessen und Motive im Einzelfall zu berichten oder zumindest wiederzuerkennen.

5. Werturteile über die kulturelle Bedeutung von Medieninhalten oder die Nutzung von Medieninhalten sollten vermieden werden, da noch kein ausreichendes Verständnis von Motiven und Gratifikationen besteht.

In einem späteren Überblickartikel von Rubin (2002) wird deutlich, dass in den Folgejahren durchaus ein tieferes Verständnis der Motive und Gratifikationen entwickelt wurde, sodass auch Fragen zur kulturellen Bedeutung zur Nutzung von Medieninhalten angebracht sind. Daher finden sich die Annahmen 4 und 5 in seiner Auflistung nicht mehr wieder. Stattdessen formuliert Rubin die Annahme, dass soziale und psychologische Faktoren, wie die Persönlichkeit oder die soziale Struktur, das Kommunikationsverhalten filtern. Zudem übten Menschen typischerweise den größeren Einfluss auf die Wirkung von Medien aus als Medien selbst. So steuert die publikumsseitige Initiative die Muster und Konsequenzen der Mediennutzung (Rubin 2002).

Folglich bietet die von Katz und Kollegen innovierte U&G-Forschung eine psychologische Perspektive auf Medienwirkungen (Rubin 2002). Die individuellen Bedürfnisse der aktiven Rezipienten fungieren im Medienwirkungsprozess als intervenierende Variablen (Katz et al. 1973b), sodass weniger von direkten als von vermittelten Medienwirkungen auszugehen ist. Um Medienwirkungen zu verstehen, müssen wir folglich „zunächst die Eigenschaften, Motivation, Selektivität und das Involvement der Rezipienten begreifen" (Rubin 2002, S. 526). Aber auch in Bezug auf den Zusammenhang zwischen Gratifikationen und Wirkungen machen Katz et al. (1973) Forschungsdefizite aus, beispielsweise in der Gewaltforschung oder im Hinblick auf den Konsum interkultureller, vorwiegend amerikanischer

Fernsehinhalte in Entwicklungsländern. So könnten bestimmte Nutzungsmuster in Kombination mit spezifischen Wirkungsaspekten, wie der Wertevermittlung durch Medieninhalte, untersucht werden. Wer beispielsweise Entspannung sucht, werde Inhalte anders verarbeiten als jemand, der Informationen sucht, was wiederum Implikationen für die Medienwirkungen habe. Demnach würden Rezipienten, die mehr oder weniger stereotype Doku-Soaps primär aus eskapistischen Motiven heraus verfolgen, andere kognitive Wahrnehmungen von den Realitätsdarstellungen erfahren als solche, die die gleiche Sendung zur Wissensvermittlung anschauen (Katz et al. 1973b). Zugleich müsse zwischen (Dys-)Funktionen bzw. Konsequenzen für Individuen und solchen für die Gesellschaft unterschieden werden (Katz et al. 1973b; siehe auch Katz und Foulkes 1962).

Daneben betonen Katz und Kollegen in ihrem Beitrag vor allem die Bedeutung psychologischer, sozialer wie umweltbezogener Ursprünge und Kontextfaktoren von Bedürfnissen und Gratifikationen. Wie kommt es beispielsweise, dass manche Rezipienten ein starkes politisches Informationsbedürfnis haben (das sie mit Nachrichten stillen), und andere weniger? Konkret listen Katz et al. (1973, S. 517) fünf soziale Situationen auf, die für die Entstehung medienbezogener Bedürfnisse relevant sein könnten:

1. Eine soziale Situation erzeugt Spannungen und Konflikte, die mittels Medienkonsum zu lösen versucht werden (siehe auch Katz und Foulkes 1962).
2. Soziale Situationen schaffen ein Problembewusstsein, und die in diesem Zusammenhang erforderlichen Informationen lassen sich in den Medien einholen.
3. Eine soziale Situation bietet nur unzureichende Möglichkeiten zur Befriedigung bestimmter Bedürfnisse im „realen Leben", weshalb ersatzweise, kompensatorisch oder unterstützend Massenmedien genutzt werden.
4. Eine soziale Situation fördert bestimmte Werte, deren Bestätigung und Verstärkung durch den Konsum passender Medieninhalte erleichtert wird.
5. Eine soziale Situation erwartet es, mit bestimmten Medieninhalten vertraut zu sein. Um die Zugehörigkeit zu sozialen Gruppen zu erhalten, gilt es also bestimmte Medien zu konsumieren.

Zusammenfassend lässt sich festhalten, dass Katz und Kollegen mit ihrem Beitrag den Stand der Forschung systematisierten und kritisch reflektierten. Anhand der identifizierten Forschungsdesiderata und ihren daraus resultierenden Prämissen legten sie einen Grundstein für einen Ansatz, der in den folgenden Jahrzehnten kontinuierlich weiterentwickelt wurde.

3   Bezug zum Gesamtwerk des Erstautors – Elihu Katz

Berühmt geworden ist Elihu Katz allerdings in einem anderen Gebiet, nämlich durch die Weiterentwicklung des Meinungsführerkonzepts in „Personal Influence". „Die ambitionierte theoretische Modellierung des Medienwirkungsprozes-
ses und die methodisch innovative Umsetzung in der Decatur-Studie machen
Personal Influence zu einer der einflussreichsten Publikationen der Kommunikationswissenschaft" (Woelke und Koch 2016, S. 61). „Personal Influence" (Katz und
Lazarsfeld 1955) ist Katz' erste bedeutende Publikation und gleichzeitig der Beginn einer intensiven Forschungskarriere, die auch in richtungsweisende Beiträge
zum Uses-and-Gratifications-Ansatz (Blumler und Katz 1974; Katz und Foulkes
1962) mündete.

Mit ihrem Aufsatz zum Uses-and-Gratifications-Ansatz gaben Katz und Kollegen der Nutzungs- und Wirkungsforschung in einer kritischen Phase wichtige Impulse. Noch 1959 resümierte Bernard Berelsons, dass die Kommunikationswissenschaft ihren Zenit überschritten habe. Auf die großen Forschungsansätze aus den
1930er- und 1940er-Jahren, vertreten insbesondere durch Lasswell, Lazarsfeld,
Lewin und Hovland, sei nichts Vergleichbares mehr gefolgt (Berelson 1959). Katz
appellierte für eine differenziertere Betrachtung. Tot oder im Sterben sei weniger
die Kommunikationswissenschaft als Ganzes, als vielmehr „communication research as the study of mass persuasion" (Berelson 1959, S. 1). Schließlich hätten die
Arbeiten der vergangenen Jahre bewiesen, dass Massenmedien kaum universale
Wirkungen auslösen. Die Frage sei also weniger, „What do the media do to people?" als „What do people do with the media?" (Katz 1959, S. 2). Dieser Frage
widme sich der „uses and gratifications" approach (ebd.).

15 Jahre später gaben Katz und Blumler mit „The Uses of Mass Communications" (1974) einen Sammelband heraus, der eine Reihe von Befunden, Modellen
und analytischen Vorgehensweisen in dieser Forschungstradition vorstellte und die
Publikumsaktivität bzw. Selektivität der Nutzer betonte. Dieser erste systematische
Sammelband enthält im Übrigen auch eine leicht modifizierte Version des hier er-
örterten, in *Public Opinion Quartely* erschienen Schlüsselwerks und lässt eine
Reihe weiterer namhafter Autoren (beispielsweise Elliot, Greenberg, Rosengren
oder Wright) zu Wort kommen. Auch im zweiten Klassiker – ein von Rosengren,
Wenner und Palmgreen im Jahr 1985 herausgegebener Sammelband – ist Katz
zusammen mit Blumler und Gurevitch mit einem Beitrag vertreten, der den Stand
der Forschung und die Zukunft des Ansatzes beleuchtet.

Zu den wegweisenden empirischen Arbeiten zum U&G-Konzept zählt die Anfang der 1970er-Jahre in Israel durchgeführte Untersuchung von Katz, Gurevitch und Haas (1973; Katz und Gurevitch 1976). Sie knüpft an die frühen Arbeiten aus den 1940er-Jahren an und entwickelte diese methodisch weiter. In der besagten Studie erhob das Forschungsteam um Katz mit Hilfe einer Befragung die Bedürfnisse und Mediennutzungsgewohnheiten der Bevölkerung in Israel. Im Mittelpunkt stand der Vergleich zwischen verschiedenen Medien (Radio, Fernsehen, Film, Zeitung und Buch) und funktionalen Alternativen wie Gesprächen oder Freizeitaktivitäten. Dazu entwarfen die Autoren ein drei Facetten umfassendes Modell, das medienbezogene Bedürfnisse in Abhängigkeit 1) des Modus (Verstärkung, Abschwächung und Erwerb von Bedürfnissen) und 2) der Art der Verbindung (kognitiv, affektiv oder integrativ) zu verschiedenen 3) Referenzgruppen (vom Selbst über Familie, Freunde, den Staat oder die Gesellschaft sowie Tradition und Kultur bis hin zur gesamten Welt) klassifiziert (vgl. auch Schenk 2007). Diese und auch Folgestudien in Deutschland (Infratest 1975) oder Israel (Katz und Haas 1995) machten deutlich, dass sich die Funktionen interpersonaler Kommunikation von denen der Massenmedien deutlich unterscheiden und trugen dazu bei, ein umfassendes Bild der Funktionen von Massenmedien im Intermedia-Vergleich zu erhalten.

Die Kernbefunde der Schlüsselstudien von Elihu Katz haben die empirische Forschung also nachhaltig beeinflusst. Das gilt auch für Katz' frühen, einen U&G-Ansatz verfolgenden Eskapismus-Studien. Diese stellten dysfunktionale Folgen der Fernsehnutzung in den Mittelpunkt und verstanden Motive beispielsweise als Rückzug aus Alltagsproblemen.

Sein Name bleibt also untrennbar mit dem U&G-Ansatz verbunden genauso wie sein Gesamtwerk zu einem besseren Verständnis der komplexen Wechselbeziehungen zwischen öffentlicher Meinung, Massenmedien und sozialer Interaktion beigetragen hat (Livingstone 2008). Zudem charakterisiert Livingstone Katz als integrative Forscherpersönlichkeit, die „persuasively advanced an agenda of convergence – among issues, methods, political positions, academic disciplines and research traditions" (1997, S. 19). Katz sah seine Arbeit in der Tradition des französischen Sozialpsychologen Gabriel Tarde, der soziale Kontakte als Ursprung für die Analyse sozialer Phänomene herangezogen hat. Vor diesem Hintergrund hat Katz – stark soziologisch geprägt – Wirkungseffekte von Massenmedien analysiert und interpretiert (Livingstone 1997).

4   Wirkungsgeschichte/Kritik

Während in der frühen Forschung der 1940er-Jahre die Entwicklung von Mediennutzungstypologien im Mittelpunkt stand, verknüpften die späteren Studien aus
den 1970er-Jahren die Gründe für die Nutzung gezielt mit den Gratifikationen für
Bedürfnisse und bezogen diese auf psychologische und soziale Dispositionen oder
Kontextfaktoren (Rubin 2000). Neben allgemeinen Nutzungsmotiven wurde demnach auch der Einfluss von Persönlichkeitsmerkmalen auf Bedürfnis- und Beloh-
nungsstrategien erforscht. Da in den 1970er-Jahren die bislang fehlende Theorieentwicklung vorangetrieben wurde, erreichte der Uses-and-Gratifications-Approach
in dieser Zeit eine entscheidende Phase für seine fruchtbare Weiterentwicklung. Im
Vorwort der ausschlaggebenden Publikation schreiben Blumler und Katz dem Ansatz zu, dass er „gewissermaßen erwachsen wird" (Blumler und Katz 1974, S. 13).

Palmgreen et al. führen in ihrem Übersichtsartikel neben der theoretischen Erweiterung noch einen weiteren Grund an, warum diese Phase der Modellbildung so
entscheidend für den Nutzen- und Belohnungsansatz war (Palmgreen et al. 1985):
die Debatte um den Funktionalismus und dessen Bezug zur Gratifikationsfor-
schung löste sich auf; es erfolgte eine Abkehr von der engen funktionalistischen
Terminologie und Perspektive (Jäckel 2002). Beschleunigt wurde diese Entwicklung durch die umfangreiche Kritik am U&G-Ansatz, auf die inhaltlich mit einer
stärker handlungstheoretischen Positionierung reagiert wurde. Bestes Beispiel
hierfür ist der von Renckstorf entwickelte Nutzenansatz, eine deutsche Version des
Uses-and-Gratifications-Approachs. Als Kritiker des ursprünglichen Konzeptes
versuchte Renckstorf (1977) weiterführende Vorstellungen zu entwickeln. Die
Grundannahme des aktiven Publikums wird im Nutzenansatz mit dem handlungstheoretischen Konzept des symbolischen Interaktionismus verknüpft. Der mechanistischen Vorstellung einer reflexartigen Reaktion auf die Stimuli, wie es im Wir-
kungsansatz unterstellt wird, wird hier entgegengehalten: Ob einem Objekt – hierzu
zählen auch die Medien bzw. Medieninhalte – diese oder jene Bedeutung zugewie-
sen wird, hängt vom Interpretationsprozess des Handelnden ab (Renckstorf 1987).

Mit der Unterscheidung gesuchter und erhaltener Gratifikationen folgten in den
1980er-Jahren weitere theoretische Fortentwicklungen (Palmgreen und Rayburn
1985). So wurde die bereits in den 1970er-Jahren aufgestellte Forderung erfüllt,
zwischen den in der Mediennutzung gesuchten Gratifikationen („Gratifications
Sought", GS) und den als Folge des Medienkonsums dann tatsächlich erhaltenen
Gratifikationen („Gratifications Obtained", GO) zu differenzieren. Die Medienauswahl ergibt sich bei diesem Modell als Funktion der durchschnittlichen Diskrepanz
zwischen den gesuchten und den erhaltenen Gratifikationen. Der Rezipient wird

sich infolgedessen für die Medien bzw. Medieninhalte entscheiden, bei denen die Diskrepanz am geringsten ist (Schenk 2007). Die Arbeiten von Palmgreen, Wenner und Rayburn zeigten, dass die vom Rezipienten gesuchten Gratifikationen in sehr hohem Ausmaß mit den tatsächlich erhaltenen Gratifikationen übereinstimmen (zusammenfassend Palmgreen 1984a).

Auf diese Weise entwickelte sich der Uses-and-Gratifications-Ansatz von einem rein deskriptiven Ansatz, mit dem übergeordneten Ziel Mediennutzungsmotive zu charakterisieren, zu einem ausdifferenzierten Ansatz, der nicht nur den Kommunikationsprozess im engeren Sinne berücksichtigt, sondern sich auch um die Einbindung der Mediennutzung in einen allgemeineren Handlungsrahmen bemühte (Jäckel 2002). Zahlreiche Forscher bedienten sich in den 1980er-Jahren der Erwartungs-mal-Wert-Theorie und versuchten, diesen Ansatz aus der Motivations- und Sozialpsychologie mit dem kommunikationswissenschaftlichen Ansatz zu verbinden.

So formulierte Palmgreen das so genannte Erwartungs- und Bewertungsmodell, das auf dem aus der Sozialpsychologie stammenden Erwartungs-Bewertungsansatz von Fishbein (1963, 1967) basiert. Verhalten, Verhaltensabsichten oder Einstellungen werden in diesem Prozessmodell als Funktion (1) einer Erwartung (oder Vorstellung) und (2) einer Bewertung betrachtet. Dabei bezieht sich „die Erwartung" auf die wahrgenommene Wahrscheinlichkeit, dass ein Objekt eine bestimmte Eigenschaft hat oder dass ein Verhalten eine bestimmte Folge nach sich zieht. Bewertet wird die Stärke einer affektiven Einstellung, entweder positiv oder negativ, gegenüber einer Eigenschaft oder der Folge eines Verhaltens. Die Suche nach Gratifikationen ist somit das Ergebnis von Vorstellungen (Erwartungen) und Bewertungen und beeinflusst letztlich die Mediennutzung. Denn die wahrgenommenen erhaltenen Gratifikationen wirken sich wiederum in einem Rückkoppelungseffekt auf die individuelle Wahrnehmung, der mit den Gratifikationen verbundenen Eigenschaften von Medien, Programmen, Programmgattungen etc. aus (Palmgreen 1984a).

Längerfristig gesehen können dadurch sogenannte Medienimages entstehen – spezifische Vorstellungen und Bewertungen einzelner Medien, die auch mit bestimmten (stabileren) Einstellungen verbunden sind und auch zu gewohnheitsmäßiger Mediennutzung führen (Sommer 2019; Schenk 2007). Ein Ansatz, der auch in der angewandten Medienforschung zum Einsatz kommt, beispielsweise in der Langzeitstudie Massenkommunikation, die die Images tagesaktueller Medien, aber auch die Leistungserwartungen an öffentliche-rechtliche und private Anbieter seit mehreren Jahrzehnten erfasst (Breunig und Engel 2015).

Neben dem GS-GO-Modell nach Palmgreen und Rayburn (1985) gelten in dieser Phase auch die Unterscheidung in instrumentelle und ritualisierte

Nutzungsstrategien (Rubin 1984) und das Konzept der Nutzeraktivität nach Levy und Windahl (1985) als wesentliche theoretische Weiterentwicklungen des Uses-and-Gratifications-Ansatzes. Beides sind Konzepte, die mit der massenhaften Nutzung des Fernsehens und der Etablierung als neues Leitmedium verbunden waren. In dieser Zeit entstanden zahlreiche Motivkataloge, die die Nutzung des Fernsehens allgemein, die Nutzungsmotive einzelner Fernsehsendungen oder -genres untersuchten (Sommer 2019). Diese Vielzahl an Studien trug auch maßgeblich zur Standardisierung der verwendeten Befragungsskalen bei. Ein Klassiker ist beispielsweise die Greenberg-Studie, die Anfang der 1970er-Jahre acht Motivdimensionen für die TV-Nutzung ermitteln konnte: Entspannung, Geselligkeit, Information, Gewohnheit, Zeitfüller, Selbstfindung, Spannung und Eskapismus (Greenberg 1974). Weitere Untersuchungen in den 1980er-Jahren bauten auf diesen Pionierarbeiten auf, insbesondere Rubin sowie Rubin und Perse entwickelten modifizierte Fernsehmotivskalen (Rubin 1983; Rubin und Perse 1987; Rubin et al. 1994).

Mit der von Rubin eingeführten Unterscheidung in instrumentelle versus ritualisierte Mediennutzung können verschieden Publika beschrieben werden, deren Medienauswahl durch unterschiedliche Grade der Publikumsaktivität gekennzeichnet sind. Denn Nutzer weisen nicht immer eine selektive und aktive Nutzung auf, häufig werden Medien auch gewohnheitsmäßig, habitualisiert (zum Zeitvertreib und zur Ablenkung) genutzt. Diese gewohnheitsmäßigen Nutzer zeichnen sich durch eine beträchtliche Bindung und damit eine höhere Affinität an bestimmte Medienangebote aus. Aufgrund bereits vorhandener Medienerfahrungen erfolgen Auswahlentscheidungen routinemäßig bzw. schematisch. Demgegenüber ist die instrumentelle Mediennutzung aktiv und absichtsvoll sowie mit Informationsmotiven verknüpft. Die Aktivität des Publikums wurde mit dieser Differenzierung als wichtige intervenierende Variable in Bezug auf Medienwirkungen eingeführt (Rubin 1984). Instrumentell und ritualisierte Nutzungsmuster zur Befriedigung spezifischer Bedürfnisse sind auch heute noch in der digitalen (Streaming-)Fernsehwelt identifizierbar (ARD-Forschungsdienst 2021).

Auch das Aktivitätskonzept nach Levy und Windahl (1985) greift diesen Gedanken auf, indem es zeitliche und qualitative Dimensionen der Aktivität unterscheidet. Es basiert auf einen Aufsatz von Blumler (1979) und charakterisiert die einzelnen Nutzungsphasen (präkommunikativ, kommunikativ und postkommunikativ) nach den Kernelementen (Selektivität, Involvement und Nützlichkeit). In der Verbindung beider Dimensionen entsteht eine Neun-Felder-Tafel, die Publikumsaktivität auf unterschiedliche Art und Weise charakterisiert und auf verschiedene Nutzungskontexte – auch interaktive – angewendet und adaptiert werden kann (Stark 2006). Diese Fortführung der ursprünglichen Annahme des „aktiven Publikums" zeigt, dass Mediennutzung nicht immer als aktive und bewusste

Medienhandlung interpretiert werden darf, sondern dass Rezipientenaktivität als vielschichtiges Konzept zu begreifen ist, mit dem unterschiedliche Nutzertypen in den einzelnen Phasen des Kommunikationsprozesses beschrieben werden können: Formen und Ausprägungen variieren je nach situativer Gegebenheit. Es zeigt aber auch, dass innerhalb des Uses-and-Gratifications-Ansatzes die Interpretation des Aktivtätskonzeptes immer umstritten war, was sich in der langen Wirkungsgeschichte des U&G Ansatzes selbst in digitalen, interaktiven Medienumgebungen bestätigte.

Denn mit der zunehmenden Verbreitung neuer Medien, insbesondere des Internets, erfuhr der Ansatz ein Revival. Gerade für die Analyse neuer, interaktiver Medienangebote, deren Gebrauch sich erst etablieren muss, wurde er ab Mitte der 1990er-Jahre eingesetzt. Die Forschungsperspektive ermöglicht es herauszufinden, welchen individuellen Zwecken die neuen Angebote dienen. So rechtfertigt Ruggiero beispielsweise die Anwendung des Ansatzes im Kontext neuer Medien mit folgendem Argument: „… fully focusing on the social and cultural impacts of new communication technologies may be premature until we grasp more fully how and why people are making use of these media channels" (Ruggiero 2000, S. 13). Quintessenz der vorgebrachten Argumente ist, dass der U&G-Ansatz sich durch sein Postulat des aktiven Rezipienten bzw. Users für die Analyse neuer, interaktiver Online-Medien geradewegs aufdrängt.

Der Gedanke war nicht neu, da bereits Palmgreen 1984 es als Herausforderung sah, den U&G-Ansatz zum Verständnis der Nutzung neuer Medien einzusetzen: „A major challenge that confronts uses and gratifications researchers is the adaption and molding of the current conceptual framework to deal with new communication technology" (Palmgreen 1984b, S. 49). Er führte damals Kabelfernsehen, Videotext, Videocassetten und andere neue Kommunikationssysteme auf. Später folgten Studien, die die Nutzung des Computers oder des Internets ganz allgemein oder bestimmter Online-Angebote im Internet untersuchten. Dabei stand auch das Aktivitätskonzept nach Levy und Windahl im Vordergrund, das eine aktive, d. h. eine selektive und intentionale Nutzung in den Mittelpunkt stellt und beim interaktiven Fernsehen in den Mittelpunkt rückte (Stark 2006).

Denn die Aktivität im Rahmen computervermittelter Kommunikation erreicht dabei nach Weinreich eine ganz „andere Qualität", da der zum „echten Partizipienten gewandelte Rezipient" zum Ursprung des Medieninhalts wird. In dieser Sichtweise gelingt es nach Weinreich auch, wesentliche Kritikpunkte des U&G-Ansatzes zu entschärfen, da diese bei einem vom Rezipienten „selbstgemachten" Medium nicht aufrechterhalten werden können (Weinreich 1998, S. 134).

Allerdings wurde die Uses-and-Gratifications-Forschungstradition diesem Anspruch nicht beständig gerecht. Denn Bedürfnisstrukturen wurden oft nur reproduziert bzw. zu wenig wurden die traditionellen Motivkataloge den neuen Gegebenheiten angepasst, sodass die entsprechende Vielfalt von Bedürfnissen und zu erwartenden Gratifikationen nicht erfasst werden konnte. Eine breitere theoretische Fundierung des Ansatzes – auch in Gesellschaftstheorien – ist somit auch mit dem Siegeszug des Internets ausgeblieben (Pfaff-Rüdiger und Meyen 2013). Sundar und Limperos (2013) forderten deshalb in ihren programmatischen Beitrag, dass der neuen Produzentenrolle des Users mehr Rechnung getragen werden sollte. Sie entwickelten ein Modell, das die technische Medienangebotsvielfalt („affordances") und damit auch stärker Interaktions- und Feedbackmöglichkeiten sowie neue Gestaltungsspielräume mitberücksichtigt („affordance-based gratifications"). Vergleichbar zu frühen Interaktivitätskonzepten betonen sie vier grundlegende, medienbezogene Dimensionen (modality, agency, interactivity and navigability). Das von Sundar and Limperos vorgeschlagene MAIN-Modell wurde weiterentwickelt und für die Evaluation der Nutzung von Social Media-Angeboten eingesetzt (Jung und Sundar 2018; Rathnayake und Winter 2018). Auch der Einfluss von Persönlichkeitsmerkmalen auf Bedürfnis- und Belohnungsstrukturen wird im Kontext von Social Media intensiv erforscht und bringt wichtige Erkenntnisse im Hinblick auf den Zusammenhang mit dem psychologischen Wohlbefinden der User. So zeigen sich signifikante Zusammenhänge zwischen bestimmten Persönlichkeitsmerkmalen wie Machiavellismus oder Neurotizismus und „problematischer" Internetnutzung. Außerdem dienen spezifische Persönlichkeitsfaktoren als relevante Prädiktoren für die Nutzung unterschiedlicher sozialer Netzwerke wie Facebook oder Twitter (ARD-Forschungsdienst 2020).

Im Laufe der Jahrzehnte sind somit unzählige empirische Studien zum Uses-and-Gratifications-Ansatz entstanden, d. h. an Relevanz und Aktualität hat der Ansatz in seiner langen Wirkungsgeschichte keinesfalls verloren. Es sind wichtige Mediennutzungstypologien entstanden, die nicht nur eine Reihe von Bedürfniskatalogen für bestimmte Mediengattungen – auch im direkten Intermedia-Vergleich – identifiziert haben (u. a. kognitive, affektive, soziale und identitätsbezogene Motive), sondern auch die Nutzung neuer Medien analysiert haben. Denn der Boom der Uses-and-Gratifications-Forschung hat im Internetzeitalter angehalten (Lev-On 2017). Diverse Online-Angebote und -Plattformen, Social Media-Angebote wie Facebook, Twitter oder Instagram oder User-Generated-Content Portale wie YouTube, Online-Spiele oder Online-Dating-Portale wurden untersucht. Auch die Motive der Handy-Nutzung im Allgemeinen und die SMS-Nutzung im Speziellen sind erforscht worden. Fortlaufend wurden spezielle Genres (Reality-TV, Soap-Operas, Talkshows oder Heimatsendungen) im Fernsehen oder spezifische Nutzungskontexte wie Social-TV (Second Sreen), Binge-Watching oder On-Demand-bzw. Streamingdienste untersucht (zusammenfassend Lev-On 2017; Sommer 2019; Sundar und Limperos 2013).

Damit bleibt der Uses-and-Gratifications-Ansatz ein beliebtes Konzept der Nutzungs- und Rezeptionsforschung, allerdings ist seit seiner Entwicklung die Kritik an dem Ansatz auch nie verstummt. Laut Schenk (2007) war das Konzept wie kaum ein anderer Ansatz der Kommunikationsforschung der Kritik ausgesetzt. Wie Ruggiero treffend bemerkt, waren es die U&G-Forscher selbst, die ihren eigenen Ansatz am stärksten kritisierten (Ruggiero 2000). Einwände wurden dabei sowohl auf theoretischer Ebene als auch bei der empirischen Umsetzung des Konzepts erhoben (zur Kritik zusammenfassend Ruggiero 2000; Schweiger 2007; Schenk 2007 oder Sommer 2019.)

Einer der Haupteinwände bezieht sich auf die Theorieschwäche des Ansatzes, die wiederholt zugleich als Theorielosigkeit kritisiert wurde. Für viele Forscher blieb der Ansatz eher eine Forschungsstrategie bzw. ein „organizing framework" als eine Theorie, da er aus keinem einheitlich geschlossenen Theoriegebilde besteht. Im Gegenteil, die Vielzahl an unverknüpften Einzelstudien, die sich auf sehr unterschiedliche theoretische Stränge beziehen, hat nach Meinung vieler Kritiker dazu geführt, dass zentrale Konzepte des Ansatzes diffus geblieben sind. Obwohl eine Reihe von Studien die Hintergründe menschlicher Motivstrukturen beleuchtete, fehlt(e) den Kritikern vor allem die systematische und explizite theoretische Einbindung der sozialen und psychologischen Ursprünge von Bedürfnissen und Gratifikationen in das Konzept.

Ein weiterer Vorwurf aus den 1970er-Jahren an die Arbeiten der Uses-and-Gratifications-Forschung bezieht sich auf die zu starke individualistische Ausrichtung des Ansatzes, die mit der Vernachlässigung gesellschaftlicher Einflüsse einhergeht. Insbesondere Elliot hat aus soziologischer Perspektive kritisiert, dass der Ansatz zu individualistisch sei, da er sich auf intra-individuelle Prozesse beschränkt und somit soziale Strukturen und Prozesse nicht erfasst (Elliott 1974). Dabei führt die Begrenzung auf den Rezipienten nicht nur zur Vernachlässigung des gesellschaftlichen oder kulturellen Umfeldes, sondern auch dazu, dass die Medieninhalte nicht bewertet werden. Zu selbstverständlich wird davon ausgegangen, dass die Rezipienten ihre Wünsche durch das bestehende Angebot überhaupt erfüllen können – schon Katz et al. (1973) warfen die Frage auf, ob es nicht eine dauerhafte Lücke zwischen Erwartungen und tatsächlichen Gratifikationen gebe. Schönbach (1984) hat beispielsweise bereits sehr früh für ein integratives Modell plädiert, das die Angebotsseite (und damit die Medieninhalte) einbezieht und somit die wechselseitige Beeinflussung von Angebot (Medieninhalte) und Nachfrage (Rezipientenmotive) berücksichtigt, wie etwa im dynamisch-transaktionalen Modell. Anknüpfend an die Uses-and-Gratifications-Forschungstradition haben sich zwar Ansätze entwickelt, die stärker strukturelle Merkmale als Einflussvariablen berücksichtigen, beispielsweise die Verfügbarkeit sowie die Kenntnis über das Angebot – wie etwa im Fernsehprogrammauswahlmodell von Webster und Wakshlag (1983). Allerdings blieben solche Modelle die Ausnahme.

In theoretischer Hinsicht wurden dem Ansatz aber auch begriffliche Schwächen angekreidet. Nicht immer sind die Grundbegriffe wie Bedürfnis oder Motiv trennscharf definiert und abgegrenzt worden. Hinzu kommt, dass die aus der Psychologie übernommenen Kernbegriffe nicht in eine konsistente Theorie der menschlichen Motivation überführt wurden.

Auch die Debatte um die methodische Umsetzung des Uses-and-Gratifications-Modells ist so alt wie der Ansatz selbst. Die Grundannahme, dass die Rezipienten in der Lage sind, ihre Bedürfnisse zu benennen, hat dazu geführt, dass in der Regel die Probanden im so genannten „Self-Report" Auskunft über Motive und Interessen geben. Genau diese Annahme wurde aber immer wieder hinterfragt und angezweifelt, ob die mit Hilfe von offenen bzw. geschlossenen Fragen ermittelten Motivkataloge, Bedürfnisse adäquat erfassen können. Der gängige methodische Zugang wählt die situationsunabhängige Selbstauskunft, obwohl nach Schweiger (2007) auch situative Erhebungsmethoden, wie Stichtagsbefragungen oder Beobachtungsstudien, weitaus angemessener wären. Inwieweit Medienauswahl wirklich aus rationalen Überlegungen heraus passiert, ist deshalb häufig in Frage gestellt worden. Denn viele Auswahlentscheidungen passieren unbewusst und wenig reflektiert.

Neben der Grundfrage, ob die Rezipienten sich ihrer Bedürfnisse bewusst sind und diese auch in der Befragungssituation wiedergeben können, ist es insbesondere die Gefahr der „ex-post facto Rationalisierung", die thematisiert wird. Diese hat zur Folge, dass die Probanden nach Kriterien der sozialen Erwünschtheit antworten (Schenk 2007). Standardisierte Motivabfragen standen nicht zuletzt deshalb in der Kritik, zirkuläre Argumentationen und Rückschlüsse zu produzieren. Können sich die Rezipienten nicht erinnern, kreuzen sie einfach die vorgelegten Items an.

Alles in allem hat sich der Ansatz zweifelsohne seit seiner Entstehung profilieren können und Fortschritte gemacht, d. h. an Substanz gewonnen (Schenk 2007). Eine allgemeine theoretische Weiterentwicklung ist nicht gänzlich ausgeblieben. Allerdings haben die erzielten Fortschritte bislang nicht ausgereicht, um alle Kritiker zu beruhigen. So hält Ruggiero (2000) fest, dass die Gegner des U&G-Ansatzes wohl noch unaufhörlich daran zweifeln werden, ob er wirklich eine Theorie ist, während die Befürworter, ihn nach wir vor für eine der einflussreichsten Theorien in der Kommunikationswissenschaft halten werden.

Was bleibt? Auf die Frage, welche Bedeutung Katz dem U&G-Ansatz in seinem Leben beimesse, antwortete er 2011 in einem Interview salopp: „I don't think that's the world's most important thing" (Meyen, 2012, S. 1681). Das mag so zutreffend wie bescheiden sein. Der Appell, sich menschlichen Bedürfnissen zu widmen, um herauszufinden, „wie viel die Medien zu ihrer Entstehung und Befriedigung beitragen" (Katz et al. 1973, S. 521) war zweifellos nicht nur für die Mediennutzungs- und -wirkungsforschung ein wichtiger Beitrag, sondern auch für die Medienpraxis. Schließlich verleiht erst die nutzerseitige Mitwirkung Medien als Dienstleistungsgütern einen (Mehr-)Wert (Kiefer 2017). Damit war der Ansatz nicht zuletzt wegweisend für die Erforschung vielfältiger Nutzungs- und Rezeptionsphänomene. Diese Sensibilisierung für die Publikumsperspektive ist mittlerweile in unterschiedlichen Forschungsgebieten fest etabliert, beispielsweise in der Journalismus-, Qualitäts- oder Vielfaltsforschung (Costera Meijer 2013; Magin und Stark 2020; Napoli 2011).

Auch Bonfadelli und Friemel attestieren dem U&G-Ansatz entscheidende, neue Impulse für die Wirkungsforschung in den 1970er-Jahren und verleihen dem Konzept den „Status einer klassischen Theorie der Medienwirkungsforschung" (Bonfadelli und Friemel 2017, S. 77). Impulse hat der Ansatz zweifelsohne in vielerlei Hinsicht gegeben, zum einen hat er vor allem ein tiefer gehendes Verständnis für die Nutzung und Vermittlungsleistung von vielfältigen Medienangeboten geschaffen. Zum anderen konnte er in seiner langen Wirkungsgeschichte deshalb immer wieder den Nutzungsgebrauch neuer Medienangebote (u. a. Videorecorder, elektronische Programmführer, interaktives Fernsehen, sozialer Netzwerke) und Rezeptionsphänomene (wie parasoziale Interaktion mit Medienfiguren oder Binge Watching) erklären. Auch im 21. Jahrhundert werden deshalb Kommunikationswissenschaftlerinnen und -wissenschaftler den Umgang mit neuen, interaktiven Medienangeboten und die Auswahl von Medieninhalten auf Basis des Uses-and-Gratifications-Ansatzes erforschen, denn die Frage nach den Gründen der Mediennutzung bleibt auch in digitalen Welten wegweisend. Digitale Medien-Ökosysteme erfordern aber zweifelsohne weiterhin eine Modernisierung des Ansatzes, denn sowohl Bedürfnisse und Gratifikationen als auch soziale Einflussfaktoren verändern sich technologiebedingt – und wirken auf die Technologie selbst ein.

Literatur

ARD-Forschungsdienst (2020). Psychologische Aspekte der Onlinenutzung. *Media Perspektiven* Heft 9/2020, 516–522
ARD-Forschungsdienst (2021). Faktoren der Medien- und Programmwahl. *Media Perspektiven* Heft 1/2021, 71–76.
Bauer, R. A. (1964). The obstinate audience: The influence process from the point of view of social communication. *American Psychologist*, 19(5), 319–328. https://doi.org/10.1037/h0042851

Berelson, B. (1959). The State of Communication Research. *The Public Opinion Quarterly*, 23(1), 1–6.

Blumler, J. G. (2019). Uses and Gratifications Research. In T. P. Vos, F. Hanusch, D. Dimitrakopoulou, M. Geertsema-Sligh, & A. Sehl (Hrsg.), *The International Encyclopedia of Journalism Studies* (1. Aufl., S. 1–8). Wiley. https://doi.org/10.1002/9781118841570.

Blumler, J.G, & Katz, E. (Hrsg.) (1974). *The Uses of Mass Communications. Current Perspectives on Gratifications Research*. Beverley Hills, CA: Sage.

Blumler, J. G. (1979). The Role of Theory in Uses and Gratifications Studies. *Communication Research*, 6(1), 9–36. https://doi.org/10.1177/009365027900600102

Breunig, C., & Engel, B. (2015) Massenkommunikation 2015: Funktionen und Images der Medien im Vergleich. *Media Perspektiven* Heft 7-8/2015, 323–341.

Bonfadelli, H., & Friemel, T. N. (2017). *Medienwirkungsforschung* (6., überarbeitete Auflage). UVK.

Coleman, J. S., Katz, E., & Menzel, H. (1966). *Medical Innovation: A Diffusion Study*. Bobbs-Merrill.

Costera Meijer, I. (2013). *Valuable journalism: A search for quality from the vantage point of the user. Journalism: Theory, Practice & Criticism*, 14(6), 754–770. https://doi.org/10.1177/1464884912455899

Dayan, D., & Katz, E. (1992). *Media events: The live broadcasting of history*. Harvard Univ. Press.

Elliott, P. (1974). Uses and Gratifications Research: a Critique and a Sociological Alternative. In J. G. Blumler & E. Katz (Hrsg.), *The Uses of Mass Communiations. Current Perspectives on Gratifikation Research* (S. 249–268). Beverly Hills, London: Sage Publications.

Fishbein, M. (1963). Investigation of the Relationship between Beliefs about an Object and the Attitude Toward that Object. *Human Relations* 16, 233–240.

Fishbein, M. (1967). *Readings in Attitude Theory and Measurement*. New York, London, Sydney: John Wiley & Sons.

Galili, D. (2016). Public Television: Beginnings and Endings. Elihu Katz in conversation with Doron Galili. *Journal of E-Media Studies*, 5(1). https://doi.org/10.1349/PS1.1938-6060.A.460

Grant, R. (2010). Uses and Gratifications Theory. Based on the research of Elihu Katz, Jay G. Blumler, and Michael Gurevitch. In R. L. West & L. H. Turner (Hrsg.), *Introducing Communication Theory: Analysis and Application* (4. Aufl., S. 392–409). McGraw-Hill.

Greenberg, B. S. (1974). Gratifications of Television Viewing and Their Correlates for British Children. In J. G. Blumler & E. Katz (Hrsg.), *The Uses of Mass Communications. Current Perspectives on Gratifikation Research* (S. 71–92). Beverly Hills, London: Sage Publications.

Herzog, H. (1944). What Do We Really Know About Daytime Serial Listeners? In P. F. Lazarsfeld & F. N. Stanton (Hrsg.), *Radio Research 1942-1943* (S. 3–33). Duell, Sloan and Pearce.

Infratest (1975). *Kommunikationsverhalten und Kommunikationsnutzen*. München.

Jäckel, M. (2002). *Medienwirkungen*. Wiesbaden: Westdeutscher Verlag.

Jung, E. H., & Sundar, S. S. (2018). Status update: Gratifications derived from Facebook affordances by older adults. *New Media & Society* 20(11), 4135–4154.

Katz, E. (1959). Mass Communications Research and the Study of Popular Culture: An Editorial Note on a Possible Future for This Journal. *Studies in Public Communication*, 2, 1–6.

Katz, E. (2006). True Stories. *The ANNALS of the American Academy of Political and Social Science*, 608(1), 301–314. https://doi.org/10.1177/0002716206293441

Katz, E. (2009). The End of Television? *The ANNALS of the American Academy of Political and Social Science*, 625(1), 6–18. https://doi.org/10.1177/0002716209337796

Katz, E. & D. Foulkes (1962). On the Use of the Mass Media as "Escape": Clarification of a Concept. *Public Opinion Quarterly* 26(1), 377–388.

Katz, E., & Gurevitch, M. (1976). *Secularization of Leisure: Culture and Communication in Israel*. Faber & Faber.

Katz, E. M., Gurevitch, M. & Haas, H. (1973). On the Uses of the Mass Media for Important Things. *American Sociological Review* 38, 164–181.

Katz, E., Blumler, J. G., & Gurevitch, M. (1973a). Uses and Gratifications Research. *Public Opinion Quarterly*, 37(4), 509–523. https://doi.org/10.1086/268109.

Katz, E., Haas, H., & Gurevitch, M. (1973b). On the Use of the Mass Media for Important Things. *American Sociological Review*, 38(2), 164. https://doi.org/10.2307/2094393.

Katz, E., & Lazarsfeld, P. F. (1955). *Personal influence: The part played by people in the flow of mass communication*. Glencoe, Ill.: The Free Press of Glencoe.

Katz, E., & Lazarsfeld, P. F. (2006 [1955]). *Personal influence: The part played by people in the flow of mass communications* (2nd ed). Transaction Publishers.

Katz, E., & Haas, H. (1995). Kultur und Kommunikation im heutigen Israel: eine Wiederholungsstudie nach 20 Jahren. In B. Franzmann, W. D Fröhlich & H. Hoffmann (Hrsg.), *Auf den Schultern von Gutenberg. Medienökologische Perspektiven der Fernsehgesellschaft* (S. 195–201). Berlin/München.

Kiefer, M. L. (2017). Journalismus als Dienstleistung? Eine dienstleistungstheoretische Einschätzung. *Medien & Kommunikationswissenschaft*, 65(4), 682–703. https://doi.org/1 0.5771/1615-634X-2017-4-682

Lazarsfeld, P. F., Berelson, B., & Gaudet. (1944). *The People's Choice. How the Voter Makes up his Mind in a Presidential Campaign*. Columbia University Press.

Levy, M. R. & S. Windahl (1985). The Concept of Audience Activity. In K. E. Rosengren, L. A. Wenner & P. Palmgreen (Hrsg.), *Media Gratifikation Research* (S. 109–122). Beverly Hills, London, New Delhi: Sage Publications.

Lev-On, Azi (2017). Uses and Gratifications: Evidence for Various Media. In P. Rössler et al. (Hrsg.), *The International Encyclopedia of Media Effects*. Chichester, WestSussex, UK.

Liebes, T., & Katz, E. (1990). *The export of meaning: Cross-cultural readings of Dallas*. Oxford University Press.

Livingstone, S. (1997). The Work of Elihu Katz. In J. Corner, P. Schlesinger, & R. Silverstone (Hrsg.), *International media research: A critical survey* (S. 18–47). Routledge.

Livingstone, S. (2008). Katz, Elihu. In W. Donsbach (Hrsg.), *The International Encyclopedia of Communication* (S. wbieck001). John Wiley & Sons, Ltd. https://doi.org/10.1002/9781405186407.wbieck001

Magin, M. & Stark, B. (2020). More Relevant Today Than Ever. Past, Present and Future of Media Performance Research. *Media and Communication*, 8(3), 239–243.

Meyen, M. (2012). 57 Interviews with ICA Fellows. Interview with Elihu Katz. *International Journal of Communication*, 6 (Feature), 1676–1683.

Napoli, P. M. (2011). Exposure diversity reconsidered. *Journal of Information Policy* 1, 246–259.

Palmgreen, P. (1984a). Der "Uses and Gratifications Approach". Theoretische Perspektiven und praktische Relevanz. *Rundfunk und Fernsehen* 32(4), 51–61.

Palmgreen, P. C. (1984b). Uses and gratifications: A Theoretical Perspective. In R. N. Bostrom (Hrsg.), *Communication Yearbook*. Beverly Hills, CA: Sage Publications. 8, 20–55.

Palmgreen, P., L. A. Wenner & K. E. Rosengren (1985). Uses and Gratifications Research: The Past Ten Years. In K. E. Rosengren, L. A. Wenner & P. Palmgreen (Hrsg.), *Media Gratifikation Research. Current Perspectives* (S. 11–37). Beverly Hills, London, New Delhi: Sage Publications.

Palmgreen, P. & J. D. Rayburn II (1985). An Expectancy-Value Approach to Media Gratifictions. In K. E. Rosengren, L. A. Wenner & P. Palmgreen (Hrsg.), *Media Gratifikation Research. Current Perspectives* (S. 61–72). Beverly Hills, London, New Delhi: Sage Publications.

Pfaff-Rüdiger, S. & Meyen, M. (2013). Soziales Kapital und praktischer Sinn. Wie das Internet die Sicht auf den Uses-and-Gratifications-Ansatz verändert. In O. Jandura, A. Fahr, H.-B. Brosius (Hrsg.), *Theorieanpassungen in der digitalen Medienwelt* (S. 71–83). Baden-Baden: Nomos.

Rathnayake, C., & Winter, J. S. (2018). Carrying Forward the Uses and Grats 2.0 Agenda: An Affordance-Driven Measure of Social Media Uses and Gratifications. *Journal of Broadcasting & Electronic Media*, 62(3), 371–389. https://doi.org/10.1080/08838151.2018.1451861

Renckstorf, K. (1977). Neue Perspektiven in der Massenkommunikationsforschung. In K. Renckstorf (Hrsg.), *Neue Perspektiven in der Massenkommunikationsforschung. Beiträge zur Begründung eines alternatives Forschungsansatzes* (S. 7–59). Berlin: Verlag Volker Spiess.

Rubin, A. M. (1983). Television Uses and Gratifications: The Interactions of Viewing Patterns and Motivations. *Journal of Broadcasting* 27(1), 37–51.

Renckstorf, K. (1987). Alternative Ansätze der Massenkommunikationsforschung: Wirkungs- vs. Nutzenansatz. In M. Gottschlich (Hrsg.), *Massenkommunikationsforschung. Theorieentwicklung und Problemperspektiven* (S. 141–154). Wien: Braumüller.

Rubin, A. M. (1984). Ritualized and Instrumental Television Viewing. *Journal of Communication* 34(3), 67–77.

Rubin, A. M. (2000). Die Uses- and Gratifications-Perspektive der Medienwirkung. In A. Schorr (Hrsg.), *Publikums- und Wirkungsforschung* (S. 137–152). Wiesbaden: Westdeutscher Verlag.

Rubin, A. M. (2002). The Uses-and-Gratifications Perspective on Media Effects. In J. Bryant & D. Zillmann (Hrsg.), *Media Effects. Advances in Theorie and Research* (S. 525–548). Routledge. https://doi.org/10.4324/9781410602428-24

Rubin, A. M. & E. M. Perse (1987). Audience Activity and Television News Gratifications. *Communication Research* 14(1), 58–84.

Rubin, R. B., P. Palmgreen & H. E. Sypher (Hrsg.) (1994). *Communication Research Measures. A Sourcebook*. New York, London: The Guilford Press.

Ruggiero, T. E. (2000). *Uses and Gratifications Theory in the 21st Century. Mass Communication and Society*, 3(1), 3–37. https://doi.org/10.1207/S15327825MCS0301_02

Rosengren, K. E., Wenner, L. A., & Palmgreen, P. (Hrsg.) (1985). *Media gratifications research: Current perspectives*. Sage Publications.

Scannell, P. (2014). The Happiness of Katz. *International Journal of Communication*, 8, 2160–2164.

Schenk, M. (2007). *Medienwirkungsforschung* (3., vollständig überarbeitete Aufl). Mohr Siebeck.

Schönbach, K. (1984). Ein integratives Modell? Anmerkungen zu Palmgreen. In: *Rundfunk und Fernsehen* 32(1), 63–65.

Schweiger, W. (2007). *Theorien der Mediennutzung: Eine Einführung* (1. Aufl.). VS Verlag für Sozialwissenschaften.

Sommer, D. (2019). *Uses and Gratifications*. Nomos.

Stark, B. (2006). *Fernsehen in digitalen Medienumgebungen. Eine empirische Analyse des Zuschauerverhaltens*. München: Reinhard Fischer.

Sundar, S. S., & Limperos, A. M. (2013). Uses and Grats 2.0: New Gratifikation for New Media. *Journal of Broadcasting & Electronic Media*, 57(4), 504–525. https://doi.org/10.1080/08838151.2013.845827

Webster, J. G. & Wakshlag, J. J. (1983). A Theory of Television Program Choice. *Communication Research* 10(4), 430–446.

Weinreich, F. (1998). Nutzen- und Belohnungsstrukturen computergestützter Kommunikationsformen. Zur Anwendung des Uses and Gratifikation Approach in einem neuen Forschungsfeld. *Publizistik* 43(2), 130–142.

Woelke, J., & Koch, S. (2016). Personal Influence (Katz & Lazarsfeld 1955). In M. Potthoff (Hrsg.), *Schlüsselwerke der Medienwirkungsforschung* (S. 61–73). Wiesbaden: Springer VS.

Der dynamisch-transaktionale Ansatz. Ein neues Paradigma der Medienwirkungen

von Werner Früh und Klaus Schönbach (1982)

Björn Brückerhoff

Zusammenfassung

Der Beitrag nimmt – nach einer Vorstellung der Autoren Werner Früh und Klaus Schönbach – Bezug auf die Entwicklung des dynamisch-transaktionalen Ansatzes (im Folgenden als DTA abgekürzt) anhand des im Titel genannten Schlüsselwerks, stellt zentrale Eigenschaften vor und diskutiert die Wirkungen im Fach. Zudem wird durch die Übertragung der Denkweise des DTA auf neue Kommunikationszusammenhänge eine aktuelle Anwendbarkeit dokumentiert.

Schlüsselwörter

Mediennutzung · Medienwirkung · Molarer Kontext · Transaktion · Dynamik · Para-Feedback · Technische Transaktion · Technisches Para-Feedback · Werner Früh · Klaus Schönbach

B. Brückerhoff (✉)
Bielefeld, Deutschland
E-Mail: buero@brueckerhoff.de

© Der/die Autor(en), exklusiv lizenziert an Springer Fachmedien
Wiesbaden GmbH, ein Teil von Springer Nature 2022
R. Spiller et al. (Hrsg.), *Schlüsselwerke: Theorien (in) der Kommunikationswissenschaft*, https://doi.org/10.1007/978-3-658-37354-2_5

69

1   Kurzbiografien

Werner Früh, Jahrgang 1947, absolvierte nach einer Ausbildung zum Fernmelde-
monteur und einer Tätigkeit als Fernmelderevisor das Abitur (Hagen und Frey
2016, S. 272), studierte an der Universität Mainz Publizistik, Soziologie, Germanistik sowie Deutsche Volkskunde und wurde 1978 bei Winfried Schulz promoviert
(ebd.). In Mainz lernte er Klaus Schönbach kennen, der ebenfalls am Institut für
Publizistik studierte. Nach dem Studium, von 1976 bis 1987, arbeitete Früh als
Leiter der Abteilung Medienanalyse und Vercodung am Zentrum für Umfragen,
Methoden und Analysen (ZUMA) in Mannheim, heute ein Teil des GESIS –
Leibniz-Institut für Sozialwissenschaften. Er nahm Lehraufträge an den Universi-
täten Berlin, Hannover, Mannheim, München, Münster und Zürich (ebd.) an und
publizierte unter anderem zum Thema Inhaltsanalyse. Am Institut für Publizistik in
Münster (heute Institut für Kommunikationswissenschaft) traf er erneut mit Klaus
Schönbach zusammen. Das führte zu einer Fortsetzung der bereits in Mainz begon-
nenen gemeinsamen Forschungsaktivitäten zur Mediennutzungs- und Medienwir-
kungsforschung und damit 1982 zur Veröffentlichung des hier besprochenen
Schlüsselwerks. 1987 wurde Früh Professor für angewandte Kommunikations- und
Medienforschung an der Universität München, 1994 nahm er den Ruf auf die Pro-
fessur für Empirische Kommunikations- und Medienforschung an der Universität
Leipzig an, die er bis zu seiner Emeritierung im Jahr 2013 innehatte.

Klaus Schönbach, Jahrgang 1949, studierte Publizistik, Soziologie und Germa-
nistik in Mainz und wurde 1975 bei Elisabeth Noelle-Neumann mit einer Arbeit
zur Trennung von Nachricht und Meinung promoviert. Im Anschluss leitete er am
ZUMA die Abteilung Inhaltsanalyse. 1978 erfolgte der Wechsel als Akademischer
Rat an das Institut für Publizistik der Universität Münster, wo er sich mit der Arbeit
Das unterschätzte Medium. Politische Wirkungen von Presse und Fernsehen
(Schönbach 1983) bei Winfried Schulz habilitierte – eine Arbeit, die als Schlüsselwerk der Medienwirkungsforschung gelten kann (Wünsch und Czichon 2016).
1983 wurde Schönbach auf die Professur für Angewandte Kommunikationsfor-
schung an der Ludwig Maximilians-Universität München berufen und absolvierte
Forschungsaufenthalte in den USA. Bereits 1985 nahm er den Ruf auf eine Profes-
sur am Institut für Journalistik und Kommunikationsforschung der Hochschule für
Musik und Theater Hannover an, wo er die Studiengänge Journalistik und Medienmanagement aufbaute (Wünsch und Czichon 2016, S. 206). 1998 wurde Schönbach Inhaber des Lehrstuhls für Allgemeine Kommunikationswissenschaft an der
Universität Amsterdam sowie 2005 bis 2008 parallel dazu Inhaber des BBDO-
Lehrstuhls für Medienwissenschaft an der privaten Zeppelin-Universität in
Friedrichshafen. 2010 erfolgte ein Wechsel auf eine Professur für Allgemeine

Kommunikationswissenschaft an der Universität Wien, wo er bis 2014 blieb. Für weitere zwei Jahre arbeitete Schönbach schließlich als Professor an der Northwestern University in Doha/Katar.

2   Inhalt des Textes

Der 1982 in *Publizistik* erschienene Aufsatz *Der dynamisch-transaktionale Ansatz. Ein neues Paradigma der Medienwirkungen* (Früh und Schönbach 1982) beginnt mit einer Schilderung jener vermeintlichen Massenpanik in New York am 30. Oktober 1938, die sich infolge der von Orson Welles als Hörspiel inszenierten Version des Science Fiction-Klassikers *The War of the Worlds* von H. G. Wells ereignet haben soll, weil die Zuhörerinnen und Zuhörer angeblich die vermittelten Inhalte glaubten und sich am Anfang einer Invasion Außerirdischer wähnten. Obwohl die Massenpanik nicht stattgefunden hat (z. B. Herbers 2016, S. 14; Webb 2018), weist sie über Jahrzehnte eine beachtliche Präsenz sowohl in der wissenschaftlichen Literatur als auch im Journalismus auf, zählt zu den „Ursprungs- und Gründungsmythen" (Herbers 2016, S. 14) der Kommunikationswissenschaft und konnte auf diese Weise immerhin die Wirkung entfalten, in Stimulus Response-Logik als anerkannter Nachweis starker Medienwirkungen beim Publikum zu gelten. Unabhängig vom Wahrheitsgehalt der Massenpanik änderte sich jedoch bald die Vorstellung von den starken Medienwirkungen, als etwa die von Früh und Schönbach sodann angeführte Studie *The People's Choice* von Lazarsfeld, Berelson und Gaudet erschien. Die Studie von 1944 zeigt, dass Rezipierende von Wahlwerbung und Propaganda in Bezug auf ihre Wahlentscheidung weitgehend unbeeindruckt bleiben. Die Autoren skizzieren die Folgen dieser Erkenntnis für die Medienwirkungsforschung und führen weitere Studien an, die entweder die Vorstellung starker Medienwirkungen ablehnen, sie schon im Forschungsdesign kaum mehr in Erwägung ziehen und daher nur am Rande berücksichtigen oder immerhin zu neuen Forschungsstrategien anregen wollen.

Ausgehend von der Vorstellung, dass das Publikum über die Wirkfähigkeit der Medieninhalte entscheidet, zeigen die Autoren weiter, dass sich die Forschung nun den Motiven zuwendet, die bei der Medienrezeption von Bedeutung sein könnten. Medienwirkungen werden dabei als Folge von Nutzen und Belohnungen (*uses and gratifications*) gesehen, die die Rezipierenden durch ihre Mediennutzung erhalten wollen. Die Autoren kritisieren die geradezu modische Verwendung des Begriffspaares *uses and gratifications* und fassen zusammen, dass der von den Rezipierenden erhaltene Nutzen nicht als Erklärung für Konsequenzen aus der Mediennutzung ermittelt worden ist und auch in späteren Studien und Ansätzen jeweils Hinweise auf eher schwache oder eher starke Medienwirkungen festgestellt worden sind. Die an den Rezipierenden orientierten Mediennutzungsansätze standen jetzt neben den an Stimuli beziehungsweise an Kommunikatoren orientierten Medienwirkungsansätzen.

Im zweiten Abschnitt formulieren die Autoren Kritik an der Fixierung auf kausal anmutende Wirkbeziehungen zwischen unabhängigen, abhängigen und intervenierenden Variablen und betonen, dass sie diese Beschreibungen als nicht ausreichend empfinden, der Komplexität von Medienwirkungen zu entsprechen. Früh und Schönbach zeigen am Beispiel der beiläufigen Rezeption einer TV-Nachrichtensendung mit einem Beitrag über eine gewalttätige Hausbesetzerdemonstration, über die am nächsten Tag zusätzlich von einem weithin rezipierten Printmedium berichtet wird, drei Szenarien: Im ersten Szenario wird von einer kurzen Diskussion im Familien- und Kollegenkreis zu diesem Thema und einem anschließenden Erlöschen des Interesses ausgegangen. Das zweite Szenario fügt eine persönliche Nähe zu den Geschehnissen hinzu, lässt die Familie eine Zeitschrift zur Vertiefung und Erweiterung ihres Wissens erwerben und Beiträge aus dem fraglichen Themenkomplex in der Zeitung wahrnehmen, die unter anderen Umständen nicht beachtet worden wären. Im dritten Szenario kommt es zudem zu einer Konfrontation mit Arbeitskollegen, die anderer Meinung sind und sich auf eine spezifische Fernsehsendung beziehen, die in der Folge mit dem Ziel des Informationsgewinns angesehen wird, statt einer Rezeptionsroutine (Rezeption eines Spielfilms) nachzugehen – hoffend, dass das Thema erneut Beachtung in der Sendung erfährt, obwohl es inzwischen länger zurückliegt. Die sich anschließende Analyse der Autoren zeigt, dass sich die Szenarien nicht konsequent ausschließlich mithilfe des Stimulus Response-Modells oder des Uses and Gratifications-Ansatzes erklären lassen. Die daraus abgeleitete Erkenntnis, dass Ursache und Wirkung der Mediennutzung oszillieren, bildet einen Kerngedanken des DTA, der in der Einführung des Konzepts der *Transaktionen* mündet: Transaktion 1 erfolgt zwischen dem Rezipierenden und der Medienbotschaft, Transaktion 2 innerhalb des Rezipierenden zwischen Aktivation und Wissen.

Im dritten Abschnitt werden Überlegungen zur Konstruktion eines Modells angestellt, das Wirkungs- und Nutzenansatz zu integrieren und zugleich zu erweitern versucht. Dabei sollen Kommunikatoren und Rezipierende als aktiv und passiv gelten. Die Aktivität von Kommunikatoren (hier: Medien) bezieht sich auf die von Medien vorgenommene Selektion und Gewichtung von Inhalten. Dabei werden Vermutungen zu den Eigenschaften und Bedürfnissen der Rezipierenden einbezogen. Hier sind Kommunikatoren passiv, wenn sie sich von den von ihnen angenommenen Eigenschaften und Bedürfnissen des Publikums, etwa Nutzungsgewohnheiten, bei ihrer Selektion leiten lassen. Rezipierende sind dagegen bezüglich ihrer Selektionsmöglichkeiten passiv, da sie nur das auswählen können, was auch angeboten wird. Auch können sie als passiv bezeichnet werden, wenn eine habitualisierte Mediennutzung zur Zuwendung zu Inhalten führt. Als aktiv werden sie von Früh und Schönbach bezeichnet, wenn sie eine bewusste Auswahl vornehmen und dadurch andere Inhalte ignorieren. Zudem unternehmen Mediennutzende eine *Elaboration,* bei der sie Inhalte durch Bedeutungszuweisungen subjektiv sinnvoll zusammenführen. Auch führen Früh und Schönbach den Begriff des *Para-Feedbacks* ein. Dabei handelt es sich ebenfalls um transaktionale Prozesse, die allerdings unabhängig von konkreten Kommunikationsvorgängen bestehen. Zudem betonen Früh und Schönbach, dass nicht nur Nutzen und Gratifikationen die Rezeption bestimmen können, sondern auch Habitualisierungsprozesse, Fähigkeiten, Kenntnisse und Wissen. Hinzu tritt ferner die *Dynamik* als zentrales Element des DTA, die Veränderungsprozesse im Zeitverlauf umfasst. Am Ende des Abschnitts erhält der DTA seine Bezeichnung.

Im vierten Abschnitt behandeln die Autoren anhand von Beispielen die Eigenschaften und Fähigkeiten der Nutzenden, die ihre Vorstellung von der Umwelt und damit auch den Umgang mit Medieninhalten zu prägen in der Lage sind. Dabei werden die aktivationalen Faktoren herausgearbeitet, die von Befindlichkeiten (Müdigkeit, Angst, Freude etc.) bis zur Ausprägung des Interesses an Medienbotschaften reichen und die Bereitschaft zur Verarbeitung von Medienbotschaften prägen, das sogenannte Aktivationsniveau. Die Autoren wenden ihr Konzept nun auf das zuvor entwickelte Szenario zur Hausbesetzerdemonstration an und zeigen die Entwicklung des Aktivationsniveaus in mehreren Phasen, um den heuristischen Wert des DTA zu verdeutlichen. Sie betonen insbesondere die sich innerhalb der Dynamik vollziehenden Transaktionen, die die Medienwirkungspotenziale bestimmen.

Der fünfte Abschnitt liefert eine Zusammenfassung der wesentlichen Aussagen und kündigt bereits einen weiteren Text an, in dem insbesondere die Probleme der empirischen Forschung mit den vorgeschlagenen Veränderungen adressiert werden sollen – und der 1984 auch erschienen ist (Schönbach und Früh 1984). Im Rahmen der Zusammenfassung werden nochmals die Einsatzmöglichkeiten und Vorteile des DTA betont, die über die bereits zuvor dargelegte Kombination von Stimulus Response-Modell sowie Uses and Gratifications-Ansatz hinausgehen. Die Trennung von abhängigen und unabhängigen Variablen soll aufgehoben werden, das Wirkpotenzial von Medien ergibt sich durch die aktive Zuweisung von Bedeutung seitens der Nutzenden. Zudem kommt es zu Transaktionen zwischen Wissen und Aktivation, die sich gegenseitig steigern. Zuletzt wird erneut die Zeitdimension betont, die die Dynamik im DTA darstellt und damit die Prozesshaftigkeit des Modells herausstellt.

3   Bezug zum Gesamtwerk der Autoren

Der DTA hat sowohl bei Werner Früh als auch bei Klaus Schönbach Spuren im wissenschaftlichen Werk hinterlassen. Dies zeigte sich zunächst vor allem in Erweiterungen und Präzisierungen, dann als Forschungsheuristik und Ideenquelle für innovative Fragestellungen und Forschungsansätze. Dabei müssen insbesondere zwei Folgetexte aus den Jahren 1984 und 2005 hervorgehoben werden (Schönbach und Früh 1984; Früh und Schönbach 2005).

Der Aufsatz von 1984, erschienen in *Rundfunk und Fernsehen* und bereits im Vorgängertext von 1982 angekündigt, soll zunächst Kritik und Missverständnisse zum DTA ausräumen (Schönbach und Früh 1984). Diese bezogen sich beispielsweise auf den Begriff der Transaktion, der unter anderem als Aushandlungsprozess missverstanden wurde. Auch der Wirkungsbegriff im Zusammenhang mit Ursachen erforderte weitere Erklärungen. Die Autoren betonen ferner, dass der DTA keine Theorie ist, sondern ein Ansatz, der die Anwendung des DTA als Forschungsheuristik ermöglichen soll. Der Beitrag liefert überdies Stellungnahmen zu den oftmals kritisch gesehenen empirischen Umsetzungspotenzialen des Ansatzes, indem er beispielsweise die Wahl geeigneter Methoden und die Messung dynamischer Prozesse und Wirkungen diskutiert.

Früh hat 1991 in dem von ihm herausgegebenen Band *Medienwirkungen: Das dynamisch-transaktionale Modell* (Früh 1991), der auch die beiden Originalbeiträge von 1982 und 1984 enthält, mit dem Beitrag *Theoretische Grundlegung des dynamisch-transaktionalen Modells* (Früh 1991a) zunächst erneut eine Weiterentwicklung und Präzisierung des DTA (Früh 1991a, S. 85 ff.) vorgelegt, „ohne die Basisideen, die in den beiden Grundlagenartikeln formuliert waren, zu revidieren" (Früh und Schönbach 2005, S. 6). Dabei kommt es – neben der Darlegung der bereits eingeführten Intra- und Inter-Transaktionen – zur Konzeption horizontaler und vertikaler Transaktionen (Früh 1991c, S. 141 ff.; 1991d, S. 70 f.). Vertikale Transaktionen erfolgen „zwischen hierarchisch unterschiedlichen Ebenen, dem System und seinen Teilen" (Früh 1991, S. 71), während die bekannten Inter- und Intra-Transaktionen sowie die „Primärkommunikation der Rezipienten untereinander" (ebd.) zu den horizontalen Transaktionen zu zählen sind (Früh 1991, S. 71). Die 1994 veröffentlichte Studie *Realitätsvermittlung durch Massenmedien. Die permanente Transformation der Wirklichkeit* (Früh 1994) kann als Schlüsselwerk der Medienwirkungsforschung gesehen werden (Hagen und Frey 2016). Früh setzt den DTA in zahlreichen Beiträgen selbst als erkenntnisleitendes Konzept ein (z. B. Früh 1995, 2001, 2002, 2002a, 2003, 2003a, 2003b), auch in Zusammenarbeit mit anderen Wissenschaftlern (Früh und Wirth 1991; Früh und Wirth 1992; Früh et al. 1996). Präzisierungen und Bezugnahmen folgen, die auch in Frühs Arbeiten zur Mediengewalt und zur Unterhaltungsforschung Eingang finden. Hier ist insbesondere die von ihm entwickelte triadisch-dynamische Unterhaltungstheorie (TDU) zu nennen (Früh 2002), die im Sinne des DTA „Unterhaltung als ein subjektives Erleben der Zuschauer während der Rezeption" (Wünsch 2007, S. 23) beschreibt.

2005 haben Werner Früh und Klaus Schönbach dann selbst – nach 23 Jahren – sowohl zum eigenen Schaffen mit Bezug auf den DTA als auch zur Wirkungsgeschichte im Fach – eine Zwischenbilanz erstellt (Früh und Schönbach 2005, S. 6 ff.). Früh erläutert und präzisiert den DTA mitunter in Aufsätzen weiter, etwa im *Handbuch Journalismus und Medien* (Früh 2005) oder im Beitrag *Transaktion und Kausalität* in der Festschrift für Klaus Schönbach (Früh 2009). Zudem ist er einer der Herausgeber und Autoren des Bandes *Integrative Modelle in der Rezeptions- und Wirkungsforschung: Dynamische und transaktionale Perspektiven* (Wünsch et al. 2008).

Auch in Klaus Schönbachs Werk kommen Denkweisen des DTA erkenntnisleitend zum Einsatz (Becker und Schönbach 1989; Schönbach 1983, 1989, 1993; Schönbach und Baran 1990; Schönbach und Eichhorn 1990, 1992; Schönbach und Quarles 1983; Schönbach und Weaver 1985; Semetko und Schönbach 1994).

Gehrau, der den hier als Schlüsselwerk der Kommunikationswissenschaft behandelten Text *Der dynamisch-transaktionale Ansatz. Ein neues Paradigma der Medienwirkungen* als Schlüsselwerk der *Medienwirkungsforschung* vorstellt (Gehrau 2016) und dabei ebenfalls die Spuren des Ansatzes im wissenschaftlichen Werk der Autoren analysiert hat, führt an, dass sich „der DTA bei Klaus Schönbach vielleicht mit einer Stufe vergleichen [lässt], die genommen werden musste, um in nachfolgenden Projekten theoretisch und methodisch elaborierter vorgehen zu können, ohne den DTA dabei selbst zum Forschungsparadigma zu machen" (Gehrau 2016, S. 190). Gehrau identifiziert „Grundfiguren des DTA" (ebd.), etwa die Dynamik oder Feedback-Prozesse, in einigen von Schönbachs Werken.

4   Wirkungsgeschichte und aktuelle Anwendungsmöglichkeiten

Der DTA hat gleich nach seiner Veröffentlichung polarisiert und die Autoren dazu veranlasst, in weiteren Beiträgen Klarstellungen zu liefern, die das Verständnis des Ansatzes verbessern sollten. Bereits in dem 1984 in *Rundfunk und Fernsehen* erschienenen Aufsatz *Der dynamisch-transaktionale Ansatz II: Konsequenzen* werden Missverständnisse adressiert und Begriffsklärungen vorgenommen (Schönbach und Früh 1984). In ihrer Synopse von 2005 (Früh und Schönbach 2005) liefern die Autoren selbst eine Auswertung der wissenschaftlichen Fachliteratur, die den DTA aufgreift und untergliedern diese unter anderem in positive sowie negative Bezugnahmen. Zudem zeigen sie die zahlreichen Verwendungen des Ansatzes als „erkenntnisleitendes Modell" (Früh und Schönbach 2005, S. 6) auf, als das er auch gedacht war. So wurde der DTA „in Lehrbüchern, Theorie- und Forschungsüberblicken mehr oder minder ausführlich beschrieben" (Früh und Schönbach 2005, S. 6 f.), wobei die Autoren vier Schwerpunkte identifizieren, nämlich die *„Betonung von Rezipientenaktivitäten"* (Früh und Schönbach 2005, S. 7, H. i. O.), die *„Integration von Medien- und Publikumsperspektive"* (ebd., H. i. O.), die den für die Forschung ertragreichen Perspektivwechsel durch den DTA betont, *„Inter- Transaktionen"* (ebd., H. i. O.) sowie *„Dynamik, Virtualität und Wirkungsbegriff"* (ebd., H. i. O.).

Kritisiert worden ist der DTA vornehmlich aufgrund seiner Komplexität, die einige Fachvertreterinnen und Fachvertreter als zu hoch ansehen, andere wiederum ihre Ausbaufähigkeit anmahnen. Ein wesentlicher Kritikpunkt der Komplexität ist, dass sie eine empirische Prüfung erschwere oder verhindere (Früh und Schönbach 2005, S. 8). Das betrifft alle drei notwendigen Elemente des DTA, den molaren Kontext, Dynamik und Transaktion. Der molare Kontext bezeichnet „die relevanten Bedingungen des zu erklärenden Prozesses" (Rössler 2015, S. 53) und kann daher als höchst komplex gelten. Zu seiner empirischen Bewältigung empfiehlt Früh daher eine „sinnhafte Komplexion von Variablen" (Früh 2002a, S. 70), wobei berücksichtigt werden muss, „dass eine sinnhafte Komplexion selbst in einem molaren Kontext erfolgt und die geforderte Sinnhaftigkeit das Ergebnis individueller dynamisch-transaktionaler Prozesse ist" (Brückerhoff 2019, S. 36). Die Probleme der empirischen Erfassung sind jedoch nicht spezifisch für den DTA. Stattdessen sei neu, dass der DTA „sich diesen Schwierigkeiten explizit stellt. Sie resultieren z. B. auch daraus, daß wir einen Teil der Ursachen, die auf den Rezipienten wirken, erst aus ihrer Wirkung heraus beschreiben können" (Schönbach und Früh 1991, S. 56). Auch zur Dynamik und zu Transaktionen werden lobende und kritische Stimmen diskutiert.

Generell ist festzuhalten, dass der DTA durchaus als Forschungsheuristik zum Einsatz kommt (Übersicht Früh und Schönbach 2005, S. 10 f.; Eilders 2007, S. 59 ff.; Rössler 2015, S. 56 ff.). Die Frage, ob „eine dynamisch-transaktionale Modellierung auf Basis des DTA auch heute noch […] zur Theoriebildung beitragen und als Grundlage für empirische Forschung dienen" (Rössler 2015, S. 55) kann, ist neben den heuristischen Qualitäten des DTA und seiner Konzeption als „Theorie-Rahmenkonzept" (Früh 2008, S. 29) vor allem aufgrund der Konzeption von Dynamik und Transaktionen für Forschungsgegenstände im Internet positiv zu

beantworten. Rössler ist sogar der Ansicht, dass „keine andere theoretische Grund-
logik bestehe, die gerade den Spezifika von Online-Kommunikationsmodi so ent-
gegenkommt" (Rössler 2015, S. 80) und hat die Anwendbarkeit des Ansatzes auf
heutige Medien durch eine Zusammenstellung entsprechender Studien verdeutlicht (Rössler 2015, S. 56 ff.). So zeigt er beispielsweise anhand einer Studie zur
Bildselektion die Anschlussfähigkeit der Denkweise des DTA etwa an die Gate-
keeper- und Nachrichtenwertforschung. In einer weiteren vorgestellten Studie zu
Call-In-Sendungen im Fernsehen werden Intra-Transaktionen beim Publikum und
Inter-Transaktionen bei den Kommunikatoren, die zum Beispiel über Echtzeitrück-
meldungen des Publikums verfügen, beleuchtet. Dabei ergibt sich die Besonderheit, dass die Sendungen zwar in der „klassischen Medienumgebung" (Rössler
2015, S. 78) Fernsehen stattfinden, aber Interaktionsmöglichkeiten des Publikums
mit den Moderatorinnen und Moderatoren bestehen. Zudem nimmt Rössler in seiner Zusammenstellung Bezug auf eine Studie zu *Social Navigation,* also einer
durch die Handlungen anderer Nutzender tangierten Nutzung (etwa durch öffentliche Kommentare, Bewertungen, algorithmengesteuerte Rankings besonders be-
liebter Beiträge) (Rössler 2015, S. 66). Aus dynamisch-transaktionaler Perspektive
steht hier der Rollenwechsel der Nutzenden im Mittelpunkt des Interesses (Rössler
2015, S. 79), der bei einer dynamisch-transaktional gedachten Analyse der Internetnutzung mitgedacht werden muss (dazu auch Rössler et al. 2014, S. 91 ff.). Ähnliche Schwerpunkte werden auch in der vierten Studie zum User-generated Content deutlich, die ebenfalls den Rollenwechsel der Nutzenden und Interaktionen
berücksichtigt (Rössler 2015, S. 79). Der DTA wird jedoch auch in weiteren, neuen
Kontexten genutzt, zum Beispiel bei der Analyse von Computerspielen (Bigl 2016,
S. 167 ff.).

Insbesondere durch Fortschritte im Feld der *künstlichen Intelligenz (KI)* sind im
Internet neue Interaktions- und Transaktionsbeziehungen entstanden. Sie ergeben
sich zwischen (menschlichen) Nutzenden und Computerprogrammen (Brückerhoff 2019, S. 224 ff., 248). Diese Programme treten beispielsweise in Form digitaler Assistenten, Bots und Suchmaschinen in Erscheinung und weisen aktuell unterschiedliche Entwicklungsstände auf. Kern ihrer Funktionsweise ist stets die
umfangreiche und komplexe Sammlung von Daten und ihre Auswertung mittels
Algorithmen. Dies erfolgt sowohl während der Nutzung als auch – teilweise in
Abhängigkeit der individuellen Datenschutzeinstellungen der Nutzenden – *unabhängig* von konkreten Nutzungsprozessen. Die Programme haben durch ihre Einbettung in den Alltag der Nutzenden auch unabhängig von Interaktionen Zugriff
auf eine große Menge teilweise permanent aktualisierter Alltagsdaten, die sie aus-
werten und den Versuch unternehmen, daraus Prognosen über zukünftige Handlungen und Bedürfnisse der Nutzenden abzuleiten (Brückerhoff 2020a, b). Die bei-

spielsweise von Suchmaschinen erfassten Datenbestände werden also nicht nur für den konkreten Anwendungsfall gesammelt, sondern pauschal, um daraus Handlungsprognosen abzuleiten und KI-Algorithmen zu trainieren. Künstliche Intelligenz ist auf dieser Basis zur Simulation (derzeit noch simpler) kognitiver Prozesse befähigt (Brückerhoff 2019, S. 49), deren rasche Komplexitätszunahme jedoch wahrscheinlich ist. Während die Nutzenden über ein subjektives und von konkreten Nutzungshandlungen unabhängiges Bild von Suchmaschinen und digitalen Assistenten sowie ihren Nutzungspotenzialen verfügen, greifen auch Suchmaschinen mittels der erhobenen Daten und ihrer algorithmengesteuerten Auswertung „auf ein dynamisch veränderliches, technisch generiertes Bild zurück, das sie von den Nutzern erlangt haben" (Brückerhoff 2019, S. 50) und das als *technisches Para-Feedback* bezeichnet werden kann.

Alle Interaktionen werden daher auf der Seite der Nutzenden wie auch auf der Seite der Suchmaschinen oder digitalen Assistenten von Transaktionen bzw. *technischen* Transaktionen begleitet. Bei *technischen Inter-Transaktionen* können Suchmaschinen und digitale Assistenten sowohl durch die direkte Datenerfassung während der Interaktion mit den Nutzenden als auch auf Basis der zuvor erfolgten allgemeinen Datensammlung Leistungen erbringen. Je umfangreicher die Datensammlung und je komplexer die Auswertung, desto eher werden *technische Inter-Transaktionen* möglich, „die keine Suchanfrage der Nutzer (Interaktion) voraussetzen, sondern durch die Mitteilung allgemeiner Präferenzen und die Protokollierung von Nutzungshandlungen […] selbstständig […] erbracht werden" (Brückerhoff 2019, S. 51). Die Analyse einzelner Nutzender sowie großer Personengruppen und ihrer Eigenschaften, Wünsche, Stimmungen und Gefühle (Brückerhoff 2021) ermöglicht die Anpassung der zu erbringenden Leistungen an die angenommenen Bedürfnisse und fördert potenziell die *Habitualisierung* der Nutzung. Zugleich kommt es in hoch entwickelten Suchmaschinen und in digitalen Assistenten zu Prozessen, die als *technische Intra-Transaktionen* beschrieben werden können. Während Interaktionen mit den Nutzenden eine direkte Interpretation der Suchanfragen gestatten, können Suchmaschinen dies auch „*indirekt* durch den Rückgriff auf bereits vorliegende Datenbestände, die sie auch in spätere technische Selektionen einbeziehen und die nicht unmittelbar miteinander in Verbindung stehen müssen" (Brückerhoff 2019, S. 51, H. i. O.) erzielen. Die Daten, die die Suchmaschine auswertet und in neue Kontexte einbettet, bildet in der DTA-Terminologie ihr *Wissen*. Dieses Wissen wird auch bei der Erbringung von Leistungen für andere Nutzende eingesetzt, unterstützt bei der Antizipation prognostizierter Bedürfnisse und – im Fall der tatsächlichen Artikulation durch die Nutzenden – bei ihrer Interpretation. Die *Aktivation* besteht in der Erfüllung der programmierten Ziele (Brückerhoff 2019, S. 51), die in der Erbringung potenziell individuell relevanter Leistungen, der Ausspielung individualisierter Werbebotschaften, in der Prognose von Handlungen sowie im Training von Algorithmen der künstlichen Intelligenz bestehen können. Daher ist eine Steigerung der erhobenen Datenmenge und ihrer Komplexität für die Anbieter erstrebenswert, denn sie begünstigt die Interpretationsmöglichkeiten (Brückerhoff 2019, S. 52). Ein „technisches Wechselspiel zwischen den Datenbeständen (Wissen) und ihrer Bewertung (Aktivation)" (Brückerhoff 2019, S. 52) besteht. Früh und Schönbach haben in Bezug auf den klassischen DTA, der sich auf menschliche Nutzende bezieht, dafür eine treffende Formulierung: „Der Wissenszuwachs selbst ist motivierend" (Früh und Schönbach 1991, S. 30).

Aufgrund der zu beobachtenden technischen Entwicklung ist davon auszugehen, dass die selbstständige, auf technischen Para-Feedback- und technischen Transaktionsprozessen beruhende Erbringung von Leistungen durch künstliche Intelligenz an Bedeutung gewinnt. Google strebt beispielsweise bereits seit Jahren an, Anfragen an seine Suchmaschinen und digitalen Assistenten mehrheitlich beantworten zu wollen, bevor sie artikuliert werden (Ferenstein 2013). Hier bestehen also zahlreiche neue Anwendungsmöglichkeiten für den DTA als Theorie-Rahmenkonzept. Auf der Seite der Empirie führen diese Entwicklungen jedoch eher zu neuen Herausforderungen, da beispielsweise technische Transaktionsprozesse durch künstliche Intelligenz zwar technisch detailliert nachvollziehbar wären, jedoch von den verantwortlichen Unternehmen in der Regel als Unternehmensgeheimnis nicht veröffentlicht werden (können). Auch der hohe Individualisierungsgrad der auf Basis technischer Transaktionen erbrachten Leistungen erschwert die empirische Analyse.

Literatur

Becker, L. B. & Schönbach, K. (1989). When media content diversifies. Anticipating audience behaviors. In: Becker, L. B. & Schönbach, K. (Hrsg.): *Audience responses to media diversification: Coping with plenty*. Hillsdale, NJ: Taylor & Francis, S. 1–28.

Bigl, B. (2016). *Virtuelle Computerspielwelten. Rezeption und Transfer in dynamisch-transaktionaler Perspektive*. Köln: Herbert von Halem.

Brückerhoff, B. (2019). *Orientierung durch Suchmaschinen. Ein dynamisch-transaktional gedachtes Modell*. Köln: Herbert von Halem.

Brückerhoff, B. (2020a). *Vorauseilendes Verstehen. Wie können Internetnutzende mittels Suchmaschinen Orientierung erlangen?* In: EJO – Europäisches Journalismus-Observatorium v. 25.08. Dortmund: Erich-Brost-Institut für internationalen Journalismus. Online-Dokument: https://de.ejo-online.eu/digitales/suchmaschinen-vorauseilendes-verstehen (31.01.21).

Brückerhoff, B. (2020b). Suchmaschinen reflektiert nutzen. Lernende Maschinen erfordern denkende Nutzer – ein Überblick. In: Bigl, B. (Hrsg.): *TransferPlus – Aktuelle Beiträge zur Medienbildung.* Issue 02/2020. Online-Dokument: https://doi.org/10.25366/2020.13 (31.01.21).

Brückerhoff, B. (2021). Qualität durch Überwachung? Suchmaschinen und Social Media: Blockchain-Technik als Weg aus dem Überwachungs-Dilemma. In: Brückerhoff, B. (Hrsg.). *Neue Gegenwart. Magazin für Medienjournalismus. Schwerpunkt Qualität.* 24. Jg., H. 62. Online-Dokument: http://www.neuegegenwart.de/ausgabe62/blockchain. html (31.01.21).

Eilders, C. (2007). Der dynamisch-transaktionale Ansatz in öffentlichkeitstheoretischer Perspektive – Eine öffentlichkeitstheoretische Spezifizierung des dynamisch-transaktionalen Ansatzes für die politische Kommunikationsforschung. In: Wirth, W., Stiehler, H.-J. & Wünsch, C. (Hrsg.): *Dynamisch-transaktional denken. Theorie und Empirie der Kommunikationswissenschaft. Für Werner Früh.* Köln: Herbert von Halem, S. 59–83.

Ferenstein, G. (2013). Google's New Director Of Engineering, Ray Kurzweil, Is Building Your 'Cybernetic Friend'. In: *Techcrunch*, Online-Dokument: http://techcrunch. com/2013/01/06/googles-director-ofengineering-ray-kurzweil-is-building-your-cybernetic-friend/ (31.01.21).

Früh, W. (Hrsg.) (1991). *Medienwirkungen. Das dynamisch-transaktionale Modell. Theorie und empirische Forschung.*Wiesbaden: Springer Fachmedien (ursprünglich: Opladen: Westdeutscher Verlag).

Früh, W. (1991a). Theoretische Grundlegung des dynamisch-transaktionalen Modells. In: Früh, W. (Hrsg.): *Medienwirkungen. Das dynamisch-transaktionale Modell. Theorie und empirische Forschung.* Wiesbaden: Springer Fachmedien (ursprünglich: Opladen: Westdeutscher Verlag), S. 85–189.

Früh, W. (1991b). Der aktive Rezipient – neu besehen. Zur Konstruktion faktischer Information bei der Zeitungslektüre. In: Früh, W. (Hrsg.): *Medienwirkungen. Das dynamisch-transaktionale Modell. Theorie und empirische Forschung.* Wiesbaden: Springer Fachmedien (ursprünglich: Opladen: Westdeutscher Verlag), S. 237–258.

Früh, W. (1991c). Systematik der Wirkungstypen: Übersicht. In: Früh, W.: *Medienwirkungen: Das dynamisch-transaktionale Modell. Theorie und empirische Forschung.* Wiesbaden: Springer Fachmedien (ursprünglich: Opladen: Westdeutscher Verlag), S. 141–163.

Früh, W. (1991d). Erläuterungen und Ergänzungen zum dynamisch-transaktionalen Modell. In: Früh, W.: *Medienwirkungen: Das dynamisch-transaktionale Modell. Theorie und empirische Forschung.* Wiesbaden: Springer Fachmedien (ursprünglich: Opladen: Westdeutscher Verlag), S. 59–82.

Früh, W. (1994). *Realitätsvermittlung durch Massenmedien. Die permanente Transformation der Wirklichkeit.* Opladen: Westdeutscher Verlag.

Früh, W. (1995). Die Rezeption von Fernsehgewalt. Eine empirische Studie zum wahrgenommenen Gewaltpotential des Fernsehprogrammangebots durch verschiedene Zielgruppen. In: *Media Perspektiven*, Nr. 4, S. 172–185.

Früh, W. (2001). *Gewaltpotenziale des Fernsehangebots. Programmangebot und zielgruppenspezifische Interpretation.* Wiesbaden: Springer Fachmedien.

Früh, W. (2002). *Unterhaltung durch das Fernsehen. Eine molare Theorie.* Unter Mitarbeit von Anne-Katrin Schulze und Carsten Wünsch. Konstanz: UVK.

Früh, W. (2002a). Theorie der Fernsehunterhaltung. Unterhaltung als Handlung, Rezeptions-prozess und emotionales Erleben. In: Früh, W.: *Unterhaltung durch das Fernsehen. Eine molare Theorie.* Konstanz: UVK, S. 67–240.

Früh, W. (2003). Theorien, theoretische Modelle und Rahmentheorien. Eine Einleitung. In: Früh, W. & Stiehler, H.-J. (Hrsg.): *Theorie der Unterhaltung. Ein interdisziplinärer Diskurs.* Köln: Herbert von Halem, S. 9–26.

Früh, W. (2003a). Triadisch-dynamische Unterhaltungstheorie (TDU). In: Früh, W. & Stiehler, H.-J. (Hrsg.): *Theorie der Unterhaltung. Ein interdisziplinärer Diskurs.* Köln: Herbert von Halem, S. 27–56.

Früh, W. (2003b). Unterhaltungswert und Wert der Unterhaltung. Eine dynamisch-pluralistische Ethik. In: Früh, W. & Stiehler, H.-J. (Hrsg.): *Theorie der Unterhaltung. Ein interdisziplinärer Diskurs.* Köln: Herbert von Halem, S. 199–273.

Früh, W. (2004). Die Interpretationsbedürftigkeit von Kausalität oder: Woher kommen die Ursachen? In: Wirth, W., Lauf, E. & Fahr, A. (Hrsg.): *Forschungslogik und -design in der Kommunikationswissenschaft.* 1. Band. Köln: Herbert von Halem, S. 13–38.

Früh, W. (2005). Dynamisch-transaktionaler Ansatz. In: Weischenberg, S., Kleinsteuber, H. J. & Pörksen, B. (Hrsg.): *Handbuch Journalismus und Medien.* Konstanz: UVK.

Früh, W., Kuhlmann, C. & Wirth, W. (1996). Unterhaltsame Information oder informative Unterhaltung? Zur Rezeption von Reality-TV. In: *Publizistik,* 41. Jg., S. 428–451.

Früh, W. & Schönbach, K. (1982). Der dynamisch-transaktionale Ansatz. Ein neues Paradigma der Medienwirkungen. In: *Publizistik.* 27. Jg., S. 74–88.

Früh, W. & Schönbach, K. (1991). Der dynamisch-transaktionale Ansatz. Ein neues Paradigma der Medienwirkungen. In: Früh, W. (Hrsg.): *Medienwirkungen: Das dynamisch-transaktionale Modell. Theorie und empirische Forschung.* Wiesbaden: Springer Fachmedien (ursprünglich: Opladen: Westdeutscher Verlag), S. 23–39. [Nachdruck von: Früh, W.; Schönbach, K. (1982): Der dynamisch-transaktionale Ansatz. Ein neues Paradigma der Medienwirkungen. In: Publizistik. 27. Jg., S. 74–88.]

Früh, W. & Schönbach, K. (2005). Der dynamisch-transaktionale Ansatz III: Eine Zwischen-bilanz. In: *Publizistik,* 50. Jg., H. 1, S. 4–20.

Früh, W. (2008). Der dynamisch-transaktionale Ansatz als spezifisch kommunikationswis-senschaftliches Theorie-Rahmenkonzept. In: Wünsch, C., Früh, W. & Gehrau, V. (Hrsg.): *Integrative Modelle in der Rezeptions- und Wirkungsforschung: Dynamische und trans-aktionale Perspektiven.* München: Reinhard Fischer, S. 29–43.

Früh, W. (2009). Transaktion und Kausalität. Ein Essay für Klaus Schönbach. In: Holtz-Bacha, C., Reus, G. & Becker, L. B. (Hrsg.): *Wissenschaft mit Wirkung. Beiträge zu Journalismus- und Medienwirkungsforschung.* Festschrift für Klaus Schönbach. Wiesba-den: VS, S. 47–64.

Früh, W. & Wirth, W. (1991). Dynamik der Informationsverarbeitung suggestibler Rezipien-ten. Transaktionen von Suggestibilität, Aktivation und Medieninformation. In: Früh, W.: *Medienwirkungen: Das dynamisch-transaktionale Modell. Theorie und empirische For-schung.* Wiesbaden: Springer Fachmedien (ursprünglich: Opladen: Westdeutscher Ver-lag), S. 271–303.

Früh, W. & Wirth, W. (1992). Looking into the Blackbox. Intolerance of Ambiguity and Dynamic-transactional Processes in the Development of Issue-related Images. In: *Euro-pean Journal of Communication,* 7. Jg., S. 541–569.

Gehrau, V. (2016). Der dynamisch-transaktionale Ansatz. Ein neues Paradigma der Medienwirkungen von Werner Früh und Klaus Schönbach (1982). In: Potthoff, M. (Hrsg.) (2016): *Schlüsselwerke der Medienwirkungsforschung*. Wiesbaden: Springer VS, S. 183–194.

Hagen, S.; Frey, F. (2016). Realitätsvermittlung durch Massenmedien. Die permanente Transformation der Wirklichkeit von Werner Früh (1994). In: Potthoff, M. (Hrsg.) (2016): *Schlüsselwerke der Medienwirkungsforschung*. Wiesbaden: Springer VS, S. 271–284.

Herbers, M. R. (2016). The Invasion from Mars. A Study in the Psychology of Panic von Hadley Cantril unter der Mitarbeit von Hazel Gaudet und Herta Herzog (1940). In: Potthoff, M. (Hrsg.). *Schlüsselwerke der Medienwirkungsforschung*. Wiesbaden: Springer VS.

Rössler, P. (2015). Dynamisch-transaktional modellieren heute. Zur Relevanz eines klassischen kommunikationswissenschaftlichen Theorie-Rahmenkonzepts im Kontext medialer Innovation. In: Stiehler, H.-J., Hagen, S., Frey, F., Koch, S. & Faust, M. (Hrsg.). *Inspiration und Systematik. Theorieentwicklung in der Kommunikationswissenschaft*. Leipzig: Leipziger Universitätsverlag, S. 50–85.

Rössler, P., Hautzer, L. & Lünich, M. (2014). Mediennutzung im Zeitalter von Social Navigation. Ein Mehrebenen-Ansatz zur theoretischen Modellierung von Selektionsprozessen im Internet In: Loosen, W. & Dohle, M. (Hrsg.): *Journalismus und (sein) Publikum. Schnittstellen zwischen Journalismusforschung und Rezeptions- und Wirkungsforschung.* Wiesbaden: Springer Fachmedien, S. 91–112.

Schönbach, K. (1983). *Das unterschätzte Medium: Politische Wirkungen von Presse und Fernsehen im Vergleich*. München: K. G. Saur.

Schönbach, K. (1989). Die Bekanntheit des Dr. Eiteneyer. Eine exemplarische Analyse der Erklärungskraft von Medienwirkungsmodellen. In: *Kölner Zeitschrift für Soziologie und Sozialpsychologie*, Sonderheft 30, S. 459–472.

Schönbach, K. (1993). Wahlen. Publikumsinteresse und Medienwirkungen. In: Bonfadelli, H. & Meier, W. A. (Hrsg.): *Krieg, Aids, Katastrophen… Gegenwartsprobleme als Herausforderung für die Publizistikwissenschaft. Eine Festschrift für Ulrich Saxer*. Konstanz: UVK, S. 265–283.

Schönbach, K. & Baran, S. J. (1990). Mass media effects on political cognition. How readers' images of journalists shape newspaper impact. In: Kraus, S. (Hrsg.): *Mass communication and political information processing*. Hillsdale, NJ: Routledge, S. 85–98.

Schönbach, K. & Eichhorn, W. (1990). Transaktionen im Medienwirkungsprozess. Kognitive Konsequenzen von Zeitungsnutzung und Zeitungsnutzen. In: Böhme-Dürr, K., Emig, J. & Seel, N. M. (Hrsg.): *Wissensveränderung durch Medien*. München: K. G. Saur, S. 132–150.

Schönbach, K. & Eichhorn, W. (1992). *Medienwirkung und ihre Ursachen: Wie wichtig sind Zeitungsberichte und Leseinteressen?* Konstanz: UVK.

Schönbach, K. & Früh, W. (1984). Der dynamisch-transaktionale Ansatz II: Konsequenzen. In: *Rundfunk und Fernsehen*, 32 Jg., H. 3, S. 314–329.

Schönbach, K. & Früh, W. (1991). Der dynamisch-transaktionale Ansatz II: Konsequenzen. In: Früh, W. (Hrsg.): *Medienwirkungen: Das dynamisch-transaktionale Modell. Theorie und empirische Forschung*. Wiesbaden: Springer Fachmedien (ursprünglich: Opladen: Westdeutscher Verlag), S. 41–58.

Schönbach, K. & Quarles, R. C. (1983). Kognitive Harmonisierung im Wahlkampf. In: *Rundfunk und Fernsehen*, 31. Jg., S. 101–110.

Schönbach, K. & Weaver, D. H. (1985). Finding the unexpected. Cognitive bonding in a political campaign. In: Kraus, S. & Perloff, R. (Hrsg.): *Mass media and political thought*. Beverly Hills, CA: Sage, S. 157–176.

Semetko, H. A. & Schönbach, K. (1994). *Germany's "unity" election. Voters and the media*. Cresskill, NJ: Hampton Press.

Webb, D. (2018). Historisches Hörspiel: „Krieg der Welten" 1938: Die Massenpanik, die keine war. In: *Der Standard* vom 25.10. Online-Dokument: https://www.derstandard.de/story/2000090081031/krieg-der-welten-1938-die-massenpanik-die-keine-war (31.01.21).

Wünsch, C. (2007). Der praktische Wert einer Metatheorie für die Kommunikationswissenschaft. In: Wirth, W., Stiehler, H.-J. & Wünsch, C. (Hrsg.): *Dynamisch-transaktional denken. Theorie und Empire der Kommunikationswissenschaft*. Für Werner Früh. Köln: Herbert von Halem, S. 17–37.

Wünsch, C. & Czichon, M. (2016). Das unterschätzte Medium. Politische Wirkungen von Presse und Fernsehen im Vergleich von Klaus Schönbach (1983). In: Potthoff, M. (Hrsg.) (2016): *Schlüsselwerke der Medienwirkungsforschung*. Wiesbaden: Springer VS, S. 205–218.

Wünsch, C., Früh, W. & Gehrau, V. (Hrsg.) (2008). *Integrative Modelle in der Rezeptions- und Wirkungsforschung: Dynamische und transaktionale Perspektiven*. Reihe Rezeptionsforschung, Band 14. München: Reinhard Fischer.

Björn Brückerhoff Dr. phil., Jg. 1979, ist Journalist, Autor, Dozent und grafischer Gestalter (www.brueckerhoff.de). Für das von ihm seit 1998 herausgegebene Medienmagazin Neue Gegenwart® (www.neuegegenwart.de) ist er mit dem Grimme Online Award sowie Lead Awards ausgezeichnet worden. In seiner im Herbert von Halem-Verlag erschienenen Dissertation Orientierung durch Suchmaschinen. Ein dynamisch-transaktional gedachtes Modell erweitert er den DTA und bezieht ihn in einem eigenen Modell auf Suchmaschinen und digitale Assistenten.

The third-person effect in communication

von W. Phillips Davison (1983)

Marco Dohle

Zusammenfassung

Der Aufsatz „The Third-Person Effect in Communication" von W. Phillips Davison stammt aus dem Jahr 1983. In dem Aufsatz entwickelt Davison auf sehr anschauliche Weise die Idee des Third-Person-Effekts. Dabei erörtert er unterschiedliche Deutungsweisen des Effekts, von denen sich eine durchgesetzt hat. Sie besteht aus zwei Kernannahmen: 1. Menschen gehen davon aus, dass andere Menschen stärker als sie selbst von Medien bzw. Medieninhalten beeinflusst werden. 2. Die Wahrnehmung starker Medieneinflüsse auf andere kann zu einer Beeinflussung des Verhaltens von Menschen führen. Mehrere Gründe sprechen dafür, den Text als ein Schlüsselwerk der Kommunikationswissenschaft einzuordnen: Die von Davison formulierten Ideen waren innovativ, auf vorhandene Belege aus der wissenschaftlichen Literatur konnte er kaum zurückgreifen. Ausschlaggebend für die Bedeutung des Textes ist zudem, dass die dort ausgearbeiteten zentralen Annahmen zum Third-Person-Effekt bis heute gültig und Gegenstand intensiver Forschung sind – wenn auch diese Forschung mittlerweile häufig unter dem Label des Influence of Presumed Influence durchgeführt wird. Hervorzuheben ist außerdem, dass Davison in seinem Text bereits Bezüge zwischen dem Third-Person-Effekt und anderen Wahrnehmungsphänomenen hergestellt und somit einer Verknüpfung dieser Ansätze frühzeitig den Boden bereitet hat.

M. Dohle (✉)
Heinrich-Heine-Universität Düsseldorf, Düsseldorf, Deutschland
E-Mail: marco.dohle@hhu.de

© Der/die Autor(en), exklusiv lizenziert an Springer Fachmedien
Wiesbaden GmbH, ein Teil von Springer Nature 2022
R. Spiller et al. (Hrsg.), *Schlüsselwerke: Theorien (in) der Kommunikationswissenschaft*, https://doi.org/10.1007/978-3-658-37354-2_6

85

Schlüsselwörter

Influence of Presumed Influence · Third-Person Behavior · Third-Person-
Effekt · Third-Person Perception · Wahrnehmungsdifferenzen ·
Wahrnehmungsphänomene · W. Phillips Davison

1   Kurzbiografie[1]

W. Phillips Davison wurde 1918 in Bath im US-Bundesstaat New York geboren. Er
starb im Jahr 2012. Davison studierte an der Princeton University, an der Universität Stockholm und an der Columbia University. Seinen PhD erwarb er 1954 an der
Columbia University im Fach Soziologie. Unterbrochen wurde diese akademische
Ausbildung durch den Militärdienst. Die Zeit unmittelbar nach Beendigung des 2.
Weltkriegs verbrachte Davison dabei größtenteils in Deutschland, er gehörte der
Information Control Division der amerikanischen Militärregierung an (Davison
2006). Nach verschiedenen Zwischenstationen – zum Beispiel als wissenschaftlicher Mitarbeiter der *RAND Corporation* – wurde er 1965 Professor für Journalismus und Soziologie an der Columbia University. Dort blieb er bis zu seiner Emeritierung.

Davison war unter anderem Präsident der *American Association for Public Opinion Research* (1971–1972) und gleich zweimal Herausgeber der Zeitschrift *Public Opinion Quarterly* (1948–1951 und 1968–1971). Die Schwerpunkte seiner
wissenschaftlichen Arbeit waren Massenkommunikation und öffentliche Meinung.
Außerdem befasste er sich mit internationaler Kommunikation, hier mit einem
Fokus auf Konfliktlösungsstrategien. Auch in Deutschland führte er Studien durch.
So finden sich Aufsätze von Davison zur öffentlichen Meinung in Deutschland und
zum deutschen Mediensystem (Speier und Davison 1957).

2   Inhalt des Textes

Der Aufsatz „The Third-Person Effect in Communication" erschien 1983 in der
Zeitschrift *Public Opinion Quarterly*. Mit 14 Seiten Text ist er recht kurz. Auch die
Literaturliste umfasst nur eine Seite. Der Aufsatz entzieht sich einer klaren Einord-

---

[1] Bei dem vorliegenden Text handelt es sich um die überarbeitete Fassung einer bereits an anderer Stelle veröffentlichten Darstellung des Schlüsselwerks von Davison (Dohle 2016). Die
Ausführungen zur Wirkungsgeschichte wurden dabei im vorliegenden Text im Vergleich zur
ursprünglichen Version deutlich erweitert.

nung: Er ist einerseits durchsetzt von Anekdoten und hat an vielen Stellen einen essayistischen Charakter. Andererseits leistet Davison Theoriearbeit, nennt präzise Definitionen, stellt Bezüge zu bestehenden Ansätzen her und formuliert Ideen für zukünftige Forschung. Zudem präsentiert er Ergebnisse eigener Untersuchungen, deren Aussagekraft er allerdings selbst einschränkt. Trotz oder gerade aufgrund dieser Vielfalt ist der Text sehr lesenswert, ein auch aus Sicht zentraler Third-Person-Forschenden „brilliantly written paper" (Tal-Or et al. 2009, S. 100).

Die zentralen Annahmen zum Third-Person-Effekt finden sich im ersten Teil des Artikels. Davison leitet die Annahmen zunächst ausschließlich aus Begebenheiten ab, die er selber erlebt hat oder über die ihm berichtet wurde. Diese Erfahrungen hätten ihn zu dem gebracht, was als „third-person effect hypothesis" (Davison 1983, S. 3) bezeichnet werden könne:

> „In its broadest formulation, this hypothesis predicts that people will tend to overestimate the influence that mass communications have on the attitudes and behavior of others. More specifically, individuals who are members of an audience that is exposed to a persuasive communication (whether or not this communication is intended to be persuasive) will expect the communication to have a greater effect on others than on themselves. And whether or not these individuals are among the *ostensible* audience for the message, the impact that they expect this communication to have on others may lead them to take some action." (ebd.)

Genau genommen erörtert Davison im Text zwei Deutungsweisen des Third-Person-Effekts. Die *erste Deutungsweise* ist diejenige, die das Zitat nahelegt und die sich in der Forschung durchgesetzt hat. Sie ist wiederum in zwei zentrale Annahmen zu trennen. Die *erste zentrale Annahme* lautet: *Menschen gehen davon aus, dass andere Menschen stärker als sie selbst von Medien bzw. Medieninhalten beeinflusst werden.* Im Kern stehen die Vorstellungen einer Person, die sich Gedanken über den Einfluss von Medien macht. Die Person selbst ist die First Person. Die Menge der anderen Mediennutzenden wird als Third Persons bezeichnet. Dazwischen stehen, von Davison indes nur indirekt erwähnt, die Second Persons – in späteren Studien wurden sie häufig als Personen aus dem direkten Umfeld der jeweiligen Befragten operationalisiert. Die von Davison beschriebene Differenz zwischen dem wahrgenommenen Einfluss auf die eigene Person und dem vermuteten Einfluss auf die Third Persons wird in der Literatur als Third-Person Perception bezeichnet, oder alternativ als Perceptual Component bzw. Wahrnehmungskomponente des Third-Person-Effekts. Warum diese Third-Person Perception entsteht, diskutiert Davison kaum. Er geht aber davon aus, dass Individuen den Einfluss auf andere Personen überschätzen – spekuliert dann jedoch im letzten Satz des Artikels (ders., S. 14), dass vielleicht auch der Einfluss auf die eigene Person unterschätzt wird.

Die *zweite zentrale Annahme* von Davison lautet: *Die Wahrnehmung starker Medieneinflüsse auf andere kann zu einer Beeinflussung des Verhaltens von Menschen führen.* Diese Annahme wird oft als Third-Person Behavior bezeichnet, oder auch als Behavioral Component bzw. Verhaltenskomponente des Third-Person-Effekts. Sie macht die eigentliche Relevanz des Ansatzes aus: Dadurch, dass die Wahrnehmung medialer Einflüsse auch Folgen hat, wird der Third-Person-Effekt zu einem Ansatz zur Beschreibung und Erklärung von (indirekten) Medienwirkungen. Diese Wirkungen betreffen, anders als von Davison nahegelegt, nicht nur das Verhalten, sondern auch Vor- und Einstellungen oder Emotionen. Insofern greift der Begriff der *Verhaltens*komponente zu kurz. Etwas Unklarheit besteht zudem in anderer Hinsicht: Laut Davison kann die Erwartung von Medieneinflüssen auf andere Menschen zu individuellen Folgen führen. Gleichwohl wurde und wird es häufig so aufgefasst, dass die Wahrnehmungs*differenzen* verantwortlich für etwaige Konsequenzen sind: Folgenreich ist nach dieser Lesart die Vorstellung, dass andere stärker von Medien beeinflusst werden als die eigene Person. Erst viele Jahre nach der Publikation seines Textes hat sich die von Davison beschriebene Perspektive durchgesetzt, wonach allein die Annahme von Einflüssen auf andere für weitere Konsequenzen bedeutsam ist.

Davison schlägt noch eine *zweite Deutungsweise* des Third-Person-Effekts vor. Sie spielt im Text nur eine untergeordnete Rolle und wurde auch von der Forschung selten aufgegriffen. Gleichwohl ist sie interessant. Man möchte, so die Idee, Einfluss auf eine bestimmte Personengruppe ausüben, nimmt dabei aber den Umweg über Third Persons. Davison nennt ein Beispiel aus dem 2. Weltkrieg: Japanisches Militär hatte Flugblätter über einer US-Einheit auf einer Pazifikinsel abgeworfen. Ziel der Japaner war es, dass die Amerikaner die Einheit abziehen. Darüber hatten die Offiziere zu entscheiden, allesamt hellhäutige Personen. Die Flugblätter waren allerdings nicht an die Offiziere, sondern an die dunkelhäutigen Soldaten mit der Botschaft adressiert, sie sollten ihr Leben nicht in einem „white man's war" riskieren. Direkte Wirkungen der Flugblätter auf die dunkelhäutigen Soldaten gab es offenbar nicht. Dennoch wurde die Einheit abgezogen. Es hatte offensichtlich die Befürchtung der Offiziere genügt, dass die Flugblätter zu einem Aufstand der dunkelhäutigen Soldaten führen könnten.

Dem ersten Teil des Artikels folgen zwei Kapitel, in denen Davison für seine Annahmen Belege aufführt, die über Anekdoten hinausgehen. Zunächst präsentiert er Ergebnisse eigener Experimente, danach greift er Beispiele aus der wissenschaftlichen Literatur auf. Bei den Experimenten handelt es sich um Ad-hoc-Untersuchungen. Davison betont selbst, dass man sie nicht als fundierte empirische Prüfungen bezeichnen kann. Die Studien fanden „under informal conditions" (1983, S. 4) statt, die Befragungsinstrumente umfassten offensichtlich nur wenige

Items, die Fallzahlen waren sehr gering. Zudem testete Davison nur die Wahrnehmung von Einflüssen, und somit nur die erste Annahme der beiden zentralen Annahmen des Third-Person-Effekts. Dennoch sind seine Ausführungen aufschlussreich, weil er zeigt, wie Third-Person Perceptions gemessen werden können. So sollten die Befragten in einer der Studien einschätzen, wie stark die Botschaften eines Politikers die Wahlentscheidung der Bevölkerung beeinflusst hätten. Später sollten die Befragten angeben, wie stark der Einfluss auf sie selbst gewesen sei. Für beide Antworten standen Skalen von 0 (kein Einfluss) bis 7 (sehr starker Einfluss) zur Verfügung. Davison berechnete die Mittelwerte und konnte nachweisen, dass der Einfluss auf die Bevölkerung aus Sicht der Befragten spürbar höher war als der Einfluss auf sich selbst. In der Mehrzahl der späteren Third-Person-Studien wurde ebenfalls auf diese oder sehr ähnliche Weise vorgegangen.

Die im folgenden Kapitel vorgenommene Durchsicht der Literatur ist weniger aufgrund der Erkenntnisse bemerkenswert, die Davison herausarbeitet. Er führt dort zwar Beispiele und Aussagen aus Texten an oder nennt Studien, deren Ergebnisse er im Sinne des Third-Person-Effekts interpretiert. Das Kapitel verdeutlicht aber vor allem, dass Davison bei der Entwicklung seiner Ideen wahrlich nicht aus dem Vollen schöpfen konnte.

In einem weiteren Kapitel beschäftigt sich Davison mit verwandten Wahrnehmungsphänomenen. Er greift mit dem Hostile-Media-Effekt, Pluralistic Ignorance und der Theorie der Schweigespirale drei Ansätze heraus und erörtert mögliche Verknüpfungen zwischen den dort beschriebenen Wahrnehmungsphänomenen sowie dem Third-Person-Effekt.

Im letzten Kapitel überlegt Davison, in welchen Bereichen Annahmen über die mediale Beeinflussung anderer Menschen wichtig sein könnten. Vor allem in diesem Kapitel befasst er sich primär mit den Folgen unterstellter Medieneinflüsse. Die Ausführungen lassen sich durchaus als Entwurf eines Forschungsprogramms lesen. Davison nennt Beispiele aus dem Finanz- und Wirtschaftsleben, wie etwa den Kauf von Aktien und (angeblich) nur noch knapp vorhandenen Gütern. Ein weiteres Beispiel gilt der Zensur und anderen repressiven Maßnahmen zur Einschränkung öffentlicher Kommunikation: Zensur werde, so Davison, nicht gefordert oder umgesetzt, weil Menschen sich selbst gefährdet fühlen. Vielmehr ginge es darum, die vermeintlich beeinflussbare Masse der anderen Menschen zu schützen. Gerade die Furcht der Mächtigen vor den Einflüssen ihnen unliebsamer politischer und religiöser Botschaften „have caused countless people to be incarcerated, tortured, and killed" (1983, S. 14).

3 Bezug zum Gesamtwerk des Autors

Der Bezug des Textes zum Gesamtwerk von Davison ist gering. Zwar lässt sich der Third-Person-Effekt seinen allgemeinen Forschungsschwerpunkten zuordnen, also den Themen Massenkommunikation und öffentliche Meinung. Außerdem fällt auf, dass viele Beispiele im Text aus dem Bereich der Propaganda und der militärischen Kommunikation stammen – Gebiete, mit denen Davison aufgrund früherer Erfahrungen und Tätigkeiten vertraut war. Das ist aber auch schon alles. Als der Third-Person-Text erschien, war Davison über 60 Jahre alt. Mit dem Effekt, darauf verweist er auch selbst, hatte er sich zuvor nur am Rande beschäftigt. Und die Publikation des Artikels über den Third-Person-Effekt war für ihn kein Anlass, seine Forschungstätigkeiten zu diesem Ansatz auszuweiten.

Daher liegt nur ein einziger weiterer Text von Davison zum Third-Person-Effekt vor. Dieser Text erschien im Jahr 1996. Anlass war die Einladung des *International Journal of Public Opinion Research*, einen einführenden Aufsatz zu einer Ausgabe zu verfassen, die sich dem Ansatz widmete. Davison geht in dem Text auf die bisherige Forschung zum Third-Person-Effekt ein und ergänzt dies durch eigene Überlegungen. Aufschlussreich und dabei sehr selbstironisch ist aber insbesondere, was er zu seinem bahnbrechenden Aufsatz aus dem Jahr 1983 notiert: Den Aufsatz habe er damals gar nicht so richtig schreiben wollen. Über Jahre hinweg habe er hin und wieder über den Effekt nachgedacht, seine Ideen in Seminaren getestet und am Entwurf eines Artikels geschrieben. Aber warum auf dieses weniger wichtige Phänomen viel Zeit verschwenden, wenn Relevanteres und Bedeutenderes zu tun sei, insbesondere die Entwicklung der „grand theory that would clarify the social role of communication" (Davison 1996, S. 114). Allein, diese Theorie blieb „elusive and unformulated" (ebd.). Der Third-Person-Effekt sei dagegen offenbar wichtiger und komplexer als von ihm vorhergesehen. Darüber, so schreibt Davison, würde er sich natürlich freuen. Es sei aber auch etwas peinlich, sich der Bedeutung des von ihm beschriebenen Effekts nicht richtig bewusst gewesen zu sein.

4 Wirkungsgeschichte und Kritik

Es gibt mehrere Gründe für die große Bedeutung des Textes. Zunächst einmal hat Davison einem theoretischen Ansatz, zu dessen Kernannahmen weiterhin intensiv geforscht wird, einen Namen gegeben. Die zentralen und originellen Annahmen des Ansatzes hat er nicht von anderen aufgegriffen, sondern selbst entwickelt – und

diesen Entwicklungsprozess in seinem Text auf sehr anschauliche Weise dargestellt. Ganz entscheidend ist außerdem, dass die Überlegungen von Davison zur
Existenz von Wahrnehmungsdifferenzen und zur Folgenhaftigkeit vermuteter Medieneinflüsse bis heute gültig sind. Entsprechend häufig werden sie aufgegriffen.
Der Text ist allein in über 800 Artikeln der im *Social Science Citation Index* erfassten Fachzeitschriften zitiert worden.

Die Wirkungsgeschichte des Textes lässt sich folgendermaßen zusammenfassen
(ausführlicher: siehe u. a. Dohle 2017; Tal-Or et al. 2009): Die erste Publikation
einer Studie zum Third-Person-Effekt erfolgte 1988 durch Cohen, Mutz, Price und
Gunther. Danach stieg die Zahl der Untersuchungen stetig an, spätestens seit Mitte
der neunziger Jahre lässt sich von einer intensiven Forschungs- und Publikations-
tätigkeit sprechen. Third-Person-Studien fanden und finden sich regelmäßig in
zentralen kommunikationswissenschaftlichen Zeitschriften (und gar nicht mal so
selten in Publikationen anderer Fächer).

Bis über das Jahr 2000 hinaus stand eher die Analyse der ersten zentralen Annahme von Davison im Mittelpunkt: Der Nachweis von Third-Person Perceptions
gelang dabei fast durchgängig. Die Befragten waren meist eindeutig der Ansicht,
dass im Vergleich zu ihnen selbst andere Menschen stärker von Medieninhalten
beeinflusst werden würden (siehe z. B. die Metaanalyse von Sun et al. 2008).
Selbstverständlich ist dies jedoch nicht. So zeigte sich, dass sich die Annahme von
Davison praktisch immer dann bestätigte, wenn die Befragten die Wirkungen von
Medieninhalten einschätzen sollten, die sie selbst als bedenklich beurteilten – wie
etwa gewalthaltige Filme, Pornografie oder Werbung. Bewerten Individuen dagegen Medieninhalte und deren Einflüsse positiv, dann gehen sie zum Teil sogar von
intensiveren Einflüssen dieser Inhalte auf sich selbst aus (First-Person Perception;
Golan und Day 2008). Dies ist eine Erkenntnis aus zahlreichen Studien, in denen
geprüft wurde, unter welchen Bedingungen und warum die postulierten Third-
Person Perceptions entstehen. In vielen dieser Studien erwies sich zudem beispielsweise die wahrgenommene Distanz zu anderen Menschen als relevant: Je
größer die von Befragten empfundene (soziale, psychologische oder auch politische) Distanz zu anderen Menschen, desto größer die diesen Menschen im Vergleich zur eigenen Person unterstellte Beinflussbarkeit durch Medien (Sun et al.
2008). Auf diese Möglichkeit hatte im Übrigen bereits Davison (1983, S. 12) verwiesen. Darüber hinaus wurden theoretische Erklärungen gefunden, warum
Third-Person Perceptions entstehen. Ein Beispiel sind sozialpsychologische Grup-
pentheorien, denen zufolge Menschen, die nicht als Teil der eigenen Ingroup gesehen werden, unter bestimmten Umständen als besonders beinflussbar durch solche
Medieninhalte eingeschätzt werden, die man selbst negativ bewertet (Self-
Categorization Theory; z. B. Reid und Hogg 2005). Einer anderen Erklärung

zufolge versuchen Menschen, ihr eigenes Selbstbild zu verbessern, indem sie sich für unempfänglicher als andere Menschen gegenüber negativen (Medien-)Einflüssen halten (Self-Enhancement, z. B. Meirick 2005).

Bereits früh widmeten sich aber auch Studien der zweiten zentralen Annahme von Davison: Untersucht wurde, welche Folgen sich aus den Wahrnehmungsdifferenzen bzw. aus dem wahrgenommenen Einfluss auf andere Menschen ergeben. Insbesondere die stärkere Befürwortung von Zensurmaßnahmen fand recht schnell Beachtung und entwickelte sich zum „gold standard" (Cohen und Weimann 2008, S. 386) im Rahmen der Prüfung möglicher Konsequenzen wahrgenommener Medieneinflüsse – ein Hinweis darauf, dass auch die Vorschläge von Davison für relevante Fragestellungen aufgegriffen worden sind. In den letzten Jahren hat die Forschung zu den Folgen der Einflusswahrnehmungen gegenüber den reinen Analysen der Wahrnehmungsdifferenzen Oberhand bekommen. Damit einhergehend ist zu beobachten, dass der Begriff des Third-Person-Effekts etwas an Bedeutung verliert und verstärkt von der Forschung zum Influence-of-Presumed-Influence-Ansatz die Rede ist. Letztere Bezeichnung wurde insbesondere durch einen Aufsatz von Gunther und Storey (2003) geprägt – die zentrale Aussage lautet: „People perceive some influence of a message on others and then react to that perception of influence" (S. 201). Nicht die Third-Person Perceptions, sondern allein die vermuteten Einflüsse auf andere Menschen werden demnach als Prädiktor für Konsequenzen herangezogen. Die verstärkte Berücksichtigung dieser Influence-of-Presumed-Influence-Perspektive ist als Fortschritt zu bewerten. Dafür sprechen methodische Gründe. Zudem liegt aus theoretischer Sicht oft kein Grund vor, warum Third-Person Perceptions beispielsweise eine Ursache für Forderungen nach einer Zensur medialer Inhalte sein sollten. Naheliegender ist, dass Zensur dann vermehrt befürwortet wird, wenn medialen Inhalten starke (und problematische) Wirkungen auf andere Menschen unterstellt werden (z. B. Chung und Moon 2016).

Der Influence-of-Presumed-Influence-Ansatz wurde auch in gewisser Abgrenzung zu den Annahmen von Davison formuliert. Schaut man sich diese Annahmen jedoch an, entdeckt man kaum einen Widerspruch zu den scheinbaren Modifizierungen. Auch Davison hat nicht explizit geschrieben, dass die von ihm ausführlich thematisierten Wahrnehmungsdifferenzen Folgen haben. Vielmehr schreib er allgemein vom „impact they expect this communication to have on others may lead them to take some action" (1983, S. 3). Möglicherweise war diese Formulierung aber aufgrund des Kontextes nicht deutlich genug – was dazu geführt hat, dass sich viele Studien auf Konsequenzen von Third-Person Perceptions konzentriert haben und sich bis heute gewisse Inkonsistenzen in der gesamten Forschung zu den Folgen vermuteter Medieneinflüsse zeigen. Ebenfalls unklar bleibt, warum Davison zwei alternative Deutungsweisen des Third-Person-Effekts angeboten hat. Zudem, darauf wurde bereits verwiesen, war das Vorgehen in den von ihm selbst durchgeführten Studien alles andere als ideal. In dieser Hinsicht hat sich die Third-Person-Forschung deutlich weiterentwickelt – auch wenn durchaus kritisch festzustellen ist, dass in sehr vielen Studien die von Davison angedeutete Messung der Einflusswahrnehmungen mit nur einzelnen Items ebenfalls praktiziert wird. Und schließlich lässt sich beanstanden, dass Davison in seiner zweiten zentralen Annahme nur Folgen wahrgenommener Medieneinflüsse auf das Verhalten in den Blick nahm, nicht dagegen Folgen für Vor- und Einstellungen oder auch Emotionen. Diese Kritik lässt sich jedoch auch gegen weite Teile der Third-Person-Forschung wenden: Diese hat primär Vor- und Einstellungen als Konsequenzen fokussiert und eher selten tatsächliche Handlungen, obwohl bereits Davison hierfür in seinem Text genügend Anregungen gegeben hat.

Dem letztgenannten Punkt zum Trotz lässt sich indes feststellen, dass mittlerweile eine ganze Palette von Konsequenzen identifiziert wurde, die sich aufgrund einer Vermutung starker Medieneinflüsse ergeben. Um nur einige Beispiele zu nennen: Wie bereits dargestellt, kann die Annahme starker und unliebsamer Medienwirkungen auf andere Menschen dazu führen, dass Individuen verstärkt zu der Ansicht gelangen, diesen Medieneinfluss einzuschränken, etwa durch Zensurmaßnahmen. Auch die Vor- und Einstellungen gerade jüngerer Menschen zu Themen wie Alkohol- oder Tabakkonsum und Sexualverhalten, die Zufriedenheit von Frauen und Männern mit ihrem eigenen Aussehen oder die Absicht, strategisch zu wählen, können dadurch beeinflusst werden, dass medial vermittelten Inhalten – von Produktwerbung über Gesundheitskampagnen bis hin zu Fernsehserien oder politischer Berichterstattung – starke Auswirkungen auf andere Personengruppen unterstellt werden. Und unter Politikerinnen und Politikern zeigt sich die Tendenz, sich mediengerechter zu verhalten, wenn sie der Medienberichterstattung starke Einflüsse auf die Bevölkerung unterstellen (ausführlich: Dohle 2017; Tal-Or et al. 2009).

Noch einmal zurück zum Schlüsselwerk von Davison selbst. Ein weiterer, bislang nur kurz angedeuteter Part dieses Textes verdient es an dieser Stelle hervorgehoben zu werden, weil er im Zusammenhang mit der weiteren Forschung nicht nur zum Third-Person-Effekt relevant ist: Davison hat bereits zahlreiche Bezüge hergestellt zwischen dem Third-Person-Effekt und anderen Ansätzen, die sich ebenfalls mit Wahrnehmungsphänomenen im Kontext öffentlicher Kommunikation befassen. Auf diese Weise hat er auch den naheliegenden Versuchen einer Verknüpfung dieser Ansätze oder gar dem – allerdings noch ausstehenden – Versuch der Entwicklung einer umfassenden „Theory of Perceptions of Media" (Tsfati und Cohen 2013, S. 11) frühzeitig den Boden bereitet. So befasst sich Davison beispielsweise mit der Theorie der Schweigespirale. Diese besagt unter anderem, dass die gefühlte öffentliche Meinung zu einem Thema ein wichtiger Prädiktor dafür ist, die eigene Meinung zu eben diesem Thema öffentlich zu artikulieren (Noelle-Neumann 1980). Die Verbindung zwischen Third-Person-Effekt und Schweigespirale lässt sich wie folgt beschreiben: Medien vertreten in ihrer Berichterstattung zu einem Thema oft eine spezifische Meinung. Geht eine Person davon aus, dass andere Menschen von dieser Berichterstattung stark beeinflusst werden, dann sollte die Person umso mehr zu der Auffassung gelangen, dass sich ein großer Teil der Bevölkerung der in den Medien vertretenen Meinung anpasst (ausführlicher z. B. Schulz und Rössler 2013).

Darüber hinaus beschreibt Davison (1983, S. 10 f.) in seinem Text bereits ein Phänomen, das erst Jahre später als Hostile-Media-Effekt benannt (Vallone et al. 1985) und in der Folge in zahlreichen Studien systematisch getestet und bestätigt wurde (im Überblick: Perloff 2015). Während der Third-Person-Effekt von einer häufig verzerrten Wahrnehmung von Medien*einflüssen* ausgeht, postuliert der Hostile-Media-Effekt, dass Medien*inhalte* unter bestimmten Umständen verzerrt wahrgenommen werden: Personen, die in eine Kontroverse involviert sind, haben das Gefühl, dass die Medien nicht die Meinung der eigenen Person, sondern die gegnerische Position positiver darstellen. Davison erörtert in seinem Text bereits, wie Hostile-Media-Wahrnehmungen und der von ihm präsentierte Third-Person-Effekt zusammenwirken können: Man befürchte, so eine seiner Ideen, besonders starke Wirkungen medialer Berichterstattung auf andere Menschen, und dabei vor allem auf solche Personen, die in einer Kontroverse eine andere Meinung vertreten als man selbst. Dies ist die klassische Annahme zur Third-Person Perception, verbunden mit dem Gedanken, dass Menschen, zu denen man eine größere Distanz empfindet, besonders beeinflussbar seien. Auch aus dem Grund, dass Medienberichten, in denen eigentlich ausgewogen argumentiert wird, eine starke und primär unerwünschte Wirkung auf die Gegenseite in einer Kontroverse unterstellt werde, betrachte man die Berichte als eher „feindlich".

Die Verknüpfung von Third-Person-Effekt und Hostile-Media-Bias wurde vielfach aufgegriffen (so auch in komplexeren Ansätzen, in denen versucht wurde, die beiden Ansätze mit anderen Wahrnehmungsphänomenen wie etwa der Schweigespirale zu verbinden, z. B. Persuasive Press Inference; Gunther 1998). In empirischen Studien ließ sich häufig nachweisen, dass Menschen andere Mediennutzerinnen und -nutzer als umso intensiver durch die Medienberichterstattung zu einem Thema beeinflusst sahen, je stärker sie selbst diese Berichterstattung als feindlich gegenüber ihrer Meinung betrachteten. Dies kann wiederum Konsequenzen nach sich ziehen, und anhand dieser Konsequenzen wird auch beispielhaft deutlich, dass die von Davison beschriebenen Wahrnehmungsphänomene hilfreich sein können, um gesellschaftliche Entwicklungen sowie die Dynamiken in öffentlichen Konflikten zu verstehen: Die Wahrnehmung einer feindlichen und einflussreichen Berichterstattung kann unter anderem dazu führen, dass mediale Leistungen negativ beurteilt werden und das Vertrauen in Medien und in den Journalismus sinkt. Zudem können die Wahrnehmungen zu einer Verschärfung von Konflikten führen und Prozesse gesellschaftlicher Polarisierung begünstigen, weil sich einzelne Gruppen aufgrund einer aus ihrer Sicht feindlichen und wirkungsmächtigen Berichterstattung an den gesellschaftlichen Rand gedrängt fühlen, der jeweiligen Gegenseite in einer Kontroverse eine feindlichere Einstellung gegenüber der eigenen Gruppe unterstellt wird, es zu Radikalisierungsprozessen innerhalb der eigenen Gruppe kommen kann und in Konfliktfällen inzivilere Vorgehensweisen als akzeptabel (oder gar notwendig) betrachtet werden können (zusammenfassend u. a.: Post 2019).

Eine weitere Folge der Wahrnehmung, dass Medienberichterstattung feindselig ist und gleichsam starke wie unliebsame Wirkungen auf andere Menschen entfaltet, kann im Übrigen darin bestehen, eigene Aktivitäten zu intensivieren, um diesen (vermeintlich) problematischen Prozessen entgegenzuwirken. Rojas (2010) hat hierfür den Begriff „Corrective Actions" geprägt. Die Aktivitäten dienen dem Ziel, dass die eigene Meinung zu einer strittigen Frage ebenfalls in der Öffentlichkeit Verbreitung findet. Naheliegend, weil mit vergleichsweise wenig Aufwand verbunden (und zum Teil auch anonym möglich), ist es, die korrigierenden Maßnahmen in Form von Online-Kommunikation durchführen – also zum Beispiel durch das Verfassen von Kommentaren in Online-Foren oder die Verbreitung eigener Standpunkte über Social-Media-Kanäle. Dies wurde mittlerweile in einer Reihe von Studien bestätigt (im Überblick: Dohle 2017) und ist in mehrfacher Hinsicht bemerkenswert.

Zum einen, weil es belegt, dass Wirkungsvermutungen auch das tatsächliche Handeln beeinflussen. Zum anderen, weil diese online vorgenommenen Handlungen ein Beispiel dafür sind, dass die von Davison formulierten Überlegungen auf die digitale bzw. vernetzte Gesellschaft übertragbar sind. Forschungsergebnisse zeigen nicht nur, dass es auch bei der Einschätzung der Wirkungen online vermittelter Kommunikation zumeist zu Third-Person Perceptions kommt und auch Unterstellungen problematischer Wirkungen von Online-Medien zu verstärkten Forderungen nach restriktiven Maßnahmen führen. Vielmehr lassen sich zudem einige Konsequenzen von Wirkungsvermutungen im Online-Kontext mit weitaus größerer Wahrscheinlichkeit erwarten. Neben den erwähnten Corrective Actions könnten dies unter anderem kommunikative Aktivitäten sein, die über Online-Portale erfolgen und primär der Selbstdarstellung im privaten oder beruflichen Kontext dienen. Es ist naheliegend zu vermuten, dass die Aktivitäten umso intensiver durchgeführt werden, je stärker die Wirkungen sind, die man sich durch diese

Form der Online-Kommunikation auf andere Menschen erhofft (z. B. Kelm et al. 2017).

Die von Davison für eine von Fernsehen, Radio und Printmedien geprägte Medienwelt entwickelten Annahmen sind somit weiterhin aktuell. Auch in der Online-Welt ist es offensichtlich folgenreich, wenn Individuen Überlegungen darüber anstellen, welche Auswirkungen Online-Medien und die dort verbreiteten Inhalte auf andere Menschen haben. Dabei ergibt sich weiterhin eine Reihe von Perspektiven für die weitere Forschung. Um nur ein Beispiel zu nennen: Es ist keinesfalls ausreichend geklärt, welche Bedeutung es für die Entwicklung von Wirkungsvermutungen und die Konsequenzen dieser Vermutungen hat, dass Nutzerinnen und Nutzer von Social-Media-Angeboten quasi permanent beobachten können, wie andere Nutzerinnen und Nutzer agieren (und wie wiederum andere auf deren Aktivitäten reagieren). Hilfreich wird es dabei sein, in zukünftigen Studien noch intensiver als bisher die bereits von Davison vorgeschlagenen Verknüpfungen zwischen Third-Person-Effekt (bzw. Influence-of-Presumed-Influence-Ansatz) und anderen Ansätzen herzustellen, um zu prüfen, wie verschiedene Wahrnehmungsprozesse im Kontext der Mediennutzung zusammenwirken und welche Folgen sich aus diesem Zusammenspiel ergeben.

Literatur

Chung, S., & Moon, S.-I. (2016). Is the third-person effect real? A critical examination of rationales, testing methods, and previous findings of the third-person effect on censorship attitudes. *Human Communication Research, 42*, 312–337.

Cohen, J., Mutz, D. C., Price, V., & Gunther, A. C. (1988). Perceived impact of defamation: An experiment on third person effects. *Public Opinion Quarterly, 52*, 161–173.

Cohen, J., & Weimann, G. (2008). Who's afraid of reality shows? Exploring the effects of perceived influence of reality shows and the concern over their social effects on willingness to censor. *Communication Research, 35*, 382–397.

Davison, W. P. (1983). The third-person effect in communication. *Public Opinion Quarterly, 47*, 1–15.

Davison, W. P. (1996). The third-person effect revisited. *International Journal of Public Opinion Research, 8*, 113–119.

Davison, W. P. (2006). *A personal history of world war II. How a pacifist draftee accidentally became a military government official in postwar Germany.* Lincoln, NE: iUniverse.

Dohle, M. (2016). The Third Person-Effect in Communication von W. Phillips Davison. In M. Potthoff (Hrsg.), *Schlüsselwerke der Medienwirkungsforschung* (S. 195–204). Wiesbaden: Springer VS.

Dohle, M. (2017). *Third-Person-Effekt* (2. Aufl.). Baden-Baden: Nomos.

Golan, G. J., & Day, A. G. (2008). The first-person effect and its behavioral consequences: A new trend in the twenty-five year history of third-person effect research. *Mass Communication and Society, 11*, 539–556.

Gunther, A. C. (1998). The persuasive press inference: Effects of mass media on perceived public opinion. *Communication Research, 25*, 486–504.

Gunther, A. C., & Storey, J. D. (2003). The influence of presumed influence. *Journal of Communication, 53*, 199–215.

Kelm, O., Dohle, M., & Bernhard, U. (2017). Social media activities of political communication practitioners: The impact of strategic orientation and in-group orientation. *International Journal of Strategic Communication, 11*, 306–323.

Meirick, P. C. (2005). Self-enhancement motivation as a third variable in the relationship between first- and third-person effects. *International Journal of Public Opinion Research, 17*, 473–483.

Noelle-Neumann, E. (1980). *Die Schweigespirale. Öffentliche Meinung – unsere soziale Haut.* München: Piper.

Perloff, R. M. (2015). A three-decade retrospective on the hostile media effect. *Mass Communication and Society, 18*, 701–729.

Post, S. (2019). Polarizing communication as media effects on antagonists. Understanding communication in conflicts in digital media societies. *Communication Theory, 29*, 213–235.

Reid, S. A., & Hogg, M. A. (2005). A self-categorization explanation for the third-person effect. *Human Communication Research, 31*, 129–161.

Rojas, H. (2010). "Corrective" actions in the public sphere: How perceptions of media and media effects shape political behaviors. *International Journal of Public Opinion Research, 22*, 343–363.

Schulz, A., & Rössler, P. (2013). *Schweigespirale Online. Die Theorie der öffentlichen Meinung und das Internet.* Baden-Baden: Nomos.

Speier, H., & Davison, W. P. (1957). (Hrsg.). *West German leadership and foreign policy.* Evanston, IL: Row, Person and Company.

Sun, Y., Pan, Z. D., & Shen, L. J. (2008). Understanding the third-person perception: Evidence from a meta-analysis. *Journal of Communication, 58*, 280–300.

Tal-Or, N., Tsfati, Y., & Gunther, A. C. (2009). The influence of presumed media influence. Origins and implications of the third-person perception. In R. L. Nabi & M. B. Oliver (Hrsg.), *The SAGE handbook of media processes and effects* (S. 99–112). Thousand Oaks, CA: Sage.

Tsfati, Y., & Cohen, J. (2013). Perceptions of media and media effects: The third-person effect, trust in media, and hostile media perceptions. In A. N. Valdivia & E. Scharrer (Hrsg.), *The international encyclopedia of media studies. Media effects/Media psychology* (S. 5–19). Hoboken, NJ: Blackwell.

Vallone, R. P., Ross, L., & Lepper, M. R. (1985). The hostile media phenomenon: Biased perception and perceptions of media bias in coverage of the Beirut massacre. *Journal of Personality and Social Psychology, 49*, 577–585.

„The Elaboration Likelihood Model of Persuasion"

von Richard E. Petty & John T. Cacioppo (1986)

Magdalena Rosset

Zusammenfassung

Das Elaboration Likelihood Model (ELM) ist eines der grundlegenden Modelle zur Vorhersage von Einstellungsänderungen, das breite Anwendung in der Persuasionsforschung findet. Als Zwei-Prozess-Modell modelliert das ELM zwei Routen der Verarbeitung persuasiver Botschaften. Es unterscheidet die zentrale Route mit starker Elaboration von der peripheren Route mit schwacher Elaboration. Die Elaborationsstärke wiederum besitzt Konsequenzen für die bewirkten Einstellungsänderungen. In ihrem im Jahr 1986 erschienen Artikel „The Elaboration Likelihood Model of Persuasion" erläutern Richard E. Petty und John T. Cacioppo die sieben grundlegenden Postulate des Modells und stützen diese mit zahlreichen empirischen Studien. Das in der Sozialpsychologie entstandene Modell ist seit nunmehr etwa 40 Jahren ein zentrales Konzept zur Erklärung von Einstellungsänderungen in Abhängigkeit der Botschaft, der Rezipierenden und der Rezeptionssituation. Der vorliegende Beitrag gibt einen Überblick über den Inhalt des Artikels und setzt ihn in Bezug zum Gesamtwerk der Autoren. Außerdem wird auf die Wirkungsgeschichte sowie Kritik am Modell eingegangen.

M. Rosset (✉)
Institut für Journalistik und Kommunikationsforschung, Hochschule für Musik, Theater und Medien Hannover, Hannover, Deutschland
E-Mail: magdalena.rosset@ijk.hmtm-hannover.de

© Der/die Autor(en), exklusiv lizenziert an Springer Fachmedien Wiesbaden GmbH, ein Teil von Springer Nature 2022
R. Spiller et al. (Hrsg.), *Schlüsselwerke: Theorien (in) der Kommunikationswissenschaft*, https://doi.org/10.1007/978-3-658-37354-2_7

Schlüsselwörter

Elaboration Likelihood Model (ELM) · Elaborationswahrscheinlichkeit ·
Persuasionsforschung · Informationsverarbeitung · Einstellungsänderung ·
Zwei-Prozess-Modell

1 Kurzbiografie

Aus dem Kennenlernen von Richard E. Petty und John T. Cacioppo als Doktoranden im Jahr 1973 entwickelte sich schnell nicht nur eine enge Freundschaft, sondern auch die Basis für eine fruchtbare Zusammenarbeit, die in einem der bekanntesten Modelle der Persuasionsforschung münden sollte: dem Elaboration Likelihood Model (ELM). Vor dem Zusammentreffen mit John T. Cacioppo studierte Richard E. Petty Politikwissenschaft und Psychologie an der University of Virginia. Nach seinem Abschluss im Jahr 1973 wechselte er an die Ohio State University, wo er auf Cacioppo traf, der dort wie er im Jahr 1977 seine Promotion in Sozialpsychologie abschloss. Daraufhin wechselte Petty als Assistant Professor für Psychologie an die University of Missouri, wo er 1985 auf die Frederick A. Middlebush-Professur für Psychologie berufen wurde. Nach einem Sabbatjahr an der Yale University kehrte er 1987 zurück an die Ohio State University, an der er – mit einer Unterbrechung durch eine Gastprofessur an der Princeton University im Jahr 1995 – bis heute als Professor für Psychologie tätig ist. Von 1998 bis 2002 und erneut seit 2008 leitet er zudem das dortige Department of Psychology. Petty erhielt zahlreiche wissenschaftliche Auszeichnungen und veröffentlichte eine Vielzahl wissenschaftlicher Fachbeiträge, wobei sich seine Forschungsschwerpunkte weiterhin nah am ELM bewegen.

John T. Cacioppo absolvierte vor seiner Promotion an der Ohio State University ein Studium der Wirtschaftswissenschaften an der University of Missouri und der Psychologie an der Ohio State University. Nach Erhalt seines Doktortitels in Psychologie begann er im Jahr 1977 als Assistant Professor für Psychologie an der University of Notre Dame in Indiana, USA. Nach einer Anstellung von 1979 bis 1989 an der University of Iowa kehrte er an die Ohio State University zurück, an der er nun ein zweites Mal zeitgleich mit Richard Petty tätig war. 1999 wechselt er auf die Tiffany and Margaret Blake Distinguished Service-Professur am Institut für Psychologie der University of Chicago, an der er bis zu seinem Tod im Jahr 2018 als Direktor des von ihm gegründeten Center for Cognitive and Social Neuroscience tätig war. Ebenso wie Richard Petty war Cacioppo während seiner akademischen Tätigkeit äußerst produktiv, erhielt diverse wissenschaftliche Auszeichnungen und veröffentlichte zahlreiche wissenschaftliche Publikationen.

2   Inhalt des Textes

In ihrem Artikel „The Elaboration Likelihood Model of Persuasion" aus dem Jahr 1986 fassen Petty und Cacioppo die seit Ende der 1970er-Jahre von ihnen entwickelten Annahmen und empirischen Studien zur Verarbeitung persuasiver Botschaften zusammen. Petty und Cacioppo legen mit dem ELM ein „general framework for organizing, categorizing, and understanding the basic processes underlying the effectiveness of persuasive communications" (Petty und Cacioppo 1986a, S.125) vor. Dabei bauen sie auf der Einstellungs- und Persuasionsforschung in der Sozialpsychologie auf, stellen allerdings fest, dass in diesem Bereich wenig Konsens dazu herrscht, „if, when, and how the traditional source, message, recipient, and channel variables [...] affected attitude change" (Petty und Cacioppo 1986a, S. 125). Mit dem ELM entwickelten Petty und Cacioppo ein Modell, das bisherige – oftmals widersprüchliche – Befunde und theoretische Ansätze in Einklang bringen konnte, indem es zwei Routen der Verarbeitung persuasiver Botschaft unterscheidet. Das ELM postuliert, dass es unter bestimmten Bedingungen zu einer starken oder schwachen Elaboration einer persuasiven Botschaft kommt. Relevante Faktoren hierfür sind Eigenschaften der Quelle, der Botschaft, der Empfängerin oder des Empfängers sowie der Rezeptionssituation. Im ELM wird vorhergesagt, wie sich diese Merkmale von Persuasionsversuchen auf die Verarbeitung einer persuasiven Botschaft sowie auf Einstellungsänderungen auswirken kann (siehe Abb. 1). Der hier vorgestellte Artikel stellt die sieben grundlegenden Postulate des ELM vor, die im Folgenden in ihren Grundzügen skizziert werden.

Das erste Postulat des ELM widmet sich dem Bedürfnis nach korrekten Einstellungen („seeking correctness"; Petty und Cacioppo 1986a, S. 127), wobei Einstellungen definiert werden als „general evaluations people hold in regard to themselves, other people, objects, and issues" (Petty und Cacioppo 1986a, S. 127). Einstellungen sind nach dieser Logik Bewertungen von Objekten, Personen oder Themen, die hinsichtlich ihrer Valenz variieren können, die unterschiedlich stabil und mehr oder weniger handlungsrelevant sind. Petty und Cacioppo gehen nun davon aus, dass Menschen darum bemüht sind, dass ihre Einstellungen angemessen, d. h. zutreffend und korrekt, sind. Hiermit ist gemeint, dass Einstellungen sich in der Realität bewähren und zu vorteilhaften Entscheidungen führen sollen. Dieses Postulat ist eine wichtige Grundlage für die Verarbeitung eines Persuasionsver-

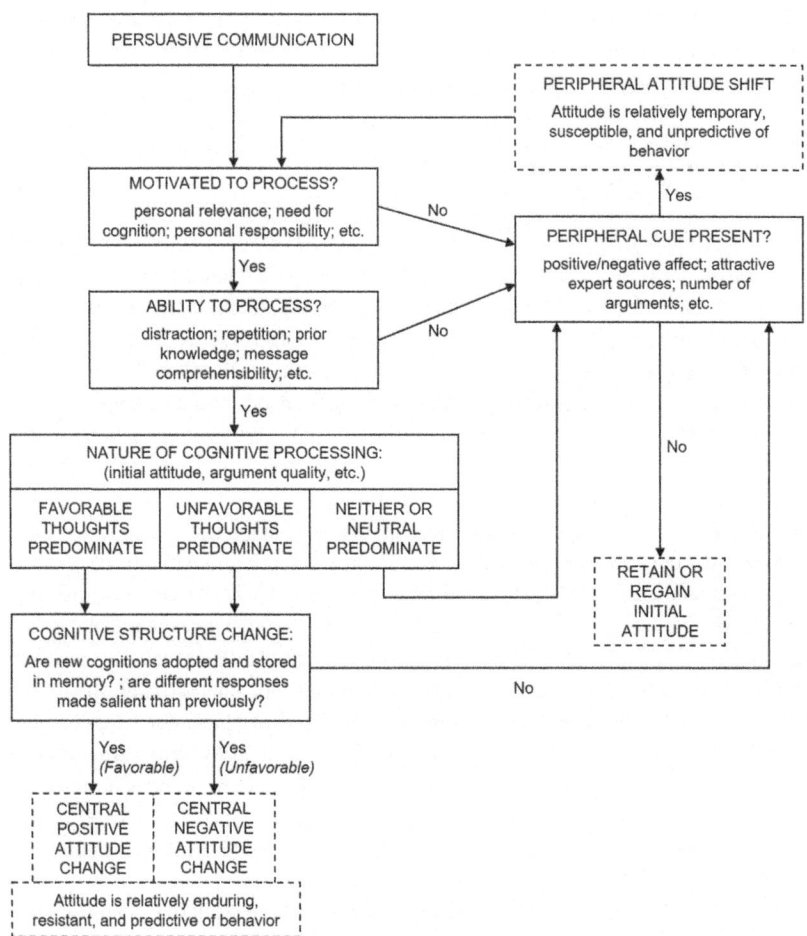

Abb. 1 Das Elaboration Likelihood Model (nach Petty und Cacioppo 1986a, S. 126)

suchs – und entsprechend den folgenden ELM-Annahmen vorangestellt –, weil es Rezipierenden eine intrinsische Motivation unterstellt, korrekte Einstellungen zu entwickeln, und nahelegt, dass angemessene Einstellungen für Individuen eine gewisse Relevanz besitzen.

Das zweite Postulat beschreibt unterschiedlichen Elaborationsstärken („variations in elaboration"; Petty und Cacioppo 1986a, S. 128) und besagt, dass sich das Ausmaß der Elaboration in Abhängigkeit von individuellen und situativen Faktoren unterscheidet. Das ELM ist ein Zwei-Prozess-Modell („dual process model"), d. h., dass Petty und Cacioppo zwei unterschiedliche Wege der Einstellungsänderung modellieren: die zentrale und die periphere Route der Informationsverarbeitung. Wobei betont werden muss, dass es sich nicht um zwei strikt getrennte Prozesse handelt, sondern vielmehr beschreiben die beiden Wege die Extreme eines Kontinuums. Die beiden Routen unterscheiden sich dahingehend, wie intensiv sich eine Rezipientin oder ein Rezipient gedanklich mit den in einer Persuasionsbotschaft enthaltenen Argumenten auseinandersetzt. Petty und Cacioppo gehen davon aus, dass das Ausmaß der Elaboration die entscheidende Größe für den Prozess der Einstellungsänderung ist, d. h. den Verlauf und das Ergebnis eines Persuasionsversuchs. Die Autoren legen weiter dar, dass die Intensität der gedanklichen Auseinandersetzung mit einem Persuasionsversuch abhängig von der Motivation zur Elaboration von Argumenten („motivation") und der Fähigkeit zur Elaboration („ability") stark variieren kann. Wenn Motivation und Fähigkeit zur Prüfung von Argumenten hoch sind, wird prototypisch eine Verarbeitung auf der zentralen Route vorausgesagt, bei der sich Botschaftsempfängerinnen und -empfänger gedanklich intensiv mit Themen-relevanten Argumenten auseinandersetzen (starke Elaboration). Wenn die Motivation und/oder Fähigkeit dagegen gering ist, findet prototypisch eine Verarbeitung auf der peripheren Route statt (schwache Elaboration), wobei einfache Hinweisreize und weniger die genaue Prüfung von Argumenten zu einer persuasiven Wirkung führen können.

Mit Argumenten, peripheren Hinweisreizen und der Beeinflussung der Elaborationsstärke – und damit den drei verschiedenen Arten, wie Einstellungen verändert werden können – beschäftigen sich Petty und Cacioppo im dritten Postulat („arguments, cues, and elaboration"; Petty und Cacioppo 1986a, S. 132). Argumente stellen dabei gute Gründe für eine Einstellungsänderung dar, sie können stärker oder schwächer, d. h. mehr oder weniger überzeugend sein. Periphere Hinweisreize („peripheral cues") können etwa Eigenschaften der Kommunikatorin oder des Kommunikators, wie beispielsweise das Auftreten oder das Aussehen, oder Merkmale der Situation sein. Neben Argumenten und peripheren Hinweisreizen kann in einer Persuasionsbotschaft auch versucht werden, die Elaborationsstärke zu beeinflussen, d. h. die Botschaftsverarbeitung der Rezipierenden. Dabei wird im ELM zwischen einer objektiven und einer verzerrten Elaboration unterschieden. Bei verzerrter Verarbeitung wird eine positive oder negative Verzerrung der Gedanken zum Thema der Botschaft herbeigeführt (siehe sechstes Postulat). Bei objektiver Verarbeitung dagegen werden Botschaftsempfängerinnen und -empfänger dazu motiviert, starke Argumente von schwachen zu unterscheiden (siehe viertes Postulat). Eine solche Beeinflussung der Elaborationsstärke kann erreicht werden, indem die Motivation und/oder die Fähigkeit zur Botschaftsverarbeitung gesteigert oder aber gesenkt wird.

Das vierte Postulat befasst sich eingehender mit objektiver Elaboration und ihren Einflussgrößen („objective elaboration"; Petty und Cacioppo 1986a, S. 137). Petty und Cacioppo (1986a) unterscheiden fünf Einflussgrößen der objektiven Elaboration (Ablenkung, Wiederholung, persönliche Relevanz, persönliche Verantwortung und Denkbedürfnis), wovon manche auf die Motivation zur Informationsverarbeitung wirken und andere auf die Fähigkeit zur Informationsverarbeitung. Bestimmte Faktoren können bewirken, dass die objektive Elaboration gesteigert und folglich die Stärke von Argumenten besser erkannt wird, während andere Faktoren dazu führen können, dass die objektive Elaboration abnimmt und in der Folge die Argumentstärke weniger gut unterschieden werden kann. Ablenkung und Wiederholung können die Fähigkeit zur Informationsverarbeitung beeinflussen, wobei Ablenkung die objektive Verarbeitung stört (Petty und Cacioppo 1986a, S. 139–142), während die Wiederholung von Botschaften – zumindest in moderatem Maße – die objektive Verarbeitung steigert (Petty und Cacioppo 1986a, S. 143 f.). Die persönliche Relevanz des Inhalts eines Persuasionsversuchs („involvement"; Petty und Cacioppo 1986a, S. 144–148) und persönliche Verantwortung (Petty und Cacioppo 1986a, S. 149 f.) steigern dagegen die Motivation zur objektiven Elaboration. Starkes Involvement führt zudem oftmals zu einer besseren Fähigkeit zur Botschaftsverarbeitung, weil Hochinvolvierte über ausreichend Vorwissen verfügen, um die Argumentstärke zu prüfen (Petty und Cacioppo 1986a, S. 148). Schließlich kann auch ein starkes Denkbedürfnis („need for cognition") die objektive Elaboration steigern (Petty und Cacioppo 1986a, S. 150 ff.).

Das fünfte Postulat widmet sich peripheren Hinweisreizen („elaboration versus cues"; Petty und Cacioppo 1986a, S. 152) und damit Überlegungen dazu, wie bei geringer Elaborationsstärke bestimmte Eigenschaften von Persuasionsversuchen, die eben keine Argumente darstellen, verarbeitet werden und die bei starker Elaboration nur am Rande eine Rolle spielen. Im ELM wird davon ausgegangen, dass bei geringer Motivation und/oder Fähigkeit zur Botschaftsverarbeitung weniger intensiv über Argumente nachgedacht wird und dafür periphere Hinweisreize einen stärkeren Einfluss auf die Einstellungsbildung ausüben. Periphere Hinweisreize können entweder mit der Kommunikatorin oder dem Kommunikator des Persuasionsversuchs zusammenhängen, beispielsweise die Reputation oder Attraktivität („source cues"; Petty und Cacioppo 1986a, S. 153–156), oder aber der Botschaft selbst inhärent sein, etwa die Anzahl der dargelegten Argumente unabhängig von deren Stärke („message cues"; Petty und Cacioppo 1986a, S. 157–160). Auch dieses Postulat wurde von Petty und Cacioppo (1986a) in verschiedenen Experimenten getestet, deren Methodik und Befunde sie – ergänzt um die Ergebnisse von

Studien weiterer Forscherinnen und Forscher – in ihren Ausführungen zum fünften Postulat darlegen.

Das sechste Postulat beschäftigt sich mit verzerrter Elaboration („biased elaboration"; Petty und Cacioppo 1986a, S. 162): „Variables affecting message processing in a relatively biased manner can produce either a positive (favorable) or negative (unfavorable) motivational and/or ability bias to the issue-relevant thoughts attempted" (Petty und Cacioppo 1986a, S. 163). Petty und Cacioppo (1986a) gehen davon aus, dass Elaboration oftmals nicht neutral geschieht, sondern verzerrt in dem Sinne, dass Empfängerinnen und Empfänger für eine bestimmte Einstellungsrichtung voreingenommen sind. Entsprechend einer solchen verzerrten Elaboration werden Argumente für eine bestimmte Einstellungsrichtung bevorzugt und Rezipierende konzentrieren sich auf die Argumente, die eine bestimmte Einstellungsrichtung bestärken, während sie sich mit Argumenten, die gegen diese Einstellungsrichtung sprechen, weniger stark befassen. Eine der Einflussgrößen, die die Tendenz einer Person zu einer verzerrten Verarbeitung fördern kann, ist Vorwissen (Petty und Cacioppo 1986a, S. 165–169). Zudem wird angenommen, dass Vorinformationen zum Inhalt der persuasiven Botschaft („warning of message content"; Petty und Cacioppo 1986a, S. 170 ff.) oder eine Vorwarnung, dass Empfängerinnen und Empfänger gleich mit einer persuasiven Botschaft konfrontiert werden („forewarning of persuasive intent"; Petty und Cacioppo 1986a, S. 172 ff.), die Motivation zu einer verzerrten Verarbeitung erhöhen können.

Schließlich gehen Petty und Cacioppo im siebten Postulat auf die Folgen der Elaborationsstärke ein („consequences of elaboration"; Petty und Cacioppo 1986a, S. 175). Sie ist demnach ausschlaggebend dafür, wie zeitlich beständig, stabil und verhaltensrelevant Einstellungsänderungen sind. Bei Verarbeitung auf der zentralen Route basiert eine Einstellungsänderung auf einer eingängigen Prüfung von Argumenten und entsprechend intensiver kognitiver Verarbeitung, was die Zugänglichkeit von Einstellungen auch zu einem späteren Zeitpunkt erhöhen und folglich zu zeitlich stabileren Einstellungen führen sollte. Entsprechende Einstellungen sollten resistenter gegenüber gegenläufigen Persuasionsversuchen sein und eher tatsächliches Verhalten voraussagen können (Petty und Cacioppo 1986a).

Anschließend an die Erläuterung der sieben grundlegenden Postulate des ELM und empirischer Forschung, die diese Annahmen untermauern, gehen Petty und Cacioppo in dem hier behandelten Artikel auf weitere Aspekte ein, die im Verarbeitungsprozess persuasiver Botschaften eine Rolle spielen können („complicating factors"; Petty und Cacioppo 1986a, S. 182). Diese beziehen sich auf das Zusammenspiel verschiedener bereits angesprochener Faktoren im Persuasionsprozess und auf die unterschiedlichen Rollen, die bestimmte Variablen unter unterschiedlichen Bedingungen im Verarbeitungsprozess spielen können. Abschließend fassen

Petty und Cacioppo (1986a) die Grundannahmen des ELM zusammen: Das ELM postuliert die Elaborationsstärke als kritische Größe bei der Verarbeitung von Persuasionsversuchen, wobei die Elaborationsstärke von der Motivation und der Fähigkeit zur Elaboration abhängt. Wenn sowohl Motivation als auch Fähigkeit zur Elaboration vorhanden sind, wird die Persuasionsbotschaft auf der zentralen Route verarbeitet, wobei sich intensiv mit den vorgebrachten Argumenten auseinandergesetzt wird. Wenn aber die Motivation und/oder die Fähigkeit zur starken Elaboration gering sind, wird die Botschaft auf der peripheren Route verarbeitet, auf der periphere Hinweisreize die Verarbeitung bestimmen. Laut dem ELM führt eine Verarbeitung auf der zentralen Route zu zeitlich stabileren, resistenteren und verhaltensrelevanteren Einstellungsänderungen als die Verarbeitung auf der peripheren Route.

3 Bezug zum Gesamtwerk der Autoren

Ausführlicher als in dem hier vorgestellten Artikel behandeln Petty und Cacioppo (1986b) das ELM in ihrem ebenfalls im Jahr 1986 erschienenen Buch „Communication and persuasion: Central and peripheral routes to attitude change". Allerdings beschäftigten sich die Autoren nicht erst seit diesen beiden Veröffentlichungen mit dem ELM, sondern bereits seit Ende der 1970er-Jahre. Das Konzept der zwei Routen der Persuasion wurde zunächst in Pettys Dissertation vorgestellt, allerdings gaben Petty und Cacioppo ihrem Modell erst im Jahr 1981 den Namen „Elaboration Likelihood Model" (Petty und Briñol 2012). Seitdem haben sie – auch gemeinsam mit weiteren Forscherinnen und Forschern – für diverse Einflussfaktoren auf die Elaborationsstärke experimentelle Nachweise erbracht. Über die Anwendung des ELM in der Sozialpsychologie hinaus verfassten die Autoren auch Publikationen mit direktem Bezug zur Massenkommunikation (z. B. Petty et al. 2009) oder zum Einsatz des Modells im Feld der Werbekommunikation (z. B. Petty et al. 1983).

Petty beschäftigt sich weiterhin intensiv mit den Annahmen des ELM und widmet sich insbesondere dem Einstellungskonstrukt und dessen Weiterentwicklung und Ausdifferenzierung. Die dazugehörigen Überlegungen zur Persuasion zeigen, dass das ELM seit den 1980er-Jahren zwar notwendigen Weiterentwicklungen unterliegt, allerdings immer noch Zukunftspotenzial aufweist. Entsprechend verteidigt Petty das ELM auch immer wieder gegen Kritik (z. B. Petty und Wegener 1999). Später entwickelte Petty das „Meta-Cognitive Model of Attitudes" (MCM; Petty 2006; Petty et al. 2007), eine Theorie zur Struktur von Einstellungen, die mit dem ELM verwoben ist und die Veränderungen in der Einstellungsstruktur, die im

ELM postuliert wird, weiter ausführt. Außerdem befasst sich Petty in jüngerer Zeit zunehmend auch mit der Forschung zu Vorurteilen und konnte die Annahmen des ELM auch für diesen Kontext fruchtbar machen. Er zeigte hier, dass Einstellungen gegenüber stigmatisierten Gruppen sowohl durch schwache als auch durch starke Elaboration beeinflusst werden können, wobei sich auch hier – im Einklang mit den Grundannahmen des ELM – zeigt, dass eine starke Elaboration zu einem dauerhafteren und gegenüber gegenläufigen Botschaften robusteren Abbau von Vorurteilen führen konnte als Einstellungsänderungen, die durch schwache Elaboration bewirkt wurden (Cárdaba et al. 2014). Abgesehen von seiner Forschungstätigkeit zu Vorurteilen wendet Petty die Annahmen des ELM in seiner späteren Forschung auch zur Erklärung von Konsumentenwahl, politischen Entscheidungen und Gesundheitsverhalten an.

Anders als Petty widmete sich Cacioppo seit den 1980er-Jahren zunehmend anderen Forschungsschwerpunkten als dem ELM. Bereits in seiner Arbeit zum ELM hat sich Cacioppo mit methodischen Fragestellungen befasst und dabei apparative Verfahren aus der Psychophysiologie eingesetzt, wie etwa der Messung des Herzschlags. In seiner späteren Arbeit beschäftigte er sich zunehmend auch mit neurowissenschaftlichen Verfahren, beispielsweise bildgebenden Gehirnuntersuchungen, und begründete gemeinsam mit Gary Berntson das Forschungsfeld Social Neuroscience, in dem er das Zusammenspiel aus biologischen Faktoren und Sozialverhalten (etwa Einsamkeit) untersuchte.

4   Wirkungsgeschichte/Kritik

Persuasionsforschung spielt seit den 1930er-Jahren eine bedeutende Rolle in den Sozialwissenschaften im Allgemeinen und der Sozialpsychologie im Speziellen. Entsprechend konnten Petty und Cacioppo in ihrer Arbeit zur Entwicklung und Prüfung der Annahmen des ELM auf zahlreichen Erkenntnissen aufbauen. Ihnen kommt der Verdienst zu, die bislang bereits bekannten Aspekte der Persuasion im ELM zu organisieren und bis zu diesem Zeitpunkt teilweise widersprüchliche Befunde durch die Zwei-Prozess-Logik in Einklang zu bringen. Allerdings blieb das Modell im Laufe der Jahre nicht ohne Kritik. Einen dieser Kritikpunkte am ELM stellt der Umstand dar, dass Petty und Cacioppo auf bereits bekannte Phänomene der Persuasionsforschung aufbauen. Hamilton et al. (1993) kommen in ihrer kritischen Auseinandersetzung mit dem ELM zu dem Schluss, Petty und Cacioppo würden lediglich neue Begriffe für bekannte Phänomene der Persuasion finden und entsprechend wenig zum wissenschaftlichen Fortschritt beitragen. Zudem gerieten die empirischen Studien zur Testung der Modellkomponenten in die Kritik, da andere Forscherinnen und Forscher seltener zu den vorhergesagten Ergebnissen gekommen wären als Petty und Cacioppo selbst und in Frage gestellt wurde, ob Petty und Cacioppo nur Erkenntnisse publiziert hätten, die das Modell stützen (Hamilton et al. 1993). Darüber hinaus wurde kritisiert, dass lediglich Ausschnitte des ELM getestet wurden und nicht das Modell in seiner Gänze (Mongeau und Stiff 1993). Ein weiterer damit einhergehender Hauptkritikpunkt am ELM besteht darin, dass das Modell schwer zu widerlegen sei, weil es so umfassend und flexibel modelliert ist, dass praktisch sämtliche Befunde mit dem ELM vereinbar seien (Erb und Kruglanski 2005; Mongeau und Stiff 1993). Gerade die unterschiedlichen Rollen, die Variablen im Persuasionsprozess unter unterschiedlichen Bedingungen einnehmen können, trägt zu dieser Kritik der fehlenden Falsifizierbarkeit bei. Das ELM kann je nachdem, ob eine Einstellungsänderung eintritt oder nicht, jeweils unterschiedliche Erklärungsansätze finden, zum Beispiel basierend darauf, ob bestimmte Botschaftsinformationen als Argument oder als peripherer Hinweisreiz wahrgenommen wurden (Erb und Kruglanski 2005).

Kritik findet sich auch an der Frage, was ein starkes Argument begründet (Mongeau und Stiff 1993). Petty und Cacioppo (1986a) bestimmten die Argumentstärke für ihre Studien auf empirische Art, indem sie in Pretests Argumente hinsichtlich ihrer Überzeugungskraft einschätzen ließen. Hieraus lassen sich allerdings einerseits keine Schlüsse dazu ableiten, welche Eigenschaften generell ein gutes Argument konstituieren und andererseits werden bei dieser Form der Bestimmung der Argumentstärke starke Argumente durch ihre kognitive Verarbeitung und Wirkung bestimmt, nicht aber durch ihren Inhalt (z. B. O'Keefe 2012). Im Hinblick auf diese Kritik sei darauf hingewiesen, dass Petty und Cacioppo (1986a) in dem hier behandelten Artikel betonen, dass es ihnen nicht darum geht, zu bestimmen, warum Argumente stark oder schwach sind. Vielmehr ist das Ziel des ELM relevante Einflussgrößen im Persuasionsprozess zu systematisieren und die Bedingungen aufzuzeigen, die eine starke oder schwache Elaboration wahrscheinlicher machen.

Cacioppo und insbesondere Petty reagierten immer wieder auf Kritikpunkte am ELM (z. B. Petty et al. 1993; Petty und Wegener 1999). Dabei verteidigten sie das ELM recht vehement gegen die Vorwürfe von Kritikerinnen und Kritikern, wobei sie unter anderem postulieren, dass die Modellannahmen falsch oder verkürzt wiedergegeben würden. Dadurch, dass das ELM zahlreiche Faktoren berücksichtigt (unter anderem auch die angesprochenen „complicating factors", Petty und Cacioppo 1986a, S. 182 ff.), die im Persuasionsprozess jeweils unterschiedlich relevant sein können, ist das Modell sehr flexibel und bot Petty und Cacioppo viele Argumente zur Verteidigung gegen Kritik – was allerdings wiederum die Frage der Falsifizierbarkeit des Modells nährt.

Auch wenn das ELM weiter in der Persuasionsforschung Anwendung findet und sicherlich eines ihrer prominentesten Modelle darstellt, existieren auch andere theoretische Überlegungen zur Erklärung von Persuasionsprozessen. Manche dieser Modelle weisen gewisse Ähnlichkeiten mit dem ELM auf, andere bewegen sich in andere Richtungen. Ein Modell, das in seinen Grundzügen den Annahmen des ELM ähnelt, ist das heuristisch-systematische Modell der Informationsverarbeitung (HSM; Chaiken et al. 1989). Chaiken entwickelte die Grundlage für das HSM in ihrer Dissertation fast zeitgleich mit der Arbeit von Petty und Cacioppo am ELM – allerdings ohne gegenseitiges Wissen um diese Tatsache (Petty und Briñol 2012). Beim HSM handelt es sich wie beim ELM um ein Zwei-Prozess-Modell, in dem zwei verschiedene Prozesse der Verarbeitung persuasiver Botschaften modelliert werden. Auch darüber hinaus finden sich diverse Ähnlichkeiten zwischen ELM und HSM. Nicht nur basiert auch das HSM auf der Annahme, dass Menschen nach korrekten Einstellungen streben (Chaiken et al. 1989, S. 214; erstes Postulat des ELM), sondern vor allem ähneln sich die beiden im ELM bzw. HSM beschriebenen Wege der Informationsverarbeitung. Ähnlich der zentralen Route im ELM wird im HMS eine systematische Art der Verarbeitung modelliert, bei der Informationen mit hohem kognitivem Aufwand verarbeitet und intensiv geprüft werden. Analog zur peripheren Route des ELM sieht das HSM eine heuristische Art der Verarbeitung vor, bei der sich nur oberflächlich mit Informationen auseinandergesetzt wird und die stattdessen durch bereits existierende Wissensbestände und Einstellungen gelenkt wird. Ebenso wie das ELM sieht auch das HSM ein Kontinuum zwischen systematischer (zentraler) und heuristischer (peripherer) Verarbeitung vor und nutzt die dichotomen Prozesse nur als vereinfachte Darstellungsweise. Auch wenn die Forschung zum ELM und zum HSM zu recht ähnlichen Befunden gelangt, weisen das ELM und das HSM auch gewisse Unterschiede auf, die in detaillierterer Betrachtung zu Tage treten (z. B. Chaiken und Trope 1999).

Das Unimodell sozialen Urteilens (Kruglanski und Thompson 1999; Erb und Kruglanski 2005) – als weiteres prominentes Modell der Persuasionsforschung – wählt einen anderen Ansatz. Das Unimodell baut teilweise zwar auf Annahmen des ELM auf, etwa bei der Integration von Motivation und Fähigkeit zur Botschaftsverarbeitung. Allerdings werden im Unimodell keine verschiedenen Routen der Informationsverarbeitung unterschieden. Auch die Trennung zwischen Argumenten und Hinweisreizen, die laut ELM die Einstellungsbildung bei der Verarbeitung auf der zentralen bzw. auf der peripheren Route prägen, entfällt im Unimodell. Stattdessen wird im Unimodell davon ausgegangen, dass eine derartige Unterscheidung zwischen Argumenten und Hinweisreizen überflüssig ist, weil Empfängerinnen und Empfänger von Persuasionsversuchen alle Aspekte der Botschaft bei der Einstellungsbildung heranziehen und entsprechend sowohl Argumente als auch

Hinweisreize dieselben, d. h. auch gleich stabile und robuste, Einstellungsänderungen bewirken können (Erb und Kruglanski 2005, S. 119). Hier zeigt sich also ein deutlicher Unterschied zum ELM, in dem angenommen wird, dass nur die intensive Elaboration von Argumenten stabile und nachhaltige Einstellungsänderungen nach sich zieht. Im Unimodell wird eine zentrale Rolle des Hintergrundwissens postuliert, indem angenommen wird, dass Menschen Informationen aus Botschaften entnehmen und diese mit ihrem vorhandenen Vorwissen verknüpfen. Eine mehr oder weniger starke Einstellungsänderung oder eine Beibehaltung einer vorhandenen Einstellung folgt dann aus der Verknüpfung zwischen der Information aus der erhaltenen Botschaft und dem vorhandenen Hintergrundwissen. Ein weiterer Unterschied zwischen Unimodell und ELM ist, dass das Unimodell der Reihenfolge der Verarbeitung der einzelnen Aspekte einer persuasiven Botschaft größere Relevanz zuweist. Es wird davon ausgegangen, dass zuerst verarbeitete Informationen die Verarbeitung nachfolgender Informationen beeinflussen können. Das Unimodell stellt damit eine Alternative zu den Zwei-Prozess-Modellen ELM und HSM dar, das eine Vielzahl der Befunde zum ELM und HSM mit neuen Prämissen erklärt. Die Gruppe um Kruglanski geht explizit auf die Forschung zum ELM und HSM ein und publizierte Experimente, in denen Unterschiede zwischen den Annahmen des Unimodells und der beiden Zwei-Prozess-Modelle herausgestellt werden und deren Ergebnisse den Annahmen des ELM und HSM widersprechen (z. B. Kruglanski und Thompson 1999). Kruglanski und seine Kolleginnen und Kollegen haben sich damit einer kritischen Auseinandersetzung mit dem ELM angenommen und eröffnet damit Perspektiven für Weiterentwicklungsmöglichkeiten des ELM (Erb und Kruglanski 2005). Dabei greifen die Autoren des Unimodells konstruktiv auf die Leistungen des ELM zurück: der Organisation der diversen Faktoren im Persuasionsprozess.

Aufbauend auf diesem Verdienst bildet das ELM das theoretische Fundament zahlreicher Studien. Zwar entstammt das ELM der Sozialpsychologie, allerdings haben Petty und Cacioppo den vielseitigen Charakter des ELM als universales Modell der Persuasion betont. Entsprechend kann es zur Erklärung von Persuasionsversuchen unter diversen Bedingungen herangezogen werden. So spielt das ELM etwa eine Rolle bei der Untersuchung politischer Kommunikation (für einen Überblick s. z. B. LaMarre 2016) und kommt auch zur Erklärung von Persuasionsversuchen mittels der Massenmedien, insbesondere von Werbung, zum Einsatz (Klimmt und Rosset 2020). Neben dem Anwendungskontext der Werbung betonen Petty und Briñol (2012) zudem die Nützlichkeit des ELM für die Gesundheitskommunikation. In diesem Bereich wird es etwa genutzt, um Kampagnen und Interventionen zur Gesundheitsförderung zu entwickeln (für einen Überblick s. Petty et al. 2009). Die theoretischen Annahmen des ELM lassen sich auch auf die Nachrichtenrezeption übertragen. So argumentieren Holbert et al. (2010) auf Basis des ELM, dass eine Verarbeitung auf der zentralen Route durch die zunehmende Relevanz von „pull"-Medien, denen sich Rezipierende selbst aktiv zuwenden, gefördert wird. Die aktive Zuwendung und die Wahl passender Inhalte zu einer für die Rezipientin oder den Rezipienten angenehmen Zeit kann demnach die Motivation und die Fähigkeit für eine intensive Elaboration erhöhen (Holbert et al. 2010). ELM-Annahmen werden entsprechend auch herangezogen, um etwa den Einfluss von Nutzerinnen- und Nutzerkommentaren auf Online-Nachrichtenseiten auf artikelbezogene Einstellungen von Rezipierenden zu untersuchen, wobei derartige Kommentare als Form peripherer Hinweisreize verstanden werden (Heinbach et al. 2018).

Es zeigt sich also, dass das ELM nicht nur zur Analyse explizit persuasiver Botschaften, sondern auch fruchtbar in weiteren Bereichen eingesetzt werden kann, die nur geringen Bezug zu persuasiver Kommunikation aufweisen. Zudem erhält das ELM auch außerhalb der Wissenschaft Aufmerksamkeit und findet Anwendung, weil die Beeinflussung von Einstellungen für viele Akteure von Interesse ist (z. B. Parteien, Unternehmen) und das ELM beispielsweise für die Werbeplanung herangezogen werden kann (Klimmt und Rosset 2020).

Durch die theoretisch universale Konzeption des ELM haben Petty und Cacioppo ein Modell entwickelt, das auch auf sich verändernde Kommunikationsumgebungen angewandt werden kann. Trotz der angesprochenen Kritik am Modell bleibt das ELM eine zentrale theoretische Basis der Persuasionsforschung. Die Aktualität des ELM wird darin deutlich, dass weiterhin zahlreiche Studien im Bereich der Persuasionsforschung auf das Modell zurückgreifen. Dabei werden die Modellannahmen auch auf Bereiche übertragen, die Petty und Cacioppo bei der Konzeption des ELM nicht im Blick haben konnten, wie beispielsweise auf die Online-Forschung oder das Social Media-Marketing. Liu und Shrum (2009) etwa schlagen basierend auf dem ELM ein „Dual-Process Model of Interactivity Effects" vor und untersuchen die Wirkung interaktiver Funktionen von Unternehmenswebsites auf Einstellungen abhängig von schwacher oder starker Elaboration. Auch weitere Studien im Bereich der Online-Forschung beziehen sich auf das ELM, um beispielsweise das Vertrauen gegenüber Online-Händlern zu untersuchen (Yang et al. 2006), Einflussfaktoren auf die Glaubwürdigkeit von Internet-Quellen (Wathen und Burkell 2002) oder die Auswahl von Inhalten im Web 2.0 (Winter und Krämer 2012). Im Bereich des Social Media-Marketings wird basierend auf ELM-Annahmen etwa analysiert, welche Eigenschaften persuasiver Social Media-Marketing-Aktivitäten Nutzerinnen und Nutzer dazu anregen, Beiträge zu liken und zu teilen (Chang et al. 2015). Auch mit Blick auf aktuellere Entwicklungen auf dem Werbemarkt könnte das ELM eine geeignete theoretische

Basis zur Erklärung des Erfolgs von Werbemaßnahmen liefern, zum Beispiel bezüglich der Möglichkeit des Keyword Advertising, die es in neuem Maße erlaubt, Zielgruppen anzusprechen, die eine starke Elaborationswahrscheinlichkeit aufweisen, indem auf den Suchanfragen der Zielperson basierende Werbung geschaltet wird. Dies verdeutlicht nicht zuletzt, dass das ELM weiterhin eine relevante theoretische Basis zum Verständnis von Persuasionsprozessen darstellt und gut an sich verändernde Medienlandschaften anpassbar ist.

Literatur

Cárdaba, M. A., Briñol, P., Horcajo, J., & Petty, R. E. (2014). Changing prejudiced attitudes by thinking about persuasive messages: Implications for resistance. *Journal of Applied Social Psychology, 44*(5), 343–353. DOI: https://doi.org/10.1111/jasp.12225
Chaiken, S., & Trope, Y. (Hrsg.) (1999). *Dual-process models in social psychology.* New York: Guilford Press.
Chaiken, S., Liberman, A., & Eagly, A. H. (1989). Heuristic and systematic information processing within and beyond the persuasion context. In J. S. Uleman, & J. A. Bargh (Hrsg.), *Unintended thought* (S. 212–252). New York: Guilford Press.
Chang, Y. T., Yu, H., & Lu, H. P. (2015). Persuasive messages, popularity cohesion, and message diffusion in social media marketing. *Journal of Business Research, 68*(4), 777–782. DOI: https://doi.org/10.1016/j.jbusres.2014.11.027
Erb, H.-P., & Kruglanski, A. W. (2005). Persuasion: Ein oder zwei Prozesse? *Zeitschrift für Sozialpsychologie, 36*, 117–132. DOI: https://doi.org/10.1024/0044-3514.36.3.117
Hamilton, M., Hunter, D., & Boster, F. (1993). The Elaboration Likelihood Model as a theory of attitude formation: A mathematical analysis. *Communication Theory, 3*, 50–65. DOI: https://doi.org/10.1111/j.1468-2885.1993.tb00056_3_1.x
Heinbach, D., Ziegele, M., & Quiring, O. (2018). Sleeper effect from below: Long-term effects of source credibility and user comments on the persuasiveness of news articles. *New Media & Society, 20*(12), 4765–4786. DOI: https://doi.org/10.1177/1461444818784472
Holbert, R. L., Garrett, R. K., & Gleason, L. S. (2010). A new era of minimal effects? A response to Bennett and Iyengar. *Journal of Communication, 60*(1), 15–34. DOI: https://doi.org/10.1111/j.1460-2466.2009.01470.x
Klimmt, C., & Rosset, M. (2020). *Das Elaboration-Likelihood-Modell* (2., aktualisierte Auflage). Baden-Baden: Nomos.
Kruglanski, A. W., & Thompson, E. P. (1999). Persuasion by a single route: A view from the unimodel. *Psychological Inquiry, 10*, 83–109. DOI: https://doi.org/10.1207/S15327965PL100201
LaMarre, H. L. (2016). The Elaboration Likelihood Model in American political campaigns. In W. L. Benoit (Hrsg.), *Praeger handbook of political campaigning in the United States* (Vol. 2, S. 199–216). Santa Barbara: Praeger.
Liu, Y., & Shrum, L. J. (2009). A dual-process model of interactivity effects. *Journal of Advertising, 38*(2), 53–68. DOI: https://doi.org/10.2753/JOA0091-3367380204

Mongeau, P. A., & Stiff, J. B. (1993). Specifying causal relationships in the Elaboration Li-kelihood Model. *Communication Theory, 3*, 65–72. DOI: https://doi.org/10.1111/j.1468-2885.1993.tb00057.x

O'Keefe, D. J. (2012). The argumentative structure of some persuasive appeal variations. In F. H. van Eemeren, & B. Garssen (Hrsg.), *Topic themes in argumentation theory: Twenty exploratory studies* (S. 291–306). New York: Springer.

Petty, R. E. (2006). A metacognitive model of attitudes. *Journal of Consumer Research, 33*, 22–24. DOI: https://doi.org/10.1086/504128

Petty, R. E., Barden, J., & Wheeler, S. C. (2009). The Elaboration Likelihood Model of per-suasion: Developing health promotions for sustained behavioral change. In R. J. DiCle-mente, R. A. Crosby, & M. Kegler (Hrsg.), *Emerging theories in health promotion practice and research* (2. Auflage, S. 185–214). San Francisco: Jossey-Bass.

Petty, R. E., & Briñol, P. (2012). The Elaboration Likelihood Model. In P. A. M. Van Lange, A. W. Kruglanski, & E. T. Higgins (Hrsg.), *Handbook of theories of social psychology* (Vol. 1, S. 224–245). London: Sage.

Petty, R. E., Brinol, P., & DeMarree, K. G. (2007). The meta-cognitive model (MCM) of attitudes: Implications for attitude measurement, change, and strength. *Social Cognition, 25*, 657–686. DOI: https://doi.org/10.1521/soco.2007.25.5.657

Petty, R. E., Briñol, P., & Priester, J. R. (2009). Mass media attitude change: Implications of the Elaboration Likelihood Model of persuasion. In J. Bryant, & M. B. Oliver (Hrsg.), *Media effects: Advances in theory and research* (3. Auflage, S. 125–164). New York: Taylor & Francis.

Petty, R. E., & Cacioppo, J. T. (1986a). The Elaboration Likelihood Model of Persuasion. *Advances in Experimental Social Psychology, 19*, 123–205. DOI: https://doi.org/10.1016/S0065-2601(08)60214-2

Petty, R. E., & Cacioppo, J. T. (1986b). *Communication and persuasion: Central and peri-pheral routes to attitude change*. New York: Springer.

Petty, R. E., Cacioppo, J. T., & Schumann, D. (1983). Central and peripheral routes to adver-tising effectiveness: The moderating role of involvement. *Journal of Consumer Research, 10*, 135–146. DOI: https://doi.org/10.1086/208954

Petty, R. E., & Wegener, D. T. (1999). The Elaboration Likelihood Model: Current status and controversies. In S. Chaiken, & Y. Trope (Hrsg.), *Dual-process theories in social psycho-logy* (S. 41–72). New York: Guilford Press.

Petty, R. E., Wegener, D. T., Fabrigar, L. R., Priester, J. R., & Cacioppo, J. T. (1993). Con-ceptual and methodological issues in the Elaboration Likelihood Model of Persuasion: A reply to the Michigan State critics. *Communication Theory, 3*, 336–362. DOI: https://doi.org/10.1111/j.1468-2885.1993.tb00078.x

Wathen, C. N., & Burkell, J. (2002). Believe it or not: Factors influencing credibility on the Web. *Journal of the American society for information science and technology, 53*(2), 134–144. DOI: https://doi.org/10.1002/asi.10016

Winter, S., & Krämer, N. C. (2012). Selecting science information in Web 2.0: How source cues, message sidedness, and need for cognition influence users' exposure to blog posts. *Journal of Computer-Mediated Communication, 18*, 80–96. DOI: https://doi.org/10.1111/j.1083-6101.2012.01596.x

Yang, S. C., Hung, W. C., Sung, K., & Farn, C. K. (2006). Investigating initial trust toward e-tailers from the Elaboration Likelihood Model perspective. *Psychology & Marketing, 23*(5), 429–445. DOI: https://doi.org/10.1002/mar.20120

Framing: Toward clarification of a fractured paradigm

von Robert M. Entman (1993)

Bertram Scheufele

Zusammenfassung

Dieser Beitrag setzt sich mit einem der bekanntesten Aufsätze zum Framing-Konzept auseinander, der vor fast 30 Jahren von dem Politikwissenschaftler Robert M. Entman verfasst wurde. Bekannt wurde Entmans Aufsatz vor allem für seine Unterscheidung von vier Frame-Elementen sowie zwei Definitionen; darüber entfaltete er beachtliche Reichweite. Zunächst werden die zentralen Inhalte des Aufsatzes vorgestellt und mit zeitgleich erschienenen oder früheren Arbeiten auch anderer Autor*innen in Verbindung gebracht. Danach wird Entmans Aufsatz in weitere Publikationen seines Gesamtwerks eingeordnet, in denen er sich ebenfalls mit Frames bzw. Framing oder mit verwandten Konstrukten beschäftigte. Abschließend geht es um die Wirkungsgeschichte des Aufsatzes, die man einerseits in konzeptionell-definitorischer, andererseits in methodischer Hinsicht sehen kann. In beiden Fällen stellen sich auch kritische Fragen. Schließlich wird diskutiert, ob uns Entmans Aufsatz heute noch etwas zu sagen hat – etwa in der sozialwissenschaftlichen Beschäftigung mit aktuellen gesellschaftlichen Diskursen wie dem Klimawandel.

Schlüsselwörter

Frame · Framing · News Bias · Bewertungen · Inhaltsanalyse · Klimadiskurs

B. Scheufele (✉)
Universität Hohenheim, Stuttgart, Deutschland
E-Mail: bertram.scheufele@uni-hohenheim.de

© Der/die Autor(en), exklusiv lizenziert an Springer Fachmedien Wiesbaden GmbH, ein Teil von Springer Nature 2022
R. Spiller et al. (Hrsg.), *Schlüsselwerke: Theorien (in) der Kommunikationswissenschaft*, https://doi.org/10.1007/978-3-658-37354-2_8

1　Kurzbiografie

Robert M. Entman ist ein US-amerikanischer Politikwissenschaftler.[1] Nach seinem Bachelor-Abschluss in Political Science an der Duke University erwarb er seinen Master-Abschluss in Public Policy Analysis an der University of California, Berkeley. In Politikwissenschaft hat Entman schließlich an der Yale University promoviert. Zu seinen akademischen Wirkungsstätten in den Vereinigten Staaten von Amerika gehörten die Duke University, die Northwestern University, an der Entman lehrte, als sein in diesem Beitrag zu besprechendes Schlüsselwerk erschien, die North Carolina State University und schließlich die George Washington University, wo er zuletzt Professor of Media and Public Affairs sowie Professor of International Affairs war – mittlerweile ist Entman emeritiert. Seine Auslandsaufenthalte führten ihn unter anderem nach Deutschland, China, England und Schweden. Entmans Forschungsinteressen und Arbeiten kreisen um klassische Fragen der politischen Kommunikation. Neben Framing gehören dazu beispielsweise politische Skandale (z. B. Entman 2012) sowie das Zusammenspiel aus Medien, Politik und öffentlicher Meinung (z. B. Entman 2004; Knüpfer und Entman 2018).

2　Inhalt des Textes

Robert Entmans (1993) Aufsatz setzt sich mit dem Framing-Konzept auseinander und lässt sich meines Erachtens am ehesten als essayistischer Beitrag bezeichnen. Denn mit einer systematischen Bestandsaufnahme jener Konzeptionen von Frames, Framing und Framing-Effekten, die zum damaligen Zeitpunkt in den Sozialwissenschaften anzutreffen waren, wartet der Aufsatz nicht auf.[2] Er hat aber auch einen anderen Ausgangspunkt: Zu Beginn seines Beitrags stellt Entman nämlich fest, dass die Kommunikationswissenschaft kaum als eigenständige Fachdisziplin präsent sei (Entman 1993, S. 51). Um das zu ändern, unterbreitet er einen Vorschlag, den man auch heute noch in ähnlicher Form in unserem Fach antreffen kann (z. B. weiterführend Karmasin et al. 2014): „We should identify our mission as bringing together insights and theories that would otherwise remain scattered in other disciplines" (Entman 1993, S. 51). Die Überlegung, über mehrere Fächer verstreute Gedanken oder Theoriebausteine zu integrieren, will Entman exemplarisch für Framing illustrieren: „The idea of ‚framing' offers a case study of just the

---

[1] Die Kurzbiografie beruht auf den Angaben unter https://smpa.gwu.edu/robert-entman [14.02.2021] sowie https://robertmentman.com/about/ [14.02.2021].

[2] Das gilt auch für ein späteres Buch von Entman (2004, S. 23–28).

kind of scattered conceptualization I have identified" (ebd.). Als Grundlage dienen ihm die Vorarbeiten anderer Autor*innen aus Soziologie, Politikwissenschaft, Kognitionspsychologie, Journalismus usw. (Entman 1993, S. 52). In gewisser Weise könnte man also von einer eklektizistischen Herangehensweise sprechen, die dem Framing-Ansatz auch noch viele Jahre später attestiert wird (Reese 2010 S. 17).

Entmans Aufsatz ist in drei Abschnitte gegliedert. Am bekanntesten – und vermutlich auch am meisten zitiert – ist wohl der erste Abschnitt (Entman 1993, S. 52–53). Hier entfaltet Entman, was er unter „Framing" und „Frames" versteht:

> „Framing essentially involves *selection* and *salience*. To frame is to *select some aspects of a perceived reality and make them more salient in a communicating text, in such a way as to promote a particular problem definition, causal interpretation, moral evaluation, and/or treatment recommendation* for the item described" (Entman 1993, S. 52; Hervorhebung im Original)

> „Frames, then, *define problems* – determine what a causal agent is doing with what costs and benefits, usually measured in terms of common cultural values; *diagnose causes* – identify the forces creating the problem; *make moral judgments* – evaluate causal agents and their effects; and *suggest remedies* – offer and justify treatments for the problems and predict their likely effects" (Entman 1993, S. 52; Hervorhebung im Original)

Entman unterscheidet also vier Frame-Elemente – Problemdefinition, Ursachenzuschreibung, Lösungsvorschläge sowie moralische Bewertung, die man zugleich als Aspekte bzw. Facetten des Framing begreifen kann. Dass Informationsverarbeitung vor allem mit Kausal- und Finalattributionen zu tun hat, ist hinlänglich aus Kognitionspsychologie (z. B. Schank und Abelson 1977, S. 22–35) und auch politischer Kommunikationsforschung (Graber 1988, S. 194–197) bekannt, auf die Entman sich selbst bezieht (Entman 1993, S. 52, 2004, S. 1–28). Explizit mit Framing in Verbindung gebracht wurden Kausal- und Finalattributionen von Pan und Kosicki (1993, S. 63–64), auf die Entman in seinem Schlüsselwerk ebenfalls verweist (Entman 1993, S. 52). Die beiden Autoren sprechen von „causal attributions of the roots of a problem, inferences about the responsibility for treatment of the problem" (Pan und Kosicki 1993, S. 64) – beides greift Entman in seinen oben zitierten Definitionen auf. Darüber hinaus verortet er Frames an vier Stellen im Kommunikationsprozess, wobei er auf zwei davon schon in einem früheren Aufsatz eingeht (Entman 1991, S. 7) – bei Kommunikator*innen, bei Texten,[3] bei Rezipient*innen sowie in der Kultur, die für Entman einen Vorrat an Frames bereithält, aus dem öffentliche Diskurse schöpfen (Entman 1993, S. 52–53). Für

---

[3] Statt von Texten sollte man eher von Botschaften, Inhalten, Diskursprodukten o. ä. sprechen.

Texte erwähnt er Frame-Indikatoren wie Schlüsselwörter oder stereotype Bilder (Entman 1993, S. 52), womit er an Gamson und Modigliani (1989, S. 3) anknüpft. Empirisch setzt sich Entman mit diesen und weiteren Indikatoren z. B. in einer Inhaltsanalyse zum Framing zweier Flugzeugabschüsse auseinander (Entman 1991).

Im zweiten Abschnitt seines Schlüsselwerks erläutert Entman, wie Frames ‚funktionieren' und welche Wirkungen sie entfalten können (Entman 1993, S. 53–55): „Frames highlight some bits of information about an item that is the subject of a communication, thereby elevating them in salience" (Entman 1993, S. 53). Salienz versteht er als Zusammenspiel aus Textmerkmalen bzw. Merkmalen der Botschaft einerseits und dem Vorwissen der Rezipient*innen andererseits (Entman 1993, S. 53). Dergleichen beschreiben bereits kognitionspsychologische Ansätze mit der Idee kognitiver Bottom-up- und Top-down-Prozesse zwischen diversen Ebenen bei der Informationsverarbeitung (z. B. Bobrow und Norman 1975, S. 145–146 und die Abbildung in Schnotz 1994, S. 214). Allerdings geht es Entman nicht nur um Salienz. Ein Problem auf eine bestimmte Weise zu rahmen, bedeute darüber hinaus, dass man andere, ebenfalls denkbare Problemdefinitionen, Begründungen, Maßnahmen usw. ausblende bzw. ignoriere (Entman 1993, S. 54).

Was die Wirkungen von Frames bzw. Framing betrifft, belässt es Entman dabei, das berühmte ‚Asian Disease'-Problem (z. B. Tversky und Kahneman 1981, S. 453) kurz zu skizzieren (Entman 1993, S. 53–54). Zudem verweist er am Rande auf Priming (dazu z. B. Price und Tewksbury 1997) sowie auf Counter-Framing (dazu z. B. McCright et al. 2016), vertieft beides aber nicht (Entman 1993, S. 54–55). Schließlich illustriert er am Beispiel des zweiten Golfkriegs, wie politische Akteure und Journalist*innen um Deutungshoheit kämpfen: „Framing in this light plays a major role in the exertion of political power, and the frame in a news text is really the imprint of power" (Entman 1993, S. 55).

Der dritte Abschnitt des Aufsatzes widmet sich der Frage, welchen Mehrwert „framing as a *research paradigm*" (Entman 1993, S. 56; Hervorhebung im Original) haben kann. Entman skizziert diesen Mehrwert für mehrere Fragestellungen (im Folgenden Entman 1993, S. 55–58): Vom Framing-Konzept profitiere erstens die Frage, wie sehr Rezipient*innen sich von Medieninhalten beeinflussen lassen oder wie unabhängig davon sie denken, entscheiden und urteilen. Vergleichbares hat Entman schon in einem früheren Aufsatz angerissen (Entman 1991, S. 24). Das Framing-Konzept könne zweitens für die Frage journalistischer Objektivität fruchtbar sein. Dazu hat er mit weiteren Überlegungen in späteren Publikationen nachgelegt (z. B. Entman 2007). Drittens sieht Entman Potenzial für Inhaltsanalysen und demokratietheoretische Überlegungen.

3   Bezug zum Gesamtwerk des Autors

Mit Frames bzw. Framing hat sich Robert Entman auch in anderen Publikationen beschäftigt. Die Lesart beider Konstrukte in Entmans Schlüsselwerk ist dabei nur eine unter mehreren Lesarten in seinem Gesamtwerk. Ein anderer, ebenfalls 1993 veröffentlichter Aufsatz von Entman und Rojecki (1993) behandelt das Framing der Anti-Atomwaffen-Bewegung in den USA, wobei die vier erwähnten Frame-Elemente hier gar nicht auftauchen. Framing wird anders konzeptualisiert, nämlich als „journalists' framing judgments, which journalists make in the course of selecting and conveying information about the movement" (Entman und Rojecki 1993, S. 155). Konkret diskutieren die Autoren sieben „evaluative dimensions" (Entman und Rojecki 1993, S. 156). Beispielsweise fragen sie, ob die Anti-Atomwaffen-Bewegung laut Mediendarstellung rationale politische Motive verfolge oder ob sie emotional motiviert sei, wie extrem die Bewegung oder wie geschlossen deren Anhänger*innen im Spiegel der Medien erscheinen (Entman und Rojecki 1993, S. 156–157). Die Inhaltsanalyse der US-Printberichterstattung über die Anti-Atomwaffen-Bewegung zeigte: Bemessen an den sieben Bewertungsindikatoren war das Framing „largely an official record of elite views" (Entman und Rojecki 1993, S. 170). Das kann man als Beleg dafür werten, dass politische Eliten erfolgreich darin waren, ihre Frames in der Medienberichterstattung zu lancieren. Freilich stellt sich dann die Frage, ob bei solch klarem „indexing"[4] (Bennett 1990, S. 106) überhaupt von medialem Framing gesprochen werden sollte.

In einem früheren Aufsatz hat Entman das Framing zweier Abschüsse von Passagierflugzeugen untersucht (im Folgenden Entman 1991). Ausführlicher geht er dabei auch auf einzelne Aspekte seiner danach veröffentlichten Definitionen ein: Kausalattribution begreift er in diesem Aufsatz noch als Frage von „agency" (Entman 1991, S. 11), diskutiert aber auch, welchen der beiden Abschüsse die Massenmedien als „attack" oder „tragedy" bzw. als „deliberate" oder „mistake" (Entman 1991, S. 18–19) einordneten. Das ist für Entman (1991) allerdings keine Frage der Problemdefinition oder Kausalattribution, sondern der „moral evaluation" (S. 18). Während US-Medien den Abschuss durch US-Militärs als tragischen Fehler rahmten und die Opfer eher mit neutralen Begriffen beschrieben, verurteilten sie den Abschuss des anderen Passagierflugzeugs durch sowjetische Kampfjets als barbarischen Angriff und beschrieben die Opfer eher in menschlichen Kategorien; dieser

---

[4] Indexing lässt sich so definieren: „Mass media news professionals, from the boardroom to the beat, tend to ‚index' the range of voices and viewpoints in both news and editorials according to the range of views expressed in mainstream government debate about a given topic" (Bennett 1990, S. 106).

Flugzeugabschuss wurde also moralisch verurteilt (Entman 1991, S. 17–20). In einem Buch, das diese Studie erneut aufgreift, ist folgerichtig von „moralizing frame" (Entman 2004, S. 41) die Rede.

Wie es scheint, leitet Entman vor allem aus diesem Beispiel das Argument ab, dass zu jedem Frame eine moralische Bewertung gehöre. Tatsächlich hat Framing aber wenig mit expliziter Bewertung zu tun. Das zeigt schon das ‚Asian Disease'-Problem (z. B. Tversky und Kahneman 1981, S. 453). Auch Entman bemüht dieses Experiment, gibt es aber nicht ganz korrekt wieder (Entman 1993, S. 53–54, 2004, S. 27). Andere Autoren unterscheiden klarer zwischen Frames und Bewertungen. So schreiben Gamson und Modigliani (1989): „Frames should not be confused with positions for or against some policy measure" (S. 4). Genau das macht Entman jedoch aus meiner Sicht an mehreren Stellen seines Werkes. Beispielsweise begreift er das Framing des zweiten Golfkriegs 1991 als Gegensatz zwischen kritischen und unterstützenden Medienberichten (Entman 2004, S. 76–94). Für das Medien-Framing amerikanischer Militäreinsätze in den 1980ern geht er zwar auf Problemdefinition und Lösungsvorschläge ein, differenziert aber erneut nur zwischen einem unterstützenden und einem kritischen Medientenor (Entman 2004, S. 50–75). Beides hat weniger mit Framing denn mit politischen Positionen und Ideologien (dazu z. B. van Dijk 1998) zu tun. Tatsächlich bezieht sich Entman mehrfach auf das politische bzw. ideologische Denken des Kalten Krieges (z. B. „Cold War paradigm", Entman 2004, S. 20) und definiert Ideologien sogar als „meta-schemas" (Entman 2004, S. 163). In welchem Verhältnis Ideologien und Frames zueinander stehen, erörtert er aber nicht weiter.

Auffallend ist Entmans Fokus auf Bewertungen auch in seinen späteren Arbeiten (im Folgenden Entman 2007). Beispielsweise bringt er Framing mit News Bias (dazu z. B. D'Alessio und Allen 2000) in Verbindung und führt dabei noch einen dritten Begriff ein, den man am ehesten mit Tendenz oder Einschlag übersetzen kann: „I propose to distinguish bias from *news slant*. Slant characterizes individual news reports and editorials in which the *framing favors one side over the other in a current or potential dispute*" (Entman 2007, S. 165; Hervorhebung im Original). Davon ausgehend argumentiert Entman wie folgt für News Bias: „[T]o reveal media content biases, we must show patterns of slant that regularly prime audiences, consciously or unconsciously, to support the interests of particular holders or seekers of political power" (Entman 2007, S. 166). Die Formeln zur Messung von Slant (Entman 2007, S. 166–170) verstärken allerdings nur den Eindruck einer eher artifiziellen Unterscheidung dieser drei Konstrukte.

Unbenommen davon argumentiert Entman oft anhand anschaulicher Beispiele aus der US-amerikanischen Außenpolitik und erläutert daran z. B. Counter-Framing (z. B. Entman 2003, S. 418, 425, 2004, S. 105–106). Dieser Gedanke

einer Rahmung, die vom Framing der US-Regierung abweicht, also einen Ge-
genentwurf zur offiziellen Rahmung z. B. des Irak-Krieges darstellt, ist auch Bestandteil von Entmans (2004) „cascading activation model" (S. 9). Mit diesem
Modell lehnt er sich an den kognitionspsychologischen Gedanken an, dass kognitive Schemata in unseren Köpfen netzwerkartig miteinander verknüpft sind und
„activation spreads out along the paths of the network in a decreasing gradient"
(Collins und Loftus 1975, S. 411). Davon ausgehend präsentiert Entman eine –
auch in der grafischen Darstellung – an ältere Kommunikationsmodelle
(dazu McQuail und Windahl 1993, S. 14, 39–40) erinnernde Kaskade aus Regierung, anderen politischen Eliten, Medien, Medien-Frames und Öffentlichkeit mit
Rückkopplungen dazwischen (Entman 2003, S. 418–423, 2004, S. 9–13): „[E]ach
level in the metaphorical cascade makes its own contribution to the mix and flow
(of ideas), but the ability to promote the spread of frames is also highly stratified,
both across and within each level" (Entman 2003, S. 420).

4   Wirkungsgeschichte/Kritik

Zur Wirkungsgeschichte von Entmans Schlüsselwerk gehört zum einen der beachtliche Zitationserfolg, zum anderen die – angesichts der teilweise inkonsistenten
Begrifflichkeiten für die vier Frame-Elemente – doch recht überschaubare Kritik
an seinem Framing-Ansatz (Jecker 2017, S. 69–75). Sein Schlüsselwerk wie auch
seine späteren Publikationen zu Framing warten mit anschaulichen Bezügen zur
US-Politik auf, weniger jedoch mit theoretischer Tiefe oder analytischer Schärfe.
Abschließend ist zu fragen, wie sich Entmans Framing-Ansatz im digitalen Zeitalter und vor allem für aktuelle gesellschaftliche Fragen nutzen lässt – oder inwiefern
andere Konzeptionen von Framing mehr überzeugen.

   Im theoretischen Teil ihrer ausführlichen Auseinandersetzung mit Entmans Ansatz fragt Jecker (2017) unter anderem, wie sich dessen Frame-Elemente theoretisch besser fundieren lassen und rekurriert dafür auf soziologische, politologische,
moralphilosophische und sozialpsychologische Publikationen (Jecker 2017,
S. 21–252). Ihre Überlegungen zu expliziten und impliziten Wertungen (Jecker
2017, S. 165–166) sowie zu „Wertprädikaten" wie z. B. „legitim" oder zu
„Normphrasen" wie z. B. „müssen" (Jecker 2017, S. 169) sind nicht nur in theoretischer Hinsicht sehr erhellend, sondern auch für empirische Studien fruchtbar.
Freilich gehen sie weit über das hinaus, was Entman (1993) ursprünglich mit moralischer Bewertung gemeint haben dürfte. Wie bereits dargelegt, scheint er dieses
Frame-Element vor allem aus dem Fallbeispiel der oben erwähnten Flugzeugabschüsse abzuleiten. Aus meiner Sicht geht es dabei aber um die simple Frage, ob

man auf Moral als Maßstab setzt, also ob man Moral als Frame heranzieht oder nicht. In diesem Sinne spricht Entman ja selbst von einem „moralizing frame" (Entman 2004, S. 41). Jecker hat dagegen ein ausgefeiltes Analyseraster für moralische Beurteilungen und moralische Verantwortungsattribution vorgelegt, in dem moralische Normen zentralen Stellenwert haben (Jecker 2017, S. 177–181). In ähnlicher Weise gelten in der Forschung zu Value-Framing-Effekten (als Überblick z. B. Scheufele et al. 2012, S. 432–436) Werte als zentrale Kategorie, was mit Entmans Framing-Ansatz ebenfalls kompatibel ist. Denn Werte können sich „in entsprechenden Problemdefinitionen sowie Kausal- und Finalattributionen manifestieren. Wer z. B. Terrorismus in den Rahmen von Sicherheit stellt, dürfte nicht nur die Sachlage entsprechend beschreiben (‚problem definition'), sondern auch Sicherheitsüberwachung oder Vorratsdatenspeicherung fordern (‚treatment recommendation'; Entman 1993, S. 52)" (Scheufele et al. 2012, S. 432–433).

Methodische Vorschläge zur Erfassung von Frames, die sich eng an Entmans (1993) Frame-Definition anlehnen, gehören ebenfalls zur Wirkungsgeschichte seines Schlüsselwerks. Aus Sicht mancher Anhänger ist Entmans Definition „für die inhaltsanalytische Framing-Forschung von immenser Bedeutung" (Matthes 2007, S. 79). Etwas nüchterner formuliert haben zahlreiche Inhaltsanalysen die vier Frame-Elemente aus Entmans Schlüsselwerk eins-zu-eins adaptiert und diese Übernahme mal mehr, mal weniger reflektiert. Beispielsweise greifen Matthes und Kohring für eine Inhaltsanalyse der Medienberichterstattung über Biotechnologie auf alle vier Frame-Elemente von Entman (1993) zurück (im Folgenden Matthes und Kohring 2008). Allerdings operationalisieren sie das Frame-Element der moralischen Bewertung über die Nennung von Nutzen und Risiken, während sie positive und negative Urteile über Biotechnologie nicht etwa als Indikator für Bewertungen, sondern als Proxy für Lösungsvorschläge interpretieren (Matthes und Kohring 2008, S. 268). Ihr Verfahren zur Frame-Identifizierung beschreiben die Autoren so: „[O]ur aim was to measure media frames on the issue of biotechnology by cluster-analyzing operationally defined frame elements" (Matthes und Kohring 2008, S. 266). Die folgenden Gruppen bzw. Cluster von Beiträgen interpretieren die Autoren dann als Frames: „Economic Prospect", „Biomedical Prospects", „Research Benefit", „Genetic Identity", „Agri-Food" und „Biomedical Research" (Matthes und Kohring 2008: 272). Dass diese Cluster teilweise eher Kombinationen von Frames denn Frames sind und somit eher die Framing-Strategien journalistischer Beitragsautor*innen spiegeln, zeigt ein Blick in die Detailbefunde der Clusteranalyse (dazu Matthes und Kohring 2008, S. 272–273): So sind „Agri-Food" und „Biomedical Research" inhaltlich blass, was freilich bei Clusteranalysen nichts Ungewöhnliches für einzelne Cluster ist. „Biomedical Prospects" und „Research Benefit" sind dagegen in vielen Aspekten inhaltlich sehr ähnlich. Wie die Cluster ausgefallen wären, wenn man die Urteile über Biotechnologie nicht als Frame-Element aufgenommen hätte, lässt sich von außen schwer beurteilen. David et al. (2011) haben Frames zum einen holistisch erfasst, also vorab definierte Frames codiert, zum anderen – ähnlich wie Matthes und Kohring (2008) – die vier Frame-Elemente nach Entman (1993) codiert und sprechen auf dieser Grundlage ebenfalls von Frames (David et al. 2011, S. 333–343). Beide Studien stehen exemplarisch für viele Inhaltsanalysen, die auf Entmans (1993) Frame-Definition zurückgreifen (Matthes 2007, S. 79–80). Dagegen ist nichts einzuwenden, aber Bewertungen sollten auch methodisch sauber von Frames getrennt werden, was bei diesen beiden Inhaltsanalysen nicht der Fall ist.

Entmans Hinweis auf „stereotyped images" (Entman 1993, S. 52) nimmt Jecker zum Anlass, sich eingehender mit der Frage auseinanderzusetzen, in welchem Verhältnis Frames und Stereotype zueinanderstehen (Jecker 2017, S. 15, 183–217). Die Autorin arbeitet zahlreiche Parallelen zwischen beiden Konstrukten heraus, darunter „die Funktion, die Komplexität des Alltags zu reduzieren" (Jecker 2017, S. 216), die Frames und Stereotype gleichermaßen auszeichne. Darüber hinaus setzt sie sich mit visuellem Framing auseinander (Jecker 2017, S. 219–244). An dieser Stelle muss hervorgehoben werden, dass Entman – anders als viele andere Framing-Forscher*innen – visuelles Framing schon sehr früh in den Blick genommen und auch empirisch untersucht hat, indem er z. B. die Cover von Nachrichtenmagazinen und die grafischen Darstellungen in diesen Magazinen erfasste (z. B. Entman 1991, S. 12, 16). Darin steht er in einer Tradition etwa mit Gamson und Modigliani, die Cartoons in der Berichterstattung über Kernenergie analysierten (Gamson und Modigliani 1989, S. 27–29).

Weniger überzeugend sind Entmans normative Überlegungen zu Frames im politischen bzw. gesellschaftlichen Diskurs (im Folgenden Entman 2003): „Frame parity describes the condition that free press theories prefer: two (or more) interpretations receiving something like equal play" (Entman 2003, S. 418). Um dieses Ideal zu erreichen, müssten Journalist*innen bzw. Nachrichtenmedien mindestens einen Counter-Frame als Alternative zur offiziellen Rahmung der Regierung anbieten (ebd.). Mit diesem und vergleichbaren Ansätzen setzen sich z. B. Scheufele und Engelmann (2013) kritisch auseinander (S. 532–536). Allerdings schreibt Entman selbst: „frame parity is the exception, not the rule" (Entman 2003, S. 429). Blass bleiben in seinem Gesamtwerk auch Überlegungen zu Framing-Effekten und deren Abgrenzung zu Agenda-Setting- und Priming-Effekten. Diese Fragen beantworten andere Autoren eingehender und überzeugender (z. B. Price und Tewksbury, 1997, S. 180–203), worauf an dieser Stelle nicht weiter eingegangen werden kann.

Im digitalen Zeitalter interessiert, inwiefern Entmans Überlegungen zeitgemäß sind. Letztlich ist diese Frage fast ein wenig müßig, denn Botschaften aller Art – ob

Argumente, Metaphern oder Frames – lassen sich natürlich auch im Online-Kosmos antreffen. Sicher muss man heutzutage nicht hinter allem eine Framing-Absicht vermuten, aber einiges ist bei näherem Hinsehen tatsächlich Framing. Wenn z. B. eine Unternehmerin ihre rhetorischen Schwächen als Zeichen einer neuen Unternehmenskultur verkauft oder ein Politiker seine mangelnde Erfahrung in Regierungsämtern als neuen Politikstil vermarktet, dann werden Schwächen einfach als Stärken umgedeutet, also neu bzw. anders gerahmt – die Framing-Forschung spricht dann von Reframing (dazu z. B. Ryan und Gamson 2006).

Entmans (1993) Frame-Elemente lassen sich auf online verbreitete Botschaften aller Art und damit verbundende Framing-Konflikte anwenden. Knüpfer und Entman sehen im gobalen Kontext „four ways in which digital platforms and transnational information flows might influence the way framing contests play out in current and future media environments. These include: (1) fragmentation within media systems; (2) increasing transnational information flows that potentially create transnational publics; (3) altered framing processes and effects in the more complex networked environments; and (4) architectures and emerging logics of digital platforms" (Knüpfer und Entman 2018, S. 477).

Am besten lässt sich der heutige Mehrwert von Entmans Schlüsselwerk und Framing-Ansatz freilich am konkreten Fallbeispiel diskutieren – etwa am aktuellen Diskurs über den Klimawandel. Daran lässt sich beispielsweise gut aufzeigen, dass Frames – wie oben schon dargelegt – nicht nur bestimmte Aspekte adressieren oder betonen, sondern vor allem auch andere Aspekte ausklammern bzw. ignorieren (Entman 1993, S. 54): Wer z. B. nur persönlichen Verzicht predigt, blendet aus, dass Klimawandel allein mit individueller Askese nicht in den Griff zu bekommen ist. Ralf Fücks schreibt treffend: „Freiwilliger oder erzwungener Verzicht auf dieses und jenes wird die ökologische Krise bestenfalls verlangsamen, aber nicht stoppen" (Fücks 2019, S. 24). Wer dagegen die negativen Effekte einer Klimaregulierung für die Wirtschaftsentwicklung beklagt, blendet wiederum aus, dass ressourceneffizienteres Wirtschaften auch ökonomische Chancen und Vorteile haben kann, so zumindest die Ansicht des Club of Rome (Weizsäcker et al. 2017, S. 266–267). Ein indirekter Bezug zu Entman lässt sich schließlich bei einer Untersuchung von Sommer et al. (2019) zur Fridays-for-Future-Bewegung ausmachen. Die Autor*innen greifen zwar nicht direkt auf Entmans vier Frame-Elemente zurück, wohl aber auf Snow und Benford (1988), in deren Tradition sich Entman selbst verortet (Entman 1993, S. 52). Zum Framing von Fridays for Future schreiben die Autor*innen:

> „Das *prognostic framing* warnt vor den dramatischen Folgen eines irreversiblen Klimawandels. Das *diagnostic framing* zielt auf das Versagen politischer Eliten. Das

motivational framing betont die eigene Verantwortung der jungen Generation, Druck auf die Politik auszuüben, aber auch die Notwendigkeit, Lebensstil und Konsumverhalten umweltpolitischen Geboten anzupassen" (Sommer et al. 2019, S. 42)

Diagnostic Framing ist vergleichbar mit Problemdefinition und Kausalattribution bei Entman (dazu Entman 1993, S. 52). Bei Prognostic Framing bin ich freilich anderer Auffassung als die Autor*innen, denn diese Facette zielt auf Maßnahmen und Lösungen. So schreiben Benford und Snow: „Prognostic framing, the second core framing task, involves the articulation of a proposed solution to the problem, or at least a plan of attack, and the strategies for carrying out the plan" (Benford und Snow 2000, S. 616) – mit „dramatischen Folgen eines irreversiblen Klimawandels" (Sommer et al. 2019, S. 42) hat das nichts zu tun.

Abschließend ist anzumerken, dass andere Framing-Ansätze bestimmte Aspekte des Klimadiskurses besser erklären (weiterführend z. B. Nisbet 2009) als das hier behandelte Schlüsselwerk von Entman (1993). Dazu zwei Beispiele: Von strategischem Framing ist die Rede, wenn man das Augenmerk auf Strategien und Taktiken von Akteuren legt (Cappella und Jamieson 1997, S. 33–37; mit Klimabezug Nisbet 2009, S. 18). Beispiele für Vorwürfe, wonach das jeweils andere Lager diese oder jene Strategie verfolge, dürften sowohl aus dem Lager der Klimaleugner*innen als auch der Klimaaktivist*innen hinreichend bekannt sein – und sicher auch aus vielen anderen gesellschaftlichen Debatten. Ein zweiter Ansatz fokussiert episodisches Framing: „The episodic frame depicts public issues in terms of concrete instances or specific events – a homeless person, an unemployed worker, a victim of racial discrimination, the bombing of an airliner, an attempted murder, and so on" (Iyengar und Simon 1993, S. 369). Bei dieser Art der Rahmung wird dem Thema also gewissermaßen ein Gesicht verliehen (Ryan und Gamson 2006, S. 14) – etwa indem Journalist*innen in einer Fernsehreportage über das Schicksal von Einzelpersonen berichten, die in jenen Regionen leben, die vom Klimawandel bereits betroffen sind.

Literatur

Benford, R. D. & Snow, D. A. (2000). Framing processes and social movements: An overview and assessment. *Annual Review of Sociology* 26(1), 611–639.

Bennett, W. L. (1990). Toward a theory of press-state relations in the United States. *Journal of Communication* 40(2), 103–125.

Bobrow, D. G. & Norman, D. R. (1975). Some principles of memory schemata. In: Bobrow, D. G. & Collins, A. (Hrsg.): *Representation and understanding. Studies in cognitive science.* New York u. a.: Academic Press, 131–149.

Cappella, J. N. & Jamieson, K. H. (1997). *Spiral of cynicism. The press and the public good.* New York, Oxford: Oxford University Press.

Collins, A. M. & Loftus, E. F. (1975). A spreading-activation theory of semantic processing. *Psychological Review* 82(6), 407–428.

David, C. C., Atun, J. M., Fille, E. & Monterola, C. (2011). Finding frames: Comparing two methods of frame analysis. *Communication Methods and Measures* 5(4), 329–351.

D'Alessio, D. & Allen, M. (2000). Media bias in presidential elections: A meta-analysis. *Journal of Communication* 50(4), 133–156.

Entman, R. M. (1991). Framing U.S. coverage of international news: Contrasts in narratives of the KAL and Iran Air incidents. *Journal of Communication* 41(4), 6–26.

Entman, R. M. (1993). Framing: Toward clarification of a fractured paradigm. *Journal of Communication* 43(4), 51–58.

Entman, R. M. (2003). Cascading activation: Contesting the White House's frame after 9/11. *Political Communication* 20(4), 415–432.

Entman, R. M. (2004). *Projections of power: Framing news, public opinion and U.S. foreign policy.* Chicago, London: University of Chicago Press.

Entman, R. E. (2007). Framing bias. Media in the distribution of power. *Journal of Communication* 57(1), 163–173.

Entman, R. M. (2012). *Scandal and silence: Media responses to presidential misconduct.* Cambridge, Malden (MA): Polity Press.

Entman, R. M. & Rojecki, A. (1993). Freezing out the public: Elite and media framing of the U.S. anti-nuclear movement. *Political Communication* 10(2), 155–173.

Fücks, R. (2019). Aufbruch in die ökologische Moderne. Vom Raubbau an der Natur zur Kooperation mit der Natur. *Aus Politik und Zeitgeschichte*47-89/2019, 21–25.

Gamson, W. A. & Modigliani, A. (1989). Media discourse and public opinion on nuclear power: A constructionist approach. *American Journal of Sociology* 95(1), 1–37.

Graber, D. A. (1988). *Processing the news. How people tame the information tide.* 2. Auflage. New York, London: Longman.

Iyengar, S. & Simon, A. (1993). News coverage of the Gulf crisis and public opinion. A study of agenda setting, priming and framing. *Communication Research* 20(3), 365–383.

Jecker, C. (2017). *Entmans Framing-Ansatz. Theoretische Grundlagen und empirische Umsetzung.* Köln: Herbert von Halem Verlag [zuerst erschienen im UVK-Verlag, Konstanz 2014].

Karmasin, M., Rath, M. & Thomaß, B. (Hrsg.) (2014). *Kommunikationswissenschaft als Integrationsdisziplin.* Wiesbaden:Springer VS.

Knüpfer, C. B. & Entman, R. M. (2018). Framing conflicts in digital and transnational media environments. *Media, War & Conflict* 11(4), 476–488.

Matthes, J. (2007). *Framing-Effekte. Zum Einfluss der Politikberichterstattung auf die Einstellungen der Rezipienten* (Reihe Rezeptionsforschung Bd. 13). München: Reinhard Fischer.

Matthes, J. & Kohring, M. (2008). The content analysis of media frames: Toward improving reliability and validity. *Journal of Communication* 58(2), 258–279.

McCright, A. M., Charters, M., Dentzman, K. & Dietz, T. (2016). Examining the effectiveness of climate change frames in the face of a climate change denial counter-frame. *Topics in Cognitive Science* 8(1), 76–97.

McQuail, D. & Windahl, S. (1993). *Communication models for the study of mass communication.* 2. Auflage. London, New York: Longman.

Nisbet, M. C. (2009). Communicating climate change: Why Frames matter for public engagement, *Environment: Science and Policy for Sustainable Development* 51(2), 12–23.

Pan, Z. & Kosicki, G. M. (1993). Framing analysis: An approach to news discourse. *Political Communication* 10(1), 55–75.

Price, V. & Tewksbury, D. (1997). News values and public opinion. A theoretical account of media priming and framing. In: Barnett, G. A. & Boster, F. J. (Hrsg.): *Progress in communication sciences. Advances in persuasion, Vol. 13.* Greenwich, CT, London: Ablex, 173–212.

Reese, S. D. (2010). Finding frames in a web of culture. The case of the war on terror. In: Reese, S. D., Gandy, O. H., & Grant, A. E. (Hrsg.): *Framing public life. Perspectives on media and our understanding of the social world.* Mahwah (NJ), London: Lawrence Erlbaum, 17–42.

Ryan, C. & Gamson, W. A. (2006). The art of reframing political debates. *Contexts* 5(1), 13–18.

Schank, R. C. & Abelson, R. P. (1977). *Scripts, plans, goals and understanding: An inquiry into human knowledge structures.* Hillsdale (NJ): Lawrence Erlbaum (reprinted 2008 by Psychology Press, New York, London).

Scheufele, B. & Engelmann, I. (2013). Die publizistische Vermittlung von Wertehorizonten der Parteien. Normatives Modell und empirische Befunde zum Value-Framing und News Bias der Qualitäts- und Boulevardpresse bei vier Bundestagswahlen. *Medien & Kommunikationswissenschaft* 61(4), 532–550.

Scheufele, B., Kordes, C., Meyer, H., Teutsch, D., Tretter, K. & Schieb, C. (2012). Garant oder Gefahr – Ein Medienwirkungsexperiment zur Instrumentalität des Value-Framing. *Medien & Kommunikationswissenschaft* 60(3), 432–451.

Schnotz, W. (1994). *Aufbau von Wissensstrukturen. Untersuchungen zur Kohärenzbildung bei Wissenserwerb mit Texten* (Fortschritte der psychologischen Forschung; Bd. 20). Weinheim: Beltz Psychologie Verlags Union.

Snow, D. A. & Benford, R. D. (1988). Ideology, frame resonance and participant mobilization. In: Klandermans, B., Kriesi, H. & Tarrow, S. (Hrsg.): *International social movement research, Vol. 1: From structure to action: Comparing social movement research across cultures.* Greenwich, CT: JAI Press, 197–218.

Sommer, M., Rucht, D., Haunss, S. & Zajak S. (2019). *Fridays for Future. Profil, Entstehung und Perspektiven der Protestbewegung in Deutschland.* ipb working paper 2/2019. Berlin: Institut für Protest- und Bewegungsforschung (online unter: https://protestinstitut.eu/wp-content/uploads/2019/08/ipb-working-paper_FFF_final_online.pdf [16.12.2019]).

Tversky, A. & Kahneman, D. (1981). The framing of decisions and the psychology of choice. *Science* 211(4481), 453–458.

Van Dijk, T. A. (1998). *Ideology. A multidisciplinary approach (Reprint 2000).* London, Thousand Oaks, New Delhi: Sage.

Weizsäcker, E. U. von & Wijkman, A., zusammen mit 33 weiteren Mitgliedern des Clubs erstellt für das 50jährige Bestehen des Club of Rome 2018 (2017). *Wir sind dran. Was wir ändern müssen, wenn wir bleiben wollen. Eine neue Aufklärung für eine volle Welt.* 3. Auflage. München: Gütersloher Verlagshaus.

Teil II

Meso-Ebene

The presentation of self in everyday life

von Erving Goffman (1956)*

Marie-Kristin Döbler

Zusammenfassung

Nach Hintergrundinformation zur Person Erving Goffmans und seiner sozio-historischen Einordnung, wird eines seiner zentralen Werke und theoretischen Konzepte vorgestellt. Anschließend wird „The presentation of self in everyday life" zu Goffmans anderen Arbeiten in Bezug gesetzt, bevor abschließend Goffmans Rezeption skizziert und die Aktualität des dramaturgischen Modells diskutiert wird. Hierbei wird deutlich, dass sich die Selbstpräsentation in analogen und mediatisierten Kontexten vergleichsweise wenig unterscheiden, weshalb Goffman anschlussfähige Konzepte anbietet, die die kommunikationswissenschaftliche Forschung bereichern können. Seine Arbeiten zählen daher zu Recht zu den Schlüsselwerken der Kommunikationswissenschaft.

Schlüsselwörter

Theater · Maske · Rolle · (digitale) Vorder-/Hinterbühne · Performanz · Situationsdefinition · Interaktion · Kommunikation in Kopräsenz

---

*Erstauflage 1956. Der vorliegende Text bezieht sich auf die deutsche Ausgabe von 2003.

M.-K. Döbler (✉)
Eberhard Karls Universität Tübingen, Tübingen, Deutschland
E-Mail: marie-kristin.doebler@uni-tuebingen.de

© Der/die Autor(en), exklusiv lizenziert an Springer Fachmedien Wiesbaden GmbH, ein Teil von Springer Nature 2022
R. Spiller et al. (Hrsg.), *Schlüsselwerke: Theorien (in) der Kommunikationswissenschaft*, https://doi.org/10.1007/978-3-658-37354-2_9

131

1   Kurzbiografie

Erving Goffmans Bücher lesen sich vielfach wie Belletristik, sind mit Anekdoten gespickt, unterhaltsam, und eine Vielzahl von ihm geprägte Konzepte sind in der Soziologie und angrenzenden Disziplinen aufgegriffen worden. Dennoch ist Goffman insbesondere als Theoretiker umstritten, was sowohl mit seinem eher unkonventionellen Wissenschaftsstil als auch seiner Biografie zu tun haben mag. Die Windungen seines Werdegangs können hier nicht näher ausgeführt werden. Dennoch gilt es die zentralen Stationen seines Lebens zu erwähnen: Erving Goffman wurde 1922 in Kanada als Sohn jüdisch-ukrainischer Immigrant*innen geboren. 1939 nahm er das Studium der Chemie auf und wechselte später auf Anraten eines ehemaligen Dozenten das Studienfach. 1945 verließ er mit einem Bachelor in Soziologie die Universität Toronto mit Ziel Chicago (Abels 2020, S. 237–238; Raab 2014, S. 149–153). Dort kam er an ein Institut mit langer Tradition und großem, bis heute anhaltenden, Einfluss. Der Ruhm der *Chicago School of Sociology* verdankt sich dem dort herrschenden geisteswissenschaftlichen Klima, den großen Namen und innovativen Ideen, die dort erprobt und entwickelt wurden, sowie der Umtriebigkeit ihrer Vertreter*innen. An der Universität Chicago lehrten *John Dewey* (1859–1952) und *George Herbert Mead* (1863–1931), als von *Albion Woodbury Small* (1854–1926) Ende des 19. Jahrhunderts das weltweit erste Department of Sociology gegründet, kurz darauf das American Journal of Sociology lanciert und die American Sociological Association mitbegründet wurden. Die prägenden Figuren und Studien dieser Anfangsjahre waren (1) *William Isaac Thomas* (1863–1947), der zusammen mit seiner Frau Dorothy Swaine Thomas das „Thomas-Theorem" formulierte, den philosophischen Pragmatismus für die Soziologie anschlussfähig machte und zusammen mit Florian Znaniecki unter dem Titel „The Polish Peasant in Europe and America" einen ethnografischen und migrationssoziologischen Klassiker verfasste; (2) *Robert Ezra Park* (1864–1944), ein Schüler Georg Simmels und John Deweys, der nachhaltig die stadt- und mikrosoziologische Forschung, insbesondere zu ethnischen Minderheiten, Subkulturen und Armut, prägte; sowie (3) *Ernest W. Burgess* (1886–1966), einer der ersten ‚echten Soziologen' und Absolventen des Soziologiestudiums in Chicago, der als Vorreiter der Sozialraumanalysen gilt.

In diesem wissenschaftlichen Umfeld, in dem Menschen in ihren jeweiligen Lebenszusammenhängen ethnografisch beobachtet, zusammen mit ihren sozialräumlichen Kontexten untersucht sowie als kreativ problemlösende, soziale und aktiv handelnde Wesen betrachtet werden, lernte und lehrte auch Erving Goffman. Nach einem Forschungsaufenthalt an der Universität in Edinburgh und

Feldforschung auf den Shetland-Inseln promovierte er 1953 bei Anselm Strauss mit einer Studie zu „Communication Conduct in an island community". Darin legte Goffman den Grundstein für seine späteren Arbeiten, die sich allesamt um die Fragen drehen, wie sich Menschen begegnen, in Gegenwart anderer verhalten, gegenseitig wahrnehmen und durch diese Wahrnehmung wechselseitig beeinflussen. 1958 erhielt Goffman eine Professur in Berkeley, wo er mit Herbert Blumer zusammenarbeitete, bevor er Ende der 1960er-Jahre an die Universität von Pennsylvania wechselte und 1981 zum Präsidenten der American Sociological Association gewählt wurde. Er verstarb jedoch 1982 an den Folgen einer Krebserkrankung, bevor er sein Amt offiziell antreten konnte (Raab 2014, S. 152–153). In der posthum veröffentlichten „Presidental Address" reflektierte Goffman über sein Lebenswerk: Es sei ihm immer um die Selbstdarstellung und Präsentation der Menschen in Anwesenheit anderer sowie den wechselseitigen Austausch gegangen.

Zu den heute sicherlich bekanntesten Konzepten und Perspektiven, die er hierfür entwickelte und einnimmt, gehört die Konzeptualisierung des Lebens als Theater. Dieser Metapher bediente sich Goffman schon früh (Goffman 1952), entwickelte sie aber erst nach und nach zu einer Analyseheuristik weiter. 1956 stellte er eine elaborierte Fassung dessen in „The Presentation of Self in Everyday Life" vor – jenem Werk, das seinen internationalen Ruf begründen und unter dem Titel „Wir alle spielen Theater" auch in Deutschland zu einem Bestseller avancieren sollte.

2   Inhalt des Textes

Basierend auf empirischen Einsichten und theoretischen Überlegungen, die in Zusammenhang mit Goffmans teilnehmenden Beobachtungen auf den Shetland Islands entstanden, stellt er in „The Presentation of Self in Everyday Life" eine soziologische Perspektive vor, um das zwischenmenschliche Zusammentreffen, die Begegnung von Angesicht zu Angesicht sowie die Interaktion in sozialen Situationen erfassen zu können. Zwar stammen die von Goffman berücksichtigten empirischen Daten fast ausschließlich aus der angloamerikanischen Welt, weshalb er selbst eine Reflektion über soziohistorische und kulturelle Unterschiede anmahnt (Goffman 1959/2003, S. 223). Trotzdem glaubte er, die „Grundzüge" des gesamten sozialen Lebens zu erfassen und das von ihm formulierte heuristische Modell habe „für jedes soziale Gefüge, sei es häuslicher, industrieller oder kommerzieller Art, Gültigkeit" (Goffman 1959/2003, S. 3). Bevor wir uns der Frage zuwenden, auf welche Phänomene dieses Modell angewendet und in welche Zusammenhänge es übertragbar ist, werden der Inhalt des Buchs, dessen zentrale Konzepte und Erkenntnisse sowie deren Zusammenhang mit Goffmans Gesamtwerk dargestellt. Anschließend wird auf die Rezeption und (kommunikationswissenschaftliche) Aktualität eingegangen.

2.1 Das ganze Leben ist eine Bühne: Rolle, Darstellung und Interaktion

Mit Darstellung (*„performance"*) bezeichnet Goffman (2003, S. 19–23) „die Gesamttätigkeit eines bestimmten Teilnehmers an einer bestimmten Situation [...], die dazu dient, die anderen Teilnehmer in irgendeiner Weise zu beeinflussen" (Goffman 1959/2003, S. 18). Situationen wiederum sind bei ihm von körperlicher Kopräsenz ausgezeichnet. Sie beginnen, wenn jemand in die Reichweite der sinnlichen Wahrnehmung eines anderen kommt und enden, wenn nur noch einer zurückbleibt. Im Kontext derartiger Face-to-Face-Begegnungen kommt es zu wechselseitigem Einfluss: Interaktionen stellen sich ein (vgl. z. B. Goffman 1967/1971, S. 7–9; 1971/1974, S. 9; 1977, S. 16). In diesen werden bestimmte, von den Situationen abhängige Rollen dargeboten und enaktiert (*„performed"*). In Rollen (*„part"*, *„role"*) zusammengefasst werden mehr oder weniger stark vorgeschriebene und wählbare Handlungsmuster, die in mehr oder weniger detailliert ausgearbeiteten Skripten angelegt, für Darsteller*innen in einer bestimmten Position und zu einer bestimmten Gelegenheit (Ort, Zeit, andere Anwesende) möglich oder gar formal institutionalisiert sind – dabei aber von der Kooperationsbereitschaft des Publikums (*„audience"*) abhängig bleiben (Goffman 1959/2003).

Goffman vermutet an dieser Stelle ein Kontinuum, das sich zwischen zwei Polen aufspannt und auf dem wir uns gemäß den situativen Bedingungen und der Vertrautheit mit einer Rolle bewegen. Auf der einen Seite steht die Selbsttäuschung durch das „eigene[] Spiel", auf der anderen die „zynische" (Goffman 1959/2003, S. 20), d. h. distanzierte Haltung: Wir erkennen, dass wir ‚nur spielen'. In diesem Zusammenhang zitiert Goffman Ezra Park, der darauf verweist, dass „Person" ursprünglich „eine Maske bezeichnet" und konstatiert, dass Masken dem Bild entsprechen, „das wir von uns selbst geschaffen haben – die Rolle, die wir zu erfüllen trachten". Mit Park resümiert Goffman, dass „die Maske unser wahres Selbst" ist, indem wir mit ihr verschmelzen bzw. identifizieren (Park 1950, S. 249, zitiert nach Goffman 1959/2003, S. 21).

Zur Illustration all dessen eignet sich das Beispiel einer Hochzeit. Während der Trauung sind Regieanweisungen recht explizit und reflexiv zugänglich, die Rollen „Pfarrerin" oder „Standesbeamter", „Brautleute" und „Gast" klar verteilt und in dieser Reihenfolge mit absteigend eng definierten Aufgabenbeschreibungen bzw. Handlungsmöglichkeiten versehen. Die Freiheit der drei im Rampenlicht wird dadurch begrenzt, dass sie sich einerseits an das Protokoll halten müssen, damit die Eheschließung formal bindend ist. Andererseits können sie sich nur soweit vom allseits bekannten Schauspiel „Hochzeit" entfernen, dass es vom Publikum noch als eine Aufführung einer solchen (an-)erkannt werden kann. Bei der anschließenden Feier sind die Skripte stichwortartiger, erlauben mehr Interpretation oder Improvisation, und auch die Rollenverteilung scheint unklarer. Generell spielen wir alle in unserem Leben mehr als eine Rolle und „jonglieren" mit verschiedenen Masken (Warburton 2015). Wir sind gefordert, in Abhängigkeit situationaler Anforderungen und Publika, zwischen Rollen zu wechseln, und es kann zu Rollenkonflikten kommen. Während sich ein bei der Hochzeit anwesender Frisör oder eine eingeladene Ärztin bspw. selbst in der Rolle „Gast" sehen, kann sie die Bitte um Hilfe bei den sich auflösenden Hochsteckfrisuren oder den Rückenschmerzen in ihre professionelle Rolle drängen. Dieser nimmt sich der Frisör vielleicht bereitwilliger an, wenn er der Bruder der Braut ist und es um ihre Haare geht oder die Ärztin meint, durch die Darstellung ihrer Expertise eine bessere Selbstdarstellung zu liefern denn als Gast. Wollen beide jedoch nicht in ihrer Berufsrolle wahrgenommen werden, müssen sie die Wahrnehmung des Publikums entsprechend beeinflussen und auf Eigenschaften lenken, die mit anderen Rollen – wie eben etwa Bruder, Trauzeugin, Hausmann, Mutter usw. – assoziiert werden. Rollenwechsel und damit die Absetzung des Stücks „Hochzeit" zu Gunsten „Arbeitsessen" können aber auch vom Brautpaar bspw. durch die Sitzordnung gezielt verhindert werden. Denn jemand kann noch so lange und ausführlich über Elektromyografie, Fasziotomie & Co sprechen und doch „Gast" bleiben, wenn das Publikum nicht mitspielt und die Rolle „Ärztin" nicht anerkennt – vielleicht auch weil relevante Requisiten, Kulissen und Ensemblemitglieder u. ä. fehlen, die bei der Darstellung unterstützen bzw. derer sie sich für das Aufführen der Rolle bedienen könnte.

2.2 Von Vorder- und Hinterbühnen: Requisiten, Kulissen und Ensemblemitglieder

Darsteller*innen versuchen genauso wie ihr Gegenüber – das Publikum und Mitspieler*innen – Informationen zu erlangen, um (a) zu klären, was von ihnen in ihrer jeweiligen Funktion erwartet wird und was sie vom jeweils anderen erwarten können, um (b) ihr Agieren entsprechend zu adaptieren, die Erwartungen und Reaktionen zu ihren eigenen Gunsten bzw. im Sinne der Gesamtdarbietung zu lenken (Goffman 1959/2003, S. 5) und um (c) die Interaktion in Gang zu halten. Goffman identifiziert verschiedene Elemente, die wir für die Ausdrucks- und damit Eindruckskontrolle verwenden, und mit deren Hilfe wir ein bestimmtes Selbst präsentieren, Aufmerksamkeit lenken und die Aufführung beeinflussen können. Neben den bereits erwähnten Masken, den Schutzhäuten unserer Person (Goffman 1959/2003, S. 1), sind das die Fassaden („*front*") oder auch Rahmen („frames"; Döbler 2021; Goffman 1977): Das sozial verfügbare, „standardisierte Ausdrucksrepertoire, das der einzelne im Verlauf seiner Vorstellung bewusst oder unbewusst anwendet", um „die Situation für das Publikum […] zu bestimmen" (Goffman 1959/2003, S. 23).

Geht es Goffman (2003, S. 23–25) um Fassaden, spricht er erstens das räumliche Setting an, die Kulissen und Requisiten, die die „szenischen Komponenten" des Bühnenbilds ausmachen. Diese sind teilweise relativ unbeweglich, sodass die Verwendung dieses Bühnenbilds die Präsenz der Darsteller*innen, ggf. auch der Zuschauer*innen, an einem bestimmten Ort voraussetzt. Erinnern wir uns an die Ärztin, die das Stück „Operation" nicht auf der Hochzeit, sondern nur im Operationsraum aufführen kann. Zweitens geht es Goffman um Ausdrucksmittel, die als „persönliche Fassade" wie etwa der Körper, der Habitus oder das Kostüm mit dem Darsteller*innen verbunden sind (Goffman 1959/2003, S. 5–27). Sowohl der von der Priester*in verkörperte soziale Status als auch das zeremonielle Verhalten bei der Trauung als auch das Outfit der Brautläute können hier als Beispiel dienen. Drittens gibt es Elemente der Darstellung, die von einem höheren Abstraktionsgrad ausgezeichnet werden und über eine größere Allgemeingültigkeit verfügen. Gemeint sind damit von Schauspieler*innen unabhängige Elemente im Sinne einer Inszenierung oder eines Skripts, die von verschiedenen Darsteller*innen auf verschiedene Bühnen gebracht werden. Diese „sozialen Fassaden" gleichen Erwartungsmustern, die auf einer abstrakteren Ebene Ähnlichkeiten und Gemeinsamkeiten erkennen lassen und betonen, sodass Situationsteilnehmer*innen Situationen leicht, schematisch kategorisieren und damit handhabbar machen können. Zuschauer*innen und Darsteller*innen müssen „nur mit einem kleinen und infolgedessen handlichen Vokabular von Fassaden vertraut sein und auf sie zu reagieren wissen, um sich in sehr verschiedenen Situationen orientieren zu können" (Goffman 1959/2003, S. 27).

All die vorherig beschriebenen, verschiedenen Elemente sind für Darstellungen wichtig. Mehr oder weniger gut gelingen Darstellungen dann, wenn Spiel, Rolle, Maske, Fassade etc. in einem mindestens von Zuschauer*innen als kohärent wahrgenommenen Zusammenhang stehen. Hierfür ist es hilfreich, dass Darbietungen geprobt werden können, das Publikum manchmal erst zur Aufführung eintrifft, und Hinterbühnen zur Verfügung stehen, auf denen die Kostüme aufbewahrt, Masken angelegt oder Fassaden repariert werden können (Goffman 1959/2003, S. 104–113), bevor die Vorderbühne betreten wird. Was hinter den Kulissen geschieht, dürfen in der Regel nur Ensemblemitglieder („*team members*") sehen, nur sie dürfen einen

Blick auf Kostümwechsel oder das Anlegen der Maske erhaschen. Dabei hängt vom ‚Spielplan' ab, wer zum Ensemble („*team*") gehört und Zugang zur Hinterbühne bekommt, wo die Trennungslinien zwischen Vorder- und Hinterbühne verlaufen und welcher Art diese sind (Goffman 1959/2003, S. 114–128). Folglich werden nicht nur der Ausdruck und der Auftritt kontrolliert, sondern auch der Zugang zu den Hinterbühnen; die Präsenz oder der Einblick der ‚falschen Personen' kann das Schauspiel gefährden oder zumindest die Darbietung eines anderen Stücks erfordern. Auch hier kann uns das bereits eingeführte Beispiel zur Illustration dienen, da es die veränderlichen Bühnengrenzen und Ensemblemitgliedschaften verdeutlicht: Aus Filmen (und anderen Quellen) sind uns Beispiele geläufig, in denen der Bräutigam in die Anprobe des Brautkleides platzt und damit gleich zwei Aufführungen gefährdet: einerseits – um die stereotypen massenmedialen Bilder weiter zu bedienen – das ‚Braut-Ensembles' (bestehend aus Braut und anderen weiblichen Bezugspersonen wie Brautjungfern, Trauzeugin, Mutter, Schwester) beim Spiel des Stücks ‚Becoming a bride', andererseits den atemberaubenden Auftritt während der späteren Hochzeitszeremonie (er würde dann das Kleid ja schon kennen etc.). Bühnengrenzen und Ensemblemitgliedschaften sind hier situativ verschoben, denn prinzipiell bildet das Paar ein Ensemble, weshalb der zukünftige Ehemann im Alltag durchaus seine Partnerin beim Aus- und Umziehen oder Schminken sehen und zusammen mit ihr Schlafzimmer und Bad betreten kann – Hinterbühnen, die Freundinnen und Müttern in der Regel verschlossen bleiben.

Das Beispiel ‚Hochzeit' verweist somit (a) auf die Pluralität von Rollen, (b) die wir potenziell gleichzeitig innehaben und (c) zwischen denen wir teils rasend schnell wechseln. Deutlich wird außerdem: Wir spielen immer eine Rolle und können uns wechselseitig sowie selbst nur in den gespielten Rollen erkennen (Goffman 1959/2003, S. 21). Shakespeare formuliert somit eine soziologisch gehaltvolle These, wenn er einen der Edelleute in „Was ihr wollt" sagen lässt: „Die ganze Welt ist Bühne und alle Frauen und Männer bloße Spieler. Sie treten auf und gehen wieder ab. Sein Leben lang spielt einer manche Rollen." Anders als bei Shakespeare wechseln wir zwischen Rollen aus Sicht Goffmans jedoch nicht „in sieben Akten", die je verschiedene Lebensalter darstellen, oder Masken in Abhängigkeit von Statuspassagen, sondern andauernd in Abhängigkeit von der Bühne, auf der wir uns präsentieren, und dem Publikum, vor dem wir uns darstellen. Daher kann Goffman die dramaturgisch gestaltete Interaktion auch als ‚natürlich' betrachten und das Rollenspiel vom Verdacht des Verdeckens oder Vertuschens befreien. Für Goffman gibt es kein ‚wahres Ich' oder ‚zentrales Selbst', das hinter der Maske verborgen wird. Die dominanteste Täuschung dabei ist unsere Annahme, wir seien ‚ganz wir selbst', ‚authentisch'. Das Publikum ist den Spieler*innen gegenüber tendenziell wohlwollend eingestellt, weil beide Parteien Interesse am Fortgang der Interaktion haben, und in Situationen wie bei einer Hochzeit ist die Kooperationsbereitschaft potenziell sogar noch einmal höher. Das heißt, das Publikum glaubt dem Spiel und erweist der Rolle und damit den Darsteller*innen gegenüber jenen Respekt, Takt und Anstand, der für ihre erfolgreiche Darbietung notwendig ist.

Das schließt jedoch nicht aus, dass auch auf den Bühnen des Lebens Lug und Trug herrschen. Vieles davon fällt unter alltägliches Kaschieren oder einen lockeren Umgang mit ‚Wahrheit‘, die der Gesichtswahrung dienen. Goffman erkennt aber ebenfalls, dass das Publikum genauso wie Ensemblemitglieder manchmal zu Recht ein falsches Spiel wittern und vermuten, getäuscht oder hintergangen zu werden. Da dies für sie eine Gefahr bergen kann, etwa weil es ihrer Person, ihrem Ansehen, ihrer Selbstpräsentation, der Interaktion oder dem Ensemble schaden kann, richtet das Publikum das „Augenmerk […] auf die Dinge […], die nicht ohne weiteres manipulierbar sind." (Goffman 1959/2003, S. 55). Die zitternden Hände, das Rotwerden, das Versagen der Stimme oder das Stottern u. ä. werden aus der Beobachter*innenposition manchmal nicht nur als Hinweise auf Lampenfieber oder Texthänger, Probleme mit der aktuellen Rolle oder Aufführung, sondern gar auf „Unstimmigkeiten zwischen dem erweckten Anschein und der Wirklichkeit" (Goffman 1959/2003, S. 55) gedeutet. Mitglieder des Publikums wie des Ensembles werden verzeihen, wenn Darsteller*innen versuchen bei der eigenen Hochzeit schöner, selbstsicherer oder wohlhabender zu erscheinen, als sie eigentlich sind, aber einen „Hochstapler [oder Heiratsschwindler], der bewusst alle Fakten seines Lebens falsch darstellt, streng verurteilen" (Goffman 1959/2003, S. 56). In der Mehrheit der Fälle täuschen wir andere jedoch über einzelne Facetten, nicht das ganze Leben und tun daher gut daran, Kollektive zu trennen und Publikumsmanagement zu betreiben. Wer bspw. die Ausschweifungen der jungen Jahre vor der/ dem derzeitigen Partner*in, den Schwiegereltern, Kolleg*innen etc. verheimlicht und sich als gewissenhaft, zuverlässig, loyal und treu präsentieren will, sollte die ehemaligen Saufkumpanen und Ex-Partner*innen gar nicht erst zur Hochzeit einladen, fern der anderen platzieren oder im Vorfeld auf das gewünschte Skript einschwören. Dabei beeinflussen Situation, Bühne und Kulisse genauso wie der Tatbestand, ob es sich um ein kleineres oder größeres Falschspiel handelt, wer die Getäuschten sind und wie die Manipulationen bewertet werden (Flunkerei oder faustdicke Lüge?). Es hängt aber auch von den soziohistorischen und kulturellen Kontexten genauso wie von der Perspektive ab (Goffman 1959/2003, S. 59–60): Was den einen als promiskuitiv oder verwerflich erscheint, ist für die anderen das normale Verhalten eines Singles in Zeiten von Tinder.

2.3 Zur Doppelfunktion der Situationsteilnehmer*innen und den Grenzen der Metapher

Fassen wir an dieser Stelle zusammen: Aus der Beobachtung der Praktiken von Menschen, die an sozialen Interaktionen teilnehmen, schließt Goffman, dass wir alle Theater spielen und mehr oder weniger versierte Spieler*innen sind. Diese metaphorische Beschreibung bedient sich des wohlbekannten sprachlichen Repertoires der Welt des Theaters und wird von Goffman zu einem ausgefeilten dramaturgischen Modell des Alltags ausgebaut. Selbstkritisch setzt sich Goffman mit der Metapher auseinander: So hilfreich die Theatersprache für die Analyse herausragender Ereignisse wie eine Hochzeit ist und sich genauso zur Erfassung der alltäglichen Präsentationsleistungen von uns allen eignet, so hat die Metapher doch auch ihre Grenzen. Dankenswerterweise wäre die „Behauptung die ganze Welt sei eine Bühne" (Goffman 1959/2003, S. 232) jedoch gemeinhin bekannt, sodass Leser*innen ihre Gültigkeit einschätzen könnten: Im ‚richtigen' Theater würden Handlungen intentional inszeniert und dargestellt; alle Beteiligten (Darsteller*innen wie Publikum) wüssten um die Illusion und anders als im ‚echten Leben' könne nichts wirklich passieren. Wenn eine dargestellte Figur stirbt, kann sie zu Beginn der nächsten Aufführung erneut auf der Bühne stehen und selbst der Tod der Schauspieler*in kann der Figur nichts anhaben, die fortan von jemand anderem verkörpert wird. Ganz anders verhält es sich mit unserem Alltagsleben, indem uns wirklich etwas passiert. Ferner sind – anders als im ‚richtigen Theater' – die Funktionen nie auf Dauer vergeben und nie einseitig. Stattdessen sind alle Interaktionsteilnehmer*innen immer gleichzeitig spielend und zuschauend an der Aufführung beteiligt und die Wechselseitigkeit ist für die Inszenierungen des Alltags und die Selbstdarstellung im Alltag konstitutiv. Noch nicht einmal auf den Vorderbühnen spielen wir nur vor dem Publikum ‚auf den Rängen', sondern mindestens genauso für jene, die mit uns auf der Bühne stehen, während immer auch das ‚Publikum auf den Rängen' an unserer Darbietung beteiligt ist. Wie diese Zusammenarbeit von Darsteller*innen und Publikum oder in Ensembles funktioniert (Goffman 1959/2003, S. 161–173), wird deutlich, wenn wir etwa die Zurückhaltung der Gäste während der Hochzeitszeremonie und -feier oder die Kooperation von Pfarrerin bzw. Standesbeamten mit dem Brautpaar in den Blick nehmen. Ersteres weist die Funktionen Darsteller*in/Publikum zu und erlaubt es den Heiratenden im Scheinwerferlicht zu stehen und wir erkennen die Fragilität dieses Gefüges oder die Wechselseitigkeit spätestens in den Momenten, in dem jemand in die Hochzeitszeremonie platzt oder bei der allseits bekannten, eigentlich jedoch in aller Regel zur Floskel und zum Fassadenelement verkommenen, Frage nach Einwänden gegen die Ehe nicht mit dem erwarteten Schweigen, sondern explizitem Einspruch reagiert. Die Kooperation im Ensemble wiederum ermöglicht, dass alle auf der Vorderbühne aktiv an der Aufführung ‚Eheschließung' Beteiligten dort glänzen oder zumindest das Gesicht wahren können, weil bspw. die Nervosität beim Ja-Sagen durch einen Scherz der Pfarrerin oder den Hinweis des Standesbeamten, dass das allen so ginge, zu einem erwartbaren und daher entschuldbaren Handeln von jemandem in dieser Rolle und Situation erklärt wird.

Beachtet man, dass die Metapher ihre Grenzen hat und daher auch das Modell Einschränkungen aufweist, weil das ‚Echte' im Vergleich zum ‚rein Illusionären' doch einige Spezifika aufweist (die Generalprobe ist das echte Leben, Interaktanten haben immer eine Doppelfunktion), bietet Goffman in „The presentation of self in everyday life" einen kohärenten Analyserahmen an, der die Struktur sozialer Begegnungen präzise beschreiben und theoretisieren lässt.

3   Bezug zum Gesamtwerk

Bereits in „Wir alle spielen Theater" kommt Goffmans Interesse zum Ausdruck, das Handeln von Menschen in der Gegenwart anderer, der Ordnung von Interaktionen, der Begegnung in sozialen Situationen, den Selbstdarstellungspraktiken und Präsentation in Kopräsenz zu verstehen und zu erklären. Neben diesem übergeordneten Interesse, einer ethnografisch geprägten Methodologie und einem Schreibstil, der sich alltagsnahen Beispielen und Anekdoten bedient (Döbler im Erscheinen), erweisen sich vier Prämissen als Bindeglieder von Goffmans Schriften: 1. Das Zusammentreffen stellt Menschen vor Herausforderungen, weil sie zusammen mit den anderen Anwesenden klären müssen, in was für einer Situation sie sich befinden und wer sie bzw. wer die anderen in dieser Begegnung sind. 2. Die gemeinsam mittels symbolischen Austauschs ausgehandelten Situationsdefinitionen sind vorläufig und befinden sich in kontinuierlichem Wandel. 3. Dennoch gelingt es in der Regel einen „Arbeitskonsens" darüber zu etablieren, was vor sich geht und wer was auf welche Weise tut, tun wird oder tun sollte. 4. Hierfür greifen Menschen auf gegenwärtig verfügbares Wissen zurück, dessen praktische Gültigkeit kontinuierlich geprüft und adaptiert wird, und vertrauen – in der Regel zu Recht – auf die Regelmäßigkeiten des sozialen Lebens, d. h. Situationen und Menschen ähneln sich (z. B. Goffman 1959/2003, S. 5–18).

Diese vier Kernbeobachtungen werden von Goffman in unterschiedliche theoretische, jeweils von einer Leitmetapher ausgehende Modelle verpackt und bringen auf diese Weise verschiedene Facetten von Identität und Interaktionen zum Ausdruck. In „The Presentation of Self in Everyday Life" bedient sich Goffmans dem

Bild und Sprachrepertoire des Theaters. Für ihn sind wir alle Darsteller*innen im Schauspiel oder auf der Bühne des Lebens, das in der Regel in Form einer dramaturgisch gestalteten Inszenierung des Alltags dargeboten wird. Jede Interaktion stellt einen Akt in diesem Drama dar. In diesen versuchen alle Akteur*innen im Sinne des Erfolgs der Gesamt- sowie der Selbstdarbietung den Eindruck zu kontrollieren, den sie bei anderen hervorrufen. Hierfür achten sie darauf, wie sie sich selbst darstellen können und müssen.

Goffman zu Folge gilt hierbei eigentlich immer: Menschen wollen sich in einem vorteilhaften Licht darstellen, peinliche Auftritte vermeiden und andere nicht in Verlegenheit bringen. In fast allen Arbeiten Goffmans geht es darum, das eigene Gesicht zu wahren und andere darin zu unterstützen, ihr Gesicht nicht zu verlieren. Unser Alltag ist davon geprägt, über Fehltritte hinwegzusehen, Reparaturmechanismen zu unterstützen, Takt zu zeigen. Besonders prägnant wird das in „Das Individuum im öffentlichen Austausch" (Goffman 1971/1974) oder „Stigma. Über Techniken der Bewältigung beschädigter Identität" (Goffman 2016). Hierfür nutzen wir unsere Erfahrungen und unser Vorwissen, um Situationen durch „Rahmungen" sinnhaft und verständlich zu machen und anderen anzuzeigen, wie wir die Situation verstanden haben (Döbler 2021; Goffman 1977). In der Sprache des Theaters heißt das: Wir haben Erwartungen an soziale Situationen (das aufgeführte Stück), die dort typischerweise anzutreffenden Menschen (Rollen) sowie die üblicherweise vorgenommenen Handlungen (was gespielt wird). Jede jeweils gegenwärtige Aufführung hat eine Vorgeschichte, weil sie in mindestens ähnlicher Weise schon einmal geschehen ist oder anderen Interaktionssituationen gleicht. Auch wenn man selbst noch nie geheiratet hat, weiß man, was eine Hochzeit ist und wie diese in etwa abläuft; selbst wenn man noch nie auf einer Hochzeit war, verfügt man über eine gewisse Vorkenntnis, da man sie bspw. aus dem Fernsehen kennt oder weil man erwartet, dass diese viele Aspekte mit anderen Feierlichkeiten teilt. Wir verfügen somit über „Rezeptwissen" (Schütz 1972), das wir durch die Eingliederung in ein abstrakteres Deutungsmuster oder Handlungsschema nutzbar machen (bei Goffman (1977) wird dieser Prozess „Rahmung" genannt). Es gibt folglich ein Skript und eine Inszenierung, in denen die Rollen und zentralen Handlungsstränge angelegt sind. All das betont das Typische und die Wiederkehr von Elementen, während wir vor und während einer jeweils aktuellen Aufführung (d. h. der gegenwärtigen und damit einmaligen, „präsentistischen" Realisierung eines Stücks; Döbler 2020; Fischer-Lichte 2003, 2010) fortwährend interpretieren, in welchen Masken, Kostümen, mit welchen Requisiten ausgestattet wir die Bühne betreten, um dieses Stück aufzuführen, eine Rolle gemäß unseres Verständnisses auszufüllen und vorteilhaft zu erscheinen.

Nicht nur in diesem Werk präsentiert Goffman durch die Betonung des Schauspiels und das Verständnis aller Menschen als Darsteller*innen ihres Lebens eine

Sicht auf das Selbst als soziale Konstruktion, kontingente und fragile Erscheinung, und negiert die Möglichkeit einer allseits gültigen Selbst-Definition oder Bestimmung eines wahren Selbst. Stattdessen geht es bei ihm immer nur um die Art, in der wir vor anderen erscheinen und von ihnen wahrgenommen werden. Diese Überlegungen führt er später fort, und zwar in seinen Arbeiten zu Interaktionsritualen und dem „Verhalten in direkter Kommunikation" (Goffman 1967/1971, 2005), der „Organisation von Alltagserfahrungen" mit Hilfe von Rahmen (Goffman 1977) oder auch den Umgang mit „beschädigter Identität" (Goffman 2016).

Fokussiert Goffman in seinen Publikationen noch die unmittelbare physische Gegenwart, in der es primär um die Aufrechterhaltung einer geteilten Situationsdefinition und damit den Fortgang der Interaktion und die Wahrung des Gesichts geht, so verdeutlichen seine Rezeptionen, Weiterentwicklungen und die weiter unten erläuterten Anwendungsfälle, die Übertragbarkeit auf andere Formen der vermittelten Präsenz. Daher werden Goffmans Konzepte, so auch das des Theaters, von Forscher*innen unterschiedlicher Disziplinen verwendet und weiterentwickelt.

4   Wirkungsgeschichte und Kritik

Lange Zeit wurde Goffman abgesprochen, ein ‚echter Soziologe' zu sein und seine Arbeiten wurden vernachlässigt. Die Gründe dafür sind vielfältig und sollen hier nur stichwortartig präsentiert werden: Erstens, ist Goffmans Schreibstil ungewöhnlich. Er schreibt verständlich und anekdotisch, vielfach unterhaltsam und bedient sich alltagsnaher Beispiele. Dies hat dazu geführt, dass der umfassende theoretische Gehalt der Schriften und die Prägnanz der Analysen übersehen wurden. Zweitens, wurde Goffman angekreidet, dass er unwissenschaftlich vorginge. Den Vorwurf mag man hinsichtlich der Zitationsweisen noch anerkennen, die nicht den gängigen Standards – auch nicht seiner Zeit – genügt haben werden, sodass Leser*innen oftmals nur mit geschultem Auge die Anspielungen, die Verweise oder auch impliziten, indirekten Einflüsse von Kolleg*innen identifizieren können. Die Kritik an Methode und Empirie ist vielfach jedoch als verfehlt zu verstehen. So sind, wenn auch primär in Vorworten und Fußnoten, durchaus Hinweise auf das methodologische Vorgehen Goffmans zu finden und der Umgang mit dem empirischen Material ist als gewissenhaft zu beschreiben (Döbler im Erscheinen). Die Skepsis gegenüber der Arbeit kommt auch vorwiegend aus Kreisen der Vertreter*innen positiver Wissenschaft, von quantitativ orientierten Forschenden oder Makrotheoretiker*innen, die generell skeptisch bis ablehnend gegenüber mikrosoziologischer, ethnografischer und qualitativer Forschung eingestellt sind. Daher wird Goffman heute zu Recht in einem Atemzug mit jenen großen Theoretikern genannt, die ihn beeinflusst haben (Talcott Parsons, Georg Simmel, Sigmund Freud und Émile Durkheim) und als einer der einflussreichsten Soziologen des 20. Jahrhunderts gefeiert (Green 2021). Erving Goffman ist selbst zu einem Klassiker geworden, der viele Denker*innen, Forschungen und Theorieentwicklungen geprägt hat. Zu nennen sind bspw. seine Einflüsse auf die Theorie des symbolischen Interaktionismus sowie empirische Untersuchungen im Kontext der Kommunikationswissenschaft bspw. zu den Effekten von Mediatisierung (z. B. Beiträge in Gentzel et al. 2019; Kalina et al. 2018; Reichertz und Bettmann 2018; Wimmer 2007) oder sozialen Medien. Exemplarisch hierfür sind Untersuchungen zum Publikums- und Informationsmanagement beim Teilen persönlicher Daten online, zur Eindruckskontrolle auf Facebook und in Blogs (Bullingham und Vasconcelos 2013; Hogan 2010), das auf „privat" Schalten von Profilseiten u. a. vor Bewerbungen oder das Nutzen eben solcher Profilseiten für die Auswahl von Bewerber*innen (Abril et al. 2012; Jeske und Shultz 2016), die Fassaden und neuen Masken in Form medialer Filter bei der Selbstdarstellung auf Instagram oder die Erschaffung neuer oder anderer oder weiterer Versionen von einem ‚entkörpertem' Selbst auf Social Media Seiten und die Frage nach dem Zusammenhang mit dem verkörperten Selbst sowie der Vergemeinschaftung (Chen 2016; Keysers 2018; Zhao 2005). Im Folgenden werden vorherige Ausführungen so zusammengefasst, dass gleichzeitig ein Ausblick auf die Aktualität Goffmans gegeben wird.

Goffmans Studien und theoretische Ausführungen drehen sich explizit um physische Kopräsenz. Es geht um soziale Situationen, die beginnen, wenn mindestens zwei Menschen in die sinnliche Reichweite voneinander eintreten und enden, wenn diese wechselseitige Wahrnehmung endet (Goffman 1967/1971; 1971/1974; 1959/2003, S. 58). Allerdings heißt das nicht, dass Goffmans Theorien und Konzepte auf physische Kopräsenz und die Reichweite unserer Sinne beschränkt werden müssen, wie nicht nur zahlreiche neuere empirische Studien zeigen (Baker und Walsh 2018; Ditchfield 2020; Goulden et al. 2018; Kilvington 2021; Rettie 2009). Unter Berücksichtigung technisch-medialer Entwicklungen, die die Kommunikationsmöglichkeiten seit den 1960/1970ern und damit der Schaffenszeit Goffmans verändert haben, gab es verschiedene Aktualisierungsversuche. Beispielhaft ist die Weiterentwicklung der Goffman'schen sozialen Situationen zu „synthetischen Situationen" (Knorr-Cetina 2009, 2012b) und die Einführung des Konzepts der „skopischen Medien" (Knorr-Cetina 2012a, 2014–2016). Ersteres beschreibt die technisch-basierte Loslösung von geografisch bestimmten Hiers zu Gunsten medial kreierter Räume und einem virtuell gemeinsam verbrachten Jetzt, letzteres die Erweiterung der zuvor ausschließlich durch Sinne, damit körperlich definierten Reichweite durch Beobachtungs- und Bildschirmtechnologien: Durch Medien

werden in der Ferne stattfindende Ereignisse sowie Informationen, Wissensbe-
standteile und Interaktionsmöglichkeiten in eine weiterhin körperlich verankerte
Situationen hineingebracht. Dabei hängt es von den konkreten Technologien, Medien und der Reichhaltigkeit der vermittelten Sinneseindrücke, der technischen
Reibungslosigkeit genauso wie den Erwartungen und Fähigkeiten Beteiligter ab,
wie künstlich entsprechende Situationen erscheinen. Das Erleben, Wahrnehmen
und Agieren der Beteiligten beeinflusst die analytische Lokalisierung von Situationen auf einer Dimension, die sich zwischen den Polen (sozial-)synthetisch und
(synthetisch-)sozial aufspannt (Döbler 2020, S. 354–362). Je nach Positionierung
begünstigen Situationen unterschiedliche Kommunikations-, Interaktions- und
Selbstpräsentationsmodi.

Gleichsam können sich Selbstpräsentationen durch die medial ermöglichte Plu-
ralisierung von Situationen überlagern oder auch in Frage stellen: Wem gegenüber
präsentiere ich mich, wenn Reaktionspräsenz physische Kopräsenz als Voraussetzung für Interaktion ablöst und ich ggf. nicht mehr auf die Reaktionen derer in
meiner direkten, sinnlichen Reichweite achte, sondern nur noch auf die Likes
(Döbler 2020, S. 28–31, 186–198)? Wer präsentiert sich wem und wer ist Publikum, wenn sich bspw. Hochzeitsgäste via WhatsApp mit anderen Hochzeitsgästen
austauschen, auf Twitter mit ggf. nicht physisch Anwesenden Eindrücke von der
Feier teilen oder Fotos des Brautpaars und deren Feier mit Hashtags und Kommentaren versehen auf ihren eigenen Instagram-Channels oder Facebook-Seiten posten, womit sie jeweils ihre eigene Meinung kundtun, sich positionieren und subjek-
tivieren und daher (auch) sich selbst (nicht nur das Brautpaar) inszenieren?

Werfen wir einen Blick auf andere Umstände und alltägliche(re) Nutzung von
Kommunikationstechnologien und Social Media, finden wir auch dort Anschluss-
möglichkeiten für Goffmans Konzepte und die Aktualität der Theaterperspektive.
Zu reflektieren gilt hierbei, um was für eine Situation es sich handelt (Goffman
1977). Anders als von Goffman erwartet, geht es dabei jedoch nicht nur um Rollen-
konstellationen (persönlich/unpersönlich), das aufzuführende Stück sowie das geteilte Vorwissen, die Vorgeschichte und Beziehung (Goffman 1971/1974; 1977;
1959/2003). Sondern wir müssen uns ebenfalls fragen, in welchem Umfang, auf
welche Weise oder in welcher Hinsicht Face-to-Face Interaktionen reproduziert
oder den technischen Umständen angepasst werden. Einfluss darauf üben die Technologien und Medien genauso wie die Art des Austauschs der Beteiligten und deren Technikeinsatz aus. Der Grad der Gleichzeitigkeit lässt bspw. Interaktionen
(synchroner Austausch) von Kommunikation (asynchroner Austausch) unterscheiden. Ersteres erzeugt einen einer Face-to-Face Situation vergleichbaren Hand-
lungsdruck und Zugzwang. Eine Skype-Konversation oder Zoom-Konferenz kann
daher als Face-to-Screen-to-Face Interaktion gesehen werden, in der die oben

beschriebenen Praktiken der Ausdruckskontrolle in Reaktion auf die Beobachtung der Interagierenden untereinander erfolgt. Die Vorderbühne, auf der man sich präsentiert, ist dabei jener Ausschnitt, der von der Kamera eingefangen oder als virtueller Hintergrund eingespielt wird, und für die man zumindest ein schauspieladäquates Oberteil trägt. Die Art der Beziehung der Beteiligten untereinander und das aufzuführende Stück wiederum beeinflussen, welche Ausschnitte gezeigt und welche Einblicke auf die Hinterbühne gewährt werden. Mit Kolleg*innen wird wohl weniger eine Videokonferenz aus dem Schlafzimmer stattfinden, während das mit Freund*innen oder Familienmitgliedern weniger inszenierungsschädigend wirkt. Auch hier sind folglich Rollen, die man innehat und Positionen, die man einnehmen will, Masken, die man zeigen und Fassaden, die man aufrechterhalten möchte, von Bedeutung. Dass dies in einem virtuellen Kontext noch nicht so routiniert ist, wie im analogen Leben, und gleichsam entsprechenden Kontrollen bedarf, haben die Herausforderungen und Pannen insb. zu Beginn der Corona-Pandemie verdeutlicht. Menschen haben (aus Versehen) zu viel gezeigt oder es als ungewolltes Eindringen in die Privatsphäre erlebt, wenn sie Videokonferenzen aus Zimmern führen mussten, die sie sonst zumindest den anderen Interaktionsteilnehmer*innen nicht zugänglich machen würden. Mit der Familie zuhause eingesperrten Menschen fehlte es eventuell an den nötigen Rückzugsräumen, sodass Videokonferenzen aus der Küche oder dem Kinderzimmer geführt werden müssen. Mangel herrschte teilweise ebenfalls hinsichtlich Requisiten oder technischen Fähigkeiten (z. B. passende Ausleuchtung, gute Kameras, der Umgang mit Greenscreens, Headsets), um den von anderen zu gewinnenden Eindruck zu den eigenen Gunsten zu beeinflussen. Genauso wie auf diese Weise ein Blick der falschen Leute hinter die Kulissen möglich war oder immer noch ist, kann nicht immer kontrolliert werden, wer auf der Vorderbühne auftaucht. Nicht selten sieht man Katzen über Tastaturen laufen, Kinder in die Kamera winken oder Partner*innen im Hintergrund Haushaltstätigkeiten verrichten. Bühnengrenzen verschwimmen, sind aber immer noch in Vorder- und Hinterbühne zu unterscheiden; Selbstdarstellungen erfordern andere Hilfsmittel, bedienen sich aber nach wie vor Masken, Fassaden genauso wie Spotlights, um das Selbst ins rechte Licht zu rücken, und man könnte meinen, die medialen Konstellationen des Alltags würden die Bühnensprache noch treffender werden lassen.

Dennoch sind Unterschiede zu bemerken. So erlauben digitale Interaktionen im Rahmen von Videokonferenzen bspw. das doppelte Monitoring: Man sieht nicht nur die anderen, sondern – im Gegensatz zu ‚klassischen' Situationen – meist auch sich selbst. Man kann sich und die eigene Wirkung im reproduzierten Videobild prüfen; man hat einen Beobachterblick auf sich. Das gilt nicht nur für die mediatisierte Face-to-Screen-to-Face Interaktion, sondern auch für andere Formen der Selbstpräsentation im medialen Alltag. Verschiedenste Social Media Plattformen sind neue oder weitere Vorderbühnen. Durch die fehlende Kopräsenz, ggf. vorliegende Asynchronität und zeitliche Entzerrung von Präsentation und Rezeption, fehlt es jedoch an funktionaler Dualität. Monitoring ist nur bedingt gegeben und vielfach auch nicht wechselseitig. In der Regel ist man entweder Spieler*in (etwa Blogger*in) und ‚prüft' sich selbst oder Publikum (z. B. Leser*in des Blogs). Erst durch technisch implementierte Optionen wie Likes oder Retweets bekommt das Publikum die Chance, aktiv zu sein und eine Reaktion zu signalisieren, symbolisch zu interagieren. Durch das Monitoring der Likes, Retweets und Kommentare schlüpft man potenziell wieder in die Position des Publikums oder Beobachters zweiter Ordnung und ändert – um eben im besten Licht zu erscheinen, gewünschte Reaktionen zu erzielen – das Posten, Bloggen, Twittern. Folglich hat die technisch implementierte, medial vermittelte Publikumsreaktion Folgen, ähnlich wie im analogen Leben. Daher lässt sich Goffmans Theorie, u. a. die Theaterperspektive, auch auf asynchrone, in gewisser Weise unpersönliche Kommunikation und Formen der Selbstpräsentation anwenden, die den Charakter des one to many einnehmen können.

Sowohl für die persönliche als auch die unpersönliche, die synchrone und asynchrone, die analoge wie die virtuelle Selbstpräsentation gibt es Inszenierungsvorlagen. Früher wurden diese vorwiegend aus dem eigenen Umfeld über- oder den Massenmedien entnommen, wie bspw. Studien zum Effekt von Fernsehsendungen wie „Traumhochzeit" nahelegen (Reichertz 1993, 1998). Heute scheinen zunehmend die sogenannten Sozialen Medien Quellen für Vorlagen und Maßstäbe für die Bewertung von Selbstpräsentationen zu liefern. Das gilt offenbar sowohl für Darstellungen, die nicht direkt für die online Präsentation produziert werden (z. B. ein Urlaubsfoto), als auch für Aufführungspraxen, die explizit den Standards einer virtuellen (sekundären) Selbstpräsentation angepasst werden (z. B. das für Instagram gemachte Foto). Empirisch lässt sich feststellen, dass die digitale (Repräsentation der analogen) Selbstpräsentation einerseits immer einheitlicher, andererseits immer dominanter wird. Das Leben wird mehr auf medial positive Reaktionen ausgerichtet, sodass passende Präsentationen vorgenommenen werden – und das teilweise auch zu Lasten der analogen Interaktion. Zum einen heißt das, dass konkrete, physisch präsente Andere in sozialen Situationen (a) ignoriert oder vergessen werden, weil deren Reaktionen als vorübergehend und von vernachlässigender Reichweite erscheinen; (b) dirigiert und zu einem Teil der Darstellung werden, indem man sie zu Statisten oder zu sehr genau instruierten Ensemblemitgliedern macht; (c) kognitiv oder technisch ausgeblendet werden, indem man ihre Anwesenheit tatsächlich vergisst oder sie durch Fotofilter u. ä. aus dem Bild retuschiert. Zum anderen scheint es, dass sich Aufführungen immer mehr ähneln und sie ihren präsentistischen

Charakter verlieren, weil nichts mehr dem Zufall überlassen wird. Die für den Alltag eigentlich implizit wirkenden Skripte werden immer expliziter befolgt, die Freiheitsgrade einer gegenwärtigen Darbietung immer weiter eingeschränkt – und das gilt für die Darbietenden wie das Publikum. Die detaillierten Regieanweisungen (Goffman 1959/2003, S. 160–161) auf den Einladungskarten bezüglich Dresscode, Zeitplan u. a. oder in Händen der örtlichen Regieassistent*innen (bspw. Trauzeug*innen, Hochzeitsplaner*innen), die teils auch soufflierend mit Handlungswünschen oder Verhaltensvorgaben eingreifen, sollen nicht nur für die möglichst perfekte Hochzeit sorgen, sondern diese auch retrospektiv im besten Licht erscheinen lassen. Und Hochzeiten sind nur die Spitze des Eisbergs. Auch der Alltag vieler ist auf Instagramtauglichkeit oder die Likes der digitalen Community getrimmt. Viele Handlungen scheinen nicht mehr nur für das körperliche kopräsente Publikum dargeboten zu werden, sondern auch für räumlich abwesende, ggf. asynchron rezipierende Zuschauer*innen gedacht zu sein und damit eine transpräsente Wirkung zu entfalten. Interaktionen, d. h. die Rückmeldungen zu oder in einer Aufführung, verlieren dabei vielleicht etwas ihrer Unmittelbarkeit, jedoch nichts von ihrer Wirksamkeit. Auch die mittelbareren, medial vermittelten oder überhaupt nur medial ermöglichten Antworthandlungen anderer beeinflussen, wie wir uns darstellen, was wir von uns wie zeigen, und wie wir uns selbst wahrnehmen. Was man anderen mitteilt respektive mit anderen teilt, ist daher eine der oder gar die neue Vorderbühne, während alles andere, das analoge oder das ‚wahre' Leben die Hinterbühne, der Bereich der Proben, des Abnehmens der Masken, die Vorbereitung auf die Rollen darstellt.

All das zeigt uns: Nicht nur in physischer Kopräsenz wird Theater gespielt. Sondern eine Kontrolle von Kulisse und Maske findet auch oder gerade online statt – wie man spätestens jetzt im Rahmen von Videokonferenzen erkennen kann. Deutlich wird aber auch, dass wir erst ein neues Repertoire einüben mussten – und es immer noch müssen, etwa wie Vorträge funktionieren können – und dass Probleme auftreten, wenn bspw. durch Videokonferenzen Grenzen zwischen Vorder- und Hinterbühne verschwimmen und das Publikum in das Private, die Probenräume oder Garderobe blicken kann. Der Vorhang kann allerdings noch immer fallen, wir drücken nun eben nur den Knopf „Meeting verlassen".

Literatur

Abels, H. (2020). *Soziale Interaktion*. Springer Fachmedien Wiesbaden. https://doi.org/10.1007/978-3-658-26429-1

Abril, P., Levin, A., & Del Riego, A. (2012). Blurred Boundaries: Social Media Privacy and the Twenty-First-Century Employee. *American Business Law Journal, 49*(1), 63–124.

Baker, S. A., & Walsh, M. J. (2018). 'Good Morning Fitfam': Top posts, hashtags and gender display on Instagram. *New Media & Society, 20*(12), 4553–4570. https://doi.org/10.1177/1461444818777514

Bullingham, L., & Vasconcelos, A. C. (2013). 'The presentation of self in the online world': Goffman and the study of online identities. *Journal of Information Science, 39*(1), 101–112. https://doi.org/10.1177/0165551512470051

Chen, C.-P. (2016). Forming digital self and parasocial relationships on YouTube. *Journal of Consumer Culture, 16*(1), 232–254. https://doi.org/10.1177/1469540514521081

Ditchfield, H. (2020). Behind the screen of Facebook: Identity construction in the rehearsal stage of online interaction. *New Media & Society, 22*(6), 927–943. https://doi.org/10.1177/1461444819873644

Döbler, M.-K. (im Erscheinen). Goffman und die systematische Metaphernanalyse. In R. Schmitt, L. Pfaller, J. Schröder, & A.-K. Hoklas (Eds.), *Praxis der Metaphernanalyse* (n.n.). Springer VS.

Döbler, M.-K. (2020). *Nicht-Präsenz in Paarbeziehungen.* Springer Fachmedien Wiesbaden. https://doi.org/10.1007/978-3-658-29448-9

Döbler, M.-K. (2021). Rahmen und Gedächtnis. In M. Berek, K. Chmelar, O. Dimbath, H. Haag, M. Heinlein, N. Leonhard, V. Rauer, & G. Sebald (Eds.), *Handbuch Sozialwissenschaftliche Gedächtnisforschung 1: Grundbegriffe und Theorien.* Springer VS.

Fischer-Lichte, E. (2003). Performativität und Ereignis. In E. Fischer-Lichte (Ed.), *Performativität und Ereignis* (pp. 11–37). Francke.

Fischer-Lichte, E. (2010). *Theaterwissenschaft: Eine Einführung in die Grundlagen des Faches.* A. Francke Verlag.

Gentzel, P., Krotz, F., Wimmer, J., & Winter, R. (Eds.). (2019). *Das vergessene Subjekt: Subjektkonstitutionen in mediatisierten Alltagswelten.* Springer Fachmedien Wiesbaden. https://doi.org/10.1007/978-3-658-23936-7

Goffman, E. (1952). On cooling the mark out: Some aspects of adaptation to failure. *Psychiatry, 15*(4), 451–463. https://doi.org/10.1080/00332747.1952.11022896

Goffman, E. (1971). *Interaktionsrituale: Über Verhalten in direkter Kommunikation.* Suhrkamp. (Original work published 1967).

Goffman, E. (1974). *Das Individuum im öffentlichen Austausch: Mikrostudien zur öffentlichen Ordnung.* Suhrkamp. (Original work published 1971).

Goffman, E. (1977). *Rahmen-Analyse: Ein Versuch über die Organisation von Alltagserfahrungen.* Suhrkamp.

Goffman, E. (2003). *Wir alle spielen Theater. Die Selbstdarstellung im Alltag.* Piper. (Original work published 1959).

Goffman, E. (2005). *Rede-Weisen: Formen der Kommunikation in sozialen Situationen.* UVK.

Goffman, E. (2016). *Stigma.* Suhrkamp.

Goulden, M., Tolmie, P., Mortier, R., Lodge, T., Pietilainen, A.-K., & Teixeira, R. (2018). Living with interpersonal data: Observability and accountability in the age of pervasive ICT. *New Media & Society, 20*(4), 1580–1599. https://doi.org/10.1177/1461444817700154

Green, K. (2021). *Jonathan Wynn on Erving Goffman* [Podcast]. https://thesocietypages.org/theory/2021/02/19/jonathan-wynn-on-erving-goffman/

Hogan, B. (2010). The Presentation of Self in the Age of Social Media: Distinguishing Performances and Exhibitions Online. *Bulletin of Science, Technology & Society, 30*(6), 377–386. https://doi.org/10.1177/0270467610385893

Jeske, D., & Shultz, K. S. (2016). Using social media content for screening in recruitment and selection: pros and cons. *Work, Employment and Society, 30*(3), 535–546. https://doi.org/10.1177/0950017015613746

Kalina, A., Krotz, F., Rath, M., & Roth-Ebner, C. (Eds.). (2018). *Tutzinger Studien zur Politik. Mediatisierte Gesellschaften: Medienkommunikation und Sozialwelten im Wandel.* Nomos.

Keysers, V. (2018). Die Genealogie des Duckface: Zur kommunikativen Konstruktion mediatisierter Wirklichkeit. In J. Reichertz & R. Bettmann (Eds.), *Kommunikation – Medien – Konstruktion* (pp. 141–170). Springer Fachmedien Wiesbaden.

Kilvington, D. (2021). The virtual stages of hate: Using Goffman's work to conceptualise the motivations for online hate. *Media, Culture & Society, 43*(2), 256–272. https://doi.org/10.1177/0163443720972318

Knorr-Cetina, K. (2009). The Synthetic Situation: Interactionism for a Global World. *Symbolic Interaction, 32*(1), 61–87.

Knorr-Cetina, K. (2012a). Skopische Medien: Am Beispiel der Architektur von Finanzmärkten. In A. Hepp & F. Krotz (Eds.), *Mediatisierte Welten: Beschreibungsansätze und Forschungsfelder* (pp. 167–195). Springer VS.

Knorr-Cetina, K. (2012b). Die synthetische Situation. In R. Ayaß & C. Meyer (Eds.), *Sozialität in Slow Motion: Theoretische und empirische Perspektiven. Festschrift für Jörg Bergmann* (pp. 81–110). Springer VS.

Knorr-Cetina, K. (2014–2016). *Skopische Medien: Synthetische Akteure, Institutionen und Ausdifferenzierung synthetischer Situationen.* http://mediatisiertewelten.de/projekte/3-foerderphase-2014-2016/skopische-medien.html

Raab, J. (2014). *Erving Goffman* (2., überarbeitete Auflage). *Klassiker der Wissenssoziologie: Vol. 06.* UVK.

Reichertz, J. (1993). „Ist schon ein tolles Erlebnis!": Motive für die Teilnahme an der Sendung ‚Traumhochzeit'. *Rundfunk Und Fernsehen – Forum Der Medienwissenschaft Und Medienpraxis, 3*(41), pp. 359–377.

Reichertz, J. (1998). Stabilität durch Dokumentation, Zeugenschaft und Ritualisierung. Vom Nutzen der Sendung ‚Traumhochzeit'. In K. Hahn & G. Burkart (Eds.), *Liebe am Ende des 20. Jahrhunderts: Studien zur Soziologie intimer Beziehungen* (pp. 175–198). Leske + Budrich.

Reichertz, J., & Bettmann, R. (Eds.). (2018). *Kommunikation – Medien – Konstruktion.* Springer Fachmedien Wiesbaden. https://doi.org/10.1007/978-3-658-21204-9

Rettie, R. (2009). Mobile Phone Communication: Extending Goffman to Mediated Interaction. *Sociology, 43*(3), 421–438. https://doi.org/10.1177/0038038509103197

Schütz, A. (1972). Das Problem der Rationalität in der sozialen Welt. In *Gesammelte Aufsätze 2: Studien zur soziologischen Theorie* (pp. 22–51). Nijhoff.

Warburton, N. (2015). *Erving Goffman and The Performed Self.* BBC4; The Open University. https://www.bbc.co.uk/programmes/p02p1sqt

Wimmer, J. (2007). *(Gegen-)Öffentlichkeit in der Mediengesellschaft: Analyse eines medialen Spannungsverhältnisses* (1. Aufl.). VS Verl. für Sozialwiss.

Zhao, S. (2005). The Digital Self: Through the Looking Glass of Telecopresent Others. *Symbolic Interaction, 28*(3), 387–405.

Diffusion of Innovations

von Everett M. Rogers (1962)

Cornelia Wolf

Zusammenfassung

Das Etablieren der Diffusionstheorie als eigenständiger Forschungsansatz in der Kommunikationswissenschaft geht auf die 1962 erschienene Publikation von Everett M. Rogers, „Diffusion of Innovations", zurück. Ursprünglich aus der Agrarsoziologie stammend entwickelte Rogers durch das Abstrahieren zahlreicher empirischer Befunde ein Modell für die Diffusion von Innovationen in sozialen Systemen. Die Theorie mittlerer Reichweite erlaubt es, diesen Prozess auf Mikro- und Makroebene zu modellieren: Es werden sowohl bestimmende Faktoren für eine individuelle Annahme einer Innovation als auch auf Systemebene genannt. Zudem stehen wahrgenommene Eigenschaften von Innovationen im Fokus, die eine Übernahme der Innovation für Individuen beschleunigen oder verlangsamen können. In der Kommunikationswissenschaft wird der Ansatz in zweierlei Hinsicht angewendet: Erstens ist die Diffusion von Innovationen ein im Wesentlichen durch Massenmedien und persönliche Netzwerke angetriebener Kommunikations prozess. Zweitens wird häufig die Übernahme von Medieninnovationen untersucht. Der Beitrag gibt sowohl Einblick in das Leben und Wirken von Everett M. Rogers als auch in die zentralen Inhalte der fünften überarbeiteten Auflage von *„Diffusion of Innovations"* aus dem Jahr

---

Erstauflage 1962. Der vorliegende Text bezieht sich auf die aktuellste Ausgabe von 2003.

C. Wolf (✉)
Universität Leipzig, Leipzig, Deutschland
E-Mail: cornelia.wolf@uni-leipzig.de

© Der/die Autor(en), exklusiv lizenziert an Springer Fachmedien Wiesbaden GmbH, ein Teil von Springer Nature 2022
R. Spiller et al. (Hrsg.), *Schlüsselwerke: Theorien (in) der Kommunikationswissenschaft*, https://doi.org/10.1007/978-3-658-37354-2_10

2003. Darüber hinaus wird auf zentrale Kritikpunkte und Weiterentwicklungen des Werks eingegangen.

Schlüsselwörter

Diffusion · Innovation · Adoption · S-Kurve · Adoptertypen · Medieninnovationen · Innovations-Entscheidungs-Prozess

1   Kurzbiografie des Autors

Everett M. Rogers, geboren am 6. März 1931, wuchs während der Weltwirtschaftskrise auf der Farm seiner Familie in Carroll County, Iowa (USA), auf. Obwohl seine Mutter ihm früh die Liebe zu Büchern vermittelte, sah er seine Zukunft zunächst als Landwirt. Motiviert durch einen High-School-Lehrer und ausgestattet mit einem Stipendium, begann er 1948 schließlich doch ein Studium der Agrarsoziologie an der Iowa State University. Dort fand er ein wissenschaftliches Umfeld vor, das einerseits zahlreiche landwirtschaftliche Innovationen entwickelte und andererseits erste Pionierstudien zur Frage hervorbrachte, warum einige Landwirte Innovationen übernehmen und andere nicht (Singhal 2012, S. 849).

Daran sowie an seine persönlichen Erfahrungen im Umfeld der Familienfarm anknüpfend, kehrte er einige Jahre später an seine Alma Mater zurück, um insbesondere die sozialen Aspekte im Prozess der Diffusion von Innovationen zu untersuchen. 1957 erlangte er für seine Arbeit zur Adoption von landwirtschaftlichen Innovationen, *A Conceptual Variable Analysis of Technological Change* (Rogers 1957), einen Doktortitel in Soziologie und Statistik. Die darin enthaltene Darstellung der *Normalverteilung von Innovativität* und die daraus resultierende Systematisierung von *Adoptertypen* sind bis heute viel zitiert (vgl. Kap. 2). Für Rogers war dies der Beginn einer 47-jährigen Karriere als Universitätsprofessor, Forscher und Verfechter gesundheitlicher Aufklärung (Holt 2004; Singhal 2012, S. 849), stets geprägt von seinem Interesse an der Frage, „how ideas lead to action" (Backer et al. 2005, S. 289) und dem Glauben, „that academics could affect change, not only study it" (Dearing und Singhal 2006, S. 16).

Sein zentrales Werk *Diffusion of Innovations* (Rogers 1962), erstmals publiziert als der 30-jährige Rogers als Assistant-Professor für Agrarsoziologie an der Ohio State University arbeitete, ist heute eines der meistzitierten Werke der Sozialwissenschaften. Schon kurz nach der Publikation erlangte es durch den praktischen Nutzwert weltweite Aufmerksamkeit: „The book's timing was uncanny, and it's appeal was global." (Singhal 2012, S. 850) Seine Projekte führten ihn dementsprechend in unzählige Länder und seine einnehmende Persönlichkeit bescherte ihm ein globales Netzwerk (McGrath und Zell 2001, S. 387).

Rogers Schlussfolgerung, die Diffusion von Innovationen sei vor allem ein sozialer und ein *kommunikativer* Prozess, markierte seinen fachlichen Wechsel in die Kommunikationswissenschaft (Singhal 2012, S. 850). Von 1964 bis 1973 war er Associate-Professor und Professor für Kommunikationswissenschaft sowie von 1973 bis 1975 Professor für Journalismus an der Michigan State University. Ein weiteres Jahrzehnt war er als Janet M. Peck-Professor für Internationale Kommunikation an der Stanford University (1975–1985), im Anschluss bis 1993 als Walter H. Annenberg-Professor für Kommunikationswissenschaft an der University of Southern California sowie ab 1993 als Regents' Professor im Department für Communication und Journalism an der University of New Mexico tätig. Gleichzeitig übernahm er immer wieder Gastprofessuren, unter anderem auch an der Universität Bayreuth, und erhielt zahlreiche Auszeichnungen, etwa für sein Lebenswerk durch die Fachgruppe Intercultural/Development Communication der International Communication Association (McGrath und Zell 2001, S. 386–387; Singhal 2012, S. 851).

Noch im Jahr 2001 schrieben McGrath und Zell (2001): „With a full head of white hair and beard to match, Rogers is as passionate about his field now as he was when studying the diffusion of farm innovations in the 1960s." (S. 386) In den letzten Jahren seines Lebens kehrte er in seine Heimat zurück und übernahm die Farm seiner Eltern in Iowa. Dort fand er nach einer Krebserkrankung im Jahr 2004 auch seine letzte Ruhe.

2   Inhalt des Textes

Den Kerngedanken für *Diffusion of Innovations* (Rogers 1962) leitete Rogers aus einer interdisziplinären Literaturstudie im Rahmen seiner Doktorarbeit ab: „The main point of the book was to argue that there was a general framework to the diffusion of innovations, and it did not matter if they were farmers or doctors or businessmen or whether they were in one culture or another culture" (McGrath und Zell 2001, S. 387). Mithilfe dieses Ansatzes kann erforscht werden, wie sich Innovationen in sozialen Systemen verbreiten und welche Gründe dies unterstützen oder behindern. Gleichzeitig lässt sich auch modellieren, welchen Prozess Individuen dabei durchlaufen und was sie in den einzelnen Phasen beeinflusst (Hornik 2004, S. 143). Die Diffusionstheorie ist damit eine der wenigen Sozialtheorien, die Phänomene auf Makro- und Mikroebene explizit miteinander verbindet und zudem als Theorie mittlerer Reichweite ein allgemeines Modell der Diffusion präsentiert, das auf der Grundlage empirischer Arbeiten aus verschiedenen Disziplinen abgeleitet worden ist (Dearing und Singhal 2006).

Diffusion ist für Rogers ein spontaner oder geplanter *Prozess*, in dessen zeitlichem Verlauf eine Innovation mithilfe verschiedener Kanäle innerhalb eines sozialen Systems kommuniziert wird. Wird die Innovation von den Mitgliedern des sozialen Systems angenommen, verändert sie dieses. Um dem von Rogers eingeführten und auch im Deutschen verwendeten Begriff gerecht zu werden, werden Individuen oder andere Einheiten eines sozialen Systems (z. B. Gruppen oder Organisation) die eine Innovation übernehmen, hier ebenfalls als *Adopter* bezeichnet.

Besonders macht diesen Diffusionsprozess, dass der Inhalt der Kommunikation, die Innovation, von Individuen oder anderen Einheiten eines sozialen Systems als neu wahrgenommen wird und damit *Unsicherheit* bezüglich der Vor- und Nachteile schafft. Eine Innovation kann dabei ein Objekt, eine Idee oder eine Praxis sein. Somit kann die Verbreitung von Elektroautos und VR-Brillen ebenso untersucht werden wie der Einsatz von Masern-Impfungen oder Maßnahmen des Klimaschutzes. *Informationen* sieht Rogers als ein Mittel, die entstehende Unsicherheit zu reduzieren und adäquat über Adoption oder Ablehnung entscheiden zu können (Rogers 2003, S. 6–14).

Die wesentlichen Überlegungen des Autors zu den zentralen Elementen des Diffusionsprozesses – *1. Innovation, 2. Kommunikationskanäle, 3. Zeit, 4. soziales System* – werden im Folgenden erläutert.

2.1   Innovation

Warum verbreiten sich einige Innovationen, z. B. Mobiltelefone, schnell, während andere, z. B. das Benutzen von Sicherheitsguten in Autos, Jahrzehnte benötigen, bis sie in einer Gesellschaft implementiert sind? Nach Rogers (2003, S. 229 ff.) spielen dabei für Individuen fünf spezifische *wahrgenommene Eigenschaften* eine Rolle, wobei die ersten beiden besonderes relevant sind:

1. *Relativer Vorteil* (relative advantage) beschreibt, inwiefern eine Innovation individuell als besser wahrgenommen wird als der Status quo. Die Einschätzung wird von der Innovation selbst und von Eigenschaften der Individuen bestimmt. Geringere Kosten, Zeitersparnis, soziales Ansehen oder höherer Komfort können ein solcher Vorteil sein. Einige Faktoren, etwa Anschaffungskosten technischer Geräte (z. B. für einen hochauflösenden Fernseher), sollten im Zeitverlauf betrachtet werden. Der relative Vorteil erhöht sich, wenn Kosten während des

Diffusionsprozesseses sinken. Für soziales Ansehen ist dies anders: Sobald ein Massenmarkt erreicht ist, verliert die Innovation für *frühe Adopter* (vgl. Abschn. 2.3) an Reiz. *Präventive Innovationen*, wie die angesprochenen Sicherheitsgurte, setzen sich oft langsamer durch. Sie sind darauf ausgerichtet, die Wahrscheinlichkeit unerwünschter Ereignisse in der Zukunft zu reduzieren. Daher erschließt sich der individuelle Vorteil nicht unmittelbar (Rogers 2003, S. 230 ff.).

2. *Kompatibilität* (compatibility) erfasst, inwiefern die Innovation sich mit bestehenden Werten, Erfahrungen und Bedürfnissen potenzieller Adopter deckt. Bedarf es für das Etablieren einer Innovation zunächst eines Wertewandels des sozialen Systems, kann der Adoptionsprozess scheitern oder länger dauern, als wenn diese bereits geltenden Normen entspricht. Ferner kann eine Innovation, wenn sie inkompatibel zu früheren Erfahrungen erscheint, zu einem falschen Gebrauch führen. In Bezug auf Bedürfnisse besteht folgendes Problem: Potenzielle Adopter sind sich zunächst häufig nicht bewusst, dass überhaupt ein Bedarf besteht (Rogers 2003, S. 240 f.).

3. *Komplexität* (complexity) zielt auf die Frage ab, wie einfach die Innovation zu verstehen und zu nutzen ist. Dabei gilt: Je komplexer die Innovation, desto geringer ist die Wahrscheinlichkeit einer Übernahme. Die individuell wahrgenommene Komplexität unterscheidet sich: Während technikaffine frühe Adopter Personal Computer mit wenig Mühe bedienen konnten, verlangsamte die wahrgenommene Komplexität in weniger technikaffinen Haushalten in den 1980er-Jahren das massenhafte Verbreiten (Rogers 2003 S. 257 f.).

4. *Prüfbarkeit* (triability) meint, eine Innovation im eigenen Umfeld testen zu können. Dies reduziert Unsicherheit (Rogers 2003, S. 258). Zudem werden Innovationen im Prozess der Übernahme und des verstetigten Nutzens verändert oder angepasst (Re-Invention): „Many adopters want to participate actively in customizing an innovation to fit their unique situation" (Rogers 2003, S. 17).

5. *Beobachtbarkeit* (observability) bezieht sich auf die Eigenschaft einer Innovation, leicht einschätzbar und kommunizierbar zu sein. Höhere Beobachtbarkeit beeinflusst ein Verbreiten der Innovation in einem sozialen System positiv. Dies ist allerdings vor allem früh im Diffusionsprozess schwierig. Erst später existieren Ergebnisse und Beispiele, die ein schnelleres Einschätzen der Innovation ermöglichen (Rogers 2003, S. 258).

Eine Besonderheit gilt für Informations- und Kommunikationstechnologien: Am Anfang bleibt der Nutzen oft gering, solange andere die Technologie (z. B. ein Mobiltelefon oder ein soziales Netzwerk) nicht ebenfalls übernehmen und tatsächlich nutzen (Rogers 1986, S. 116). Durch eine massenhafte Übernahme der Technologie entstehen „backwards benefits" oder „reverse-flowing benefits" (McGrath und Zell 2001, S. 389), die allen Nutzerinnen und Nutzern weitere Vorteile verschaffen.

2.2   Kommunikationskanäle

Für Individuen oder andere Einheiten eines sozialen Systems sind Informationen, etwa zu den gerade beschriebenen Eigenschaften der Innovation, relevant, um Unsicherheit zu reduzieren. Daher spielt *Kommunikation* zwischen jenen, die bereits Wissen über die oder Erfahrung mit der Innovation gesammelt haben und anderen Individuen oder Gruppen, die dies nicht erfahren haben, im gesamten *Innovations-Entscheidungs-Prozess* (innovation-decision process) eine zentrale Rolle (vgl. Abb. 1). Rogers bezeichnet Diffusion daher als „a particular type of communication in which the message content that is exchanged is concerned with a new idea" (Rogers 2003, S. 18).

Der Austausch findet je nach Phase im Prozess über unterschiedliche Kommunikationskanäle statt, die sich in massenmediale und interpersonale Kanäle teilen lassen. Neben etablierten Offlinemassenmedien (Radio, Fernsehen, Zeitung, Zeitschrift) und Face-to-Face-Austausch zählt der Autor hierzu auch alle Formen der Online-Kommunikation (Rogers et al. 2009 S. 418). Empirische Daten deuten darauf hin, dass die Mehrzahl der Individuen eine Innovation nicht anhand wissen-

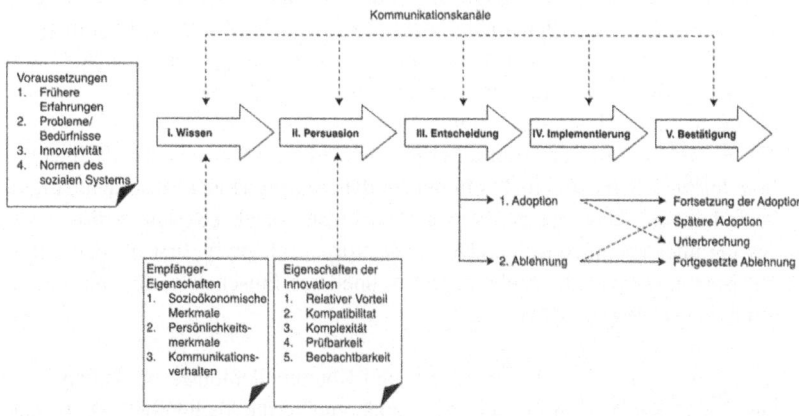

Abb. 1 Die fünf Phasen des Innovations-Entscheidungs-Prozesses. (Quelle: Eigene Darstellung nach Rogers 2003, S. 170)

schaftlicher Studien beurteilt, sondern sich auf das Urteil anderer Personen verlässt, die eine Innovation bereits nutzen. Dementsprechend besteht der Kern des Diffusionsprozesses aus der Imitation relevanter Personen des eigenen Netzwerks (Rogers 2003, S. 18 f.).

Frühe Adopter hingegen stützen sich zum Wissenserwerb (auch mangels existierender Erfahrungen anderer) stärker auf wissenschaftliche Erkenntnisse und nutzen häufiger überregionale massenmediale Kanäle. Im weiteren Verlauf werden regionale Kommunikationskanäle wichtiger, um von der Innovation zu überzeugen (Karnowski 2013, S. 517; Rogers und Shoemaker 1972).

2.3 Zeit

Die zeitliche Dimension spielt erstens im *Innovations-Entscheidungs-Prozess* eine Rolle, in dem das Individuum unterschiedliche Phasen durchläuft (vgl. Abb. 1). Zweitens ist sie in Bezug auf die *Innovativität* eines Individuums oder einer Gruppe wichtig, die bestimmt, wann eine Innovation übernommen wird (vgl. Abb. 2.). Drittens wird sie auf Makroebene für die Messung der *Innovationsrate* in einem System herangezogen (vgl. Abb. 3), um die Zahl der Mitglieder eines Systems zu bestimmen, die eine Innovation innerhalb eines bestimmten Zeitraums übernehmen (Rogers 2003, S. 20–23).

Rogers gliedert den *Innovations-Entscheidungs-Prozess* in fünf Phasen (vgl. Abb. 1):

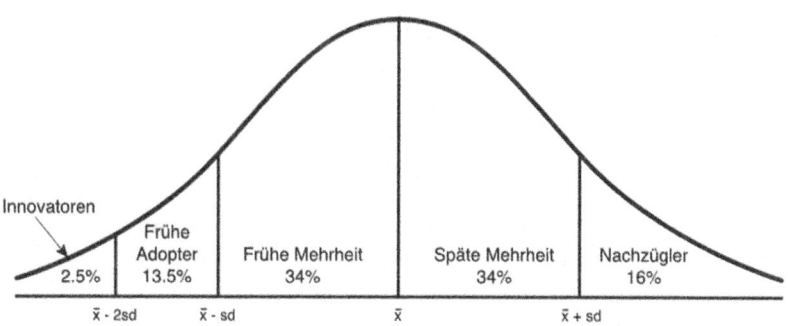

Abb. 2 Verteilung von Innovativität und Adoptertypen. (Quelle: Eigene Darstellung nach Rogers 2003, S. 281)

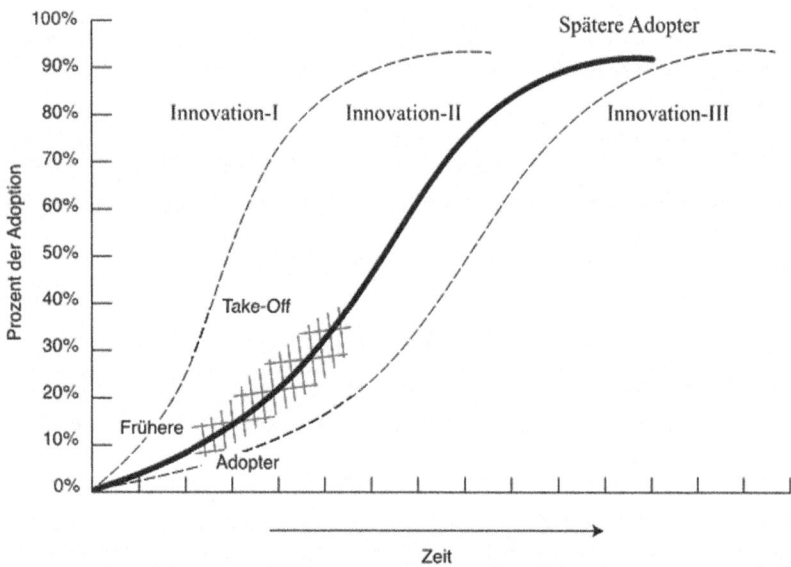

Abb. 3 S-Kurven der Diffusion. (Quelle: Eigene Darstellung nach Rogers 2003, S. 11)

1. *Wissen* (knowledge) beschreibt den Zeitpunkt des Erfahrens von einer Innovation und deren Funktion. Der Autor unterscheidet drei Stufen: Wissen um die Existenz der Neuerung (*Awareness-Knowledge*), das dazu veranlassen kann, auch Wissen für ein korrektes Anwenden (*How-to-Knowledge*) zu suchen. Schließlich kann auch Wissen über Grundlagen und Hintergründe der Innovation erlangt werden (*Principles Knowledge*) (Rogers 2003, S. 169 ff.).

2. *Persuasion* (persuasion) umfasst ein Auseinandersetzen mit dem Für und Wider einer Innovation, das schließlich in einer positiven oder negativen Einstellung resultiert. Hierfür spielen die fünf Eigenschaften der Innovation eine zentrale Rolle (vgl. Abschn. 2.1) (Rogers 2003, S. 174 ff.).

3. *Entscheidung* (decision) meint das Umwandeln der entwickelten Einstellung in eine Entscheidung für oder gegen die Innovation und damit in konkretes Verhalten. Ein Ablehnen der Innovation kann dabei *aktiv*, also nach Abwägen der Informationen, oder *passiv*, also ohne ein Auseinandersetzen mit der Innovation, erfolgen (Rogers 2003, S. 177 f.).

4. *Implementierung* (implementation) erfolgt durch das konkrete Nutzen der Innovation und löst damit den mentalen Prozess ab. Während des Implementierens treten häufig Fragen zur konkreten Nutzung oder zu Problemen auf, die erneut

eine aktive Informationssuche nach sich ziehen. Zudem kommt es in dieser Phase zu Veränderungen und Anpassungen (*Re-Inventions*) (Rogers 2003, S. 179).

5. *Bestätigung* (confirmation) trägt dem Umstand Rechnung, dass Individuen auch nach der Entscheidung des Implementierens häufig weitere Informationen suchen, um ihr Vorgehen zu bestätigen. Tauchen widersprüchliche Informationen auf, kann die Entscheidung widerrufen werden. *Diskontinuität* entsteht durch das Auftreten einer besseren Alternative (*Replacement Discontinuance*) oder Unzufriedenheit mit der Leistung (*Disenchantment Discontinuance*). Grundsätzlich versuchen Individuen allerdings *Dissonanz* (Festinger 1976) zu vermeiden (Rogers 2003, S. 189 f.).

Als *Innovations-Entscheidungs-Zeitraum* wird die Zeit bezeichnet, die benötigt wird, um den Innovations-Entscheidungs-Prozess zu durchlaufen: „The individuals in a social system do not all adopt an innovation at the same time" (Rogers 2003, S. 267). Dies führt zu erhöhter Komplexität, wenn zum Beispiel in einem Unternehmen ein Social Intranet (durch Vorgesetzte) eingeführt wird, da eine ganze Reihe von Individuen involviert sind. Zudem gilt es herauszufinden, wer genau für das Vorantreiben von Innovationen innerhalb einer Organisation zuständig ist (Rogers 2003, S. 277 f.).

Nach Rogers lassen sich Individuen oder andere Einheiten eines sozialen Systems aufgrund spezifischer Merkmale nach dem Grad ihrer *Innovativität* unterteilen. Basierend auf zahlreichen Diffusionsstudien leitet er fünf *Idealtypen* ab (vgl. Abb. 2), die seit den 1960er-Jahren Vergleichbarkeit zwischen Studien ermöglichen. Sie vereinen jeweils Menschen mit ähnlichen sozioökonomischen und Persönlichkeitsmerkmalen sowie übereinstimmendem Mediennutzungs- und Informationsverhalten. Die Verteilung dieser Typen entspricht einer glockenförmigen Normalverteilung (Rogers 2003, S. 267 ff.).

1. *Innovatoren* (Innovators, 2,5 %) suchen aktiv nach Informationen, nutzen Massenmedien häufig und verfügen über ein weitläufiges interpersonales Netzwerk. Mit der Unsicherheit einer Neuerung können sie besser umgehen als andere Adoptertypen, nicht zuletzt aufgrund höherer finanzieller Ressourcen und Technikaffinität. Da diese Gruppe Innovation von außen in ein soziales System importiert, fungiert sie als Gatekeeper (Rogers 2003, S. 282 f.).
2. *Frühe Adopter* (Early Adopters, 13,5 %) sind stärker in lokale Netzwerke integriert als Innovatoren und fungieren als Meinungsführer. Weitere potenzielle Adopter bitten sie um Rat und Informationen zu Innovationen. Als Vorbild helfen sie durch ihre Übernahme von Innovationen, Unsicherheit zu reduzieren und die kritische Masse zu erreichen (Rogers 2003, S. 283).

3. Die *Frühe Mehrheit* (Early Majority, 34 %) umfasst Personen, die Innovationen noch vor der Mehrheit übernehmen. Zwar interagieren auch sie viel in ihren persönlichen Netzwerken und übernehmen Innovationen bereitwillig. Sie agieren jedoch selten als Meinungsführer und benötigen deutlich länger für den gesamten Prozess (Rogers 2003, S. 283 f.).

4. Die *Späte Mehrheit* (Late Majority, 34 %) steht Innovationen eher skeptisch gegenüber und übernimmt diese erst, wenn es ökonomisch notwendig erscheint, der Druck innerhalb des persönlichen Netzwerks steigt und nur noch wenig Unsicherheit in Bezug auf die Innovation besteht (Rogers 2003, S. 284).

5. *Nachzügler* (Laggards, 16 %) sind in ihren Netzwerken am stärksten lokal ausgerichtet und verfügen über die geringsten finanziellen Ressourcen. Ihr Blick ist vor allem in die Vergangenheit gerichtet. Neuerungen stehen sie kritisch gegenüber. Daher liegen bei ihnen die Phasen des Wissenserwerbs und der Adoption zeitlich am weitesten auseinander (Rogers 2003, S. 284 f.).

Die fünf Typen unterscheiden sich aus zeitlicher Perspektive anhand der *Adoptionsrate*, also der Zeit, die vergeht, bis diese eine Innovation nutzen. Wird die Zahl der Personen, die eine Neuerung übernehmen, auf einer kumulativen Häufigkeitsbasis über die Zeit in einem Diagramm eingetragen, ergibt sich eine S-förmige Verteilung. Rogers fand heraus, dass dies für die meisten Daten aus Diffusionsstudien zu erfolgreichen Innovationen zutrifft (Rogers 2003, S. 275). Auch wenn die S-Kurve steiler oder flacher sein kann, so lässt sich jeweils ein Zeitpunkt ausmachen, an dem eine kritische Masse die Neuerung übernommen hat (vgl. Abb. 3). Dieses Herz des Diffusionsprozesses liegt etwa zwischen zehn und 20 Prozent Adoption (Rogers 2003, S. 174).

2.4 Das soziale System

Empirische Daten zeigen, dass sich die Adoptionsrate für dieselbe Innovation in verschiedenen *sozialen Systemen* unterscheiden kann. Daher ist es nach Rogers notwendig, neben dem bereits besprochenen individuellen Verhalten auch Faktoren des sozialen Systems zu berücksichtigen (Rogers 2003, S. 23). Unter sozialen Systemen versteht Rogers miteinander verbundene Einheiten, „that are engaged in joint problem solving to accomplish a common goal" (Rogers 2003, S. 23). Untersuchte Einheiten können Individuen, informelle Gruppen, Organisationen oder Subsysteme sein.

Auf Makroebene stellt das soziale System, in dem der Diffusionsprozess stattfindet, bestimmte *Strukturen*, die Regelmäßigkeit und Stabilität verleihen. Sie machen menschliches Verhalten bis zu einem gewissen Grad vorhersagbar und reduzieren Unsicherheit. Dies sind *formelle Strukturen*, etwa Hierarchieebenen innerhalb eines Unternehmens. Zudem existieren auch *informelle*, also *kommunikative Strukturen*, die nachvollziehbar machen, wer mit wem unter welchen Bedingungen in interpersonellen Netzwerken interagiert. Insbesondere der Einfluss informeller Strukturen ist für den Diffusionsprozess interessant, jedoch empirisch nicht einfach zu untersuchen, da Effekte der Individuen von jenen des Systems getrennt werden müssen (Rogers 2003, S. 24 f.).

Darüber hinaus haben auch *Normen*, also etablierte tolerierbare Verhaltensmuster, innerhalb des sozialen Systems einen Einfluss. Auch die bereits angesprochenen *Meinungsführerinnen und -führer* reflektieren in der Regel normative Strukturen des Systems, da sie konform zu diesen agieren und entsprechend auch als Opposition auftreten können (Rogers 2003, S. 26 f.). Während Meinungsführer Teil des sozialen Systems sind, in dem sie Einfluss ausüben, treten *Change Agents* professionell von außen an dieses System heran. Oft nutzen sie Meinungsführer als Verbündete, um die Diffusion von Innovationen zu beschleunigen oder zu verlangsamen (Rogers 2003, S. 26 f.).

Ein Betrachten des sozialen Systems ist zudem wichtig, weil nicht immer die Individuen eigenverantwortlich über Adoption oder Ablehnen einer Innovation entscheiden (*Optionale Innovations-Entscheidung*). Auch das gesamte soziale System kann mittels *kollektiver* (alle Individuen stimmen ab) oder *autoritärer Entscheidung* (wenige Individuen, die Macht, Status oder technische Expertise innehaben, stimmen ab) darüber befinden, was häufig in Organisationen der Fall ist (Rogers 2003, S. 28 f.).

Schließlich ist das soziale System auch insofern in den Diffusionsprozess involviert, als dass die Konsequenzen der Übernahme oder des Ablehnens einer Innovation und damit einhergehende Veränderungen auch auf Systemebene auftreten. Diese können wünschenswert oder nicht wünschenswert sein, je nachdem, ob sie sich *funktional* oder *dysfunktional* auf das soziale System auswirken. Ferner *direkt* oder *indirekt*, je nachdem, ob die Auswirkungen unmittelbar spürbar sind oder nicht, sowie *antizipiert* oder *nicht antizipiert*, je nachdem ob die Auswirkungen von den Mitgliedern des sozialen Systems beabsichtigt waren (Rogers 2003, S. 30 f.).

3 Bezug zum Gesamtwerk des Autors

Rogers hinterließ ein beachtliches Oeuvre von über 30 Büchern, mehr als 350 Journalartikeln und Beiträgen in Sammelbänden (Backer et al. 2005, S. 289). Zentraler Ausgangspunkt seiner wissenschaftlichen Reputation ist dabei das in insgesamt fünf überarbeiteten Auflagen erschienene Buch *Diffusion of Innovation* (Rogers 2003). Das in unterschiedlichsten Disziplinen rezipierte Werk kann trotz einiger Vorarbeiten, die sich bis in das frühe 20. Jahrhundert zurückverfolgen lassen (Tarde 1903), als Gründungswerk der Diffusionsforschung bezeichnet werden (McGrath und Zell 2001, S. 386).

Auch wenn Rogers diesem Thema während seiner gesamten wissenschaftlichen Karriere treu blieb, erweiterte er den thematischen Fokus von Innovationen in der Landwirtschaft schnell auf eine Vielzahl an Themen (Singhal 2012, S. 852). In seiner Zeit in Stanford etwa entwickelte er in räumlicher Nähe zum Silicon Valley ein starkes Interesse an der Analyse technologischer Innovationen (Rogers und Larsen 1984). Letztlich trug Rogers zu einer Vielzahl von Forschungsfeldern bei, etwa der Gesundheits-, Entwicklungskommunikation und Entertainment Education (u. a. Rogers 1976, 1994b; Singhal und Rogers 2002). Im Zuge seiner Orientierung in die Kommunikationswissenschaft umfasst sein Werk zudem zahlreiche selbst und mitverfasste Publikationen zu Themen wie Kommunikationstechnologie (u. a. Rogers 1986), Kommunikationsnetzwerke (u. a. Rogers und Kincaid 1981), Geschichte der Kommunikationswissenschaft (u. a. Rogers 1994a), interkulturelle Kommunikation (u. a. Rogers und Steinfatt 1999) sowie internationale Kommunikation und Mediensysteme (u. a. Rogers und Balle 1985).

Angesichts der abstrakten Darstellung des von ihm skizzierten Diffusionsprozesses erfuhren seine theoretischen Überlegungen eine bis heute andauernde Rezeption, worauf in Kap. 4 dezidierter eingegangen wird.

4   Wirkungsgeschichte und Kritik

4.1   Rezeption der Diffusionstheorie in der Kommunikationswissenschaft

Eine Besonderheit der Diffusionstheorie liegt in ihrer breiten, disziplinübergreifenden Rezeption. Der von Rogers abstrahierte Prozess der Diffusion von Innovationen wird dabei seit mehr als 60 Jahren nahezu unverändert auf unterschiedlichste Innovationen übertragen. Bis heute findet die Theorie in vielen Forschungsfeldern Anwendung, unter anderem in der Anthropologie, Soziologie, Pädagogik, Geografie sowie im Marketing und Management (Rogers 2003, S. 44 f.).

Die Diffusionstheorie erfuhr dabei auch in der Kommunikationswissenschaft breite Resonanz. Dies liegt einerseits an der Relevanz von massenmedialer und interpersonaler Kommunikation für den Verlauf des Diffusionsprozesses, andererseits ermöglicht es der Ansatz auch, das Verbreiten medialer Innovationen zu untersuchen (vgl. dazu ausführlich Karnowski 2017). Um unterschiedliche Anwendungs-felder sowie die Übertragbarkeit der Diffusionstheorie auf aktuelle Fragestellungen zu verdeutlichen, werden nachfolgend jeweils beispielhaft einige Studien heraus-gegriffen. Ein vollständiger Überblick über die Weiterentwicklung der Diffusions-theorie in der Kommunikationswissenschaft ist aufgrund der Fülle an Publikatio-nen an dieser Stelle nicht möglich.

Vor allem der Prozess der Etablierung neuer Informations- und Kommunikati-onstechnologien wird häufig aus diffusionstheoretischer Perspektive betrachtet, schon in den 1980er-Jahren von Rogers (1986) selbst und erneut verstärkt mit der Etablierung des Internet (u. a. Lin 2001) sowie des Mobiltelefons (Karnowski et al. 2006; von Pape 2008). Die ursprüngliche Diffusion von Mobiltelefonen kann gera-dezu prototypisch mithilfe der Diffusionstheorie erklärt werden (Rogers 2003). In diesem Kontext werden auch die Adoption spezifischer mobiler Anwendungen wie Gaming (Kleijnen et al. 2003) oder Mobile Chats (Nysveen et al. 2005) mithilfe des etablierten theoretischen wie methodischen Instrumentariums der Diffusionstheo-rie erforscht.

In der Journalismus- und Medien-Management-Forschung steht einerseits die Diffusion unterschiedlicher, zu ihrer Zeit jeweils „neuer" Medien im Fokus: Wood Adams (2008) untersuchte zum Beispiel mithilfe der Diffusionstheorie, wie US-amerikanische Wochenzeitungen Online-Ausgaben einführten. Obwohl Zei-tungsmanagerinnen und -manager wenig planvoll vorgingen, stießen diese auf we-nig Widerstand. Darüber hinaus wurde auch die zunehmende Konvergenz von Print, Fernsehen und Online-Medien in Nachrichtenredaktion aus diffusionstheo-retischer Perspektive betrachtet: Singer (2004) konstatiert auf der Basis qualitativer und quantitativer Daten aus Fallstudien in vier US-Redaktionen, diffusionsför-dernde wie -hemmende Faktoren für Journalistinnen und Journalisten. So werden konvergente Reaktionen als karrierefördernd empfunden. Gleichzeitig behindern mangelnde Schulungen das Zerstreuen einer wahrgenommenen Komplexität. García-Avilés et al. (2018) entwickelten darüber hinaus angelehnt an die Diffusi-onstheorie ein Modell für die interne Diffusion von Innovationen in Medienorgani-sationen, wobei sie herausfanden, dass häufig Journalistinnen und Journalisten so-wie Organisationen an der Peripherie die ersten sind, die Innovationen einführen.

Darüber hinaus lassen sich Arbeiten im Bereich der strategischen Kommunika-tions- und PR-Forschung sowie im Marketing finden, die die externe Innovations-kommunikation fokussieren. Beispielsweise entwickelte Krugsberger (2019) ein Innovationsverarbeitungsmodell, das für jede Phase des Diffusionsprozesses ein Kommunikationsziel definiert, um letztlich Akzeptanz für das Thema digitale Transformation und Industrie 4.0 zu erreichen. Weitere Arbeiten stellen zudem die Relevanz von Mund-zu-Mund-Propaganda als effektives Marketinginstrument für

Unternehmen heraus, um individuelle Entscheidungen zu beeinflussen (Pfeffer-mann und Hülsmann 2011). Gleichzeitig fanden Rogers Ideen auch Eingang in die Organisationsforschung, da zentrale Gedanken zur Verbreitung von Innovationen in Organisationen auch in Einklang mit sozialen Netzwerktheorien stehen (Rogers und Agarwala-Rogers 1976). Kim (2015) entwickelte hier in einer Kombination aus Diffusionstheorie und Change Management in Organisationen ein integriertes Veränderungsdiffusionsmodell (change diffusion model).

Die Diffusion von Nachrichten wurde in der Kommunikationswissenschaft vor allem in den 1940er bis 1960er-Jahren verstärkt untersucht (u. a. Deutschmann und Danielson 1960). Dieser Prozess ist besonders, da die Diffusionskurve deutlich steiler, d. h. der Prozess insgesamt schneller verläuft. Dies liegt auch daran, dass dieser mit dem Wissenserwerb abgeschlossen ist. Alle Studien stellten eine hohe Relevanz von Massenmedien zu Beginn der Diffusion von Nachrichten, insbeson-dere des Fernsehens, fest (Karnowski 2013, S. 522). Diffusionsstudien zur Verbrei-tung von Nachrichten werden heute, selbst bei Großereignissen, nur vereinzelt durchgeführt (u. a. Emmer et al. 2002; Rogers und Seidel 2002). Insgesamt hat der Fokus auf das gemeinsame Wirken massenmedialer wie interpersonaler Kommuni-kation sowie persönlicher Kommunikationsnetzwerke insbesondere auch im Zuge der Online- und Mobilkommunikation an Bedeutung gewonnen (Rogers et al. 2009). Einige Studien befassen sich daher auch aus dieser Perspektive mit dem Verbreiten von Informationen über soziale Netzwerke und zeigen unter anderem, dass die Selbstwahrnehmung als Meinungsführer, die wahrgenommene Bindungs-stärke in Online-Netzwerken und die wahrgenommene Präferenz von Online-Nachrichten signifikante Auswirkungen auf die Absicht hatten, Nachrichten in so-zialen Medien zu teilen, die wahrgenommene Glaubwürdigkeit von Nachrichten jedoch nicht (Ma et al. 2014). Weitere Ergebnisse aus netzwerktheoretischer Per-spektive deuten zudem an, dass für Social-Media-Plattformen stärkere Bindungen individuell zwar einflussreicher sind, es jedoch die häufiger vorkommenden schwa-chen Bindungen sind, die für die Verbreitung neuer Informationen verantwortlich sind (Bakshy et al. 2012).

4.2   Kritikpunkte und Weiterentwicklung

Abschließend werden einige zentrale Kritikpunkte an der Diffusionstheorie ge-nannt sowie Weiterentwicklungen, insbesondere auch in der Kommunikationswis-senschaft, dargelegt. Hierbei wird auch betrachtet, inwiefern die Diffusionstheorie vor dem Hintergrund der Digitalisierung und damit veränderter massenmedialer sowie interpersonaler Kommunikation weiterhin als aussagekräftig angesehen werden kann.

Ein grundsätzlicher Kritikpunkt liegt darin, dass die Diffusionstheorie im Kern theoretisch wie methodisch nur geringfügige Veränderungen erfahren hat. Dies greift etwa Karnowski (2013, S. 523) als Kritikpunkt auf: „Oftmals finden sich Ansätze, lange bekannte Defizite dieser Forschungstradition zu bearbeiten, erst in der jüngsten Vergangenheit."

Einige der weiteren wesentlichen Kritikpunkte hat Rogers (2003) selbst zusammengetragen. Seit langem wird ein *Innovationspositivismus* der Diffusionsforschung bemängelt, also die Annahme, eine Innovation sollte sich möglichst schnell möglichst massenhaft verbreiten, ohne dabei verändert oder abgelehnt zu werden. Dies wird zwar selten explizit so formuliert, jedoch implizit angewendet. Das Scheitern einer Innovation wird in der Regel auf einzelne Individuen zurückgeführt, während die Rolle sozialer Rahmenbedingungen dagegen selten berücksichtigt wird (Rogers 2003, S. 118 ff.). Gründe für den Innovationspositivismus liegen in der Finanzierung vieler Studien durch Change Agencies, aber auch in der empirisch leichteren Zugänglichkeit erfolgreicher Innovationen (Rogers 2003, S. 109 f.). Dementsprechend wurden die Ablehnung von Innovationen oder der Abbruch ihrer Nutzung kaum in der Forschung ausgewertet.

Daran knüpft auch weitere Kritik an der *Dichotomie zwischen Annahme und Ablehnung* sowie am *linearen Verlauf des Diffusionsprozesses* insgesamt an (von Pape 2008, S. 35). Rogers (2003) hat angesichts des wechselseitigen Kommunikationsprozesses selbst Änderungen (Re-Inventions) als Weiterentwicklung der Innovationen aufgenommen, weitere Autorinnen und Autoren fokussieren eine aktive Rolle der Adopter, sowohl untereinander als auch in Bezug auf die Innovation (Dearing und Meyer 2006). Insbesondere im Zuge der Digitalisierung spielt in vielen Branchen die „co-evolution of users and technologies" (Oudshoorn und Pinch 2003) verstärkt eine Rolle.

Zudem sind Ansätze der Aneignungs- (u. a. Karnowski et al. 2006; von Pape 2008; Wirth et al. 2008) und Domestizierungsforschung (Silverstone und Haddon 1996) zu nennen, die eine aktivere Rolle des Adopters zugrunde legen, den Aneignungsprozess einer Innovation als Aushandeln betrachten und das Verändern von Innovationen im sozialen Gebrauch in den Blick nehmen. Darüber hinaus wurde die Beschreibung der Adopter als unzureichend kritisiert und kann mittels psychologischer, sozial- und kulturwissenschaftlicher Ansätze ausdifferenziert werden (u. a. Hartmann 2009).

Weiterhin wird kritisiert, dass Innovationen als Lösung sozialer Probleme in der Regel *außerhalb des Systems* von Expertinnen und Experten entwickelt werden und anschließend auch von außen mithilfe der Change Agents an diese herangetragen werden. Singhal (2011) hat einen alternativen *Positive-Deviance-Ansatz* entwickelt, der Lösungsansätze innerhalb des Systems in den Vordergrund stellt: Individuen, die innerhalb des Systems zu besseren Ergebnissen kommen, sich aber dennoch innerhalb der geltenden Normen bewegen, können Innovationen lösungsorientiert vorantreiben.

Neben den skizzierten Kritikpunkten an der theoretischen Konzeption der Diffusionstheorie wird auch das *methodische Vorgehen* kritisiert (von Pape 2008, S. 39). Rogers griff für das methodologische Standarddesign der Diffusionsforschung auf eine Ausgangsstudie aus den 1940er-Jahren zurück. Ryan und Gross (1943) hatten mittels einer Befragung von Landwirten nach der erfolgreichen Verbreitung einer landwirtschaftlichen Innovation (hybrides Saatgut) deren Beweggründe und persönliche Eigenschaften der Befragten erhoben. So schlossen sie auf Faktoren, die eine frühe Übernahme begünstigen. Nach Meyer (2004, S. 59) kommen in nahezu allen Diffusionsstudien quantitative Datenerhebungsverfahren in Bezug auf eine isoliert betrachtete Innovation zum Einsatz, die von Adoptern zu einem Zeitpunkt erhoben werden, wenn die Innovation sich bereits massenhaft verbreitet. Diese Kritik ist sicherlich zu relativieren, da auch qualitative Verfahren angewendet werden (u. a. Anderson und Kanuka 1997). Rogers selbst hebt allerdings auch hervor, dass viele Studien Innovationen als unabhängige Einzelphänomene untersuchen, obwohl in der Realität häufig *Cluster* entstehen, in denen individuelle Erfahrungen mit einer Innovation die Diffusion weiterer Innovationen entscheidend beeinflussen (Rogers 2003, S. 15). Dies wird zum Beispiel besonders deutlich bei der Adoption von Online-Angeboten (z. B. einer Nachrichtenwebseite), da vorab unterschiedliche Endgeräte (PC, Laptop, Mobiltelefon) und Netzbetreiber zur Wahl stehen (Kolo 2010, S. 290). Ebenso schlug Rogers vor, *mehrere Messzeitpunkte* im Verlauf des Diffusionsprozesses anzulegen (Rogers 2003, S. 12 f.). Studien dieser Art sind jedoch insgesamt bis heute eher selten und wenig rezipiert (van Pape 2008, S. 38 f.).

Nach Kincaid (2004, S. 37) kann die Diffusionstheorie letztlich eher gesehen werden als „model, framework, or paradigm large enough to drive a truckload of supporting theories through, including all existing theories of persuasion, knowledge acquisition, social learning, interpersonal communication and influence, social change, utilization of knowledge, and so forth". Kommunikationswissenschaftlerinnen und -wissenschaftler haben mögliche Lösungen aufgezeigt. Eine Kombination mit weiteren Ansätzen kann helfen, Adoptionsentscheidungen von Individuen besser zu verstehen, z. B. mithilfe sozialpsychologischer Handlungstheorien wie der Theory of Reasoned Action, der Theory of Planned Behavior sowie des Technology Acceptance Models. Netzwerkanalysen fokussieren darüber hinaus die Prozesse innerhalb sozialer Netzwerke und eine Kombination mit dem

Uses-and-Gratifications-Ansatz erlaubt ein besseres Verständnis der Funktionen von Innovationen für ihre Nutzerinnen und Nutzer. Schließlich können Ansätze der Cultural Studies oder Rahmenanalysen helfen, den Aushandlungsprozess der Aneignung detaillierter darzustellen (dazu ausführlich Übersicht u. a. Kolo 2010; van Pape 2008; Wirth et al. 2008). Insbesondere in Bezug auf das vielseitig genutzte Mobiltelefon wurden Diffusionsprozesse mithilfe weiterentwickelter, integrativer Modelle untersucht, die quantitative und qualitative Ansätze vereinen. So beschreiben Wirth et al. (2008) mithilfe eines integrativen Modells die individuelle Aneignung neuer Kommunikationsdienste; von Pape (2008) erfasst auf Mesoebene die Aneignung des Mobiltelefons unter Jugendlichen in sozialen Netzwerken.

Trotz der zum Teil nach wie vor bestehenden Kritikpunkte ist die Diffusionstheorie von Everett M. Rogers unbestritten als kommunikationswissenschaftliches Standardwerk einzuordnen. Ihm gelang es vor allem, vielfältige Befunde unterschiedlichster Disziplinen zu ordnen und mittels der daraus abgeleiteten Generalisierungen zu einem Forschungsansatz mittlerer Reichweite zu abstrahieren. Die daraus resultierende breite Anwendbarkeit hat zu vielfältiger Anschlussforschung in zahlreichen wissenschaftlichen Disziplinen geführt, und prägt bis heute auch die Innovationsforschung innerhalb der Kommunikationswissenschaft.

Literatur

Anderson, T., & Kanuka, H. (1997). On-Line Forums: New Platforms for Professional Development and Group Collaboration. *Journal of Computer-Mediated Communication (JCMC), 3*(3). https://doi.org/10.1111/j.1083-6101.1997.tb00078.x

Backer, T., Dearing, J., Singhal, A., & Valente, T. (2005). Writing with Ev – Words to Transform Science into Action. *Journal of Health Communication, 10*(4), 289–302. https://doi.org/10.1080/10810730590949996

Bakshy, E., Rosenn, I., Marlow, C., & Adamic, L. (2012). The role of social networks in information diffusion. In *Proceedings of the 21st international conference on World Wide Web* (S. 519–528). New York: ACM.

Dearing, J.W., & Meyer, G. (2006). Revisiting Diffusion Theory. In Singhal, A. & Dearing, J.W. (Hrsg.), *Communication of Innovations: A Journey with Ev Rogers* (S. 29–60). New Delhi: Sage.

Dearing, J., & Singhal, A. (2006). Communication of Innovation: A Journey with Ev Rogers. In J. Dearing & A. Singhal (Hrsg.), *Communication of Innovation: A Journey with Ev Rogers* (15–28). https://doi.org/10.4135/9788132113775

Deutschmann, P. J., & Danielson, W. A. (1960). Diffusion of Knowledge of the Major News Story. *Journalism Quaterly*, 37, 345–355.

Emmer, M., Kuhlmann, C., Vowe, G., & Wolling, J. (2002). Der 11. September – Informationsverbreitung, Medienwahl, Anschlusskommunikation. *Media Perspektiven,* 166–177.

Festinger, L. (1976). *A theory of cognitive dissonance.* Stanford: Stanford University Press.

García-Avilés, J.A., Carvajal-Prieto, M., Arias-Robles, F., & De Lara-González, A. (2018). Journalists' views on innovating in the newsroom: Proposing a model of the diffusion of innovations in media outlets. *The Journal of Media Innovations, 5*(1), 1–16. https://doi.org/10.5617/jomi.v5i1.3968

Hartmann, T. (2009). A brief Introduction to Media Choice. In T. Hartmann (Hrsg.), *Evolving Perspectives on Media Choice: A Theoretical and Empirical Overview* (S. 1–9). London: Taylor & Francis. https://doi.org/10.4324/9780203938652

Holt, L. (2004). *UNM's Everett Rogers Was Communications Pioneer.* Albuquerque Journal, October 25. https://www.abqjournal.com/obits/profiles/248408profiles10-25-04.htm

Hornik, R. (2004). Some Reflections on Diffusion Theory and the Role of Everett Rogers. *Journal of Health Communication, 9*(1), 143–148. https://doi.org/10.1080/1081070490271610

Karnowski, V. (2017). *Diffusionstheorie.* Baden-Baden: Nomos. https://doi.org/10.5771/9783845263410-1

Karnowski, V. (2013) Diffusionstheorie. In W. Schweiger, & A. Fahr (Hrsg.), *Handbuch Medienwirkungsforschung* (S. 513–528). Springer VS. https://doi.org/10.1007/978-3-531-18967-3_27

Karnowski, V., von Pape, T., & Wirth, W. (2006). Zur Diffusion Neuer Medien. Kritische Bestandsaufnahme aktueller Ansätze und Überlegungen zu einer integrativen Diffusions- und Aneignungstheorie Neuer Medien. *Medien & Kommunikationswissenschaft, 54*(1), 56–74.

Kincaid, D. L. (2004). From innovation to social norm: Bounded normative influence. *Journal of Health Communication, 9*, 37–57.

Kim, T. (2015). Diffusion of changes in organizations. *Journal of Organizational Change, 28*(1), 134–152. https://doi.org/10.1108/JOCM-04-2014-0081

Kleijnen, M., de Ruyter, K., & Wetzlers, M. (2003). Factors influencing the adoption of mobile gaming services. In B. E. Mennecke & T. J. Strader (Hrsg.), *Mobile Commerce: Technology, Theory, and Applications* (S. 202–217). Hershey, PA: Idea Group.

Kolo C. (2010) Online-Medien und Wandel: Konvergenz, Diffusion, Substitution. In Schweiger W., Beck K. (Hrsg.) *Handbuch Online-Kommunikation* (S. 283–307). VS Verlag für Sozialwissenschaften. https://doi.org/10.1007/978-3-531-92437-3_12

Krugsberger, S. (2019). *Strategische Innovationskommunikation.* Ein phasenbasiertes Konzept für die Kommunikation von Innovationen in Unternehmen am Beispiel der digitalen Transformation und Industrie 4.0. Dissertationsschrift an der Universität Hohenheim. http://opus.uni-hohenheim.de/volltexte/2020/1687/pdf/20191217_Dissertation_Krugsberger.pdf

Lin, C. A. (2001). Audience Attributes, Media Supplementation, and Likely Online Service Adoption. *Mass Communication and Society, 4*(1), 19–38. https://doi.org/10.1207/S15327825MCS0401_03

Ma, L., Sian Lee, C., & Hoe-Lian Goh, D. (2014). Understanding news sharing in social media: An explanation from the diffusion of innovations theory. *Online Information Review, 38*(5), 598–615.

McGrath, C., & Zell, D. (2001). The Future of Innovation Diffusion Research and Its Implications for Management. A Conversation with Everett Rogers. *Journal of Management Inquiry, 10*(4), 386–391. https://doi.org/10.1177/1056492601104012

Meyer, G. (2004). Diffusion Methodology: Time to Innovate? *Journal of Health Communication, 9*(1), 59–69. https://doi.org/10.1080/10810730490271539

Nysveen, H., Pedersen, P. E., & Thorbjørnsen, H. (2005). Explaining intention to use mobile chat services: Moderating effects of gender. *Journal of Consumer Marketing, 22*(5), 247–256. https://doi.org/10.1108/07363760510611671

Oudshoorn, N., & Pinch, T. (2003). Introduction: How Users and Non-Users Matter. In N. Oudshoorn & T. Pinch (Hrsg.), *How users matter. The co-construction of users and technologies* (S. 1–28). Massachusets: MIT Press.

Pfeffermann N., & Hülsmann, M. (2011) Communication of Innovation: Marketing, Diffusion, and Frameworks. In M. Hülsmann &, N. Pfeffermann (Hrsg.), *Strategies and Communications for Innovations*. Springer, Berlin, Heidelberg. https://doi.org/10.1007/978-3-642-17223-6_7

Rogers, E. M. (1957). *A Conceptual Variable Analysis of Technological Change* (1957). Retrospective Theses and Dissertations. 13020. https://lib.dr.iastate.edu/rtd/13020

Rogers, E. M. (1962). *Diffusion of Innovations*. (1. Aufl.) New York: Free Press.

Rogers, E. M. (Hrsg.) (1976). *Communication and Development: Critical Perspectives.* Thousand Oaks: Sage Publications.

Rogers, E.M. (1986). *Communication Technology. The New Media in Society.* New York: Free Press.

Rogers, E. M. (1994a). *A History of Communication Study. A Biographical Approach.* New York: Free Press.

Rogers, E. M. (1994b). The Field of Health Communication Today. *American Behavioral Scientist, 38*(2), 208–214. https://doi.org/10.1177/0002764294038002003

Rogers, E. M. (2003). *Diffusion of Innovations* (5. Aufl.). New York: Free Press.

Rogers, E. M., & Agarwala-Rogers, R. (1976). *Communication in Organizations.* New York: Free Press.

Rogers, E. M., & Kincaid, D. L. (1981). *Communication Networks: A new paradigm for research.* New York: Free Press.

Rogers, E. M., & Balle, F. (Hrsg.) (1985). *The Media Revolution in the United States and in Western Europe.* Norwood: Ablex Publishing.

Rogers, E. M., & Larsen, J. K. (1984). Silicon Valley fever. New York: Basic Books.

Rogers, E. M., & Shoemaker, F. (1972). *Communication of Innovations* (2. Aufl.). New York: Free Press.

Rogers, E. M., Singhal, A., & Quinlan, M. M. (2009). Diffusion of Innovations. In D. W. Stacks & M. B. Salwen (Hrsg.), *An Integrated Approach to Communication Theory and Research* (S. 418–434). New York: Routledge.

Rogers, M. E., & Steinfatt, T. M. (1999). *Intercultural Communication.* Waveland Press Inc.

Rogers, E. M., & Seidel, N. (2002). Diffusion of News of the Terrorist Attacks of September 11, 2001. *Prometheus, 20*, 209–219.

Ryan, B., & Gross, N. C. (1943). The Diffusion of Hybrid Seed Corn in Two Iowa Communities. *Rural Sociology, 8*(1), 15–24.

Silverstone, R., & Haddon, L. (1996). Design and the domestication of information and communication technologies: Technical change and everyday life. In R. Mansell, & R. Silverstone (Hrsg.), *Communication by design: The politics of information and communication technologies* (S. 44–74). Oxford: Oxford University Press.

Singer, J. B. (2004). Strange bedfellows? The diffusion of convergence in four news organizations. *Journalism Studies, 5*(1), 3–18. https://doi.org/10.1080/1461670032000174701

Singhal, A., & Rogers, E.M. (2002). A theoretical agenda for entertainment-education. *Communication Theory, 12*(2), 117–135.

Singhal, A. (2012). Everett M. Rogers, an intercultural life: From Iowa farm boy to global Intellectual. *International Journal of Intercultural Relations, 36*(6), 848–856. https://doi.org/10.1016/j.ijintrel.2012.08.015

Singhal, A. (2011). Turning Diffusion of Innovations Paradigm on Its Head. In A. Vishwanath, & G. A. Barnett (Hrsg.), *The Diffusion of Innovations: A Communication Science Perspective* (S. 193–205). New York: Peter Lang.

Tarde, G. (1903). *The laws of imitation.* New York: Holt.

von Pape, T. (2008). *Aneignung neuer Kommunikationstechnologien in sozialen Netzwerken.* Am Beispiel des Mobiltelefons unter Jugendlichen. Wiesbaden: VS Verlag für Sozialewissenschaften.

Wirth, W., von Pape, T., & Karnowski, V. (2008). An Integrative Model of Mobile Phone Appropriation. *Journal of Computer-Mediated Communication, 13*(3), 593–617. https://doi.org/10.1111/j.1083-6101.2008.00412.x

Wood Adams, J. (2008). Innovation Management and U.S. Weekly Newspaper Web Sites: An Examination of Newspaper Managers and Emerging Technology. *International Journal on Media Management, 10*(2), 64–73. https://doi.org/10.1080/14241270802000454

The social Construction of Reality: A treatise in the sociology of knowledge

von Peter L. Berger & Thomas Luckmann (1966)

Thomas Döbler

Zusammenfassung

Bergers und Luckmanns 1966 publizierte Schrift „The social construction of reality" gilt als eines der einflussreichsten soziologischen Bücher weltweit: Es wurde in mehr als 20 Sprachen übersetzt und allein die englischsprachige Ausgabe wurde über eine Million Mal verkauft.

Die zentrale Frage, die Berger und Luckmann in diesem Buch aufzuschlüsseln versuchen, ist, wie aus dem subjektiven Wissen eines Akteurs so etwas wie eine intersubjektive Vorstellung von der Wirklichkeit in einer Gesellschaft entstehen kann. Ausgehend von Überlegungen zum Alltagswissen zeigen sie auf, wie aus dem unterschiedlichen Wissen vieler Menschen eine gemeinsame Vorstellung von Wirklichkeit als Grundlage des sozialen Handelns wird. Grundgedanke ihrer sozialkonstruktivistischen Sichtweise ist, dass soziale Tatbestände nicht einfach gegeben sind, sondern in alltäglicher Interaktion in Prozessen der Habitualisierung und Institutionalisierung, also der Objektivierung sozialer Erfahrungen produziert werden. Über Verinnerlichung in Sozia-

---

Erstauflage 1966. Der vorliegende Text bezieht sich auf die deutschsprachige Ausgabe von 1969

T. Döbler (✉)
Hochschule Macromedia University of Applied Sciences, Stuttgart, Deutschland
E-Mail: t.doebler@macromedia.de

© Der/die Autor(en), exklusiv lizenziert an Springer Fachmedien
Wiesbaden GmbH, ein Teil von Springer Nature 2022
R. Spiller et al. (Hrsg.), *Schlüsselwerke: Theorien (in) der Kommunikationswissenschaft*, https://doi.org/10.1007/978-3-658-37354-2_11

lisationsprozessen erlebt der einzelne Mensch schließlich die erzeugte Ordnung der Gesellschaft und seiner Umwelt als objektive Wirklichkeit, die er reproduziert, aber auch zu modifizieren, zu verändern vermag. In diesem Verständnis ist Gesellschaft für Berger und Luckmann etwas, dass sich in einem fortlaufenden dialektischen Wechselspiel als zugleich „objektive" wie „subjektive" Wirklichkeit herstellt.

Schlüsselwörter

Sozialkonstruktivismus · Kommunikativer Konstruktivismus · Lebenswelt · Dialektischer Prozess · Institution

1 Kurzbiografien

Peter L. Berger wurde 1929 in Wien geboren, flüchtete vor dem Nationalsozialismus zunächst nach Palästina und emigrierte 1946 in die Vereinigten Staaten von Amerika. Sein Studium absolvierte er in den 1950er-Jahren an der New School for Social Research in New York, unter anderem bei seinem Lehrer Alfred Schütz, ebenfalls aus Österreich in die USA emigriert, der als Begründer der phänomenologischen Soziologie gilt. Nach dem Studium der Soziologie und Philosophie in den USA sowie der Promotion im Jahr 1954 arbeitete Berger Mitte der fünfziger Jahre als Studienleiter für soziologische Fragen an der Evangelischen Akademie Bad Boll. Von 1956 bis 1958 lehrte Berger als Assistenzprofessor an der University of North Carolina und von 1958 bis 1963 am Hartford Theological Seminary. Anschließend folgte er einem Ruf an die New School for Social Research, danach an die Rutgers University in New Jersey, sowie an das Boston College. 1981 übernahm er eine Professur für Soziologie und Theologie an der Boston University, ab 1985 leitete er dort bis 2009 das von ihm gegründete Institute on Culture, Religion and World Affairs (CURA). Am 27. Juni 2017 starb Berger in Brookline/MA (Grenz et al. 2018; Endreß 2018; Knoblauch und Steets 2018; Pfadenhauer 2017).

Thomas Luckmann, am 14. Oktober 1927 im heutigen Jesenice/Slowenien geboren, studierte Philosophie, Germanistik, romanistische Sprachwissenschaft und Literatur, vergleichende Linguistik und Psychologie an den Universitäten Wien und Innsbruck sowie seit 1949 an der New School for Social Research in New York, wo er Alfred Schütz kennenlernte. Mit einer religionssoziologischen Arbeit promoviert, wurde Luckmann 1960 als Nachfolger des ein Jahr zuvor verstorbenen Schütz auf die Professur für Soziologie berufen. Mitte der 1960er-Jahre nahm

Luckmann kurz nach Fertigstellung des Manuskripts zu The Social Construction of Reality einen Ruf auf eine ordentliche Professur an der Universität Frankfurt an, 1970 folgte er einem Ruf auf einen Lehrstuhl für Soziologie an der neu gegründeten ‚Reformuniversität' Konstanz, wo er bis zu seiner Emeritierung 1994 lehrte und noch Jahre darüber hinaus aktiv tätig blieb. Am 10. Mai 2016 verstarb Thomas Luckmann (Averbeck-Lietz et al. 2010; Bergmann 2016; Dreher et al. 2016; Endreß 2018; Knoblauch und Steets 2018).

In den Seminaren an der New School lernten Thomas Luckmann und Peter Berger sich kennen, verfassten Anfang der 1960er-Jahre eine Reihe von Aufsätzen und publizierten schließlich 1966 den „Bestseller" The social construction of reality: A treatise in the sociology of knowledge. Trotz der fruchtbaren Zusammenarbeit und ihrer lebenslangen Freundschaft liefen sowohl Bergers und Luckmanns thematische Interessen als auch bestimmte theoretische Weiterentwicklungen zentraler Ideen von Social Construction danach in unterschiedliche Richtungen. Knoblauch und Steets (2018, S. 601) heben hervor, dass es aus heutiger Sicht geradezu „irritierend" anmutet, dass sie diese Theorieposition nicht gemeinsam systematisch weiterentwickelt haben, sondern, gerade einmal 37 bzw. 38 Jahre alt, ihre unmittelbare Zusammenarbeit beendeten.

2   Inhalt des Textes

Auf der Website der Universität Boston, an der Berger bis 2009 aktiv arbeitete, findet sich im Nachruf auf seinen Tod: „... Co-authored with his life-long friend, Thomas Luckmann, his The Social Construction of Reality is recognized as one of the most original and influential books in the sociology of knowledge ever written. ... The book ...was named by the International Sociological Association (ISA) as the fifth most influential book written in the field of sociology during the 20th century" (Website der Boston University 2017). Mit diesem solchermaßen gepriesenem Werk beabsichtigten Berger und Luckmann gegen Mitte der 1960er-Jahre einen Beitrag zu einer Wissenssoziologie zu leisten, die sich im Anschluss an Alfred Schütz vornehmlich dem Wissen von „Jedermann", dem Alltagswissen widmet. In ihrer Einleitung zu dem Buch formulieren sie den Anspruch zu ergründen, „wie es vor sich geht, dass gesellschaftlich entwickeltes, vermitteltes und bewahrtes Wissen für den Mann auf der Straße zu außer Frage stehender ‚Wirklichkeit' gerinnt" (Berger und Luckmann 1969, S. 3). Wirklichkeit definieren sie dabei als Qualität von Phänomenen, die „ungeachtet unseres Wollens vorhanden sind" (ebd. S. 1). Wissen als der zweite Schlüsselbegriff des Werkes definieren sie als die „Ge-

wissheit, dass Phänomene wirklich sind und bestimmbare Eigenschaften" (ebd.)
haben. Das Alltags-, das „Allerweltswissen" über das „richtige Verhalten", das
„selbstverständlich" und insofern objektiv wirklich ist, bildet „die Bedeutungs-
und Sinnstruktur, ohne die es keine menschliche Gesellschaft gäbe" (ebd.). Ausgehend von der These, dass alle sozialen Strukturen dem subjektiven Sinn von interagierenden Individuen entspringen, geht es also um die Frage, wie es möglich ist,
dass „subjektiv gemeinter Sinn zu objektiver Faktizität wird?" (ebd., S. 20).

Im Grunde liefern sie damit eine Theorie der gesellschaftlichen Ordnung, ihrer
Entstehung und ihres Erhalts (Abels 2009) und zugleich auch einen sozialkonstruktivistischen Alternativentwurf zu dem seinerzeit in den USA vorherrschenden
Strukturfunktionalismus von Talcott Parsons (1960, 1969) und dessen theoretischer Konzeption von gesellschaftlicher Wirklichkeit. Berger und Luckmann sehen
die Menschen nicht als „machtlose Marionetten sozialer Strukturen", die sozialen
Normen und Institutionen ausgeliefert sind, sondern vielmehr als „immer auch
eine schöpferische Qualität realisierende Akteure, die über Deutungs- und Handlungsmacht verfügen" (Rosenthal 2016, S. 241).

Ihre theoretische Grundlegung formulieren Berger und Luckmann entlang eines
dialektischen Verhältnisses von Gesellschaft und Individuum: Dem Einzelnen
stehe Gesellschaft als eine objektive Realität gegenüber, doch zugleich werde diese
durch subjektive Konstruktionsprozesse konstituiert. Dieser Logik entsprechend
gliedern sie auch die Hauptteile des Buches in „Gesellschaft als objektive Wirklichkeit" sowie „Gesellschaft als subjektive Wirklichkeit". Sie bezeichnen es selbst
als „Paradoxon", dass der „Mensch fähig ist, eine Welt zu produzieren, die er dann
anders denn als ein menschliches Produkt erlebt" (Berger und Luckmann 1969,
S. 65). Der Mensch und seine gesellschaftliche Welt stehen miteinander in Wechselwirkung, das „Produkt wirkt zurück auf seinen Produzenten" (ebd.). Der Mensch
produziert die Welt durch sein Handeln. Doch erfolgt diese Produktion weder systematisch oder geplant, noch ist sie zufällig, vielmehr spielt sie sich zweckmäßig
ein, denn „alles menschliche Tun ist dem Gesetz der Gewöhnung unterworfen"
(ebd., S. 56). Handeln, das wiederholt erfolgreich war, wird als typisches Handeln
generalisiert und als probates Muster verinnerlicht. Die Anwendung des Musters
wird zum Habitus. Dass sich in der lebensweltlichen Praxis also bestimmte Routi-
nehandlungen ergeben, durch die im Alltag für die Handelnden eine Entlastung
eintritt, bezeichnen Berger und Luckmann als *Habitualisierung*. „Habitualisierung
in diesem Sinne bedeutet, dass die betreffende Handlung auch in Zukunft ebenso
und mit eben der Einsparung von Kraft ausgeführt werden kann" (ebd.).

Nun reicht es aber nicht aus, dass ein handelnder Mensch für sich eine bestimmte Routinehandlung modellmäßig ausführt, sie muss auch den anderen Mitgliedern seiner Lebenswelt als eine ganz bestimmte Handlung bewusst werden

(Miebach 2010). Dies geschieht durch *Typisierung,* also indem habitualisierte Handlungen aus Personen und konkreten Akten Typen macht, die in typischen Handlungsabläufen agieren (Rommerskirchen 2017, S. 227). Auf den ersten Schritt der Habitualisierung des eigenen Handelns folgt also im nächsten, dass die beteiligten Akteure „wissen", welche Handlung ihres Gegenübers als nächstes erfolgen wird. Habitualisierte Handlungen mit „reziproker Typisierung" sind die Voraussetzung für ein wesentliches Element der gesellschaftlichen Ordnung: die *Institutionen.* Sobald nämlich die wechselseitig aufeinander bezogenen Handlungen sich von den konkreten Einzelpersonen lösen, es nicht mehr relevant ist, welche konkreten Personen miteinander agieren, die interagierenden Personen also „typische" Rollen einnehmen und vorhersehbare Handlungen vollziehen, beginnt der Prozess, der aus einer sozialen Handlung eine Institution macht. „Institutionalisierung steht am Anfang jeder gesellschaftlichen Situation, die ihren eigenen Ursprung überdauert" (Berger und Luckmann 1969, S. 59). Solange die handelnden Personen noch die Möglichkeit haben, das Handeln zu variieren, ist der Prozess der Institutionalisierung noch unvollständig. Erst wenn das habitualisierte Handeln, die Typisierung der handelnden Personen und deren Rollen über einen längeren Zeitraum unverändert bestehen, wird der Glaube an die Option der Einflussnahme zunehmend kleiner, bis er hinter der Institution verschwindet. Rollen und die damit verknüpften Handlungen stehen langfristig fest. Spätestens mit der Weitergabe an die nächste Generation wird aus der Routine ein vollständig institutionalisiertes Handeln (Rommerskirchen 2017, S. 227 f.). Die Institution ist dann Teil der objektiven Wirklichkeit, die „dem Menschen als äußeres, zwingendes Faktum gegenübersteht" (Berger und Luckmann 1969, S. 62). Den Prozess der Umwandlung von subjektiv geteiltem Wissen zur gesellschaftlichen Wirklichkeit, die dem Individuum als objektiv gegeben erscheint, bezeichnen die Autoren mit den Begriffen *Objektivation* bzw. Verdinglichung (Miebach 2010).

Neben der Institutionalisierung, die eine normative Verbindlichkeit von Verhaltensregeln erzeugt, wodurch soziale Strukturen entstehen, beschreiben Berger und Luckmann *Sprache* als weiteres Mittel der Objektivation: Sprache erzeugt intersubjektiv geteilte Bedeutungen und speichert den Sinn in sprachlichen Symbolen, sie ist „entscheidend für das Verständnis der Wirklichkeit der Alltagswelt" (Berger und Luckmann 1969, S. 39). Sprache typisiert, entpersönlicht und ermöglicht Raum und Zeit zu transzendieren, also etwa vergangene Dinge und Erlebnisse zu vergegenwärtigen und subjektive Erfahrungen im „Hier und Jetzt" zu objektivieren (ebd., S. 41). Nicht zuletzt hierdurch begreifen Berger und Luckmann Sprache auch als das „wichtigste Instrument" (ebd., S. 144) der Sozialisation, also der Übertragung des gesellschaftlichen Wissens auf eine neue Generation.

Vor allem in der Primärsozialisation verinnerliche ein Kind die über das Alltagswissen vermittelte „Welt", nicht als eine unter vielen möglichen Welten, sondern als die Welt „schlechthin" (ebd., S. 145). Auch in späteren Phasen der Sozialisation sehen die Autoren Sprache und Kommunikation – sie verwenden allerdings den Begriff der *Konversation* dafür – als eine treibende Kraft im Prozess der gesellschaftlichen Konstruktion der Wirklichkeit; sie zeigen auf, wie die durch Sozialisation aufgebaute Wirklichkeit durch die Handelnden permanent produziert wird. In Kommunikation werden konkrete Inhalte aus der möglichen Sinnwelt als wirklich fixiert oder durch andere ersetzt; so gelingt es, die Wirklichkeit der Lebenswelt des Alltags einerseits zu festigen und andererseits zu modifizieren (Miebach 2010, S. 374). Wer eine bestimmte Sprache spricht, bringt eine bestimmte Vorstellung von der Ordnung seiner Welt in dieser Gesellschaft zum Ausdruck, ob er es weiß und will oder nicht. Durch Sprache verortet sich das Individuum in der Gesellschaft, sagt gewissermaßen, von welchem Ort aus es sie betrachtet, und an welchem Ort es selbst identifiziert werden soll (Abels 2009). Durch Sprache werden subjektive Erfahrungen und Bedeutungen vergegenständlicht und in Kategorien gefasst, die auch für andere sinnvoll sind. Mittels Sprache verständigen sich die Menschen fortwährend über (ihre) gemeinsame Wirklichkeit, sie bestätigen, modifizieren und rekonstruieren diese (Berger und Luckmann 1969, S. 40 ff.).

Der Wirklichkeitscharakter der Alltagswelt verdankt sich also vor allem Objektivationen, die aus Interaktionsprozessen hervorgegangen sind. Sprache, neben der Institutionalisierung die hervorstechende Klasse unter diesen Objektivationen, wirkt der Flüchtigkeit des Ausdruckshandelns entgegen und vergegenständlicht die menschliche Subjektivität und die mit dieser verbundenen Sinngehalte (Loenhoff 2015).

Mit Pfadenhauer (2017) lässt sich zusammenfassen, dass für Berger und Luckmann das Alltagswissen deshalb von so zentraler Bedeutung ist, weil aus den als selbstverständlich hingenommenen und sozial geteilten Wissensbeständen das gerinnt, was von den Handelnden fraglos als Wirklichkeit akzeptiert wird. Mittels dieses Wissens wird in der sozialen Interaktion Wirklichkeit „konstruiert". Pointiert bringen Berger und Luckmann (1969) selbst mit den nachfolgend vermeintlich sich widersprechenden Sätzen zum Ausdruck, dass die gesellschaftliche Konstruktion der Logik eines dialektischen Prozesses folgt, in denen Subjektivität und Objektivität vermittelt werden: „Gesellschaft ist ein menschliches Produkt. Gesellschaft ist eine objektive Wirklichkeit. Der Mensch ist ein gesellschaftliches Produkt" (ebd., S. 65).

3   Bezug zum Gesamtwerk der Autoren

In ihrem Nachruf auf Berger und Luckmann heben Knoblauch und Steets (2018) hervor, wie die beiden in diesem gemeinsamen Werk eine „neue und originelle" Perspektive entwickeln, die sich einerseits von der Argumentation Talcott Parsons deutlich absetzt, andererseits auf bedeutende Klassiker, angefangen bei Durkheim über Weber, Pareto, Gehlen bis hin zu Mannheim und Schütz Bezug nimmt und diese in ihren Überlegungen zusammenführt (s. hierzu auch Loenhoff 2015).

Knoblauch und Steets (2018) heben mit einer gewissen Verwunderung hervor, dass trotz der so fruchtbaren Zusammenarbeit an *The social construction of reality* und trotz einer lebenslangen Freundschaft sowohl Bergers und Luckmanns thematische Interessen als auch bestimmte theoretische Weiterentwicklungen zentraler Ideen von *Social Construction* danach in unterschiedliche Richtungen liefen. Sehr deutlich tritt dies bereits in den beiden, jeweils ein Jahr nach *Social Construction* erschienenen religionssoziologischen Büchern zu Tage. Berger und Luckmann formulieren hier konträre Einschätzungen über den sich wandelnden Stellenwert von Religion in der modernen Gesellschaft (Knoblauch und Steets 2018). Auch thematisch setzten Berger und Luckmann ab den 1970er-Jahren sehr unterschiedliche Forschungsschwerpunkte. Berger beginnt sich intensiv mit entwicklungspolitischen Fragen und den Auswirkungen von Modernisierung auf Bewusstsein und Alltagskultur zu beschäftigen. Luckmann hingegen wendet sich parallel zur Ausarbeitung eines von Alfred Schütz hinterlassenen Manuskripts, welches die „Sozialphänomenologie" bestimmen sollte (Knoblauch und Steets 2018), mit seiner Sociology of Language (1975) der soziologischen Erforschung der Sprache zu. Damit einher geht eine stückweite Weiterentwicklung der sozialen Konstruktion der Wirklichkeit zu einer Konstruktion durch kommunikatives Handeln als einer Sonderform des sozialen Handelns, auch wenn mit Bezug auf Max Weber bei Luckmann neben kommunikativen weiterhin nicht-kommunikative Handlungsformen bestehen (Averbeck-Lietz et al. 2010). Hervorzuheben ist schließlich, dass Luckmann in seiner langjährigen und so produktiven Konstanzer Zeit nicht nur den sprachsoziologischen Diskurs theoretisch bereicherte, sondern dies auch mit einem dezidiert empirischen Anspruch verband. Mit seinen methodologischen Überlegungen hat er nicht zuletzt zum Wiedererstarken der verstehenden, interpretativen Soziologie beigetragen (Schnettler 2016).

4 Wirkungsgeschichte und Kritik

Neben Max Weber (Sinn und soziales Handeln), Arnold Gehlen (Institution) und Alfred Schütz (Lebenswelt), die bereits als wichtige Bezüge für Berger und Luckmanns Ausführungen genannt wurden, sind auch noch Karl Marx und George Herbert Mead hervorzuheben. Mit dem Begriff der *Objektivierung* nehmen Berger und Luckmann explizit Bezug auf Marx und auch später bestätigt Luckmann mehrfach, dass Berger und er bei den Ausarbeitungen zur Wissenssoziologie vom Marxschen Gedanken, dass „die Menschenwelt, die menschliche Wirklichkeit, Menschenwerk ist" (Pawlowski und Schmitz 2003, S. 34 f) beeinflusst wurden. Der enge theoretische Bezug auf Mead hingegen findet sich vor allem in ihren Überlegungen zur Sozialisation und zur Rolle der Interaktion, die an den symbolischen Interaktionismus, wie er von George Herbert Mead begründet wurde, anschließt.

Obwohl die Bildung einer soziologischen Schule, um den Bezugsrahmen theoretisch und mit konkreten Forschungsvorhaben weiter auszubauen, fehlt (Miebach 2010), hat das Buch von Berger und Luckmann nachhaltige Bedeutung entfaltet. Bis heute regt das Konzept der „sozialen Konstruktion" eine große Reihe wissenschaftlicher Ansätze und Studien an, die direkt und explizit, mitunter aber auch nur indirekt auf Berger und Luckmann Bezug nehmen (Endreß 2018). Der Neo-Institutionalismus oder die Cultural Studies, sicherlich auch mit Abgrenzung und Kritik, greifen auf das Werk von Berger und Luckmann ebenso zurück wie einige sozialkonstruktivistische Zugänge zu Geschlecht (s. z. B. Rinken 2010; Ruhne 2003 oder Schmid-Thomae 2010). Giddens oder Bourdieu dagegen beziehen sich, trotz mancher „Nähe" in deren erst nach Berger und Luckmann entwickelten Theorien, nur indirekt auf die „gesellschaftliche Konstruktion der Wirklichkeit" (Tuma und Wilke 2018). Einen starken Einfluss hatte das Werk auf die Entwicklung der sozialwissenschaftlichen Hermeneutik, die methodologisch wie methodisch, weit über die qualitative Sozialforschung hinaus, Bedeutung erlangte (ebd.).

Zum 50-jährigen Jubiläum der „gesellschaftliche Konstruktion der Wirklichkeit" 2016 fand an der Universität Wien ein dreitägiges, internationales Symposium statt, welches eindrucksvoll das weiterhin anhaltende und disziplinübergreifende Interesse für das Werk belegte, das den Grundstock für den Sozialkonstruktivismus als Paradigma gelegt hat. Auch die vielfältigen Publikationen, die sich oftmals bereits im Titel auf „social construction" beziehen – hier nur eine eher willkürlich zusammengestellte und beliebig verlängerbare Auflistung: „The Social Construction of Technological Systems", „The Social Construction of Global Corruption", „The social construction of gender", „The Social Construction of Deviance", „The social construction of sexuality and perversion", „The Social

Construction of Literacy", „The Social Construction of Mind: Studies in Ethnomethodology and Linguistic Philosophy", etc. etc. – verweisen auf eine anhaltende interdisziplinäre Popularität des Werkes.

Nicht selten allerdings findet sich der sozialkonstruktivistische Ansatz von Berger und Luckmann missinterpretiert, pauschaliert oder gar populistisch missbraucht, missverständlich oder moralisierend rezipiert (Tuma und Wilke 2018). Bergmann (2016, S. 299) führt in seinem Nachruf auf Thomas Luckmann aus, dass die scheinbare Leichtigkeit des Buches und dessen „vermeintlich einfache, zum Slogan gewordene Botschaft", nämlich „Wirklichkeit ist konstruiert" dem Werk auch geschadet haben. So sahen sich Berger und Luckmann bis zuletzt genötigt, sich regelmäßig von verschiedenen Vereinnahmungen in und durch „soziale Konstruktions"-Ansätze und -Studien deutlich zu distanzieren (Knoblauch und Steets (2018)). Wiederholt äußerten sich beide nicht nur irritiert darüber, alles Mögliche als „gesellschaftlich konstruiert" zu bezeichnen, sondern positionierten sich auch klar ablehnend gegenüber z. B. radikal konstruktivistische Strömungen. Denn Konstruktion im Sinn von Berger und Luckmann meint eben nicht „die subjektive Fabrikation von Wirklichkeit, sondern bezeichnet den dialektischen Prozess, in dem aus subjektiv gemeintem Sinn eine objektive Welt wird, die die Handelnden, die diese Welt doch erst durch ihre Handlungen hervorgebracht haben, als eine faktische Gegebenheit erleben" (Bergmann 2016, S. 300). Deren handlungstheoretisch angelegter Sozialkonstruktivismus meint eben ganz und gar nicht die kognitivistische Analyse von Prozessen der Wahrnehmung und Wirklichkeitskonstruktion im Bewusstsein von Individuen, die Fried (2005) als Radikalen Konstruktivismus bezeichnet, und auch nicht die erkenntnistheoretische Position des Konstruktivismus in der Folge von Luhmann, der wiederum gegen den „halben Sozialkonstruktivismus" von Berger und Luckmann argumentiert, der ihm wie ein „Kompromiss zwischen Objektivismus und Subjektivismus" (Luhmann 1996, zitiert nach Tuma und Wilke 2018, S. 604) erscheint. Diese verschiedentlich kritisierte erkenntnistheoretische Selbstbeschränkung von Berger und Luckmann wird als eine Ursache dafür gesehen, dass insbesondere radikal konstruktivistische Sozialwissenschaftler*innen nur in Ausnahmefallen auf die Wissenssoziologie von Berger und Luckmann Bezug nehmen (Beck 2002, S. 57).

Innerhalb der deutschen Kommunikationswissenschaft erfolgt die Rezeption von Berger und Luckmann erst vergleichsweise spät ab ca. Mitte der 1980er-Jahre. In der angelsächsischen Kommunikationsforschung wurden Berger und Luckmann zwar früher wahrgenommen, ihr Text diente jedoch auch dort oftmals lediglich als „Stichwortgeber" und Basisorientierung für sozialkonstruktivistische Theorieansätze, welche die „Medien nicht einfach als Spiegel der Wirklichkeit und die Mediennutzer nicht als bloß passive Rezipienten" (Averbeck-Lietz et al. 2010, 572) sehen. Beck (2002) verweist in seinen Ausführungen zu Berger und Luckmann in den Schlüsselwerken für die Kommunikationswissenschaft darauf, dass in der kommunikationswissenschaftlichen Forschung der Gedanke der sozialen Konstruktion zwar seinen Niederschlag fand, allerdings meist nicht unter direkter Bezugnahme auf die Autoren der gesellschaftlichen Konstruktion der Wirklichkeit. Als Beispiel hierfür nennt er vor allem Schulz' empirische Untersuchung über die „Konstruktion von Realität in den Nachrichtenmedien" von 1976, aber auch Gerbners „Cultivation theory" oder die „Agenda-Setting"-These von Shaw und McCombs, da diese die soziale Konstruktion von Sinn in den Mittelpunkt stellen. Auch Averbeck-Lietz, Künzler und Tomin halten im Jahre 2010 noch fest, dass sich etwa in der Medienwirkungsforschung, sofern sich überhaupt Hinweise auf Berger und Luckmann finden, diese kaum über eine einfache Erwähnung hinausgehen. Etwas anders sieht es in der medienpädagogischen Forschung und der ihr zu Grunde liegenden Mediensozialisationsforschung aus: Hier gibt es durchaus immer wieder den einen oder anderen direkten Bezug auf die sozialkonstruktivistischen Ausführungen von Berger und Luckmann, so etwa in „Konstruktivismus und Sozialphänomenologische Handlungstheorie" von Vollbrecht (2008) mit seinen medienpädagogisch bedeutsamen Ausführungen zu ‚Was ist Medienrealität?' oder bei Signer Widmer (2013) in ihrer Studie zur Qualität im Kinderfernsehen. Averbeck-Lietz, Künzler und Tomin (2010) verweisen noch auf einige Studien und Konzepte zur Organisations- bzw. Markenkommunikation, die sich zumindest auf einzelne Überlegungen von Berger und Luckmann beziehen und vor allem auf Künzlers Übertragung der sozialen Konstruktion von Wirklichkeit auf den Prozess der sozialen Konstruktion einer Medienordnung in demokratischen Staaten.

Eine der wenigen Studien, die bereits früh in expliziter und enger Anlehnung an Berger und Luckmann erfolgte, ist die von Gaye Tuchman (1978) durchgeführte ethnografische Studie von Zeitungsredaktionen, in welcher sie zeigen konnte, wie Journalist*innen auf Grundlage von unhinterfragten Alltagswissen und Routinen ein bestimmtes Bild von Wirklichkeit produzieren. Insgesamt diagnostizieren Averbeck-Lietz, Künzler und Tomin 2010 jedoch noch „Rezeptionsschwierigkeiten des Werkes" von Berger und Luckmann in der deutschsprachigen Kommunikationswissenschaft. Diese scheinen allerdings bereits kurz nach dieser Diagnose überwunden, zumindest häufen sich seitdem Publikationen, die auf Berger und Luckmann Bezug nehmen, sich mit deren Überlegungen kritisch auseinandersetzen, sie theoretisch aktualisieren und weiterentwickeln und für eine Kommunikationswissenschaft im digitalen Zeitalter fruchtbar zu machen suchen. Zu nennen sind vor allem das M&K-Sonderheft von 2017 zum „Konstruktivismus in der Kommunikationswissenschaft" mit insgesamt 13 Beiträgen, die sich mit theoretischen Zugängen, neuen Theorieperspektiven und aktuellen Transformationen auseinandersetzen oder der von Pörksen herausgegebene Band „Schlüsselwerke des Konstruktivismus", diverse Sammelbände z. B. „Kommunikation – Medien – Konstruktion" (2018) oder „Kommunikativer Konstruktivismus" (2013) sowie vermehrt auch Einzelbeiträge in Zeitschriften.

Insbesondere die maßgeblich von Hubert Knoblauch vorangetriebene programmatische Weiterentwicklung der „gesellschaftlichen Konstruktion der Wirklichkeit" zur „kommunikativen Konstruktion der Wirklichkeit" (Knoblauch 2013, 2017, 2019) weckte mit seiner starken Betonung des kommunikativen Handelns nicht nur ein gesteigertes Interesse der Kommunikations- und Medienwissenschaft daran, sondern regte über die Auseinandersetzung mit der „kommunikativen Konstruktion" hindurch auch mit einer verstärkten Beschäftigung mit Berger und Luckmann an – beispielhaft sei an dieser Stelle auf Dennis Reineck (2018) mit einer Studie zur *sozialen Konstruktion journalistischer Qualität* oder auf Dorothee C. Meinzer (2019) mit ihrer Arbeit zur *Arzt-Patient-Beziehung in einer digitalisierten Welt* verwiesen.

Die Wende vom gesellschaftlichen zum kommunikativen Konstruktivismus wird durchaus auch kritisch gesehen (z. B. Beck 2018), doch zweifellos scheint es geradezu selbstverständlich, gewisse theoretische Annahmen von Berger und Luckmann, etwa deren Fokussierung auf Sprache in der Face-to-Face Interaktion oder des gesellschaftlich geteilten Alltagswissens, vor dem Hintergrund einer sich dramatisch gewandelten Kommunikations- und Wissenskultur in Frage zu stellen und das Konzept des Sozialkonstruktivismus notwendigerweise weiterzuentwickeln (Tuma und Wilke 2018). Schon im ausgehenden 20. Jahrhunderts beschäftigte sich Berger (1996) selbst in seinen modernisierungstheoretischen und zeitdiagnostischen Schriften mit der Auflösung des geteilten Allgemeinwissens in der modernen Gesellschaft und dessen Konsequenzen. Die Zersplitterung des geteilten Alltagswissens gilt in noch ungleich stärkerem Maße in einer durch das Internet und mobile Kommunikation geprägten Welt. Insofern mag es konsequent und weiterführend sein, eine Umstellung von Wissen (Berger und Luckmann 1969) als Grundlage der gesellschaftlichen Konstruktion von Wirklichkeit auf kommunikatives Handeln, welches Wissen erst schafft, vorzunehmen (Reichertz 2017). Und da der kommunikative Konstruktivismus „den Stellenwert von (digitalen) Medien und Kommunikation in heutigen Gesellschaften" reflektiert (Hepp 2018, S. 199), scheint dieser, nicht zuletzt auch in Verbindung mit der Mediatisierungsforschung (s. hierzu u. a. den von Reichertz und Bettmann herausgegebenen Sammelband 2018), ein Potenzial zu eröffnen, die mit dem tiefgreifenden Medienwandel einhergehenden Veränderungen kommunikativen Handelns auch empirisch aufgreifen und für kommunikationswissenschaftliche Studien fruchtbar machen zu können.

Zweifellos sind kommunikative Handlungen durch digitale Kommunikationstechnologien geprägt und verändern auch soziale Strukturen entsprechend (Knoblauch 2017), doch es wird erst noch im empirischen Forschungsalltag zu zeigen
sein, wie weit dieser Ansatz, der so sehr auf das kommunikative Handeln einzelner
Menschen, auf das alltägliche kommunikative Miteinander ausgerichtet ist,
z. B. auch für die Analyse von (öffentlichem) kommunikativem Handeln in und
mit den Medien trägt.

Knoblauch selbst sieht kommunikatives Handeln dabei „keineswegs auf Menschen beschränkt" (2017, S. 14) und kann sich vorstellen, dass z. B. Roboter tatsächlich bald routinemäßig auf eine Weise kommunizieren, die sich nur noch wenig vom menschlichen kommunikativen Handeln unterscheidet. Da heute schon
Roboter etwa für den Einsatz in der Pflege oder in Hotelrezeptionen (in Japan)
getestet werden, scheint sich unter Rückgriff auf die kommunikative Konstruktion
von Wirklichkeit tatsächlich ein neues und heute erst noch wenig abschätzbares
Forschungsfeld zu eröffnen, z. B. ob, wie und welche kommunikativen und sozialen Strukturen sich hierdurch bilden bzw. verändern. Auch Hepp u. a. begreifen
z. B. digitale Assistenten wie Siri oder auf künstlicher Intelligenz basierende Systeme wie Amazon Echo und Google Home als Phänomene, wonach es „nicht mehr
nur um Kommunikation unter Menschen gehen kann, sondern auch darum, wie
Kommunikation mit intelligenten Systemen und Robotern Teil gesellschaftlicher
Konstruktionsprozesse" (Hepp et al. 2017, S. 186) wird. Darüber hinaus sind in
dieser Sicht Medien nicht mehr nur Mittel zur Kommunikation, sondern als digitale Medien ebenfalls Mittel der Datengenerierung, die im Prozess der Kommunikation stattfindet: Hepp u. a. sehen Datafizierung damit „unhintergehbar" als einen
„Teil der Prozesse der kommunikativen Konstruktion, mit denen sich die Kommunikationswissenschaft befassen sollte" (ebd.). Fragen nach der Verschränkung von
Kommunikation mit Algorithmen und Datafizierung sind sicherlich oft mit veränderten Prozessen sozialer Konstruktion verbunden und lassen sich empirisch beispielsweise im so genannten Roboterjournalismus, also der Erstellung von automatisch generierten Texten auf der Basis von strukturierten Daten, auch bereits finden
(Loosen und Scholl 2017).

Für empirische Studien besonders interessant, ist die von Reichertz (2016,
2017) vorgeschlagene Einführung eines korporierten Akteurs, der diesem korporierten Akteur, durchaus nicht unähnlich wie in CCO-Studies, die Organisationen als kollektive Akteure begreifen, kommunikative Handlungen zuschreibt. Mit
dem Konzept des korporierten Akteurs lassen sich z. B. Medieninhalte als Ergebnis
kommunikativen Handelns einer Gruppe von konkreten Akteuren verständlich machen und erklären, und brauchen nicht aus Strukturen oder allgemeinen Entwicklungen abgeleitet werden. Grundüberlegung hierbei ist, dass nicht die Medien

etwas konstruieren, sondern es sind personale bzw. korporierte Akteure, die aus Eigeninteresse und nach eigenen Standards kommunikativ eine eigene Wirklichkeit, z. B. Medien und Medieninhalte schaffen (Reichertz 2017). Mittels des Konstrukts des korporierten Akteurs könnte ausgehend von den Besonderheiten und Wirkkräften der alltäglichen Kommunikation möglicherweise auch die Analyse und Untersuchung von (teil-)öffentlicher Kommunikation in digitalen Kommunikationsnetzwerken weiterführend angegangen werden.

Die Verschiebung von dem in den 1960er-Jahren von Berger und Luckmann formulierten sozialen Konstruktivismus zum kommunikativen Konstruktivismus, die vor allem seit der Jahrhundertwende intensiv von Knoblauch (2013, 2017, 2019), aber auch von Keller (2005, 2013) und Reichertz (2005, 2012, 2017) angestoßen und weiterentwickelt wurde, eröffnet insbesondere für eine Kommunikationswissenschaft, die eine Nähe zu qualitativen Forschungsmethoden aufweist, eine hohe Anschlussfähigkeit. Kommunikationsmedien spielten bei Berger und Luckmann im Grunde keine Rolle, vielmehr war Kommunikation bei ihnen stark auf den persönlichen sprachlichen Austausch fokussiert. Anders in den seit den 2010er-Jahren zunehmend elaborierteren Ausformulierungen zur kommunikativen Konstruktion, die die digitale Welt des 21. Jahrhunderts in den Blick nehmen. Die Perspektive hier ist: Menschliche Akteure nutzen Medien, um zu kommunizieren und um ihre Welt zu gestalten; im Mittelpunkt steht das konkrete kommunikative Handeln der Subjekte in ihren zunehmend auch digitalen Lebenswelten.

Literatur

Abels H. (2009). Grundlagen des Wissens in der Alltagswelt. In H. Abels: *Wirklichkeit. Studientexte zur Soziologie*. Wiesbaden: VS Verlag für Sozialwissenschaften, S. 75–96. Online: https://doi.org/10.1007/978-3-531-91985-0_5

Averbeck-Lietz, S., Künzler, M. & Tomin, M. (2010). Thomas Luckmann – ein Klassiker der Kommunikationssoziologie für die Kommunikationswissenschaft. *M&K 58. Jg., Nr. 4*, S. 563–580.

Beck, K. (2002). Berger/Luckmann: The social construction of reality. In C. Holtz-Bacha & A. Kutsch (Hrsg.): *Schlüsselwerke für die Kommunikationswissenschaft*. Wiesbaden: Westdeutscher Verlag, S. 55–58.

Beck, K. (2018). Die soziale Konstruktion der Mediatisierung. Ein Plädoyer aus sozialkonstruktivistischer Perspektive. In J. Reichertz & R. Bettmann, R. (Hrsg.): *Kommunikation – Medien – Konstruktion*. Wiesbaden: Springer VS, S. 63–90.

Berger, P.L. & Luckmann, T. (1969). *Die gesellschaftliche Konstruktion der Wirklichkeit. Eine Theorie der Wissenssoziologie*. Frankfurt a. M.: Fischer Verlag.

Berger, P.L., Berger, B. & Kellner H. (1996). *Das Unbehagen in der Modernität*. Frankfurt a. M.: Campus Verlag.

Bergmann, J. R. (2016). Nachruf Thomas Luckmann (1927–2016). *Zeitschrift für Soziologie, vol. 45, no. 4*, pp. 298–304. Online: https://doi.org/10.1515/zfsoz-2015-1017

Dreher, J., Meyer, C. & Soeffner H-G. (2016): *Nachruf Thomas Luckmann*. Sozialwissenschaftliches Archiv Konstanz.

Endreß, M. (2018). Peter L. Berger & Thomas Luckmann: Soziale Konstruktion der sozialen Welt. In: M. Endreß, *Soziologische Theorien kompakt*. 3., vollständig überarbeitete und erweiterte Auflage. Berlin/Boston: Walter de Gruyter, S. 163–178. https://doi.org/10.1524/9783486735086.121

Grenz T., Pfadenhauer M. & Kirschner H. (2018). Die Unabgeschlossenheit von Objektivation. In J. Reichertz & R. Bettmann (Hrsg.): *Kommunikation – Medien – Konstruktion*. Wiesbaden: Springer VS, S. 93–116.

Fried, A. (2005). Konstruktivismus. In E. Weik & R. Lang (Hrsg.): *Moderne Organisationstheorien 1. Eine sozialwissenschaftliche Einführung*. Wiesbaden: Gabler Verlag, S. 31–62. https://doi.org/10.1007/978-3-322-90466-9_2

Hepp, A. (2018). Die kommunikative Konstruktion der Wirklichkeit – oder: Sozial- und Gesellschaftstheorie in Zeiten tiefgreifender Mediatisierung. *Soziologische Revue, 41(2)*, S. 198–207.

Hepp, A., Loosen, W., Hasebrink, U. & Reichertz, J. (2017). Konstruktivismus in der Kommunikationswissenschaft. Über die Notwendigkeit einer (erneuten) Debatte. *M&K 65. Jahrgang 2/2017 Themenheft „Konstruktivismus"*, S. 181–206.

Holtz-Bacha, C. & Kutsch, A. (Hrsg.) (2002). *Schlüsselwerke für die Kommunikationswissenschaft*. Wiesbaden: Westdeutscher Verlag.

Keller, R. (2005). *Wissenssoziologische Diskursanalyse*. Wiesbaden: VS Verlag.

Keller, R. (2013). Kommunikative Konstruktion und diskursive Konstruktion. In R. Keller, H. Knoblauch, & J. Reichertz (Hrsg.): *Kommunikativer Konstruktivismus. Theoretische und empirische Konturen eines neuen wissenssoziologischen Ansatzes*. Wiesbaden: VS Verlag, S. 69–94.

Knoblauch, H. (2013). Communicative constructivism and mediatization. In: *Communication Theory. 23(3)*, S. 297–315.

Knoblauch, H. (2017). *Die kommunikative Konstruktion der Wirklichkeit*. Wiesbaden: Springer Fachmedien.

Knoblauch, H. (2019). Kommunikativer Konstruktivismus und die kommunikative Konstruktion der Wirklichkeit. *ZQF – Zeitschrift für Qualitative Forschung, 1-2019*, S. 111–126. https://doi.org/10.3224/zqf.v20i1.09

Knoblauch, H. & Steets, S. (2018). Dialektik und Dialog im Dazwischen. Nekrolog auf Peter L. Berger (1929–2017) und Thomas Luckmann (1927–2016). *Berliner Journal für Soziologie, June 2018*. Online: https://doi.org/10.1007/s11609-018-0355-9

Loenhoff, J. (2015). Die Objektivität des Sozialen. Peter L. Bergers und Thomas Luckmanns Die gesellschaftliche Konstruktion der Wirklichkeit. In B. Pörksen (Hrsg.): *Schlüsselwerke des Konstruktivismus* 2., erw. Auflage. Wiesbaden: Springer Fachmedien, S. 131–147. https://doi.org/10.1007/978-3-531-19975-7_9

Loosen, W. & Scholl, A. (2017). Journalismus und (algorithmische) Wirklichkeitskonstruktion. Epistemologische Beobachtungen. *M&K 65. Jahrgang 2/2017 Themenheft „Konstruktivismus"*, S. 348–366.

Luckmann, T. (1975). *Sociology of language*. Indianapolis: Bobbs-Merrill.

Meinzer, D.C. (2019). *Die Arzt-Patient-Beziehung in einer digitalisierten Welt. Zur kommunikativen Konstruktion einer mediatisierten Beziehung*. Wiesbaden: Springer VS.

Miebach, B. (2010): *Soziologische Handlungstheorie*, 3., akt. Auflage. Wiesbaden: VS Verlag für Sozialwissenschaften.

Parsons, T. (1960). Social Structure and Political Orientation. *World Politics, 13(1)*, S. 112–128. https://doi.org/10.2307/2009266

Parsons, T. (1969). *Politics and Social Structure*. New York: Free Press.

Pawlowski, T. & Schmitz H.W. (2003). *30 Jahre „Die gesellschaftliche Konstruktion der Wirklichkeit": Gespräch mit Thomas Luckmann*. Aachen: Shaker.

Pfadenhauer, M. (2017). *Nekrolog für Peter L. Berger*. 03.07.2017 Online: www.soziologie.de

Reichertz, J. (2005). Der Kommunikative Konstruktivismus bei der Arbeit. Zur Einleitung. In J. Raab & R. Keller (Hrsg.): *Wissensforschung – Forschungswissen*. Weinheim: Beltz Juventa, S. 401–403.

Reichertz, J. (2012): Alles nur Konstruktion! Von der seltsamen Enthaltsamkeit vieler Konstruktivisten gegenüber Werturteilen. In J. Renn, C. Ernst & P. Isenbock, (Hrsg.): *Konstruktion und Geltung. Beitrage zu einer postkonstruktivistischen Sozial- und Medientheorie*. Wiesbaden: VS Verlag. S. 93–118. https://doi.org/10.1007/978-3-531-93441-9_5

Reichertz, J. (2016). Weshalb und wozu braucht man den „korporierten Akteur"? In C. Englert & J. Reichertz (Hrsg.): *CSI. Rechtsmedizin. Mitternachtsforensik*. Wiesbaden: Springer, S. 149–168.

Reichertz, J. (2017). Die Bedeutung des kommunikativen Handelns und der Medien im Kommunikativen Konstruktivismus. *M&K 65. Jahrgang 2/2017 Themenheft „Konstruktivismus"*, S. 252–274.

Reichertz, J. & Bettmann, R. (2018). Braucht die Mediatisierungsforschung wirklich den Kommunikativen Konstruktivismus? In J. Reichertz. & R. Bettmann (Hrsg.): *Kommunikation – Medien – Konstruktion*. Wiesbaden: Springer VS, S. 1–24.

Reineck, D. (2018). *Die soziale Konstruktion journalistischer Qualität. Fachdiskurs, Theorie und Empirie*. Köln: H.v. Halem Verlag.

Rinken, B. (2010). *Spielräume in der Konstruktion von Geschlecht und Familie*. Wiesbaden: VS Verlag für Sozialwissenschaften.

Rommerskirchen, J. (2017). *Soziologie & Kommunikation. Theorien und Paradigmen von der Antike bis zur Gegenwart*. 2., überarbeitete und erweiterte Auflage. Wiesbaden: Springer Fachmedien.

Rosenthal, G. (2016). Peter L. Berger/Thomas Luckmann: The Social Construction of Reality. In S. Salzborn, (Hrsg.). *Klassiker der Sozialwissenschaften. 100 Schlüsselwerke im Portrait*. 2. Aufl. Wiesbaden: Springer Fachmedien, S. 241–244. https://doi.org/10.1007/978-3-658-13213-2

Ruhne, R. (2003), *Raum Macht Geschlecht. Zur Souiologie eines Wirkungsgefüges am Beispiel von (Un)Sicherheiten im öffentlichen Raum*.Opladen: Leske + Budrich.

Schmid-Thomae, A. (2010). *Berufsfindung und Geschlecht. Mädchen in technischhandwerklichen Projekten*. Wiesbaden: Springer VS.

Schnettler, B. (2016). Diesseits wie jenseits aller Grenzen der Sozialwelt. Zum Tode von Thomas Luckmann (1927–2016). *Sociopolis: Gesellschaft beobachten*. 03.06.2016 Online: www.sociopolis.de

Signer Widmer S. (2013). *Qualität im Kinderfernsehen. Beurteilung von Programmqualität am Beispiel des Schweizer Kinderfernsehens.* Wiesbaden: Springer Fachmedien. https://doi.org/10.1007/978-3-531-18754-9

Tuchman, G. (1978). *Making News: A Study in the Construction of Reality.* London, New York: Free Press.

Tuma, R. & Wilke, R. (2018). Zur Rezeption des Sozialkonstruktivismus in der deutschsprachigen Soziologie. Geschichte und Rezeption eines Konzepts und seiner maßgeblichen Quelle. In S. Moebius & A. Ploder (Hrsg.): *Handbuch Geschichte der deutschsprachigen Soziologie, Band 1.* Wiesbaden: Springer Fachmedien. S. 589–618. https://doi.org/1 0.1007/978-3-658-07998-7_63-1

Vollbrecht, R. (2008). Konstruktivismus und sozialphänomenologische Handlungstheorie. In U. Sander, F.v. Gross & K.-U. Hugger (Hrsg.): *Handbuch Medienpädagogik.* Wiesbaden: VS Verlag für Sozialwissenschaften, S. 149–155.

The Agenda-Setting Function of Mass Media

von Maxwell E. McCombs und Donald L. Shaw (1972)

Marcus Maurer

Zusammenfassung

Maxwell McCombs und Donald Shaws Pionierstudie zum Agenda Setting-Ansatz ist theoretisch wie empirisch eher einfach gehalten, hat aber dennoch die Medienwirkungsforschung revolutioniert. Die Annahme, dass die Bevölkerung vor allem die politischen Sachthemen für relevant hält, über die die Massenmedien besonders häufig berichten, ist bis heute die meist untersuchte Hypothese der Medienwirkungsforschung. Der Ansatz ist in den vergangenen 50 Jahren zudem immer weiter ausdifferenziert worden und hat auch im Online-Zeitalter nicht an gesellschaftlicher Relevanz verloren. Der vorliegende Beitrag fasst zunächst die zentralen Befunde dieser Pionierstudie zusammen und skizziert dann die weitere Entwicklung des Agenda Setting-Ansatzes bis heute. Der Schwerpunkt liegt dabei auf aktuellen Entwicklungen im Kontext der Digitalisierung und auf den gesellschaftlichen Implikationen des Ansatzes.

Schlüsselwörter

Agenda-Setting · Thema · Massenmedien · Bevölkerung · Politik · Medienwirkung · Inhaltsanalyse · Befragung · Digitalisierung · Gesellschaft

M. Maurer (✉)
Johannes Gutenberg Universität Mainz, Mainz, Deutschland
E-Mail: mmaurer@uni-mainz.de

© Der/die Autor(en), exklusiv lizenziert an Springer Fachmedien
Wiesbaden GmbH, ein Teil von Springer Nature 2022
R. Spiller et al. (Hrsg.), *Schlüsselwerke: Theorien (in) der Kommunikationswissenschaft*, https://doi.org/10.1007/978-3-658-37354-2_12

1   Kurzbiografie

Maxwell E. McCombs (*1938) studierte an der Tulane University und der Stanford University Journalismus. Nach seinem Studienabschluss arbeitete er zunächst als Reporter für eine Zeitung in New Orleans. Dann kehrte er nach Stanford zurück, wo er 1966 seine Promotion abschloss. Anschließend übernahm er eine Stelle als Assistant Professor an der University of California und wechselte nur ein Jahr später an die University of North Carolina in Chapel Hill, wo er zum Zeitpunkt der Durchführung und Veröffentlichung der ersten Agenda Setting-Studie eine Stelle als Assistant Professor für Journalismus innehatte. Ab 1973 war er John Ben Snow-Forschungsprofessor und Direktor des Zentrums für Kommunikationsforschung an der Syracuse University in New York. 1985 wurde er Direktor des Departments für Journalismus an der University of Texas, an der er auch heute noch als Emeritus lehrt.

Donald L. Shaw (*1936) studierte Journalismus an der University of North Carolina. Nach dem Studium arbeitete er zunächst bei zwei regionalen Tageszeitungen und promovierte anschließend an der University of Wisconsin über den Einfluss der Erfindung des Telegrafen auf die Objektivität der Presse. Nach Abschluss seiner Promotion wechselte er im Jahre 1966 nahezu zeitgleich mit McCombs zurück an die University of North Carolina, wo er ebenfalls eine Stelle als Assistant Professor für Journalismus antrat. Shaw blieb an dieser Universität und ist mittlerweile ebenfalls emeritiert.

Beide Autoren erhielten teilweise gemeinsam, teilweise auch getrennt voneinander eine ganze Reihe besonders renommierter Preise und Auszeichnungen für ihr Lebenswerk und gehören fraglos zu den bekanntesten und meistzitierten Kommunikationswissenschaftler weltweit. Alleine ihre Pionierstudie zum Agenda Setting-Effekt wurde laut Google Scholar bis März 2021 mehr als 13.500 mal zitiert und erhielt damit deutlich mehr Zitationen als die meisten Kommunikationswissenschaftler im Laufe ihres Lebens mit all ihren Publikationen zusammengenommen erreichen.

2   Inhalt des Textes

Der Aufsatz ist zwar in der renommierten Fachzeitschrift *Public Opinion Quarterly* erschienen, weist aber die typischen Merkmale einer eher explorativen Pionierstudie auf. In der nur etwa einseitigen theoretischen Hinführung knüpfen McCombs und Shaw zunächst knapp an den damaligen Forschungsstand zur Wirkung von Medieninformationen auf politische Einstellungen an. Insbesondere Einstellungsänderungen seien demnach eher unwahrscheinlich, weil Menschen, die häufig politische Informationen rezipieren, zugleich über so stabile Einstellungen verfügen, dass diese durch Medieninformationen kaum zu ändern seien. Viel wahrscheinlicher sei es dagegen, dass Medieninformationen die Aufmerksamkeit der Rezipienten auf bestimmte politische Sachthemen oder Probleme (Issues) lenken. Dieser Gedanke war allerdings nicht neu, denn auch hier knüpfen die beiden Autoren an mehrere Vorgängerstudien an, insbesondere eine Studie zur britischen Parlamentswahl 1959 (Trenaman und McQuail 1961) und ein Buch des Journalisten Bernhard Cohen über die Darstellung der amerikanischen Außenpolitik in der Presse (Cohen 1963). In Anlehnung an diese Studien formulierten sie ihre zentrale Hypothese: „While the mass media may have little influence on the direction or intensity of attitudes, it is hypothesized that the mass media set the agenda for each political campaign, influencing the salience of attitudes towards the political issues" (McCombs und Shaw 1972, S. 177).

In ihrer empirischen Studie befragten die beiden Autoren im Rahmen des amerikanischen Präsidentschaftswahlkampfs im September und Oktober 1968 in Chapel Hill, also dem Standort ihrer damaligen Universität, 100 noch unentschlossene Wähler unter anderem danach, welche politischen Themen sie aktuell besonders beschäftigten („What are you most concerned about these days? That is, regardless of what politicians say, what are the two or three main things that you think government should concentrate on doing something about?"). Die Themennennungen der Befragten brachten sie anschließend in eine Rangfolge, beginnend mit dem am häufigsten genannten Thema. Diese Rangfolge bezeichnet man als Publikumsagenda. Zugleich führten sie eine Inhaltsanalyse der Medien durch, die in Chapel Hill von den meisten Wählern genutzt wurden, um sich über Politik zu informieren: vier Lokalzeitungen, zwei Nachrichtenmagazine und die Abendnachrichten der beiden Fernsehsender CBS und NBC. Sie begannen die Inhaltsanalyse etwa eine Woche vor der Befragung und beendeten sie am letzten Befragungstag. Sie erfassten, welche Themen im Mittelpunkt der Berichterstattung standen, und brachten auch diese in eine Rangfolge, die man als Medienagenda bezeichnet. Die erfassten Themen wurden schließlich zu 15 Themengruppen zusammengefasst, darunter fünf politische Sachthemen (issues) – in der Reihenfolge der Häufigkeit ihrer Thematisierung: Außenpolitik, Innere Sicherheit, Steuerpolitik, Sozialpolitik und Bürgerrechte. Unterschieden wurden dabei auch besonders lange (major items) und eher kurze (minor items) Medienbeiträge über die verschiedenen Themen. Schließlich verglichen McCombs und Shaw für die fünf untersuchten Sachthemen die Rangreihe der Medienagenda mit der Rangreihe der Publikumsagenda mit Hilfe einfacher Rangkorrelationskoeffizienten. Dabei stellten sie eine nahezu perfekte

Übereinstimmung fest. Dies galt unabhängig davon, ob die längeren oder die kürzeren Medienbeiträge betrachtet wurden.

Zusätzlich führten die Autoren weitere Analysen zu den Randbedingungen des Effekts durch. Dabei zeigte sich, dass sich die Themenagenden der verschiedenen Medien relativ ähnlich waren und auch unabhängig voneinander stark mit der Publikumsagenda korrelierten, sowie dass die Parteibindung der Befragten keinen Einfluss auf den Agenda-Setting-Effekt hatte. Dabei sprechen die Befunde zur Konsonanz der Medieninhalte dafür, dass Aggregatdatenanalysen hier möglich und sinnvoll sind. Hätten sich die Themenagenden der verschiedenen Medien voneinander unterschieden, hätte man eher individuelle Effekte unterschiedlicher Medien auf ihre jeweiligen Nutzer erwarten müssen. Die Befunde zum fehlenden Einfluss der Parteibindung sprechen dafür, dass selektive Wahrnehmung im Agenda-Setting-Prozess keine große Rolle spielt.

Die Studie begründete folglich den Agenda Setting-Ansatz, der in seiner einfachsten Form einen linearen Einfluss der Medienagenda auf die Publikumsagenda unterstellt: Berichten die Massenmedien besonders häufig über ein bestimmtes Thema, hält die Bevölkerung dieses Thema ebenfalls für besonders relevant. Aus heutiger Sicht war die Studie allerdings reichlich unspektakulär. Sie verband einige bekannte Überlegungen und fasste diese geschickt unter dem programmatischen Begriff „Agenda Setting-Funktion" zusammen. Die empirische Studie war mit nur 100 Befragten sicher nicht repräsentativ. Die Frage zur Messung der Publikumsagenda ist eher unglücklich gestellt, weil sie zwei Dimensionen (individuelle Betroffenheit und gesellschaftlicher Handlungsbedarf) vermischt. Bei nur fünf berücksichtigten und zudem sehr allgemein gefassten Themen ist die Wahrscheinlichkeit einer exakten Übereinstimmung zwischen Medien- und Publikumsagenda zudem recht groß. Der Zusammenhang kann schließlich auch nicht zuverlässig als Ursache-Wirkungs-Beziehung interpretiert werden, weil viele relevante Drittvariablen nicht kontrolliert und Medien- und Publikumsagenda etwa zur selben Zeit erhoben wurden. Einen Teil dieser Kritikpunkte griffen die Autoren bereits im abschließenden Kapitel ihres Aufsatzes selbst auf. Anderen Kritikpunkten versuchten sie in Nachfolgestudien zu begegnen.

3   Bezug zum Gesamtwerk der Autoren

McCombs und Shaw entwickelten den Agenda Setting-Ansatz zu Beginn ihrer wissenschaftlichen Karriere und erkannten recht früh dessen Potenzial. Bereits parallel zum Erscheinen der Chapel-Hill-Studie führten sie im Präsidentschaftswahlkampf 1972 eine Nachfolgestudie durch, die die Kritik an der Pionierstudie aufgriff

(Shaw und McCombs 1977). In theoretischer Hinsicht wurden hier drei unterschiedliche Agenda Setting-Modelle eingeführt, das *Awareness-Modell* (die Medien machen die Rezipienten auf bestimmte Themen aufmerksam), das *Salience-Modell* (je häufiger die Medien über ein Thema berichten, desto relevanter erscheint es den Rezipienten) und das *Priorities-Modell* (die Medienagenda spiegelt sich in der Publikumsagenda exakt wider). In empirischer Hinsicht wurden diesmal 227 Wähler aus Charlotte in North Carolina im Verlauf des Wahlkampfs drei Mal befragt. Diese Panel-Daten wurden mit zeitversetzten Kreuzkorrelationen untersucht, die Aussagen über die Wirkungsrichtung machen können und zeigten, dass vor allem die Agenda der Tageszeitungen einen stärkeren Einfluss auf die Publikumsagenda ausübt als umgekehrt. In der Folgezeit gelang es McCombs und Shaw sehr bald, auch eine ganze Reihe wissenschaftlicher Schüler für den Agenda Setting-Ansatz zu begeistern, sodass dieser bald zum populärsten und meist untersuchten Ansatz der Medienwirkungsforschung wurde.

Während sich Donald Shaw in den folgenden Jahren zwar auch noch hin und wieder mit dem Agenda Setting-Ansatz beschäftigte, sich aber zunehmend auch anderen Forschungsthemen widmete, verschrieb sich Maxwell McCombs komplett der Agenda Setting-Forschung. Er veröffentlichte seit den 1970er-Jahren nicht nur unzählige empirische Studien und Überblickstexte zu den unterschiedlichen Randbedingungen des Agenda Setting-Effekts, sondern auch das weltweit wichtigste Lehrbuch in diesem Feld, das gerade in der dritten Auflage erschienen ist (McCombs und Valenzuela 2021). Mehr oder weniger getrieben von dem Bestreben, Agenda-Setting als zentrales Konzept der Medienwirkungsforschung zu etablieren, entwickelte er zudem in den 1990er-Jahren zunächst das Attribute- bzw. Second-Level-Agenda-Setting (McCombs et al. 1997). Demnach werden in den Medien nicht nur Themen, sondern auch positive und negative Eigenschaften von Personen oder Argumente für und gegen einen bestimmten Standpunkt (Attribute) in den Vordergrund gerückt. Attribute, die in den Medien in den Vordergrund gerückt werden, werden von den Rezipienten dann mit hoher Wahrscheinlichkeit übernommen. Dieser neue Ansatz postuliert folglich im Grunde nun doch Medienwirkungen auf politische Einstellungen und ähnelt stark dem Framing-Konzept (dazu ausführlicher Maurer 2017, S. 73–75). Zu Beginn der 2010er-Jahre entwickelte McCombs schließlich gemeinsam mit seiner Schülerin Lei Guo den Network- bzw. Third-Level-Agenda-Setting-Ansatz. Hier geht es darum, dass Themen und Attribute in den Köpfen der Rezipienten wie in einer Art Netzwerk miteinander verbunden sind. Diese Netzwerkstruktur wird dem Ansatz zufolge wiederum davon geprägt, wie häufig die Themen und Attribute in der Medienberichterstattung miteinander verbunden werden (Guo 2012). Besonders in Bezug auf Maxwell

McCombs lässt sich folglich ohne Weiteres konstatieren, dass sich sein gesamtes wissenschaftliches Lebenswerk mehr oder weniger auf seine Pionierstudie stützt.

4   Wirkungsgeschichte und Kritik

Die Wirkungsgeschichte des Agenda Setting-Ansatzes lässt sich idealtypisch in sechs Schritte einteilen (ausführlich Maurer 2017, S. 23–26). Den *ersten* Schritt bildet die Entdeckung des Effekts in der Pionierstudie von McCombs und Shaw (1972). Im *zweiten* Schritt wurden systematisch die Randbedingungen des Effekts untersucht. Diese kann man grob in Merkmale des Mediums, Merkmale der Botschaft und Merkmale der Rezipienten unterteilen. Dabei zeigte sich bezogen auf das Medium z. B., dass Tageszeitungen stärkere Agenda Setting-Effekte verursachen als Fernsehnachrichten. Bezogen auf die Botschaft zeigte sich, dass unterschiedliche Themen unterschiedlich starke Agenda Setting-Effekte hervorrufen. Dabei treten starke Effekte vor allem bei Themen auf, bei denen die Menschen aufgrund mangelnder Primärerfahrungen besonders auf die Medienberichterstattung angewiesen sind („unobtrusive issues"). Einflussreichstes Rezipientenmerkmal ist demnach das Orientierungsbedürfnis („Need for Orientation"). Menschen mit einem hohen Orientierungsbedürfnis nutzen die Massenmedien intensiver. Dies vergrößert wiederum den Agenda Setting-Effekt (zusammenfassend Maurer 2017, S. 53–59).

Im *dritten* Schritt der Agenda Setting-Forschung wurden neue Wirkungsmodelle entwickelt und geprüft. Im Verlauf der 1980er-Jahre geriet die relativ einfache Annahme eines linearen Einflusses der Medienagenda auf die Publikumsagenda zunehmend in Zweifel. So untersuchten erste Studien nicht lineare Agenda Setting-Modelle. Dabei nahmen sie beispielsweise an, dass Agenda Setting-Effekte erst auftreten, wenn die Berichterstattungsmenge einen gewissen Schwellenwert überschritten hat (z. B. Kepplinger et al. 1989). Zugleich gerieten individuelle Agenda Setting-Effekte in den Blick der Forschung. Während die frühen Agenda Setting-Studien den Einfluss einer weitgehend einheitlichen Medienagenda auf eine weitgehend einheitliche Publikumsagenda untersuchten (*Aggregatdatenanalyse*), wurde nun angenommen, dass sich einzelne Rezipienten je nach individuell genutzten Medieninhalten in ihren Themenagenden voneinander unterscheiden (*Individualdatenanalyse*). Auch wenn diese individuellen Effekte der ursprünglichen Formulierung der Agenda Setting-Hypothese eigentlich eher entsprechen, zeigten Individualdatenanalysen nur vergleichsweise geringe Agenda Setting-Effekte und wurden auch deshalb erst ein gutes Jahrzehnt später wieder systematisch aufgegriffen (Rössler 1997).

Bis in die 1980er-Jahre befasste sich die Agenda Setting-Forschung folglich überwiegend mit den Einflüssen der Medien- auf die Publikumsagenda bzw. in seltenen Fällen auch mit den umgekehrten Einflüssen der Publikums- auf die Medienagenda. Im *vierten* Schritt der Agenda Setting-Forschung wurde dieses Modell nun um eine weitere Agenda, die Agenda politischer Akteure (Policy Agenda) erweitert. In ihrer Analyse des Watergate-Skandals erkannten Lang und Lang (1981) als erste, dass der ursprüngliche Agenda Setting-Ansatz die komplexen Prozesse beim Entstehen der Publikumsagenda nur unzureichend erklärt. Dabei vermuteten sie insbesondere einen Einfluss politischer Akteure auf die Medienagenda: Die Medien greifen demnach vor allem die Themen auf, die die Politik setzt. Die Prozesse, die zur Entstehung der Medienagenda führen, bezeichneten sie als Agenda-Building. Rogers und Dearing (1988) entwickelten diesen Gedanken wenige Jahre später weiter. Demnach lassen sich im Agenda Setting-Prozess drei Komponenten unterscheiden: Die Medienagenda, die Publikumsagenda und die Policy-Agenda, die in der neueren Forschung auch als Political Agenda bezeichnet wird. Alle drei Agenden beeinflussen sich wechselseitig, wobei sich die jeweiligen Einflüsse aber vermutlich in ihrer Stärke unterscheiden. Sieht man von der Forschung zum ursprünglichen Agenda Setting-Ansatz ab, wurden in der Folgezeit vor allem die wechselseitigen Einflüsse zwischen der Medien- und der Policy-Agenda untersucht. Dabei kann man einerseits annehmen, dass politische Akteure z. B. durch Pressemitteilungen oder Interviews versuchen, für sie selbst nützliche Themen auf der Medienagenda zu platzieren, weil sie hoffen, dadurch im zweiten Schritt die Publikumsagenda beeinflussen zu können. Andererseits kann man aber auch annehmen, dass politische Akteure in ihrer Kommunikation gezielt Themen aufgreifen, über die die Medien häufig berichten, z. B. weil es ihre Chancen auf Medienpräsenz erhöht, wenn sie sich zu Themen äußern, die bereits auf der Medienagenda etabliert sind (Political Agenda Setting, Walgrave und van Aelst 2006). Empirisch finden die meisten Studien hier wechselseitige Einflüsse zwischen beiden Agenden, wobei noch ungeklärt ist, welche Wirkungsrichtung unter welchen Bedingungen dominiert (z. B. Maier et al. 2019; Barberá et al. 2019).

Im *fünften* Schritt wurde die Agenda Setting-Forschung zum einen durch die bereits oben skizzierten neuen Ansätze des Second- und Third-Level-Agenda-Setting erweitert. Zum anderen wurde zunehmend versucht, die psychologischen Mechanismen hinter dem Agenda Setting-Effekt zu identifizieren. Hierbei stellt sich insbesondere die Frage, ob die Rezipienten den Themen auf der Medienagenda tatsächlich eine besonders große Bedeutung zuschreiben, oder ob sie sie in Befragungen nur deshalb als bedeutsam bezeichnen, weil sie ihnen durch die Medienberichterstattung kognitiv präsent sind. Letztere Interpretation legt der Accessibility-Ansatz nahe, der lange als zentrale psychologische Grundlage der

Agenda Setting-Forschung galt (z. B. Scheufele 2000). Demnach erhöht der häufige Kontakt mit einem Thema in der Medienberichterstattung die kognitive Zugänglichkeit (Accessibility) des Themas. Dies führt wiederum dazu, dass entsprechende Informationen leichter aus dem Gedächtnis abgerufen werden können. Neuere Studien deuten allerdings darauf hin, dass die Rezipienten die Themen auf der Medienagenda darüber hinaus auch tatsächlich für besonders relevant halten, z. B. weil sie mehr oder weniger bewusst davon ausgehen, dass Journalisten für ihre Berichterstattung besonders relevante Themen auswählen (z. B. Pingree und Stoycheff 2013). Welcher dieser beiden Erklärungsansätze eher zutrifft, ist durchaus sehr bedeutsam, weil die Frage, ob die Rezipienten den Themen auf der Medienagenda tatsächlich eine besondere Bedeutung zuschreiben, vermutlich darüber entscheidet, ob der Agenda Setting-Effekt weiterführende Folgen für ihre Einstellungen und ihr Verhalten hat. Vertieft man zudem die Diskussion über die psychologischen Mechanismen hinter dem Agenda Setting-Ansatz weiter, wird zudem deutlich, dass einige der zentralen Konstrukte des Ansatzes wie z. B. *Awareness* oder *Salience* in der Forschung noch immer sehr unterschiedlich verstanden und operationalisiert werden (Lee und McLeod 2020).

Die aktuelle Forschung zum Agenda Setting-Effekt beschäftigt sich schließlich im *sechsten* Schritt vor allem mit den Folgen der Digitalisierung. Dabei kann man drei Arten von Folgen unterscheiden: Folgen für die Theorie, Folgen für die methodischen Herangehensweisen und Folgen für die empirischen Befunde von Agenda Setting-Studien. Aus *theoretischer* Sicht kann man die Frage aufwerfen, ob und inwiefern der Agenda Setting-Ansatz unter den Bedingungen der Online-Welt modifiziert werden muss (Weimann und Brosius 2017). Dies könnte aus mehreren Gründen notwendig sein: Erstens differenziert sich durch die Vielzahl der online verfügbaren Informationsquellen die Mediennutzung zukünftig möglicherweise soweit aus, dass unterschiedliche Rezipienten kaum noch gemeinsame Medieninhalte nutzen (Fragmentierung der Mediennutzung). Zudem sorgen Algorithmen z. B. in Suchmaschinen oder Sozialen Netzwerken dafür, dass den Rezipienten online vor allem solche Informationen angezeigt werden, die zu ihrem vorherigen Nutzungsverhalten passen (Filter Bubble). Würden sich die Themenagenden dieser unterschiedlichen Informationsquellen dann stark voneinander unterscheiden, könnte dies dazu führen, dass sich auch die individuellen Themenagenden der Rezipienten zunehmend voneinander unterscheiden (Fragmentierung des Publikums) und Agenda-Setting-Effekte auf die gesamte Bevölkerung unwahrscheinlicher werden. In diesem Fall müsste der Agenda Setting-Ansatz zukünftig stärker aus der Individualperspektive betrachtet werden. Zweitens entstehen online neue Themenagenden, die von den Rezipienten kontinuierlich aktualisiert werden. Beispiele hierfür sind Listen der meistgelesenen Beiträge eines Online-Mediums oder die

Häufigkeit, mit der Rezipienten ein Thema in sozialen Netzwerken diskutieren. Diese und ähnliche Entwicklungen führen zu einer neuen Dynamik im Agenda-Setting-Prozess, der einfache Ursache-Wirkungs-Annahmen kaum noch gerecht werden. Drittens kann man annehmen, dass die Bedeutung der Bürger für den Agenda Setting-Prozess in der Online-Welt erheblich steigt. Während sie in der traditionellen Mediengesellschaft vor allem als mehr oder weniger passive Rezipienten politischer Informationen auftraten, können sie nun z. B. durch das Weiterleiten von Medienbeiträgen oder das Verfassen eigener Beiträge in sozialen Netzwerken selbst Agenda-Setting betreiben. Man kann folglich davon ausgehen, dass die Publikumsagenda in der Online-Welt einen deutlich größeren Einfluss auf die Agenden von Medien und Politik hat, als dies zuvor der Fall war. Bislang haben sich diese Überlegungen aber noch nicht in umfassenden Theorieveränderungen niedergeschlagen.

In *methodischer* Hinsicht haben zuletzt einige Studien damit begonnen, die Messung der Publikumsagenda über Bevölkerungsbefragungen durch Messungen des Kommunikations- bzw. Suchverhaltens der Rezipienten in Online-Medien zu ersetzen. Bevölkerungsbefragungen sind nicht nur vergleichsweise aufwändig und teuer, sie sind auch grundsätzlich mit dem Problem der so genannten Reaktivität verbunden. Damit ist gemeint, dass der Untersuchungsgegenstand – hier also die von den Befragten wahrgenommene Relevanz politischer Themen – durch die Untersuchung beeinflusst wird. So kann man z. B. annehmen, dass Menschen bestimmte Themen in einer Befragungssituation nur deshalb als relevant bezeichnen, weil ihnen dies gesellschaftlich geboten erscheint (soziale Erwünschtheit). Deshalb haben in den letzten Jahren einige Autoren vorgeschlagen, die Publikumsagenda über das nicht reaktive Online-Suchverhalten der Bevölkerung zu erfassen. Demnach wäre z. B. die Häufigkeit, mit der bestimmte Begriffe wie Arbeitslosigkeit oder Geflüchtete in Online-Suchmaschinen eingegeben werden, ein Indikator dafür, für wie relevant die Bevölkerung das entsprechende Thema hält. Für diese Vorgehensweise spricht erstens, dass zwischen dem Online-Suchverhalten und der über Bevölkerungsbefragungen gemessenen Themenrelevanz tatsächlich ein Zusammenhang besteht (Scharkow und Vogelgesang 2011). Zweitens finden Studien, die Medieninhaltsanalysen mit Suchmaschinen-Rankings als Indikatoren für die Publikumsagenda kombinieren, zum Teil auch erhebliche Agenda Setting-Effekte (z. B. Maurer und Holbach 2016). Andere Studien messen die Publikumsagenda auch mit Inhaltsanalysen der Themenstruktur von Posts in sozialen Netzwerken (z. B. Neuman et al. 2014). Dem liegt die Annahme zugrunde, dass Menschen sich online vor allem zu den Themen äußern, die sie selbst für besonders relevant halten. Diese beiden neuen Varianten zur kontinuierlichen Messung der Publikumsagenda eröffnen der Forschung folglich neue Möglichkeiten, müssen zugleich jedoch zukünftig noch besser validiert werden. Dabei geht es z. B. um die Frage, ob die Messungen tatsächlich als vollkommen austauschbar betrachtet werden können oder unterschiedliche Arten der Publikumsagenda messen.

In *empirischer* Sicht bestätigt sich der aus der klassischen Agenda Setting-Forschung bekannte Einfluss der Medien- auf die Publikumsagenda bislang auch in der digitalen Gesellschaft (z. B. Kim et al. 2016). Dies hat auch damit zu tun, dass Online-Medien zumindest in Deutschland die politische Kommunikation bislang noch nicht revolutioniert haben. Noch immer ist das Fernsehen für die meisten Menschen die wichtigste politische Informationsquelle und noch immer nutzen die meisten Menschen zur politischen Information auch online vor allem die Angebote klassischer Nachrichtenmedien, während soziale Netzwerke eher zu unpolitischen Zwecken genutzt werden (Newman et al. 2020, S. 71). Die Themenstrukturen der Online- und Offline-Angebote klassischer Nachrichtenmedien ähneln sich zudem stark (Oschatz et al. 2014). Eine besonders starke Fragmentierung der Öffentlichkeit ist deshalb bislang noch nicht erkennbar. Die zunehmende Durchsetzung von Online-Medien wirft allerdings neue Forschungsfragen auf und bietet der Agenda Setting-Forschung zugleich eine Reihe neuer Analysemöglichkeiten. Dies betrifft z. B. Analysen des Einflusses der Publikumsagenda auf die Medienagenda und die Agenda politischer Akteure. Während Umfragedaten zur Publikumsagenda in früheren Studien meist nur auf Monats- oder sogar Jahresbasis vorlagen, macht die kontinuierliche Messung der Publikumsagenda über das Online-Suchverhalten oder Posts in sozialen Netzwerken Analysen des kurzfristigen Einflusses des Publikums auf andere Akteure möglich. Auch die Operationalisierung der Agenda politischer Akteure über Posts in sozialen Netzwerken vergrößert die Analysemöglichkeiten der Agenda Setting-Forschung, weil nun z. B. auch kurzfristige Reaktionen der Politik auf Veränderungen der Medienagenda gemessen werden können (z. B. Barberá et al. 2019). Vollkommen neue Medienformate wie Fake News- oder Fact Checking-Webseiten werfen die Frage nach deren Agenda Setting-Effekten auf (z. B. Vargo et al. 2018). Zudem erhält die Frage, wie sich Themen innerhalb der Medienlandschaft verbreiten (Intermedia Agenda-Setting), durch die Digitalisierung eine neue Relevanz. Hier geht es z. B. darum, wie alternative Medien, also solche mit extremen redaktionellen Linien oder auch Publikationen von Interessengruppen, Themen setzen, die in der Folge von etablierten Medien aufgegriffen werden. Solche Spill-Over-Effekte treten online vermutlich nicht nur mit größerer Wahrscheinlichkeit auf, weil Journalisten das Internet zunehmend als Recherchequelle verwenden, sondern sind auch von der Forschung leichter beobachtbar, weil sich die Verbindungen von alternativen und klassischen Online-Medien z. B. über Netzwerkanalysen gut nachzeichnen lassen (z. B. Pfetsch et al. 2013).

Alles in allem ist der Agenda Setting-Ansatz folglich heute noch ebenso bedeutsam wie in den vergangenen 50 Jahren. Dabei ist es durchaus bemerkenswert, wie aus einer weitgehend theorielosen und empirisch eher unspektakulären Pionierstudie der bis heute meist untersuchte Ansatz der Medienwirkungsforschung entstanden ist. Die Popularität des Ansatzes hat dabei vermutlich mehrere Gründe: Der Ansatz ist plausibel, empirisch leicht prüfbar und für Wissenschaftler dankbar, weil er beeindruckende Befunde liefert. Die Autoren haben ein griffiges Label für ihren Ansatz gefunden und es geschickt verstanden, wissenschaftliche Schüler in aller Welt zur Beschäftigung mit ihrem Ansatz zu motivieren. Die zunehmende Ausdifferenzierung des Ansatzes im Lauf der vergangenen 50 Jahre eröffnete zudem immer wieder neue Forschungsfelder. Der Hauptgrund für die Popularität des Ansatzes dürfte aber in seiner offensichtlichen gesellschaftlichen Relevanz liegen. Welche Themen die Bevölkerung für besonders relevant hält, hat weitreichende Folgen für die Gesellschaft. Dies lässt sich z. B. relativ leicht anhand der Umfragewerte der politischen Parteien in den vergangenen Jahren nachzeichnen: Als die Medien während der so genannten Flüchtlingskrise 2015/2016 vor allem über Migration berichtet haben, stiegen die Umfragewerte der AfD, als die Medien anschließend den Klimawandel in den Mittelpunkt der Berichterstattung stellten, stiegen die Umfragewerte der Grünen und als sich die Medienberichterstattung schließlich ab Frühjahr 2020 vor allem um die Covid-19 Pandemie drehte, profitierten die Regierungsparteien. Offensichtlich hat die wahrgenommene Relevanz von politischen Sachthemen auch Folgen für die Einstellungen und das Verhalten der Bürger.

Dabei können Agenda Setting-Effekte für eine Gesellschaft durchaus funktional sein. Die Medienberichterstattung macht die Rezipienten im Idealfall auf dringliche Probleme aufmerksam und erzeugt einen gesellschaftlichen Konsens darüber, welche Themen wichtig sind und welche Probleme gelöst werden müssen. Sie können aber auch problematisch werden, wenn die Medienberichterstattung ein verzerrtes Bild von der Dringlichkeit der Probleme vermittelt. Dabei sind Journalisten einerseits den Einflüssen von Parteien und anderen Interessengruppen ausgesetzt, die aus den oben genannten Gründen ein massives Interesse daran haben, die Medienagenda in ihrem Sinne zu beeinflussen. Andererseits führen aber auch typische Selektionskriterien innerhalb des Journalismus wie z. B. Nachrichtenfaktoren dazu, dass zwischen der über externe Realitätsindikatoren mehr oder weniger objektiv bestimmbaren Relevanz eines Themas und der Intensität der Medienberichterstattung manchmal kaum ein Zusammenhang besteht. Insgesamt spricht folglich einiges dafür, dass Agenda Setting-Effekte für eine Gesellschaft auch dysfunktional sein können, wenn die Rezipienten anhand der Medienberichterstattung falsche Vorstellungen von der Dringlichkeit politischer Probleme erhalten. Gelegentlich wird dann argumentiert, dies sei nicht weiter problematisch, weil es nicht schaden könne, wenn die Menschen auch auf weniger dringliche Probleme aufmerksam würden. Diese Argumentation ignoriert jedoch, dass sich die Aufmerksamkeit der Rezipienten nur auf relativ wenige Themen konzentrieren kann. Jedes weniger dringliche Problem, über das die Medien intensiv berichten, verdrängt folglich ein dringlicheres aus der öffentlichen Wahrnehmung.

Wie sich die Agenda Setting-Forschung in Zukunft entwickeln wird, hängt vor allem davon ab, ob und wie sich die Mediennutzung der Bevölkerung in Zukunft verändert. Dabei geht es weniger um die Frage, ob sich die Menschen zukünftig noch stärker online über Politik informieren werden. Es geht vielmehr um die Frage, ob sie weiterhin vor allem Nachrichtenmedien (online oder offline) als Informationsquellen nutzen oder sich zukünftig stärker über auf ihre eigenen Interessen zugeschnittene Botschaften von Parteien, Interessengruppen oder anderen Bürgern aus sozialen Netzwerken verlassen werden. Verlören die klassischen Nachrichtenmedien zukünftig ihre weitgehende Vorherrschaft für die politische Informationsvermittlung, müsste der Agenda Setting-Ansatz tatsächlich neu formuliert werden.

Literatur

Barberá, P., Casas, A., Nagler, J., Egan, P., Bonneau, R., Jost, J., & Tucker, J. (2019). Who Leads? Who Follows? Measuring Issue Attention and Agenda Setting by Legislators and the Mass Public Using Social Media Data. *American Political Science Review, 113*, 883–901.

Cohen, B. (1963). *The press and foreign policy*. Princeton: University Press.

Guo, L. (2012). The application of social network analysis in agenda setting research: A methodological exploration. *Journal of Broadcasting & Electronic Media*, 56, 616–631.

McCombs, M. E., & Shaw, D. L. (1972). The agenda-setting function of the mass media. *Public Opinion Quarterly*, 36(1), 176–187.

Kepplinger, H. M., Gotto, K., Brosius, H.-B., & Haak, D. (1989). *Der Einfluss des Fernsehens auf die politische Meinungsbildung*. Freiburg: Alber.

Kim, Y., Gonzenbach, W. J., Vargo, C. J., & Kim, Y. (2016). First and second levels of intermedia agenda setting: Political advertising, newspapers, and twitter during the 2012 U. S. presidential election. *International Journal of Communication*, 10, 4550–4569.

Lang, G. E., & Lang, K. (1981). Watergate. An exploration of the agenda-building process. In G. C. Wilhoit & H. De Bock (Hrsg.), *Mass Communication Review Yearbook* (S. 447–468). Beverly Hills: Sage.

Lee, B., & McLeod, D. M. (2020). Reconceptualizing cognitive media effects theory and research under the Judged Usability Model. *Review of Communication Research*, 8, 17–50.

Maier, M., Bacherle, P., Adam, S., & Leidecker-Sandmann, M. (2019). The interplay between parties and media in putting EU issues on the agenda: A temporal pattern analysis of the 2014 European Parliamentary election campaigns in Austria, Germany and the United Kingdom. *Party Politics, 25*, 167–178.

Maurer, M. (2017). *Agenda-Setting*. 2. Auflage. Baden-Baden: Nomos.

Maurer, M., & Holbach, T. (2016). Taking online search queries as an indicator of the public agenda. The role of public uncertainty. *Journalism & Mass Communication Quarterly, 93*, 572–586.

McCombs, M. E., Llamas J. P., Lopez-Escobar, E., & Rey, F. (1997). Candidate images in Spanish elections. Second level agenda-setting effects. *Journalism & Mass Communication Quarterly, 74*, 703–717.

McCombs, M. E., & Valenzuela, S. (2021). *Setting the agenda. The mass media and public opinion*. 3rd edition. Cambridge: Polity Press.

Neuman, R. W., Guggenheim, L., Mo Jang, S., & Bae, S. Y. (2014). The dynamics of public attention: Agenda-setting theory meets big data. *Journal of Communication, 64*, 193–214.

Newman, N., Fletcher, R., Schulz, A., Andı, S., & Nielsen, Rasmus K. (2020). *Reuters Institute Digital News Report 2020*. https://reutersinstitute.politics.ox.ac.uk/sites/default/files/2020-06/DNR_2020_FINAL.pdf

Oschatz, C., Maurer, M., & Haßler, J. (2014). (R)Evolution der Politikberichterstattung im Medienwandel? Die Politikberichterstattung von Online- und Offline-Nachrichtenmedien im Vergleich. *Medien & Kommunikationswissenschaft, 62*, 25–41.

Pfetsch, B., Adam, S., & Bennett, W. L. (2013). The Critical Linkage between Online and Offline Media. An approach to researching the conditions of issue spill-over. *Javnost – The Public, 20*, 9–22.

Pingree, R. J. & Stoycheff, E. (2013). Differentiating cueing from reasoning in agenda-setting-effects. *Journal of Communication, 63*, 852–872.

Rössler, P. (1997). *Agenda-Setting. Theoretischer Gehalt und empirische Evidenzen einer Medienwirkungshypothese*. Opladen: Westdeutscher Verlag.

Rogers, E. M., & Dearing, J. W. (1988). Agenda-Setting research: Where has it been, where is it going? In J. A. Anderson (Hrsg.), *Communication Yearbook* (S. 555–594). Beverly Hills: Sage.

Scharkow, M. & Vogelgesang, J. (2011). Measuring the public agenda using search engine queries. *International Journal of Public Opinion Research, 23*, 104–113.

Scheufele, D. A. (2000). Agenda-Setting, priming, and framing revisited: Another look at cognitive effects of political communication. *Mass Communication and Society, 3*, 297–316.

Shaw, D. L., & McCombs, M. E. (1977). *The emergence of American political issues. The agenda-setting function of the press*. St. Paul: West.

Trenaman, J., & McQuail, D. (1961). *Television and the political image*. London: Methuen.

Vargo, C., Guo, L., & Amazeen, M. A. (2018). The agenda-setting power of fake news: A big data analysis of the online media landscape from 2014 to 2016. *New Media & Society, 20*, 2028–2049.

Walgrave, S., & van Aelst, P. (2006). The contingency of the mass media's political agenda setting power. Toward a preliminary theory. *Journal of Communication, 56*, 88–109.

Weimann, G., & Brosius, H.-B. (2017). Redirecting the agenda. Agenda-setting in the online era. *The Agenda Setting Journal, 1*, 63–101.

The Spiral of Silence. A Theory of Public Opinion

von Elisabeth Noelle-Neumann (1974)

Florian Haumer

Zusammenfassung

Die Theorie der Schweigespirale gehört zu einer der international sichtbarsten Theorien der deutschen Kommunikationswissenschaft und wurde in den 1970er-Jahren von Elisabeth Noelle-Neumann entwickelt. Sie ist ein Versuch, Prozesse und Funktionen der öffentlichen Meinung im Zusammenhang mit demokratischen Willensbildungsprozessen zu beschreiben und letztlich auch zu messen. Noelle-Neumann stellt in ihrer Studie fünf Hypothesen auf, die sich auf die Ursachen und Bedingungen beziehen, nach denen Menschen bereit sind, ihre eigene Meinung öffentlich zu äußern – oder nicht. Außerdem beschrieb Noelle-Neumann die Auswirkungen öffentlicher Meinungsäußerungen und die Rolle der Massenmedien in diesem Prozess. Die Hypothesen wurden durch mehrere repräsentative Befragungen empirisch überprüft. Die Schweigespirale erklärt, wie Meinungen von Minderheiten mittel- bis langfristig zu Mehrheitsmeinungen werden können und damit Einfluss auf politische Machtverhältnisse und Entscheidungen nehmen können. Dabei spielen zwei sozialpsychologische Phänomene eine wesentliche Rolle: 1) die Angst der Menschen vor sozialer Isolation und 2) die Fähigkeit von Menschen Veränderungen der öffentlichen Meinung „quasi-statistisch" wahrzunehmen.

F. Haumer (✉)
Hochschule Macromedia University of Applied Sciences, München, Deutschland
E-Mail: f.haumer@macromedia.de

© Der/die Autor(en), exklusiv lizenziert an Springer Fachmedien Wiesbaden GmbH, ein Teil von Springer Nature 2022
R. Spiller et al. (Hrsg.), *Schlüsselwerke: Theorien (in) der Kommunikationswissenschaft*, https://doi.org/10.1007/978-3-658-37354-2_13

Schlüsselwörter

Schweigespirale · Öffentliche Meinung · Massenmedien · Bevölkerung · Politik ·
Medienwirkung · Demoskopie · Meinungsforschung · Soziale Isolation

1   Kurzbiografie

Elisabeth Noelle-Neumann wurden am 19. Dezember 1916 in Berlin geboren und ist
am 25. März 2010 in Allensbach gestorben. Sie studierte Philosophie, Geschichte,
Zeitungswissenschaft und Amerikanistik an der Friedrich-Wilhelms-Universität in
Berlin, der Albertina in Königsberg, der LMU in München und der University of
Missouri in den USA. Während ihres Aufenthalts in den USA (1937–1938) lernte sie
die Methoden der Demoskopie (Meinungsforschung) von George Gallup kennen
und bereiste anschließend Japan, Korea, China, Ceylon und Ägypten. 1940 promovierte sie bei Emil Dovifat in Berlin mit einer Arbeit über „Meinungs- und Massen-
forschung in den USA" zum Dr. phil. Nach ihrer Volontärzeit beim „Deutschen Verlag" arbeitete sie als Journalistin für die Wochenzeitung „Das Reich" und die
„Frankfurter Zeitung". 1947 gründete sie mit ihrem Mann, dem Journalisten Erich
Peter Neumann, das Institut für Demoskopie Allensbach (IfD). 1963 erhielt sie einen
Ruf als Professorin an die Johannes-Gutenberg-Universität Mainz und gründete
1966 das dortige Institut für Publizistik, das sie bis zu ihre Emeritierung 1983 leitete.
Ab 1965 präsentierte sie im deutschen Fernsehen die Ergebnisse ihrer Wahlprogno-
sen auf der Grundlage sogenannter „Exit Polls" am Wahltag und wurde so zum Gesicht der deutschen Meinungsforschung. Noelle-Neumann gilt als Begründerin der
Demoskopie in Deutschland und ihre Methoden, insbesondere der Stichprobenzie-
hung und der Fragebogenkonstruktion, hatten einen wesentlichen Einfluss auf die
Entwicklung der internationalen Meinungs- und Sozialforschung. Elisabeth Noelle-Neumann erhielt mehrere Auszeichnungen für ihr wissenschaftliches und gesellschaftliches Engagement, unter anderem das Große Bundesverdienstkreuz (1976),
den Margret-Boveri-Preis für wissenschaftliche Publizistik (1997) und die Hay-
ek-Medaille der Friedrich A. von Hayek-Gesellschaft (2006).

2   Inhalt des Textes

Elisabeth Noelle-Neumann hat die Theorie der Schweigespirale erstmals 1974 im
Journal of Communication veröffentlicht. Der Aufsatz beginnt mit einem Zitat des
französischen Publizisten und Politikwissenschaftlers Alexis de Tocqueville, wo-

nach Menschen mehr Angst vor sozialer Isolation als vor Irrtum haben. Tocqueville beschreibt in „L'Ancien Régime et la Révolution" (1856) den Prozess der Bildung der öffentlichen Meinung als einen Anpassungsprozess von Vertretern eine Minderheitenmeinung an die Mehrheitsmeinung, weil Minderheiten fürchten, sozial isoliert zu werden und deshalb damit anfangen, ihre Meinung nicht mehr öffentlich vertreten. Auf dieser Grundlage erstellt Noelle-Neumann fünf Hypothesen: 1) Menschen machen sich ein Bild von der öffentlichen Meinung und der zukünftigen Entwicklung der öffentlichen Meinung zu einem bestimmten Thema. 2) Die Bereitschaft, die eigene Meinung öffentlich zu vertreten, hängt von der Einschätzung der öffentlichen Meinung und der Einschätzung der zukünftigen Entwicklung der öffentlichen Meinung ab. Wer glaubt, dass die eigene Meinung an Zuspruch gewinnt, ist eher bereit, sich öffentlich dazu zu äußern. 3) Falls die Einschätzung der öffentlichen Meinung und die faktische öffentliche Meinung voneinander abweichen, liegt das daran, dass bestimmte Meinungen im sozialen Umfeld eines Menschen lautstärker vertreten werden. 4) Es besteht eine positive Korrelation zwischen der aktuellen und der zukünftigen Einschätzung der öffentlichen Meinung zu einem bestimmten Thema. Wer glaubt, dass eine bestimmte Meinung aktuell vorherrschend ist, der glaubt auch, dass diese Meinung in Zukunft vorherrschend sein wird. 5) Falls es eine Diskrepanz zwischen der Wahrnehmung der aktuellen öffentlichen Meinung zu einem bestimmten Thema und der Einschätzung der zukünftigen Stärke dieser Meinung gibt, dann bestimmt die Einschätzung der zukünftigen Meinung die Bereitschaft, die eigene Meinung öffentlich zu vertreten (Abb. 1).

Um diese Hypothesen zu testen, hat Noelle-Neumann mehrere Befragungen über damals aktuelle kontroverse Themen durchgeführt (z. B. Abtreibung, 0,8 Promille-Grenze beim Autofahren, Anerkennung der DDR). Dabei wurde die eigene Meinung der Befragten zu diesen Themen erhoben, was die Befragten glauben, was die Mehrheit in Deutschland über diese Themen denkt, wie sich nach Meinung der Befragten die öffentliche Meinung entwickeln wird und schließlich die Bereitschaft, die eigene Meinung zu diesen Themen in der Öffentlichkeit zu vertreten. Die Ergebnisse dieser Befragungen unterstützen die formulierten Hypothesen deutlich. In ihren Schlussfolgerungen weist Elisabeth Noelle-Neumann darauf hin, dass der Einfluss der Massenmedien auf die öffentliche Meinung nicht ohne grundlegende Erkenntnisse über die Entstehungsprozesse von öffentlicher Meinung untersucht werden kann. Vor dem Hintergrund der Schweigespirale betont sie ausdrücklich die Agenda Setting Funktion der Massenmedien: Welche Themen werden von den Medien als öffentliche Meinung präsentiert und welche davon werden als dringend dargestellt? Welchen Personen und Argumenten wird eine besondere Bedeutung zugeteilt? Welche Personen und Argumente werden als zukünftig erfolgreich dargestellt und wie einstimmig erfolgt diese Darstellung?

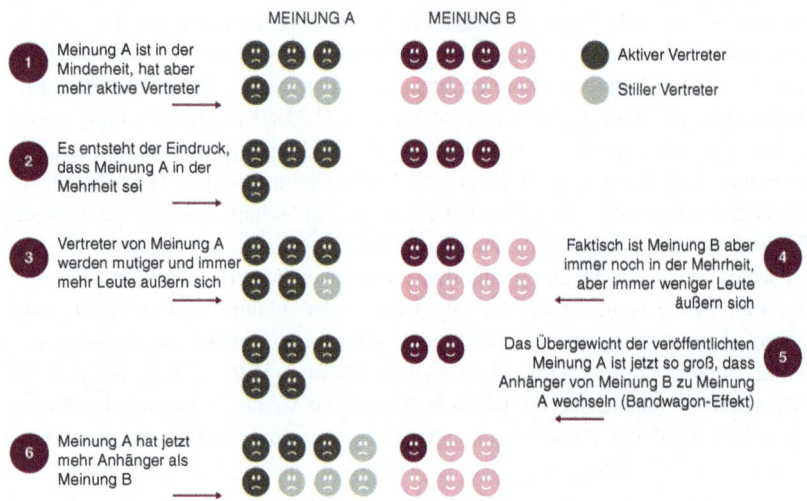

Abb. 1 Theorie der Schweigespirale (in Anlehnung an Noelle-Neumann 1980)

Noelle-Neumann beendet ihren Text mit einer Antwort auf die Frage, ob Medien die öffentliche Meinung in der Bevölkerung gestalten, oder diese lediglich wiedergeben: „Nach dem sozialpsychologischen Mechanismus, der hier „Schweigespirale" genannt wird, sind die Massenmedien als meinungsbildend zu betrachten: Sie sorgen für den sozialen Druck, auf den die Menschen mit Eifer, Duldung oder mit Schweigen reagieren" (Noelle-Neumann 1974, S. 51).

3 Bezug zum Gesamtwerk der Autorin

Das Schriftenverzeichnis von Elisabeth Noelle-Neumann umfasst mehr als 400 wissenschaftliche Veröffentlichungen. Eine 2013 veröffentlichte Analyse hat ergeben, dass Hans Mathias Kepplinger und Elisabeth Noelle-Neumann zwischen 1970 und 2010 die meistzitierten deutschen Kommunikationswissenschaftler waren (Potthoff und Kopp 2013). Die meisten der Werke Noelle-Neumanns befassen sich mit der Öffentlichen Meinung, der Meinungsforschung, den Methoden der Demoskopie und der Medienwirkungsforschung. 1980 wurde die Theorie der Schweigespirale erstmals als Buch unter dem Titel „Die Schweigespirale – unsere soziale Haut" veröffentlicht. Dieses Buch wurde in elf Sprachen übersetzt und hat der Theorie zu internationaler Bekanntheit verholfen. Dabei hat Noelle-Neumann die

Theorie im Vergleich zur Originalpublikation um einige wesentliche Annahmen erweitert und verfeinert, und so einer empirischen Überprüfbarkeit weiter zugänglich gemacht. Demnach üben Menschen durch optische Kommentierungen (Kepplinger 1980) einen Isolationsdruck auf andere aus, indem sie den Mund verziehen oder sich abwenden, wenn jemand etwas sagt oder zeigt, das von der öffentlichen Meinung missbilligt wird. Außerdem unterscheidet Noelle-Neumann in laute und leise Meinungsäußerungen, bzw. aktive und passive Vertreter einer bestimmten Meinung, wodurch der Schweigespiralprozess in Gang gesetzt wird, der schlussendlich dazu führt, dass Meinungen von Minderheiten (die „laut" vertreten werden) zu Mehrheitsmeinungen werden können. Die tatsächliche Stärke der Meinungslager muss also nicht ausschlaggebend sein für ihr Gewicht in einem Schweigespiralprozess. Außerdem betont Noelle-Neumann, dass Massenmedien einen maßgeblichen Einfluss auf Prozesse der öffentlichen Meinung ausüben können, wenn sie wiederholt und übereinstimmend ein Meinungslager unterstützen. Da Medien eine wesentliche Informationsgrundlage für das „quasi-statistische" Organ der Menschen sind, haben Meinungen, die in den Medien dominant dargestellt oder positiv kommentiert werden, eine erhöhte Chance, aus der Schweigespirale als Sieger hervorzugehen. Elisabeth Noelle-Neumann hat die Theorie der Schweigespirale und ihre sozialpsychologischen Grundlagen vor allem im Kontext von Wahlkämpfen angewandt. In ihren weiterführenden Publikationen beschreibt sie z. B. den Einfluss der Massenmedien auf die Wahrnehmung des Meinungsklimas und das Verhältnis von Umfrageforschung und politischen Entscheidungen. Darüber hinaus hat sich Noelle-Neumann auch mit der Frage beschäftigt, warum kleine Gruppen in der Bevölkerung nicht auf Isolationsdrohungen reagieren. Noelle-Neumann nennt sie „Ketzer" und „Avantgardisten". An anderer Stelle spricht sie vom „harten Kern", der immer, auch in Situationen stärksten Isolationsdrucks, unangefochten bleibt. Diese Menschen treten unbeirrt für ihre Haltung ein, auch dann, wenn sie dafür heftigsten Widerspruch ernten. Das versetzt sie in eine besonders starke Position, weil andere Menschen sich vom selbstbewussten Auftreten der „Ketzer" beeindrucken lassen (Petersen 2019). Die Theorie der Schweigespirale kann insofern auch im Zusammenhang mit dem Meinungsführerkonzept gesehen werden, wie es Lazarsfeld, Berelson und Gaudet im Jahr 1944 beschrieben hat. Noelle-Neumann hat Paul Lazarsfeld, der als Pionier der empirischen Sozialforschung gilt, sehr geschätzt und hat ihre Theorie selbst im Kontext der Diskussion über starke oder schwache Medienwirkungen interpretiert. „Als die internationale Fachwelt überzeugt war, dass Massenmedien keinen nennenswerten Einfluss auf die Meinungsbildung besitzen, hielt sie 1972 in Tokio einen Vortrag mit dem provozierenden Titel „Return to the Concept of Powerful Mass Media" und leitete damit einen Paradigmenwechsel der Wirkungsforschung ein, der bis heute anhält (Kepplinger 2016).

4 Wirkungsgeschichte/Kritik

Die Theorie der Schweigespirale gehört zu den am meisten zitierten Theorien innerhalb der Kommunikationswissenschaft und hat seit ihrer Veröffentlichung eine Vielzahl von Studien nach sich gezogen. Viele dieser Studien konnten die Kernhypothesen der Schweigespirale allerdings nicht reproduzieren, bzw. haben zu ambivalenten Ergebnissen geführt (Fuchs et al. 1992). Eine Metaanalyse aus dem Jahr 1997 findet nur einen schwachen aber signifikanten Zusammenhang zwischen der Kongruenz der eigenen Meinung mit der wahrgenommene Mehrheitsmeinung und der Bereitschaft, diese Meinung öffentlich zu äußern (Glynn et al. 1997). Jüngere Untersuchungen finden etwas stärkere Effekte der Schweigespirale, wobei keine Unterschiede zwischen Online bzw. Offline-Umgebungen festgestellt werden (Glynn und Huge 2014; Matthes et al. 2018). Als Ursache für die eher schwache empirische Evidenz wird die hohe Komplexität der Theorie angesehen. Tatsächlich befasst sich die Theorie mit mehreren sozialpsychologischen und soziologischen Konstrukten, die jeweils schwierig zu definieren bzw. zu operationalisieren sind (Scheufele und Moy 2000). Außerdem werden einige Annahmen der Theorie kritisiert, die unter bestimmten Umständen als unrealistisch erscheinen. Noelle-Neumann nennt „Isolationsfurcht", als zentrale Ursache für die Effekte der Schweigespirale und geht dabei davon aus, dass Menschen grundsätzlich Angst vor sozialer Isolation haben. Isolationsfurcht kann aber auch als Persönlichkeitseigenschaft betrachtet werden, die unterschiedlich stark bei verschiedenen Individuen ausgeprägt ist (Scheufele und Moy 2000). Immerhin weist Noelle-Neumann an anderer Stelle selbst darauf hin, dass manche Menschen unabhängig von der Höhe des sozialen Drucks bereit sind, ihre Meinung öffentlich zu äußern. Fraglich ist deshalb auch, ob es (neben Isolationsfurcht) weitere Ursachen für konformes Verhaltens gibt, die in der Theorie nicht beschrieben sind. Außerdem wird kritisiert, dass Noelle-Neumann die Rolle von Bezugsgruppen im Zusammenhang mit den Effekten der Schweigespirale zugunsten der Bedeutung der Massenmedien unterschätzt (Donsbach 1987). Die Ergebnisse von Fuchs, Gerhard und Neidhardt (1992) unterstützen diese Hypothese. Gleichzeitig merken die Autoren aber an, dass „Bezugsgruppenmeinungen nach der Theorie der Schweigespirale keine angemessene Operationalisierung von öffentlicher Meinung sei" (Fuchs et al. 1992, S. 292). Schließlich wird kritisiert, dass die Wirkungsannahmen der Schweigespirale an zwei wesentliche Bedingungen geknüpft sind, die in der Realität nicht immer in idealer Form vorkommen. Effekte der Schweigespirale treten theoretisch nämlich nur dann auf, wenn 1) ein Thema öffentlich diskutiert wird und wenn 2) das diskutierte Thema wertegeladen ist und dadurch moralisiert werden kann (Fuchs et al. 1992). Trotz dieser Einschränkungen gilt die Theorie der Schweigespirale weiterhin als solider theoretischer Rahmen, um Medienwirkungen im Zusammenhang mit öffentlichen Meinungsäußerungen und gesellschaftlichen Diskursen zu untersuchen (Schulz und Roessler 2012).

Hinsichtlich der weiteren Entwicklung der Theorie der Schweigespirale und ihrer Anwendung im 21. Jahrhundert erscheinen drei Aspekte als besonders relevant: 1) Interkulturelle Unterschiede hinsichtlich der öffentlichen Redebereitschaft, 2) Individuelle Faktoren (z. B. Persönlichkeitseigenschaften) und 3) die Rolle von Bezugsgruppen im Zeitalter sozialer Medien und Teilöffentlichkeiten. Scheufele und Moy (2000) weisen darauf hin, dass die Theorie der Schweigespirale als Makrotheorie den Anspruch haben muss, eine interkulturelle Gültigkeit zu haben. Zwar wurde die Theorie bereits in diversen Ländern getestet, allerdings waren die Studiendesigns und Operationalisierung der relevanten Konstrukte nicht einheitlich, sodass der Erkenntnisgewinn dieser Untersuchungen begrenzt ist. Scheufele und Moy (2000) schlagen deshalb vor, wieder mehr „makroskopische" Variablen in die Forschung zu integrieren und interkulturelle Studiendesigns umzusetzen. Andere Autoren beschäftigen sich mit spezifischen Persönlichkeitseigenschaften als potenzielle Determinanten für öffentliche Redebereitschaft (Willnat et al. 2002). Nam (2002) konnte z. B. zeigen, dass unabhängige Personen eher bereit sind, ihre Meinung öffentlich zu äußern, wenn das Meinungsklima inkongruent ist. Noelle-Neumann (1974) berichtet selbst, dass Geschlecht, Alter, Beruf, Einkommen und Wohnort einen moderierenden Einfluss auf die Effekte der Schweigespirale haben können. Männer, jüngere Menschen und Angehörige der Mittel- und Oberklasse scheinen eher bereit zu sein, ihre Meinung auch dann öffentlich zu vertreten, wenn sie sich damit in der Minderheit wähnen. Mit Blick auf die sozialpsychologischen Grundlagen der Theorie könnten weitere Persönlichkeitsmerkmale (z. B. „Verträglichkeit") und Werte (z. B. „Universalismus") in den Mittelpunkt zukünftiger Untersuchungen gestellt werden. Schließlich erscheint es sinnvoll, sich stärker mit der Bedeutung von Bezugsgruppen und der „Intensität" von Meinungsäußerungen zu beschäftigen (Glynn und Park 1997).

Die Entwicklung des Mediensystems, insbesondere der digitalen Medien, hat zu einer Fragmentierung der Öffentlichkeit geführt (Holtz-Bacha 1998). Heute dominieren digitale und soziale Medien den Medienkonsum. Menschen in allen Altersgruppen nutzen soziale Medien und beziehen einen Großteil oder sogar eine Mehrheit ihrer Informationen aus Angeboten auf Facebook, Instagram, YouTube oder Twitch (Shearer 2021). Durch die Vielzahl der verschiedenen Angebote und die personalisierte Bereitstellung von Inhalten entstehen dadurch viele verschiedene Teilöffentlichkeiten, die untereinander völlig unabhängig sein können. Noelle-Neumann spricht bereits von einem doppelten Meinungsklima, das entsteht, wenn das Meinungsklima in der Bevölkerung und die vorherrschende Meinung unter Journalisten auseinanderfallen (zitiert nach Jäckel 1999). In der heutigen Medienwelt muss eher von einem multiplen Meinungsklima ausgegangen werden, weil soziale Medien diverse öffentliche Räume geschaffen haben, in denen Menschen sich bewegen und in denen neue Bezugsgruppen entstehen können. Soziale Medien geben ihren Nutzern außerdem die Möglichkeit, eigene Inhalte zu erstellen und die Inhalte anderer Nutzer zu teilen und zu kommentieren. Wenn wir soziale Medien nutzen, sehen wir also sehr gut, womit sich andere Menschen beschäftigen und wie sie über verschiedene Themen denken. Unser „quasi-statistisches Organ" bekommt damit sehr viele Informationen über das Meinungsklima (in einer bestimmten Teilöffentlichkeit) zu einem beliebigen Thema. Die Ergebnisse experimenteller Forschung zeigen, dass solche Informationen (Kommentare) einen erheblichen Einfluss auf die Wahrnehmung der dargebotenen Inhalte haben können (Haumer und Donsbach 2009; Kümpel und Unkel 2020) und dass Meinungen von Freunden und Bekannten meist mehr Beachtung und Glaubwürdigkeit geschenkt wird, als objektiven Daten und Fakten (Daschmann 2001). Demnach könnten Bezugsgruppen, die im Kontext von Onlinekommunikation in bestimmten Teilöffentlichkeiten entstehen, einen wesentlichen Einfluss auf die öffentliche Redebereitschaft von Menschen haben. Interessant ist dabei auch, welche Rolle der Grad der Anonymität und das Nutzerverhalten spielen. Die meisten Menschen nutzen soziale Medien eher passiv und posten keine eigenen Inhalte (Arthur 2006). Das kann dazu führen, dass eine lautstarke Minderheit (aktive Vertreter) die Interpretation von gesellschaftspolitischen Themen dominiert und so ein verzerrtes Bild des Meinungsklimas entsteht, wodurch das Verhalten von Menschen schließlich faktisch beeinflusst wird. Tatsächlich zeigen Beobachtungen von menschlichem Verhalten im Zusammenhang mit der Informationsverbreitung in sozialen Medien (Twitter), dass sich Falschmeldungen schneller verbreiten als objektive richtige Darstellungen eines Sachverhalts. Entgegen populärer Annahmen spielen dabei weniger Algorithmen eine Rolle, sondern vielmehr die soziale Natur des Menschen selbst (Vosoughi et al. 2018). Die Besonderheiten sozialer Medien können Effekte der Schweigespirale also begünstigen, weil aktive Vertreter einer bestimmten Meinung mit Hilfe sozialer Medien hohe Reichweiten erzielen können und damit einen Einfluss auf die Wahrnehmung des Meinungsklimas ausüben. Eine Untersuchung von Keith Hampton für das Pew Research Center im Zusammenhang mit den Enthüllungen des Whistleblowers Edward Snowden unterstützt außerdem die Schlussfolgerung, dass sich die Hoffnungen nicht erfüllt haben, dass

soziale Medien dazu beitragen, den öffentlichen Diskurs über gesellschaftlich relevante Themen zu verbreitern und neuen Ideen und Perspektiven eine bessere
Chance zu geben, gehört und beachtet zu werden (Hampton et al. 2014). Soziale
Medien haben eher dazu geführt, dass gesellschaftliche Themen emotionaler diskutiert werden und dass häufiger moralische Bewertungen (Frames) von Sachverhalten erfolgen. Damit werden wesentliche Bedingungen für die Entstehung einer
Schweigespirale erfüllt. Die Theorie der Schweigespirale hat im frühen 21. Jahrhundert also eher an Bedeutung gewonnen und wird auch in aktuellen Studien
weiterhin kritisch überprüft und im Kontext sozialer Medien angewandt (Gearhart
und Zhang 2014; Porten-Cheé und Eilders 2015). Die sozialpsychologischen
Grundlagen der Theorie spielen im Zeitalter sozialer Medien eine zentrale Rolle.
Wir bewegen uns zunehmend in öffentlichen Räumen und sind ständig aufgefor-
dert, unsere eigenen Meinungen und Überzeugungen mit denen unserer Umwelt
abzugleichen. Dabei können nicht nur unsere politischen Meinungen beeinflusst
werden, sondern auch unsere Selbstwahrnehmung und unsere Emotionen. Die aktuellen Erfahrungen im Zusammenhang mit COVID-19 und der öffentlichen Meinung zu vielen Detailfragen und politischen Entscheidungen im Zusammenhang
mit der Pandemie zeigen, dass ein weiterführendes Verständnis der Prinzipien und
Bedingungen der Schweigespirale dabei helfen kann, die Ursachen von dysfunktionalen Entwicklungen im Zusammenhang mit gesellschaftlichen Debatten besser
zu verstehen.

Literatur

Arthur, C. (2006). What is the 1% rule? *The Guardian.* https://www.theguardian.com/tech-
nology/2006/jul/20/guardianweeklytechnologysection2
Daschmann, G. (2001). *Der Einfluss von Fallbeispielen auf Leserurteile. Experimentelle Un-
tersuchungen zur Medienwirkung.* UVK Medien.
Donsbach, W. (1987). *Die Theorie der Schweigespirale.* In Michael Schenk (Hrsg.) *Medien-
wirkungsforschung,* S. 324–343. Mohr.
Fuchs, D., Gerhards, J., & Neidhardt, F. (1992). Öffentliche Kommunikationsbereitschaft.
Zeitschrift Für Soziologie, 21(4), 284–295. https://doi.org/10.1515/zfsoz-1992-0404
Gearhart, S., & Zhang, W. (2014). Gay bullying and online opinion expression. Testing spiral
of silence in the social media environment. *Social Science Computer Review, 32*(1),
18-36. doi:https://doi.org/10.1177/0894439313504261.
Glynn, C. J. & Huge, M. E. (2014). Speaking in spirals: An updated meta-analysis of the
spiral of silence. In W. Donsbach, C. T. Salmon & Y. Tsfati (Hrsg.), *The Spiral of Silence.
New Perspectives on Communication and Public Opinion* (S. 65–72). Routledge.

Glynn, C. J., Hayes, A. F., & Shanahan, J. (1997). Perceived support for one's opinions and willingness to speak out: A meta-analysis of survey studies on the "spiral of silence". *Public Opinion Quarterly, 61*, 452–463.

Glynn, C. J., & Park, E. (1997). Reference groups, opinion intensity, and public opinion expression. *International Journal of Public Opinion Research,9* (3), 213–232.

Holtz-Bacha, C. (1998). Fragmentierung der Gesellschaft durch das Internet? In Gellner, W. & von Korff, F. (Hrsg.), *Demokratie im Internet* (S. 219–226). Nomos.

Haumer, F., & Donsbach, W. (2009). The rivalry of nonverbal cues on the perception of politicians by television viewers. *Journal of Broadcasting & Electronic Media, 53* (2), 262–279. https://doi.org/10.1080/08838150902907918

Hampton, K.N., Rainie, L., Lu, W., Dwyer, M., Shin, I., & Purcell, K. (2014). Social Media and the 'Spiral of Silence.' *Pew Research Center*. http://www.pewinternet.org/2014/08/26/social-media-and-the-spiral-of-silence.

Jäckel, M. (1999). Öffentlichkeit, Öffentliche Meinung und die Bedeutung der Medien, In Michael Jäckel (Hrsg.) *Medienwirkungen, Ein Studienbuch zur Einführung*, Springer VS, S. 215–248

Kepplinger, H.-M. (1980). Optische Kommentierung in der Berichterstattung über den Wahlkampf 1976. In: Thomas Ellwein (Hrsg.). *Politikfeld-Analysen 1979*. Westdeutscher Verlag 1980, S. 163–179.

Kepplinger (2016, 19. Dezember). Die Demoskopin. *Frankfurter Allgemeine Zeitung*, S. 12.

Kümpel, A. S. & Unkel, J. (2020) Negativity wins at last: How presentation order and valence of user comments affect perceptions of journalistic quality. *Journal of Media Psychology, 32*, 89–99.

Lazarsfeld, P. F., Berelson, B. & Gaudet, H. (1944) *The People's Choice. How the Voter Makes Up his Mind in a Presidential Campaign*. Sloan and Pearce.

Matthes, J., Knoll, J., & von Sikorski, C. (2018). The "Spiral of Silence" Revisited: A Meta-Analysis on the Relationship Between Perceptions of Opinion Support and Political Opinion Expression. *Communication Research, 45*(1), 3–33. https://doi.org/10.1177/0093650217745429

Nam, K. (2002). *The Effect of Personality on the Spiral of Silence Process*. https://trace.tennessee.edu/utk_graddiss/2176

Noelle-Neumann, E. (1974). The Spiral of Silence A Theory of Public Opinion. *Journal of Communication 24*(2), 43–-51.

Noelle-Neumann, E. (1980). *Die Schweigespirale. Öffentliche Meinung – unsere soziale Haut*. Piper.

Petersen, T. (2019). Die Schweigespirale heute. https://www.kas.de/documents/258927/6506398/57_Petersen.pdf/afb65556-462b-f2b5-9aec-c7f67f15c17a?t=1561992129953.

Porten-Cheé, P., & Eilders, C. (2015). Spiral of silence online: How online communication affects opinion climate perception and opinion expression regarding the climate change debate. *Studies in Communication Sciences, 15*(1), 143–150.

Potthoff, M. & Kopp, S. (2013). Die meistbeachteten Autoren und Werke der Kommunikationswissenschaft. Ergebnis einer Zitationsanalyse von Aufsätzen in Publizistik und Medien & Kommunikationswissenschaft (1970– 2010). *Publizistik, 58*, 347–366.

Scheufele, D. A. & Moy, P. (2000). Twenty-Five Years of the Spiral of Silence: A Conceptual Review and Empirical Outlook. *International Journal of Public Opinion Research, 12* (1), 3–28.

Schulz, A. & Roessler, P. (2012). The Spiral of Silence and the Internet: Selection of Online Content and the Perception of the Public Opinion Climate in Computer-Mediated Communication Environments, *International Journal of Public Opinion Research, 24* (3), 346–367, https://doi.org/10.1093/ijpor/eds022

Shearer, E. (2021). *More than eight-in-ten Americans get news from digital devices.* https://www.pewresearch.org/fact-tank/2021/01/12/more-than-eight-in-ten-americans-get-news-from-digital-devices/.

Tocqueville, A. (1856). *L'ancien régime et la révolution.* Les Éditions Gallimard.

Vosoughi, S., Roy, D., & Aral, S. (2018). The spread of true and false news online. *Science, 359* (6380), 1146–1151. https://doi.org/10.1126/science.aap9559.

Willnat, Lars & Lee, W. & Detenber, Benjamin. (2002). Individual-level predictors of public outspokenness: A test of the spiral of silence theory in Singapore. *International Journal of Public Opinion Research.* 14. 391–412.

Living with Television: The Violence Profile

von George Gerbner & Larry Gross (1976)

Christine E. Meltzer

Zusammenfassung

Der Aufsatz „Living with television: The violence profile" stellt die inhaltliche Idee und methodische Umsetzung der Kultivierungsforschung vor. Das Fernsehen nimmt im Kultivierungsansatz auf Grund seiner Verbreitung, kostengünstigen Nutzung und realitätsnahen Darstellungen eine zentrale Rolle ein. Die Autoren vermuten, dass diejenigen, die besonders viel fernsehen, in ihrem Weltbild näher an der Abbildung der „Fernsehrealität" liegen, während Wenigseher*innen ein Bild von der Welt haben, das näher an der tatsächlichen Realität ist. In ihrem Aufsatz zeigen sie, dass Fernsehen Vorstellungen (Kultivierung 1. Ordnung) und Einstellungen (Kultivierung 2. Ordnung) des Publikums wie vermutet beeinflusst. Bis heute ist Kultivierung einer der wichtigsten Ansätze kommunikationswissenschaftlicher Forschung. Viele von Gerbners ursprünglich angenommenen besonderen Aspekte des Fernsehens treffen auch im heutigen Zeitalter noch zu. Neue technische Entwicklungen bieten fruchtbare Perspektiven für Aspekte der Kultivierungsforschung, die bisher vernachlässigt wurden oder deren Umsetzung methodisch nur schwer möglich war. Für die moderne Kultivierungsforschung gilt es nach wie vor, die Produktionsinstanzen, die in den Sendungen vermittelten Botschaften und deren Wirkung auf das Publikum zu erforschen.

C. E. Meltzer (✉)
Johannes Gutenberg-Universität, Mainz, Deutschland
E-Mail: meltzer@uni-mainz.de

© Der/die Autor(en), exklusiv lizenziert an Springer Fachmedien Wiesbaden GmbH, ein Teil von Springer Nature 2022
R. Spiller et al. (Hrsg.), *Schlüsselwerke: Theorien (in) der Kommunikationswissenschaft*, https://doi.org/10.1007/978-3-658-37354-2_14

213

Schlüsselwörter

Medienwirkung · Kultivierung · Cultural Indicators · Fernsehen · Gewalt ·
Sozialisation · Inhaltsanalyse · Befragung

1   Kurzbiografie

George Gerbner wurde 1919 in Budapest geboren. Anfang 1939 entfloh er dem
faschistischen Regime in Ungarn und emigrierte mit Umwegen über Paris, Mexiko
und Kuba in die USA. Er arbeitete zunächst als Journalist beim San Franzisco
Chronicle und erwarb einen Masterabschluss an der an der University of Southern
California. 1942 trat er freiwillig der amerikanischen Armee bei und wurde dort
zunächst Fallschirmjäger. Später arbeitete er im Office of Strategic Services, einem
Vorläufer der CIA und nahm 1945 bei einem Einsatz in Österreich persönlich den
ungarischen Premierminister Bela Imredy fest, vor dessen Regime er sechs Jahre
zuvor geflohen war. Nach seiner Rückkehr in die USA arbeitete er als Dozent für
Journalismus und entdeckte so eine Leidenschaft für kommunikationswissenschaftliche Forschung. Er promovierte zum Thema „Toward a general theory of
communication". In Gerbners Vita finden sich über 30 Forschungsprojekte und
über 100 Aufsätze. Seine längste akademische Position hatte er an der Annenberg
School of Communication an der University of Pennsylvania inne, wo er 30 Jahre
lang als Professor tätig war. Von 1964 bis 1989 nahm er dort auch die Rolle des
Dekans ein und begründete und leitete das Cultural Indicators-Projekt. Die Methode und Ergebnisse dieses Projekts sind auch Gegenstand des hier vorgestellten
Aufsatzes. Gerbner starb im Jahr 2005, zwei Wochen nach seiner Frau Illona, mit
der er fast 60 Jahre verheiratet war (Lent 2002; Morgan 2012).

Larry Gross wurde 1942 geboren. 1968 kam er an die Annenberg School für
Communication der University of Pennsylvania, wo er 35 Jahre lehrte. Gemeinsam
mit George Gerbner leitete er dort von 1971 bis 1991 das Cultural Indicators-
Projekt. Seit 2003 arbeitet Gross an der Annenberg School für Communication and
Journalism der University of Southern California wo er von 2003 bis 2014 Direktor
war (Messaris und Park 2018).

2   Inhalt des Textes

Im Zentrum des 1976 erschienen Aufsatzes *Living with television: The violence profile* von George Gerbner und Larry Gross steht das damals noch junge Medium Fernsehen. Mit diesem Text wird der Grundstein für die Kultivierungshypothese gelegt. In ihrem Kern besagt sie, dass Fernsehen die Vorstellungen und Einstellungen über die Realität seines Publikums beeinflusst: Diejenigen, die besonders viel fernsehen, liegen in ihrem Weltbild auch näher an der Abbildung der „Fernsehrealität", während Wenigseher*innen ein Bild von der Welt haben, das näher an der tatsächlichen Realität ist.

Dem Fernsehen kommt deswegen eine zentrale Bedeutung für den Kultivierungsansatz zu, weil es sich in entscheidenden Punkten von allen anderen damals bekannten Medien unterscheidet. Es ist kostengünstig und ohne großen Aufwand verfügbar, da ein Fernseher in quasi jedem Wohnzimmer stand. Es erfordert keine besonderen Nutzungskompetenzen (z. B. Lesefähigkeit) und hat deswegen in allen Gesellschaftsschichten eine hohe Reichweite. Zudem bindet es sein Publikum zeitlich stark. Durch seine bewegten Bilder liefert Fernsehen besonders realitätsnahe Medieninhalte. Daher wirken auch fiktionale Angebote auf die Vorstellung der Realität. Dies gilt besonders (aber nicht ausschließlich) in Bereichen, in denen keine persönlichen Erfahrungen gemacht werden können. Zudem bedient Fernsehen sowohl das Unterhaltungs- als auch das Informationsbedürfnis des Publikums. Die Nutzung, so die Annahme, erfolgt weitestgehend unselektiv. Während Wenigseher*innen ihre Informationen aus vielen Quellen beziehen (z. B. Tageszeitungen, Radiosendungen, persönliche Gespräche), ist das Fernsehen für Vielseher*innen die dominierende Informationsgrundlage. Vielseher*innen werden somit den immer gleichen Botschaften ausgesetzt, was schließlich in einem Weltbild mündet, das eher der „Fernsehrealität" als der Realität gleicht.

Zentral für die Vorstellung von der Realität sind demnach die vom Fernsehen ausgesendeten Botschaften. Die Autoren gehen davon aus, dass über alle Angebote und alle Sender hinweg gleichförmige Botschaften ausgesendet werden (damals versorgten die drei großen Medienkonzerne ABC, CBS und NBC alle TV-Sender in den USA mit Programm), die eine einheitliche symbolische Umwelt schaffen und somit Vorstellungen über die Gesellschaft und das Zusammenleben der Menschen in ihr beeinflussen. Gerbner und Gross betrachten das Fernsehen daher als die „zentrale kulturelle Waffe der amerikanischen Gesellschaft" (1976, S. 175), eine Machtinstanz, die in erster Linie dazu eingesetzt wird, um konventionelle Vorstellungen und Verhaltensweisen aufrecht zu erhalten. Somit bewirkt Fernsehen, dass das soziale Gefüge in der Gesellschaft stabilisiert und nicht in Frage gestellt wird. Minoritäten werden Botschaften ausgesetzt, die aus der Perspektive der Mehrheitsgesellschaft und für die Mehrheitsgesellschaft produziert werden. Die Vermittlung von Rollen- und Verhaltensmustern geschieht vor allem durch die dominante Darstellung von Gewalt. Durch sie, so die Annahme, lernt das Publikum soziale Normen, Moral, über Ziele und Mittel und wer letztendlich gewinnt oder verliert.

Fernsehen ist deswegen so wirkmächtig, weil es das Publikum ab den Kindesbeinen an begleitet und somit eine zentrale Sozialisationsinstanz ist. Experimentelle Studien sind laut Gerbner und Gross für eine Untersuchung von Kultivierung nicht geeignet, da durch die Omnipräsenz des Fernsehens keine Kontrollgruppe mehr zur Verfügung steht und ein einzelner im Labor eingesetzter Stimulus die langfristige Wirkung der kumulativen Fernsehnutzung über die Lebensspanne hinweg nicht mehr verändern kann.[1] Deswegen wird im Aufsatz ein anderer methodischer Zugang gewählt: Die Kombination aus einer Inhaltsanalyse des damaligen Fernsehprogramms (message system analysis) und einer Befragung des Publikums (cultivation analysis).

In der Fernsehinhaltsanalyse (also die Erfassung der erwähnten „Fernsehrealität") wurde für die Jahre 1967–1975 jährlich eine Programmwoche analysiert. An diesem Material wurde untersucht, welche Botschaften im Fernsehen dominant sind und wo sich wiederkehrende Muster zeigen. Mittels des *Violence Index* wurde ausgewiesen, wie präsent Gewalt im Fernsehen im Vergleich der Sender und Sendungen ist. Die Ergebnisse zeigen einen stabil überproportional hohen Anteil gewalthaltiger Inhalte in allen Sendern. Durchschnittlich wurde das Publikum mit acht Gewaltakten pro Stunde konfrontiert. Zudem konnten stabile Muster in Bezug auf Täter*innen und Opfer von Gewalt herausgestellt werden. Diese wurden in den *Risk Ratios* ausgedrückt. So wurden zum Beispiel ältere Frauen eher als Opfer, jüngere Männer hingegen eher als Täter von Gewalt abgebildet. Ältere, arme und Schwarze Frauen wurden sogar nur in der Opferrolle gezeigt, nie aber als Täterinnen. Ältere und arme Männer wurden häufig als Opfer gezeigt, jüngere hingegen häufiger als Täter.

Die Befragung sollte nun herausstellen, ob die Vorstellungen und Einstellungen von Vielseher*innen im Vergleich zu Wenigseher*innen systematisch in Richtung der „Fernsehrealität" verzerrt sind. Dies wurde mit einer bevölkerungsrepräsentativen Befragung analysiert, in der Vorstellungen von der Realität (z. B. der Anteil der Personen, die in der Strafverfolgung arbeiten) und Einstellungen (z. B. Vertrauen

---

[1] Aus diesem Grund bezeichneten Gerbner und sein Team die Befunde ihrer Medienwirkungsstudien nicht als „Kultivierungs*effekt*", sondern als „Kultivierung". Heute hat sich der Begriff Kultivierungseffekt jedoch in vielen Studien durchgesetzt.

in die Mitmenschen) erhoben wurden. Gerbner und Gross wiesen die Wirkung des Fernsehens anhand des *Kultivierungsdifferenzials* aus, das die Antwortdifferenz zwischen Viel- und Wenigseher*innen zeigt. Es zeigte sich, dass sich Vielseher*innen (durchschnittlich vier oder mehr Stunden Fernsehnutzung pro Tag) in ihrer Weltvorstellung systematisch von Wenigseher*innen (durchschnittlich zwei oder weniger Stunden Fernsehnutzung pro Tag) unterschieden. Sie überschätzten den Anteil von Personen, die in der Strafverfolgung arbeiten und ihr persönliches Risiko, Opfer einer Gewalttat zu werden. Auch unterschieden sich Vielseher*innen im Vergleich zu Wenigseher*innen in ihren Einstellungen: Sie waren anderen Menschen gegenüber misstrauischer als Wenigseher*innen (sogenanntes Mean world Syndrome). Diese Befunde zeigten sich auch, wenn Alter, Bildung und Geschlecht in der Analyse kontrolliert wurden. Gerbner und Gross sahen sich in der Annahme bestätigt, dass das Fernsehen das Weltbild des Publikums kultiviert.

3   Bezug zum Gesamtwerk der Autoren

Bereits vor diesem Aufsatz beschäftigte Gerbner sich mit der Wirkung von medialen Inhalten und den Einfluss der dahinterstehenden Produktionslogiken. So erforschte er beispielsweise die Zusammenhänge zwischen dem Medien- und Bildungssystem (Morgan et al. 2015). Anders als diese Einzelanalysen verfolgte das Cultural Indicators-Projekt jedoch einen systematischen Ansatz. Mit dem diesem Text zu Grunde liegenden Aufsatz wurde die konzeptionelle Idee der Kultivierungsforschung geboren und methodisch umgesetzt. Er gilt als eines der zentralen Werke der Kultivierungsforschung (Morgan 2012, S. 89). Nach dieser Vorlage wurden zahlreiche weitere Studien im Cultural Indicators-Projekt durchgeführt. Die Fernsehinhaltsanalyse (ausgewiesen im violence index) wurde über Jahre weitergeführt und jährlich Befragungsstudien mit bevölkerungsrepräsentativen Stichproben durchgeführt. Über 200 Fachzeitschriftenaufsätze gingen aus dem Projekt hervor. Somit legte das Cultural Indicators-Projekt nicht nur den Grundstein für die Kultivierungsforschung, sondern ist über die Jahrzehnte auch zu einem umfangreichen Archiv für Fernsehinhalte und Befragungsdaten angewachsen.[2] Gerbner und sein Team erweiterten das Themenspektrum später um andere Aspekte wie z. B. Geschlechterrollen, Berufe, ethnische Minderheiten und Politik (siehe Rossmann 2008, S. 70 ff.). Doch bis heute ist Kriminalität und Gewalt zentrales Untersuchungsthema von Kultivierungsstudien (sowie Gewalt bis heute ein zentraler

---

[2] Siehe hierzu das George Gerbner Archive unter: http://web.asc.upenn.edu/Gerbner/Archive.aspx.

Bestandteil von Fernsehinhalten ist, siehe Signorielli et al. 2019), was vermutlich an der stark soziologisch geprägten Ausrichtung Gerbners liegt. Vor allem durch die im Fernsehen senderübergreifend präsenten Gewaltdarstellungen werden Angst und Misstrauen gegenüber den Mitmenschen im Fernsehpublikum geschürt, was in zahlreichen Folgestudien im Cultural Indicators-Projekt bestätigt wurde (siehe Meltzer 2019; Rossmann 2008). Und genau hier sah Gerbner die politische Brisanz seiner Befunde: *„A heightended sense of risk and insecurity (different for groups of varying power) is more likely to increase acquiescence to and dependence upon established authority, and to legitimize its use of force"* (Gerbner und Gross 1976, S. 194). Durch Fernsehen kultivierte Angst (die beim dankbaren Publikum recht einfach geschürt werden kann) führt zur Zementierung von konservativen politischen Verhältnissen in der Gesellschaft. In diesem, zugegeben pessimistischen, Gedanken wurde die Kultivierungsforschung geboren. Um zu analysieren, welche politischen und organisatorischen Machtstrukturen ein Mediensystem prägen, welche Produktionseinheiten also hinter den (gleichförmigen) Fernsehbotschaften stehen, fußt das Cultural Indikators-Projekt zusätzlich auf einer dritten methodischen Säule, der sogenannten „institutional process analysis". Dieser Teil des Cultural Indicators-Projekts ist der am schwersten zu untersuchende, da für eine Analyse zahlreiche komplexe Verflechtungen von gesellschaftlichen, politischen und ökonomischen Faktoren der Medienproduktion betrachtet werden müssen. Daher ist die institutional process analysis des Cultural Indicators-Projekts die am seltensten durchgeführte und am wenigsten entwickelte Analyse (Gerbner et al. 1982).

In Anlehnung an das von Hawkins und Pingree (1990) entwickelte psychologische Prozessmodell wurde vermutet, dass Fernsehnutzung sich zunächst auf die Vorstellungen der Realität auswirkt, die oft in demografischen Fakten gemessen werden (z. B. „Wie viel Prozent aller Erwerbstätigen sind bei der Polizei beschäftigt"?). Daher werden diese Maße als *Kultivierung 1. Ordnung* bezeichnet. In einem zweiten Schritt manifestieren sich basierend aus diesen Vorstellungen über die Welt Einstellungen und Werte (z. B. „den meisten Menschen kann man nicht trauen"), die als *Kultivierung 2. Ordnung* bezeichnet werden. Obwohl Gerbner und sein Team später von dieser Unterscheidung abrückten, da sie sich die Annahme des Prozesses nicht eindeutig belegen ließ, sind die Bezeichnungen bis heute in der Kultivierungsforschung gebräuchlich (Schnauber und Meltzer 2016).

Später wurden im Cultural Indikators-Projekt zwei mögliche Wirkformen von persönlicher Erfahrung im Kultivierungsprozess berücksichtigt (Morgan et al. 2015). Die gleichförmigen Botschaften des Fernsehens, die alters- und schichtübergreifend rezipiert werden, bewirken den Prozess des *Mainstreamings*, in dem vor allem Vielseher*innen in ihrer Weltsicht immer ähnlicher werden. Unterschiede, die auf Grund von persönlichen Erfahrungen (in verschiedenen Berufen oder Wohngegenden) gemacht werden, gleichen sich durch den hohen Fernsehkonsum an „den Mainstream" an. Mainstreaming wurde im Cultural Indikators-Projekt deutlich häufiger beobachtet als der zweite postulierte Prozess der *Resonanz*. Von Resonanz spricht man, wenn persönliche Erfahrungen und Fernsehrealität übereinstimmen (beispielsweise, wenn Menschen in einer Gegend mit hoher Kriminalitätsrate wohnen). Dies wirkt als eine Art „doppelte Dosis", was zu stärkerer Kultivierung bei Vielseher*innen im Vergleich zu Wenigseher*innen führt.

4 Wirkungsgeschichte und Kritik

Kultivierung ist einer der wichtigsten, meistzitiertesten (Morgan et al. 2015), aber auch einer der meistkritisiertesten Ansätze der Medienwirkungsforschung. Schon früh wurden Einwände und Zweifel laut. Diese waren zum Teil methodischer Natur und können heute weitestgehend als gelöst angesehen werden. So gilt beispielsweise die frühe Kritik der mangelnden Kontrolle von Drittvariablen oder der scheinbare willkürlichen Einteilung von Viel- und Wenigseher*innen als nicht mehr fundamental, da heutzutage Analysen mit multivariaten Verfahren angemessenere Auswertungen zulassen, als das zu Beginn der Kultivierungsforschung der Fall war (siehe Meltzer 2019, S. 20 ff.). Auch den Vorwürfen der Scheinzusammenhänge zwischen Fernsehnutzung und Ängstlichkeit und der unklaren Kausalität der Zusammenhänge konnten begegnet werden. Ob Menschen ängstlich werden, weil sie fernsehen, oder aber ob diejenigen, die von Grund auf ängstlich sind, mehr Zeit zu Hause vor dem Fernseher verbringen, kann in der Kultivierung häufig aufgrund von Querschnittsdaten nicht beantwortet werden. Van den Bulck (2004) verglich drei verschiedene Ansätze zum Verhältnis von Fernsehnutzung und Angst, um diese Frage zu beantworten, und kam zu dem Schluss, dass Kultivierung die beste Erklärung liefere.

Nachdem zahlreiche Studien nachweisen konnten, dass Kultivierung (wenn auch oft nur schwach nachweisbar) auftritt (Morgan und Shanahan 1997), stellte sich vor allem in der psychologischen Forschung immer stärker die Frage danach, warum der Effekt auftritt. Vor allem ab den 1990er-Jahren vollzog sich in der Kultivierungsforschung ein Perspektivwechsel. Wurden bis dahin hauptsächlich soziologische Studien durchgeführt, die – so wie Gerbner und sein Team – die gesamtgesellschaftliche Makroperspektive der Fernsehnutzung auf das Publikum analysierten, setzten psychologische Studien an den Rezipient*innen an sich an (Rossmann 2008, S. 73). Hieraus ergaben sich eine Vielzahl von Annahmen zu Kultivierung unterliegenden psychologischen Prozessen (siehe Meltzer 2019, S. 24 ff.). Die Befunde der mikroperspektivischen Untersuchungen von Kultivierung sind nicht eindeutig und die ihr unterliegenden Prozesse nicht abschließend geklärt. Vermutet wird jedoch, dass sowohl kognitive Prozesse während der Fernsehnutzung als auch während der Situationen, in denen Kultivierung 1. und 2. Ordnung abgefragt werden, eine Rolle spielen (Shrum 2004).

Der jüngste Strang der Kultivierungsforschung argumentiert aus der Perspektive der narrativen Persuasion (Bilandzic und Busselle 2008). Aus dieser Perspektive auf Kultivierung wird betont, dass Fernsehfilme- und Serien narrative Elemente enthalten, die Zuschauer*innen in die Geschichte „hineinsaugen" (die sogenannte Transportation). Wenn während der Rezeption alle kognitiven Ressourcen auf die Geschichte verwendet werden, werden Rezipient*innen anfällig für Kultivierung. Diese Argumentation setzt nah an Gerbners Idee an, dass die im Fernsehen gezeigten Geschichten eine Rolle für die Vorstellung der Realität spielen, ist aber im mikroperspektivischen Bereich des Rezeptionsprozesses an sich angesiedelt.

Ein weiterer Kritik- und Diskussionspunkt der Kultivierungsforschung ist die Kultivierung, die von einzelnen Genres ausgeht. Aus Sicht Gerbners und seinem Forscherteam ist es einzig durch die Betrachtung der Gesamtfernsehnutzung möglich etwas über Kultivierung auszusagen. Dies wird oft zusammengefasst in der Aussage: „It's the bucket, not the drops" (Morgan und Shanahan 2010, S. 340). Damit wird nicht automatisch angenommen, dass einzelne Sendungen oder einzelne Genres keine Wirkung auf Realitätsvorstellungen haben, Gerbner würde darunter jedoch nicht mehr Kultivierung verstehen. Gerade an dem Gedanken der genreübergreifenden Wirkung von Fernsehbotschaften und der damit einhergehenden Fokussierung auf die Gesamtfernsehnutzung als erklärende Variable wurde früh Kritik geäußert (Hawkins und Pingree 1980). Mit der im Laufe der Zeit immer weiter gestiegenen Anzahl von Fernsehkanälen, den zahlreichen internationalen Produktionen und der zunehmend zeitsouveränen Nutzung, die Streamingdienste ermöglichen, ist die Frage nach dem Wirkpotenzial von Sendern, Genres und einzelnen Sendungen zentral für die moderne Kultivierungsforschung. Auch scheint mit den neuen technischen Entwicklungen und der Auswahl an Fernsehinhalten die ursprüngliche Annahme der unselektiven Nutzung von Fernsehen heute kaum haltbar (Morgan et al. 2015). Vor allem mit dem Aufkommen von Streamingdiensten können sich Nutzende dauerhaft bestimmten Genres gezielt aussetzen und andere Inhalte vermeiden. Im Zuge der aktuellen technischen Entwicklungen erscheint es durchaus sinnvoll, auch einzelne Formate zu betrachten, bei denen vermutet werden kann, dass sich dort Botschaften wiederholen. Dies ist zumindest bei seriellen Formaten gegeben, die in den letzten zehn Jahren stark an Popularität gewonnen haben. Genrespezifische Kultivierung ist auch deswegen im Zeitalter des Internets von Interesse für die Forschung, weil Streamingdienste Algorithmen einsetzen, die Nutzenden basierend auf ihren vorher genutzten Inhalten Sendungen vorschlagen, die zu ihren Präferenzen passen. Damit steigt die Wahrscheinlichkeit der zukünftigen Nutzung. Im Falle der tatsächlichen Nutzung, bzw. Weiternutzung ähnlicher Inhalte würden so – zumindest für bestimmte Genres – Vielseher*innen in der Zukunft noch wahrscheinlicher werden.

Mit dem Auftauchen von Streamingdiensten haben sich jedoch nicht nur neue Anbietende, sondern auch neue Produktionsinstanzen von Serien und Filmen aufgetan. Sie vertreiben Fernsehinhalte immer öfter direkt über die Plattformen und umgehen damit die früher typischen Vertriebswege über das Kino und Fernsehen. Insofern können Streamingdienste als globale Produzierende von Fernsehbotschaften betrachtet werden, die weitestgehend unabhängig von traditionellen Produktions- und Vertriebsbedingungen agieren. Nicht mehr verkaufte Tickets in Kinos oder Einschaltquoten werberelevanter Zielgruppen entscheiden über Erfolg und Misserfolg (und damit auch die Weiterproduktion) von einzelnen Formaten und Sendungen. Vielmehr wird hier in einem komplexen Prozess aus vergangenen Nutzungsdaten und Expert*innengremien entschieden, was (weiter) produziert wird und was nicht. Hier ergeben sich neue Perspektiven für die bisher vernachlässigte „Institutional Process Analysis" der Kultivierungsforschung. Aus Kultivierungsperspektive wäre hier beispielsweise interessant, inwiefern sich veränderte Vertriebsbedingungen auf die Inhalte auswirken.

Eigenproduktionen von Streamingplattformen fallen häufig unter das Format des sogenannten Quality-TV, also hochwertig produzierte Serien mit vielschichtigen Charakteren und komplexen Handlungssträngen (Schlütz 2016). Gerbner und sein Team verorteten die zentrale Rolle des Fernsehens vor allem in seinen angstauslösenden Botschaften, die im Publikum den Wunsch nach Sicherheit auslösen und somit konservative politische Verhältnisse zementieren (Gerbner und Gross 1976). Schlütz (2016) sieht in Quality-TV Serienangeboten hauptsächlich Narrationen, die gesellschaftliche Verhältnisse, Zustände und Werthaltungen kritisch bewerten oder in Gänze in Frage stellen. Aus Perspektive der Kultivierung gilt es nun zu erforschen, ob ein solcher inhaltlicher Wandel auch einen Einstellungswandel (Kultivierung 2. Ordnung) im Sinne einer Forderung nach gesellschaftlichen Veränderungen kultiviert. Damit stünde eine von Gerbners Grundannahmen in Frage. Zukünftige Kultivierungsforschung wird zeigen, welche Wirkung von Quality-TV ausgeht.

Bis heute weitestgehend vernachlässigt wurde interkulturelle Kultivierung. Obwohl der Serienmarkt immer noch von US-Produktionen dominiert wird, werden immer häufiger nationale (Serien-)Produktionen einem internationalen Publikum zur Verfügung gestellt. In den letzten Jahren wurden beispielsweise auf Netflix Eigenproduktionen aus Lateinamerika, Europa und Afrika hinzugefügt. Zudem werden von Streamingdienstanbietenden häufig Produktionen außerhalb des US

Marktes eingeworben. Dies erlaubt, Kultivierung von Fernsehbotschaften auf ein kulturnahes oder kulturfernes Publikum zu untersuchen, was unter vorherigen Bedingungen auf dem Fernsehmarkt nur schwer möglich war. Bisher wurden die von Gerbner als grundlegend empfundenen Geschichten und Erzählungen des Fernsehens (im Sinne der message system analysis) hauptsächlich US-amerikanisch geprägt. Selbst in deutschen (oder anderen, außerhalb der USA durchgeführten) Studien musste davon ausgegangen werden, dass in der bisherigen Fernsehsozialisation viele Stunden von US-amerikanischer „Fernsehwelt" eingeflossen sind. Mittels Befragungen oder mittels prolongued-exposure Experimenten, also Forschungsdesigns in denen Personen gezielt eine bestimmte Serie über einen gewissen Zeitraum schauen (Meltzer 2019, S. 47), lässt sich Kultivierung einer Fernsehrealität testen, die von der des Publikums kulturell fern ist. Insofern ergibt sich, was Vorstellungen über die Welt und Einstellungen gegenüber anderen Kulturen betrifft, eine neue Perspektive für die Kultivierungsforschung.

Zur Diskussion steht im Kontext der Digitalisierung weiterhin, inwiefern Plattformen, die dem traditionellen Fernsehen aus Perspektive der Marktlogik zum Teil fern, jedoch in ihrer Aufmachung trotzdem stark audiovisuell geprägt sind, Kultivierungspotenzial entfalten können. Zu nennen wären hier beispielsweise Videoplattformen wie Youtube und Twitch, oder Social- Media-Kanäle, wie Instagram oder TikTok. Auch Video- und Computerspiele können in diesem Zuge genannt werden. Zwar sind sie stark audiovisuell geprägt, wurden aber im Kontext von Kultivierung bisher selten untersucht (z. B. Breuer et al. 2015). Ob man die Wirkung von solchen Formaten und Inhalten als Kultivierung betrachten kann oder nicht, fügt sich in eine generelle Debatte über die Möglichkeiten und Grenzen von Kultivierungsforschung ein. Die beständigen Weiterentwicklungen in der Kultivierungsforschung (beispielsweise der Wechsel von der Makro- auf die Mikroperspektive, die Erforschung genrespezifischer Kultivierung) und die damit einhergehenden verschiedenen methodischen Zugänge, die über Gerbners ursprüngliche Kombination aus Inhaltsanalyse und Befragung hinausgehen, bergen auch die Gefahr einer gewissen Beliebigkeit in der Anwendung des Ansatzes. Oftmals werden Studien mit dem Label Kultivierung versehen, lediglich weil (irgend)eine Form der Fernsehnutzung in den Daten ausgewiesen wird. Potter (2014) merkt hierzu kritisch an, dass viele Studien dabei genau entgegen der ursprünglichen Analyselogik Gerbners vorgehen. Gerbner und seinem Team im Cultural Indikators-Projekt lag daran, zuerst die Fernsehbotschaften zu entwickeln und in einem zweiten Schritt aus ihnen die kultivierenden Botschaften (Kultivierungsindikatoren) abzuleiten, die dann in der Bevölkerung abgefragt wurden. Heute scheinen häufig zunächst die Kultivierungsindikatoren abgefragt zu werden, um erst danach zu testen, welche von ihnen am stärksten mit Fernsehnutzung korrelieren. Im letzten Schritt wird daraus rückerschlossen, welche Botschaften das Fernsehen aussendet. Dieses Vorgehen steht nicht nur entgegen der Logik von Gerbners ursprünglicher Idee von Kultivierung, sondern führt auch zu einer Verwischung des Ansatzes und mangelnden Trennschärfe zu anderen Ansätzen der Medienwirkungsforschung (z. B. Framing). Das bedeutet nicht, dass alle Studien außerhalb der Gerbnerschen Forschungslogik von Fernsehinhaltsanalyse und Befragung nicht zur Erforschung von Kultivierung taugen. Vielmehr sollen in Anlehnung an Potter (2014) folgende Empfehlungen abgegeben werden, wenn es zum zukünftige Kultivierungsstudien geht – egal ob sie sich auf alte oder neue Medien beziehen. Kultivierung geht in der Grundidee von den gesendeten Botschaften aus. In einem ersten Schritt sollten diese, wenn möglich, in einer Inhaltsanalyse erfasst werden. Dabei ist unerheblich, ob es sich um lineares Fernsehen als Ganzes, einen YouTube-Kanal oder eine Netflix-Serie handelt. Möglich ist auch, sich auf bestehende Inhaltsanalysen zu beziehen. Es sollte mit neuen technischen Entwicklungen das, was als „Kanal" oder „Genre" aufgefasst werden kann, überdacht werden. So können beispielsweise Institutionen oder Personen, die viele Follower haben genauso in ihren Botschaften analysiert werden, wie auf sozialen Netzwerken eingesetzte Hashtags. In einem nächsten Schritt sollten daraus sinnvolle Kultivierungsindikatoren entwickelt, und mit einer Befragung überprüft werden. Dabei ist auch möglich, das Ganze als Labor- oder prolongued-exposure Experiment anzulegen, d. h. Personen zunächst gezielt mediale Inhalte zuzuführen und danach Vorstellungen und Einstellungen zu erfragen. Wichtig ist jedoch, dass in der Kultivierungsforschung die Botschaften am Anfang des Forschungsprozesses stehen und nicht im Nachhinein rückerschlossen werden.

Die Frage, ob neue technische Möglichkeiten (sowohl in der Produktion von Inhalten als auch beim Abrufen über die Endgeräte) zu veränderten Inhalten, einer veränderten Nutzung und damit einhergehenden veränderten Wirkungen führen, ist für die Kultivierungsforschung nicht neu. Seit Beginn der Forschung in den 1960er-Jahren hat eine Erweiterung der Kanäle, Inhalte und eine Weiterentwicklung der technischen Endgeräte ständig stattgefunden. Für die Kultivierungsforschung sind jedoch, wie oben ausgeführt, die Botschaften zentral. Für Forschung aus der klassischen soziologisch geprägten Perspektive ist also eher von Interesse, ob sich die im Fernsehen (und digitalen Medien) gezeigten dominierenden Botschaften über die Verhältnisse von Macht, Täter*innen und Opfern in der Gesellschaft verändert haben. Forschende aus dem Cultivation Indikators-Projekt würden dies weitestgehend verneinen (Morgan et al. 2015). Je nach Perspektive (bzw. nach untersuchtem Genre) kann man aber auch der Auffassung sein, dass die inhaltlichen Botschaften sich (mitunter stark) verändert haben. So sehen wir beispielsweise vor allem im Quality TV deutlich mehr starke Frauenrollen als noch vor 20 Jahren und es lässt sich zumindest eine steigende Diversität von ethnischen Minderheiten und Charakteren verzeichnen, die sich jenseits tradierter heterosexueller Beziehungsmuster bewegen. Bei der Analyse von solchen Botschaften und Mustern werden in Zukunft neben manuellen auch automatisierte Inhaltsanalysen, deren methodisches Arsenal ständig wächst, eine Rolle spielen. Nur so wird sich überhaupt feststellen lassen können, ob der von Gerbner angenommene „Mainstream" von Botschaften so noch existiert, oder ob wir es mit einer fragmentierteren, genrespezifischeren Form von Kultivierung zu tun haben.

Viele von Gerbners ursprünglich angenommenen besonderen Aspekte des Fernsehens treffen auch im heutigen Zeitalter noch zu: Fernsehen ist nach wie vor gesellschaftlich verbreitet und besser als je zuvor zeit- und ortssouverän abrufbar. Es begleitet uns von Kindesbeinen an, es liefert realitätsnahe, audiovisuelle Botschaften. Eine hohe zeitliche Inanspruchnahme findet weiterhin statt. Das gleiche gilt, wenn auch vielleicht in anderem Rahmen, für audiovisuelle Botschaften, die über soziale Netzwerke gesendet werden. Wer möchte, kann sich heute durch mobile Endgeräte zeit- und ortsungebunden und somit leichter denn je in der Fernsehrealität bewegen. Solange das der Fall ist, solange gilt es sowohl Inhalte als auch Wirkung dieser Realität zu untersuchen.

Literatur

Bilandzic, H., & Busselle, R. W. (2008). Transportation and transportability in the cultivation of genre-consistent attitudes and estimates. *Journal of Communication*, 58(3), 508–529. https://doi.org/10.1111/j.1460-2466.2008.00397.x

Breuer, J., Kowert, R., Festl, R. & Quandt, T. (2015). Sexist Games = Sexist Gamers? A longitudinal study on the relationship between video game use and sexist attitudes. *Cyberpsychology, Behavior, and Social Networking*, 18(4), 197–202. https://doi.org/10.1089/cyber.2014.0492

Gerbner, G., & Gross, L. (1976). Living with television: The violence profile. *Journal of Communication*, 26(2), 171–199. https://doi.org/10.1111/j.1460-2466.1976.tb01397.x

Gerbner, G., Gross, L., Morgan, M., & Signorielli, N. (1982). Charting the mainstream: Television's contributions to political orientations. *Journal of Communication*, 32(2), 100–127. https://doi.org/10.1111/j.1460-2466.1982.tb00500.x

Hawkins, R. P., & Pingree, S. (1980). Some Processes in the Cultivation Effect. *Communication Research*, 7(2), 193–226. https://doi.org/10.1177/009365028000700203

Hawkins, R. P., & Pingree, S. (1990). Divergent psychological processes in constructing social reality from mass media content. In N. Signorielli & M. Morgan (Hrsg.), *Cultivation analysis. New directions in media effects research* (1st ed., pp. 35–50). Sage.

Lent, J. A. (2002). Interview with George Gerbner. In M. Morgan (Hrsg.), *Against the mainstream. The selected works of George Gerbner* (S. 21–33). Peter Lang.

Meltzer, C. E. (2019). *Kultivierungsforschung*. Nomos.

Messaris, P., & Park, D. W. (2018). *The inclusive vision: Essays in honor of Larry Gross.* Peter Lang.

Morgan, M. (2012). *George Gerbner.* Peter Lang.

Morgan, M., & Shanahan, J. (1997). Two decades of cultivation research: An appraisal and meta-analysis. *Communication Yearbook, 20,* 1–45. https://doi.org/10.1080/2380898 5.1997.11678937

Morgan, M., & Shanahan, J. (2010). The state of cultivation. *Journal of Broadcasting & Electronic Media, 54*(2), 337–355. https://doi.org/10.1080/08838151003735018

Morgan, M., Shanahan, J., & Signorielli, N. (2015). Yesterday's New Cultivation, Tomorrow. *Mass Communication and Society, 18*(5), 674–699. https://doi.org/10.1080/1520543 6.2015.1072725

Potter, W. J. (2014). A critical analysis of cultivation theory. *Journal of Communication, 64*(6), 1015–1036. https://doi.org/10.1111/jcom.12128

Rossmann, C. (2008). *Fiktion Wirklichkeit. Ein Modell der Informationsverarbeitung im Kultivierungsprozess.* Springer VS.

Schlütz, D. (2016). *Quality-TV als Unterhaltungsphänomen: Entwicklung, Charakteristika, Nutzung und Rezeption von Fernsehserien wie The Sopranos, The Wire oder Breaking Bad.* Springer VS.

Schnauber, A., & Meltzer, C. E. (2016). On the distinction and interrelation between first- and second-order judgments in cultivation research. *Communications, 41*(2), 121–143. https://doi.org/10.1515/commun-2016-0004

Shrum, L. J. (2004). The cognitive proceses underlying cultivation effects are a function of whether the judgements are on-line or memory-based. *Communications – The European Journal of Communication, 29,* 327–344.

Signorielli, N., Morgan, M., & Shanahan, J. (2019). The violence profile: Five decades of cultural indicators research. *Mass Communication and Society, 22*(1), 1–28. https://doi. org/10.1080/15205436.2018.1475011

van den Bulck, J. (2004). Research note: The relationship between television fiction and fear of crime: An empirical comparison of three causal explanations. *European Journal of Communication, 19*(2), 239–248. https://doi.org/10.1177/0267323104042922

Institutionalized Organizations: Formal Structure as Myth and Ceremony

von John W. Meyer & Brian W. Rowan (1977)

Swaran Sandhu

Zusammenfassung

Die Entwicklung des soziologischen Neo-Institutionalismus ist ohne den Beitrag von John W. Meyer nur schwer vorstellbar. In einem der meistzitierten Aufsätze der Organisations- und Managementforschung hinterfragen Meyer & Rowan (1977) die herkömmliche Perspektive auf die Organisation als arbeitsteilige Zweckorganisation und erzwingen den Blick hinter die Fassade auf implizite Erwartungsstrukturen, rituelles Handeln und Entkopplung. Der „neue" Institutionalismus ist phänomenologisch geprägt und grenzt sich so von kontingenztheoretischen Erklärungsansätzen ab und betont stattdessen den Einfluss impliziter kultureller Erwartungen und Normen. Auf makrosoziologischer Ebene gilt Meyer als Begründer der „World Society"-Forschung, die in der Tradition Max Webers stehend die Globalisierung organisationaler Strukturen untersucht.

Für die Medien- und Kommunikationswissenschaft steht der Neo-Institutionalismus als Gegenpol zu realistisch-funktional geprägten Ansätzen und betont die Bedeutung gesellschaftlicher Logiken, institutioneller Arrangements sowie kultureller Prägungen für Medienstrukturen und Kommunikationsprozesse.

S. Sandhu (✉)
Hochschule der Medien, Stuttgart, Deutschland
E-Mail: sandhu@hdm-stuttgart.de

© Der/die Autor(en), exklusiv lizenziert an Springer Fachmedien Wiesbaden GmbH, ein Teil von Springer Nature 2022
R. Spiller et al. (Hrsg.), *Schlüsselwerke: Theorien (in) der Kommunikationswissenschaft*, https://doi.org/10.1007/978-3-658-37354-2_15

Schlüsselwörter

Institutionelle Theorie · Rationalitätsmythos · Entkopplung ·
Organisationskommunikation · Sozialkonstruktivismus · Weltkultur ·
Legitimität · Neo-Institutionalismus

1   Kurzbiografie

John W. Meyer wurde 1935 geboren, studierte Soziologie und erhielt seine Promotion 1965 von der Columbia University. Von 1966 bis zu seiner Emeritierung 2001
war er Professor an der Stanford University in Kalifornien. Zu Beginn seiner wissenschaftlichen Karriere beschäftigte sich Meyer vor allem mit dem Bildungssystem. Sein maßgeblicher Aufsatz mit Brian Rowan (Meyer und Rowan 1977) gilt als
einer der „Gründungstexte" für die Entwicklung des soziologischen Neo-Institutionalismus als eigenständiges Forschungsfeld. Neben der Bildungsforschung und
Organisationstheorie interessierte sich Meyer seit den 1990er-Jahren verstärkt für
die Weltkulturforschung (Meyer 2005) und untersuchte, wie westliche Prinzipien
(z. B. Organisationsstrukturen, Curricula, Professionen aber auch Menschenrechte)
sich global ausbreiten. Während seiner Karriere hat er über 200 Publikationen veröffentlicht und erhielt diverse Ehrendoktorgrade (Stockholm School of Economics,
Universitäten Bielefeld und Luzern) und Gastprofessoren. Er ist Mitglied der National Academy of Education und erhielt 2015 den W.E.B. Dubois Distinguished
Scholarship Award der American Sociological Association, eine der wichtigsten
Auszeichnungen für amerikanische Soziologen, für sein Lebenswerk. Der hier diskutierte Beitrag wurde gemeinsam mit Brian W. Rowan geschrieben, als dieser
Doktorand in Stanford war. Seit 1991 ist Rowan Professor für Bildungswissenschaft
und Soziologie an der University Michigan und arbeitet vor allem an der Schnittstelle zwischen Bildungsforschung und institutioneller Organisationsforschung, zuvor hat er in verschiedenen Forschungs- und Bildungseinrichtungen gearbeitet.

2   Inhalt des Textes

Warum überleben ineffiziente Organisationen und warum sind sie sich in ihren
Strukturen so ähnlich? Diese zwei Fragen beschäftigten John W. Meyer und seinen
damaligen Doktoranden Brian W. Rowan in Stanford in einem Forschungsprojekt,
das „classroom teaching" und Schulorganisation untersuchte. In ihrer empirischen
Forschung sind ihnen zwei „Anomalien" (Rowan 2010, S. 5) aufgefallen: Erstens

haben viele Organisationen Abläufe, die alles andere als effizient sind – ein Widerspruch zu den bis dahin vorherrschenden Erklärungen, die davon ausgingen, dass Organisationen arbeitsteilig sind, um möglichst hohe Effizienz zu erreichen. Zweitens sind sich Organisationen in ihren Formalstrukturen (also Abteilungen, Abläufen oder Arbeitsaufträgen) erstaunlich ähnlich, obwohl sie meist großen Wert darauf legen, sich zu differenzieren, um als möglichst einzigartig und unverwechselbar zu gelten.

Die provokante Antwort der Autoren auf diese Anomalien lautet: Organisationen sind nicht das Produkt zweckrationaler zielgerichteter arbeitsteiliger Abläufe, sondern eine soziale und vor allem kulturelle Rekonstruktion gesellschaftlicher Erwartungsstrukturen (Rationalitätsmythen). Obwohl sie nicht im wirtschaftlichen Sinne effizient sind, überleben Organisationen, weil sie durch zeremonielle Handlungen und Rituale (Leitbilder, Zertifizierungen, etc.) und Anpassung der organisationalen Strukturen und Bezeichnungen an vorherrschende Erwartungen als legitim erscheinen. Sie formieren eine Fassade gegenüber den institutionellen Anforderungen der Umwelt und entkoppeln diese von den tatsächlichen Aktivitäten der Organisation, die somit nicht mehr hinterfragt werden (Entkopppplung). Eine solche Aussage war damals eine Provokation gegenüber funktionalistisch-kontingenztheoretisch argumentierenden Ansätzen – und sie ist es heute noch. Denn dies bedeutet, dass Organisationen beträchtliche Ressourcen dafür aufbringen, zeremonielle Fassaden aufzubauen, um nicht hinterfragt zu werden und somit Legitimität zu verlieren. Die Konsequenz: Organisationen werden sich in ihren Strukturen, Bezeichnungen und Abläufen immer ähnlicher (institutionelle Isomorphie).

Der Aufsatz lieferte einen ertragreichen „Steinbruch" für einflussreiche Konzepte, die später weiterentwickelt wurden. Unter *Rationalitätsmythen* verstehen die Autoren „rationalisierte, institutionalisierte Regeln" bzw. „institutionalisierte Produkte, Dienstleistungen, Techniken, Regeln und Programme, die als mächtige Mythen wirken" (1977, S. 340, eigene Übersetzung). Es sind also gesellschaftliche Übereinkünfte, wie sich Organisationen zu verhalten haben, egal ob dies zu Effizienz führe oder nicht – deshalb der elegante Bezug zum Mythos. Doch warum unterwerfen sich Organisationen diesen Erwartungen? Staatliche Regulierung, die Orientierung an vorbildhaften Organisationen oder der öffentlichen Meinung können zur Anpassung an diese Mythen führen und zu einer erstaunlichen Gleichförmigkeit in der Formalstruktur, so das Argument für die *institutionelle Isomorphie*. Organisationen müssen diese Rationalitätsmythen nach außen signalisieren. Etwa durch den Einsatz neuester Technologie, um Innovationsfähigkeit zu demonstrieren, obwohl die Technologie tatsächlich kaum verwendet wird; durch die Einstellung bekannter Persönlichkeiten oder Experten, die in Krisen einen guten Leumund signalisieren; durch die Verwendung von gesellschaftlich legitimierter Sprache innerhalb der Organisation, d. h. die Umbenennung von Abteilungen, die aber tatsächlich immer noch das gleiche tun wie zuvor; durch die Beauftragung externe Berater, die weniger zur Effizienzsteigerung, sondern vielmehr zur Legitimation zuvor gefällter Entscheidungen wie Umstrukturierungen dienen. Diese *zeremoniellen Handlungen* erklären die Autoren durch Interaktionsrituale bzw. Taktiken der Gesichtswahrung nach Erving Goffman (1971/1967), der sich für Interaktionsrituale und die Differenz von Vorder- und Hinterbühne interessierte. Allerdings kann diese Fassadenstruktur zu Spannungen zwischen den tatsächlich durchgeführten Aktivitäten innerhalb der Organisation und den vor allem nach außen gerichteten Maßnahmen führen. Um diese Inkonsistenzen abzufedern, schlagen die Autoren das Konzept der *Entkopplung* (decoupling, angelehnt an Weick 1976) zwischen der zeremoniellen Formalstruktur und der davon unberührten Aktivitätsstruktur vor. Dies ist nicht ohne Risiko, sollte die Entkopplung etwa als strategische Maßnahme eingesetzt werden. Meyer und Rowan betonen deshalb, dass die Handelnden Akteure vertrauensvoll und „in good faith" (1977, S. 358) zusammenarbeiten würden. Ein rein strategisch inszeniertes Ablenkungsmanöver im Sinne eines window-dressing würde schnell als solches und als heuchlerisch demaskiert werden. Deshalb gehören organisationale Techniken der Imagepflege nach Goffman zur Entkopplung, die vor allem auf Taktgefühl, sozialer Geschicklichkeit oder das taktvolle Übersehen basieren, um danach die Dinge auf der Hinterbühne zu regeln.

3   Bezug zum Gesamtwerk der Autoren

Während sich Meyer und Rowan (1977) vor allem auf die organisationale Mesoebene bezogen haben, beschäftigte sich Meyer nachfolgend unter anderem mit Accounts (Meyer 1986), Organisationen als ideologische Systeme (Meyer 1984), der kulturellen Konstruktion von Akteuren (Meyer und Jepperson 2000), institutionalisierten Umwelten (Meyer und Scott 1983) und vor allem der World-Polity bzw. Weltkultur-Forschung (Meyer 2005). Dieser Forschungszweig wird in der Kommunikationswissenschaft bislang nur wenig rezipiert. Meyer interessiert hier besonders, wie westliche Prinzipien (z. B. Menschenrechte, curriculare Bildungskonzepte, Professionen, der Nationalstaat oder Umweltschutz) sich weltweit durchsetzen. Folgt man der sozialkonstruktivistisch-phänomenologisch geprägten Perspektive Meyers, dann gehört auch die Vorstellung des handlungsmächtigen Individuums zu einer kulturellen Konstruktion: „Das Individuum ist ein institutioneller Mythos, der aus rationalisierten Theorien ökonomischen, politischen und kulturellen Handelns entsteht" (Meyer et al. 1994, S. 21, eigene Übersetzung). Diese

Perspektive steht in direktem Widerspruch zu vielen empirisch-realistisch gepräg-ten Forschungsansätzen, die von einem handlungsmächtigen Akteur ausgehen. Das vermeintliche individuelle Handeln wird bei Meyer eher eine Darstellung von Skripten, die gesellschaftlich (und somit auch medial) konstruiert sind. Für Meyer erhalten auch nicht-menschliche Akteure wie schmelzende Gletscher, Viren aber auch Ideen wie Gleichberechtigung einen Akteurstatus, indem z. B. Aktivisten-gruppen für diese Ideen eine Art Stellvertreterposition einnehmen.

Da der Neo-Institutionalismus keine in sich geschlossene Theorieströmung dar-stellt, lässt sich im Falle von Meyer weniger sein Gesamtwerk beschreiben. Viel-mehr sollen hier wesentliche Entwicklungslinien des organisationalen Neo-Institutionalismus kurz angerissen werden. Neben dem hier vorgestellten Aufsatz gelten vor allem die experimentelle Mikrofundierung (Zucker 1977) sowie die Er-weiterung und empirische Operationalisierung des Isomorphie-Gedankens im sogenannten *organisationalen Feld* (DiMaggio und Powell 1983) als zentrale Meilensteine für den Neo-Institutionalismus (Hasse und Krücken 2005). Über-sichtsbeiträge (DiMaggio und Powell 1991; Scott 2014) haben zu einem inneren Zusammenhang von bislang eher unabhängig voneinander rezipierten Aufsätzen geführt. Damit einher geht eine wachsende Popularisierung dieser Forschungsper-spektive, die sich vor allem durch ihre konzeptionelle Offenheit auszeichnete (Greenwood et al. 2008, 2017; Walgenbach und Meyer 2007; Hasse und Krüger 2020). Dieses Mainstreaming erweiterte die Sichtbarkeit der institutionelle Per-spektive stark, führte aber auch zu einer Verwässerung der ursprünglich phänome-nologisch geprägten Grundposition (Alvesson und Spicer 2019), sodass es zuneh-mend schwer wird, von einem einheitlichen Grundgerüst zu sprechen.

4   Wirkungsgeschichte und Kritik

Galt für die US-amerikanische Organisationsforschung die Stoßrichtung „bringing society back in" so könnte man für die deutschsprachige Kommunikationsfor-schung „bringing institutions back in" proklamieren, da es bereits eine sozialwis-senschaftliche Tradition des „alten" institutionalistischen Denken gab. So defi-nierte Saxer (1980, S. 532) Massenmedien systemtheoretisch als „komplexe institutionalisierte Systeme um organisationale Kommunikationskanäle von spezi-fischem Leistungsvermögen" während Kiefer (2010) vor allem institutionenöko-nomische Theorien behandelte. Theis (1994, S. 148–153) diskutierte in ihrer Über-sicht zur Organisationskommunikation explizit den hier vorgestellten Beitrag als eine der ersten Forscherinnen im deutschsprachigen Raum und zeigt sein Potenzial für die PR-Forschung auf.

Erst Mitte der 2000er-Jahre wurden die neuen Spielarten des institutionellen Denkens in der deutschsprachigen Kommunikationswissenschaft breiter wahrgenommen, als Patrick Donges und Stefan Wehmeier unabhängig voneinander einen Workshop zum Thema Neo-Institutionalismus besuchten und in kurzer Folge zwei maßgebliche Aufsätze veröffentlichten: Donges (2006) stellte die Frage, wie sich Medien als Institutionen definieren lassen und welche Wirkungen dies auf Organisationen hat. Konzeptionell orientiert sich der Aufsatz an dem sogenannten Drei-Säulen-Modell (Scott 2014), das von einer regulativen, normativen und kulturell-konstitutiven Regelsetzung ausgeht. Dieses Gerüst eignet sich gut für die Operationalisierung und empirische Überprüfung. Im Nachgang zu dem Beitrag hat sich vor allem der Standort Zürich in Weiterentwicklung des Saxer'schen institutionellen Denkens als eine Art Inkubator für verschiedene Richtungen des institutionellen Denkens entwickelt (Künzler et al. 2013; Jarren und Steininger 2016). Ein wichtiges Schwungrad dazu war die Initiative „Meso-Perspektive in der Kommunikationswissenschaft", die in mehreren Workshops aktuelle institutionalistisch geprägte Themen aus verschiedenen Perspektiven verhandelte und zu einem programmatischen Aufruf für einen „kommunikativen Institutionalismus" (Jarren 2019) führte. Wehmeier (2006) hingegen fokussierte sich auf managementorientierte Evaluationspraktiken in der Public Relations (PR) und argumentierte eng mit Meyer & Rowan, dass PR-Abteilungen Evaluationsinstrumente nicht zur Steigerung von Effizienz, sondern für ihre Legitimität einsetzen würden. Eine Verbindung beider konzeptioneller Ansätze stellte Sandhu (2009) in einem Übersichtsbeitrag zur strategischen Kommunikation aus institutioneller Perspektive vor.

Institutionelle Ansätze haben seit den 2010er-Jahren deutlich an Relevanz in der Kommunikationswissenschaft gewonnen. Allerdings hat sich auch der Neo-Institutionalismus in den letzten 30 Jahre stark in verschiedene Ausprägungen weiterentwickelt, die das Feld zunehmend unübersichtlich und disparat erscheinen lassen. Diese konzeptionelle Offenheit hat Vorteile für die Adaption und Weiterentwicklung theoretischer Argumente, führt aber auch zu einer zunehmenden Zersplitterung zentraler Annahmen (zur Übersicht Hasse und Krüger 2020). Zwei parallel verlaufende, aber wenig miteinander verbundene Entwicklungslinien sind erwähnenswert: Erstens beschäftigen sich institutionalistisch geprägte Organisationsforscher*innen verstärkt mit der Bedeutung von Kommunikation und Medien. Zweitens wenden sich Kommunikations- und Medienwissenschaftler*innen verstärkt institutionellen Erklärungsmodellen zu.

Zum ersten Punkt: Bereits Meyer und Rowan (1977, S. 343) wiesen auf die Bedeutung der öffentlichen Meinung als ein Element der institutionellen Umwelt hin. Cornelissen et al. (2015) rücken Kommunikation und Sprache ins Zentrum der neo-institutionellen Analyse. Die Autoren ordnen die kommunikative Dimension des Neo-Institutionalismus in drei Grundformen: (a) im *klassischen* Neo-Institutionalismus wird Kommunikation als unidirektionales Transmissionsmodell verstanden, (b) der *rhetorische* Institutionalismus untersucht besonders performative und rhetorische Sprachakte (Green und Li 2011) und (c) der *diskursive bzw. kommunikative* Institutionalismus versteht Kommunikation als konstitutiv für Institutionen (Phillips et al. 2004). Für Cornelissen et al. sind Institutionen das Ergebnis fortlaufender Kommunikationsprozesse, die konstitutiv für ihre Existenz sind: „it accords a constitutive role to communication, since it is primarily in and through communication that institutions exist and are performed and given shape" (2015, S. 15). Parallel dazu hat sich ein starker semiotisch orientierter Forschungszweig entwickelt, der vor allem die Multimodalität von institutionellen Zeichen (Sprache, Bilder, Videos, etc.) untersucht (Höllerer et al. 2018).

Zu Punkt zwei: Die Hinwendung aus medien- und kommunikationswissenschaftlicher Perspektive wird vor allem in den Anwendungsfeldern sichtbar. Besonders fruchtbar ist der institutionelle Ansatz in der Organisationskommunikation (Lammers und Barbour 2006; Lammers und Garcia 2018), der strategischen Kommunikation (Sandhu 2018), der kommunikativen Ethik (Thummes 2013), im Bereich Corporate Social Responsibility (Wehmeier und Röttger 2011), ebenso wie für die Online-Kommunikation (Nitschke 2019), der Medienökonomie (Buschow 2012), dem Journalismus (Neuberger 2016), der Medienregulierung (Puppis 2013) oder Governance-Forschung (Katzenbach 2021). Diese Breite zeigt, dass eine institutionelle Perspektive gewinnbringend für Medien- und Kommunikationswissenschaftliche Studien eingesetzt werden kann.

Dabei kristallisieren sich vor allem folgende Teilbereiche heraus: Auf einer *Makro-Ebene* wird diskutiert, wie sich Massenmedien als Institutionen modellieren und erklären lassen und welche Wirkungen sie auf Organisationen haben bzw. wie institutionelle Arrangements z. B. in Governance-Strukturen im Sinne einer Regulierung oder durch Finanzierungsmodelle sich auf die Gestaltung von Medienorganisationen auswirkt. Beispielhaft lassen sich hier die Arbeiten zur Medialisierung politischer Kommunikation (Donges 2008) nennen. Zugleich können Medieninhalte selbst wichtige Transmissionsriemen bzw. Motoren für die Verbreitung (Diffusion) von Rationalitätsmythen oder Managementmoden werden. Bislang noch randständig sind hier die Meyer'schen Konzepte der kulturellen Akteurskonstruktion sowie der Weltkultur-Forschung, die vor allem durch globale digitale Kommunikationsplattformen ein lohnendes Forschungsfeld darstellt.

Für die organisationsbezogene *Meso-Ebene* wird vor allem die Beziehung der Organisation gegenüber ihrer Umwelt untersucht. Bereits im Schlüsseltext wurde implizit auf die Bedeutung von Organisationskommunikation und Kommunikationsmanagement und Public Relations hingewiesen, die sich gut als Erklärungsmuster und zur konzeptionellen Weiterentwicklung eignen. Bislang nur wenig untersucht sind Aspekte der internen Kommunikation aus einer institutionellen Perspektive. Auf der *Mikro-Ebene* geht es primär um Mediennutzungsverhalten und Rezeptionsforschung. Hier können langfristig angelegte Untersuchungen zum Medienwandel aber auch der Fokus auf neue Intermediäre und Plattformen neue Forschungsfelder darstellen, etwa wie Algorithmen einen institutionellen Einfluss ausüben (Keiner 2020; Lischka 2021).

Was qualifiziert nun dazu, den Text von Meyer und Rowan 1977 als Schlüsseltext für die Kommunikationswissenschaft anzusehen, stammt er doch aus der soziologischen Organisationsforschung und hat eine verspätete Rezeption erfahren? Zunächst bringt er das institutionelle Denken zurück in die Kommunikationswissenschaft und eröffnet so Anschlüsse an die deutschsprachigen institutionelle Denktradition. Zweitens verspricht der konsequent phänomenologisch-konstruktivistische Zugang einen alternativen Blickwinkel auf Medien und Kommunikation und ermöglicht es, gewinnbringend neue Fragestellungen einzubringen. Bleibt man konsequent in der Meyer'schen ontologischen Logik (Meyer 2010), dann setzt der institutionelle Ansatz einen konsequenten Gegenpol zu starken Akteursmodellen und erweitert so im besten Fall den Erklärungsansatz für die Medien- und Kommunikationswissenschaft. Kritisch bleibt jedoch die teilweise unscharfe Begriffsverwendung zentraler Konzepte innerhalb des Felds und die zunehmende Ausdifferenzierung in einzelne Teilbereiche, was eine kohärente Theorieentwicklung hemmt, gleichwohl zu einer hohen Dynamik innerhalb des Feldes im Ringen um die besten Konzepte führt.

Digitale Plattformen dominieren zunehmend die Kommunikation zwischen Individuen, die Vernetzung und Koordination von Organisationen und die Gestaltung von Märken, Überwachung und Wertschöpfung durch Datafizierung (Seemann 2021; Zuboff 2018). Die algorithmisch-getriebene Expansion dieser Plattform-Logiken (Stark und Pais 2020) prägen die kulturelle Produktion (Magaudda und Solaroli 2020) und führen zu fluiden institutionellen Logiken im digitalen Journalismus (Lischka 2021) bzw. Anpassungs- und Aushandlungsprozessen im Regulierungsdiskurs.

Für John Meyer ist dies eine Form des *Hyper-Managements* (Bromley und Meyer 2021), nämlich die weltweite Expansion neoliberaler kultureller Überzeugungsmuster oder Ideologien, die vor allem deregulierte freie Märkte und individualisiertes Unternehmertum betonen. Hyper-Management zeichnet sich durch zwei Dimensionen aus: Erstens erweitern sich die Zwecke und Ziele (purposes) von Organisationen um gesellschaftliche Erwartungen jenseits der funktionalen Zielerfüllung. Das bedeutet, dass sich Organisationen aller Art mit übergeordneten Fragen wie etwa Menschenrechten oder Diversität beschäftigen (müssen), obwohl diese nichts mit dem originalen Zweck der Organisation zu tun haben. Zweitens führt das Hyper-Management zu einer stärkeren partizipativen Entscheidungsfindung innerhalb und außerhalb der Organisation aber auch zu stärker kommunikativ-charismatischen Führungsstilen (leadership) und Selbstoptimierung (Bromley und Meyer 2021, S. 3–5). Dies führt zu einer neuen organisationalen Rhetorik, die kommunikative Entkopplungsprozesse bedient (Lischka 2019). Insgesamt gibt es aber nur wenig Forschungsdesigns, die belegen, dass genau diese Formen des Hyper-Managements zu besseren Geschäftsergebnissen führen: Die Entgrenzung und moralische Aufladung von Arbeitsprozessen mit „Sinn" oder „Purpose" könnte genau zum Gegenteil, nämlich einer toxischen Positivität führen können (Cabanas und Illouz 2019). Dieser Ausblick zeigt, dass die ursprünglichen Ideen des Beitrags von Meyer und Rowan (1977), nämlich der Einfluss institutioneller Umwelten durch Rationalitätsmythen und organisationale Reaktionsmöglichkeiten durch Anpassung und Entkopplung auch für mediatisierte und digitalisierte Umwelten gelten und zwingt die Kommunikationswissenschaft, verstärkt institutionelle Rahmenbedingungen in den Blick zu nehmen.

Literatur

Alvesson, M. & Spicer, A. (2019). Neo-Institutional Theory and Organization Studies: A Mid-Life Crisis? *Organization Studies* 40(2), 199–218.

Bromley, P. & Meyer, J.W. (2021). *Hyper-Management. Neoliberal expansions of purpose and leadership*. Organization Studies 2(3), 1–20

Buschow, C. (2012): *Strategische Institutionalisierung durch Medienorganisationen*. Köln: Halem.

Cabanas, E. & Illouz, E. (2019). *Das Glücksdiktat und wie es unser Leben beherrscht*. Frankfurt/M.: Suhrkamp.

Cornelissen, J. P., Durand, R., Fiss, P. C., Lammers, J. C. & Vaara E. (2015). Putting Communication Front and Center in Institutional Theory and Analysis. *Academy of Management Review* 40(1), 10–27.

DiMaggio, P. J., & Powell, W. W. (1983). The Iron Cage Revisited: Institutional Isomorphism and Collective Rationality in Organizational Fields. *American Sociological Review* 48(2), 147–160.

DiMaggio, P. J. & Powell, W.W. (Hrsg.) (1991). *The New Institutionalism in Organizational Analysis*. Chicago/London: University of Chicago Press.

Donges, P. (2006). Medien als Institutionen und ihre Auswirkungen auf Organisationen. *Medien & Kommunikationswissenschaft* 54(4), 563–578.

Donges, P. 2008. *Medialisierung politischer Organisationen. Parteien in der Mediengesellschaft*. Wiesbaden: VS Verlag für Sozialwissenschaften.

Goffman, E. (1971/1967). *Interaktionsrituale*. Frankfurt/Main: Suhrkamp.

Green, S. E., & Li, Y. (2011). Rhetorical institutionalism: language, agency, and structure in institutional theory since Alvesson 1993. *Journal of Management Studies* 48(7), 1662–1697.

Greenwood, R., Oliver, C., Sahlin, K., & Suddaby, R. (Hrsg.) (2008). *The Sage Handbook of Organizational Institutionalism*. London: Sage.

Greenwood, R., Oliver, C., Lawrence, T.B., & Meyer, R. E. (Hrsg.) (2017). *The Sage Handbook of Organizational Institutionalism*. 2nd ed. London: Sage.

Hasse, R. & Krücken, G. (2005). *Neo-Institutionalismus*. 2. Aufl. Bielefeld: transcript.

Hasse, R. & Krüger, A. K. (2020) (Hrsg.). *Neo-Institutionalismus. Kritik und Weiterentwicklung eines sozialwissenschaftlichen Forschungsprogramms*. Bielefeld: transcript.

Höllerer, M. A., Daudigeos, T. & Jancsary, D. (Hrsg.) (2018). *Multimodality, Meaning, and Institutions*. Research in the Sociology of Organizations 54A/B. Bingely: Emerald.

Jarren, O. & Steininger, C. (Hrsg.) (2016). *Journalismus jenseits von Markt und Staat*. Baden-Baden: Nomos.

Jarren, O. (2019). Fundamentale Institutionalisierung: Social Media als neue globale Kommunikationsinfrastruktur. *Publizistik* 64(2), 163–179.

Katzenbach, C. (2021). Die Öffentlichkeit der Plattformen: Wechselseitige (Re-)Institutionalisierung von Öffentlichkeiten und Plattformen. In Eisenegger, M., Prinzing, M., Ettinger, P., & Blum, R. (Hrsg.), *Digitaler Strukturwandel der Öffentlichkeit. Historische Verortung, Modelle und Konsequenzen*. Wiesbaden: VS Verlag.

Kiefer, M. L. (2010). *Journalismus und Medien als Institution*. Konstanz: UVK.

Keiner, A. (2020). Algorithmen als Rationalitätsmythos. In Leineweber, C. & de Witt, C. (Hrsg.). *Algorithmisierung und Autonomie im Diskurs: Perspektiven und Reflexionen auf die Logiken automatisierter Maschinen* (S. 47–67). Online: https://www.fernuni-hagen.de/bildungswissenschaft/bildung-medien/medien-im-diskurs/algorithmisierung-und-autonomie.shtml

Künzler, M., Oehmer, F., Puppis, M. & Wassmer, C. (2013) (Hrsg.). *Medien als Institutionen und Organisationen. Institutionalistische Ansätze in der Publizistik- und Kommunikationswissenschaft*. Baden-Baden: Nomos.

Lammers, J. C. & Barbour, J. B. (2006). An Institutional Theory of Organizational Communication. *Communication Theory* 16(3), 356–377

Lammers, J. C. & Garcia, M. A. (2018). Institutional Theory Approaches. Heath, R., & Johansen, W. (Hrsg.): *International Encyclopedia of Strategic Communication*. London: Jon Wiley & Sons.

Lischka, J. A. (2021). Fluid institutional logics in digital journalism. *Journal of Business Studies*, 17(2), 113–131.

Lischka, J. A. (2019). Strategic communication as discursive institutional work. A critical discourse analysis of Mark Zuckerberg's legitimacy talk at the European Parliament. *International Journal of Strategic Communication* 13(3), 197–213.

Magaudda, P. & Solaroli, M. (2020). Platform Studies and Digital Cultural Industries. *Sociologica* 14(3), 267–293.

Meyer, J. W. & Rowan, B. (1977). Institutionalized Organizations: Formal Structure as Myth and Ceremony. *American Journal of Sociology*, 83(2), 340–363.

Meyer, J. W. & Scott (Hrsg.) (1983). *Organizational Environments. Ritual and Rationality*. London: Sage.

Meyer, J. W. (1984). Organizations as Ideological Systems. In Sergiovanni, T. J. & Corbally, J.E. (Hrsg.). *Leadership and Organizational Culture*, 186–206. Beverly Hills: Sage.

Meyer, J. W. (1986). Social Environments and Organizational Accounting. *Accounting, Organizations and Society* 11(4/5), 345–356.

Meyer, J. W., Boli, J & Thomas, G. M. (1994). Ontology and Rationalization in the Western Cultural Account. In: Scott, R. W. & Meyer, J. W. (Hrsg.). *Instiuttional environments and organizations*, 9–27. Thousand Oaks: Sage.

Meyer, J. W. & Jepperson, R. L. (2000). The "Actors" of Modern Society. The cultural construction of Social Agency. *Sociological Theory* 18(1), 100–120.

Meyer, J. W. (2005). *Weltkultur. Wie die westlichen Prinzipien die Welt durchdringen*. Frankfurt am Main: Suhrkamp.

Meyer, J. W. (2010). World Society, Institutional Theories, and the Actor. *Annual Review of Sociology* 36, 1–20.

Nitschke, P. (2019). *Digitalisierung auf der Mesoebene. Die Onlinekommunikation von Interessenorganisationen als Institutionalisierung*. Wiesbaden: Springer VS.

Neuberger, C. (2016). Journalismus als Institution. In Jarren, O. & Steininger, C. (Hrsg.) *Journalismus jenseits von Markt und Staat* (S. 63–80). Baden-Baden: Nomos.

Phillips, N., Lawrence, T. B., & Hardy, C. (2004). Discourse and institutions. *Academy of Management Review*, 29(4), 635–652.

Puppis, M. (2013). Medienregulierung als Institution und Organisation. In Künzler, M., Oehmer, F., Puppis, M. & Wassmer, C. (Hrsg.). *Medien als Institutionen und Organisationen. Institutionalistische Ansätze in der Publizistik- und Kommunikationswissenschaft* (S. 175–190). Baden-Baden: Nomos.

Rowan, B. (2010). Organizational Institutionalism at Stanford: Reflections on the Founding of a 30-year Theoretical Research Program. In Schoonhoven, C.B. & Dobbin, F. (Hrsg.) *Stanford's Organization Theory Renaissance, 1970-2020* (S. 3–19). Bingley: Emerald.

Sandhu, S. (2009). Strategic Communication: An Institutional Perspective. In: *International Journal of Strategic Communication* 3(2), 72–92.

Sandhu, S. (2018). Neo-Institutional Theory. In Heath, R. & Johansen, W. (Hrsg.): *International Encyclopedia of Strategic Communication*. London: Jon Wiley & Sons.

Seemann, M. (2021). *Die Macht der Plattformen*. Berlin: Ch.Links

Stark, D. & Pais, I. (2020). Algorithmic Management in the Platform Economy. *Sociologica* 14(3), 47–72.

Saxer, U. (1980). Grenzen der Publizistikwissenschaft. Wissenschaftswissenschaftliche Reflexionen zur Zeitungs-/Publizistik-/Kommunikationswissenschaft seit 1945. In: *Publizistik*, 25(4), 525–543.

Scott, W. R. (2014). *Institutions and Organizations*. 4th ed. Thousand Oaks: Sage.

Theis, Anna-Maria (1994). *Organisationskommunikation. Theoretische Grundlagen und empirische Forschungen*. Opladen: Westdeutscher Verlag.

Thummes, K. (2013). Die Grauzonen der Halbwahrheiten. *Communicatio Sociales* 46(3/4), 419–431.

Walgenbach, P. & Meyer, R. (2007). *Neoinstitutionalistische Organisationstheorie*. Stuttgart: Kohlhammer.

Wehmeier, S. (2006). Dancers in the dark: the myth of rationality in public relations. *Public Relations Review* 32(3), 213–220

Wehmeier S. & Röttger U. (2011). Zur Institutionalisierung gesellschaftlicher Erwartungshaltungen am Beispiel von CSR. Eine kommunikationswissenschaftliche Skizze. In:

Quandt T. & Scheufele B. (Hrsg.) *Ebenen der Kommunikation* (S. 195–216). Wiesbaden: VS Verlag.

Weick, K.E. (1976). Educational organizations as loosely coupled systems. *Administrative Science Quarterly* 21(1), 1–19.

Zuboff, S. (2018). *Das Zeitalter des Überwachungskapitalismus.* Frankfurt/M.: Campus.

Zucker, L. G. (1977). The Role of Institutionalization in Cultural Persistence. *American Sociological Review* 42(5), 726–743.

What makes communication 'organizational'? How the many voices of a collectivity become the one voice of an organization

von J. R. Taylor und F. Cooren (1997)

Dennis Schoeneborn

Zusammenfassung

Dieser Beitrag skizziert in Grundzügen den Artikel „What makes communication 'organizational'? How the many voices of a collectivity become the one voice of an organization" von James R. Taylor und François Cooren (1997) und ordnet ihn in seiner Bedeutung ein, insbesondere für die Organisationskommunikationsforschung. Der Artikel wurde grundlegend für eine Theorieperspektive, die heute unter dem Begriff der „Communicative Constitution of Organization" (CCO) bekannt ist und welche das internationale Forschungsfeld der Organisationskommunikation stark geprägt hat. Kernidee der CCO-Perspektive ist ein Blickwechsel auf das Verhältnis von Kommunikation und Organisation: weg von der Betrachtung der Kommunikation *von, in und über* Organisationen – und hin zu einem Verständnis von Organisation *als* Kommunikation.

D. Schoeneborn (✉)
Copenhagen Business School, Frederiksberg, Dänemark

Leuphana University, Lüneburg, Germany
E-Mail: ds.msc@cbs.dk

© Der/die Autor(en), exklusiv lizenziert an Springer Fachmedien Wiesbaden GmbH, ein Teil von Springer Nature 2022
R. Spiller et al. (Hrsg.), *Schlüsselwerke: Theorien (in) der Kommunikationswissenschaft*, https://doi.org/10.1007/978-3-658-37354-2_16

Communicative constitution of organization (CCO) ·
Organisationskommunikation · Organsationstheorie · Performativität ·
Sprechakttheorie

1   Kurzbiografie

James R. Taylor (1928-2022) war Professor Emeritus der Université de Montréal in
Kanada. Taylor war Gründungsvater der „Montréal School of Organizational Communication", der bis heute führenden Schule der „Communicative Constitution of
Organization" Perspektive (CCO). Zu seinen wichtigsten Buchpublikationen gehören „The Emergent Organization: Communication as its Site and Surface" (2000)
sowie „The situated organization: Studies in the pragmatics of communication"
(2011) – beide gemeinsam verfasst mit Elizabeth Van Every.

François Cooren ist Professor für Kommunikationsforschung an der Université
de Montréal in Kanada. Er hat bei James R. Taylor promoviert und ist einer der
Hauptvertreter der CCO-Perspektive. Cooren ist ehemaliger Präsident der International Communication Association (ICA) von 2010–2011. Zudem fungierte er von
2015–2020 als Ko-Koordinator der Standing Working Group „Organization as
Communication" im Rahmen der European Group for Organization Studies
(EGOS). Zu seinen wichtigsten Buchpublikationen gehören „The Organizing Pro-
perties of Communication" (2000), „Action and agency in dialogue: Passion, incarnation and ventriloquism" (2010) sowie „The work of communication: Relational
perspectives on working and organizing in contemporary capitalism" (2017) – letzteres gemeinsam verfasst mit Timothy R. Kuhn und Karen Lee Ashcraft.

2   Inhalt des Textes

Der Artikel „What makes communication 'organizational'? How the many voices
of a collectivity become the one voice of an organization" von James R. Taylor und
Francois Cooren ist 1997 im *Journal of Pragmatics* erschienen. Der Artikel schlägt
eine fundamentale Neubetrachtung dessen vor, was man gemeinhin unter dem Begriff der „Organisation" versteht. Die provokative These der beiden Autoren lautet,
dass Organisation (als soziale Entität und Akteur) erst durch Kommunikation zustande kommt (siehe auch Taylor und van Every 2000). Damit eng verknüpft ist ein

Blickwechsel auf das Verhältnis zwischen Kommunikation und Organisation: weg von einem (damals im internationalen Forschungsfeld Organizational Communication vorherrschenden) *Container-Verständnis* von „communication *in* organization" – hin zu einem (heute primär im Forschungsfeld vorherrschendenden) *konstitutiven Verständnis* von „communication *as* organization" (bzw., da hier Kommunikation und Organisation als äquivalent gedacht werden, „organization *as* communication"; siehe auch Ashcraft et al. 2009).

Die Hauptbegründungslinie für diesen Blickwechsel leiten die Autoren vor allem aus der Sprechakttheorie nach Austin (1962) und Searle (1969) her. Diesem Ansatz zufolge haben bestimmte Formen von Kommunikation Handlungscharakter, da sie in manchen Fällen erst durch die sprachliche Äußerung als solchen jenen Weltzustand hervorrufen, den sie bezeichnen (z. B. im Falle eines Versprechens, einer Wette oder einer Entscheidung). Aber auch reine Aussagesätze (wie z. B. „es ist aber ganz schön windig heute draußen") können Handlungs- bzw. Aufforderungscharakter haben (z. B. das Fenster zu schließen). Entscheidend ist, dass wiederkehrende sprachliche Äußerungen dazu führen können, über Zeit institutionalisierte Erwartungshaltungen und Konventionen zu verfestigen, was in einem bestimmten Setting angemessen ist zu sagen und wie solche Äußerungen Handlungswirkung entfalten können. Insofern ist Kommunikation als konstitutiv für die soziale Welt und ihre Strukturierung durch institutionalisierte Erwartungen anzusehen.

Was aber macht Kommunikation „organisational"? Die Antwort liefern die Autoren in Form eines Beispiels (zugleich eine der Schlüsselstellen des Artikels):

> When Columbus proclaimed Cuba to be Spanish territory („In the name of the King of Spain"), [...] Columbus was acting as an agent for a principal, the Crown. [...] As soon as one acts [on behalf of] another, an organizational link is on its way to be created. And when the 'other' is a collective [...] other, an organization is thereby constituted as an entity. Such entities have, however, *no existence other than in discourse*, where their reality is created, and sustained. (Taylor und Cooren 1997, S. 428 f.; Hervorhebungen im Original)

In diesem Exzerpt ist, in kompakter Form, vieles von jenem fundamentalen Blickwechsel enthalten, den die Autoren primär anregen. Taylor und Cooren argumentieren, dass (deklarativen) Sprachäußerungen Gewicht und Autorität verliehen wird, indem man im Namen eines dritten Akteurs spricht, in diesem Falle einer Organisation („Die Spanische Krone"). Zugleich trägt die sprachliche Äußerung selbst aber auch zur Reproduktion der Erwartungshaltung bei, dass die Organisation als kollektiver (quasi supra-individueller) Akteur existiert. In späteren Publikationen haben Taylor und Van Every (2000) diesen Prozess auch der Konstituierung von Organisation als *Ko-Orientierung* zweier Interaktionspartner (A und B) hin auf einen dritten Referenzpunkt (X) beschrieben (sog. „A-B-X Schema").

Gemeinsam ist diesen Überlegungen ein niederschwelliger Begriff von Organisation, demzufolge die Möglichkeit der Referenz auf (und somit Emergenz von) organisationalen/kollektiven Entitäten bzw. Akteuren stets bereits im Sprachgebrauch angelegt ist (Schoeneborn und Vasquez 2017). Zugleich weicht dieser Begriff von Organisation radikal von unserem Alltagsverständnis ab, denn Taylor und Cooren (1997) verorten Organisation auch ontologisch allein im Sprachgebrauch als solchem („no existence other than in discourse", S. 429), auch wenn sie dies in späteren Publikationen zum Teil relativieren (s. u.).

---

3   Bezug zum Gesamtwerk der Autoren

Der Artikel von Taylor und Cooren (1997) kann als ein wichtiger Vorläufer jener Theorieperspektive angesehen werden, die später als „Communicative Constitution of Organization" (CCO) Perspektive bekannt und von den beiden Autoren stark mitgeprägt wurde (gemeinsam mit weiteren Kolleg/inn/en der „Montréal School of Organizational Communication" wie z. B. Nicolas Bencherki, Boris Brummans, Elizabeth Van Every, Daniel Robichaud oder Consuelo Vásquez). Im Artikel von 1997 ist die Grundidee der CCO-Perspektive bereits angelegt, d. h. Organisationen primär als kommunikativ konstituiert zu begreifen. Kurzum: Organisationen kommen erst zustande, wenn Kommunikationsereignisse stattfinden (z. B. organisationsinterne Meetings, Pressemitteilungen, mediale Berichterstattung über die Organisation), die ihr als soziale Entität und Akteur Existenz verleihen (siehe auch Buhmann und Schoeneborn 2021). In dieser Hinsicht weist die CCO-Perspektive zudem Parallelen zur Theorie sozialer Systeme nach Niklas Luhmann auf, die ebenfalls Organisation primär als aus (Entscheidungs-)Kommunikationen bestehendes soziales System begreift (Cooren und Seidl 2020; Schoeneborn 2011).

Während im Artikel von 1997 allerdings noch eine (radikal) konstruktivistische Sichtweise auf das Verhältnis von Kommunikation und Organisation überwog (was in der Aussage „organizations have no existence other than in discourse" kulminiert; s. o.), relativieren die Autoren diese Sichtweise in späteren Arbeiten (z. B. Ashcraft et al. 2009; Taylor 2011). Vielmehr wird in diesen späteren Arbeiten die Wichtigkeit von Texten, Tools, Technologien und anderen materiellen Artefakten hervorgehoben, die dazu beitragen, Organisationen (neben der eher flüchtigen Zuschreibung und Sinnverhandlung durch Kommunikation) eine verstetigte Existenz zu verleihen. Diese theoretische Hinwendung zur Rolle von Materialität geht einher mit einer verstärkten Hinwendung zur Actor-Network-Theory (nach Latour,

Callon und weiteren Autor*innen) sowie zu Theorien der Soziomaterialität (z. B. Orlikowski 2007). Dieses Interesse reicht bis hin zu der Frage, inwieweit nicht nur menschliche Akteure, sondern auch nicht-menschliche Akteure (z. B. Texte, Tools und Technologien) Wirkmacht in jenen Sinnverhandlungsprozessen entfalten, die Organisationen mithin konstituieren (z. B. Cooren 2004, 2006; Kuhn 2008).

4   Wirkungsgeschichte und Kritik

Wie oben bereits erwähnt kann der Artikel von Taylor und Cooren (1997) als eine frühe Variante der CCO-Perspektive angesehen werden (das Label „CCO" als solches wiederum besteht seit ca. 2005). Die CCO-Perspektive ist heute die führende Theorieperspektive innerhalb des internationalen Forschungsgebiets Organizational Communication (für einen Überblick siehe Boivin et al. 2017). Der Anspruch der Theorieperspektive ist es, Kommunikation nicht nur als das *Explanandum* (also das „zu erklärende"), sondern als *Explanans* zu begreifen, d. h. als ein kommunikationszentrierter Erklärungsansatz für das Entstehen und den Fortbestand von sozialen Phänomenen wie Organisationen (Schoeneborn et al. 2014). In einem solchen Verständnis des Fachgebiets reiht sich Organizational Communication in eine Reihe ein neben anderen interdisziplinären Zugängen zur Organisationsforschung, z. B. Organisationssoziologie, Organisationspsychologie, Organisationsökonomik, etc.

Im Artikel von Taylor und Cooren (1997) sind bereits viele der Grundideen enthalten, welche die CCO-Perspektive bis heute ausmachen. Im Folgenden soll auf drei dieser Grundideen näher eingegangen werden: Erstens schlagen die Autoren ein *prozesshaftes und prekäres Organisationsverständnis* vor. Demnach sind Organisation nicht quasi-naturalisiert gegeben, sondern müssen immer wieder aufs Neue sprachlich hervorgebracht werden. Hierbei weist die CCO-Perspektive eine starke Nähe zu weiteren Prozesstheorien in der Organisationsforschung auf (z. B. Hernes 2014; Langley et al. 2013) – unterscheidet sich aber von diesen dadurch, dass gemäß CCO allein Kommunikation, also ein bestimmter Prozess (der Sinnverhandlung), als *das* Konstituens von Organisation aufgefasst wird (vgl. Schoeneborn et al. 2016).

Wenn aber Organisation primär *als* Kommunikation begriffen wird, so stellt sich das sog. „Kompositionsproblem" (Kuhn 2012): Wie werden jene dispersen Kommunikationsereignisse so miteinander verknüpft, dass Organisation als soziale Entität und Akteur verstetigte Existenz verliehen wird (siehe auch Blaschke et al. 2012)? Während der Artikel von Taylor und Cooren (1997) auf diese Frage noch keine Antwort bietet, haben die Autoren in späteren Arbeiten auf die Wichtigkeit materieller Artefakte für die Verknüpfung von Kommunikationsereignissen über die Zeit hinweg hingewiesen (z. B. Cooren 2006; Taylor 2011).

Zweitens gründet sich der Artikel von 1997 in der Idee der *Performativität* sprachlicher Äußerungen, d. h. deren inhärentes Potenzial zur Handlungswirkung (*agency*). Dies ist ein wichtiger Grundgedanke, der aus der Sprechakttheorie herrührt (Austin 1962; Searle 1995; ebenso Butler 1990) und der sich durch die ganze spätere CCO-Forschung zieht. In einer Abkehr von Kommunikation als reine Transmission (hierzu kritisch Axley 1984) oder als eine möglichst passgenaue Repräsentation von Weltzuständen wird in der CCO-Perspektive die Performativität als weltzustandserzeugende Wirkmacht von Kommunikation betont und auf Organisation als soziales Phänomen bezogen. Organisationale Kommunikation wird performativ, indem sie das soziale Phänomen der Organisation mithin erst erzeugt, welche durch sie bezeichnet bzw. in dessen Namen gesprochen wird.

Wichtig ist aber zugleich festzuhalten, dass die Performativität sprachlicher Äußerungen keineswegs einem Automatismus gleicht. Stattdessen, und hierauf weisen auch Taylor und Cooren (1997) hin, hängt die Performativitätswirkung sprachlicher Äußerungen von deren Angemessenheit und Passung zu institutionalisierten Konventionen, Ritualen und weiteren Rahmenbedingungen ab (sog. *„felicity conditions"*; Austin 1962). Im Späteren haben CCO-Forscher die Performativitätswirkung von Kommunikation u. a. für die Verstetigung neuer und fluider Formen des Organisierens untersucht (z. B. das Hacker-Kollektiv Anonymous; Dobusch und Schoeneborn 2015) oder sich mit der Frage befasst, inwieweit und unter welchen Bedingungen CSR-Kommunikation (v. a. sog. „aspirational talk") durch das Erzeugen von Umwelterwartungen entsprechende organisationale Praktiken aufgleist (Christensen et al. 2013).

Drittens geht es in dem Artikel von Taylor und Cooren (1997) darum, wie Kommunikation dazu beiträgt, *Organisationen den Status eines Kollektivakteurs* zuzuweisen. Eine zentrale Rolle kommt hierbei solchen sprachlichen Äußerungen zu, mit denen individuelle Akteure im Namen der Organisation sprechen („speaking on behalf of"). In späteren Arbeiten hat François Cooren (2010) für diesen Zusammenhang die Metapher des Bauchrednertums (*Ventriloquism*) bemüht. Ähnlich wie der Bauchredner stellvertretend für die Puppe spricht, gewinnt die Puppe durch die wiederkehrende Personifikation über die Zeit eine eigene Identität, und es bilden sich Erwartungshaltungen heraus, was üblicherweise im Namen der Puppe gesagt oder getan werden kann. So kehrt sich (zumindest teilweise) das Machtverhältnis um: nicht nur besitzt der Bauchredner Handlungsmacht über die Puppe, sondern auch die Puppe über den Bauchredner. Mit Hilfe dieser bidirektionalen Denkfigur wird erklärt, wie Organisationen, obschon zunächst leere Hülle (bzw. Puppe), der erst Sinn eingehaucht werden muss, mit der Zeit nichtdestrotz Wirkmacht über jene Sprachhandlungen entfalten kann, die in ihrem Namen stattfinden (Bencherki und Cooren 2011).

Diese Darlegungen mögen vergleichsweise abstrakt anmuten, betreffen aber hochaktuelle und konkrete Fragen, z. B. wie überhaupt Organisationen als Kollektivakteure zustande kommen und damit auch auf organisationaler (und nicht nur individueller) Ebene rechenschaftspflichtig werden. Zum Beispiel stellt sich bei terroristischen Akten die Frage, ob diese Einzeltätern oder aber Kollektivakteuren wie *al Qaida* oder *ISIS* zuzurechnen sind (siehe auch Bean und Buikema 2015). Auch im Bereich digitaler Plattformorganisationen (wie Facebook, Twitter, AirBnB oder Uber) drehen sich die öffentlichen Debatten zum Teil darum, ob die Plattformorganisation als Kollektivakteur Verantwortung für die Inhalte oder die Praktiken übernehmen muss, die auf der Plattform stattfinden (z. B. Hate Speech auf Facebook oder Vandalismus auf AirBnB) – oder ob dies letztlich den Nutzern als individuelle Akteure zuzurechnen ist. In dieser Hinsicht haben manche der Grundlagenfragen, mit denen sich Taylor und Cooren (1997) befassen, bis heute nichts an Aktualität eingebüßt.

Zusammenfassend bleibt festzustellen, dass der Text von Taylor und Cooren (1997) heutzutage zu einem der „Klassiker" der CCO-Forschung zu rechnen ist und in sich viele Kerngedanken der CCO bereits in sich vereint. Interessanterweise ist er aber in einem allgemeineren Journal zur Sprachpragmatik erschienen, nicht aber in einer der einschlägigen Fachzeitschriften der Organisationskommunikationsforschung (wie z. B. Management Communication Quarterly). Dies mag darauf zurückzuführen sein, dass die CCO-Perspektive zum damaligen Zeitpunkt noch im Anfangsstadium steckte und zunächst eher von Forschenden zur interpersonalen Kommunikation und Konversationsanalyse vorangetrieben wurde (zu denen auch Taylor und Cooren selbst zu zählen sind). Mittlerweile hat sich die Theorieperspektive nicht nur in der Organisationskommunikationsforschung fest etabliert (z. B. auf Konferenzen wie der International Communication Association; ICA), sondern auch im breiteren Gebiet der Organisations- und Managementforschung (z. B. auf Konferenzen wie der Academy of Management; AoM; oder der European Group of Organizational Studies; EGOS). Einschränkend muss jedoch angemerkt werden, dass die CCO-Perspektive ihre Erklärungskraft allein aus der Erforschung von Kommunikationsereignissen schöpft (Cooren et al. 2011), andere ggf. wichtige Erklärungsebenen hierbei aber weitgehend ausgeblendet werden (z. B. Erklärungen auf individualpsychologischer Ebene). Wer sich weitergehend mit der CCO-Perspektive auseinandersetzen möchte, dem- oder derjenigen seien insbesondere Übersichtsarbeiten ans Herz gelegt wie z. B. Ashcraft et al. (2009), Boivin et al.

(2017) und Schoeneborn et al. (2019) – oder auch die deutschsprachige Einführung von Schoeneborn und Wehmeier (2014).

Abschließend soll skizziert werden, für welche Forschungsfelder und welche Fragestellungen sich die CCO-Perspektive (die sich auf den Artikel von Taylor und Cooren 1997 als eine ihrer wesentlichen Ursprungsquellen stützt) in besonderem Maße eignet. Beispielartig greife ich dabei vor allem zwei Forschungsfelder heraus: Erstens eignet sich die CCO-Perspektive insbesondere zu einer Neubetrachtung der strategischen Kommunikation von Organisationen bzw. Unternehmen. Zweitens bietet sich die CCO-Perspektive gerade auch zur Erforschung von fluiden und rudimentären Formen des Organisierens an, die sich jenseits der Grenzen konventioneller, formaler Organisation ereignen.

Im Hinblick auf die strategische Kommunikation von Organisationen impliziert die CCO-Perspektive eine Abkehr von einer Transmissionsvorstellung von Kommunikation, wonach mittels Kommunikation Informationen geradezu paketartig von einem Sender an Empfänger übertragen werden können (vgl. Axley 1984). Vielmehr wird in der CCO-Perspektive Kommunikation als ein dynamischer und multilateraler Prozess der Sinnverhandlung verstanden (Ashcraft et al. 2009). Mit diesem „post-heroischen" Kommunikationsbegriff geht zugleich eine gewisse Skepsis gegenüber der strategischen Steuerbarkeit von Bedeutungszuweisungen in der Kommunikation einher. Gemäß der CCO-Perspektive hat schlussendlich weder der/die Sender/in noch der/die Empfänger/in die vollumfängliche und deterministische Kontrolle darüber, wie ein Kommunikationsprozess vonstatten geht und wie dessen Inhalte verstanden bzw. gedeutet werden. Dem Begriff der strategischen Kommunikation wird in der CCO-Perspektive daher die Betonung des emergenten Charakters von Kommunikation gegenübergestellt (Bencherki et al., im Druck; Wehmeier und Schoeneborn 2018), wonach Kommunikation primär als ein ergebnisoffenes Ringen um Deutungen bzw. Deutungshoheiten verstanden wird.

Welche Implikationen ergeben sich hieraus aber für die strategische Kommunikation in der organisationalen Praxis? Zum einen impliziert die CCO-Perspektive eine gewisse Demut gegenüber der Komplexität und Nicht-Kontrollierbarkeit von Kommunikation. Zugleich geht man in der CCO-Perspektive davon aus, dass das Auftreten von Missverständnissen tendenziell der „Normalfall" von (organisationaler) Kommunikation ist (Modaff et al. 2008; siehe auch Luhmann 1981). Dank der Betonung des emergenten und ergebnisoffenen Charakters von Kommunikation erscheint das CCO-Kommunikationsverständnis besonders gut geeignet, um in der Praxis auftretende Probleme in der organisationsinternen Wandelkommunikation oder auch Herausforderungen in der Legitimierung gegenüber externen Stakeholdern durch Corporate Social Responsibility (CSR) Kommunikation zu erklären.

Zum Beispiel betonen Ford und Ford (1995), dass organisationaler Wandel in der Praxis nur selten so planmäßig und linear abläuft bzw. gelingt wie dies klassische Change-Management-Modelle nahelegen (z. B. Kotter 1995). Stattdessen schlagen Ford und Ford (1995) vor, gelungenen organisationalen Wandel als ein (emergentes) Wechselspiel aus vier verschiedenen Arten von Konversationen zu begreifen (d. h. prozessinitiierende, verstehensorientierte, ergebnisorientierte und prozessabschließende Konversationen; eigene Übersetzung des Autors). In der Praxis von Wandelprozessen wird oftmals den verstehensorientierten Konversationen zu wenig Raum gegeben (Ford und Ford 2008), die aber umso wichtiger werden, wenn man von Missverständnissen als Normalfall organisationaler Kommunikation ausgeht (Modaff et al. 2008). Ähnlich wie Taylor und Cooren (1997) betonen auch Ford und Ford (1995), dass Organisationen erst durch Kommunikationsereignisse hervorgebracht werden – dementsprechend muss Wandel auch primär auf Ebene der Kommunikation erfolgen, um letztlich Organisationen zu verändern („communication [is] the very medium within which change occurs"; Ford und Ford 1995, S. 542).

Im Bereich der CSR-Kommunikation stellen sich durch das Aufkommen digitaler und sozialer Medien für Unternehmen neue Herausforderungen insbesondere hinsichtlich des Verlusts der Steuerbarkeit von Deutungshoheiten. Nicht selten werden Unternehmen Gegenstand abrupter Skandalisierungen via sozialer Medien, sog. „Social Media Firestorms" (Etter et al. 2019). Aus der CCO-Perspektive ergibt sich auch in diesem Kontext die wichtige Implikation, die Illusion einer deterministischen Steuerbarkeit der Kommunikation (und damit Reputation) aufzugeben (Schoeneborn und Trittin 2013) und sich stattdessen auf ergebnisoffene Dialoge, Sinnverhandlung und Lösungsfindung mit externen Stakeholdern einzulassen (vgl. auch Scherer und Palazzo 2007).

Die oben genannten Darlegungen haben jedoch alle gemeinsam, dass sie von einer bereits etablierten Organisation als Entität und Akteur ausgehen, die dann wiederum Teil von Praktiken strategischer Kommunikation, Wandelkommunikation oder CSR-Kommunikation wird. Einige Verfechter der CCO-Perspektive betonen aber dagegen, dass sich diese Theorielinse insbesondere zur Erklärung von solchen organisationalen Phänomenen eignet, die jenseits von konventionellen, formalen Organisationen stattfinden (z. B. Dobusch und Schoeneborn 2015; Wilhoit und Kisselburgh 2015). Dabei kommt der CCO-Perspektive der vergleichsweise niederschwellige Begriff von Organisation zu Gute: Im Gegensatz zu klassischen Organisationstheorien geht man in der CCO-Perspektive davon aus, dass das Entstehen von Organisation in Sprachhandlungen selbst angelegt ist (Cooren 2000) – und bereits dann zustande kommt, sobald sich die Beteiligten ihre

Sprachhandlungen auf ein dritte, kollektive soziale Adresse hin orientieren (Taylor und Cooren 1997; Taylor und Van Every 2000).

Auf Basis dessen argumentieren u. a. Schoeneborn, Kuhn und Kärreman (2019), dass ein solches minimalistisches Verständnis besonders gut nützlich ist, um die Vielzahl neuer und fluider Formen des Organisierens, die z. T. erst durch das digitale Zeitalter ermöglicht wurden (z. B. Wikipedia, Linux, Anonymous, etc.), organisationstheoretisch fassbar zu machen. Auch wenn einigen dieser Organisationsformen klassische Elemente formaler Organisationen fehlen (z. B. klare Mitgliedschaften, Hierarchien, etc.; siehe Ahrne und Brunsson 2011), können sie nichtdestotrotz als Netzwerk aus miteinander verknüpfter Kommunikationsereignissen (vgl. Blaschke et al. 2012) beschrieben werden. Für Studierende und Forschende der Kommunikationswissenschaften eröffnet die CCO-Perspektive in dieser Hinsicht vielfältige und vielversprechende Möglichkeiten, die Rolle von Kommunikation gerade auch in ungewöhnlichen und rudimentären Organisationskontexten (z. B. sozialen Bewegungen) in den Blick zu nehmen.

Literatur

Ahrne, G., & Brunsson, N. (2011). Organization outside organizations: The significance of partial organization. *Organization, 18*(1), 83–104.

Ashcraft, K. L., Kuhn, T. R., & Cooren, F. (2009). Constitutional amendments: "Materializing" organizational communication. *Academy of Management Annals, 3*(1), 1–64.

Austin, J. L. (1962). *How to do things with words*. Clarendon Press.

Axley, S. R. (1984). Managerial and organizational communication in terms of the conduit metaphor. *Academy of Management Review, 9*(3), 428–437.

Bean, H., & Buikema, R. J. (2015). Deconstituting al-Qa'ida: CCO theory and the decline and dissolution of hidden organizations. *Management Communication Quarterly, 29*(4), 512–538.

Bencherki, N., & Cooren, F. (2011). Having to be: The possessive constitution of organization. *Human Relations, 64*(12), 1579–1607.

Bencherki, N., Sergi, V., Cooren, F., & Vásquez, C. (2019) How strategy comes to matter: Strategizing as the communicative materialization of matters of concern. *Strategic Organization,* December 2019. https://doi.org/10.1177/1476127019890380.

Blaschke, S., Schoeneborn, D., & Seidl, D. (2012). Organizations as networks of communication episodes: Turning the network perspective inside out. *Organization Studies, 33*(7), 879–906.

Boivin, G., Brummans, B. H., & Barker, J. R. (2017). The institutionalization of CCO scholarship: Trends from 2000 to 2015. *Management Communication Quarterly, 31*(3), 331–355.

Buhmann, A., & Schoeneborn, D. (2021). Envisioning PR research without taking organizations as collective actors for granted: A rejoinder and extension to Hou. *Public Relations Inquiry*, 10(1), 119–127.

Butler, J. (1990). *Gender trouble: Feminism and the subversion of identity*. Routledge.

Christensen, L. T., Morsing, M., & Thyssen, O. (2013). CSR as aspirational talk. *Organization*, 20(3), 372–393.

Cooren, F. (2000). *The organizing property of communication*. John Benjamins.

Cooren, F. (2004). Textual agency: How texts do things in organizational settings. *Organization*, 11(3), 373–393.

Cooren, F. (2006). The organizational world as a plenum of agencies. In F. Cooren, J. R. Taylor, & E. J. van Every (Hrsg.), *Communication as organizing. Empirical and theoretical explorations in the dynamic of text and conversations* (pp. 81–100). Lawrence Erlbaum.

Cooren, F. (2010). *Action and agency in dialogue: Passion, incarnation and ventriloquism*. John Benjamins.

Cooren, F., Kuhn, T., Cornelissen, J. P., & Clark, T. (2011). Communication, organizing and organization: An overview and introduction to the special issue. *Organization Studies*, 32(9), 1149–1170.

Cooren, F., & Seidl, D. (2020). Niklas Luhmann's radical communication approach and its implications for research on organizational communication. *Academy of Management Review*, 45(2), 479–497.

Dobusch, L., & Schoeneborn, D. (2015). Fluidity, identity, and organizationality: The communicative constitution of Anonymous. *Journal of Management Studies*, 52(8), 1005–1035.

Etter, M., Ravasi, D., & Colleoni, E. (2019). Social media and the formation of organizational reputation. *Academy of Management Review*, 44(1), 28–52.

Ford, J. D., & Ford, L. W. (1995). The role of conversations in producing intentional change in organizations. *Academy of Management Review*, 20(3), 541–570.

Ford, J. D., & Ford, L. W. (2008). Conversational profiles: A tool for altering the conversational patterns of change managers. *Journal of Applied Behavioral Science*, 44(4), 445–467.

Hernes, T. (2014). *A process theory of organization*. Oxford University Press.

Kotter, J. (1995). Leading change: Why transformation efforts fail. *Harvard Business Review*, 73(2), 59–67.

Kuhn, T. R. (2012). Negotiating the micro-macro divide: Thought leadership from organizational communication for theorizing organization. *Management Communication Quarterly*, 26(4), 543–584.

Kuhn, T. (2008). A communicative theory of the firm: Developing an alternative perspective on intra-organizational power and stakeholder relationships. *Organization Studies*, 29(8–9), 1227–1254.

Langley, A. N. N., Smallman, C., Tsoukas, H., & Van de Ven, A. H. (2013). Process studies of change in organization and management: Unveiling temporality, activity, and flow. *Academy of Management Journal*, 56(1), 1–13.

Luhmann, N. (1981). Die Unwahrscheinlichkeit der Kommunikation. In: N. Luhmann, *Soziologische Aufklärung* (Band 3) (S. 25–34). Westdeutscher Verlag.

Modaff, D. P., Butler, J. A., & DeWine, S. A. (2008). *Organizational communication: Foundations, challenges, and misunderstandings*. Pearson.

Orlikowski, W. J. (2007). Sociomaterial practices: Exploring technology at work. *Organization Studies, 28*(9), 1435–1448.

Scherer, A. G., & Palazzo, G. (2007). Toward a political conception of corporate responsibility: Business and society seen from a Habermasian perspective. *Academy of Management Review, 32*(4), 1096–1120.

Schoeneborn, D. (2011). Organization as communication: A Luhmannian perspective. *Management Communication Quarterly, 25*(4), 663–689.

Schoeneborn, D., Blaschke, S., Cooren, F., McPhee, R. D., Seidl, D., & Taylor, J. R. (2014). The three schools of CCO thinking: Interactive dialogue and systematic comparison. *Management Communication Quarterly, 28*(2), 285–316.

Schoeneborn, D., Kuhn, T. R., & Kärreman, D. (2019). The communicative constitution of organization, organizing, and organizationality. *Organization Studies, 40*(4), 475–496.

Schoeneborn, D., & Trittin, H. (2013). Transcending transmission: Towards a constitutive perspective on CSR communication. *Corporate Communications: An International Journal, 18*(2), 193–211.

Schoeneborn, D. & Vasquez, C. (2017). Communication as constitutive of organization. In: C. R. Scott & L. K. Lewis (Hrsg.). *International encyclopedia of organizational communication.* Wiley.

Schoeneborn, D., Vasquez, C., & Cornelissen, J. (2016). Imagining organization through metaphor and metonymy: Unpacking the process-entity paradox. *Human Relations, 69*(4), 915–944.

Schoeneborn, D. & Wehmeier, S. (2014). Kommunikative Konstitution von Organisationen. In: A. Zerfaß & M. Piwinger (Hrsg.). *Handbuch Unternehmenskommunikation: Strategie – Management – Wertschöpfung* (2. Aufl.) (S. 411–429). Gabler.

Searle, J. R. (1969). *Speech acts: An essay in the philosophy of language.* Cambridge University Press.

Searle, J. R. (1995). *The construction of social reality.* Simon & Schuster.

Taylor, J. R., & Cooren, F. (1997). What makes communication 'organizational'? How the many voices of a collectivity become the one voice of an organization. *Journal of Pragmatics, 27*(4), 409–438.

Taylor, J. R. (2011). Organization as an (imbricated) configuring of transactions. *Organization Studies, 32*(9), 1273–1294.

Taylor, J. R., & Van Every (2000). *The emergent organization: Communication as its site and surface.* Lawrence Erlbaum.

Wehmeier, S. & Schoeneborn, D. (Eds.) (2018). *Strategische Kommunikation im Spannungsfeld von Intention und Emergenz.* Springer VS.

Wilhoit, E. D., & Kisselburgh, L. G. (2015). Collective action without organization: The material constitution of bike commuters as collective. *Organization Studies, 36*(5), 573–592.

Protecting organization reputations during a crisis: the development and application of situational crisis communication theory

von W. Timothy Coombs (2007)

Elke Kronewald und Lars Rademacher

Zusammenfassung

Die Situational Crisis Communication Theory (SCCT) stellt das Hauptwerk des US-amerikanischen Organisationskommunikationsforschers Timothy Coombs dar. SCCT ist einer der wenigen international stark rezipierten Ansätze der Kommunikatorforschung, der dezidiert aus der PR-Theorie stammt. Kern der ab Mitte der 1990er-Jahre entwickelten und 2007 vorgelegten zusammenfassenden Modellierung ist ein Framework, das bei der Klassifizierung von Krisensituationen und möglichen Reaktionsstrategien unterstützt. Ihr Anspruch ist (1) die Attribution von Verantwortlichkeit in der Krise zu gestalten, (2) die Wahrnehmung der Organisation in der Krise zu verändern und (3) die negativen Auswirkungen der Krise (für die Organisation) zu verringern. Die SCCT erhebt damit den Anspruch, anwendungsbezogen zu sein und wurde vielfach durch Experimente geprüft und weiterentwickelt. Coombs, der auch als Berater arbeitet, hat

E. Kronewald (✉)
Fachhochschule Kiel, Kiel, Deutschland
E-Mail: elke.kronewald@fh-kiel.de

L. Rademacher
Hochschule Darmstadt, Dieburg, Deutschland
E-Mail: lars.rademacher@h-da.de

in die Theoriebildung Erfahrungen aus mehreren Industriezweigen einfließen lassen. Die später vielfach geäußerte Kritik an den Defiziten der SCCT deutet inzwischen auf einen stärker heuristisch-orientierenden als empirischen Wert der Theorie hin.

Schlüsselwörter

Situational Crisis Communication Theory · Krisenmanagement · Krisenkommunikation · Organisationskommunikation · Reputation · Reputationsmanagement

1   Kurzbiografie

Timothy Coombs hat 1985 sein Masterstudium der Organisationskommunikation an der Purdue University in West Lafayett in Indiana abgeschlossen, bevor er dort in Issues Management und Public Affairs promoviert wurde (1990). In seiner Zeit an der Purdue University war er als wissenschaftliche Hilfskraft tätig (1982–1988). Von 1988 bis 1999 war er an der Illinois State University beschäftigt, u. a. als Associate Professor. Danach wechselte er an die Clemson University in South Carolina (1999–2000) sowie an die Wayne State University in Michigan (2000–2002). Von 2003 bis 2010 war er Professor an der Eastern Illinois University, von 2010 bis 2015 an der University of Central Florida. Seit August 2015 hat Coombs die George T. and Gladys H. Abell Professur of Liberal Arts am Department of Communication an der Texas A&M University inne.

Coombs ist seit über 20 Jahren im Bereich der Krisenkommunikation als Wissenschaftler und Berater von Unternehmen aktiv. Mitte der 1990er-Jahre begann er mit der Arbeit an der Situational Crisis Communication Theory (SCCT), deren Annahmen und Grundsätze 2007 in einem zusammenfassenden Aufsatz vorgelegt wurden (s. Abschn. 2). Coombs bzw. seine Arbeit wurde mit zahlreichen Preisen ausgezeichnet, u. a. im Jahr 2000 mit dem PRIDE Award der Public Relations Division der National Communication Association für sein 1999 erschienenes Buch „Ongoing crisis communication: Planning, managing, and responding" (Coombs 1999), das seitdem regelmäßig in überarbeiteten und aktualisierten Auflagen erscheint.

2   Inhalt des Textes

Der Aufsatz „Protecting organization reputations during a crisis: the development and application of situational crisis communication theory" ist 2007 in der Fachzeitschrift *Corporate Reputation Review* erschienen. Er ist in Coombs' Zeit am Department of Communication Studies an der Eastern Illinois University in Charleston verfasst bzw. publiziert worden. Bereits im Abstract wird deutlich, dass es sich um ein „Framework" handelt, um Krisenmanager*innen ein Verständnis dafür zu ermöglichen, wie die Reputation einer Organisation in einer Krisensituation mithilfe von Krisenkommunikation geschützt werden kann. Die Situational Crisis Communication Theory (SCCT) soll nicht nur eine Vorhersage ermöglichen, wie Stakeholder auf die Krise selbst reagieren werden, sondern modelliert auch die einsetzbaren kommunikativen Krisenbewältigungsstrategien. Im Aufsatz geht es – wie der Titel bereits erwarten lässt – zum einen um die Entwicklung der SCCT, zum anderen um deren Anwendung, nämlich die aus empirischer Forschung resultierenden Leitlinien für Krisenkommunikation. Die Zielgruppen des Aufsatzes bzw. der Theorie finden sich somit sowohl in der Wissenschaft als auch in der Kommunikationspraxis.

In der Einleitung kritisiert Coombs den Fokus bisheriger Krisenkommunikationsforschung auf Fallstudien. Gleichzeitig macht er hier bereits seinen eigenen Anspruch deutlich: „Evidence-based guidance for decision making in a crisis must be supported by scientific evidence from empirical research" (Coombs 2007, S. 163). Daher basiere die SCCT auf Experimenten. Der Aufsatz bündelt seine bisherigen Forschungsergebnisse zum Thema.

Zunächst widmet sich Coombs jedoch den beiden zentralen Themenfeldern Reputation und Krise. *Reputation* sei demnach eine aggregierte Bewertung der Stakeholder darüber, inwiefern eine Organisation in der Vergangenheit die eigenen Erwartungen erfüllt habe, und gelte gemeinhin als „valuable, intangible asset" (Coombs 2007, S. 164), das im besten Fall zu einem positiven Verhalten gegenüber der Organisation führe. Bewusst nutzt Coombs den Begriff „Organisation" statt „Unternehmen" und verweist damit auf die Anwendbarkeit der SCCT für verschiedene Organisationsformen. Reputation erwachse dabei aus den Informationen, die den Stakeholdern vorliegen (z. B. eigene Erfahrungen oder kommunizierte Erfahrungen von anderen, Beiträge in klassischen und sozialen Medien). Organisationen haben im Laufe der Zeit die Möglichkeit, bei ihren Stakeholdern ein sogenanntes „Reputationskapital" aufzubauen („reputational capital"; Coombs 2007, S. 165), von denen sie in Krisenzeiten zehren können.

Als *Krise* definiert Coombs ein plötzliches, unerwartetes Ereignis, das eine Organisation in ihrem laufenden Betrieb störe, sowohl eine ökonomische Bedrohung als auch eine Reputationsgefährdung für eine Organisation darstelle und deren unterschiedliche Stakeholder verschiedenartig schädigen könne (z. B. physisch, finanziell, emotional). Auch in der Krise spielen (soziale) Medien häufig eine zentrale Rolle.

Ethisch und moralisch sei es in einer Krise zunächst geboten, die Stakeholder vor physischen und psychischen Schäden zu bewahren und sie diesbezüglich umgehend zu informieren. Coombs unterscheidet hier zwischen „instructing information", also Informationen in Bezug auf den konkreten Schutz vor *physischen* Bedrohungen aus der Krise (z. B. durch Sirenen oder Durchsagen in Medien), und „adjusting information", die Betroffenen dabei helfen soll, mit den *psychischen* Bedrohungen der Krise umzugehen. Hierzu gehören neben Informationen zum Geschehenen und zur Zukunft (Korrekturmaßnahmen, um vor zukünftigen Bedrohungen zu schützen), der Ausdruck von Sorge um die Opfer (nicht gleichzusetzen mit einem Schuldeingeständnis). Erst wenn diese kommunikativen Aufgaben erfüllt wurden und das diesbezügliche Informationsbedürfnis gestillt sei, setze die SCCT an und nehme die Reputation der Organisation in den Blick: „It would be irresponsible to begin crisis communication by focusing on the organization's reputation. To be ethical, crisis managers must begin their efforts by using communication to address the physical and psychological concerns of the victims. […] SCCT provides guidance when crisis managers have met their initial obligations and are prepared to address reputational assets" (Coombs 2007, S. 165).

Die SCCT basiert auf der Attributionstheorie, nach der Menschen Gründe für spezifische Ereignisse suchen: Wenn eine Person bzw. eine Organisation als verantwortlich für ein negatives Ereignis (z. B. eine Krise) angesehen wird, da es in ihrem Verantwortungsbereich lag, reagieren die Menschen wütend oder verärgert, während dem entgegengesetzten Fall (nicht verantwortlich, Resultat von situativen Faktoren), ggf. eher mit Verständnis und Sympathie begegnet wird. Im Krisenfall müssen Krisenmanager*innen deshalb die tatsächliche Reputationsgefahr für ihre Organisation anhand von drei Faktoren bestimmen:

1. der zuvor aufgebauten Reputation („prior relationship reputation"),
2. der Krisenhistorie („crisis history"; Häufigkeit von Krisen in der Vergangenheit der Organisation) sowie der
3. Verantwortungszuschreibung (oder Verantwortungsattribution) der Stakeholder für die Krise („crisis responsibility").

Beim dritten Faktor spielt das (mediale) Framing der Krise eine entscheidende Rolle. Im Rahmen der Forschung zur SCCT konnten drei Krisencluster identifiziert werden, die jedoch hauptsächlich auf dem dritten Faktor (Verantwortungszuschreibung) basieren:

1. Im „victim cluster" wird die Organisation als Opfer der Umstände gesehen (z. B. bei Naturkatastrophen).
2. Das „accidental cluster" erkennt nur eine minimale Verantwortung der Organisation für die Krise (z. B. bei technischem Versagen).
3. Im „intentional cluster" wird die Organisation als verantwortlich für die Krise wahrgenommen (z. B. bei menschlichem Versagen oder organisatorischem Fehlverhalten).

Die genannten drei Faktoren Krisenhistorie, bisherige Reputation sowie Verantwortungszuschreibung sind dabei nicht unabhängig voneinander zu sehen, sondern sie können sich sowohl gegenseitig als auch die Reputation der Organisation („organizational reputation") beeinflussen und somit die Reputationsgefahr durch die jeweilige Krise abschwächen oder verstärken. In ihren Studien konnten Coombs bzw. Coombs und Holladay (z. B. Coombs 2004a, 2004b; Coombs und Holladay 2001, 2004, 2005) verschiedene Beeinflussungswege empirisch nachweisen (s. Abb. 1). Sichtbar wurde ferner der zusätzliche Einfluss von Emotionen auf die für das Bestehen einer Organisation ausschlaggebenden Verhaltensintentionen der Stakeholder („behavioral intentions"): „Ultimately, the model needs to connect the effects of a crisis to behavior intention. If crisis altered reputations and create affect but did not impact behavioral intentions, there would be no reason to worry about the effects of crisis" (Coombs 2007, S. 169).

Aufbauend auf diese Befunde sowie in Anlehnung an die von Benoit (1995) aufgestellte „Image Restoration Theory" präsentiert Coombs verschiedene Krisenreaktionsstrategien („crisis response strategies"), da die Verantwortungsübernahme einer Organisation für die Krise bzw. die Schuldzuweisung durch die Stakeholder („crisis responsibility") den konzeptionellen Link zwischen Reputationsbedrohung und Krisenbewältigungsstrategien in der SCCT bildet.

Reaktionsstrategien auf Krisen umfassen drei reputationsorientierte Ziele:

1. die Attributionen zur Krise gestalten,
2. die Wahrnehmungen über die Organisation in der Krise verändern und
3. die negativen Auswirkungen der Krise reduzieren.

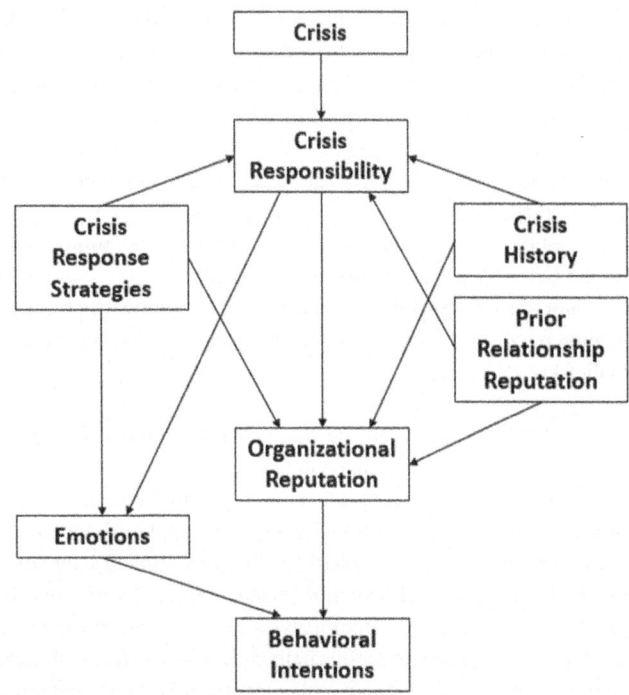

Abb. 1 Die SCCT (eigene Darstellung nach Coombs 2007, S. 166)

Krisenmanager*innen nutzen Krisenkommunikation, um einen Frame für die Krise zu erschaffen oder einen bereits existierenden Frame zu verstärken, der zumeist über klassische Nachrichtenmedien an die Stakeholder herangetragen wird, in neuerer Zeit auch über (soziale) Online-Medien. Hierfür stehen nach Coombs drei verschiedene Strategien zur Verfügung: „denial", „diminish" und „rebuild". Deren Erfolg hänge jedoch insbesondere davon ab, inwiefern Öffentlichkeit, Medien und Stakeholder den Frames bzw. Kommunikationsstrategien Glauben schenken. Während Organisationen im Rahmen der „Denial"-Strategie versuchen, die Krise von sich zu weisen, externe Schuldige zu benennen („scapegoat") oder als Erfindung missgünstiger Personen bzw. Organisationen abzutun („attack the accuser",,), wird die „Diminish"-Strategie genutzt, um entweder die Krisenschäden („justification") oder die Verantwortung der Organisation als minimal darzustellen, da sie keine Kontrolle über das krisenhafte Ereignisse hatte („excuse"). „Rebuild"-Strategien werden bei schwerwiegenden Reputationsbedrohungen durch eine Krise empfohlen, indem die Organisation die Opfer entschädigt („compensation"), die volle Verantwortung für die Krise übernimmt und die Stakeholder um Verzeihung bittet („apology").

In Ergänzung zu diesen Krisenkommunikationsstrategien bieten sich unterstützende Strategien zur Krisenbewältigung an, wie das Erinnern an die bisherigen Erfolge der Organisation („reminder") bzw. daran, dass die Organisation selbst auch Opfer der Krise ist („victimage") sowie das Einschmeicheln bei den Stakeholdern („ingratiation"). Welche Strategie die Organisation wählen sollte, ist davon abhängig, wie die Krise im Hinblick auf die drei o. g. Faktoren (Reputationskapital, Krisenhistorie und insbesondere Verantwortungszuschreibung) eingeordnet wird und welche finanziellen Mittel zur Bewältigung der Krise zur Verfügung stehen. Daraus leitet Coombs acht sogenannte „SCCT crisis response strategy guidelines" ab, die Krisenmanager*innen ihre (kommunikativen) Optionen in verschiedenen Krisensituationen aufzeigen.

3   Bezug zum Gesamtwerk des Autors

Coombs' SCCT steht im Zentrum seiner bisherigen wissenschaftlichen Karriere. Früh beschäftigte er sich mit dem Thema Krisenkommunikation, z. B. 1995 im Aufsatz „Choosing the right words: The development of guidelines for the selection of the „appropriate" crisis-response strategies". Bereits hier werden seine Bezüge zu Benoit (1992) sowie zur Attributionstheorie deutlich und die Annahme, dass die Krisenkommunikationsstrategie auf die Krisenart abgestimmt werden muss. Im Unterkapitel „future research" benennt er die Zielsetzungen (seiner) künftigen Forschung: „In addition to exploring the conceptual limitations, future research should test the predictive value of the guidelines. The guideline offers prediction about (a) which crisis-response strategies should be used in which crisis situations, and (b) how crisis-response strategies should affect attributions ascribed to the crisis situation" (Coombs 1995, S. 471).

Die empirische Überprüfung seiner Guidelines zur Krisenbewältigung sowie die praktische Anwendbarkeit stehen somit klar im Fokus. Ab diesem Zeitpunkt widmet er sich der Entwicklung der SCCT und der experimentellen Forschung zu ihren einzelnen Komponenten, häufig gemeinsam mit seiner Partnerin Sherry J. Holladay. (z. B. Coombs und Holladay 1996). 1998 stellt Coombs „an analytic framework for crisis situations" vor, einen Vorläufer der SCCT, indem die Krisenart mit Kommunikationsstrategien und der in der Öffentlichkeit wahrgenommenen Verantwortlichkeit für die Krise in Verbindung gebracht wird (Coombs 1998). Nach Entwicklung und Präsentation der SCCT widmet er sich weiterhin dem Thema Krisenkommunikation, veröffentlicht jedoch ebenso Artikel zu aktuellen Themen wie CSR (z. B. Coombs und Holladay 2009, 2013, 2015a, b) sowie

Transmedia Storytelling (z. B. Coombs und Holladay 2018) und reflektiert Entwicklungen der PR (z. B. Coombs und Holladay 2012; Holladay und Coombs 2013). Fast zehn Jahre nach Vorstellung der SCCT legt Coombs anlässlich einer Meta-Analyse zu seiner Theorie eine eigene Reflexion und Kommentierung vor (Coombs 2016; s. Abschn. 4).

4   Wirkungsgeschichte und Kritik

Die SCCT ist Ausgangslage und Bezugspunkt zahlreicher Studien weltweit zur Krisenkommunikation, die sowohl die Bedeutung der SCCT unterstreichen, als auch diverse Kritikpunkte, Optimierungspotenziale und Anregungen zur Weiterentwicklung offenbaren.

Im Jahr 2016 erschien eine Meta-Analyse zur SCCT von Ma und Zhan (2016). In dieser Meta-Analyse steht im Fokus, wie der empirische Zusammenhang zwischen zugeschriebener Verantwortung und Reputation in der Krise ausfällt (Frage 1) und ob bzw. wie viel besser übereinstimmende Antwortstrategien im Vergleich zu nicht übereinstimmenden Antwortstrategien die Reputation einer Organisation schützen (Frage 2). Zudem interessierten sie sich für den Effekt moderierender Variablen wie bspw. die soziodemografische Zusammensetzung der Versuchspersonen. In die Meta-Studie flossen zur Beantwortung von Frage 1 insgesamt 11 Studien bzw. Auswertungen ein, zur Beantwortung von Frage 2 waren es 24 Analysen aus 16 Studien. Dies zeigt, dass seit Vorstellung der SCCT zahlreiche (englischsprachige) empirische Studien zur Theorie bzw. Teilen davon durchgeführt wurden und somit die SCCT einen festen Platz in der (Krisen-)Kommunikationsforschung einnimmt. Die Autorinnen kommen zu dem Ergebnis, dass der empirische Zusammenhang zwischen zugeschriebener Verantwortung und Reputation stärker ausfällt als zwischen Reputation und den vom SCCT vorgeschlagenen Antwortstrategien. Zudem gibt es Unterschiede zwischen studentischen und nicht-studentischen Untersuchungsgruppen und dem Einsatz von realem oder fiktivem Stimulusmaterial.

Coombs (2016) zeigt sich in seiner Kommentierung der Meta-Analyse wenig überrascht, dass die Verbindung zwischen zugeschriebener Verantwortung und Reputation deutlich stärker ist als zwischen zugeschriebener Verantwortung sowie Reputation und der jeweiligen Kommunikationsstrategien als Antwort auf eine Krise: „There is solid evidence that immediate effects of crisis response strategies account for a small amount of variance. I doubt crisis response strategies will ever move beyond this limited reputational effect" (Coombs 2016, S. 120). Zukünftige Forschung solle daher andere (moderierende) Variablen identifizieren, die den Erfolg von Krisenkommunikation bestimmen und ggf. wichtiger sind als die

SCCT-Antwortstrategien nach einer Krise (z. B. die Idee einer proaktiven Krisenkommunikation von Claeys und Cauberghe 2012, genannt „stealing thunder"). Darüber hinaus weist er auf die Wichtigkeit der gewählten Stimuli in den Experimentalsettings hin, nämlich ob reale oder fiktionale Krisenfälle von realen oder fiktiven Organisationen verwendet werden. Dies gehe jedoch aus der Meta-Analyse nicht transparent hervor: „It would have been helpful to have a clearer discussion of how a crisis was categorized as real or fictitious. The distinction is important and its inclusion in the meta-analysis would have given additional insight in the varying effects of real verses fictitious crisis situations" (Coombs 2016, S. 121). Zudem verteidigt er die Anwendung der von ihm entwickelten „organizational reputation scale (ORP)" gegenüber einer allgemeinen Einstellungsskala, die bspw. die Sympathie für ein Unternehmen misst. Nach Coombs sollte zukünftige Forschung zur SCCT moderierende Variablen identifizieren, andere Outcomes messen als Reputation (z. B. Affekte oder Mundpropaganda), Langzeiteffekte von (un)angemessener Krisenkommunikation untersuchen und den Forschungsfokus von „reputation repair strategies" auf die ethisch bzw. moralisch gebotene Kommunikation von „instructing and adjusting information" (s. Abschn. 2) bei Eintritt der Krise verlegen: „I firmly believe that most crises can be handled by supplying instructing and adjusting information, what SCCT terms an ethical base response. The ethical base response is the matched strategy for most crises that involve some threat to stakeholders. For those more extreme crises, reputation repair strategies can be added in an attempt to lessen the negative effects of a crisis [...] However, crisis managers should not expect miraculous, larger, immediate effects from employing reputation repair strategies" (Coombs 2016, S. 122).

Weitere Kritik bezieht sich auf zentrale Elemente der SCCT. Um das (kommunikative) Vorgehen in einer Krise ableiten zu können, steht insbesondere die Bestimmung des Krisentyps bzw. -clusters auf Basis der von den Stakeholdern wahrgenommenen Verantwortlichkeit im Zentrum der SCCT, weniger die Faktoren Krisenhistorie und zuvor aufgebaute Reputation (z. B. Schwarz 2010, S. 105–107; Hermann 2012, S. 93). Aufgrund der Komplexität und Dynamik von Krisen sind jedoch Verantwortungs- bzw. Schuldzuschreibungen anhand einfach erkennbarer Krisenmerkmale nur schwerlich direkt während der Krise zu bestimmen, zumal nicht alle Stakeholder einer Organisation (z. B. Nachbarschaft, Investierende) dieselbe Art und Ausprägung von Schuldzuschreibungen vornehmen dürften. Kausalattributionen wie Schuldzuschreibungen sind abhängig von den jeweiligen Beobachtenden und fallen möglicherweise heterogen aus (z. B. Schwarz 2010, S. 105, 107; Hermann 2012, S. 93; Benoit 2015, S. 36–38).

Stakeholder unterscheiden sich im Hinblick auf Einstellungen und Überzeugungen, Vorwissen, Interesse für eine Organisation und Beobachtungsintensität,

rezipierte Medien und Botschaften und dementsprechend in ihrer Krisenwahrneh-
mung: „Folglich würden Kausal- und Verantwortungszuschreibungen immer auch
auf Basis des Vorwissens über eine Organisation bzw. auf Basis einer höheren Zahl
an Informationsquellen, die Stakeholder in Krisenfällen vermutlich aktiver nutzen,
vorgenommen werden. Eine durch bestimmte Krisentypen determinierte Verant-
wortungswahrnehmung wird damit unwahrscheinlich" (Schwarz 2010, S. 105).
Daher besteht die Möglichkeit, dass eine Krise – u. a. aufgrund unterschiedlicher
Stakeholder-Perspektiven – gleichzeitig mehreren Krisentypen entspricht
(z. B. Thießen 2011, S. 94–95) und somit nicht nur eine mögliche Krisenkommunikationsstrategie nahelegt: „The likelihood that a single strategy would be most
persuasive for all audiences is very low" (Benoit 2015, S. 38). Bei der zu wählen-
den Krisenkommunikationsstrategie müsse zudem berücksichtigt werden, ob die
Organisation de facto schuldig oder unschuldig ist und ob bspw. ein Gerücht, das
zur Krise führt, wahr oder falsch ist (z. B. Benoit 2015, S. 39–40).

Die SCCT will dabei unterstützen, die Reputation einer Organisation während
einer Krise zu schützen. Jedoch lässt das Reputationskonzept in der SCCT die
bisherigen Erkenntnisse der Reputationsforschung weitestgehend außer Acht und
stellt Reputation als durch kurzfristige Krisenkommunikationsstrategien beeinflussbar dar, was dem langfristigen Charakter von Reputation widerspricht
(z. B. Thießen 2011, S. 94). Thießen schlägt daher vor, „Krisen nicht nur anhand
der attribuierten Krisenschuld zu beschreiben, sondern darüber hinaus auch differenziert nach dem inhaltlichen Reputationsrisiko" (Thießen 2011, S. 95).

Ein weiterer Kritikstrang behandelt die mangelnde Berücksichtigung von (sozialen) Medien und den Funktionsweisen einer (digitalisierten) Mediengesellschaft
in der SCCT (z. B. Schultz und Utz 2014, S. 333–334; Thießen 2011, S. 94).

Zentralster Kritikpunkt an der empirischen Fundierung der SCCT sind die studentischen Testpersonen in den Experimenten. Viele Annahmen der SCCT werden
an studentischen Versuchsgruppen getestet und empirisch überprüft, die in vielerlei
Hinsicht nicht den unterschiedlichen Stakeholdern einer Organisation in der Krise
entsprechen (z. B. Hermann 2012, S. 96; Schwarz 2012, S. 431). Als zentrale Mitt-
lergruppe für die Übermittlung von Krisenbotschaften der Organisation an seine
Stakeholder gelten Journalist*innen, die erfahrungsgemäß kritischer auf PR-Maß-
nahmen reagieren als andere Stakeholder und deshalb nicht angemessen durch Studierende repräsentiert werden (z. B. Hermann 2012, S. 216–217).

Die studentischen Versuchspersonen, das (häufig) künstliche Stimulusmaterial
zur Darstellung von konkreten Krisensituationen sowie ganz allgemein die vorherrschende experimentelle Methodik im Kontext der SCCT-Forschung bringen
eine eingeschränkte externe Validität mit sich (z. B. Schwarz 2012, S. 431). Eine
mögliche methodische Weiterentwicklung umfasst daher die Analyse von Social

Media-Inhalten (z. B. Kommentare zu Krisen), um Menschen in einem natürlichen und nicht-reaktiven Setting im Hinblick auf ihre Krisenreaktionen zu untersuchen. Auch wenn die Ergebnisse aus der Social Media-Analyse die SCCT weitestgehend unterstützen, ist diese Methode ebenfalls mit Problemen behaftet (z. B. Soziodemografie und Persönlichkeitsprofil von Social-Media-Nutzenden bzw. Kommentierenden; Schwarz 2012, S. 436).

Kritisch wird die praktische Handhabbarkeit der SCCT während einer Krise betrachtet, da sich Krisen dynamisch entwickeln und häufig unübersichtlich sind und somit nicht eindeutig einem Krisencluster bzw. -typus zuzuordnen sind (z. B. Thießen 2011, S. 94–95). Deshalb dürfte es Kommunikationsmanager*innen schwerfallen, zu Beginn oder während einer Krise zu definieren, welcher Krisentyp konkret vorliegt: „Es mag für Forscher einfach sein, einen Mustertyp einer Krise im Laborexperiment zu testen oder vergangene Krisen nach einem Schema einzuteilen. Aber einem Krisenmanager, der gerade erste Informationen über eine potentielle Krise erhält, hilft das nur wenig bei seiner konkreten Entscheidung, was er mit welchen Worten an welche Anspruchsgruppen und Journalisten kommunizieren soll" (Hermann 2012, S. 94). Diese Kritik wiegt umso schwerer, da Coombs mit der SCCT explizit Personen in der PR-Praxis ansprechen will (s. Abschn. 2): „Wenn Autoren einer Theorie aber explizit deren Praxistauglichkeit betonen [...], dann muss sich diese auch daran messen lassen. Diesen selbst gesetzten Anspruch scheint die SCCT jedoch nicht erfüllen zu können" (Hermann 2012, S. 95).

In einigen Publikationen (z. B. Fredriksson 2014; Sandhu 2014) wird darauf verwiesen, dass die meisten Krisenkommunikationstheorien und -studien (z. B. die SCCT) institutionelle Rahmenbedingungen vernachlässigen, indem sie sich zu stark auf die einzelne Organisation bzw. ihr Management konzentrieren: „[W]e must extend our understanding of crisis communication and realize it as a social activity that is created, altered, and performed through organization-environment relations. That is to say that our understanding of crisis communication need to be less organicentric and open up for the analysis of the institutional conditions in which the practice is embedded" (Fredriksson 2014, S. 322).

Zudem wird angeregt, neben dem Krisentypus andere Faktoren bei der Entscheidung für eine Krisenkommunikationsstrategie zu berücksichtigen, bspw. die Art und den Zweck der Organisation, die mithilfe ihrer Krisenkommunikation überzeugen will, die der Organisation zur Verfügung stehenden Mittel und die wahrgenommenen Einstellungen der Rezipierenden (z. B. Benoit 2015, S. 40).

Die Ausführungen in diesem Abschnitt verdeutlichen die breite Wirkungsgeschichte der SCCT, die zu den wenigen theoretischen Beiträgen aus der PR-Forschung zählt, die international stark rezipiert und umfangreich empirisch geprüft wurden. Insbesondere der unmittelbare Anwendungsbezug macht die SCCT attraktiv. Wissenschaftliche Beiträge zu Kritik und Weiterentwicklung haben in den letzten Jahren vor allem den heuristischen Wert und die Orientierungs- oder Erklärungsfunktion hervorgehoben. Die empirische Überprüfung hat deutlich werden lassen, dass die SCCT Defizite in ihrem Gegenstandsbezug, nämlich der Definition und Bewältigung von unterschiedlichen Krisentypen, besitzt.

Zum einen scheint Coombs (2016) in seiner Reflexion zur Meta-Analyse zwar davon auszugehen, dass Krisen in der Realität multikausal und komplex sind. Daraus wird u. a. die Konsequenz gezogen, es sollten weitere beeinflussende oder moderierende Variablen für die SCCT gesucht werden – obwohl selbst Coombs vermutet, dass insbesondere die zu Anfang einer Krise durchgeführte kommunikative „Erstversorgung" den größten Einfluss habe.

Zugleich negiert die SCCT die permanente Umformung von Krisenszenarien und geht davon aus, dass für Beobachtende (insbesondere Krisenmanager*innen) treffsicher die Art der Krise sowie die Verantwortungs- bzw. Schuldzuschreibung durch die Stakeholder zu definieren und die daraus notwendigen strategischen Entscheidungen abzuleiten seien. Doch die zugrunde liegenden Attributionen dürften individueller und weniger homogen sein als die SCCT nahelegt. Gegen- und Mitgierende werden bei Krisendefinition und -bewältigung vernachlässigt. Alles, was heute unter agilem Vorgehen auch in der Unternehmenskommunikation diskutiert wird (z. B. Ruler 2021), bleibt weitestgehend ausgeblendet.

Schließlich verpasst die SCCT, den Krisenauslöser sowie die tatsächliche Verantwortung der Organisation für die Krise in den Blick zu nehmen und zwischen bspw. Management-Krisen, Medien-Krisen und Performance-Krisen (etwa von Produkten) zu unterscheiden. Sie schaut lediglich organisationszentriert auf das Ziel des Reputationsschutzes oder -erhalts.

Die Etablierung von Social Media bedeutet für die SCCT zudem eine neue Herausforderung wie Coombs et al. (2017, S. 159) bestätigen: „For crisis communication, the application of social media to crisis communication is the most dramatic evolution of the practice in need of greater understanding. Researchers have just begun to explore the ways social media are affecting crisis communication." In einem eigenen Aufsatz zu diesem Thema erweitert Coombs (2017) die SCCT zum einem auf die Vorkrisenphase, die aufgrund von Social Media und User Generated Content kommunikativ begleitet werden müsse. Zum anderen macht er auf die sinnvolle Nutzung der Social Media-Kanäle während einer Krise aufmerksam und resümiert: „The two revisions to SCCT reflect the growing importance of social media in crisis communication. Crisis managers must integrate social media into their crisis communication efforts or they will fail to maximize the value communication can add to crisis management efforts" (Coombs 2017, S. 35).

Um die SCCT für das Digitalzeitalter mit seinem kurzfristigen Aburteilen (z. B. via Social Media) fit zu machen, wird man ihre Parameter daher noch einmal einer grundsätzlichen Revision unterziehen müssen. Denn heute sind für alle Stakeholder auch frühere Vergehen jederzeit recherchier- und verfügbar, sie bleiben im digitalen Gedächtnis. Das wird es notwendig machen, Krise und Krisenkommunikation insgesamt als bewegliche Konzepte zu denken und zu modellieren.

Literatur

Benoit, W.L. (1992). *Union carbide and the Bhopal tragedy*. Paper presented at the annual meeting of the Speech Communication Association, Chicago.

Benoit, W.L. (1995). *Accounts, excuses, and apologies: A theory of image restoration*. Albany: State University of New York Press.

Benoit, W.L. (2015). *Accounts, excuses, and apologies*: *Image repair theory and research* (2. Auflage). Albany: State University of New York Press.

Claeys, A.S., & Cauberghe, V. (2012). Crisis response and crisis timing strategies, two sides of the same coin. *Public Relations Review*, 38, 83–88.

Coombs, W.T. (1995). Choosing the right words: The development of guidelines for the selection of „appropriate" crisis-response strategies. *Management Communication Quarterly*, 8, 447–476.

Coombs, W.T. (1998). An analytic framework for crisis situations: Better responses from a better understanding of the situation. *Journal of Public Relations Research*, 10, 177–191.

Coombs, W. T. (1999). *Ongoing crisis communication: Planning, managing, and responding*. Thousand Oaks: Sage Publications.

Coombs, W.T. (2004a). A theoretical frame for post-crisis communication: Situational crisis communication theory. In M. Martinko (Hrsg.), *Attribution theory in the organizational sciences* (S. 275–296). Greenwich, CT: Information Age Publishing.

Coombs, W.T. (2004b). Impact of past crises on current crisis communications: Insights from situational crisis communication theory. *Journal of Business Communication*, 41, 265–289.

Coombs, W.T. (2007). Protecting organization reputations during a crisis: The development and application of situational crisis communication theory. *Corporate Reputation Review*, 10(3), 163–177.

Coombs, W.T. (2016). Reflections on a meta-analysis: Crystallizing thinking about SCCT. *Journal of Public Relations Research*, 28(2), 120–122.

Coombs, W.T. (2017). Revising situational crisis communication theory: The influences of social media on crisis communication theory and practice. In L. Austin and Y. Jin (Hrsg.), *Social media and crisis communication* (S. 21–37). New York: Routledge.

Coombs, W.T., Claeys, A.S., & Holladay, S.J. (2017). Social media's value in crisis: Channel effect or stealing thunder? In L. Austin and Y. Jin (Hrsg.), *Social media and crisis communication* (S. 159–167). New York: Routledge.

Coombs, W.T., & Holladay, S.J. (1996). Communication and attributions in a crisis: An experimental study in crisis communication. *Journal of Public Relations Research*, 8, 279–295.

Coombs, W.T. & Holladay, S.J. (2001). An extended examination of the crisis situation: A fusion of the relational management and symbolic approaches. *Journal of Public Relations Research*, 13, 321–340.

Coombs, W.T., & Holladay, S.J. (2004). Reasoned action in crisis communication: An attribution theory-based approach to crisis management. In D.P. Millar and R.L. Heath (Hrsg.), *Responding to crisis: A rhetorical approach to crisis communication* (S. 95–115). Mahwah, NJ: Lawrence Erlbaum Associates.

Coombs, W.T., & Holladay, S.J. (2005). Exploratory study of stakeholder emotions: Affect and crisis. In N.M. Ashkanasy, W.J. Zerbe, & C.E.J. Hartel (Hrsg.), *Research on emotion in organizations: Volume 1: The effect of affect in organizational settings* (S. 271–288). New York: Elsevier.

Coombs, W.T., & Holladay, S.J. (2009). Corporate social responsibility: Missed opportunity for institutionalizing communication practice? *International Journal of Strategic Communication*, 3(2), 93–101.

Coombs, W.T. & Holladay, S.J. (2012). Fringe public relations: How activism moves critical PR toward the mainstream. *Public Relations Review*, 38(5), 880–887.

Coombs, W.T., & Holladay, S.J. (2013). The pseudo-panopticon: The illusion created by CSR related transparency and the internet. *Corporate Communications: An International Journal*, 18(2), 212–227.

Coombs, T., & Holladay, S. (2015a). CSR as crisis risk: Expanding how we conceptualize the relationship. *Corporate Communications: An International Journal*, 20(2), 144–162.

Coombs, W.T., & Holladay, S.J. (2015b). Two-minute drill: Video games and social media to advance CSR. In A. Adi, G. Grigore, and D. Crowther (Hrsg.), *Corporate social responsibility in the digital age* (S. 127–142). Emerald Group Publishing Limited.

Coombs, W.T., & Holladay, S.J. (2018). Innovation in public relations theory and practice: A transmedia narrative transportation (TNT) approach. *Journal of Communication Management*, 22(4), 382–396.

Fredriksson, M. (2014). Crisis communication as institutional maintenance. *Public Relations Inquiry*, 3(3), S. 319–340.

Hermann, S. (2012). *Kommunikation bei Krisenausbruch. Wirkung von Krisen-PR und Koorientierung auf die journalistische Wahrnehmung*. Wiesbaden: Springer VS.

Holladay, S.J., & Coombs, W.T. (2013). Public relations literacy: Developing critical consumers of public relations. *Public Relations Inquiry*, 2(2), 125–146.

Ma, L., & Zhan, M. (2016). Effects of attributed responsibility and response strategies on organizational reputation: A meta-analysis of situational crisis communication theory research. *Journal of Public Relations Research*, 28(2), 102–119.

Ruler, B. (2021). Communication planning: Agility is a game changer in strategy development. *International Journal of Strategic Communication*, 15(2), 113–125.

Sandhu, S. (2014). Krisen als soziale Konstruktion: zur institutionellen Logik des Krisenmanagements und der Krisenkommunikation. In A. Thießen (Hrsg.), *Handbuch Krisenmanagement*, 2. Auflage (S. 95–115). Wiesbaden: Springer VS.

Schultz, F., & Utz, S. (2014). Krisenkommunikation und Soziale Medien in der vernetzten Gesellschaft – Theoretische Perspektive und empirische Befunde. In A. Thießen (Hrsg.), *Handbuch Krisenmanagement*, 2. Auflage (S. 331–342). Wiesbaden: Springer VS.

Schwarz, A. (2010). *Krisen-PR aus Sicht der Stakeholder. Der Einfluss von Ursachen- und Verantwortungszuschreibung auf die Reputation von Organisationen*. Wiesbaden: VS.

Schwarz, A. (2012). How publics use social media to respond to blame games in crisis communication: The Love Parade tragedy in Duisburg 2010. *Public Relations Review*, 38, 430–437.

Thießen, A. (2011). *Organisationskommunikation in Krisen. Reputationsmanagement durch situative, integrierte und strategische Krisenkommunikation*. Wiesbaden: VS.

Functional Analysis and Mass Communication

von Charles R. Wright (1960)

Sebastian Meißner

Zusammenfassung

In seinem Text „Functional Analysis and Mass Communication" aus dem Jahr 1960 erarbeitet Charles R. Wright in Anlehnung an die theoretische Orientierung von Merton einen funktionalistischen Ansatz, den er für die Erforschung der Massenkommunikation konkretisiert. Wrights Bestreben ist es, den Rahmen für eine umfassende Funktionsanalyse der Massenkommunikation zu entwickeln und die dafür wesentlichen theoretischen und methodologischen Aspekte zu beschreiben. Funktionalanalysen könnten die vielfältigen Nutzungsmöglichkeiten der Massenmedien und die verschiedenen Befriedigungen und Ärgernisse, die Rezipient*innen beim Empfang von Nachrichten erfahren, beleuchten. Verschiedene Studien in den unmittelbar vorausgegangenen Jahren bedienten sich bereits explizit oder implizit eines funktionalen Rahmens für die Untersuchung verschiedener Aspekte der Massenkommunikation. Sein Text ist daher kein Aufruf zu etwas Neuem, sondern vielmehr ein erster Schritt zur expliziten Berücksichtigung bestimmter theoretischer und methodologischer Fragen, die für die künftige Entwicklung einer funktionalen Theorie der Massenkommunikation relevant sind. Sein Artikel trat eine Lawine funktionalanalytischer Studien in der Kommunikationswissenschaft los.

S. Meißner (✉)
Hochschule Macromedia University of Applied Sciences, Hamburg, Deutschland
E-Mail: se.meissner@macromedia.de

© Der/die Autor(en), exklusiv lizenziert an Springer Fachmedien
Wiesbaden GmbH, ein Teil von Springer Nature 2022
R. Spiller et al. (Hrsg.), *Schlüsselwerke: Theorien (in) der Kommunikationswissenschaft*, https://doi.org/10.1007/978-3-658-37354-2_18

Schlüsselwörter

Charles Robert Wright · Funktionalismus · Funktionsanalyse · Systemtheorie ·
Massenkommunikation · Nachrichtenmedien · Gesellschaft · Öffentlichkeit

1   Kurzbiografie

Charles R. Wright (1927–2017) war ein einflussreicher Soziologe und Sozialpsy-
chologe, der vor allem für seine funktionalistische Analyse der Medien in Erinnerung geblieben ist, die er im Buch „Mass Communication: A Sociological Perspective" von 1959 entworfen hat. Er gehört neben Harold D. Laswell und Robert
Merton zu den bedeutendsten Vertretern einer funktionalistischen Theorie der
Massenkommunikation (Bentele et al. 2013).

Geboren wurde Wright 1927 in Pennsauken, New Jersey, wo er während der
Weltwirtschaftskrise in einer Arbeiterfamilie aufwuchs. Von 1944 bis 1946 diente
Wright als Elektroniktechniker in der US-Marine. Nach Kriegsende schrieb er sich
als Student (1946–1949) an der Columbia University ein. Es war der Soziologe
William Casey, der ihn ermutigte, sich für das Graduiertenprogramm in Soziologie
an der Columbia University zu bewerben. Im Graduiertenprogramm (1949–1954)
arbeitete Wright als Assistent von Paul Lazarsfeld und Robert Merton und begann
eine lebenslange Zusammenarbeit und Freundschaft mit dem Umfrageforscher
Herbert Hyman. Nachdem er im Anschluss an seine Postdoc-Zeit als Dozent an der
Columbia University tätig gewesen war, unterrichtete Wright 1956 Soziologie an
der UCLA und setzte seine Arbeit mit Hyman fort. Im Laufe der folgenden Jahrzehnte entstanden diverse Arbeiten über die Themen Bildung, Programmevalua-
tion und internationale Entwicklung. Wright schrieb auch sein Hauptwerk „Mass
Communication: A Sociological Perspective" (1959) an der UCLA, gefolgt von
einem viel beachteten Zeitschriftartikel (1960), der für einen funktionalistischen
Ansatz in der Kommunikationswissenschaft plädiert.

Wright stieß damit einen Paradigmenwechsel an. Während in der Kommunikationswissenschaft zu dieser Zeit noch vor allem psychologische und medientechni-
sche Ansätze den größten Teil der Forschung dominierten, stellte Wright das Soziale der Medien in den Vordergrund. Er konzentrierte sich in seinen Betrachtungen
unter anderem auf Normen und Rollen, die Sozialisation in der Kindheit und
strukturierende Ordnungsprinzipien innerhalb der Gesellschaft. So konnte er ein
Inventar für eine Funktionsanalyse der Medienkommunikation bereitstellen.

Wright verabschiedete sich 1967 von der UCLA, um als Programmdirektor der National Science Foundation für Soziologie und Sozialpsychologie zu arbeiten. Später trat er der noch jungen Annenberg School for Communication an der University of Pennsylvania bei. Über 30 Jahre lang und bis weit nach seiner Pensionierung 1996 lehrte Wright Generationen von Penn-Doktoranden die Soziologie der Massenkommunikation. Am 17. Oktober 2017 starb er im Alter von 90 Jahren.

2   Inhalt des Textes

Der Text „Functional Analysis And Mass Communication" von Charles R. Wright stammt aus dem Jahr 1960 und wurde in der Zeitschrift „Public Opinion Quarterly" veröffentlicht. Es handelt sich dabei um eine überarbeitete Fassung eines Textes, den er zum Vierten Weltkongress für Soziologie in Mailand und Stresa in Italien im September 1959 entwickelt hatte. In dem Text versucht Wright, in Anlehnung an das makroanalytische Funktionsdenken von Merton eine funktionale Perspektive für die Erforschung der Massenkommunikation zu skizzieren. Das sich daraus ergebende Paradigma (Wright nennt es „funktionales Inventar") kann viele vermutete und dokumentierte Funktionen und Folgen von Massenkommunikationsaktivitäten für Gesellschaft („society"), Individuen („individuals"), Subgruppen („subgroups") und Kultur („cultural systems") klassifizieren. Der Text leistet so einen wertvollen und grundlegenden Beitrag für das Verständnis der gesellschaftlichen Funktionen von Massenkommunikationen.

Seinen Erläuterungen voran schickt Wright eine Definition des Begriffs der Massenkommunikation. Diese bedienten sich moderner Technik, also z. B. Fernsehen, Kinofilme, Radio, Zeitungen und Zeitschriften. Allerdings gehe es ihm nicht allein um die technische Beschreibung. Entscheidend sei vielmehr, dass Massenmedien sich an ein relativ großes und heterogenes Publikum richteten, das für den Kommunikator anonym ist. Oder wie Wright es selbst ausdrückt: „Mass communication is directed towards relatively large and heterogeneous audiences, that are anonymous to the communicator" (1960, S. 606).

Den Begriff „Funktion" verwendet Wright „im Sinne von empirisch zu bestimmenden Aktivitäten und ihren Folgen; diese Handlungen und ihre Konsequenzen werden in Relation zu sozialen Einheiten (Systemen) gesetzt" (Kriener und Weischenberg 2013, S.102). Im Sinne Luhmanns (1984, S. 85) ist die funktionale Methode „letztlich eine vergleichende Methode, und ihre Einführung in die Realität dient dazu, das Vorhandene für den Seitenblick auf andere Möglichkeiten zu öffnen". Sie beziehe etwas auf einen Problemgesichtspunkt, um es auf andere Problemlösungen beziehen zu können. „Funktionale Erklärung" könne demzufolge

S. Meißner

nichts anderes sein als die Ermittlung (im Allgemeinen) und Ausschaltung (im Konkreten) von funktionalen Äquivalenten.

Eine funktionale Analyse von Massenkommunikation liege immer dann vor, wenn „nach der tatsächlichen Erfüllung vorgegebener Aufgaben bzw. der Erreichung von Zielen und Zwecken in einem bestimmten Kontext gefragt wird" (ebd.). Wrights Überzeugung nach könnten funktionale Analysen die vielfältigen Nutzungsmöglichkeiten der Massenmedien sowie den Nutzen von Nachrichten für Rezipient*innen beleuchten. Sein Bestreben ist es, den Rahmen für eine umfassende Funktionsanalyse der Massenkommunikation zu entwickeln und die dafür wesentlichen theoretischen und methodologischen Aspekte zu beschreiben. Dafür gliedert er seinen Text in drei Abschnitte, in denen er sich folgenden Themen widmet:

1. Items, die sich für eine Funktionsanalyse eignen
2. Organisationen von Hypothesen in einem systematischen funktionalen Rahmen
3. Neuformierung der Hypothesen in funktionalen Begriffen

Für die Anwendung der Funktionsanalyse auf die Massenkommunikation spezifiziert Wright in einem ersten Schritt nun vier Arten von „standardisierten Gegenständen", die funktionsanalytisch untersucht werden können: die Massenkommunikation selbst, die einzelnen „Methoden" der Massenkommunikation (z. B. Zeitung, Fernsehen), die institutionelle Analyse jedes Massenmediums oder jeder Organisation sowie die Konsequenzen des Umgangs mit Massenkommunikationsmedien. Wrights Überlegungen hierzu seien im Folgenden näher erläutert:

Auf der breitesten Abstraktionsebene ist ihm zufolge die Massenkommunikation selbst als ein sozialer Prozess in vielen modernen Gesellschaften ein gemustertes und sich wiederholendes Phänomen und eignet sich daher prinzipiell für die Funktionsanalyse. Die Grundfrage auf dieser Ebene lautet nach Wright: Welche Folgen hat eine Kommunikationsform, die sich öffentlich und schnell an ein großes, heterogenes, anonymes Publikum wendet und sich dabei einer komplexen und formalen Organisation bedient, für Gesellschaft, Individuen, Subgruppen und Kultur? Da diese Frage für eine empirische Untersuchung jedoch zu grob formuliert ist und wesentliche Beweise hinsichtlich vermuteter Zusammenhänge daher nicht erbracht werden können (z. B. der Vergleich von sogenannten ,Entwicklungsländern' und Industriestaaten mit industrialisierten Gesellschaften oder der vormoderner mit moderner Perioden derselben Gesellschaft), dürfen die Auswirkungen und Folgen unterschiedlicher Kommunikationssysteme nicht von anderen Faktoren der untersuchten Gesellschaften getrennt werden. Die Frage, wie sich Hollywood oder Radio City auf die Gesellschaft auswirken, kann Wright zufolge also nur grob spekulativ diskutiert werden und eigne sich daher nur sehr eingeschränkt für die Entwicklung einer empirisch überprüfbaren Theorie der Massenkommunikation.

Nimmt man die einzelnen Methoden der Massenkommunikation (man könnte hier auch von Medienplattformen oder Kanälen sprechen) zum Gegenstand der Funktionsanalyse, werden die Überlegungen konkreter. Wright nimmt in seinem Text Bezug auf den Essay „The Functions of the Newspaper" von Malcom Willey aus dem Jahr 1942, in dem der Autor sechs unterscheidbare Funktionen von Zeitungen benennt: Nachrichten, Leitartikel, Hintergrundinformationen, Unterhaltung, Werbung und Enzyklopädie. Als weiteres Beispiel nennt Wright die Studie „The Community Press in an Urban Setting" von Morris Janowitz aus dem Jahr 1952, in der der Autor nachweisen konnte, dass die Lokalpresse das Nachbarschaftsgefüge und damit auch die Identifikation von Anwohner*innen mit ihrem Wohnort stärken kann. Auch die Wechselbeziehungen zwischen verschiedenen Medien können im Rahmen einer Funktionalanalyse von Interesse sein. Es ließe sich damit zum Beispiel untersuchen, wie die Nutzung unterschiedlicher Medien sich auf die Rezipient*innen einer Gesellschaft auswirkt oder was etwa der Wegfall eines Mediums nach sich zieht.

Als drittes Anwendungsfeld für die funktionale Analyse identifiziert Wright die institutionelle Analyse jedes Massenmediums oder jeder Organisation in der Massenkommunikation. Durch Fallstudien, Vergleiche von unterschiedlich organisierten Medien oder direkte Experimente könnten wertvolle Daten zur Überprüfung von Hypothesen gewonnen werden. Als Beispiel für eine solche institutionelle Analyse verweist Wright auf die Arbeit von Warren Breed (1955), der u. a. untersucht, wie die Präsentation von Nachrichten in einer Zeitung durch den institutionalisierten Status der Verfasser*innen als z. B. Herausgeber*in, Redakteur*in oder Mitarbeiter*in sowie durch die beruflichen Normen und reglementierte Aktivitäten beeinflusst werden.

Die vierte Art der Analyse schließlich behandelt die Frage, welche Konsequenzen der Umgang mit den grundlegenden Kommunikationsaktivitäten mittels Massenkommunikation hat. Wright modifiziert die drei Hauptaktivitäten von Harold Dwight Laswell leicht: 1. die Information („surveillance-news"), also die Sammlung und Verbreitung von Informationen über Ereignisse in der Umwelt, 2. die Interpretation dieser Informationen („editorial selection, interpretation and prescription"), d. h. die Korrelation der Teile der Gesellschaft bei der Reaktion auf die Umwelt, und 3. die Erziehung („cultural transmission"), die schließlich die Weitergabe sozialer Normen und Werte von einer Generation an die nächste bezeichnet. Darüber hinaus fügt Wright den Kommunikationsaktivitäten für die makrosoziale Betrachtung der Massenkommunikation 4. die Unterhaltung hinzu, die in Form von z. B. Klatsch und Tratsch, Karikaturen und Comics erzielt werden kann. Er tut dies zunächst unabhängig davon, ob und wie Unterhaltung akzeptiert wird und wirkt. Die Funktion von Unterhaltung ist es, den Individuen eine Atempause zu verschaffen. Scholl und Weischenberg (1998) schreiben, man könne Medienfunktionen im Sinne Wrights als Leistungen begreifen, welche durch die Medieninstitutionen und deren Akteur*innen für die Gesellschaft oder für soziale Teilsysteme erbracht werden. Zu den Aufgaben der Medien gehören laut Wright: Information, Interpretation, Kritik und Kontrolle sowie Unterhaltung. Vereinzelt wird außerdem Erziehung, Herstellung von Kontinuität, Übermittlung von Normen, Mobilisierung sowie Erzielung geschäftlicher Gewinne dazugezählt.

Nachdem Wright so identifiziert hat, welche Items zum Gegenstand einer Funktionalanalyse werden können, stellt er im zweiten Teil des Textes die Frage, was geschieht, wenn diese – schon in der Zeit vor Erfindung der Massenmedien innerhalb einer Gesellschaft vorhandenen Aktivitäten – nun (auch und primär) über Massenmedien vollzogen werden. Das Inventar von Wright nimmt über den zentralen Begriff der Funktion die Konsequenzen von Medienaktivitäten in den Blick. Dabei geht es Wright explizit nicht nur um die nützlichen Funktionen. In Anlehnung an Mertons Unterscheidung zwischen Motiven für eine Tätigkeit und deren Konsequenzen hält Wright fest, dass nicht jede Folge einen positiven Wert für das soziale System (also die beteiligten Gruppen und/oder Individuen) hat. Den Funktionen als positiven Folgen stehen Dysfunktionen (negative Folgen) gegenüber. Wirkungen, die für das Wohlergehen der Gesellschaft oder ihrer Mitglieder unerwünscht sind, bezeichnet er als *Dysfunktionen*. Jede einzelne kommunikative Handlung kann sowohl funktionale als auch dysfunktionale Auswirkungen haben. Dabei geht es immer um die Konsequenzen für je spezifische Bezugssysteme. Als Beispiel hierfür nennt Wright öffentliche Gesundheitskampagnen, die einerseits die Gesellschaft informieren, sie andererseits aber auch in Angst versetzen können. Seine Weiterentwicklung der Laswell-Formel lautet „What are the (1) manifest and (2) latent (3) functions and (4) dysfunctions of mass communicated (5) surveillance (news) (6) correlation (editorial activity) (7) cultural transmissions (8) entertainment for the (9) society (10) subgroups (11) individual (12) cultural systems?" (Wright 1960, S. 610).

Aus den zwölf Elementen dieser Formel baut Wright ein Master-Bestandsdiagramm, mit dem hypothetische und empirisch entdeckte Folgen der Massenkommunikation geordnet werden können. Am Beispiel der Berichterstattung über potenzielle Bedrohungen oder Gefahren von außerhalb der Gesellschaft (etwa über Naturkatastrophen oder militärische Angriffe) zeigt Wright die Folgen für die Gesamtgesellschaft und ihrer Mitglieder (siehe Tabelle). Durch die Medien vorgewarnt, könnte sich die Bevölkerung mobilisieren und eine mögliche Zerstörung abwenden. Ein Wir-Gefühl entsteht, jedem Einzelnen bietet sich theoretisch dieselbe Chance, der Gefahr zu entkommen (Funktion 1). In anderen Bereichen bieten Massenmedien dem Individuum die Chance, am öffentlichen Leben teilzunehmen, indem es etwa Bescheid weiß über lokale Veranstaltungen, Modetrends und Todesfälle (Funktion 2). Wer über die Geschehnisse in der Umwelt Kenntnis hat, kann Ansehen erlangen und innerhalb einer Gemeinde zur lokalen Meinungsführer*in werden (Funktion 3). In Anlehnung an Merton und Lazarsfeld nennt Wright zwei weitere Funktionen: Die Berichterstattung über einzelne Personen führt zu einer Statuserhöhung (Funktion 4) und Massenkommunikation kann die soziale Kontrolle über die einzelnen Mitglieder einer Gruppe stärken (Funktion 6), indem sie z. B. über Verbrecher*innen und andere Normverletzer*innen berichtet. Die Überwachung durch Massenmedien kann also für die Gruppe wie für Einzelne sowohl funktional als auch dysfunktional sein. Funktionen und Dysfunktionen können auch für kleinere Untergruppen innerhalb der Gesellschaft aufgezeigt werden. Einzelne politische Persönlichkeiten können durch massenmediale Berichterstattung eine Stärkung ihrer Macht erfahren (funktional), sie können durch diese aber auch an Macht und Ansehen verlieren (dysfunktional). Schließlich kann man mit diesem Modell auch die Auswirkungen der massenkommunizierten Nachrichten auf die Kultur selbst untersuchen. Auf der funktionalen Seite kann sie zu einer Bereicherung, Vielfalt und Anpassungsfähigkeit führen. Auf der dysfunktionalen Seite können unkontrollierte Nachrichten über andere Gesellschaften zu einer kulturellen Invasion und Schwächung der Kultur führen.

Im dritten und letzten Abschnitt seines Textes greift Wright für die Formulierung von Funktionshypothesen auf die Überlegungen von Carl Hempel, Autor von „The Logic of Functional Analysis" (1960), zurück. Dabei geht es um die Frage, welche Bedingungen herrschen müssen, damit das untersuchte System in einem adäquaten, wirksamen oder ordnungsgemäßen Zustand bleibt. Was den Zustand des Normalbetriebs ausmacht, bleibt allerdings undefiniert, und dieser Umstand stellt laut Wright eines der Hauptprobleme der Funktionstheorie dar. Hempel macht für dieses Problem den Vorschlag, dass es statt nur eines Zustandes die Möglichkeit einer Reihe von Zuständen geben könnte, die gemeinsam den Normalbetrieb ausmachten. Die Spezifikation des Standards kann also von Fall zu Fall unterschiedlich ausfallen. Eine Lösung kann sich aus der Untersuchung des Systems an sich ergeben. Für Forscher*innen ergibt sich daraus die Aufgabe, ein Gleichgewichtsmodell oder eine allgemeine Hypothese der Selbstregulierung des Systems anzuwenden. Zur Veranschaulichung der Formulierung von Hypothesen greift Wright auf das Beispiel der Überwachung (als Idee zur Selbstregulierung) zurück. Für die Individuen innerhalb einer Gesellschaft wäre der Normalbetrieb zum Beispiel dann gegeben, wenn sie sich durch die Massenmedien über ausreichend Informationen über die Umwelt versorgt fühlen würden, um mit ihr zurechtzukommen. Würde man nun in einem Experiment die Formen der Massennachrichten, die dem Individuum zur Verfügung stehen, für eine der untersuchten Gruppe unverändert lassen und für die andere Gruppe manipulieren und so den Normalzustand ändern, könnte man die Auswirkungen untersuchen.

Zusammenfassend lässt sich sagen, dass der Aufsatz „Functional Analysis And Mass Communication" sich mit den folgenden Aspekten befasst: 1. mit Problemen bei der Spezifizierung und Kodifizierung der Arten von Kommunikationsphänomenen, die sich für eine Funktionsanalyse eignen, 2. mit der Notwendigkeit, neue Hypothesen in Bezug auf die Funktionstheorie zu formulieren, und 3. mit einer Vielzahl von Schwierigkeiten bei der Erfindung von Forschungsdesigns, die sich für die Durchführung von Funktionsanalysen der Massenkommunikation eignen.

Es wurde angemerkt, dass verschiedene Studien in den unmittelbar vorausgegangenen Jahren explizit oder implizit einen funktionalen Rahmen für die Untersuchung verschiedener Aspekte der Massenkommunikation verwendet hatten (einige wurden zur Veranschaulichung zitiert), und daher war Wrights Text kein Aufruf zu etwas Neuem; es war vielmehr ein erster Schritt zur expliziten Berücksichtigung bestimmter theoretischer und methodologischer Fragen, die für die künftige Entwicklung einer funktionalen Theorie der Massenkommunikation relevant sind. In der Folge werden in der Kommunikationswissenschaft die Funktionen von Massenmedien bzw. Massenkommunikation im Sinne sozialwissenschaftlicher Systemtheorien untersucht.

Medienaktivitäten sind häufig in einem Konfliktfeld angesiedelt, da sie – je nachdem, aus welcher Perspektive eines Bezugssystems heraus man sie betrachtet – gleichzeitig funktionale wie dysfunktionale Konsequenzen nach sich ziehen. Das veranschaulicht die Anwendung des Wrightschen Inventars auf einen konkreten Einzelfall (siehe Abb. 1). Während im Bereich Informationen die Nachrichten z. B. für das Individuum Orientierung im Alltag bieten können (also für das Individuum funktional sind), dienen sie auf der anderen Seite unter Umständen auch der politischen Elite zur Machterhaltung (sind für das Individuum somit auch dysfunktional). Im Bereich Unterhaltung bringen bestimmte Angebote (z. B. die Darstellung von Gewalt) den Medienproduzent*innen möglicherweise ökonomischen Profit, haben aber eventuell negative Auswirkungen auf das Individuum und/oder die Gesellschaft. Latente und manifeste Funktionen bzw. Dysfunktionen sind also immer eine Frage des Bezugssystems.

Bezugssystem	Gesellschaft	Individuum	Subgruppen (z. B. polit. Elite)	Kultur
	Information			
Funktion (manifest und latent)	Warnung vor: Naturgefahren Angriffen Krieg	Instrumental: Warnung	Instrumental zur Machtausübung nützliche Informationen	Fördert kulturellen Kontakt
	Instrumental: Für Wirtschaft und andere Bereiche unentbehrliche Nachrichten	Fördert Prestige durch „Opinion Leader"	Ermöglicht Wissen um subversives und abweichendes Verhalten	Fördert kulturelle Entwicklung
	Verstärkung sozialer Normen („Ethicizing")	Statusverleihung	Beeinflusst öffentliche Meinung lenkt, kontrolliert, legitimiert Herrschaft durch Statusverleihung	
Dysfunktionen (manifest und latent)	Bedroht Stabilität durch Nachrichten von „besseren" Gesellschaften fördert Panik	Angst Innere Emigration („Privatization") Apathie Narkotisierung	Bedroht Herrschaft durch Nachrichten aus der Wirklichkeit „Feindliche" Propaganda Bloßstellung	Ermöglicht kulturelle Invasion
	Unterhaltung			
Funktion (manifest und latent)	Erholung für die Massen	Erholung	Vergrößert Macht durch Einflussnahme auf einen weiteren Lebensbereich	
Dysfunktionen (manifest und latent)	Lenkt das Publikum ab Verhindert soziales Handeln	Erhöht Passivität Mindert Geschmack Ermöglicht Flucht		Schwächt das ästhetische Empfinden: „Pop-Kultur"

Abb. 1 Inventar für eine funktionale Analyse der „Massenkommunikation": Information und Unterhaltung (Wright 1964, übersetzt nach Weischenberg 2002)

3   Bezug zum Gesamtwerk des Autors

Wer die Bedeutung des Textes von Wright begreifen möchte, sollte sich mit der Entstehungsgeschichte des Funktionalismus beschäftigen. Zunächst gilt es festzustellen: Der Idee des Funktionalismus liegt die Auffassung zugrunde, dass der Mensch ein zweckhaftes Wesen sei, das zweckhaft kommuniziere. Funktionen können daher als Folge sozialkommunikativer Phänomene interpretiert werden. Doch dieser Gedanke greift zu kurz.

Einen entscheidenden Schritt weiter ging der US-amerikanische Soziologe Talcott Parsons (1902–1979). Parsons Hauptwerk „The structure of social action" (1937) legte den Grundstein für einen neuartigen theoretischen Ansatz, den Strukturfunktionalismus. Vereinfacht gesagt interessierte Parsons sich für Erfordernisse, die in einem System erfüllt sein müssen, damit dieses funktioniert sowie nach dem Beitrag, den einzelne Teile oder Strukturen zum Funktionieren des Systems leisten. Parsons bricht damit mit der Tradition bisheriger soziologischer Theorien. Während Autoren wie Auguste Comte, Karl Marx, Max Weber oder Norbert Elias Veränderungen innerhalb von Gesellschaften zu erklären versuchten, richtete Parsons Interesse sich auf das Gegenteil: die Stabilisierung der Gesellschaftsordnung. Parsons widmete sich der Frage, „wie die Regelhaftigkeit der Handlungen sichergestellt werden kann, d. h. wie soziale Ordnung dauerhaft möglich ist" (Korte 2006, S. 176). Er geht dabei von drei Prämissen aus: 1. Die Gesellschaft ist ein relativ geschlossenes, mehr oder weniger komplexes System von Handlungen; 2. das Gesamtsystem sowie das Individuum selbst wollen sich erhalten und streben 3. nach einem Zustand des Gleichgewichts. Anders ausgedrückt: Das System bleibt erhalten, wenn die Struktur erhalten bleibt. Zusammenfassend lässt sich sagen, dass die von Parsons formulierte Systemtheorie Gesellschaft ähnlich einer biologischen Einheit begreift, die „nach Stabilität und Gleichgewicht der Kräfte strebt" (Steininger und Hummel 2015, S. 169). Jede Einheit der Gesellschaft – also zum Beispiel auch die Medien – hat eine spezifische Funktion für die Aufrechterhaltung des Systems und kann daran gemessen werden, wie gut diese ihre Leistungen erfüllt.

In der Folge beteiligte sich unter anderem auch Harold D. Laswell am Übergang zu funktionalistischen Modellen in der Kommunikationswissenschaft. Er schlug für die massenmediale Kommunikation grundsätzlich drei Funktionen vor: (1) das Transparentmachen von Informationen aus der Gesellschaft, (2) die Interpretation dieser Informationen für die Umwelt, und (3) die Transmission sozialer Werte und Normen über Generationen hinweg. Mit seiner Formel „Who says what in which channel to whom with what effect?" (Laswell 1948) schuf er ein systematisches Gliederungsschema für eine empirisch ausgerichtete funktionale Kommunikationsforschung und separierte die Bereiche Kommunikator-, Inhalts-, Plattform-, Rezipienten- und Wirkungsforschung.

Robert K. Merton wollte im Gegensatz zu Parsons nicht allumfassende Großtheorien, sondern Theorien mittlerer Reichweite entwerfen. Merton ist es zu verdanken, dass der Funktionalismus sich vom Erklärungsmodell (Funktionaltheorie) zum methodischen Instrument der Analyse gewandelt hat. Merton formulierte daher auch Einwände gegen die allgemeinen Annahmen des Parsonschen Funktionalismus. Vor allem bestritt er die Voraussetzung aller funktionalistischen Theorien, dass die beste aller Welten eine vollkommen integrierte Welt ohne funktionslose Bestandteile sei Es sei falsch, anzunehmen, dass jede Handlung eine Funktion für das System hat. Merton führte zur Veranschaulichung seiner Gedanken die Begriffe Funktion, Dysfunktion und nicht funktionale Folgen ein – Begriffe, die wir später auch bei Wright finden. Funktionen seien diejenigen Folgen, die eine Anpassung des Systems fördern, Dysfunktionen solche, die Anpassung mindern (Merton 1967) und nicht-funktionale Folgen seien irrelevant für das System. Außerdem trennt Merton zwischen manifesten und latenten Funktionen. Manifest seien jene Funktionen, die zur Anpassung des Systems beitragen, beabsichtigt seien und wahrgenommen würden. Latente Funktionen seien nicht beabsichtigt und würden nicht wahrgenommen werden. Diese Unterscheidung wendet Merton auch bei der Beschreibung der Konsequenzen „hinter den zweckhaft persuadierenden Aktivitäten der Massenkommunikation" an (Rühl 2008, S. 138).

Charles R. Wrights Verdienst ist es, in Anlehnung an die Überlegungen von Merton, eine funktionale Perspektive für das Studium der Massenkommunikation entwickelt zu haben. Damit wollte er mögliche Folgen für Gesellschaft, Individuen, Subgruppen und Kultur spezifizieren können. Mit Funktionen sind nicht die „individual-psychologischen Medienwirkungen (Mikroebene) gemeint, sondern Leistungen, die vom Mediensystem für andere soziale Systeme wie Wirtschaft, Politik, Kultur usw. erbracht werden (Mesoebene) oder Funktionen (im engeren Sinne), die für das übergeordnete Sozialsystem Gesellschaft insgesamt (Makroebene) erfüllt werden" (Bentele et al. 2013). Das sich daraus ergebende Paradigma lieferte einen nützlichen Rahmen („funktionales Inventar", siehe Abb. 1) für die Klassifizierung vieler angeblicher und einiger dokumentierter Folgen von Massenkommunikationsaktivitäten für die Bezugssysteme Gesellschaft, Individuen, Subgruppen und Kultur. Für Wright seien Funktionen die Konsequenzen von Aktivitäten (Weischenberg 2002). Dabei unterscheidet Wright einerseits zwischen den positiven (Funktion) und den negativen Folgen (Dysfunktion) für je spezifische Bezugssysteme.

4   Wirkungsgeschichte und Kritik

Auch wenn die im Originaltext genannten Erklärungsansätze nur als vorläufige
Ideensammlung beschrieben werden können, konstatiert Wright rund eineinhalb
Jahrzehnte später in seinem Text *„Functional analysis and mass communication
revisited"* (in: The uses of mass communications, 1974), dass sowohl das Verspre-
chen der funktionalen Analyse als auch die Schwierigkeiten, die mit ihrer Anwendung auf die Massenkommunikation genannt wurden, noch immer aktuell seien
und seine dort getätigten Aussagen vorerst nicht revidiert werden müssten, was
eine allzu bescheidene Beschreibung der Wirkung seines Aufsatzes ist. Brown
(1970) wurde hinsichtlich Wrights Einfluss deutlicher, als er sagte: „there has
recently been something of a vogue for the use of Merton's paradigm of functional
analysis in the mass media field." F. Gerald Kline (1972) konstatierte sogar: „'It'
would appear that, in general, the major leitmotif of communication research has
been functionalist from the beginning … [and] we are using functional analysis as
described by Merton and cited by Wright (…)". Oder wie es Spachmann (2017,
S. 34) ausdrückt: „Funktionale Analysen sind im Programm der Kommunikationswissenschaft und der Journalistik fest verankert."

Der Entwurf eines funktionalen Ansatzes zum Verständnis von Massenkommunikation fand Anklang bei zahlreichen Theoretikern. So übernahmen u. a. Edelstein
(1966), Gerbner (1967), Halloran (1964), Katz, Gurevitch und Haas (1973), Klapper (1963), Kline (1972), Larsen (1964), McQuail (1969), Mendelsohn (1966) und
Meyersohn (1969) die funktionale Perspektive für ihre Arbeiten. Sie entwickelten
Funktionalanalysen zu den Auswirkungen von Massenkommunikation auf die Gesamtgesellschaft und das, obwohl Wright im Ursprungstext nach eigener Einschätzung die Chance zu pessimistisch betrachtet hatte, auf den Einfluss von Massen-
kommunikationssystemen auf makrosoziologischer Ebene untersuchen zu können.

Auch der vorgeschlagene Weg, Phänomene in der Massenkommunikation zu
spezifizieren und zu kodifizieren, die mit Hilfe des funktionalen Ansatzes geklärt
werden können, habe sich als richtig erwiesen. Zudem gebe es immer noch einen
dringenden Bedarf an der Weiterentwicklung von Forschungsdesigns für die funktionale Analyse von Kommunikationsphänomenen – insbesondere mit Blick auf
ihre Folgen auf gesellschaftlicher Ebene. Für die Art von Funktionsanalysen, die
einzelne Methoden der Massenkommunikation (z. B. Zeitungen, TV) betrachten,
hat es bereits Anfang der 1970er-Jahre eine ebenso große Anzahl an Studien gegeben wie für die von Wright genannten institutionellen Analysen. Und sogar für die
im Originalartikel vorgeschlagene Funktionsanalyse der Massenkommunikation
als System gab es bereits erste Forschungen.

In der Tat hat die ab 1970 verstärkt auftretende Diskussion über die Wirkung von Massenkommunikation zur Entwicklung verschiedenster theoretischer Ansätze geführt, die unmittelbar Bezug nehmen auf Wrights Entwurf. Einige dieser Forschungen gehen von einer gesamtgesellschaftlich differenzierenden Wirkung von Mediensystemen aus, andere von einer homogenisierenden. Das Verdienst funktionaler Analysen von Organisationen der Massenkommunikation im Unterschied zur traditionellen Organisationslehre sehen Ronneberger & Rühl (1992) vor allem darin, dass sie die Strukturen der Organisation als Aufgabenordnung nicht als einsinnig begreift, sondern als „mehrsinnige Organisationsformen" (ebd.), die elastisch agieren. Er verweist damit auf jenen Typus funktionaler Analyse, den Wright die Institutionenanalyse der Massenmedien und der Organisation der Kommunikation nennt („the institutional analysis of mass media and communication organizations" Wright 1960, S. 96).

Die Überlegungen Wrights zu den Funktionen von Massenmedien für die unterschiedlichen Bezugssysteme innerhalb einer Gesellschaft haben trotz der aufgezeigten Schwächen in der Begriffsbestimmung (und vor allem in der nicht ausreichend zu klassifizierenden Annahme eines das System stärkenden Idealzustandes) heute wieder an Relevanz gewonnen. Dies insbesondere deshalb, weil sie sich als äußerst anschlussfähig an aktuelle gesellschaftliche Entwicklungen erweist. Verantwortlich dafür ist in erster Linie die Digitalisierung des Medienmarktes seit den frühen 2000er-Jahren und das damit einhergehende Aufkommen neuer Medienplattformen. Neben den Online-Angeboten von Medienproduzenten (Homepages, Mediatheken) sind hier insbesondere Social Media-Kanäle mit ihren technischen und distributiven Besonderheiten zu nennen. Diese sogenannten „Internet-Intermediäre" (Gundlach und Hofmann 2019 wie Facebook, Twitter, Instagram, TikTok & Co. erfüllen zwar qua Definition nicht die Anforderungen an klassische Massenkommunikation nach Wright, da sie nicht selbst Medieninhalte produzieren und das Publikum nicht per se groß und heterogen ist. Sie ersetzen diese aber für immer mehr (vor allem jüngere) Rezipient*innen zwischen 18 und 24 Jahren. Funktionale Analysen können auch in einer digitalisierten Medienwelt sämtliche vier Anwendungsfelder bei Wright durchlaufen: auf der breitesten Abstraktionsebene die digitale Massenkommunikation selbst, die einzelnen Methoden (also Kanäle, z. B. analog vs. digital), die institutionelle Analyse von Massenmedien und Organisationen (Facebook, Google, etc.) sowie die genannten vier Hauptfunktionen mit Blick auf die innergesellschaftlichen Bezugssysteme. Funktionale Analysen können dabei helfen, die Funktion von Organisationen, einzelnen Plattformen und Personen im digitalisierten Massenkommunikationsprozess besser zu verstehen. Dazu seien im Folgenden einige Gedanken angeführt.

Der schwindende Einfluss von klassischen Massenmedien wie TV, Radio und Print ist ein Hinweis auf ihre veränderte Funktion für die Gesellschaft und das Individuum. Ihr Wirkungsfeld für die einzelnen Bezugssysteme ist eingeschränkt. Fawzi (2020) beschreibt anschaulich die umfassende öffentliche Kritik, der sich die Massenmedien zunehmend ausgesetzt sehen. Dort zeigt sich, dass unter anderem die politischen und sozialen Funktionen der Massenkommunikation ins Visier genommen werden. „Zwischen Lügenpresse-Vorwürfen über das Infragestellen der journalistischen Autonomie bis zur Kritik an der Breite des Meinungsspektrums" (ebd.) liefert sie deskriptive Befunde zur Zufriedenheit mit den Leistungen der Medien. Dabei zeigt sich, dass die Medien aus Sicht der Bürger*innen ihre Kritik- und Kontrollfunktion sowie die Informations- und Meinungsbildungsfunktion relativ gut erfüllen. Mit den Integrations-, Artikulations- und Orientierungsleistungen ist das Publikum aber deutlich weniger zufrieden.

Die sukzessive Substitution klassischer Massenmedienangebote durch Social Media hat weitreichende Folgen. Die Zeit, in der sich die Mediennutzung auf ausgewählte Zeiten, Orte, Angebote und Zugangswege beschränkte (Edgerly et al. 2018; Poindexter 2018) ist vorbei. Eine Besonderheit von Social Media ist laut Kirchhoff (2015) das Bereitstellen „vielfältige[r] Möglichkeiten zur Partizipation, Teilhabe und Veröffentlichung der eigenen Meinung" (ebd.). Zwar sei keine basisdemokratische Partizipation gegeben, da das Social Web kein Medium im herkömmlichen Sinne sei, sondern lediglich die technische Infrastruktur zur Generierung von Medien liefere. Dennoch können soziale Medien (und auf ihnen einzelne Nutzer*innen) potenziell die Rolle von Massenmedien übernehmen bzw. diese ergänzen. Daher bieten sich auch funktionale Analysen der „Methoden" im Bereich Social Media-Plattformen an. Information bleibt als Funktion grundsätzlich bestehen. Eine zunehmende Demokratisierung der Medienberichterstattung, die wachsende Unabhängigkeit von institutionellen Vorgaben sowie die Internationalisierung von Informationen könnten diese Funktion quantitativ und qualitativ sogar bestärken. Andererseits ist festzustellen, dass zum Beispiel die zunehmende Amateurisierung von Berichterstattung durch weniger qualifizierte und geprüfte bzw. kontrollierte Meinungsführer (Influencer*innen, Blogger*innen) eine Überforderung hinsichtlich der Auswahl und Bewertung von Nachrichtenquellen mit sich bringt. Durch das Überangebot sowie die Gefahr von Missbrauch und Manipulation durch Medienproduzent*innen entstehen in der Wrightschen Terminologie das System (Gesellschaft und Individuum) gefährdende Dysfunktionen.

Besonders gut lässt sich das auch am Beispiel der Nachrichtenrezeption zeigen. Kümpel (2020) schreibt dazu: „Trotz (oder gerade wegen) der Ubiquität von Nachrichtenangeboten und zeitlich wie örtlich nahezu uneingeschränkten Nutzungsmöglichkeiten lässt sich in der Gruppe der jungen Erwachsenen seit einigen Jahren eine Abnahme von Nachrichteninteresse und -nutzung verzeichnen" (siehe u. a. Bergström et al. 2019; Hölig und Hasebrink 2019; Poindexter 2018). Selbst unter den Hochgebildeten dieser Altersgruppe haben Nachrichten im Alltag einen immer geringeren Stellenwert (Kümpel 2020). Dafür mitverantwortlich sind auch Phänomene wie Fake News (siehe u.a. Arendt et al. 2019) und Deep Fakes, die für die Bezugssysteme Gesellschaft, Individuum und Kultur dysfunktional wirken.

Auch eine in verschiedenen Bevölkerungsteilen unterschiedlich stark ausgeprägte Skepsis gegenüber den klassischen Massenmedien (Stichwort: Systemmedien bzw. Lügenpresse) destabilisiert die Bezugsysteme. Was den einen als seriöse und zuverlässige Quelle gilt, wird von anderen als unglaubwürdig oder manipuliert eingestuft. Auch die Kriterien, anhand derer diese Einstufungen vorgenommen werden, variieren. Die Quantifizierung von Nutzerbedürfnissen im World Wide Web mittels Algorithmen (Stichwort: Filterblasen und Echokammern) verstärkt diesen Effekt. Unter Umständen führen gar Versuche der Massenmedien, die unterschiedlichen Gesellschaftsgruppen seriös zu informieren und damit zu versöhnen, zum Gegenteil, nämlich zu einer Entwicklung von Parallelgesellschaften. Allington et al. (2021) konnten etwa einen Zusammenhang zwischen der Nutzung von Social Media und der Anfälligkeit für Verschwörungstheorien sowie der Bereitschaft, sich während der Corona-Pandemie gesundheitsschützend zu verhalten, nachweisen. Die Informationsfunktion von Massenkommunikation verliert demnach nicht nur generell an Einfluss, sondern wird durch die steigende Unfähigkeit aufseiten der Rezipient*innen, wahr von falsch zu unterscheiden, zum Risiko für die Stabilität einer Gesellschaft(sgruppe). Pennycook et al. (2020) konnten in einem Experiment zeigen, dass 40 Prozent der Proband*innen Falschaussagen zu COVID-19 teilen würden – und zwar altersübergreifend. Ihnen fehlten zunächst schlichtweg die Kompetenz oder die Bereitschaft, die Qualität der Quelle zu beurteilen. Erst in einem zweiten Experiment, in dem Teilnehmer*innen mittels einer Befragung vorab für die Thematik sensibilisiert wurden, änderte sich die Bereitschaft zur Quellenprüfung. In sozialen Netzwerken wird in vielen Fällen nicht verbreitet, was wahr ist, sondern was provoziert. Auf die Informationsfunktion der Massenmedien hat dies weitreichende Auswirkungen – etwa die, dass sich Nachrichtenangebote zunehmend an Unterhaltungsangeboten orientieren, indem sie die Mittel zur Aufmerksamkeitsgenerierung adaptieren. Hier sind funktionale Analysen von Massenmedienangeboten auf Social Media mit dem Inventar nach Wright denkbar. Unstrittig ist: Die Anforderungen an die Kompetenz von Medienproduzent*innen und -rezipient*innen hat sich im Zuge der Digitalisierung stark erhöht. Um die Informationsfunktion von Massenmedien dauerhaft zu sichern, setzen einzelne Länder verschiedene Strategien ein. Kleemans (2016) berichtet von schulischen Programmen zur Stärkung der Medienkompetenz in den Niederlanden.

Bucataru (2018) sowie Mason et al. (2018) unterstreichen die steigende Bedeutung von medienpädagogischen Maßnahmen für die Sicherung der Demokratie mit Blick auf die USA. In der Terminologie Wrights könnte man dies mit der Funktion zur Erziehung in Verbindung bringen. Der technische Fortschritt betont die Notwendigkeit funktionaler Analysen der Massenmedien. Der steigende Einsatz von Robotern im Journalismus stellt ebenso ein Untersuchungsfeld dar wie die Ausrichtung der Themenwahl und Aufbereitung anhand von Profilen und Vorlieben der Nutzer*innen nach dem Vorbild von Social Media.

Es ist davon auszugehen, dass die Spaltung der Gesellschaft in oppositionelle Lager, die insbesondere in Grundsatzfragen etwa der Staatsführung oder Meinungsfreiheit offenkundig werden, durch soziale Medien nicht nur beschleunigt und verstärkt, sondern auch offensichtlicher geworden ist. Auf der anderen Seite betonen Brünker et al. (2019) die Kraft von Social Media für die kollektive Identitätsbildung. Bewegungen wie Fridays For Future, Black Lives Matter oder aber auch der Arabische Frühling haben durch soziale Netzwerke ihre Dynamik überhaupt erst entfalten können. Soziale Medien erfüllen hier für das Bezugssystem Gesellschaft bzw. Individuum primär die Funktion der Interpretation (Korrelation, Kommentierung) von Ereignissen bzw. Nachrichten und Medienarbeit.

Für die Subgruppe der politischen Elite dagegen bedeuten soziale Netzwerke eine nie da gewesene Möglichkeit der Einflussnahme. Soziale Medien haben für Politiker*innen und Parteien die Funktion des Machterhalts sowie der Themensetzung. Sie können ihre Botschaften über Social Media-Kanäle direkt und ungefiltert (und somit auch von den Medien unbearbeitet) an ihre (potenziellen) Wähler*innen schicken. Der politische Wahlkampf 2016 in den USA ist nach Expertenmeinungen in den sozialen Netzwerken entschieden worden (siehe dazu unter anderem Haller (2017) oder Jungherr (2017). US-Präsident Donald Trump rekrutierte nicht nur über die sozialen Medien (und dort zum Teil durch den Einsatz von Social Bots) Wählerstimmen, er kommunizierte in seiner Amtszeit zu seinen Anhänger*innen und anderen Regierungsführer*innen auch primär über Twitter. Auch hierzulande hat insbesondere Twitter eine hohe Relevanz für politische Akteur*innen. Wie Nuernbergk und Schmidt (2020) analysiert haben, verändert dies die „kommunikative Figuration" des Politikjournalismus. Für die Gesellschaft bedeutet Politik in den sozialen Netzwerken einerseits eine erhöhte Anzahl verfügbarer Informationsquellen sowie die Möglichkeit, durch Diskussion und Vernetzung am politischen Geschehen (zumindest scheinbar) zu partizipieren. Andererseits kommt es dadurch auch zu einer höheren Gefahr von negativen Folgen, also Dysfunktionen im Wrightschen Sinne, wie Manipulation und Propaganda oder gar einer Radikalisierung.

Auch die zunehmende Substitution von linearen Medienangeboten durch non-lineare Formate (z. B. Streaming-Plattformen oder Online-Mediatheken) hat das Themenfeld für Funktionsanalysen weiter geöffnet. Eine Gleichzeitigkeit im Medienkonsum ist nicht länger gewährleistet. Damit rückt die Frage ins Zentrum, welche Rolle der Zeitpunkt einer Mediennutzung bzw. Informationsaufnahme spielt. Welche Auswirkungen damit verbunden sind, etwa auf die Pflege eines gemeinsamen Wertesystems oder eines gemeinsamen Kulturkanons, wäre im Rahmen einer funktionalen Analyse zu untersuchen. Das Thema Kultivierung spielt zum Beispiel auch hinsichtlich kultureller Vielfalt und Diversität eine große Rolle. Denn für das Bezugssystem Kultur sind soziale Medien mit Blick auf die manifesten und latenten Funktionen Bereicherung, Vielfalt und Anpassungsfähigkeit von großem Interesse. Nicht nur weil sie bereichern, vervielfältigen und anpassen, sondern auch, weil sie eine neue Kultur produzieren. Zentrale Fragen könnten sein: Wie werden Massenmedien der von Wright formulierten Funktion gerecht, Werte von Generation zu Generation zu vermitteln (zumal die Mediennutzung sich von Generation zu Generation stark zu verändern scheint)? Welche Werte werden wie vermittelt, welche (warum) nicht? Was bedeutet die Nichtvermittlung bestimmter Werte für die Gesellschaft?

Literatur

Allington, D., Duffy, B., Wessely, S., Dhavan, N., & Rubin, J. (2021): Health-protective behaviour, social media usage and conspiracy belief during the COVID-19 public health emergency. In: Psychological Medicine, 51(10), 1763–1769

Arendt, Florian; Haim, Mario; Beck, Julia (2019): Fake News, Warnhinweise und perzipierter Wahrheitsgehalt: Zur unterschiedlichen Anfälligkeit für Falschmeldungen in Abhängigkeit von der politischen Orientierung. In: *Publizistik. Vierteljahreshefte für Kommunikationsforschung*. Hannover: Springer VS.

Bentele, Günter; Brosius, Hans-Bernd; Jarren, Otfried (Hrsg.) (2013): *Lexikon Komunikations- und Medienwissenschaft*. Wiesbaden: Springer VS.

Bergström, Annika, Strömbäck, Jesper, & Arkhede, Sofia (2019). Towards rising inequalities in newspaper and television news consumption? A longitudinal analysis, 2000–2016. *European Journal of Communication*, 34(2), 175–189. https://doi.org/10.1177/0267323119830048.

Breed, Warren (1955). *Social Control in the Newsroom: A Functional Analysis*. Social Forces, 33(4), 326–335. doi:https://doi.org/10.2307/2573002

Brünker, F., Deitelhoff, F., & Mirbabaie, M. (2019): Collective Identity Formation on Instagram – Investigating the Social Media Movement Fridays For Future. Proceedings of the 30th Australasian Conference on Information Systems (ACIS), Fremantle, Australia

Bucataru, Victoria (2018): *Media Literacy and The Challenge of Fake News*. New York: Freedom House

Edelstein, Alex S. (1966): Perspectives in Mass Communication. Kopenhagen: Einer Harcks Forlag

Edgerly, Stephanie, Vraga, Emily K., Bode, Leticia, Thorson, Kjerstin, & Thorson, Esther (2018). New media, new relationship to participation? A closer look at youth news repertoires and political participation. *Journalism & Mass Communication Quarterly,* 95(1), 192–212. https://doi.org/10.1177/1077699017706928.

Fawzi, Nayla (2020): Objektive Informationsquelle, Watchdog und Sprachrohr der Bürger? Die Bewertung der gesellschaftlichen Leistungen von Medien durch die Bevölkerung. In: Publizistik. Vierteljahreshefte für Kommunikationsforschung. 65, 187–207. Hannover: VS Springer

Gerbner, George (1967): *An Institutional Approach to Mass Communication Research.* In: Thayer, L. (Hrsg.): Communication Theory And Research. Springfield, Ill.: Charles C Thomas

Gundlach, Hardy; Hofmann, Ulrich (2019): Verdrängen Google, Facebook & Co. die Medien? In: *Medienwirtschaft. Perspektiven der digitalen Transformation.* Hamburg: New Business Verlag

Halloran, James D. (1964): *The Effects Of Mass Communication.* Leicester: Leicester University Press

Haller, A. (2017). Der Wahlkampf im Netz. Twitter, Facebook, Social Bots, Fake News und die Folgen. *Politische Studien,* 474 (Vol. 68), 12–21.

Hölig, Sascha, & Hasebrink, Uwe (2019). Reuters Institute Digital News Report 2019 – Ergebnisse für Deutschland (Nr. 47; *Arbeitspapiere des Hans-Bredow-Instituts*). Hamburg: Hans-Bredow-Institut.

Janowitz, Morris (1952): The community press in an urban setting. Glencoe, Illinois: Free Press.

Jungherr, A. (2017). Einsatz digitaler Technologie im Wahlkampf. In: H. Gapski, M. Oberle & W. Staufer (Hrsg.): *Medienkompetenz. Herausforderung für Politik, politische Bildung und Medienbildung* (S. 92–101). Bonn: Bundeszentrale für politische Bildung.

Katz, Elihu/Gurevitch, Michael/Haas, Hadassah (1973): *On The Use of the Mass Media for Important Things.* In: American Sociological Review 38: 164–181

Kirchhoff, Sabine (2015): *Online-Kommunikation im Social Web. Mythen, Theorien und Praxisbeispiele.* Opladen & Toronto: Verlag Barbara Budrich.

Klapper, J. (1963): Mass Communication Research: an old road suveyed. In: Public Opinion Quarterly

Kleemanns, Mariska (2016): Understanding news: the impact of media literacy education on teenagers' news literacy. *Journalism Education* 5 (1), 74–88

Kline, F. Gerald (1972): Theory in Mass Communication Research. In: ders., Philipp J. Tichenor (Hrsg.): *Current Perspectives in Mass Communication Research.* Beverly Hills, London: Sage, S. 17–40.

Korte, Hermann (2006): *Einführung in die Geschichte der Soziologie.* Opladen: VS Verlag für Sozialwissenschaften

Kriener, Markus & Weischenberg, Siegfried (2013): *Journalistik: Theorie und Praxis aktueller Medienkommunikation.* Band 3: Quiz und Forum (Fragen/Antworten, Diskussion, Evaluation). Berlin: Springer Verlag

Kümpel, Anna Sophie (2020): Nebenbei, mobil und ohne Ziel? Eine Mehrmethodenstudie zu Nachrichtennutzung und -verständnis von jungen Erwachsenen. *Medien & Kommunikationswissenschaft* 68 (1–2): 11–31.

Larsen, O. N. (1964): Social effects of Mass Communications. In: Faris, R. E. (Hrsg.): Handbook of Modern Sociology. 348–381. Chicago: Rand-McNally

Laswell, Harold D. (1948): The Structure and Function of Communication in Society. In: Bryson, Lymon (Hrsg.) (1948).: *The Communication of Ideas*. New York, 37–52

Luhmann, Niklas (1984): *Soziale Systeme. Grundriß einer allgemeinen Theorie*. Frankfurt a.M.: Suhrkamp

Mason, Lance E., Krutka, Dan, & Stoddard, Jeremy (2018): *Media Literacy, Democracy, and the Challenge of Fake News*. In: Journal of Media Literacy Education, 10(2), 1–10

McQuail, Dennis (1969): *Towards a Sociology of Mass Communications*. London: Collier-Mcmillan

Mendelsohn, Harold (1966): *Mass Entertainment*. New Haven: Collge & University Press

Merton, Robert K (1967): Funktionale Analyse. In: Hartmann, H. (Hrsg.): Moderne Amerikanische Soziologie. Neuere Beiträge zur soziologischen Theorie (S. 119–150). Stuttgart: Enke.

Meyersohn, Rolf (1969): *Mass Communications: Dillemas for Sociology*. Diogenes 68: 138–155

Nuernbergk, C.; Schmidt, J.-H. (2020): Twitter im Politikjournalismus. Ergebnisse einer Befragung und Netzwerkanalyse von Hauptstadtjournalisten der Bundespressekonferenz. In: Publizistik. Vierteljahreshefte für Kommunikationsforschung, Jg. 65, Nr. 1. Hannover: Springer VS.

Parsons, Talcott (1937): *The Structure of Social Action. A Study in Social Theory with Special Reference to a Group of Recent European Writers*. New York: McGraw Hill

Pennycook, Gordon; McPhetres, Jonathon; Zhang, Yunhao; Lu, Jackson G.; Rand, David G. (2020): Fighting COVID-19 Misinformation on Social Media: Experimental Evidence for a Scalable Accuracy-Nudge Intervention. In *Psychological Science*. www.psychologicalscience.org/PS

Poindexter, P. M. (2018). *Millennials, news, and social media: Is news engagement a thing of the past?* (2. Auflage). New York: Peter Lang.

Ronneberger, Franz & Rühl, Manfred (1992): *Theorie der Public Relations. Ein Entwurf.* Opladen: Westdeutscher Verlag.

Rühl, Manfred (2008): *Kommunikationskulturen der Weltgesellschaft*. Theorie der Kommunikationswissenschaft. Wiesbaden: VS Verlag für Sozialwissenschaften

Spachmann, Klaus (2017): *Was leistet Journalismus? Funktionen und Leistungen in der Journalistik*. In: Huck-Sandhu, Simone & Sandhu, Swaran (Hrsg.): *Was leisten die Medien -- revisited. Entwicklungen in Journalismus, PR und Organisationskommunikation.* Konstanz/München: UVK.

Steininger, Christian & Hummel, Roman (2015): *Wissenschaftstheorie der Kommunikationswissenschaft*. Oldenbourg: De Gruyter Studium.

Scholl, Armin & Weischenberg, Siegfried (1998): *Journalismus in der Gesellschaft*. Theorie, Methodologie und Empirie. Opladen, Wiesbaden: Westdeutscher Verlag

Weischenberg, Siegfried (2002): *Journalistik. Theorie und Praxis aktueller Medienkommunikation*. Band 2: Medientechnik, Medienfunktionen, Medienakteure. Wiesbaden: VS Verlag für Sozialwissenschaften.

Wright, Charles R. (1960): *Functional Analysis and Mass Communication*. In: Public Opinion Quarterly, 24 (4), 605–620. Retrieved August 3, 2021, from http://www.jstor.org/stable/2746529

Wright, Charles R. (1964): *Functional Analysis and Mass Communication*. In: Dexter, Lewis Anthony/David Manning White (Hrsg.): People, Society, and Mass Communications, London 1964

Wright, Charles R. (1974): *Functional analysis and mass communication revisited*. In J. G. Blumler & E. Katz (Eds.): *The uses of mass communications* (pp. 197–212). Beverly Hills: SAGE Publications, Inc. Retrieved from http://repository.upenn.edu/asc_papers/8

Wright, Charles R. (1959/1986): *Mass communication. A sociological perspective*. 3. Auflage. New York: Random House.

Die Ordnung des Diskurses

von Michel Foucault (1972)

Christian Pentzold

Erstmals erschienen 1972 auf Französisch, 1974 auf Deutsch. Der Beitrag bezieht sich auf die 9. Auflage auf Deutsch von 2003.

Zusammenfassung

Der Beitrag stellt Michel Foucaults Schrift „Die Ordnung des Diskurses" vor und diskutiert ihren Status als kommunikationswissenschaftliches Schlüsselwerk. In ihr formuliert Foucault seine Ideen zur Verknüpfung von Diskursen und den in ihnen hervorgebrachten Wissensordnungen mit Machtverhältnissen. Damit wird der kurze Text zu einer wichtigen Referenz für die Analyse von diskursiven Praktiken und den Strategien, die darin hervorgebrachten Deutungen und die damit etablierten Positionen zu legitimieren. Nach einem kurzen Abriss von Foucaults intellektuellem Beitrag wird zunächst das Werk in seinen Grundzügen vorgestellt. Im Anschluss erfolgt seine Verortung im Kontext von Foucaults Denkansätzen. Schließlich wird diskutiert, wie seine Überlegung in Medienanalyse und Kommunikationsforschung eingebracht wurden.

C. Pentzold (✉)
Department for Communication and Media Studies, Institut für Kommunikations- und Medienwissenschaft, Leipzig, Deutschland
E-Mail: christian.pentzold@uni-leipzig.de

R. Spiller et al. (Hrsg.), *Schlüsselwerke: Theorien (in) der Kommunikationswissenschaft*, https://doi.org/10.1007/978-3-658-37354-2_19

Schlüsselwörter

Foucault · Diskurs · Macht/Wissen · Subjektivierung · Hegemonie ·
Bedeutungsproduktion · Gouvernementalität

1   Kurzbiografie

Michel Foucault gehört zu den einflussreichsten Intellektuellen im letzten Drittel des 20. Jahrhunderts. Er hat kein in sich geschlossenes Werk hinterlassen, das klar einer Disziplin zugeordnet werden kann oder das ein kohärentes Forschungsprogramm entwickelt. Schon die Frage, ob Foucaults Interesse vornehmlich philosophisch oder historisch, psychologisch oder soziologisch angelegt war, ist schwer zu beantworten. Seine Popularität und sein Einfluss in Geistes-, Kultur- und Sozialwissenschaften gründen, so kann behauptet werden, gerade in der Unmöglichkeit, sein „vagabundierendes Denken", so eine Formulierung von François Ewald (1978, S. 7), klar in eine Denkschule einzuordnen. Foucaults wissenschaftliche Arbeit ist vielmehr von dem Bemühen gekennzeichnet, einmal eingenommene Positionen oder Konzepte beständig zu revidieren und in immer wieder neue Argumentationszusammenhänge zu bringen.

Michael Foucault ist aber freilich kein akademisches Phantom. Im Gegenteil war der 1926 im westfranzösischen Poitiers geborene Foucault nicht nur in Frankreich eine enorm wichtige Stimme in den publizistischen Auseinandersetzungen der 1970er- und 1980er-Jahre. Immer wieder nahm er in Interviews Stellung zu gesellschaftspolitischen Fragen, etwa der Behandlung von Gefangenen oder der Rechte von Homosexuellen (Halperin 1995; Macey 1993). Seine Vorlesungen, die er ab 1970 als Professor am Collège de France hielt, der prestigeträchtigsten Wissenschaftseinrichtung Frankreichs, waren viel besuchte öffentliche Veranstaltungen. Auch nach seinem Tod 1984 in Paris bliebt Foucaults vielgestaltiges Werk ein zentraler Referenzpunkt und Stichwortgeber für zahlreiche Forschungszweige, die aber nur schwer auf einen Nenner zu bringen sind. Die Auseinandersetzung reicht von affirmativen Versuchen, seine Ideen in konkrete Forschungsprogramme zu überführen, bis hin zur offenen Ablehnung seiner als Provokation und reine rhetorische Manöver wahrgenommenen Überlegungen (Schneider 2004). Folglich konstatieren Honneth und Saar (2001) in einer Zwischenbilanz der Rezeption Michel Foucaults den „tiefgreifenden transformierenden Einfluß" (S. 9) seiner Überlegungen, zugleich aber weisen sie darauf hin, dass „die Deutungsversuche derer, die sich heute um die Auslegung seines Werkes bemühen" (ebd., S. 15) zu vielstimmig seien, um eine genuin Foucaultsche Traditionslinie zu begründen.

Die Schwierigkeit, Foucaults Arbeiten bündig zu erfassen, bedeutet nicht, dass keine entsprechenden Ordnungsversuche unternommen wurden. Statt einer kanonischen Einteilung in Schaffensphasen und Leitideen spiegelt sich die Heterogenität seiner Arbeiten auch in den verschiedenen Kategorisierungsvorschlägen wider. So unterscheiden Dreyfus und Rabinow (1987) eine Phase, in der sich Foucault vornehmlich mit Diskursanalyse befasst habe, von einer Phase der Machtanalyse. Bei Deleuze (1987) findet sich eine Dreiteilung in eine Periode, in der es um Fragen der gesellschaftlichen Wissensgenerierung ging, dann eine Periode der Machtanalyse, dann der Subjektivierung. Die erste dieser Etappen unterteilen Kammler (1986) und Fink-Eitel (1992) nochmals in eine Rekonstruktion konkreter historischer Denksysteme, etwa der Klassifikation von normalen versus abnormalen Geisteszuständen, und eine daran anschließende eher methodologische Beschäftigung mit einer solchen „Archäologie des Wissens", so auch der deutsche Titel des für diesen Abschnitt prägendes Buches (1969), dem dann die Genealogie von Macht/Wissen-Regimen nachfolgen sollte. Die Liste an Einteilungen ließe sich noch weiter fortsetzen, doch stoßen alle Versuche einer nachträglichen Ordnung an ihre Grenzen (Andersen 2003; Maset 2002). Foucaults Werk bildet keine klare Stufenfolge von nacheinander behandelten und weiterentwickelten Begriffen oder Modellen, sondern ist gekennzeichnet durch Akzentverschiebungen und die sukzessive Modifikation seines Erkenntnisinteresses, dass sich apodiktischer Lesarten verweigert (Gehring 2004; Kammler 2014; Waldenfels 2003).

Auch Foucault selbst hat sich verschiedentlich dazu geäußert, welches Leitmotiv seiner wissenschaftlichen Arbeit zugrunde liegt, wobei auch diese Selbstverortung und rückblickende Interpretation nicht eindeutig ist, sondern je nach Auskunft verschiedene Aspekte hervorhebt. Eine seiner bekanntesten intellektuellen Selbstbeschreibungen findet sich in der zunächst unter Pseudonym und als Lexikoneintrag veröffentlichten Autobiografie. Dort identifiziert er sein Hauptanliegen damit, eine „kritische Geschichte des Denkens" ([1984] 1994, S. 699) zu verfolgen. Zentrale Elemente dieses Unterfangens wären die Bestimmung der Bedingungen, unter denen Wissen entlang der Unterscheidung von wahren Aussagen und falschen Aussagen über gesellschaftliche Sachhalte und Individuen hervorgebracht und legitimiert wird. Damit verbunden sei ein Interesse daran, wie Individuen sich in Beziehung zu diesen in Diskursen artikulierten Formen des Wissens setzen, wie sie sich und andere als Subjekte wahrnehmen und welche Position sie einnehmen, von der sie aus unterschiedlich einflussreich auf einen Diskurs einwirken können. Zu seinem Vorgehen schreibt Foucault (von sich in der dritten Person):

„Er studiert zunächst jene Gesamtheit der Arten, wie wir ‚Dinge machen' – mehr oder weniger geregelt, mehr oder weniger reflektiert, mehr oder weniger zweckbestimmt. Durch diese gewinnt das Wirkliche Form für jene, die versuchen, es zu denken und zu lenken; zugleich aber konstituieren sie sich selbst dabei als Subjekte, die in der Lage sind, das Wirkliche zu erkennen, zu analysieren und gegebenenfalls zu verändern. Dies sind die ‚Praktiken', verstanden gleichzeitig als Formen des Handelns und des Denkens, die den Schlüssel zum Verständnis der gegenseitigen Konstitution von Subjekt und Objekt geben." ([1984] 1994, S. 702)

Vor diesem Hintergrund überrascht es nicht, dass Foucaults Schrift „Die Ordnung des Diskurses" ebenfalls unterschiedlich aufgenommen und im Kontext seines Denkens lokalisiert wurde.

2   Inhalt des Textes

Anlässlich seines Rufs auf den für ihn persönlich geschaffenen Lehrstuhl für die „Geschichte der Denksysteme" am Collège de France las Foucault am 2. Dezember 1970 seine Antrittsvorlesung. Sie wurde 1972 unter dem Titel „L'ordre du discours" veröffentlicht und kam 1974 auf Deutsch heraus. Biografisch markiert der Vortrag Foucaults Aufstieg in die höchsten akademischen Ränge. Im Blick auf sein Schaffen wurde der Text aber oft marginalisiert und übergangen. Der Fokus lag auf den beiden vorherigen umfangreichen Büchern, „Die Ordnung der Dinge" von 1966 und „Archäologie des Wissens" von 1969, sowie den nachfolgenden Schriften „Überwachen und Strafen", erschienen 1975, sowie „Der Wille zum Wissen" von 1976. Zwischen diesen vermeintlichen beiden Werkphasen der Archäologie und dann der Genealogie erscheint die „Die Ordnung des Diskurses" als bloßer Übergang.

Anders betrachtet kommt in dieser Position dem Text aber auch die Funktion eines entscheidenden Bindeglieds zu. In ihm formuliert Foucaults erstmals die für seine kommenden Arbeiten prägenden Ideen zur Verknüpfung zwischen Diskursen und den in ihnen hervorgebrachten Wissensordnungen mit Machtverhältnissen. Der Text ist damit, so erklärt Sellhoff (2014, S. 67), „der prominente Ort, an dem Foucault nicht nur den Begriff der Genealogie einführt, sondern ferner auch mit dem Konzept des ‚Willens zur Wahrheit' das zentrale Analyseraster der nächsten Jahre präsentiert". In den Worten von Mills (2003, S. 24 f.) markiert „Die Ordnung des Diskurses" den Wandel von einer „analysis of the system of unwritten rules which produces, organises and distributes the ‚statement'" zu einer Untersuchung, „that is more concerned with the workings of power and with describing the ‚history of the present'".

Im Mittelpunkt des Textes steht die Ansicht, dass es zu keiner Machtausübung ohne Gewinnung, Aneignung und Verteilung von Wissen komme und andersherum es kein Wissen ohne entsprechende diskursive Praxis und ihre Kommunikationsformen, Aufzeichnungssysteme und Archive gebe. Machtstrategien sind also ermöglicht und begleitet durch die Formation ‚wahren' Wissens. Dabei ist Wahrheit nicht das „Ensemble der wahren Dinge", wie Foucault (1978) an späterer Stelle schreibt, sondern das „Ensemble der Regeln, nach denen das Wahre vom Falschen geschieden" (S. 53) wird. Bublitz (2003, S. 56) meint dazu: „Was als Wirklichkeit und Wahrheit gilt, ist nicht diskursextern vorgegeben, sondern wird historisch-diskursiv hervorgebracht […] Es handelt sich um eine diskurs-, wirklichkeits- und wahrheitskonstituierende Macht".

An die Stelle der vergleichsweise starren, an strukturalistische Vorstellungen anschließende Konzeption von Diskursformationen, wie sie Foucault in seinen Schriften zur Psychologie und Geisteskrankheit in den 1960er-Jahren herausgearbeitet hatte, tritt nun ein Verständnis von Diskursen als strategischen Kämpfe. Diskurse sind demnach, so bringt es Foucault ([1974] 2002, S. 11) auf den Punkt, zu verstehen

> „[…als Spiele, als *games*, als strategische Spiele aus Handlung und Reaktionen, Fragen und Antworten, Beherrschungsversuchen und Ausweichmanövern, das heißt Kampf. Der Diskurs ist jenes regelmäßige Ensemble, das auf einer Ebene aus sprachlichen Phänomenen und auf einer anderen aus Polemik und Strategien besteht."

Auf diese Weise lenkt Foucault einmal den Blick auf die Interessen und Taktiken, die das Hervorbringen von Diskursen bestimmen. Diskurse sind keine statischen Formationen von Aussagen, sondern werden nunmehr als regulierte und wiederum auf Lebensverhältnisse, Wissensordnungen und Selbstverständnisse regulierend einwirkende Praktiken verstanden. Die semantischen Strukturen von Diskursen, die Muster der in einem Diskurs artikulierten Aussagen, ergeben sich nicht selbstläufig oder unbeabsichtigt. Diskurse sind keine transintentionalen Phänomene dritter Art, die sich jenseits individueller Absichten aus den aggregierten Äußerungen von Diskursakteuren ergeben und deren Ordnung erst nachträglich rekonstruiert werden kann. Stattdessen betont Foucault, dass das Diskursgeschehen sehr wohl geprägt ist von den Bemühungen, Deutungshoheit zu erlangen und präferierte Deutungsmuster durchzusetzen. Gerade weil Diskursen ein bestimmender gesellschaftlicher Einfluss zukommt, da in ihnen das zu einer Zeit legitim Denk- und Sagbare konstituiert wird, sind sie Gegenstand von Kontrollbestrebungen und Machtspielen. Diesen Aspekt, welcher in seinen früheren Überlegungen nur am

Rande Erwähnung fand, hebt Foucault nunmehr in „Die Ordnung des Diskurses"
([1972] 2003, S. 10 f.) besonders hervor:

> „Ich setze voraus, daß in jeder Gesellschaft die Produktion des Diskurses zugleich
> kontrolliert, selektiert, organisiert und kanalisiert wird – und zwar durch gewisse Pro-
> zeduren, deren Aufgabe es ist, die Kräfte und die Gefahren des Diskurses zu bändi-
> gen, sein unberechenbar Ereignishaftes zu bannen, seine schwere und bedrohliche
> Materialität zu umgehen."

Weiter hinten im Text schreibt er (ebd., S. 33) dazu ergänzend:

> „Es hat den Anschein, daß die Verbote, Schranken, Schwellen und Grenzen die Auf-
> gabe haben, das große Wuchern des Diskurses zumindest teilweise zu bändigen, sei-
> nen Reichtum seiner größten Gefahren zu entkleiden und seine Unordnung zu orga-
> nisieren, daß das Unkontrollierbarste vermieden wird."

Auch wenn der Diskurs als soziale Tatsache gelegentlich unscheinbar, „fast ein
Nichts" (ebd., S. 11) zu sein vorgibt, so enthüllen doch gerade die Anstrengungen,
sich seiner zu bemächtigen, dessen Bedeutsamkeit als Ort des Konfliktes „in Verbindung mit dem Begehren und der Macht" (ebd.). Drei Prozeduren der Kontrolle
werden von Foucault unterschieden – (a) Ausschließung, (b) Klassifikations-, An-
ordnungs- und Verteilungsprinzipien sowie (c) Verknappung des Zugangs.

Zu (a). Die Kontrollprozeduren des Ausschließens von Diskurspositionen, den
in einem Diskurs behandelbaren Themen oder den auftretenden Akteuren können
nochmals in verschiedene Formen unterteilt werden, wobei die bekannteste das
Verbot ist. Mit dem Verbot werden Gegenstände für einen Diskurs tabuisiert; es
werden Rituale festgelegt, gemäß derer die diskursive Praxis abzulaufen hat, und
es werden die Rechte der sprechenden Subjekte festgelegt. Eine zweite Form der
Ausschließung stellt für Foucault die Grenzziehung zwischen Bereichen des Sagbaren und Nicht-Sagbaren dar, z. B. zwischen Vernunft und Wahnsinn. Mit ihr
werden – historisch kontingent – in einem Diskurs Bereiche dessen abgegrenzt,
was bedeutsam ist und was unbedeutsam. Die dritte Form des Ausschließens verläuft entlang des Gegensatzes von Wahrem und Falschem. Nach Foucault werde
dem „Willen zur Wahrheit" (ebd., S. 15) zu wenig Aufmerksamkeit geschenkt, sei
er es doch, auf den sich die beiden anderen Formen des Ausschließens, das Verbot
und die Ausgrenzung, zubewegten. Die fast selbstverständliche Ausrichtung hin
zur Wahrheit in den auf rationale Methoden und Wissenserweiterung ausgerichteten Diskurses der modernen Neuzeit ließe die zu Grunde liegende „gewaltige Aus-
schließungsmaschinerie" (ebd., S. 17) nur erschwert erkennen. Der „Wille zur
Wahrheit, der sich uns seit langem aufzwingt, ist so beschaffen, daß die Wahrheit,

die er will, gar nicht anders kann, als ihn zu verschleiern", führt Foucault (ebd.) zu diesem Effekt aus. Indem diskursiv generierte Wahrheiten als gleichsam notwendige, natürliche oder unumgängliche Sachverhalte präsentiert werden, verliert sich ihr Charakter als soziale Konstruktionen.

Zu (b). Die zweite von Foucault erfasste Kontrollprozedur wirkt nicht wie die Formen des Ausschließens quasi extern auf das Diskursgeschehen ein, sondern umfasst diskursimmanente Verfahren. Foucault differenziert wiederum mehrere Formen: Erstens entfaltet sich durch Kommentare ein Diskurs als Wiederholung ähnlicher oder als Serie aufeinander aufbauender Aussagen, indem Primär- durch Sekundärtexte fortgeschrieben werden. Zweitens dient der Verweis auf eine(n) Autor*in dazu, eine Gruppe von Aussagen zu Beiträgen im Sinne eines Œuvres zu fügen. Hierbei hat Foucault zunächst nicht individuelle Autor*innen als sprechende bzw. schreibende Individuen im Sinn, sondern die kulturell und historisch unterschiedlich ausgelegten Verständnisse, was ein€ Autor*in ist, wer als solcher fungieren kann und in welchem Verhältnis ein(e) Autor*in zu Texten steht. Drittens wirkten fachlichen Disziplinen kontrollierend auf Diskurse ein, wenn ein Gegenstandsbereich für ein Fach reklamiert wird bzw. wenn die für ein Fach gültigen Methoden und Instrumente festgelegt werden. Eine Aussage gilt dann als wahr, wenn sie gemäß den gültigen Verfahren konstatiert wurde, wenn sie also, so Foucault (ebd., S. 25), „,den Regeln einer diskursiven ‚Polizei' gehorcht".

Zu (c). Die Verknappung des Zugangs stellt die dritte Form der Kontrolle von Diskursen dar. Während es beim Ausschließen und den Klassifikations-, Anordnungs- bzw. Verteilungsprinzipien um eine Reglementierung der Aussagenproduktion ging, fokussiert Foucault hier auf die Individuen, welche zu einem Diskurs berechtigterweise beitragen: „Verknappung diesmal der sprechenden Subjekte", fasst Foucault (ebd., S. 26) den Punkt zusammen. Wiederum geht es ihm dabei nicht nur um einzelne Individuen, die in einen Diskurs eingreifen können, die gehört werden oder deren Stimme nicht Teil eines Diskurses wird. Darüber hinaus erwähnt er „,Diskursgesellschaften"" (ebd., S. 27), also Gruppierungen von Akteur*innen, die qua Amt, Qualifikation, Reputation etc. in die Lage versetzt sind, an einem Diskurs teilzunehmen. Auch der Stellenwert dieser Befähigungen ist nicht vorweg gegeben, sondern er wird selbst diskursiv bestimmt: „Unterwerfung der sprechenden Subjekte unter die Diskurse und die Unterwerfung der Diskurse unter die Gruppe der sprechenden Individuen" (ebd., S. 29). Die Mitglieder einer Diskursgesellschaft verbindet die Anerkennung derselben als wahr erachteten Aussagen bzw. die Akzeptanz der für einen und in einem Diskurs geltenden Regeln. Individuen nehmen Teil, wenn sie sich und ihre Äußerungen diesen Erfordernissen unterwerfen.

Instruktiv ist an dieser Stelle die Unterscheidung von Keller (2005, S. 211), der in Bezug auf Foucault zwei verschiedene Vorstellungen von Akteur*innen diskutiert. Zum einen sind das die regulierten Positionen und -Rollen der Sprecher*innen, von denen aus legitim in ein Diskursgeschehen eingegriffen werden kann. Zum anderen sind das die in Diskursen selbst erzeugten Subjektpositionen, also die diskursiv geschaffenen Rollen- und Identitätsressourcen, deren sich Akteur*innen bedienen können bzw. in die Akteur*innen eingeordnet werden. Diese Subjektpositionen bedingen das Vermögen von Akteur*innen, selbst aktiv und souverän in einen Diskurs einzutreten.

Insgesamt betrachtet entwirft Foucault in „Die Ordnung des Diskurses" ein Verständnis von Diskursen als dynamisch hervorgebrachte, durch mehrfache, miteinander verwobene Kontrollmechanismen präfigurierte Aussagenzusammenhänge. Eine Untersuchung von Diskursen versucht, aus der Serie an einzelnen Aussageereignissen diskursverbindliche Regelhaftigkeiten abzuleiten, und zugleich unternimmt sie es, die Möglichkeitsbedingungen zu erfassen, unter denen ein Diskurs zustande kommt.

3   Bezug zum Gesamtwerk des Autors

Mit seiner Antrittsvorlesung rückt Foucault den Zusammenhang von Macht und Wissen, oder besser: *Macht/Wissen* oder *pouvoir/savoir*, so die geläufige Formel, in den Mittelpunkt. Den Begriff entwickelt er in den sich an die *leçon inaugural* anschließenden Vorlesungen der Jahre 1971/72 (Foucault [1972] 2005). Statt die Wirkung der Kontrollmechanismen und den damit behaupteten Machtverhältnissen in Diskursen primär als Zwang, Verknappung des Sagbaren und Einschränkung von Äußerungsmöglichkeiten zu begreifen, ändert er im Anschluss an „Die Ordnung des Diskurses" und vor allem in Auseinandersetzung mit dem Strafsystem von Polizei und Gefängnissen die analytische Ausrichtung, um „Macht in ihren positiven Mechanismen zu analysieren" (Foucault [1981a] 2005, S. 224). Die Ausübung von Macht schränkt nicht nur ein, sondern sie ermöglicht Erfahrungen und geht mit der Generierung von Wissen ein. Wissen wiederum existiert nicht „ohne ein Kommunikations-, Aufzeichnungs-, Akkumulations- und Vernetzungssystem, das in sich eine Form von Macht ist" (Foucault [1972] 2005, S. 64). Die Verschränkung von Macht und Wissen bezeichnet Foucault als Macht/Wissen – Diskurse entfalten Machtwirkungen und die Produktion von Diskursen ist mit Machtausübung verflochten (Bublitz 2001).

Anders ausgedrückt: Strategien der Machtausübung sind ermöglicht und begleitet durch Wissensordnungen, deren Gültigkeit und Geltung Gegenstand diskursiver

Auseinandersetzungen sind (Ewald 1978, S. 10). Wahrheit steht somit nie außerhalb von Machtbeziehungen. „Wahrheit selbst ist die Macht", so Foucault (1978, S. 54); sie „ist von dieser Welt" (ebd., S. 51). Die ‚Wahrheit' ist nicht die korrekte Abbildung von Realität und auch nicht das „Ensemble der wahren Dinge", sondern das kontingente „Ensemble der Regeln, nach denen das Wahre vom Falschen geschieden" (ebd., S. 53) wird. Um es zuzuspitzen: Wahrheit ist für Foucault das Produkt von Macht/Wissen-Regimen und Waffe in diskursiven Kämpfen (Foucault [1976] 1989). Ausführlicher stellt es Foucault (1978, S. 51 ff.) so dar:

> „Jede Gesellschaft hat ihre eigene Ordnung der Wahrheit, ihre ‚allgemeine Politik' der Wahrheit: d. h. sie akzeptiert bestimmte Diskurse, die sie als wahre Diskurse funktionieren lässt. […] Die Wahrheit ist zirkulär an Machtsysteme gebunden, die sie produzieren und stützen, und an Machtwirkungen, die von ihr ausgehen und sie reproduzieren."

Indem Foucault Macht und Wissen zueinander in Beziehung setzt, entwirft er eine Machtanalyse, die nicht versucht, Macht ‚an sich' zu untersuchen, sondern die konkreten Bedingungen ihres Ausübens. Macht ist nicht allein die Herrschaft Einzelner oder einer Gruppe über andere. Sie gehört in diesem Sinne niemandem ausschließlich. Im Gegenteil: „Macht funktioniert und wird ausgeübt über eine netzförmige Organisation" (Foucault 1978, S. 82), in der sie zugleich dynamisch angewandt und erfahren wird (O'Farrell 2005; Rouse 1994). Statt fester Hierarchien von Unter- und Überordnung schlägt Foucault ein dynamisches Konzept von Macht als instabiler, revidierbarer, lokaler, im Diskurs produzierter Asymmetrien vor (Lukes 1983). Außerdem lenkt er den Blick auf die konkrete Untersuchung der ‚Mikromechanik der Macht'. Konsequenterweise kommt Foucault ([1976] 1989, S. 93 f.) auf die Idee des Spiels zurück:

> „Unter Macht, scheint mir, ist zunächst zu verstehen: die Vielfältigkeit von Kraftverhältnissen, die ein Gebiet bevölkern und organisieren; das Spiel, das in unaufhörlichen Kämpfen und Auseinandersetzungen diese Kraftverhältnisse verwandelt, verstärkt, verkehrt; […] Macht ist nicht eine Institution, ist nicht eine Struktur, ist nicht eine Mächtigkeit einiger Mächtiger. Die Macht ist der Name, den man einer komplexen strategischen Situation […] gibt."

Für diskursanalytische Ansätze, die sich an Foucaults Vorstellung von Macht/Wissen ausrichten, steht somit die Aufgabe, die diskursive Realisierung von Machtbeziehungen nachzuverfolgen, und dies bis in ihre „‚periphersten' Verzweigungen" (ebd., S. 113).

Im Fortgang seiner Beschäftigung mit Macht/Wissen betrachtet Foucault Disziplinartechnologien, die bestimmend für moderne Gesellschaften seien und grundlegender noch als physische Repression bzw. ideologische Manipulation Wahrnehmungsformen und Gewohnheiten konstituieren. Subjekte sind so gesehen komplexe Maschinen, deren Fähigkeiten unterworfen und zugleich gesteigert werden. In den der Gouvernementalität gewidmeten Arbeiten (2000a, 2000b) unterscheidet er somit drei Ebenen der Machtausübung: erstens die fundamentalen, in sozialen Beziehungen ubiquitären, mikrophysikalischen Machtbeziehungen als „strategische Spiele zwischen Freiheiten" ([1984] 2005, S. 298), zweitens die Regierungstechnologien als mehr oder weniger systemische, aber nie vollkommene Formen der Leitung und Steuerung ([1981a] 2005, [1981b] 2005), und drittens Herrschaftszustände als dauerhaft fixierte Machtbeziehungen, das, „was man üblicherweise Macht nennt" ([1984] 2005, S. 298). Unter Gouvernementalität selbst versteht Foucault (2000a) neben einer allgemeinen Tendenz zur ‚Regierung' als Machtform und dem Resultat des historischen Prozesses hin zum Verwaltungsstaat die Gesamtheit der Anweisungen, Reflexionen und Analysen, die der Regierung dienen (Burchell et al. 1991; Lemke et al. 2000). Seine letzten Schriften wiederum kreisen um moralische Fragen und die ‚Sorge um sich'. Foucault konzentriert sich hier auf die Verbindung von Herrschaft und den Praktiken der Selbstregulierung, d. h., wie Lemke (2005, S. 343) schreibt, „wie Subjekte sich selbst und andere regieren, zugleich unterworfen werden und sich als Selbst formieren".

4   Wirkungsgeschichte und Kritik

In der Kommunikationswissenschaft wurden Foucaults diskurs- und machtanalytische Studien sehr uneinheitlich aufgegriffen (Fraas und Pentzold 2015; Meier und Pentzold 2014; Pentzold 2019). Es gibt keinen deutlich identifizierbare Rezeptionstradition, sondern eher eine Reihe von Anläufen, sich im Anschluss an Foucault mit der öffentlichen Formulierung und Auseinandersetzung um Wissensordnungen, des Zusammenwirkens von kulturellen Bedeutungen, der Formierung von Kollektiven und Identitätsprozessen sowie der Verknüpfung von kultureller Sinnstiftung und gesellschaftlicher Hegemonie zu befassen. Die Vielzahl und Unterschiedlichkeit an Zugängen haben mindestens zwei Gründe. Zum einen liegt es an der bereits angedeuteten Unübersichtlichkeit und Heterogenität von Foucaults intellektuellem Schaffen, das kein geschlossenes Werk bildet oder klar in Rubriken einzuteilen ist. Vielmehr werden seine Texte oft als „Werkzeugkisten", so der von Foucault (1976, S. 53) gemachte Vergleich, selektiv wahrgenommen. Zum anderen vereint das Fach Kommunikationswissenschaft selbst sehr disparate Forschungsfelder, konzeptuelle Paradigmen und Orientierungen, die in andere Disziplinen aus dem sozial-, human-, geistes- und kulturwissenschaftlichen Spektrum verweisen.

4.1 Diskurstheorie und Diskursanalyse in der Kommunikationswissenschaft

Es existiert kein geteiltes kommunikationswissenschaftliches Verständnis, was unter ‚Diskursen' zu verstehen ist. „There is a conspicuous lack of agreement on definitions of both discourse and text", so Garrett und Bells (1998, S. 2) nach mehr als zwanzig Jahre immer noch gültiges Resümee. Positiver gewendet könnte gesagt werden, dass in der Kommunikationswissenschaft auch hinsichtlich des Diskursbegriffs verschiedene Referenzen aufgegriffen und verarbeitet werden. Dies zeigt sich beispielhaft in Cobleys (2008, S. 1346) Eintrag zu ‚Diskurs' in der „International Encyclopedia of Communication". Allgemein wird dort Diskurs verstanden als „any extented verbal communication". Daran anschließend wird auf zwei Traditionen verwiesen, um Diskurse zu konzeptualisieren. Zum einen ist dies die mit Ferdinand de Saussure einsetzende sprachwissenschaftliche Beschäftigung mit Texten und Textzusammenhängen „beyond individual signs and sentences". Zum anderen ist es die mit Foucault verbundene Untersuchung der Umstände und kulturellen Verstrickungen von Diskursen: „discourse has a rhetorical purpose, constituting speakers and hearers as ingroups and outgroups, while simultaneously delimiting those social fields to which reference can legitimately be made" (ebd., S. 1348).

Diskursanalyse als methodisches Vorgehen wird in der Kommunikationswissenschaft wiederum häufig als ein nicht-standardisiertes Verfahren der Medieninhaltsanalyse verstanden, wobei ihr Schwerpunkt in der Beschäftigung mit den Entstehungskontexten von Diskursen und ihren sozio-politischen Implikationen gesehen wird (Krippendorff 2004, S. 16; Scheufele 2008). Die Diskursanalyse steht damit für ein Verfahren, in dem semantische Muster nicht nur beschreibend erfasst werden, sondern das auch darauf abzielt, die sich darin ausdrückenden Machtwirkungen und ideologischen Reflexe aufzudecken und zu kritisieren. Ihre Hauptaufgabe läge also darin, „to examine and interpret discourse devices in terms of social hierarchies", wie Scheufele (2008, S. 1325) meint. Solche Instrumente sind in dieser Lesart einer Foucault-inspirierten Diskursanalyse Argumentationsmuster, Metaphern oder Neologismen, in denen Diskursformationen und Dominanzverhältnisse zum Ausdruck kämen (Bonfadelli 2002; Philo 2007; Smith und Bell 2007).

Angemerkt sei, dass gerade in der deutschsprachigen Kommunikationswissenschaft über diese Referenzen hinaus ein weiterer Diskursbegriff genutzt wird. Er geht zurück auf das Diskursmodell von Habermas (1992, S. 4346), der Öffentlichkeit versteht als „Netzwerk für die Kommunikation von Inhalten und Stellungnahmen, also von Meinungen". In ihrer Idealform ermöglicht Öffentlichkeit, so

gesehen, den Austausch von Meinungen. Diese erfolge dann diskursiv, wenn Bürger*innen chancengleich an öffentlicher Willensbildung teilnehmen können, oder
wie Müller-Doohm (2008, S. 59) erklärt: „Diskursivität ist wiederum Sinn und
Zweck der kommunikativ sich herstellenden Öffentlichkeit."

Foucaults Überlegungen haben in der englisch- und deutschsprachigen Kommunikationswissenschaft insbesondere dort Anklang gefunden, wo ein kritisches
Verständnis von Medienanalyse, kultureller Produktion und alltäglicher kommunikativer Aneignung vorherrschte (Chaput 2018; Chouliaraki 2016; Thomas 2009;
zur Rezeption in der Medienwissenschaft vgl. Parr und Thiele 2014). In diesen
Forschungszweigen wurden die Foucaultsche Begriffe häufig vermittels der Beschäftigung mit den Cultural Studies eingeführt und im Blick auf Medientechnologien und Kommunikationsprozesse adaptiert (Hartley 2002; Kendall und Wickham
1999; McCoy 1988).

4.2   Die Foucault-Rezeption in den Cultural Studies

Die Cultural Studies sind, wie Hepp (2010, S. 10) sie definiert, ein „interdisziplinärer Ansatz der Kulturanalyse, der insbesondere auf eine Beschäftigung mit All-
tagspraktiken, alltäglichen kulturellen Konflikten und Fragen der soziokulturellen
Macht zielt." Gemäß ihrem Interesse an den Prozessen der Produktion, Zirkulation
und Aneignung von Deutungsangeboten liegt es nahe, auf Foucaults Beschäftigung
mit Diskursen als Macht/Wissen-Komplexen zurückzugreifen (Keller 2005,
S. 163–170). Gleichwohl bedeutet die augenscheinliche Kongruenz zwischen den
Anliegen Foucaults und den Cultural Studies nicht, dass sein Werk hier umfassend
aufgenommen wurde. So zitiert Thomas (2009, S. 58) den Hinweis von Bennett
(1998, S. 63), der eine verkürzte und damit um ihr kritisches Potenzial gebrachte
Foucault-Rezeption innerhalb der Cultural Studies bemängelte. Er monierte, dass
„Foucault was admitted into the cultural studies roll-call only on the condition that
he brought no troublesome Foucaultian arguments with him. The role accorded his
work was not that of reformulating received problems so much as being tagged on
to arguments framed by the very formulations he questioned […]. Quoted extensi-
vely, he was used very little". Konsequenterweise stellt Thomas (2009) die Frage,
ob Foucaults Arbeiten sich als Schlüsselwerke der Cultural Studies eignen – ganz
zu schweigen von der Kommunikationswissenschaft allgemein. Indessen erwies
sich die Adaption der von Foucault übernommenen Begrifflichkeiten gerade deshalb als fruchtbar, weil sie entlang bestehender Ideen und Interessen erfolgte und
keine werkgetreue Exegese beinhaltete. Dazu erklären Kendall und Wickham
(2001, S. 18): „while the Foucault taken up by Cultural Studies is one we barely

recognise, what is important is the effectivity that this (largely imaginary) Foucault had on the discipline."

Einen großen Einfluss auf die Beschäftigung mit Foucault in den Cultural Studies hatte Stuart Halls (1999, S. 37) Lesart, wonach der Rückgriff auf Foucault es möglich mache, einen Schritt zu tun in Richtung einer „radikalen Neuzentrierung des gesamten Bereichs der Cultural Studies um die Begriffe ‚Diskurs' und ‚Subjekt'". Foucault inspiriere, so Hall (ebd.) weiter, eine Rückkehr zur „konkreten Analyse besonderer ideologischer und diskursiver Formationen sowie zu ihrer sorgfältigen Ausarbeitung". Wenn Kultur, wie Hall vorschlägt, entlang der fortlaufenden Artikulation von symbolischen Ordnungen und materialen Verfügungsgewalten entsteht, dann sind Diskurse die zentralen Instanzen der damit integral verbundenen Bedeutungsproduktion. In Anlehnung an Foucault erklärt Hall (1997a, S. 6): „Discourses are ways of referring to or constructing knowledge about a particular topic of practice". Dabei geht es ihm nicht allein um die Beschreibung von Diskursmustern, sondern um die auch in „Die Ordnung des Diskurses" gemachten Feststellung, dass sich in und vermittels diskursiver Praktiken Kämpfe um korrekte, verbindliche und letztlich als wahr erachtete Deutungen abspielen. Diskursive Praktiken erzeugen Wahrheiten als geltendes Wissen, Übereinkünfte und Selbstverständlichkeiten, also Wissensordnungen. Jede diskursive Praktik, so Hall (1997b, S. 44), „‚rules in' certain ways of talking about a topic, defining an acceptable and intelligible way to talk, write or conduct oneself" und „‚rules out', limits, and restricts other ways of talking, or conducting ourselves in relation to the topic or constructing knowledge about it." Mit dem Hinweis, dass diskursiv nicht nur das Sagbare kontrolliert wird, sondern auch die akzeptablen Formen der Lebensführung und Handlungsweisen Teil des Macht/Wissen-Komplexes sind, nutzt Hall zudem Foucaults Überlegung zur Konstitution von Individuen als Subjekte. Identitäten sind demnach weder biografischen Konstanten noch müssen sie verbindlich über Alterskohorten, *peer groups* oder Familienbande geteilt werden. Stattdessen formieren sich Identitätsbezüge im Verhältnis zur Positionierung als Sprechende in einem Diskurs und den in einem Diskurs eröffneten Subjektpositionen. Dies sind nicht naturgegeben oder essenziell, sondern politisch und damit historisch wandelbar und zu jedem Zeitpunkt kontingent. Dazu Hall (1994, S. 30): „kulturelle Identitäten sind die instabilen Identifikationspunkte oder Nahtstellen, die innerhalb der Diskurse über Geschichte und Kultur gebildet werden. Kein Wesen, sondern eine Positionierung". Die Prozesse des Bezugnehmens auf häufig medial vermittelten Identifikationsressourcen statt fixer Identitäten, wie sie Hall umreißt, bilden einen Schwerpunkt der in den Cultural Studies betriebenen bzw. von ihnen inspirierten Aneignungsforschung (Hepp 2015).

Einen weiteren Zugang zu Foucaults Machtkonzept erschließt Fiske (1994) für die Cultural Studies. Die Ausübung von kultureller Deutungsmacht wird von ihm nicht auf feste Dominanzstrukturen und Einflussgefälle reduziert, sondern Machtbeziehungen sind dynamisch und sie realisieren sich im Spannungsverhältnis von Strategien, die Bedeutungssysteme zu beherrschen, und gegenläufigen Taktiken, dieser Unterordnung zu widerstehen. Das Ausüben von Macht findet als sowohl ‚von oben' wie ‚von unten' statt, wobei Fiske die Kulturindustrie der Massenmedien mit ihren Produktions- und Distributionseinrichtungen oben, die Populärkultur der Medienrezipient*innen unten verortet. Diese sind aber nicht den Deutungsangeboten, wie sie etwa durch das Fernsehen oder die Presse vermittelt werden, ausgeliefert, sondern das Publikum hat die Möglichkeit, massenmediale Inhalte und Formate eigensinnig zu konsumieren, umzudeuten oder mit anderen Texten zu kombinieren bzw. weiter zu entwickeln. Ermöglicht werde die aktive und widerständige Aneignung dadurch, dass die von Massenmedien hergestellten und verbreiteten Erzeugnisse nicht in der Lage sind, die Interpretation der in ihnen angelegten Deutungen und Verstehungsvorschlägen vollständig zu kontrollieren. Sie können nicht verhindern, in der unüberschaubaren Vielfalt an Rezeptionskontexten mehrdeutig aufgefasst zu werden. Ein solcher polysemer, produzierbarer bzw. populärer Text hat, wie Fiske ([1989] 2008, S. 42) schreibt, „lose Enden, die sich seiner Kontrolle entziehen, sein Bedeutungspotenzial übertrifft seine eigene Fähigkeit, dieses zu disziplinieren, seine Lücken sind groß genug, um ganze neue Texte in diesen entstehen zu lassen – er befindet sich, im ureigensten Sinne des Wortes, jenseits seiner eigenen Kontrolle." Das populäre Vergnügen im Umgang mit diesen Texten erwächst aus dem Erleben, alternative, dem eigenen Erleben und der eigenen Weltsicht gemäße Bedeutungen einzubringen und somit den Disziplinierungsversuchen gesellschaftlicher Institutionen zu widerstehen (Mikos 2015; Winter 2001). „Populäre Vergnügen" so Fiske (1993, S. 82), „sind diejenigen der Unterdrückten, sie beinhalten Elemente des Oppositionellen, Ausweichenden, Skandalhaften, Offensiven, Vulgären, Widerständigen."

4.3 Medienanalyse und Kommunikationsforschung nach Foucault

Foucaults Überlegungen zu Diskursen als regulierten und regulierenden Praktiken gesellschaftlicher Wissenserzeugung wird von Studien aufgegriffen, die sich mit der medialen Generierung, Verbreitung und Durchsetzung von Bedeutungen beschäftigten. Das Augenmerk liegt auf medialen Formaten, den von ihnen transportierten Darstellungen und darin zum Ausdruck kommenden Sinnordnungen. Die

Rekonstruktion von massenmedial, also in Zeitungen, Zeitschriften, in Radio und Fernsehen, geführten Diskursen wird dabei in Beziehung gesetzt zu weiterreichenden, kulturell sehr unterschiedlich geprägten Prozessen der Identitätsbildung, der Positionierung von Subjekten in einem Diskurs und der Herausbildung hegemonialer Machtstrukturen (Andrejevic 2008; Barker und Galasiński 2001).

Bei der Bestimmung der Regeln, denen ein Diskurs unterliegt und die durch ihn auch wiederum realisiert werden, setzen sich entsprechende Arbeiten mit den ökonomischen und ideologischen Systemen auseinander, in denen Medientexte produziert und verbreitet werden. Hier wurde auch das Konzept des Dispositivs aufgegriffen, um die umfangreichen technologischen und institutionellen Voraussetzungen der Schaffung und Verbreitung von Medien zu beschreiben (Dorer 2008). Zugleich diente Foucaults Diskurstheorie als wichtige Referenz für alle Studien, die sich kritisch mit Vorstellungen von Ethnie, Klasse oder Geschlecht auseinandersetzten und erläuterten, wie diese sozialen Kategorien ebenfalls erst in entsprechenden, häufig medial geführten Diskursen ausgebildet werden (Gilroy 2000; McRobbie 2008).

Foucaults Beschäftigung mit der Verbindung von diskursiven Praktiken, dem Herstellen von Machtbeziehungen und dem Generieren geteilten, als wahr erachteten Wissens wurden aufgegriffen, um starre Einflussgefälle zwischen Medienproduzenten und Publika zu kritisieren. In den Studien alltäglicher kommunikativer Aneignung zeigte sich, dass Mediennutzer*innen kreativ und eigenwillig mit Medienangeboten umgehen und es zum medialen Vergnügen gehören kann, die darin weitergegebenen Vorstellungen, was als normal oder sozial akzeptabel zu gelten hat, gegen den Strich zu bürsten. Entgegen einseitiger Dominanzverhältnisse und vorgegebener Lesarten entwickeln Medienrezipient*innen Taktiken des widerständigen Umgangs mit medialen Technologien und Inhalten, die sie sich im Kontext ihrer Lebenswirklichkeit und Erfahrungen zu Eigen machen (Fenton 2008). Diese Ermächtigung ist indessen kein bloßer Widerstand gegen medienkommunikative Verhältnisse oder eine Ablehnung aller Arten von Medienangeboten. Vielmehr haben Mediennutzer*innen selbst Anteil an kultureller Reproduktion bzw. werden sie darin mehr oder minder willentlich und aktiv einbezogen (Grossberg 1996). Gerade digitale vernetzte Kommunikationstechnologien eröffnen und begrenzen so Möglichkeiten der Persönlichkeitsdarstellung, des kreativen Arbeitens, des Vernetzens mit anderen und der Informationssuche. Doch auch massenmediale Programme dienen als Ressourcen für Identitätsarbeit und dem Gestalten von Lebensweisen und Beziehungsformen.

Schließlich sind Foucaults Ideen zur Überwachung und Selbstkontrolle wichtige Referenzen für alle Forschungsrichtungen, die sich mit der omnipräsenten medialen Durchdringung, Aufzeichnung und Auswertung modernen Lebens beschäftigen. Im Zuge dessen wurden besonders Reality-TV Formate wie Big Brother und der dortigen permanenten Publikumspräsentation untersucht (Bernhold 2002; Bratich 2006). Auch wurden die zahlreichen Casting-, Coaching- und Makeover-Formate kritisch analysiert und erörtert, welche Subjektvorstellungen (zum Beispiel als Celebrity) und normative Erwartungen der Lebensführung (zum Beispiel als *self-made entrepreneur*) darin propagiert werden (Ouellette und Hay 2008; Stauff 2005; Stehling 2015). Die Idee des Panoptikums bietet zudem im Hinblick auf digitale vernetzte Medien eine hilfreiche Metapher, um die vielfältigen Kontrollszenarien zu beschreiben und zu kritisieren, wie sie nunmehr datenbasiert implementiert wurden. Dabei kommen neben der massenhaften Überwachung durch staatliche Agenturen auch die Monitoringaktivitäten privatwirtschaftlich betriebener Plattformen wie Google, Amazon oder Instagram in den Fokus. Um den hier erfolgenden Wandel der Beobachtungsverhältnisse auch begrifflich zu reflektieren, schlägt Van Dijck (2014) den Begriff der *dataveillance* vor. Diese Neujustierung eines an Foucault geschulten Verständnisses der Machtbeziehungen und Diskurskräfte verdeutlichen auch die terminologischen Neuschöpfungen von *synopticon, ban-opticon, nonopticon, superpanopticon,* oder *omniopticon* (Bossewich und Sinnreich 2012).

Literatur

Andersen, N.Å. (2003). *Discursive Analytical Strategies. Understanding Foucault, Koselleck, Laclau, Luhmann.* Bristol: Policy Press.
Andrejevic, M. (2008). Power, Knowledge, and Governance. Foucault's Relevance to Journalism Studies. *Journalism Studies, 9*(4), 605–614.
Barker, C., & Galasiński, D. (2001). *Cultural Studies and Discourse Analysis: A Dialogue on Language and Identity.* London et al.: Sage.
Bennett, T. (1998). *Culture. A Reformer's Science.* London, Thousand Oaks, New Delhi: Sage.
Bernhold, M. (2002). Teleauthentifizierung: Fernseh-Familien, Geschlechterordnung und Reality-TV. In J. Dorer & B. Geiger (Hrsg.), *Feministische Kommunikations- und Medienwissenschaft. Ansätze, Befunde und Perspektiven der aktuellen Entwicklung* (S. 216–234). Wiesbaden: VS.
Bonfadelli, H. (2002). *Medieninhaltsforschung: Grundlagen, Methoden, Anwendungen.* Konstanz: UVK
Bossewich, J., & Sinnreich, A. (2012). Strategic agency beyond the panopticon. *New Media & Society, 15*(2), 224–242.
Bratich, Z. (2006). "Nothing Is Left Alone for Too Long": Reality Programming and Control Society. *Journal of Communication Inquiry, 30*(1), 65–83.
Bublitz, H. (2001). Archäologie und Genealogie. In M. S. Kleiner (Hrsg.), *Michel Foucault. Eine Einführung in sein Denken* (S. 27–39). Frankfurt a.M., New York: Campus.
Bublitz, H. (2003). *Diskurs.* Bielefeld: transcript.

Burchell, G., Gordon, C., & Miller, P. (Hrsg.). (1991). *The Foucault Effect. Studies in Governmentality. With Two Lectures by and an Interview with Michel Foucault.* London et al.: Harvester Wheatsheaf.

Chaput, C. (2018). Michel Foucault and Communication Studies. In *Oxford Research Encyclopedia of Communication.* Abgerufen am: 27 November 2020. https://oxfordre.com/communication/view/10.1093/acrefore/9780190228613.001.0001/acrefore-9780190228613-e-584.

Chouliaraki, L. (2016). Michael Foucault. In *The International Encyclopedia of Communication Theory and Philosophy.* Abgerufen am: 27 November 2020. https://doi.org/10.1002/9781118766804.wbiect236

Cobley, P. (2008). Discourse. In W. Donsbach (Hrsg.), *International Encyclopedia of Communication* (S. 1346–1350). Oxford: Blackwell.

Deleuze, G. (1987). *Foucault.* Frankfurt a.M.: Suhrkamp.

Dorer, J. (2008). Das Internet und die Genealogie des Kommunikationsdispositivs. Ein medienhistorischer Ansatz nach Foucault. In A. Hepp & R. Winter (Hrsg.), *Kultur – Medien – Macht* (S. 353–367). Wiesbaden: VS.

Dreyfus, H.L., & Rabinow, P. (1987). *Michel Foucault. Jenseits von Strukturalismus und Hermeneutik.* Weinheim: Beltz Athenäum.

Ewald, F. (1978). Foucault – Ein vagabundierendes Denken. In M. Foucault, *Über Sexualität, Wissen und Wahrheit* (S. 7–20). Berlin: Merve.

Fenton, N. (2008). Mediating Hope. New Media, Politics and Resistance. *International Journal of Cultural Studies, 11*(2), 230–248.

Fink-Eitel, H. (1992). *Foucault zur Einführung.* 2. Aufl. Hamburg: Junius.

Fiske, J. (1993). Populärkultur: Erfahrungshorizont im 20. Jahrhundert. Ein Gespräch mit John Fiske. *Montage/AV, 2*(1), 5–18.

Fiske, J. (1994). *Media Matters. Everyday Culture and Political Change.* Minneapolis, London: University of Minnesota Press.

Fiske, J. ([1989] 2008). Populäre Texte, Sprache und Alltagskultur. In A. Hepp & R. Winter (Hrsg.), *Kultur – Medien – Macht. Cultural Studies und Medienanalyse* (S. 41–60). Wiesbaden: VS.

Foucault, M. ([1969] 1973). *Archäologie des Wissens.* Frankfurt a.M.: Suhrkamp.

Foucault, M. ([1972] 2003). *Die Ordnung des Diskurses.* 9. Aufl. Frankfurt a.M.: Fischer.

Foucault, M. ([1972] 2005). Theorien und Institutionen des Strafvollzugs. In Ders., *Analytik der Macht. Hgg. v. D. Defert u. F. Ewald* (S. 64–68). Frankfurt a.M.: Suhrkamp.

Foucault, M. ([1974] 2002). *Die Wahrheit und die juristischen Formen. Mit einem Nachwort von M. Saar.* Frankfurt a.M.: Suhrkamp.

Foucault, M. ([1976] 1989). *Sexualität und Wahrheit. Bd. 1: Der Wille zum Wissen.* Frankfurt a.M.: Suhrkamp.

Foucault, M. (1976). *Mikrophysik der Macht. Über Strafjustiz, Psychiatrie und Medizin.* Berlin: Merve.

Foucault, M. (1978). *Wahrheit und Macht. Interview mit A. Fontana u. P. Pasquino.* In Ders., *Über Sexualität, Wissen und Wahrheit* (S. 21–54). Berlin: Merve.

Foucault, M. ([1981a] 2005). Die Maschen der Macht. In Ders., *Analytik der Macht. Hgg. v. D. Defert u. F. Ewald* (S. 220–239). Frankfurt a.M.: Suhrkamp.

Foucault, M. ([1981b] 2005). Subjektivität und Wahrheit. In Ders., *Schriften in vier Bänden. Dits et Ecrits. Bd. 4* (S. 258–264). Frankfurt a. M.: Suhrkamp.

Foucault, M. ([1984] 1994). Autobiographie. *Deutsche Zeitschrift für Philosophie, 42*(4), 699–702.

Foucault, M. ([1984] 2005). Die Ethik der Sorge um sich als Praxis der Freiheit. Ders., *Analytik der Macht. Hgg. v. D. Defert u. F. Ewald* (S. 274–300). Frankfurt a. M.:Suhrkamp.

Foucault, M. (2000a). Die Gouvernementalität. In U. Bröckling, S. Krasmann & T. Lemke (Hrsg.), *Gouvernementalität der Gegenwart. Studie zur Ökonomisierung des Sozialen* (S. 41–67). Frankfurt a.M.: Suhrkamp.

Foucault, M. (2000b). Staatsphobie. In U. Bröckling, S. Krasmann & T. Lemke (Hrsg.), *Gouvernementalität der Gegenwart. Studie zur Ökonomisierung des Sozialen* (S. 68–71). Frankfurt a.M.: Suhrkamp.

Fraas, C., & Pentzold, C. (2015). Diskursanalyse. In S. Averbeck-Lietz & M. Meyen (Hrsg.), *Handbuch nicht-standardisierte Methoden in der Kommunikationswissenschaft* (S. 227–240). Wiesbaden: Springer VS.

Garrett, P, & Bell, A. (1998). Media and Discourse: A Critical Overview. In Bell & P. Garrett (Hrsg.), *Approaches to Media Discourse* (S. 1–20). Oxford: Blackwell.

Gehring, P. (2004). *Foucault – Die Philosophie im Archiv*. Frankfurt a.M., New York: Campus.

Gilroy, P. (2000). *Against Race: Imagining Political Culture Beyond the Color Line*. Cambridge/MA: Harvard University Press.

Grossberg, L. (1996). Identity and Cultural Studies – Is That All There Is? In S. Hall, S. & P. du Gay (Hrsg.), *Questions of Cultural Identity* (S. 87–107). London, Thousand Oaks, New Delhi: Sage.

Habermas, J. (1992). *Faktizität und Geltung: Beiträge zur Diskurstheorie des Rechts und des demokratischen Rechtsstaats*. Frankfurt a.M.: Suhrkamp

Hall, S. (1994). *Rassismus und kulturelle Identität. Ausgewählte Schriften 2*. Hamburg, Berlin: Argument.

Hall, S. (1997a). Introduction. In S. Hall (Hrsg.), *Representation: Cultural Representations and Signifying Practices* (S. 1–12). London et al.: Sage.

Hall, S. (1997b). The Work of Representation. In S. Hall (Hrsg.), *Representation: Cultural Representations and Signifying Practices* (S. 13–74). London et al.: Sage.

Hall, S. (1999). Die zwei Paradigmen der Cultural Studies. In K.-H. Hörning & R. Winter (Hrsg.), *Widerspenstige Kulturen* (S. 13–42). Frankfurt a.M.: Suhrkamp.

Halperin, D.M. (1995). *Saint Foucault: Towards a Gay Hagiography*. Oxford: Oxford University Press.

Hartley, J. (2002). Discourse. In J. Hartley (Hrsg.), *Communication, Cultural, and Media Studies* (S. 73–75). London: Routledge.

Hepp, Andreas (2010). *Cultural Studies und Medienanalyse. Eine Einführung*. 3. Auflage. Wiesbaden: VS

Hepp, A. (2015). Überblicksartikel: Identität und Subjekt. In A. Hepp, F. Krotz, S. Lingenberg, & J. Wimmer (Hrsg.), *Handbuch Cultural Studies und Medienanalyse* (S. 259–264). Wiesbaden: SpringerVS.

Honneth, A., & Saar, M. (Hrsg.). (2001). *Michel Foucault. Zwischenbilanz einer Rezeption*. Frankfurt a.M.: Suhrkamp.

Kammler, C. (1986). *Michel Foucault. Eine kritische Analyse seines Werkes*. Bonn: Bouvier.

Kammler, C. (2014). Einführung: Konzeptualisierung der Werke Foucaults. In C. Kammler, R. Parr, & U. J. Schneider (Hrsg.), *Foucault Handbuch* (S. 9–11). Stuttgart, Weimar: J.B. Metzler.

Keller, R. (2005). *Wissenssoziologische Diskursanalyse. Grundlegung eines Forschungsprogramms.* Wiesbaden: VS.

Kendall, G., & Wickham, G. (1999). *Using Foucault's Methods.* London, Thousand Oaks, New Delhi: Sage.

Kendall, G., & Wickham, G. (2001). *Understanding Culture.* London, Thousand Oaks, New Delhi: Sage.

Krippendorff, K. (2004). *Content Analysis: An Introduction to Its Methodology.* Thousand Oaks: Sage

Lemke, T. (2005). Geschichte und Erfahrung. Michel Foucault und die Spuren der Macht. In M. Foucault, *Analytik der Macht. Hgg. v. Daniel Defert u. François Ewald* (S. 317–348). Frankfurt a.M.: Suhrkamp.

Lemke, T., Krasmann, S., & Bröckling, U. (2000). Gouvernementalität, Neoliberalismus und Selbsttechnologien. In T. Lemke, S. Krasmann & U. Bröckling (Hrsg.), *Gouvernementalität der Gegenwart. Studie zur Ökonomisierung des Sozialen* (S. 7–40). Frankfurt a.M.: Suhrkamp.

Lukes, S. (1983). Macht und Herrschaft bei Weber, Marx, Foucault. In J. Matthes (Hrsg.), *Krise der Arbeitsgesellschaft? Verhandlungen des 21. Deutschen Soziologentages in Bamberg* (S. 106–119). Frankfurt a.M., New York: Campus.

Macey, D. (1993). *The Lives of Michel Foucault.* London: Verso.

McCoy, T. (1988). Hegemony, Power, Media. *Communications, 14*(3), 71–90.

McRobbie, A. (2008). *The Aftermath of Feminism.* London et al.: Sage.

Maset, M. (2002). *Diskurs, Macht und Geschichte. Foucaults Analysetechniken und die Historische Forschung.* Frankfurt a.M., New York: Campus.

Meier, S., & Pentzold, C. (2014). Diskurs in den Kommunikations- und Medienwissenschaften. In J. Angermüller, E. Herschinger, M. Nonhoff, F. Macgilchrist, M. Reisigl, J. Wedl, D. Wrana & A. Ziem (Hrsg.), *Kompendium Interdisziplinäre Diskursforschung* (S. 118–129). Bielefeld: transcript.

Mikos, L. (2015). Vergnügen. In A. Hepp, F. Krotz, S. Lingenberg, & J. Wimmer (Hrsg.), *Handbuch Cultural Studies und Medienanalyse* (S. 219–226). Wiesbaden: SpringerVS.

Mills, S. (2003). *Michel Foucault.* London, New York: Routledge.

Müller-Doohm, S. (2008). Von der Kulturindustrieanalyse zur Idee partizipativer Öffentlichkeit. Reflexionsstufen kritischer Medientheorie. In C. Winter, A. Hepp & F. Krotz (Hrsg.), *Theorien der Kommunikations- und Medienwissenschaft. Grundlegende Diskussionen, Forschungsfelder und Theorieentwicklungen* (S. 49–64). Wiesbaden: VS.

O'Farrell, C. (2005). *Michel Foucault.* London, Thousand Oaks, New Delhi: Sage.

Ouellette, L., & /Hay, J. (2008). *Better Living through Reality TV. Television and Postwelfare Citizenship.* Malden: Blackwell.

Parr, R., & Thiele, M. (2014). Medienwissenschaften. In C. Kammler, R. Parr, & U. J. Schneider (Hrsg.), *Foucault Handbuch* (S. 346–358). Stuttgart, Weimar: J.B. Metzler.

Pentzold, C. (2019). Diskursmuster – Diskurspraktiken. Analytische Perspektiven für die kommunikationswissenschaftliche Diskursanalyse. In C. Lohmeier & T. Wiedemann (Hrsg.), *Diskursanalyse für die Kommunikationswissenschaft* (S. 19–34). Wiesbaden: SpringerVS.

Philo, G. (2007). News Content Studies, Media Group Methods and Discourse Analysis: A Comparison of Approaches. In E. Devereux (Hrsg.), *Media Studies. Key Issues and Debates* (S. 101–133). Los Angeles et al.: Sage.

Rouse, J. (1994). Power/Knowledge. In G. Gutting (Hrsg.), *The Cambridge Companion to Foucault* (S. 92–114). Cambridge: Cambridge University Press.

Scheufele, B. (2008). Discourse Analysis. In W. Donsbach (Hrsg.), *International Encyclopedia of Communication* (S. 1351–1353). Oxford: Blackwell.

Schneider, U. J. (2004). *Michel Foucault*. Darmstadt: Primus.

Sellhoff, M. (2014). Die Ordnung des Diskurses. In C. Kammler, R. Parr, & U. J. Schneider (Hrsg.), *Foucault Handbuch* (S. 62–68). Stuttgart, Weimar: J.B. Metzler.

Smith, P., & Bell, A. (2007). Unravelling the Web of Discourse Analysis. In E. Devereux (Hrsg.), *Media Studies. Key Issues and Debates* (S. 78–100). Los Angeles: Sage.

Stauff, M. (2005). *Das neue Fernsehen: Machtanalyse, Gouvernementalität und digitale Medien*. Münster: Lit.

Stehling, M. (2015). *Die Aneignung von Fernsehformaten im transkulturellen Vergleich*. Wiesbaden: SpringerVS.

Thomas, T. (2009). Michel Foucault: Diskurs, Macht und Subjekt. In A. Hepp, F. Krotz & T. Thomas (Hrsg.), *Schlüsselwerke der Cultural Studies* (S. 58–71). Wiesbaden: VS.

Van Dijck, J. (2014). Datafication, Dataism and Dataveillance: Big Data Between Scientific Paradigm and Ideology. *Surveillance & Society, 12*(2), 197–208.

Waldenfels, B. (2003). Kraftproben des Foucaultschen Denkens. *Philosophische Rundschau, 50*, 1–26.

Winter, R. (2001). *Kunst des Eigensinns*. Weilerswist: Velbrück Wissenschaft.

Die feinen Unterschiede, Über das Fernsehen

Von Pierre Bourdieu (1979), (1996)

Christian Rudeloff

Zusammenfassung

Im Folgenden wird auf Basis der Texte „Die feinen Unterschiede" und „Über das Fernsehen" der Beitrag Bourdieus für die Kommunikationswissenschaft diskutiert. In den beiden Werken thematisiert Bourdieu zum einen soziale Ungleichheiten in der Mediennutzung, zum anderen die Rolle von Machtpositionen für die journalistische Medienproduktion. Zwar beschäftigt sich Bourdieu insgesamt nur am Rande mit kommunikationswissenschaftlichen Fragestellungen, dennoch werden die für seine Sozial- und Gesellschaftstheorie zentralen Begriffe Feld, Habitus und Kapital in der Kommunikationswissenschaft bis heute intensiv rezipiert. In Bezug auf Fragen der digitalen Gesellschaft erweisen sich diese Begriffe anschlussfähig vor allem im Hinblick auf empirische Untersuchungen zum Digital Divide.

„Die feinen Unterschiede": Zuerst erschienen auf Französisch im Jahr 1979, Erstauflage auf Deutsch 1982. Der Beitrag bezieht sich auf die Taschenbuchausgabe von 1987 auf Deutsch.
„Über das Fernsehen": Zuerst erschienen auf Französisch im Jahr 1996. Der Beitrag bezieht sich auf die Erstauflage auf Deutsch von 1998.

C. Rudeloff (✉)
Hochschule Macromedia University of Applied Sciences, Hamburg, Deutschland
E-Mail: c.rudeloff@macromedia.de

Pierre Bourdieu · Habitus · Feld · Kapital · Digital Divide

1   Kurzbiografie

Bourdieu begreift seine soziologische Praxis explizit als Produkt sozialer Erfahrungen. Ausgehend von der grundlegenden Annahme der gesellschaftlichen Bedingtheit menschlichen Wahrnehmens, Bewertens und Handelns hat er das Verfahren der Sozioanalyse vorgeschlagen und dieses in einem „soziologischen Selbstversuch" (Bourdieu 2002) auch am Beispiel seiner eigenen wissenschaftlichen Laufbahn veranschaulicht. Darin beschreibt er zum einen, wie er, als Kind einer kleinbürgerlich geprägten Familie aus der französischen Provinz, im Milieu der Intellektuellen in Paris, dessen Teil er zunächst als Elite-Gymnasiast (1948–1951 am Lycée Louis-Le-Grand) sowie -Student (1951–1954 an der ENS) später als Professor (1964–1984 am École des Hautes Études en Sciences Sociales in Paris, sowie 1982–2002 am Collège de France) war, nicht heimisch wird. Das Gefühl der Fremdheit gegenüber jenen, „für die sich die ‚Königsperspektive' beim Blick auf die soziale Welt von selbst versteht, weil es die Perspektive der Klasse ihrer Herkunft ist" (Bourdieu und Wacquant 2017, S. 74), bezeichnet er als wichtige Triebfeder seiner wissenschaftlichen Arbeit.

Zum anderen führt Bourdieu neben dieser habituellen Distanz eine weitere, für seine Sozialisation entscheidende Erfahrung an: Im Jahr 1955 geht er, mit 25 Jahren, zum Militärdienst in das zum damaligen Zeitpunkt von Frankreich besetzte Algerien. Er bleibt dort insgesamt fünf Jahre unter „den schwierigen Bedingungen eines Befreiungskriegs" (Bourdieu 2002, S. 45): drei Jahre als Wehrdienstleistender (1955–1958) und weitere zwei Jahre als wissenschaftlicher Assistent an der Faculté des Lettres der Universität Algier (1958–1960). In diese Lebensphase lässt sich seine Wandlung vom Philosophen zum Ethnologen bzw. Soziologen einordnen, die mit einer starken Politisierung seiner Weltsicht einhergeht. (vgl. zum Folgenden auch Rudeloff 2013).

Nach seinem Eintreffen in Algerien beginnt er, nach eigener Darstellung, in seiner dienstfreien Zeit an eigenen Forschungsprojekten zu arbeiten, zum einen an seiner Dissertation, einer phänomenologischen Schrift über „die Zeitstrukturen des Gefühlslebens" (Bourdieu 2002, S. 49). Zum anderen erscheinen auch erste politische Texte. Zudem initiiert er eine empirische Untersuchung über den Einfluß der Besatzung auf die algerischen Gesellschaft – und entfernt sich damit von der rein theoretischen Arbeit der Philosophie. Die Methoden der qualitativen und quantitativen Sozialforschung eignet er sich offenbar weitgehend autodidaktisch an (Bourdieu 2002). Bourdieu erwirbt im Rahmen dieser Forschungen nach eigenen Angaben ein „Kapital an Problemen" (Schultheis 2007, 55), das für weitere Arbeiten, die er ab 1960 nach seiner Rückkehr in sein Heimatland unternimmt, wichtig bleibt; darunter seine Fokussierung auf Macht- bzw. Herrschaftsverhältnisse, sowie die charakteristische Verknüpfung von soziologischen mit politischen Fragestellungen (Schultheis 2007). Eine Herangehensweise, die auch für spätere Werke – darunter mit Abstrichen auch seine kommunikationswissenschaftlichen Ausführungen – maßgeblich ist.

2 Inhalt der Texte

2.1 Die feinen Unterschiede

In „Die feinen Unterschiede" (Bourdieu 1987) beschreibt Bourdieu auf Basis umfassender theoretischer Reflektionen sowie empirischer Studien den Zusammenhang zwischen kulturellen Praktiken und gesellschaftlichen Machstrukturen. In einem kurzen Abschnitt zu „Meinungsangebot und Meinungsnachfrage" untersucht er dabei den Zusammenhang zwischen Klasse und politischer Meinung und analysiert in diesem Kontext Unterschiede im Medienkonsum unterschiedlicher Klassen in der französischen Gesellschaft in Bezug auf das Medium Zeitung.

Dabei weist er darauf hin, dass nicht nur Vertreter*innen unterschiedlicher Klassen unterschiedliche Zeitungen lesen (was wenig überraschend ist), sondern betont, dass das Lesen von Zeitungen in den verschiedenen Klassen ganz unterschiedliche Funktionen übernimmt – die „mit den ihr gemeinhin zuerkannten oder ihr von den Herstellern (…) zugewiesenen Funktionen nichts gemein hat" (Bourdieu 1987, S. 690). Daraus schlussfolgert Bourdieu auf eine „relative Unabhängigkeit der Leser von dem der Position ihrer Zeitung", die insbesondere in den „unteren Rängen der sozialen Hierarchie" (ebd., S. 691) existiere und die er u. a. darauf zurückführt, dass die Zeitungen, die von den Vertreter*innen dieser Ränge bzw. Klassen gelesen werden (wie etwa die meisten regionalen Zeitungen) zunehmend über unpolitische Themen berichten (Vermischtes, Sport etc.). Diese Tendenz sei darauf zurückzuführen, dass möglichst keine Leser*innen und Inserent*innen durch explizite politische Meinungsäußerung abgeschreckt werden sollten.

Auf der anderen Seite des sozialen Spektrums sieht er das ausgeprägte Interesse der „herrschenden Klasse" an den „sogenannten allgemeinen Nachrichten", also politischer Berichterstattung, bedingt durch deren – auch persönliche – Nähe zu den Ereignissen in der gehobenen politischen und auch wirtschaftlichen Sphäre. Die „herrschende Klasse" habe ein besonderes Interesse „für die sogenannten Angelegenheiten von allgemeinem Interesse (…), weil die besonderen Interessen ihrer Angehörigen im besonderen Maße mit diesen ‚Angelegenheiten' liiert sind." (ebd., S. 694)

Anhand dieser Ausführungen wird bereits deutlich, dass Bourdieu sich nicht auf eine empirische Analyse des Zusammenhangs zwischen Mediennutzung und Klassenzugehörigkeit beschränkt, sondern diesen Zusammenhang aus einer gesellschaftskritischen Perspektive beleuchtet. Zentral für diese Perspektive ist die Annahme, dass das Vorkommen und die Zusammensetzung der verschiedenen Kapitalformen, über die Akteur*innen verfügen, deren Position im sozialen Raum definieren. Diese Position wiederum prägt die habitualisierten Wahrnehmungs- und Klassifikationsschemata der sozialen Akteur*innen und bestimmt deren *Möglichkeitsräume*.

Diese grundlegenden sozialtheoretischen Annahmen entfaltet Bourdieu in „Die feinen Unterschiede" sehr ausführlich und veranschaulicht sie in Bezug auf vielfältige Praktiken des Lebensstils. Dabei argumentiert er auf Basis umfangreicher empirische Datenauswertungen (primär Korrespondenzanalysen) – etwa zu ästhetischen Präferenzen, oder eben zum Medienkonsum. Sein übergeordnetes Ziel ist es hier zu zeigen, wie die Klassenzugehörigkeit der Akteur*innen letztlich alle sozialen Praktiken prägt. Dabei führt er die Vorliebe der „herrschenden Klasse" z. B. für abstrakte Kunst, edles Design oder eben „seriöse" politische Medien wie *Le Monde* nicht direkt auf die vorhandenen Finanzmittel und das höhere Bildungsniveau zurück, über das diese verfüge und dass es ihr erst ermögliche, die entsprechenden Produkte zu erwerben und sie zu verstehen und schätzen zu lernen. Entscheidend sei vielmehr ein „Effekt der Statuszuschreibung" (ebd., S. 695) der von der Zugriffsmöglichkeit auf u. a. ökonomisches und kulturelles Kapital ausgehe. Im konkreten Bezug auf den Zusammenhang zwischen Bildungsniveau und Medienkonsum bedinge der Abschluss eines Studiums „in starkem Umfang das Empfinden, als vollgültiges Mitglied der Sphäre legitimer Politik und Bildung anzugehören und damit das Recht wie die Pflicht zu haben, eine legitime Zeitung zu lesen" (ebd., S. 695). Entsprechend spiegelten sich in der Trennung zwischen „Sensationspresse" und „Informationspresse" – ebenso wie zwischen „E-Musik" und „U-Musik" sowie zwischen „Avantgarde-Kunst" und „Populärer Kunst" – zwei unterschiedliche „Verhältnisse zur sozialen Welt" und letztlich die Trennung zwischen „Herrschenden und Beherrschten" (ebd., S. 699).

2.2   Über das Fernsehen

Während in „Die feinen Unterschiede" die Seite der Medienrezipient*innen im Vordergrund steht, wendet sich Bourdieu in „Über das Fernsehen" stärker der Produktionsseite zu und skizziert *das journalistische Feld*, indem er dessen Verhältnis zu anderen sozialen Feldern sowie dessen Situierung im sozialen Raum analysiert. In diesem Zuge beschreibt Bourdieu das journalistische Feld als „Mikrokosmos mit eigenen Gesetzen" (Bourdieu 1998, S. 55). Dieser Mikrokosmos sei definiert durch seine Stellung in einem umfassenden Ganzen und durch die Anziehung und Abstoßung, die andere Mikrokosmen auf ihn ausüben. Er sei autonom, folge seinem eigenen Gesetz, das heißt: „Was in ihm vor sich geht, kann nicht direkt von äußeren Faktoren her erschlossen werden" (ebd., S. 55). Ausgangspunkt ist die Vorstellung, dass Ereignisse, die außerhalb des Feldes stattfinden, sich dessen spezifischen Kriterien unterwerfen müssen, um eine Wirkung auszulösen. In welchem Ausmaß diese Kriterien gelten, hänge laut Bourdieu vom Grad der Autonomie des Feldes sowie von dessen spezifischer Position im sozialen Raum ab (Rudeloff 2013, S. 100 ff.). Das journalistische Feld sei Bourdieu zufolge zugleich um zwei gegensätzliche Logiken und Legitimationsprinzipien strukturiert: auf der einen Seite der externen Anerkennung über Werbeeinnahmen, Reichweite etc. und auf der gegenüberliegenden Seite der „Anerkennung, die den am vollständigsten den inneren ‚Werten' oder Grundsätzen Verpflichteten durch Ihresgleichen zuteil wird." (Bourdieu 1998, S. 102) Im Feld werde nun auf der Basis des Gegensatzes zwischen dem autonomen und dem heteronomen Polen kontinuierlich darum gestritten, was *legitimer* Journalismus ist. Historisch konstatiert Bourdieu zum Zeitpunkt der Veröffentlichung von „Über das Fernsehen" eine Dominanz des heteronomen Pols innerhalb des journalistischen Feldes. Das heißt. eine starke Orientierung der mächtigsten Akteur*innen im Feld an externer Anerkennung, was zu einer entsprechenden Uniformisierung und Entpolitisierung der Berichterstattung führe. Über „Intrusionseffekte" (ebd., S. 112) würde ein zunehmend kommerzialisiertes journalistisches Feld zudem die Autonomie in anderen sozialen Feldern, wie etwa dem der Wissenschaft, gefährden bzw. dort ebenfalls den heteronomen Pol stärken – etwa über das Phänomen der „Medienintellektuellen": „Aber die journalistische Manipulation kann auch subtiler agieren, nämlich mithilfe der Logik des Trojanischen Pferdes, das heißt, indem sie in die autonomen Bereiche außenstehende Produzenten einschleust, die es mittels externer Kräfte zu einer Anerkennung bringen, die sie von ihresgleichen nicht erhalten können. Diese Schriftsteller für Nichtschriftsteller, Philosophen für Nichtphilosophen und so fort stehen beim Fernsehen in viel höherem Kurs und haben einen viel größeren Stellenwert bei der Presse als in ihrem eigenen spezifischen Universum" (ebd., S. 85).

3 Bezug zum Gesamtwerk des Autors

Trotz der bis heute breiten und intensiven Rezeption der Theorie Bourdieus in der Kommunikationswissenschaft (siehe folgenden Abschnitt) finden sich in dessen Gesamtwerk nur wenige explizite Ausführungen zu originär kommunikationswissenschaftlichen Fragestellungen. Wenn auch nur punktuell sichtbar, setzt die Beschäftigung Bourdieus mit kommunikationswissenschaftlichen Themen dennoch schon früh an, konzentriert sich aber zunächst auf die Rezeptionsseite (Benson und Neveu 2005). Schon zu Anfang der 1960er-Jahre erscheint im Zusammenhang der kritischen Auseinandersetzung mit dem Thema „Massenkultur" ein erster Aufsatz Bourdieus zum Mediensektor (Bourdieu und Passeron 1963). Weitere Ausführungen folgen (Bourdieu 1980, sowie vor allem Bourdieu 1987, S. 690 ff.). Ab den 1990er-Jahren, zeitgleich zur sich intensivierenden Kommerzialisierung der französischen Medien, entwickelt sich dann auch der Journalismus selbst (als Teil des umfassenden Bereichs der Massenmedien) zu einem zunehmend zentraler werdenden Teil der Forschungsaktivitäten Bourdieus am „Centre de sociologie européenne" (Benson und Neveu 2005).

Während die früheren Schriften Bourdieus sich primär mit der Analyse der (klassenspezifischen) Rezeption journalistischer Erzeugnisse auseinandersetzen (insb. der oben aufgeführte Abschnitt in Bourdieu 1987), spielt in „Die Regeln der Kunst" (Bourdieu 1999) dann erstmals auch der Produktionsprozess eine wichtige Rolle. Hier bezieht sich Bourdieu jedoch im Wesentlichen auf den größer gefassten Bereich der kulturellen sowie insb. literarischen Produktion und konzentriert sich noch nicht auf spezifisch journalistische Erzeugnisse (Rudeloff 2013, S. 96).

Dies ändert sich schließlich deutlich mit der Publikation von „Über das Fernsehen", einer Textsammlung, die im Schwerpunkt aus der Verschriftlichung zweier am „Collège de France" gehaltenen und im französischen Fernsehen ausgestrahlten Vorträge Bourdieus besteht, in denen nun der – allerdings recht unsystematische – Versuch einer Konzeptualisierung des journalistischen Feldes unternommen wird. Das Erscheinen des Werks löst erhebliche Resonanz aus: Es verkauft sich in kurzer Zeit über 100.000 Mal in Frankreich und wird in ca. 25 Sprachen übersetzt (Rudeloff 2013, S. 95 ff.).

Vor diesem Hintergrund kann zusammenfassend zunächst festgehalten werden, dass kommunikationswissenschaftliche Themen nicht die zentralen Bezugspunkte der übergreifenden Sozialtheorie Bourdieus darstellen. Vielmehr kommt ihnen der

Status von Anwendungsfällen zu, an deren Beispiel er immer wieder – zunächst punktuell, im Spätwerk durchaus intensiver und dann meist verknüpft mit politischen Statements – seine zentralen Begriffswerkzeuge diskutiert und veranschaulicht. Als maßgeblich können dabei vor allen Dingen die Begriffe Habitus, Feld und Kapital genannt werden. Diese werden im Folgenden in aller Kürze erläutert und in die kommunikationswissenschaftlichen Analysen Bourdieus eingebettet.

Mit dem *Habitus*, von Bourdieu allgemein als „strukturierende Strukturen" (Bourdieu 1976, S. 164) definiert, werden grundlegende Wahrnehmungs- und Klassifizierungsschemata bezeichnet, die auf der Verinnerlichung der (immer sozialstrukturell geprägten) Umweltbedingungen der Akteur*innen basieren und deren jeweiligen Handlungsspielraum ausmachen. Der Begriff kann in seiner Relevanz für die Theorie Bourdieus kaum überschätzt werden – und spielt entsprechend auch für die kommunikationswissenschaftlichen Analysen eine zentrale Rolle. Zum einen im Hinblick auf die Analyse der klassenspezifischen Zeitungsrezeption (siehe oben, Bourdieu 1987). Zum anderen betont Bourdieu die Relevanz des Habitus für die Techniken der Nachrichtenproduktion im Journalismus. (s. auch Rudeloff 2014) Diese seien immer auch habitusbedingt. Die Auswahl und die Aufbereitung der Nachrichten entsprächen den Wahrnehmungs- und Klassifikationsschemata der Journalist*innen, seien also immer abhängig von der spezifischen Position, die Akteur*innen im journalistischen Feld einnehmen – und damit klassenspezifisch ausgeprägt. Die Akteur*innen arbeiteten daher (auch) in den Massenmedien immer an der Durchsetzung eigener „Weltsichten" (Raabe 2005, S. 186). Vom Prozess der Nachrichtenkonstruktion in den Redaktionen gehe entsprechend eine Form der symbolischen Gewalt aus, die auf ungleichen Machtverhältnissen basiere – und die laut Bourdieu nur über die Sichtbarmachung eben dieser „objektiven Kräfteverhältnisse" (Bourdieu 1998, S. 56) gebrochen werden könne. Die symbolische Gewalt funktioniere primär unbewusst. Die Nachrichtenfaktoren als Selektionskriterien, die über Veröffentlichungen entscheiden, seien internalisiert – bzw. habitualisiert. Mit ihnen korrespondiere ein „sozialer Sinn" dafür, ob eine Nachricht thematisch und in ihrer Tonalität „angebracht" sei oder nicht. Dieser soziale Sinn entscheide sowohl über die Aufbereitung als auch über die Auswahl der Nachrichten (Hanitzsch 2007).

Habitus und *Feld* sind in der Theorie Bourdieus in einem Verhältnis wechselseitiger Ermöglichung eng verknüpft (Bohn 1991). Bourdieu spricht in diesem Zusammenhang auch von einer „unterbewussten und vorreflexive[n] ontologische[n] Komplizität" (Bourdieu 1989, S. 397). Entsprechend seien Nachrichten und Berichte in Massenmedien nicht nur habitusbedingte, sondern zugleich immer auch „feldbestimmte Inszenierungen" (Willems 2007, S. 226). Nicht nur die Position der journalistischen Akteur*innen im übergreifenden sozialen Raum präge deren

Dispositionen, sondern auch auf Ebene der Felder determinierten vorgegebene Strukturen den Handlungsspielraum der in ihnen agierenden Journalist*innen. Folgerichtig sei im journalistischen Feld die Frage, ob ein Beitrag gesendet oder ein Artikel geschrieben wird, immer auch eine Frage der Macht. Diejenigen Akteur*innen mit Zugriffsmöglichkeiten auf die jeweils im Feld hoch im Kurs stehenden Kapitalsorten, entscheiden direkt (z. B. als Vorgesetzte: Redaktionsleiter*innen etc.) über Veröffentlichungen: Sie besitzen die Definitionsmacht darüber, was „legitimer" Journalismus ist, welche Regeln bei der Nachrichtenerstellung zu gelten haben und welche Selektionskriterien angelegt werden müssen. Bourdieu betont mit dieser Annahme, dass die in der Kommunikationswissenschaft erforschten Nachrichtenselektoren „nichts objektiv Vernünftiges, oder gar Natürliches seien, sondern das historische Produkt von Machtkämpfen im sozialen Raum" (Rudeloff 2014, S. 9).

In die sozialen Felder, die in ihrer Gesamtheit den sozialen Raum bilden, bringen die involvierten Akteur*innen nun jeweils ihr *Kapital* zum Einsatz. Die relativ kapitalstarken, dominierenden Akteur*innen sind dabei in der Regel diejenigen, die die geltenden Gesetze im Feld am besten internalisiert haben, weil sie schon lange „im Geschäft" sind. d. h. subversive Tendenzen gehen eher von den jungen „Einsteiger*innen" im Feld aus, die um Anerkennung kämpfen müssen (Rudeloff 2014, S. 9).

Der Kapitalbegriff bei Bourdieu bezieht sich dabei, anders als bei Marx, nicht nur auf finanzielle Ressourcen (ökonomisches Kapital), sondern auch auf den Bildungsgrad (kulturelles Kapital), sowie das Netzwerk (soziales Kapital), auf das Akteur*innen zugreifen können. Darüber hinaus führt Bourdieu eine Vielzahl weiterer Kapitalformen an – darunter feldspezifische Kapitalformen, etwa das journalistische Kapital. Die Wahrnehmung und (auch implizite) Anerkennung der verschiedenen Kapitalformen (im Feld) fasst Bourdieu unter dem Begriff des symbolischen Kapitals zusammen.

4   Wirkungsgeschichte und Kritik

Bourdieu gehört international zu den meistzitierten Sozialwissenschaftlern überhaupt (über 820.000 Zitationen bei Google Scholar, Stand: 12/2020) und wird intensiv nicht nur in der Soziologie, sondern in einer Vielzahl von weiteren Disziplinen rezipiert, etwa der Politikwissenschaft, der Erziehungswissenschaft oder den Gender Studies, um nur eine kleine Auswahl zu nennen. Erste Hinweise für ein explizites Aufrufen der theoretischen Prämissen sowie konkret der Begriffe Bourdieus durch andere Autor*innen zur Bearbeitung kommunikationswissenschaftlicher Fragestellungen lassen sich ab etwa Mitte der 1980er-Jahre identifizieren, allerdings noch nicht in Deutschland, sondern zunächst in Frankreich (Patrick 1990; Pinto 1984), sowie zunächst in den USA und dann zunehmend auch hierzulande. So untersuchen etwa Schoenbach et al. (1999) im direkten Anschluss an Bourdieu (1987), welche sozialen Funktionen die Mediennutzung in den USA und Deutschland im Vergleich übernehmen. Als weiterer Hinweis auf eine transatlantische Bourdieu-Rezeption kann auch der von Benson und Neveu (2005) herausgegebene Sammelband „Bourdieu and the journalistic field" angeführt werden (Rudeloff 2013).

Im deutschsprachigen Raum dagegen steht bis zum Ende der 1980er-Jahre jedoch zunächst die Rezeption Bourdieus u. a. im Kontext von literatur-, geschichts-, kultur- und bildungssoziologischen Fragestellungen im Zentrum (Fischer und Jarchow 1987). In kommunikationswissenschaftlichen Kontexten werden die Arbeiten Bourdieus bis auf wenige Ausnahmen (Schoenbach et al. 1999) lange eher ignoriert. So formuliert Schäfer noch im Jahr 2004, dass „die Konzepte Bourdieus in der deutschen Journalismusforschung wenig Aufmerksamkeit erfahren" (Schäfer 2004, S. 323) haben. Dieser Stand muss jedoch inzwischen revidiert werden. So weist Hanitzsch bereits 2007 zu Recht darauf hin, dass mittlerweile auch im deutschsprachigen Raum mehrere medien- bzw. kommunikationswissenschaftliche Arbeiten vorliegen, „die aus dem theoretischen Arsenal Bourdieus geschöpft haben" (S. 241).

Als ein früher exponierter Vertreter ist in diesem Zusammenhang etwa Raabe zu nennen, der sich in mehreren Arbeiten der Erschließung des Potenzials der Theorie Bourdieu vor allen Dingen mit den Zielen einer Verortung journalistischer Akteure im sozialen Raum, der Etablierung einer empirisch- kritischen Journalismusforschung sowie in diesem Kontext auch der Begründung einer kultursoziologischen Handlungserklärung widmet (Raabe 2005, 2008). Als frühe Bourdieu-Rezipientin in der deutschsprachigen Kommunikationswissenschaft setzt sich außerdem Schäfer ausgehend von der Feldtheorie Bourdieus mit den Produktionsmechanismen von Nachrichtensendungen auseinander (Schäfer 2007). Meyen (2009) liefert zudem auf Basis der Bourdieuschen Erkenntnisinstrumente eine empirische Bestandsaufnahme des journalistischen Feldes in Deutschland.

Weitere Beispiele für die seit der Jahrtausendwende im Aufschwung befindliche Rezeption Bourdieus in der deutschsprachigen Kommunikationswissenschaft nennen Wiedemann und Meyen (2014). Sie weisen darauf hin, dass sich inzwischen in einer Vielzahl von kommunikationswissenschaftlichen Subdisziplinen Publikationen mit explizitem Bourdieu-Bezug finden lassen: Neben den bereits aufgeführten Disziplinen der Rezeptions- sowie der Journalismusforschung (Krämer 2014; Dudenhöffer und Meyen 2012) zudem die Fachgeschichtsschreibung (Scheu 2012) sowie die Medienpädagogik (Biermann 2009, 2020). Gleichzeitig weisen

Wiedemann und Meyen (2014) zu Recht auf die nach wie vor randständige Position Bourdieus in anderen Subdisziplinen wie etwa der PR- und Organisationskommunikationsforschung hin – insb. im Vergleich zur Theorie sozialer System Luhmanns (Rudeloff 2013).

Zusammenfassend wird dennoch deutlich, dass die Rezeption Bourdieus in der deutschsprachigen Kommunikationswissenschaft inzwischen durchaus als intensiv bezeichnet werden kann. Möglicherweise ist diese Zuwendung zu den Begriffswerkzeugen Bourdieus im Sinne eines „integrativen Ansatzes" (Meyen 2009, S. 324) als Reaktion auf die in der Vergangenheit starke Position von systemtheoretischen Ansätzen auf der einen, sowie handlungsorientierten und akteurszentrierten Theorien auf der anderen Seite zu erklären.

Dennoch war und ist die Theorie Bourdieus im Zuge ihrer Rezeption immer wieder deutlicher Kritik ausgesetzt. (s. dazu auch Fröhlich et al. 2014, S. 401 ff.) Auf grundsätzlicher Ebene bezieht sich diese u. a. auf methodologische Schwächen (Blasius und Winkler 1989), sowie auf die vermeintlich objektivistischen und deterministischen Grundzüge seiner Theorie (Fröhlich et al. 2014, S. 403). Diese gestehe den Individuen nur wenig Spielraum in ihrer Entwicklung zu jenseits ihrer von Habitus, Feld und Kapitalvorkommen festgelegten Position. Gravierende gesellschaftliche Veränderungen werden damit als sehr unwahrscheinlich bis unmöglich angenommen, (was dem persönlichen politischen Engagement Bourdieus zu widersprechen scheint). Zugleich gehe Bourdieu zu weitreichend von einer Allgegenwart des Konkurrenzprinzips aus, das in einigen Bereichen wie etwa dem Feld der Wirtschaft, dominanter sei als in anderen, etwa innerhalb des familiären Umfelds oder im Bereich von Freizeitaktivitäten. (ebd.)

Daneben bezieht sich die vorhandene Kritik durchaus auch konkreter auf die zentralen Begriffe seiner Theorie. So wird am Feld- ebenso wir am Kapitalbegriff bemängelt, dass diese letztlich unscharf geblieben seien. Insbesondere habe Bourdieu nicht geklärt, wie sich die Begriff Feld und Raum zueinander genau verhalten. (ebd.) Gegen das Konzept des Habitus wird eingewandt, dass dieses die Annahme einer stabilen handlungsleitenden Identität beinhalte, unklar werde damit, warum sich Akteur*innen in den verschiedenen Rollen, die sie in der modernen Gesellschaft in den verschiedenen sozialen Feldern einnehmen (müssen), unterschiedlich verhalten. Lahire (1998) schlägt in diesem Zuge vor, nicht von einem einheitlichen, sondern von einem „pluaralen Habitus" auszugehen. Dies wirft jedoch die Anschlussfrage nach der Aussagekraft des Begriffs insgesamt auf.

Mit welchen Perspektiven kann man nun im Hinblick auf den weiteren Stellenwert der Sozialtheorie Bourdieus in der Kommunikationswissenschaft rechnen? Welches Potenzial können die zentralen Begriffswerkzeuge Habitus, Feld und Kapital für die Analyse einer zunehmend von digitalen Kommunikationstechnologien geprägten Gesellschaft entfalten? Dass dieses Potenzial groß ist und bereits vielfach umgesetzt wurde, lässt sich an zahlreichen Publikationen ablesen, in denen die Bourdieuschen Begriffe genutzt werden, um verschiedene Phänomene eben dieser digitalisierten Gesellschaft zu untersuchen. So ergibt beispielsweise die Eingabe der Suchbegriffe „Bourdieu" und „digital" bei Google Scholar 117.000 Ergebnisse (Stand 12/2020). Entsprechend erscheint die internationale Rezeption Bourdieus im Kontext von – empirischen und auch theoretischen – Forschungen zu digitalen Medien kaum noch überblickbar, und kann daher im Folgenden nur exemplarisch wiedergegeben werden. Als Orientierungspunkte werden dabei in Anlehnung an Ignatow und Robinson (2017) zunächst zentrale internationale Publikationen genannt, die im Schwerpunkt von den Bourdieuschen Begriffen Feld, Kapital und Habitus ausgehen. Anschließend werden zudem einige beispielhafte Studien aus der deutschsprachigen Kommunikationswissenschaft aufgeführt, die das Potenzial Bourdieus für die Analyse digitaler Kommunikation verdeutlichen sollen. Zentrales Thema, der von Bourdieu ausgehenden Studien zum Digitalen ist die digitale Ungleichheit („Digital Divide"), darauf weisen Ignatow und Robinson (2017) zurecht hin. Dabei konzeptualisieren die vorliegenden Studien digitale Ungleichheit mithilfe unterschiedlicher Begriffe.

So werten Zillien und Marr (2013) ausgehend von Bourdieus Begriff des *Feldes* die Ergebnisse quantitativer Befragungen zu digitalen Status-Unterschieden aus und zcichnen so empirisch die soziale Ungleichheit in der Nutzung digitaler Medien in der EU nach. Hargiatti und Hinannt (2008) beschreiben dies, auch im Hinblick auf die unterschiedlichen Zugangsmöglichkeiten in das Internet, für die USA. Arie und Mesch (2015) untersuchen, wie soziale Ungleichheit die Smartphone-Nutzung in Israel beeinflusst. Levina und Arriaga (2014) analysieren wie Internetnutzer*innen *user generated content* zum Aufbau von sozialem Status nutzen.

Neben diesen hier beispielhaft aufgeführten Arbeiten lässt sich ein weiterer Forschungszweig erkennen, der sich ausgehend von Bourdieus Begriff des *Kapitals* formiert und von der Annahme eines „digitalen Kapitals" ausgeht. Unter digitalem Kapital wird dabei u. a. die Reichweite der digitalen Kanäle verstanden, über die Nutzer*innen verfügen, sowie zum anderen Kompetenzen im Stil und der Gestaltung des eigenen Online-Auftritts (Ignatow und Robinson 2017). Auf dieser Basis zeigen etwa Deursen und Helsper (2015) sowie Villanueva-Mansilla, Nakano und Evaristo (2015) den Zusammenhang zwischen sozioökonomischen Variablen und dem Erfolg in der Generierung von digitalem Kapital auf. Gómez (2020) beschreibt auf Basis qualitativer Interviews die Praktiken, mit denen Jugendliche in Madrid ökonomisches, kulturelles und soziales in „digitales Kapitel" konvertieren.

Daneben existieren weitere Forschungsarbeiten, die digitale Kommunikation primär in Anlehnung an den den Begriff des *Habitus* analysieren. So entwickelt

Robinson (2009) auf Basis einer ethnografischen Studie in Kalifornien zwei unterschiedliche „informationelle Habitustypen", die einen entweder spielerischseriösen oder einen notwendig-instrumentellen Umgang mit digitalen Technologien an den Tag legen. In vergleichbarer Weise zeigt Robinson (2011), wie Jugendliche aus verschiedenen Milieus das Internet mehr oder weniger elaboriert zur Karriereplanung nutzen, und wie diese Nutzung mit unterschiedlichen Einstellungen zu Online-Technologien einhergeht.

Auch deutschsprachige Publikationen sind in den vergangenen Jahren erschienen, die die Anschlussfähigkeit der Begriffe Bourdieus an Phänome des digitalen Zeitalters demonstrieren. So zeigen Dudenhöffer und Meyen (2012) auf Basis quantitativer Daten zur Internetnutzung den Digital Divide für Deutschland auf und beziehen sich dabei explizit auf die Habitus-Kapital-Theorie von Bourdieu. Haferkamp und Herbers (2012) analysieren in ähnlicher Stoßrichtung spezifischer den Zusammenhang zwischen soziodemografischen Merkmalen und den Nutzungsmotiven für das Online-Spiel „Farmville". Mithilfe qualitativer Interviews dagegen zeichnen Meyen, Dudenhöffer und Huss (2009) nach, wie Muster und Motive der Internetnutzung unter anderem von der sozialen Position der Nutzer*innen abhängen. Des Weiteren können in diesem Zusammenhang die Studien von Domahidi (2016) und Rudolf (2019) genannt werden.

Auch außerhalb der Kommunikationswissenschaft finden sich deutschsprachige Publikationen zur digitalen Gesellschaft. Im Kontext der Medienpädagogik etwa greift Biermann (2020) im Anschluss an Bourdieu den Begriff des medialen Habitus, verstanden als „individuelle Perspektive auf das Medienhandeln" (S. 19), auf und versucht diesen im Kontext einer digitalen Schulbildung nutzbar machen. In der Politikwissenschaft untersucht u. a. Jacob (2017) die digitale Klassengesellschaft

Zusammengefasst kann konstatiert werden, dass die Begriffe Bourdieus bereits vielfach international und interdisziplinär aufgegriffen wurden, um Phänomene einer digitalisierten Kommunikationslandschaft empirisch wie theoretisch zu beschreiben und zu analysieren. Ingatow und Robinson (2017) führen diesen „Erfolg" der Theorie Bourdieus auf drei Charakteristika seines Werks zurück: zum einen die enge Verknüpfung von Theorie und Empirie, zum zweiten die erkenntnistheoretische Positionierung zwischen Realismus und Konstruktivismus, und zum dritten die Interdisziplinarität sowohl der Person Bourdieus als auch seiner Theorie (siehe dazu auch Schultheis 2019) Entsprechend kann davon ausgegangen werden, dass auch in Zukunft erhebliche Impulse von Bourdieu zur Analyse (post-)digitaler Kommunikation ausgehen werden.

Literatur

Arie, Y., & Mesch, G. S. (2015). Interethnic Ties via Mobile Communications in Homogeneous and Ethnically Mixed Cities: A Structural Diversification Approach. In: *Communication and Information Technologies Annual*. Emerald Group Publishing Limited.

Benson, R., & Neveu, E. (Hrsg.) (2005). *Bourdieu and the Journalistic Field*. Polity Press.

Biermann, R. (2020). Digitalisierung und Digitalität im Kontext von medialem Habitus und Feld. In: *Praxistheoretische Perspektiven in der Medienpädagogik*. Springer VS, Wiesbaden. S. 19–35.

Biermann, R. (2009). Die Bedeutung des Habitus-Konzepts für die Erforschung soziokultureller Unterschiede im Bereich der Medienpädagogik. *MedienPädagogik: Zeitschrift für Theorie und Praxis der Medienbildung, 17*, S. 1–18.

Blasius, J., & Winkler, J. (1989). Gibt es die Feinen Unterschiede? Eine empirische Überprüfung der Bourdieuschen Theorie. Peut-on parler de distinction? Une vérification empirique de la théorie de Bourdieu. *Kölner Zeitschrift für Soziologie und Sozialpsychologie, 41*(1), 72–92.

Bohn, C. (1991). *Habitus und Kontext: ein kritischer Beitrag zur Sozialtheorie Bourdieus*. Opladen: Westdt. Verlag.

Bourdieu, P., & Wacquant, L. J. (2017). *Reflexive Anthropologie*. Frankfurt am Main: Suhrkamp.

Bourdieu, P. (2002). *Ein soziologischer Selbstversuch*. Frankfurt am Main: Suhrkamp.

Bourdieu, P., (1999). *Die Regeln der Kunst: Genese und Struktur des literarischen Feldes*. Frankfurt am Main: Suhrkamp.

Bourdieu, P. (1998). *Über das Fernsehen*. Frankfurt am Main: Suhrkamp.

Bourdieu, P. (1989). Antworten auf einige Einwände. In: Eder, K. (Hrsg.). *Lebensstil und kulturelle Praxis. Theoretische und empirische Beiträge zur Auseinandersetzung mit Pierre Bourdieus Klassentheorie*. Frankfurt am Main: Suhrkamp, S. 395–410.

Bourdieu, P. (1987). *Die feinen Unterschiede*. Frankfurt am Main: Suhrkamp.

Bourdieu, P. (1980). The Production of Belief: Contribution to an Economy of Symbolic Goods. *Media, Culture & Society, 2*(3), S. 261–293.

Bourdieu, P. (1976). *Entwurf einer Theorie der Praxis auf der ethnologischen Grundlage der kabylischen Gesellschaft*. Frankfurt am Main: Suhrkamp.

Bourdieu, P., & Passeron, J. C. (1963). *Sociologues des Mythologies et Mythologies des Sociologies*. In: Les Temps Modernes, 211.

Calderón Gómez D. (2020). The Third Digital Divide and Bourdieu: Bidirectional Conversion of Economic, Cultural, and Social Capital to (and from) Digital Capital among Young People in Madrid. *New Media & Society*. https://doi.org/10.1177/1461444820933252

Domahidi, E. (2016). *Online-Mediennutzung und wahrgenommene soziale Ressourcen. Eine Metaanalyse*. Wiesbaden: Springer VS.

Dudenhöffer, K., & Meyen, M. (2012). Digitale Spaltung im Zeitalter der Sättigung. *Publizistik, 57*(1), S. 7–26.

Fischer, L., & Jarchow, K. (1987). Die soziale Logik der Felder und das Feld der Literatur. *Sprache im technischen Zeitalter, 25*, S. 164–172.

Fröhlich G., Rehbein B. & Schneickert C. (2014) Kritik und blinde Flecken. In: Fröhlich G. & Rehbein B. (Hrsg.) *Bourdieu-Handbuch. Leben – Werk – Wirkung*. Stuttgart: J.B. Metzler. S. 401–408.

Haferkamp, N., & Herbers, M. R. (2012). What if Bourdieu had Played FarmVille? Examining Users' Motives for Playing the Browser game FarmVille in Relation to Sociodemographic Variables. *Publizistik*, 57(2), S. 205–223.

Hanitzsch, T. (2007). Die Struktur des journalistischen Felds. In: Altmeppen, K. D., Hanitzsch, T., & Schlüter, C. (Hrsg.). *Journalismustheorie: Next Generation*. Wiesbaden: VS Verlag für Sozialwissenschaften. S. 239–260.

Hargiatti, E. & Hinannt, A. (2008). Digital Inequality: Differences in Young Adults' Use of the Internet.*Communication Research*, 35(5), S. 602–621.

Ignatow, G., & Robinson, L. (2017). Pierre Bourdieu: theorizing the digital. Information. *Communication & Society, 20*(7), 950–966.

Jacob, D. (2017). Die digitale Klassengesellschaft. In: Jacob, D. & Thiel, T. (Hrsg.). *Politische Theorie und Digitalisierung*. Baden-Baden: Nomos. S. 27–44.

Krämer, B. (2014). Eine Bourdieusche Kritik der politischen Urteilskraft. In: Wiedemann, T. & Meyen, M. (Hrsg.) *Pierre Bourdieu und die Kommunikationswissenschaft. Internationale Perspektiven*. Köln: Halem, 263–286.

Lahire, B. (1998). *L'homme pluriel. Les ressorts de l'action*. Paris.

Levina, N., & Arriaga, M. (2014). Distinction and status production on user-generated content platforms: Using Bourdieu's theory of cultural production to understand social dynamics in online fields. *Information Systems Research*, 25(3), 468–488.

Meyen, M. (2009). Das journalistische Feld in Deutschland. *Publizistik*, 54(3), S. 323–345.

Meyen, M., Dudenhöffer, K., Huss, J. & Pfaff-Rüdiger, S. (2009). Zuhause im Netz. Publizistik 54, 513 (2009). https://doi.org/10.1007/s11616-009-0060-y

Patrick, C. (1990). *Faire l'opinion: le nouveau jeu politique*. Paris: Minuit.

Pinto, L. (1984). *L'intelligence en action: le Nouvel Observateur*. FeniXX.

Raabe, J. (2005). *Die Beobachtung journalistischer Akteure*. Wiesbaden: VS Verlag für Sozialwissenschaften.

Raabe, J. (2008). Kommunikation und soziale Praxis: Chancen einer praxistheoretischen Perspektive für Kommunikationstheorie und-forschung. In: Winter, C., Hepp, A., Krotz, F. (Hrsg.). *Theorien der Kommunikations-und Medienwissenschaft*. Wiesbaden: VS Verlag für Sozialwissenschaften. S. 363–381.

Robinson, L. (2009). A taste for the necessary: A Bourdieuian approach to digital inequality. Information. *Communication & Society*, 12(4), S. 488–507.

Robinson, L. (2011). Information-channel preferences and information-opportunity structures. Information. *Communication & Society*, 14(4), S. 472–494.

Rudeloff, C. (2014): Zur Analyse medialer Realitätskonstruktionen bei Niklas Luhmann und Pierre Bourdieu. In: k*ommunikation.medien*, 3. Ausgabe. [journal.kommunikation- medien.at].

Rudeloff, C. (2013). *Mediensystem und journalistisches Feld: eine Bestandsaufnahme vor dem Hintergrund der Medienökonomisierungsdebatte*. LIT Verlag Münster.

Rudolf, S. (2019). *Digitale Medien, Partizipation, Ungleichheit. Eine Studie zum sozialen Gebrauch des Internets*. Wiesbaden: Springer VS.

Schäfer, S. (2004). Journalismus als soziales Feld. In: Löffelholz, M. (Hrsg.). *Theorien des Journalismus. Ein diskursives Handbuch*. 2. Aufl. Wiesbaden: VS Verlag für Sozialwissenschaften. S. 321–334.

Schäfer, S. (2007). *Die Welt in 15 Minuten. Zum journalistischen Herstellungsprozess der Tagesschau*. Konstanz: UVK.

Scheu, A. (2012). Adornos Erben in der Kommunikationswissenschaft: eine Verdrängungs-geschichte?. Köln: Halem, 2012.

Schoenbach, K., Lauf, E., McLeod, J. M., & Scheufele, D. A. (1999). Research note: distinction and integration: Sociodemographic determinants of newspaper reading in the USA and Germany, 1974–96. *European Journal of Communication*, 14(2), S. 225–239.

Schultheis, F. (2019). *Unternehmen Bourdieu: Ein Erfahrungsbericht.* Bielefeld: transcript Verlag.

Schultheis, F. (2007). *Bourdieus Wege in die Soziologie.* Konstanz: UVK.

Van Deursen, A. J., & Helsper, E. J. (2015). The Third-level Digital Divide: Who Benefits Most from Being Online?. In: *Communication and information technologies annual.* Emerald Group Publishing Limited.

Villanueva-Mansilla, E., Nakano, T., & Evaristo, I. (2015). From Divides to Capitals: an Exploration of Digital Divides as Expressions of Social and Cultural Capital. In *Communication and Information Technologies Annual.* Emerald Group Publishing Limited.

Wiedemann, T., & Meyen, M. (Hrsg.). (2014). *Pierre Bourdieu und die Kommunikationswissenschaft: Internationale Perspektiven.* Köln: Herbert von Halem Verlag.

Willems, H. (2007). Elemente einer Journalismustheorie nach Bourdieu. In: Hanitzsch, T., & Schlüter, C. (Hrsg.). *Journalismustheorie: Next Generation.* Wiesbaden: VS Verlag für Sozialwissenschaften. S. 215–238.

Zillien, N., & Marr, M. (2013). The Digital Divide in Europe. In: *The Digital Divide.* Routledge. S. 75–86.

Encoding/Decoding

von Stuart Hall (1980)

Gernot Wolfram

Zusammenfassung

Der Text „Encoding/Decoding in the television discourse" und seine erweiterte Fassung „Encoding/Decoding" zählen zu den Schlüsselwerken der britischen Cultural Studies. Der Soziologe Stuart Hall beschreibt darin ein Medienmodell, das weniger auf die technischen Aspekte der Nachrichtenübermittlung und Kommunikation referiert, sondern sehr viel stärker die politischen Dimensionen der Medienrezeption betont. Rezeption wird dabei von Hall als ein Konzept begriffen, das auf semiotischen Grundlagen beruht. Filme, Informationen, TV-Produktionen und andere Medienformate werden dabei als polyseme (mehrdeutige) Texte gesehen. Besonders hinsichtlich der Dekodierung und Übersetzung von Inhalten und Codes sieht Hall eine Option bei den Rezipient*innen, eine aufklärerische und emanzipatorische Mediennutzung zu verfolgen.

Schlüsselwörter

Stuart Hall · Cultural Studies · Encoding/Decoding · Fernsehen · Rezeptionsverhalten · Kulturindustrie · Ideologie

G. Wolfram (✉)
Hochschule Macromedia University of Applied Sciences, Berlin, Deutschland
E-Mail: g.wolfram@macromedia.de

© Der/die Autor(en), exklusiv lizenziert an Springer Fachmedien Wiesbaden GmbH, ein Teil von Springer Nature 2022
R. Spiller et al. (Hrsg.), *Schlüsselwerke: Theorien (in) der Kommunikationswissenschaft*, https://doi.org/10.1007/978-3-658-37354-2_21

1   Kurzbiografie

Stuart McPhail Hall (1932–2014) wurde in Kingston/Jamaika geboren und lernte
am dortigen College britische Kultur und kanonisierte Kulturvorstellungen Großbritanniens kennen. Als er 1950 nach England ging, unterstützt in der Folge von
einem Oxford-Stipendium, war dies für ihn einschneidend, denn er sollte sein weiteres Leben in einem Land verbringen, in dem er sich „Zeit seines Lebens nie ganz
zuhause fühlte" (Schwarz 2015, S. 11), wie sein Kollege und langjähriger Wegge-
fährte Bill Schwarz schrieb. Trotz seiner Vertrautheit mit der britischen Kultur war
sie stets „Auslöser eines skeptischen Befremdens." (ebd.). Diese Skepsis ist auch
seinem Werk sichtbar eingeschrieben. Nicht nur, dass er einer der wenigen People
of Colour war, die eine prominente akademische Karriere in Großbritannien ein-
schlagen konnten, prägte das Gefühl eines spezifischen Außenseitertums. Es war
zugleich jenes von W.E.B. Dubois beschriebene „doppelte Bewusstsein" (ebd.),
dass ihm die Brüchigkeiten und Schwierigkeiten eines akademischen Diskurses
verdeutlichte, der, zumindest in seiner Zeit, nur unzureichend reflektierte, von welcher Position aus man Wissenschaft betrieb und welche sprachlichen wie politischen Erbschaften auf den argumentativen Herangehensweisen in Ländern der
westlichen Welt lasteten.

In den Jahren 1957 bis 1961 gehörte Stuart Hall zu den Herausgebern der *New
Left Review*. In dieser Zeit begann er auch seine Lehrtätigkeit, zunächst an höheren
Schulen, ab 1964 am Centre for Contemporary Cultural Studies (CCCS) der Universität Birmingham. Von 1968 bis 1979 war er als Nachfolger von Richard Hoggart der dortige Direktor. 1964 hatte Hoggart das CCCS gegründet, um kulturelle
Praktiken interdisziplinär zu untersuchen. Hall engagierte sich auch intensiv innerhalb des *Black Arts Movements*.

Die Flut der neuen medialen Bilder und Texte seiner Zeit traf dabei auf die
Skepsis eines Theoretikers, der eine der zentralen Stimmen des CCCS werden
sollte. Hall beobachtete sehr genau, wie sich inmitten einer neuen medial-
komplexen Codierung von Entertainment, Informationsdistribution und Alltags-
flucht Medien wie das Fernsehen als Hierarchisierungsinstrumente für Genderun-
gleichheiten, Klassendifferenzen und ethnische Herkunft einsetzen ließen.

Dabei verstand sich Hall keineswegs als elitärer Denker auf einem kritischen
Außenposten. Vielmehr interessierte ihn zeitlebens die Übersetzungsfähigkeit akademischer Diskurse in das Milieu derer, die qua fehlender Ressourcen oder Zugänge vom Wissenschaftsbetrieb ausgeschlossen blieben. Seine Berufung 1979 an

die Open University war dabei nur ein Ausdruck für seine Überzeugung, dass besonders Menschen ohne akademische Ausbildung erreicht werden mussten.

Seine im *Encoding/Decoding Model* festgehaltenen Axiome über die Reaktionsfähigkeit von Rezipient*innen zeigten sich auch in seiner Lehr- und Forschungstätigkeit. Film, Literatur, Musik, hier besonders der Jazz von Miles Davis, fesselten als Medien seine Aufmerksamkeit. In der Folge avancierte Stuart Hall nicht nur in Großbritannien zu einer „Popikone mit Grips" (Brunow 2015, S. 11), wie ihn der Regisseur John Akomfrah einmal bezeichnete.

Sein Werk lieferte zahlreiche Impulse für die Postcolonial Studies und für zahlreiche Untersuchungen zur Populärkultur, Kinoproduktionen, Jugendkulturen, „Thatcherismus", Multikulturalismus, Identitätspolitiken und Studien zu TV-Formaten. Von 1995 bis 1997 war er Präsident der British Sociological Association und im Jahr 2005 wurde er zum Mitglied der British Academy gewählt. Stuart Hall starb 2014 in seinem 82. Lebensjahr in London.

2 Inhalt des Textes

Als Stuart Hall 1973 sein Encoding/Decoding-Modell veröffentlichte, war der Text mit dem vollständigen Titel „Encoding and Decoding in the Television Discourse" vor allem eine Auseinandersetzung mit dem Medium Fernsehen. Erst später sollte der überarbeitete Text mit dem prägnanten Kurztitel „Encoding/Decoding" (1980) eine besondere Wirkmächtigkeit in einem breiteren Kontext zeigen. Der Essay war eine Untersuchung der rezeptiven Dimensionen und Codierungen nicht nur des Mediums Fernsehen, sondern von Medien schlechthin. Er betrachtete die Fähigkeit von Medien, ideologische Muster zu transportieren. Zugleich analysierte er die Rolle des Publikums und welche Strategien zur Dekodierung der Inhalte und Repräsentationen die Rezipient*innen haben.

Die Unsichtbarkeit von bestimmten gesellschaftlichen Realitäten wurde neu verhandelt durch die Präsenz von sich rasch entwickelnden Medienformaten. Das, was die Kamera nicht zeigte und die Sprecher*innen nicht sagten, war für Hall gerade ein Zeugnis beredter Ausgrenzung relevanter gesellschaftlicher Diskurse. (Dazu dieses anekdotische Zitat Stuart Halls: „Man erzählt sich, dass zur Zeit von Lord Reith, als BBC-Nachrichtensprecher noch im Smoking und mit schwarzem Schlips erschienen, ein Ansager tatsächlich eines Abends auftrat und sagte: ‚Es gibt heute keine Nachrichten.'") (Hall 1989, S. 1).

Später wurden Halls Arbeiten und die der anderen Autor*innen des Centrum als *British Cultural Studies* bekannt für ihre Untersuchungen medien- und massenkultureller Phänomene. Die Cultural Studies galten als einflussreiche Form postmarxistischer Kulturwissenschaft, welche dem bei Karl Marx unterschätzten Kulturbegriff eine neue Wirkmächtigkeit verschaffen sollte.

Hall interessierte sich dabei vor allem für die Frage wie Widerstand überhaupt möglich ist in einer medialisierten Welt, die fortwährend sorgfältig illuminierte Versprechungen und Reize aussendet. Dabei ging er bewusst nicht, wie viele Vertreter der Frankfurter Schule, den Weg einer grundlegend pessimistischen Einstellung gegenüber der sogenannten Kulturindustrie. Theodor W. Adorno sah bekanntlich eher eine Kontinuität alter Muster, gar eine Anti-Aufklärung, als das Auftauchen neuer medialer Phänomene: „Was in der Kulturindustrie als Fortschritt auftritt, das unablässig Neue, das sie offeriert, bleibt die Umkleidung eines Immergleichen" (Adorno 2002, S. 203).

Diese pessimistische Perspektive hat die postmoderne Medienanalyse vielfältig geprägt. Die Analyse der Widerstandskraft der Rezipient*innen, wie sie bei Hall auftaucht, betont jedoch eher eine dynamische Sicht. Die widerständigen Potenziale des Konsums, sich gegen eingeschriebene Lesarten zu wehren oder sie zu modifizieren, stehen in seinem Schlüsselwerk prominent im Mittelpunkt.

Der Text „Encoding/Decoding" gehört zu den Schlüsselwerken der Kommunikationsforschung im 20. Jahrhundert, da er Produzent*innen und Rezipient*innen in einem Wechselverhältnis begreift, in dem es um Aushandlungs- und Deutungsprozesse geht, bezogen auf die Diskursivität von Codes und Bedeutungsverschiebungen.

In Halls *Encoding/Decoding Model* nehmen Produzent*innen und Publikum bestimmte Rollen ein, die ihnen Handlungsspielraum gewähren. Und sei es nur ein reflektierender, der das Wahr- und Aufgenommene anders decodiert als vorgesehen. Den Prozess des Decodierens kann man auch als Übersetzung auffassen. Der Empfänger der Information hat verschiedene Möglichkeiten des Dekodierens, die Hall als „dominated", „negiotated" und „oppositional" kategorisiert.

Stuart Hall beginnt seinen Text mit einem Hinweis auf die Forschung zur Massenkommunikation und traditioneller Sichtweisen auf Kommunikationsmodelle:

> „Traditionally, mass communication research has conceptualized the process of communication in terms of a circulation circuit or loop. This model has been criticized for its linearity – sender/message/receiver – for its concentration on the level of message exchange and for the absence of a structured conception of the different moments as a complex structure of relations." (Hall 1980, S. 117)

Obgleich sich der Autor in seinem Text selbst nicht gänzlich von den Strukturen des Sender-Empfänger-Denkens löst, bleibt diese Ähnlichkeit lediglich eine „strategische Intervention", wie Oliver Marchart betont (Marchart 2008, S. 144 f.). Das Encoding/Decoding-Model beschreibt die Verschlüsselungsstrategien der Produzent*innen sowie die aktive Rolle von Rezipient*innen im Dekodierungsprozess von Nachrichten und Informationen. Dabei betrachtet Hall den sozialen Kontext der Rezipient*innen und formuliert Potenziale von „collective actions", um andere Lesarten sichtbar zu machen.

Hall hatte seinen Aufsatz aus einem Manuskript ausgearbeitet, das er für einen Vortrag am Zentrum für Massenkommunikationsforschung an der University of Leicester verwendet hatte. Dort, so noch einmal Oliver Marchart, hätte es eine „empirisch-positivistische" (ebd., S. 144) Ausrichtung gegeben, und daher wäre Hall einen Kompromiss eingegangen, um seine Thesen anschlussfähig zu machen an „herkömmliche Kommunikationsmodelle" (ebd., S. 145), wobei er mit einer subtilen Polemik genau diese zu unterwandern versucht hatte.

Hall geht von einem genuin politischen Standpunkt aus, in dem er die Bedeutungsproduktion durch mediale Kommunikation als eine Art Ritual begreift, in welchem Apparate, Technik, Sprache und Inhalte eine Kette von Stationen bilden, durch die Kommunikation aufgrund der Produktion von Symbolen entsteht. Er spricht von Praktiken, die gleichwohl, jede für sich, Station für Station, das Potenzial haben, selbstständig zu existieren und autonom zu sein. Die verschiedenen Stadien der Kodierungs- und Dekodierungsprozesse arbeiten nach ihren eigenen Determinanten und sind zugleich unabdingbar für das Zustandekommen von Kommunikation.

Hall verweist in seinem Aufsatz hierbei auf Karl Marx „Das Kapital" (vgl. Marx 1872/2013) und auf das Schema „production – distribution – production" (Hall 1980, S. 117). Auch hier jedoch nimmt er eine wichtige Differenzierung vor. „Hall grenzt sich nämlich von traditionellen marxistischen Vorstellungen ab, die Sprache, Ideologie und Kultur als sekundäre Prozesse auffassen, die von sozioökonomischen Prozessen determiniert werden.(…) Bei Marx (…) findet er die Vorstellung, dass nicht nur die Produktion die Konsumtion determiniert, sondern ebenso die Konsumtion die Produktion. Übertragen auf den Prozess der Massenkommunikation bedeutet dies, dass jede Komponente im Prozess der Kommunikation, ‚encoding' und ‚decoding', als Artikulation begriffen werden muss, als relativ autonomes Geschehen, von dem nicht automatisch der nächste Schritt abgelesen werden kann" (Winter 1997, S. 51).

In der Folge betont Hall die Besonderheit von diskursiven Produktionen; sie gehen besondere Formen ein und sind in ihrer Spezifität sichtbar in allen Stadien ihres Zustandekommens. Das mag zunächst abstrakt klingen, vermittelt aber die besondere Denkweise Halls. Sie löst sich bewusst von den zuweilen simplifizierenden Marx'schen Kategorien und modifiziert sie.

Hall betont, dass das Objekt dieser medialen Vermittlungspraktiken Bedeutung („meaning") ist und dass Bedeutung auf besondere Weise organisiert wird. In der

Folge kommt Hall auf den Begriff Übersetzung („translation"), der vielleicht zur weitsichtigsten Vokabel seines Textes gehört. Bedeutung ist nicht einfach gegeben. Sie muss übersetzt werden, einmal im Prozess der Encodierung selbst, sodann auf Seiten der Rezipient*innen. „Once accomplished, the discourse must then be translated – transformed, again – into social practices if the circuit is to be both completed and effective. If no ‚meaning' is taken, there can be no ‚consumption'. If the meaning is not articulated in practice, it has no effect" (Hall 1980, S. 117).

Was diese Praxis genau darstellt und wie Bedeutung dort genau artikuliert wird, so könnte man aus heutiger Sicht skeptisch anmerken, wird nicht ganz deutlich. Die Formulierung referiert offensichtlich auf einige der populären Formulierungen linker Theorie jener Jahre, in der häufig die utopisch-idealistische Vorstellung von den widerständigen Praktiken ausgebeuteter Milieus beschrieben wurde, ohne dass es zu einer genaueren Sichtung der möglichen Realitäten und tatsächlichen Ausformungen dieser ‚Praktiken' gekommen wäre. (Die Benennung von Einzelbeispielen kann hier einer breiten quantitativen Leerstelle an Erfolgsbeispielen wenig entgegensetzen.)

Hall fällt aber nicht in die Untiefen einer solchen unscharfen Diskussion, sondern bleibt dicht an der Beschreibung seines Kommunikationsmodells, indem er strukturiert der ‚Form der Nachricht' folgt und ihrer ‚Form der Erscheinung' von der Quelle bis zum Empfänger. Das Besondere an seiner Darstellung ist, dass dieser Prozess vor dem Hintergrund einer diskursiven gesellschaftlichen Totalität stattfindet. „Der Kommunikationsprozess stellt sich dann wie folgt dar: Ein auftretendes Ereignis wird von einem medialen Apparat auf Basis der diesem Apparat gemäßen Regeln und Diskurse in ‚Nachrichtenform' gebracht, zugleich aber vor dem Hintergrund des *allgemeinen* gesellschaftlichen Diskurshorizontes, also bestimmter zur Verfügung stehender Kodes mit Bedeutung ausgestattet" (Marchart 2008, S. 145).

Der hier angesprochene „allgemeine gesellschaftliche Diskurshorizont" ist die dem Text Halls eingeschriebene große Perspektive, welche Kommunikation in einen Zusammenhang mit sozialen Beziehungen und Interaktionsprozessen in der Gesellschaft setzt. Mit dieser totalen Perspektive zu operieren, mag heute gewagt erscheinen. Es zeigt jedoch einmal mehr den genuin politischen Charakter seines Modells auf. Dabei enthält sich Hall weitgehend moralischer Kategorien. Anders als etwa bei Theodor W. Adorno oder Max Horkheimer sind die Produzent*innen nicht sofort einklassifiziert als Akteure einer Anti-Aufklärung. Hall belässt es zunächst bei einer strukturellen Beschreibung. So betont er (vgl. Hall 1980, S. 118), dass die Produzent*innen etwa im TV oder Radio gezwungen sind, fortwährend Inhalte zu produzieren und somit einen Arbeitsprozess in Gang zu setzen, der die mediale Kommunikationsschleife in Bewegung hält.

Dieser fortwährende Produktionsprozess erzeugt Bedeutung. Das Wissen der Medieninstitutionen, die historisch gewachsenen Techniken der Reproduktion von Sprache, Bildern und Nachrichten ebenso wie die in diesen Traditionen einge-schriebenen Ideologien formen Diskurse. Es sind wirkmächtige Diskurse, weil sie nicht nur inhaltliche und ideologische Muster transportieren, sondern ein techni-sches System repräsentieren, das weit mehr darstellt als ein Transmissionsinstru-ment. Vor allem *erzeugen* sie ein Publikum, sie stellen es in gewisser Weise über-haupt erst her. Das Publikum („audience") ist dabei nicht nur ein passiver Empfänger innerhalb der Kommunikationsschleife, sondern erzeugt in der Art und Weise der Rezeption und des Medienkonsums „feedbacks". Diese wirken wiede-rum auf den Produktionsprozess ein. Aufschlussreich ist hier, dass Hall das „feed-back" des Publikums auf den Bereich der Rezeption und des Konsums einschränkt (vgl. ebd., S. 119), ganz im Sinne der technischen Medienrealitäten zur Entste-hungszeit des Textes.

Von heute aus betrachtet, die zahlreichen Möglichkeiten der Reaktionen von Zuschauer*innen im digitalen Raum bedenkend, ist die Reaktionsfähigkeit des Pu-blikums ins Unermessliche gewachsen und scheint der zentrale Treiber von Me-dieninnovationen zu sein. Gleichzeitig ist zu beobachten, dass Hall hellsichtig in seinem Modell erkannt hatte, dass die „feedbacks" des Publikums freilich auch Verstärker von ideologischen Implikationen sein können. Mehr denn je zeigt sich gegenwärtig, dass Medienproduktion und Medienkonsum keine Opponenten sind, sondern vielmehr eine gemeinsame Produktionsstätte für Bedeutung. „Thus – to borrow Marx' terms – circulation and reception are, indeed, ‚moments' of the pro-duction process in television and reincorporated, via a number of skewed and struc-tured ‚feedbacks', into the production process itself. The consumption or reception of the television message is thus also itself a ‚moment' of the production process in a larger sense (…)." (ebd.)

Hall konstatiert in der Folge, dass es auf Seiten der Produzent*innen Muster des Einkodierens gibt, die, zunächst einmal entlang bestimmter Normen, einen Bedeu-tung erzeugenden Diskurs hervorbringen. Als solcher kann dieser dann auf der Seite der Empfänger*innen dekodiert werden. Man könnte auch von einer gewis-sen Wiedererkennbarkeit sprechen, möglicherweise auch von einer Vertrautheit inhaltlicher, performativer und habitueller Muster.

Die Geschichte des Fernsehens war von Anfang an geprägt von solchen Forma-tionen der Ähnlichkeit, von einer Ansprache, die ebenso künstlich wie vertraut war. Allein durch die Art und Weise der Repräsentation von Sprecher*innen und Bild-motiven, der Aufbereitung von Informationen von Nachrichten und Informationen entstand das Phänomen einer artifiziellen Repräsentation von ‚Wirklichkeit', die erstaunlicherweise durch die permanente Wiederholung ihrer spezifischen Inszenierungen auf Akzeptanz stieß. (Bis heute ist beispielsweise die Sprachmodulation von Nachrichtensprecher*innen im Fernsehen weit entfernt von jeder Ähnlichkeit zu den ‚Tonlagen' der Alltagssprache, wobei offenbar der besondere Grad des Künstlichen als Merkmal von Seriosität verstanden und goutiert wird.)

Hall präsentiert in seinem Aufsatz in der Folge ein Schaubild, das seitdem unzählige Male zitiert und aus dem Text herausgelöst präsentiert wurde. Häufig mit Bezeichnungen und Eintragungen versehen, die im Original gar nicht vorkommen. So wurden etwa Begriffe wie „Sender" und „Empfänger" (vgl. exemplarisch Assmann 2008, S. 88) eingefügt, die in Halls Schaubild nicht auftauchen.

Aus heutiger Sicht eher verwirrend sind die Direktionspfeile des Schaubilds, die von der Seite der Produzent*innen zum Publikum führen – als sei der Prozess des Dekodierens nicht von permanenten Feedbacks und Reaktionen geprägt. Gerade im digitalen Zeitalter wird das noch evidenter. Zugleich ergeben sie Sinn in der Logik von Stuart Halls Argumentation. Denn ihn interessiert, was auf dem Weg zwischen der Produktion von enkodierten Bedeutungen und ihrer Dekodierung passiert; dazu benötigt er die vereinfachte Darstellung des Weges von einer Seite zu einer anderen.

Unterteilt in „Bedeutungsstrukturen I" (meaning structures 1) und „Bedeutungsstrukturen II" (meaning structures 2) zeigt das Schaubild an, dass auf beiden Seiten Wissensrahmen, Produktionsverhältnisse und technische Infrastrukturen existieren, die den Prozess des Enkodierens und Dekodierens begleiten und ermöglichen. Obgleich sie mit denselben Begriffen bezeichnet werden, betont Hall, dass sie sich auf der Ebene der Codes unterscheiden. Das Vermittelte und das Aufgefasste sind nicht identisch, sondern vielmehr asymmetrisch. „The codes of encoding and decoding may not be perfectly symmetrical" (Hall 1980, S. 119). Aufschlussreich ist hier die Formulierung „not be perfectly symmetrical." Das heißt, dass die Seiten grundsätzlich als symmetrisch gedacht werden müssen. Sie sind nicht „perfekt symmetrisch". Es sind lediglich Schwankungen und kleine Verschiebungen, welche den diskursiven Austausch in ein Ungleichgewicht setzen. Hier liegt eine zuweilen übersehene Differenzierung bei Stuart Hall vor, die gerade mit dem Wissen von heute als bedeutsam erscheint. Die Kluft in der Vermittlung von Codes und im Prozess des Enkodierens und Dekodierens ist eher eine subtile Kluft.

In seiner weiteren Argumentation geht Hall auch auf die Fallstricke des Begriffes „content" (Inhalt) ein, der mittlerweile auch im Deutschen beheimatet ist. Als ökonomisch und marketingspezifisch geprägter Begriff steht „content" heute für jene Formate von Unterhaltung, Infotainment, Visualisierung, die nicht nur sich selbst repräsentieren, sondern Bindungsvehikel sind, die das Publikum an Marken-, Werbe- oder Ideologiebotschaften anschließen soll. Es sind Repräsentationen tiefer liegender Informationsstrukturen, welche auf geschickte Art und Weise die

Erkenntnisfähigkeit des Publikums antizipieren. Statt direkt ‚zu sagen, was ist‘, wird über den Umweg „content production" eine Informationsebene inszeniert, die nur scheinbar dem Zweck dient, welcher beschrieben wird. Hall hat diesen ausufernden und sich immer weiter ausdifferenzierenden Prozess der Camouflage-Content-Produktion frühzeitig erkannt (vgl. ebd., S. 120).

Hall sieht in seinem Text den Eintritt in eine „aufregende Phase" einer neuen Forschungsausrichtung, dem „audience research" (Publikumsforschung). Bewusst setzt er sich hierbei von behavioristischen Erklärungen von Medienrezeption ab. (vgl. ebd.) Weniger die Reize und Stimulationen von Medien wie dem Fernsehen sind für ihn von Interesse. Vielmehr beschäftigt ihn die scheinbare Abbildung von Realität, die Transformation von Dreidimensionalität in die mediale Zweidimensionalität bei gleichzeitiger Intention, ‚Wirklichkeit‘ zu zeigen. (Was dem im deutschen Wort enthaltenen ‚wirken‘ in diesem Kontext eine besondere Bedeutung zukommen lässt.) Die Aufklärung über diese spezifische mediale Wirkung fasst er in eine ironische Metapher: „The dog in the film can bark, not bite!" (ebd., S. 121).

Im Zentrum steht für Stuart Hall das Verhältnis zwischen Realität und Diskurs, zwischen der Sprache und der Codes, die diese Realität vermitteln, und ihre Kommunikation durch Medien wie das Fernsehen. „Reality exists outside language, but it is constantly mediated by and through language: and what we can know and say has to be produced in and through discourse." (ebd.) Die kulturwissenschaftlich spannende Frage, die er im Weiteren aufwirft, ist die nach der kulturellen Verfasstheit der Codes, die in diesen Wechselverhältnissen verwendet werden. Vereinfacht gesagt: welche Codes werden von Medien als bekannt, gegeben oder erlernt vorausgesetzt und wen adressieren die vermittelten Diskurse? Wen schließen sie aus? Und welche Gruppen markieren sie als marginalisiert? In vielen anderen Arbeiten Stuart Halls wird immer wieder auf diese subtilen wie offensichtlichen Ausschlussprozesse referiert. Auf Dimensionen des „Otherings" ebenso wie auf die rassistischen Aspekte dieser (medialen) Ausschlussverfahren (vgl. exemplarisch Hall 1997).

Hall referiert auf die Gewöhnung an Zeichen und Codes, die immer wieder in bestimmter Weise wiederholt werden. Im Anschluss an eine semiotische Argumentation Umberto Ecos weist Hall darauf hin, dass ikonische Zeichen lediglich wie reale Objekte der Realität aussehen. Tatsächlich wiederholen sie aber nur eingeführte Rituale und Wiederholungen der Wahrnehmung auf Seiten der Rezipient*innen (vgl. Hall 1980, S. 121). Sie erzählen also weniger über die Realität als über unsere Sehgewohnheiten und die Konditionen wie sie entstanden sind. Trotzdem erscheinen sie uns als „natürlich". Ihre Konstruktionen sind nicht ohne weiteres sichtbar oder aufklärbar; insbesondere deswegen nicht, da ikonische Fabrikationen wie etwa im Fernsehen, Kino oder heute in Medien wie Youtube,

Facebook, Twitter etc. eine überwältigende Geschwindigkeit und schnell geschnittenen Abwechslungsreichtum zeigen. Das heißt, dass das „Lesen" von medialer Konstruiertheit und als „natürlich" fabrizierte Codes eher komplexer als einfacher geworden ist.

Diese verhandelten Codes, so Hall, wurzeln tief in kulturellen Praktiken und Assoziationen. Um dies zu illustrieren, wählt Hall, in Referenz auf Roland Barthes, ein Beispiel aus der Werbung und Modeindustrie (vgl. ebd., S. 123). Er dekliniert die Repräsentationen eines Pullovers („sweater") durch. Das visualisierte Zeichen eines Pullovers weckt Assoziationen wie „ein wärmendes Kleidungsstück" mit der Ableitung „es hält warm" man könnte aber auch daran denken, das Zeichen betrachtend, dass bald der Winter kommt oder heute ein kalter Tag ist. Gleichwohl sind auch Lesarten als teures Fashion Objekt oder legeres Kleidungsstück möglich. Bezogen auf eine romantische Träumerei könnte der Pullover freilich auch Ausdruck einer Sehnsucht für einen „long autumn walk in the woods" (ebd.) sein.

Je nachdem, welche Lesart und Assoziationsfelder dem Rezipienten einfallen, lässt sich eine Versammlung von Spuren nachvollziehen, die in bestimmte ideologische Muster und Wertvorstellungen der Gesellschaft führen. Es sind kulturell gewachsene Assoziationsfelder, die durch Filme, Bücher und andere mediale Repräsentationen geformt wurden. In ihnen sind bestimmte Vorstellungen von Macht, Geschmack, Ästhetik und Geschichte eingeschrieben, bestimmte Semantiken und linguistische Traditionen. Sie sind, so Hall, nie frei von ideologischen Setzungen und Fragmenten.

Diese Konnotationen und Assoziationen, folgert Hall, bilden in einer Gesellschaft eine „dominant cultural order" (ebd.) Diese dominante kulturelle Ordnung dient als Referenzraum, ähnlich wie eine Land- oder Stadtkarte, für die Bewertung und Rezeption von Medieninhalten. Hall weist hier ausdrücklich darauf hin, warum er den Begriff „dominant" wählt, statt über Determinierung zu sprechen. „We say *dominant*, not ‚determined', because it is always possible to order, classify, assign, and decode an event within more than one ‚mapping'" (ebd.).

Hier wendet der Text seine analysierenden Positionen in Perspektiven des Aushandelns erweiterter Optionen der Rezeption. Anders als in vielen Arbeiten der Frankfurter Schule, verzichtet Hall auf die Behauptung, innerhalb eines gegebenen kapitalistischen Wirtschaftssystems seien alle Handlungen von Konsument*innen determiniert und daher kaum zu verändern, solange das System sich nicht ändert. Im Gegenteil lotet Hall Möglichkeiten von Lesarten und Reaktionen des Publikums aus, die als potenzielle Opposition gegenüber den dominanten Diskursen verstanden werden können. Zentral beschreibt er dabei die Befähigung zum Lesen der Zeichen („reading"). Genauer gesagt, die Fähigkeit, die rezipierten Zeichen in Beziehung zu setzen zu sich selbst und zu anderen Zeichensystemen (vgl. ebd.,

S. 124). Dabei kann es dann zu Kollisionen kommen mit den von den Produzent*innen intendierten Botschaften.

Konkret bezieht sich Hall hier auf die Fernsehproduzenten, die nichts so sehr fürchten als dass ihre Nachrichten „nicht richtig rüberkommen", „failing to get across" (ebd.). Es sollen keine Missverständnisse produziert werden, sondern Eindeutigkeiten. Perfekte, transparente Kommunikation ist das Ziel, so Hall. Dass das Publikum Begriffe nicht versteht, Zusammenhänge falsch interpretiert oder zu Schlussfolgerungen kommt, die nicht beabsichtigt waren, wird dann zum Problem, wenn es zu massiven Kollisionen zwischen den Feldern 1 und 2 kommt. Dabei hat Hall nicht so sehr vereinzelte und individuelle Lesarten im Blick; im Gegenteil, er hält die Diskussion über selektive Wahrnehmungen für seinen Modellansatz nicht zielführend.

Halls Interesse an asymmetrischen Lesarten von dominanten Codes zielt auf eine strukturelle Differenz, auf Aneignungsstrategien, die nicht lediglich durch Zufall oder individuelle Verfasstheiten vom intendierten Dekodieren abweicht. Vielmehr scheint er eine nicht zwingend folgerichtige Korrespondenz zwischen Sender und Empfänger zu favorisieren, als ein potenzielles Feld für Opposition und Widerstand. In diesem Kontext formuliert Hall drei hypothetische Positionen, die das asymmetrische Verhältnis zwischen TV-Produktion und Publikum beschreiben.

Die erste hypothetische Position, die Hall aufstellt, ist die Annahme einer kompletten Übernahme der dominanten, hegemonialen Position des vermittelnden Codes auf Seiten der Betrachter*innen. Eine Dekodierung also auf Basis der enkodierten Intentionen. Was auch die Akzeptanz einer dominanten kulturellen Ordnung bedeutet, welche vermittelt wird. Das wäre der ideale Fall, der Logik des Vermittlungssystems zufolge, einer perfekten transparenten Kommunikation („perfectly transparent communication") (ebd., S. 125). Diese Kommunikation sieht Hall vor allem im Kontext spezieller elitärer Wert- und Normsetzungen, welche hegemoniale Diskurse stärken bzw. hervorbringen.

Die zweite Position bezeichnet Hall als verhandelte Codes („negotiated code"). Hier geht es Hall vor allem um die gegebene Legitimierung von vermittelten Codes und Diskursen. Es werden nicht nur Wertsetzungen und Bewertungen vermittelt, sondern auch die Bestätigungen und scheinbare Fundierung dieser Diskurse in Geschichte, Politik und Kultur einer Gesellschaft (vgl. ebd., S. 126). Aller Widersprüche zum Trotz erscheinen diese Codes als tief verankert, akzeptiert und geradezu nicht mehr hinterfragbar. Hegemoniale Sichtweisen werden hierbei jedweder Neuaushandlung entzogen und präsentieren sich als fest gegründete Argumentationen. So wählt Hall als Beispiel die Situation von streikenden Arbeitern, welche sich mit dem medial vermittelten Argument konfrontiert sehen, dass Streiks schädlich für die Wirtschaft sind und Inflation begünstigen. Der Wille zu streiken, wird als eine kritische Opposition gewertet, geradezu als eine fehlgeleitete Kommunikation, die dem allgemeinen Willen angeblich entgegensteht.

Die letzte Position wagt einen Blick auf eine globale Dimension. Hall bezieht sich auf einen Dekodierungsprozess, der etwa die Situation von Arbeiter*innen als nicht-individuell, sondern als Klassenproblem begreift. „This is the case of the viewer who listens do a debate on the need to limit wages but ‚reads' every mention of the ‚national interest' as ‚class interest'. He/she is operating with what we must call an *oppositional code*. One of the most significant political moments (…) is the point when events which are normally signified and decoded in a negiotated way begin to be given an oppositional reading" (ebd., S. 127).

Kurz darauf schließt der Text, wobei gerade hier im Bereich eines Widerstands durch Dekodierungen im Sinne einer oppositionellen Wahrnehmung eine vertiefende und ausführlichere Darlegung nahe gelegen hätte. Da auch keine Daten für diesen Prozess hinterlegt sind, verbleibt diese Position in einer gewissen idealistischen Unschärfe. Wie vollzieht sich diese oppositionelle Lektüre? Was sind vor allem ihre Auslöser? Reicht in dem Zusammenhang die theoretische Annahme einer Asymmetrie zwischen Kodierung und Dekodierung? Offen bleiben auch Fragen wie etwa die Produzent*innen selbst zu Partner*innen solcher kritischen Lektüre der Realität werden könnten. Die binäre Setzung verhindert an vielen Stellen Überlegungen zu kooperativen Modellen, die im Internet-Zeitalter durchaus an Gestalt gewonnen haben.

3 Bezug zum Gesamtwerk des Autors

Stuart Hall hat sich in seinen Veröffentlichungen, Essays, Studien, Aufsätzen und Büchern mit zahlreichen Themenfeldern beschäftigt, welche um die Trias Kultur, Macht und Identität kreisen. Auseinandersetzungen mit Rassismus, Othering und Ausgrenzungsstrukturen spielen dabei eine zentrale Rolle vor dem Hintergrund der Kolonialgeschichte (Hall 1993). Vor allem in den Essays des Spätwerks, wie etwa in „Cultural Identity and Diaspora" (Hall 1996), umkreist er Fragen nach Identitätspolitiken und verweist auf die Differenzen von Erinnerung und Wahrnehmung.

Sein besonders in den siebziger Jahren des 20. Jahrhunderts starkes Interesse an Sprache, Medien und Rezeption (vgl. Hall 1989), hierbei immer wieder auf die Arbeiten Antonio Gramscis referierend, bleibt als eine Konstante in seinem Werk sichtbar. Medien, inklusive des Primärmediums Sprache, waren für ihn einflussreiche Machtinstrumente (vgl. Hall 1973). Nicht nur als Vermittler von ideologischen Mustern und Interpretationen der Vergangenheit, sondern als Diskurserzeuger, die unmittelbaren Einfluss auf Wertvorstellungen und politischen Bedingungen der

Rezipient*innen nehmen. „Medien verschärfen die Frage nach den Beziehungen zur Wirklichkeit" (Karpenstein-Eßbach 2004, S. 176) und werden somit zu politischen Instrumenten, welche gleichzeitig innerhalb einer ökonomischen Produktionslogik agieren.

Anfang der siebziger Jahre schrieb Hall nicht nur den ursprünglichen Text „Encoding and Decoding in the Television Discourse", sondern beschäftigte sich auch intensiv mit verschiedenen Marx-Lektüren, etwa „A ‚Reading' of Marx's 1857 Introduction to the Grundrisse" (Hall 1973). Diese Dimension ist entscheidend für das Verständnis des Schlüsselwerks. Marx wird in dem Essay Encoding/Decoding mehrfach erwähnt, jedoch eher im Sinne eine Spezifizierung und Neubewertung seiner Thesen zur Produktion im Kontext einer neuen Mediensichtung, nämlich dem Fernsehen, das es im 19. Jahrhundert noch nicht gab. Auch der Verweis auf die Klassenrolle der Rezipient*innen zeigt die Marx-Lektüre an. Es spricht hier einiges dafür, von einer post-marxistischen Perspektive zu sprechen, da Hall Themen und Argumente aufgreift, die aufs engste mit technischen und ideologischen Bedingungen und Mustern der zweiten Hälfte des 20. Jahrhunderts verbunden sind und hier eine entsprechende Bewertung erfahren. Das freilich auch die unmittelbaren Realitäten einer pervertierten marxistischen Lektüre innerhalb der politischen Realität von Ländern wie China, Kambodscha, der Sowjetunion und Albanien in die Jahre des Entstehungstextes fällt, sollte heute mitgedacht werden. Die Sensibilität für die Inanspruchnahme des Marxschen Werkes innerhalb totalitärer Systeme gilt es heute zu reflektieren, gerade weil es um die Themenfelder Ideologie, Einfluss und Vermittlung geht. Dies ist keine Beschädigung der intellektuellen Positionen von Stuart Hall, sondern die Einbeziehung einer historisch-politischen Dimension, die erst aus der zeitlichen Distanz von heute zeigt, wie die Marxschen Theorien innerhalb kommunistischer Diktaturen missbraucht wurden und wie zaghaft westliche Intellektuelle damals auf diesen Missbrauch reagierten.

4   Wirkungsgeschichte und Kritik

Der Text „Encoding/Decoding" dürfte zu den meistzitierten Texten im Werk Stuart Halls zählen. Häufig reduziert sich leider der Charakter des Zitats auf das berühmte, im Text abgebildete Schaubild. Mit dementsprechend verkürzten Erklärungen und Deutungen. Der Text hatte eine große Wirkung innerhalb der Cultural Studies, der Media Studies, der Kulturwissenschaften ebenso wie in der Kommunikationswissenschaft.

Autoren wie John Fiske schlossen in ihren Arbeiten an den emanzipatorischen Rezipientenbegriff an (vgl. Fiske 1989), etwa in der Konstruktion des „active readers", aber auch in den Filmwissenschaften (vgl. exemplarisch Staiger 1992) oder in der kulturellen Praxis hat sein Aufsatz Spuren hinterlassen. Autoren wie Lawrence Grossberg bezogen sich auf Halls Gedanken der „Entstehung, Auflösung und Neuschaffung von Kontexten" (Grossberg 2000, S. 26).

Zudem wurden Halls Ansätze auch innerhalb der Forschungsdiskussionen zur Medialität im digitalen Zeitalter wiederentdeckt. Exemplarisch können dafür die Beiträge in dem Band „Stuart Hall Lives: Cultural Studies in the Age of Digital Media" (Decherney und Sender 2014) stehen. Die Herausgeber*innen beschreiben darin auch eine überzeugende Wirkungsgeschichte von Halls Denken für die *Communication Studies*, die sinnhaft auf seine Rezeption innerhalb von Digitalitätsdiskursen hinführt. Aber auch auf die Rezeption der Cultural Studies in Deutschland hat der Text stark eingewirkt im Sinne eines zentralen Bezugstextes, etwa bei Rainer Winter (1997) und Oliver Marchart (2008).

Die Herausgeber*innen zählen den Text „Encoding/Decoding" (1980) gemeinsam mit „Notes on Deconstructing ‚the Popular' (1998) zu Grundlagentexten des Feldes (Decherney und Sender 2018). Sie ziehen einen Bogen von den Positionen von Jennifer Daryl Slacks und Lawrence Grossbergs Arbeiten, als einer Vermittlung von Halls Gedanken in die US-amerikanische Rezeption, bis hin zu den Arbeiten von Louise Woodstock und Henrik Bødker spezifisch zu Halls Encoding/Decoding-Modell. Woodstock setzt sich hierbei mit einer neuen Form von „media resisters" auseinander, also Rezipient*innen, die sich bestimmten Medientechnologien verweigern und somit neue oppositional codes entwickeln. Wohingegen Bødker stärker auf die Rolle von Social Media Nutzer*innen als aktive Opponenten eingeht, die im Feld des Digitalen Journalismus agieren und somit hegemoniale Stimmen des politischen und medialen Establishments unterwandern und mit veränderten Diskursen konfrontieren.

Auch in Österreich wurden in den letzten Jahren die Positionen Halls neu aufgegriffen und im Zusammenhang mit mehreren internationalen Konferenzen diskutiert im Sinne eines neuen Aufbruchs der Cultural Studies als Ausdifferenzierungsprogramm für verschiedene Forschungsfelder (Dorer et al. 2021). Zudem werden auch Anknüpfungspunkte an die Praxistheorie von Pierre Bourdieu diskutiert (Pillegi und Patton, 2003; Rudeloff 2013).

Mögen Halls Referenzen auf Karl Marx, Antonio Gramsci und Louis Althusser heute nicht mehr als zentrale Diskursflächen in der Kommunikationswissenschaft verstanden werden, überzeugt umso mehr die immer noch komplexe und vielfältige Art und Weise der Beschreibung Stuart Halls von kommunikativen Funktionsweisen von Medieninstitutionen. Gerade in der Auseinandersetzung mit digitalen Kommunikationen wie Social-Media-Plattformen erweist sich der Ansatz seines Encoding/Decoding-Modells als erkenntnisstiftend (vgl. Lomborg und Kapsch 2020), da das Aushandeln der Bedeutung und Codes und medialen Enkodierungen nach wie vor eine politische Schlagkraft (vgl. Shaw 2017) aufweist, die nicht allein mit moralischen Kategorien untersucht werden kann, sondern vielmehr mit nüchternen und klaren strukturellen Analyseverfahren. Die Untersuchung von hegemonialen Diskursen verläuft dabei nicht mehr in den klassischen Dimensionen von rechten oder linken Politiken, sondern zeigt hybride Formen von Macht und Ausgrenzung, in denen Produzent*innen und Rezipient*innen immer stärker miteinander verschmelzen.

Literatur

Adorno, Theodor W.: *Résumé über Kulturindustrie*. In: Pias, Claus et al. (Hrsg.): Kursbuch Medienkultur – Die maßgeblichen Theorien von Brecht bis Baudrillard. Stuttgart: DVA, 4. Auflage 2002. S. 202–208.

Assmann, Aleida (2008): *Einführung in die Kulturwissenschaften. Grundbegriffe, Themen, Fragestellungen.* 2., neu bearbeitete Auflage. Berlin: Erich Schmidt Verlag.

Brunow, D. (Hrsg.). (2015). Stuart Hall. Aktivismus, Pop und Politik. Ventil.

Decherney, P., & Sender, K. (2014). Taking the helm: Guiding Critical Studies in Media Communication Towards Increased Access and Greater Global Engagement. *Critical Studies in Media Communication, 31*(1), 1–2.

Decherney, Peter & Sender, Katherine (Hrsg.) (2018): *Stuart Hall Lives: Cultural Studies in an Age of Digital Media.* NCA Studies in Communication. Routledge.

Dorer, Johanna; Horak, Roman & Marschik, Matthias (Hrsg.) (2021): *Cultural Studies revisited.* Nordlicht/Revontulet – Aufbruch in Österreich und internationale Entwicklung. Berlin: Springer.

Fiske, John (1989): *Reading the Popular.* Boston, MA: Unwin Hyman.

Grossberg, Lawrence (2000): *What's Going On? Cultural Studies und Populärkultur.* Wien: Turia + Kant.

Hall, Stuart (1997): The Spectacle of the 'Other'. In: Hall, Stuart (Hg.), *Representation: Cultural Representations and signifying practices.* London: Sage Publications.

Hall, Stuart (1993): 'Cultural identity and diaspora', in *P. Williams and L. Chrisman (eds) Colonial Discourse and Post-colonial Theory,* London: Harvester Wheatsheaf.

Hall, Stuart (1989): Gramscis Erneuerung des Marxismus und ihre Bedeutung für die Erforschung von „Rasse" und Ethnizität. In: *Hall, Stuart, Ideologie. Kultur. Rassismus. Ausgewählte Schriften 1, Hamburg*: Argument Verlag.

Hall, Stuart (1980). Encoding/Decoding. In: *Culture, Media and Language. Working Papers in Cultural Studies,* 1972–79. Ed. by Centre for Contemporary Cultural Studies (Stuart Hall, Dorothy Hobson, Andrew Lowe and Paul Willis). London: Hutchinson. S. 117–127.

Hall, Stuart (1973): *A 'Reading' of Marx's 1857 Introduction to the Grundrisse.* Discussion Paper. University of Birmingham, Birmingham.

Hall, S. (1996) „Cultural Identity and Diaspora". In Contemporary Postcolonial Theory: A Reader. Padmini Mongia. (Ed.). Arnold: 110-121.

Karpenstein-Eßbach, C. (2004). Einführung in die Kulturwissenschaft der Medien. Fink.

Lomborg, Stine & Kapsch, Patrick (2020): Decoding algorithms. In: Media, Culture & Society 2020, Vol. 42(5). S. 745–761.

Marchart, Oliver (2008): *Cultural Studies.* Konstanz: UTB.

Marx, Karl (1872/2013): *Das Kapital.* Ungekürzte Ausgabe nach der zweiten Auflage von 1872. Köln: Anaconda Verlag.

Pileggi, M., & Patton, C. (2003). Introduction: Bourdieu and cultural studies. Cultural studies, 17(3-4), 313-325.

Rudeloff, C. (2013). Mediensystem und journalistisches Feld. Eine Bestandsaufnahme vor dem Hintergrund der Medienökonomisierungsdebatte. Münster: LIT.

Shaw, Adrienne (2017): Encoding and Decoding Affordances: Stuart Hall and interactive media technologies. In: Media, Culture & Society 2017, Vol. 39(4). S. 592–60.

Schwarz, Bill (2015): Grußwort. In: Brunow, Dagmar (Hrsg.) (2015): *Stuart Hall. Aktivismus, Pop und Politik.* Mainz: Ventil Verlag.

Staiger, Janet (1992): *Film, Reception and Cultural Studies.* The Centennial Review Vol. 36, No. 1, CULTURAL STUDIES, pp. 89–104. Michigan State University Press.

Winter, Rainer (1997): Cultural Studies als kritische Medienanalyse. Vom encoding/decoding-Modell zur Diskursanalyse. In: Hepp, A. & Winter, R. (Hrsg.): *Kultur – Medien – Macht. Cultural Studies und Medienanalyse.* Opladen: Westdeutscher Verlag, 1997. S. 47–64.

Theorie des kommunikativen Handelns

von Jürgen Habermas (1981)

Floris Biskamp

Zusammenfassung

Die „Theorie des kommunikativen Handelns" (TkH) ist das Hauptwerk von Jürgen Habermas, dem wohl einflussreichsten Denker der Bundesrepublik Deutschland. Im Zentrum des Buchs steht das Konzept der kommunikativen Rationalität: Wer Sprache benutze, setze immer die Möglichkeit von rationalem Austausch voraus. Je freier der Austausch von Argumenten stattfinden könne, desto mehr Rationalität und Freiheit werde ermöglicht. In der Lebenswelt moderner Gesellschaften sei solche Rationalisierung so weit fortgeschritten wie nie zuvor. Zugleich sei die Rationalität aber auch begrenzt und bedroht. Die gesellschaftlichen Subsysteme von kapitalistischer Ökonomie und modernem Staat seien gut geeignet, die materielle Reproduktion zu gewährleisten, die Lebenswelt dadurch von diesen Aufgaben zu entlasten und Freiheit zu ermöglichen. Ihre Steuerungsmechanismen Geld und administrative Macht hätten aber auch die Tendenz, auf die Lebenswelt überzugreifen, diese zu kolonialisieren und Kommunikation zu verdrängen. Habermas' Werk wurde und wird bis heute in all seinen Aspekten intensiv diskutiert – in der Kommunikationswissenschaft ebenso wie in zahlreichen anderen sozial- und geisteswissenschaftlichen Disziplinen. Der vorliegende Text fasst die wichtigsten Hintergründe, Argumente und Gegenargumente zusammen.

F. Biskamp (✉)
Katholische Universität, Eichstätt, Deutschland
E-Mail: floris.biskamp@ku.de

© Der/die Autor(en), exklusiv lizenziert an Springer Fachmedien Wiesbaden GmbH, ein Teil von Springer Nature 2022
R. Spiller et al. (Hrsg.), *Schlüsselwerke: Theorien (in) der Kommunikationswissenschaft*, https://doi.org/10.1007/978-3-658-37354-2_22

Schlüsselwörter

Habermas · Diskurs · Diskurstheorie · Kommunikatives Handeln ·
Kommunikative Rationalität

1   Kurzbiografie

Jürgen Habermas ist einer der einflussreichsten Intellektuellen der Bundesrepublik
Deutschland – sowohl national als auch international (Corchia et al. 2019). 1929
geboren ist er, wie die Bundesrepublik selbst, ein Kind des Nationalsozialsozialis-
mus, in dessen Herrschaftszeit ein Großteil seiner Kindheit und Jugend fielen, sowie ein „Produkt der Reeducation", als das er (1981c, S. 513) sich ironisch selbst
bezeichnet (Wiggershaus 2004, S. 7–17; Müller Doohm 2008, S. 11–16). Dieser
Vorgeschichte entsprechend ist sein Wirken von den ersten Veröffentlichungen bis
heute darauf gerichtet, Demokratie und Menschenwürde gegen autoritäre Bedrohungen zu verteidigen. Dies tut er nicht, indem er Nationalsozialismus und Totali-
tarismus ins Zentrum seiner Arbeit stellt. Vielmehr ist sein Denken durch das Bestreben geprägt, den normativen Kern der Demokratie theoretisch zu rekonstruieren
und publizistisch zu verteidigen. Diesen Kern verortet er in den befreienden und
rationalisierenden Potenzialen öffentlicher Kommunikation und Argumentation
(Brunkhorst und Müller-Doohm 2009, S. 1–3).

Habermas wuchs im Bergischen Land auf und studierte von 1949 bis 1954 in
Göttingen, Zürich und Bonn, hauptsächlich Philosophie. 1954 wurde er in Bonn
von Erich Rothacker und Oskar Becker mit einer Arbeit über den Schelling'schen
Idealismus promoviert (Wiggershaus 2004, S. 18–37; Müller Doohm 2008,
S. 17–23). Schon in dieser Zeit fand er erstmals breitere Beachtung als öffentlicher
Intellektueller, als er Martin Heiddegger in einem Beitrag in der Frankfurter Allge-
meinen Zeitung für dessen Haltung zum Nationalsozialismus kritisierte (Müller
Doohm 2008, S. 21–22; Brunkhorst und Müller-Doohm 2009, S. 3). Ebenfalls in
der Bonner Zeit lernte er Karl-Otto Apel kennen, mit dem gemeinsam er später das
Konzept kommunikativer Rationalität und die darauf aufbauende Diskursethik
entwickelte (Wiggershaus 2004, S. 26–27; Brunkhorst und Müller-Doohm
2009, S. 10).

Nach seiner Promotion arbeitete er als Journalist und traf im Rahmen dieser
Tätigkeit Theodor W. Adorno, der Habermas ans Frankfurter Institut für
Sozialforschung holte und dort zu seinem Assistenten machte (Wiggershaus 2004,
S. 35–41). In dieser Zeit nahm Habermas neben sozialphilosophischen zunehmend

auch empirisch-sozialwissenschaftliche Methoden und Erkenntnisse auf. 1961 habilitierte er sich mit der Arbeit „Strukturwandel der Öffentlichkeit" (1962) – dies musste aufgrund eines Konflikts mit dem Frankfurter Institutsdirektor Max Horkheimer in Marburg bei Wolfgang Abendroth geschehen. Noch im selben Jahr wurde Habermas außerordentlicher Professor an der Universität Heidelberg und drei Jahre später – als Horkheimers Nachfolger – ordentlicher Professor in Frankfurt (Wiggershaus 2004, S. 38–71; Müller Doohm 2008, S. 23–31).

In den 1960ern brachte sich Habermas in den „Positivismusstreit" der deutschen Soziologie ein. Seine unter anderem in diesem Streit entwickelten Positionen zu Erkenntniskritik und Wissenschaftstheorie sind in „Erkenntnis und Interesse" (1968) ausgeführt. Am Ende des Jahrzehnts diskutierte Habermas intensiv mit Vertreter*innen der Studierendenbewegung. Diese rezipierten Habermas' Texte, jedoch bestanden auch erhebliche Konflikte, insbesondere in Hinblick auf Klassenanalyse und Aktionsformen. Inhaltlich prägend für Habermas' Werk war die Kooperation mit seinem damaligen Assistenten Claus Offe (Brunkhorst und Müller-Doohm 2009, S. 6–7; Wiggershaus 2004, S. 71–97; Müller Doohm 2008, S. 31–39).

1971 wechselte Habermas als Ko-Direktor ans *Max-Planck-Institut zur Erforschung der Lebensbedingungen der wissenschaftlich-technischen Welt* in Starnberg. Zur selben Zeit nahm er die folgenreichste Umstellung seines Theorieprogramms vor: Er vollzog einen *linguistic turn* und versucht seither, die kritische Theorie der Gesellschaft kommunikationstheoretisch zu begründen (Lafont 2009). Um diese Begründung auszuarbeiten, begab sich Habermas in intensive Diskussionen in sprachphilosophischen und kommunikationstheoretischen Kontexten. In Hinblick auf die Soziologie begann das Jahrzehnt für ihn mit einem erneuten Theorie- und Methodenstreit, dieses Mal mit Niklas Luhmann, dessen Systemtheorie Habermas als technokratisch kritisierte (Wiggershaus 2004, S. 98–117; Müller Doohm 2008, S. 39–45). Die Diskussionen und Arbeiten der 1970er bilden die Grundlage für sein gesellschaftstheoretisches Hauptwerk, die „Theorie des kommunikativen Handelns" (1981a, b, im Folgenden TkH).

1983 kehrte Habermas nach Frankfurt zurück, wo er Professor für Sozial- und Geschichtsphilosophie wurde und bis zu seiner Emeritierung 1994 blieb (Wiggershaus 2004, S. 71–97; Müller Doohm 2008, S. 31–94). Theoretisch verschob er seinen Fokus nun hin zu Fragen der praktischen Philosophie – sein politisch-theoretisches und rechtsphilosophisches Hauptwerk „Faktizität und Geltung" (1992) erschien Anfang der 1990er. Als öffentlicher Intellektueller brachte er sich weiterhin in prägende Kontroversen ein. Die gilt in besonders prominenter Weise für den 1986 und 1987 geführten „Historikerstreit" über das geschichtspolitische

Selbstverständnis der Bundesrepublik (Wiggershaus 2004, S. 122–123; Müller-Doohm 2008, S. 48–49).

Bis zuletzt bleibt Habermas aktiv als Theoretiker und politischer Intellektueller, insbesondere auf den Themenfeldern Globalisierung, Nationalismus, Internationalisierung des Rechts, Krieg und Frieden, europäische Integration, Religionspolitik, Bioethik und – in seinem wohl letzten monumentalen Werk – Philosophiegeschichte (Habermas 2019; Brunkhorst und Müller-Doohm 2009, S. 9–14; Müller-Doohm 2008, S. 54–64; Wiggershaus 2004, S. 131–139).

2   Inhalt des Textes

Das Habermas'sche Projekt insgesamt und die TkH im Besonderen können als Versuch einer kritisch-theoretischen Ehrenrettung von Moderne und Aufklärung verstanden werden. Das aufklärerische Ideal einer Vernunft, die es nicht nur erlaubt, theoretisch mit universalistischem Anspruch zu ergründen, was wahr ist, sondern die auch praktisch dazu beiträgt, die Gesellschaft so einzurichten, dass ein Leben in Freiheit und Selbstbestimmung möglich wird, war im 20. Jahrhundert in vielfältiger Weise unter Druck geraten: historisch durch die Erfahrungen von Kolonialismus und Dekolonisierung sowie durch Nationalsozialismus und Stalinismus, philosophisch durch kritische Theorie, Systemtheorie sowie verschiedene Vernunftkritiken in der Tradition Nietzsches. Habermas' Arbeiten zielen darauf, die Idee von Aufklärung und Vernunft zu retten, weil er darin die einzig mögliche Grundlage für Demokratie und Selbstbestimmung sieht. Kritisch-theoretisch ist diese Ehrenrettung, weil er die Katastrophen der Moderne weder ignoriert noch als notwendige Reibungsverluste abtut. Vielmehr erklärt er sie als Folgen einer *einseitigen* Rationalisierung. In der real existierenden Moderne seien zwar die Potenziale der auf Naturbeherrschung zielenden technisch-instrumentellen Rationalität weitgehend realisiert worden, die über technisch-instrumentelle Fragen hinaus auf eine freie und selbstbestimmte Gesellschaft zielenden Potenziale von Rationalität dagegen nicht (Strecker 2009a, S. 220; Iser und Strecker 2012, S. 10–15). Damit nimmt Habermas ein Motiv der kritischen Theorie Adornos, Horkheimers und Herbert Marcuses auf. Allerdings haben diese die Möglichkeit eines weitergehenden, nicht bloß instrumentellen Begriffs von Rationalität zwar immer wieder behauptet, aber nie positiv ausbuchstabiert. Dies zu erreichen, ist Habermas angetreten (Brunkhorst und Müller-Doohm 2009, S. 5; Lafont 2009, S. 176).

2.1 Kommunikative Rationalität

Stark vereinfachend lässt sich Habermas' Argumentation in dem zwei Bände und knapp 1200 Seiten umfassenden Werk als Abfolge von vier Argumentationsschritten fassen (s. z. B. Strecker 2009a). Der erste Schritt besteht in der Darlegung eines Vernunftbegriffs, der weder kulturell relativ noch bloß instrumentell ist (Strecker 2009a, S. 222). Diesen findet Habermas in der Struktur der kommunikativen Praxis, deren Kern das Erheben von kritisierbaren Geltungsansprüchen sei. Wer spreche, erhebe damit stets implizite oder explizite Geltungsansprüche. Habermas unterscheidet drei Geltungsansprüche, denen jeweils eine eigene „Welt" entspricht: *propositionale Wahrheitsansprüche* beziehen sich auf Sachverhalte der *objektiven Welt* („Das Licht der Ampel ist rot."); *normative Richtigkeitsansprüche* beziehen sich auf das Gelten oder die Legitimität von Regeln in der *intersubjektiven bzw. sozialen Welt* („Es ist falsch, bei Rot über eine Ampel zu gehen."); *expressive Wahrhaftigkeitsansprüche* beziehen sich auf die *subjektive Welt*, also die inneren Zustände des sprechenden Subjekts („Hier rumzustehen, nervt mich."). Wenn jemand solche Geltungsansprüche erhebe, könnten diese von anderen akzeptiert oder hinterfragt und kritisiert werden. Letzteres impliziere die Möglichkeit eines klärenden Diskurses. Wer sich an Kommunikation beteilige, *müsse* diese Möglichkeit von Behauptung, Kritik und Rechtfertigung stets voraussetzen – ganz unabhängig von kulturellem Hintergrund oder anderen Partikularitäten. In dieser universellen, in die Sprache eingelassenen Struktur verortet Habermas Rationalität: Je freier Geltungsansprüche formuliert, kritisiert und gerechtfertigt werden könnten, desto rationaler seien die Verhältnisse (Habermas 1981a, S. 25–44, 114–151; Lafont 2009, S. 177–180; Iser und Strecker 2012, S. 68–80).

2.2 Kommunikatives Handeln

Im zweiten Schritt zeigt Habermas, dass kommunikative Rationalität einen festen Platz in der sozialen Praxis hat, wofür er eine Theorie bzw. eine Typologie sozialen Handelns formuliert (Strecker 2009a, S. 223–225). Er unterscheidet zwei Handlungsorientierungen bzw. zwei Typen sozialen Handelns. Auf der einen Seite steht das erfolgsorientierte, strategische Handeln, auf der anderen das verständigungsorientierte, kommunikative Handeln. Erfolgsorientiertes Handeln zielt darauf, einen bestimmten Effekt zu erzielen – sei es, indem man mit einem Hammer auf einen Nagel schlägt, damit dieser in der Wand befestigt ist, sei es, indem man eine andere Person anspricht, um bei dieser eine bestimmte von vornherein als Erfolg definierte Handlung anzustoßen (z. B. durch höfliche Frage, Befehl, Überredung oder Manipulation). Verständigungsorientiertes Handeln zielt dagegen darauf, mit dem Gegenüber in ergebnisoffener Aushandlung einen Konsens zu erzielen, ohne dass ein spezifisches Ziel als Erfolg definiert wäre. Solche Aushandlungen können wiederum auf Zustände der äußeren Welt („Ist die Ampel rot?"), auf Normen („Wäre es richtig, bei Rot über die Kreuzung zu gehen?") oder auf innere Zustände („Bist Du wirklich genervt davon hier herumzustehen?") zielen – wobei die im letzten Punkt angesprochene subjektive Welt nur für je eine Person direkt zugänglich und deshalb schwerer zu diskutieren ist (Habermas 1981a, S. 367–452; Iser und Strecker 2012, S. 80–88).

Habermas spricht dem kommunikativen Handeln Priorität zu: Verständigung wohne „der menschlichen Sprache" nicht nur als Möglichkeit, sondern „als Telos […] inne" (Habermas 1981a, S. 387), sei also ihre Bestimmung. Strategisches Handeln betrachtet er dagegen als „parasitär" (Habermas 1981a, 388). Gemeint ist, dass zwar die Möglichkeit bestehe, Sprache zu rein instrumentellen Zwecken einzusetzen. Dieser strategische Sprachgebrauch müsse jedoch immer Strukturen der Verständigung voraussetzen. Das Umgekehrte gelte nicht (Lafont 2009, S. 179; Strecker 2009a, S. 224).

2.3 Kommunikativ rationalisierte Lebenswelten und selbstgesteuerte Subsysteme

Im dritten Schritt seiner Argumentation legt Habermas dar, welche Rolle kommunikative Rationalität und kommunikatives Handeln in der Gesellschaft und ihrer Entwicklung spielen (Strecker 2009a, S. 225).

Dafür betrachtet er Gesellschaft zunächst aus der *Teilnehmendenperspektive*, also so, wie sie den Mitgliedern der Gesellschaft selbst erscheint: als Lebenswelt, in der sie handeln. Kommunikatives Handeln könne nicht im luftleeren Raum stattfinden, sondern sei auf Kontextbedingungen angewiesen. Habermas nennt drei Komponenten der Lebenswelt: erstens Kultur, verstanden als der Schatz geteilten Wissens über die Welt; zweitens Gesellschaft[1], verstanden als die Summe der sozialen Normen; drittens Persönlichkeit, verstanden als die Kompetenzen und Di-

---

[1] Damit entscheidet sich Habermas für eine etwas verwirrende Terminologie, in der das Wort „Gesellschaft" zweimal auftaucht: Zum einen bezeichnet er als Gesellschaft die soziale Totalität, die man sowohl als Lebenswelt als auch als System betrachten könne; zum anderen bezeichnet er als Gesellschaft eine der drei Dimensionen der Lebenswelt. Gesellschaft im letztgenannten Sinne ist also gewissermaßen ein Drittel der Hälfte der Gesellschaft im erstgenannten Sinne.

spositionen der Subjekte. Im Regelfalle bilde die Lebenswelt die Grundlage von kommunikativem Handeln, verbleibe aber selbst im Hintergrund. Jedoch könnten Aspekte der Lebenswelt auch Gegenstand von Kommunikation und Kritik werden. Durch solche kommunikative Kritik könne die Lebenswelt in allen Bereichen verändert und rationalisiert werden (Habermas 1981b, S. 107–228).

Eine Perspektive, die Gesellschaft ausschließlich als Lebenswelt betrachtete, sei jedoch einseitig und außerstande, gesellschaftliche Dynamiken zu erfassen – zudem könne eine allein durch Kommunikation integrierte Gesellschaft aufgrund der hohen Dissensrisiken kaum stabil sein. Daher sei es notwendig, Gesellschaft auch aus der *Beobachtendenperspektive* zu betrachten. Dann erscheine sie nicht als Lebenswelt, in der Subjekte handeln, sondern als ein System, das sich selbst und die eigenen materiellen Grundlagen selbst reproduzieren muss. Die Mechanismen dieser Selbstreproduktion, wie sie aus der Beobachtendenperspektive erkannt werden könnten, seien für die Subjekte aus ihrer Teilnehmendenperspektive oftmals intransparent. Mehr noch: Die Selbsterhaltungsanforderungen setzten der Lebensweltrationalisierung Grenzen. Diese könne immer nur so weit voranschreiten, dass es die materielle Reproduktion nicht gefährde (Habermas 1981b, S. 168–181, 217–228, 279).

Basierend darauf entwirft Habermas ein Verständnis sozialer Evolution, in welcher der Übergang zur Moderne einen Durchbruch der Lebensweltrationalisierung ermögliche. Moderne Gesellschaften zeichneten sich dadurch aus, dass die materielle Reproduktion hier durch zwei Subsysteme organisiert sei. Das ökonomische Subsystem der kapitalistischen Wirtschaft und das politische Subsystem von modernem Staat, Recht und Verwaltung. Die Handlungskoordination werde in der modernen Ökonomie durch Marktmechanismen und das Medium Geld, in der modernen Politik durch Rechtsnormen, Weisungsbefugnis und das Medium Macht erreicht. Indem die Subsysteme die materielle Reproduktion auf diese Weise hocheffektiv organisierten und die lebensweltliche Kommunikation von dieser Aufgabe entlasteten, ermöglichten sie ein nie da gewesenes Maß der Lebensweltrationalisierung. Dabei zeichneten sich moderne Lebenswelten durch eine Differenzierung verschiedener Sphären (z. B. Wissenschaft, Kunst etc.) aus, in denen der Austausch von Geltungsansprüchen zugleich auf einen bestimmten Bereich begrenzt und innerhalb dieses Bereiches entgrenzt werde (Habermas 1981b, S. 229–293)

2.4 Verdrängte Kommunikation als Pathologie

Damit sind alle Grundlagen für den vierten Schritt gelegt, in dem Habermas seine Zeit- und Krisendiagnose formuliert, die aus einer Verschiebung des Verhältnisses von Subsystemen und Lebenswelt resultiere. Subsysteme, in denen strategisches Handeln dominiere, seien besonders gut geeignet, die materielle Reproduktion zu organisieren. Die symbolische Reproduktion könne dagegen nur pathologiefrei gewährleistet werden, wenn sie lebensweltlich-kommunikativ vonstattengehe. Jedoch erwiesen sich die Subsysteme als expansiv: ihre Regulationsmechanismen (Markt, Geld, Recht und administrative Macht) drängen in immer mehr vormals lebensweltlich integrierte Bereiche (Familie, politische Öffentlichkeit, Bildungssystem) ein. Kommunikatives Handeln werde aus diesen Bereichen verdrängt und durch strategisches Handeln ersetzt. Dies verursache Pathologien und beschädige die Fähigkeit der Gesellschaft, Sinn zu generieren. Diese Probleme würden zwar durchaus wahrgenommen – gegen einzelne Phänomene richte sich der Widerstand sozialer Bewegungen. Jedoch seien die Subjekte außerstande, Ursache, Ausmaß und Zusammenhang dieser Probleme zu erfassen und einen *wirksamen* Widerstand gegen die Lebensweltkolonialisierung zu organisieren, solange sie in ihrer lebensweltorientierten Teilnehmendenperspektive verblieben. Dies sei nur durch eine Hinzuziehung der nicht intuitiven sozialwissenschaftlichen Perspektiven möglich (Habermas 1981b, S. 449–54; Strecker 2009a, S. 227–231; Iser und Strecker 2012, S. 108–118).

3   Bezug zum Gesamtwerk des Autors

Habermas' Gesamtwerk ist umfangreich und vielfältig, aber in all seinen Phasen doch von einem Leitmotiv geprägt. Dieses besteht darin, dass er einerseits das rationalisierende und befreiende Potenzial der Kommunikation betont und andererseits darlegt, dass die Realisierung dieses Potenzials durch die herrschenden gesellschaftlichen Verhältnisse gehemmt sei (Iser und Strecker 2012, S. 10–15). Was sich im Laufe von Habermas' Gesamtwerk deutlich verschiebt, ist die Art, auf die er beide Seiten fasst und ihr Verhältnis beschreibt. Tendenziell wird sein Blick auf die Verhältnisse dabei zunehmend optimistischer (Brunkhorst und Müller-Doohm 2009, S. 8–9). Dies lässt sich anhand der Argumentation in drei von Habermas' wichtigsten Werken darlegen.

„Strukturwandel der Öffentlichkeit" (1962) ist durch eine ideologiekritische Perspektive geprägt. Aus dieser betrachtet Habermas die politische Öffentlichkeit als Ideologie: Die von liberalen Philosoph*innen vertretene These, der zufolge der freie Austausch von Argumenten in der politischen Öffentlichkeit rationalisierende und befreiende Potenziale berge, sei zwar wohlbegründet. Die Einbettung dieser Idee sowie der Öffentlichkeit selbst in kapitalistische Verhältnisse führe aber notwendig zu ihrer Unterminierung und zur weitgehenden Nicht-Realisierung ihrer Potenziale – in Früh- und Spätkapitalismus auf je eigene Art (Iser und Strecker 2012, S. 58–63; Fraser 2009).

In der 19 Jahre später erschienenen TkH ist der Blick auf die herrschenden Verhältnisse bereits deutlich optimistischer. Wie eben skizziert, geht Habermas nun davon aus, dass die beiden Subsysteme – kapitalistische Ökonomie und moderner Staat – durch ihre effiziente Organisation der materiellen Reproduktion einen nie da gewesenen Grad der Lebensweltrationalisierung ermöglicht hätten. Zum Problem werden diese Institutionen erst, wenn sie „kolonialistisch" auf die lebensweltlichen Sphären der symbolischen Reproduktion übergriffen und dort Kommunikation verdrängten.

Nach der Veröffentlichung der TkH und der anschließenden Rückkehr nach Frankfurt in den 1980ern verschiebt sich Habermas' Fokus auf die Entwicklung einer diskursethisch begründeten praktischen Philosophie. Im kritischen Austausch mit Apel entwickelte er ein diskursethisches Programm (Kettner 2009). Dabei nutzt er das auch in der TkH vertretene Konzept kommunikativer Rationalität als Grundlage, um eine Ethik zu formulieren. Diese ähnelt der kantischen Ethik; weil die Grundlage jedoch kommunikationstheoretisch ist, treten an die Stelle des kategorischen Imperativs das Diskursprinzip D und der Universalisierungsgrundsatz U. Diese besagen, dass eine Norm gültig sei, wenn ihr alle betroffenen Personen in einem nach bestimmten Maßgaben strukturierten diskursiven Verfahren zustimmen könnten (Forst 2009; Biebricher 2005, S. 153–206). Dieses Programm baut er in seinem politisch-theoretischen Hauptwerk „Faktizität und Geltung" (1992) zu einer Diskurstheorie des Rechts und einer deliberativen Demokratietheorie aus (Möllers 2009; Iser & Strecker 2012, S. 118–133; Biebricher 2005, S. 259–290). Hier zeigt sich, dass sein Blick auf die herrschenden Verhältnisse nochmals optimistischer geworden ist. Denn dieses Werk hat die Form einer rationalen Rekonstruktion, in der Habermas die Konstitution liberaler Demokratien in der Sprache seiner eigenen normativen Theorie begründend nachvollzieht. Die so theoretisierte politische Ordnung steht in dieser Konzeption zwar immer noch vor Problemen, jedoch formuliert Habermas hier weder eine grundlegende Ideologiekritik noch eine allgemeine Krisendiagnose. Auch im Detail zeigt sich der gewachsene Optimismus: War Verrechtlichung in der TkH noch ein Beispiel für eine pathologische Kolonialisierung der Lebenswelt, erscheint das Recht nun eher als Ausdruck oder Kondensat kommunikativer Rationalität.

Das heißt nicht, dass Habermas seit den 1980ern „unkritisch" geworden wäre. In seinen stärker gegenstandsbezogenen und politischen Schriften erhebt er weiterhin kritisch Einspruch und diagnostiziert Krisen. Dies findet aber nun eher außerhalb seiner systematisch-theoretischen Werke statt (Müller-Doohm 2008, S. 54–64; Wiggershaus 2004, S. 131–139).

Weil Habermas seit der TkH keine systematischen gesellschaftstheoretischen Texte mehr veröffentlicht hat, bleibt diese gewissermaßen bis heute die „gültige" Version seiner Gesellschaftstheorie. Seine späteren politisch-theoretischen Schriften sind bei allen Änderungen in Perspektive und Details immer noch auf der Grundlage dieser Theorie formuliert. So hebt das 2012 veröffentlichte, die Rolle von Religion in demokratischen Verfassungsstaaten diskutierende Buch *Nachmetaphysisches Denken II* mit einer Darstellung der „Lebenswelt als Raum der Gründe" (2012, S. 8) an, die im Wesentlichen seinen Darlegungen aus den frühen 1980ern entspricht. Was sich in diesen späten Schriften verändert, ist die Einschätzung der Rolle von Religion: In den frühen 1980ern war Habermas' Perspektive noch säkularisierungstheoretisch, im 21. Jahrhundert spricht er von einer „postsäkularen Gesellschaft" (Habermas 2012, S. 308), um auf die fortgesetzte Relevanz von Religion zu verweisen, der er Positives abzugewinnen weiß.

Zu erwähnen ist noch eine Weiterentwicklung der Theorie kommunikativer Rationalität, die Habermas in „Wahrheit und Rechtfertigung" (2003) vorlegt. Hier revidiert er einige der Überlegungen aus der TkH, z. B. indem er nun zusätzlich zur Kategorie des verständigungsorientierten Handelns noch die des einverständnisorientierten Handelns einführt (Lafont 2009).

4   Wirkungsgeschichte und Kritik

Die Wirkungsgeschichte der TkH beginnt schon vor ihrer Veröffentlichung, nämlich mit intensiven Diskussionen diverser Vorarbeiten im Laufe der 1970er-Jahre. Die Ergebnisse dieser Diskussionen in Soziologie, Philosophie und Kommunikationstheorie wurden von Habermas in seinem Hauptwerk verarbeitet, die Reaktionen auf dessen Veröffentlichung sind teils schlicht Fortsetzungen der älteren Diskussionen (Strecker 2009a) – und in den 40 Jahren seitdem werden sie in stets neuen Runden fortgeführt. Im Folgenden gehe ich zunächst auf die Kritiken an verschiedenen Aspekten der TkH (Rationalitätstheorie, Handlungstheorie, Gesellschaftstheorie) ein, anschließend diskutiere ich die spezifisch kommunikationswissenschaftliche Rezeption und schließlich das Potenzial des Habermas'schen Ansatzes für die Erforschung von Digitalisierungsprozessen.

Der Darstellung der eigentlichen Diskussionen ist vorwegzuschicken, dass beträchtliche Teile der Habermasrezeption auf Missverständnissen basieren. Einige sind so verbreitet, dass sie hier zu erwähnen sind. Sie finden sich sowohl bei polemischen Kritiker*innen als auch bei manchen, die sich affirmativ auf seine Texte beziehen. Das lässt sich insbesondere an der Konzeption kommunikativer Rationalität darlegen. Einige missverstehen Habermas so, als enthalte sein Werk ein moralisches Gebot, möglichst häufig möglichst herrschaftsfrei zu kommunizieren und verständigungsorientiert zu handeln, weil dies ethisch gut sei und zu den besten Ergebnissen führe. Dies geschieht teils affirmativ, wenn z. B. Pädagog*innen mit (zweifelhafter) Referenz auf Habermas Konzepte herrschaftsfreier Erziehung entwerfen (Brunkhorst und Müller-Doohm 2009, S. 10); es geschieht aber auch polemisch, wenn Kritiker*innen Habermas aufgrund seiner vermeintlichen Naivität der Lächerlichkeit preisgeben wollen. Jedoch formuliert Habermas nirgends ein Gebot, verständigungsorientiert zu handeln; die Diskursethik ist keine Ethik für den guten Diskurs, sondern eine durch kommunikationstheoretische Überlegungen begründete Ethik. Wieder andere versuchen, Habermas gegen solche Missverständnisse zu retten, indem sie behaupten, herrschaftsfreie Kommunikation diene bei Habermas nur als regulatives Ideal, das zwar nie erreicht werden, aber dennoch der Orientierung dienen könne. Auch dies ist jedoch ein Missverständnis, weil Habermas in seinen „reifen" Texten Verständigungsorientierung und kommunikative Rationalität gar nicht als Ideale betrachtet. Vielmehr will er aufzeigen, dass Menschen schlichtweg nicht anders können, als diese Rationalität in ihrem alltäglichen Handeln vorauszusetzen. Es handelt es sich nicht um ein Ideal oder eine Richtschnur, sondern um eine in die soziale Realität eingelassene unhintergehbare normative Struktur (Lafont 2009).

Jedoch sind freilich nicht alle Kritiken auf Missverständnisse zurückzuführen. Viele beruhen auf begründet abweichenden Positionen oder auf klar erkennbaren Leerstellen und Problemen in Habermas' Werk.

Eine Gruppe von Kritiken bezieht sich auf die Interpretationen anderer Autor*innen, die Habermas im Laufe des Buches vorlegt (z. B. Aboulafia 2017). Denn mehr noch als viele andere seiner Werke besteht die TkH aus einer Reihe von kritischen Lektüren anderer Theorien, die Habermas jeweils in Hinblick auf seine Fragestellung rekonstruiert und kritisiert, um dann das, was nach der Kritik übrig bleibt, in seine eigene Theorie zu verbauen (Brunkhorst und Müller-Doohm 2009, S. 4). Spezialist*innen für die jeweiligen Theorien zeigen sich oftmals nicht einverstanden mit Habermas' Lesarten. Dies liegt teils daran, dass seine Interpretationen zwar dem Anspruch nach immanente Kritiken sind, letztlich aber doch auf seine eigenen Fragen zugeschnitten bleiben, sodass sie dem Ansinnen der behandelten Autor*innen nicht immer gerecht werden. Habermas' Kritiker*innen können oft zeigen, dass seine Interpretationen nur bedingt als verlässliche Rekonstuktionen der jeweiligen Werke geeignet sind. Das sagt jedoch wenig über die Validität der Theorie, die Habermas auf dieser Grundlage formuliert.

Am intensivsten diskutiert wurden die philosophischen und rationalitätstheoretischen Aspekte der TkH (Strecker 2009a, S. 221–223; Lafont 2009, S. 186; Iser und Strecker 2012, S. 179–183). Diese Kritik nimmt viele Formen an, derer hier vier genannt seien: Erstens wird kritisiert, dass Habermas den Vernunftbegriff zwar ganz richtig in der Kommunikation gründe, die normativen Implikationen aber eher noch unterschätze – dies tut insbesondere Apel, der diese Konzepte im Austausch mit Habermas entwickelt hat, ihnen aber stärkeren, transzendentalen Stellenwert einräumt (Apel 1973a, b; Kettner 2009); zweitens, dass Habermas normative Konstruktion einige keinesfalls selbstverständliche Bedingungen kommunikativen Handelns übersehe, nämlich insbesondere die wechselseitige Anerkennung der Subjekte, weshalb einer Theorie der kommunikativen Rationalität eine Theorie der Anerkennung vorausgehen müsse (Honneth 1994); drittens, dass ein normativ anspruchsvoller Vernunftbegriff zwar möglich und notwendig sei, dieser aber nicht in der Kommunikation, sondern – ganz traditionell – in den Subjekten und ihrem Bewusstsein verankert werden müsse (Schnädelbach 1992); viertens schließlich, dass Habermas' Rationalismus wie jeder Rationalismus unhaltbar sei – mit kommunikationstheoretischen Mitteln lasse sich ebensowenig wie mit anderen ein Vernunftbegriff konstruieren, für den man universalistische Ansprüche anmelden und dem man die Lasten normativer Begründung aufbürden könne (z. B. Rorty 1996). Habermas hat seinen Vernunftbegriff im Wesentlichen gegen diese Kritiken verteidigt (z. B. Habermas 2017), ohne damit alle Kritiker*innen überzeugen zu können. Mit dieser Position hat er schulbildend gewirkt, sodass es z. B. in Philosophie und politischer Theorie heute zahlreiche „Habermasianer*innen" gibt, die verschiedene Varianten seiner Position vertreten – sowohl in Deutschland als auch international (Corchia et al. 2019). Auf vielen Feldern bildet sein Werk eine Referenzgröße, zu der man sich – sei es positiv oder negativ – verhalten „muss".

Die Kritiken der Handlungstheorie zielen unter anderem auf die Frage, ob die Unterscheidung zwischen strategischem und verständigungsorientiertem Handeln überhaupt als Grundlage einer Typologie sozialen Handelns geeignet ist, sowie auf Habermas' These vom verständigungsorientierten Handeln als Originalmodus der Sprache (Iser und Strecker 2012, S. 179–183; Strecker 2009a, S. 224–225).

Als Gesellschaftstheorie von System und Lebenswelt wurde die TkH weniger einflussreich denn als Rationalitätstheorie – dies gilt sowohl für die Kritik als auch für die affirmative Rezeption (Strecker 2009a, S. 231). Einzelne Aspekte der Theorie wurden jedoch zumindest in den Jahren unmittelbar nach der Veröffentlichung intensiv diskutiert. Drei Kritikpunkte lassen sich anhand feministischer Kritiken (Meehan 1995) darlegen: Erstens verweisen (nicht nur) feministische Kritiker*innen darauf, dass Habermas' Blick auf die Lebenswelt allzu harmonisierend sei

(Fraser 1996). Diese erscheine in seiner Darstellung als ein Raum von Freiheit und Kommunikation; tatsächlich sei sie jedoch in hohem Maße durch Macht, Ausschlüsse und Gewalt geprägt. Dies gelte insbesondere für die von Habermas der Lebenswelt zugerechneten Sphäre der Familie, die aus feministischer Perspektive als zentraler Ort männlicher Herrschaft gilt. Habermas' Verteidigung gegen diesen Vorwurf fiel zunächst knapperweise so aus, dass er sich der Vermachtung der Lebenswelt sehr wohl bewusst sei und sie nicht in Abrede stelle, es in der TkH aber um anderes gehe (Habermas 1984, S. 372; Strecker 2009a, S. 227–229).

Zweitens problematisieren (nicht nur feministische) Kritiker*innen die Art und Weise, auf die Habermas die Grenze zwischen System und Lebenswelt zieht. Nach seinem Modell sind die selbstorganisierten Subsysteme bestens geeignet die materielle Reproduktion (z. B. die Produktion von Autos) zu organisieren, die symbolische Reproduktion (z. B. die Erziehung von Kindern) könne dagegen nur durch kommunikatives Handeln in lebensweltlichen Zusammenhängen pathologiefrei gewährleistet werden und sei gefährdet, sobald Systemmedien in die entsprechenden Sphären eindrängen. Fast alles an diesen Festlegungen ist fragwürdig: Ist die Erziehung von Kindern nicht auch materiell? Ist die Produktion von Autos nicht auch symbolisch? Wird Kindererziehung wirklich schlechter oder gar pathologisch, wenn sie rechtlich geregelt in staatlich verwalteten oder kommerziell betriebenen Einrichtungen vonstattengeht? Lässt sich die moderne Kleinfamilie als Teil einer Lebenswelt fassen, die sich kommunikativ rationalisieren konnte, weil die materielle Reproduktion durch die Subsysteme so gut funktioniert? Indem feministische Kritik (z. B. Fraser 1996) diese und weitere Probleme anspricht, verweist sie zugleich auf ein breiteres Grundproblem in Habermas' Umgang mit System und Lebenswelt. Er führt ihren Unterschied zunächst als Resultat zweier unterschiedlicher Perspektiven auf Gesellschaft ein: aus der Teilnehmendenperspektive erscheine sie als Lebenswelt, aus der Beobachtendenperspektive als System. Später im Buch werden daraus dann unterschiedliche Sphären, denen auch noch unterschiedliche Funktionen zugeordnet werden (Strecker 2009a, S. 227; Schnädelbach 2017).

Drittens melden (nicht nur feministische) Kritiker*innen daran anknüpfend Zweifel an der Rolle an, die Habermas den neuen sozialen Bewegungen zukommen lässt (Cohen 1996). Deren Projekt sei kein ungerichteter Widerstand gegen das Eindringen der Systemmedien Recht und Geld in moderne Lebenswelten. Im Gegenteil stritten einige dieser sozialen Bewegungen gerade *für* eine Mobilisierung des Rechts, um informelle Macht- und Gewaltverhältnisse in der Privatsphäre einzuhegen.

Aber nicht nur für die Konzeptionalisierung der Lebenswelt und ihres Verhältnisses zu den Subsystemen, auch für die Darstellung des politisch-ökonomischen

Systems wurde Habermas kritisiert. Dies taten insbesondere linke bzw. marxistische Kritiker*innen, die argumentieren, dass man die kapitalistische Ökonomie
verharmlose, wenn man sie als neutrales Funktionssystem erfasse (Strecker 2009a,
S. 226–227). Dadurch werde sowohl der Aspekt der Klassenherrschaft als auch die
Krisenanfälligkeit des Kapitalismus ausgeblendet. Habermas' lakonisch-ironische
Erwiderung: „Geben wir doch unserem marxistischen Herzen einen Stoß: er war
ganz erfolgreich, der Kapitalismus, wenigstens im Bereich der materiellen Reproduktion, und ist es immer noch" (Habermas 1985, S. 194). Habermas' Perspektive
auf politische Ökonomie war stark durch den keynesianischen Steuerungs-
Optimismus der 1960er- und 1970er-Jahre geprägt, mit dem der Glaube verbunden
war, ökonomische Krisen könnten durch staatliche Maßnahmen effektiv verhindert
werden. Entsprechend vertrat er schon in den 1970ern die These, dass gesellschaftliche Krisen nunmehr eher als politische Krisen – z. B. Legitimationskrisen – auf-
träten (Habermas 1973). Wie Wolfgang Streeck (2013) nach der Großen Rezession
2008/2009 argumentierte, erwies sich dieser Optimismus als verfrüht – und unterschätzt die Gegenwehr des Kapitals als Klasse.

Obwohl das ganze Buch auf die Zeitdiagnose von der Kolonialisierung der Lebenswelt hin zuläuft, hat gerade diese wenig Langzeitwirkung entfaltet – wenngleich sie als Schlagwort eine gewisse Verbreitung gefunden hat. In der kritisch-
theoretischen Tradition, in welcher Habermas sich bewegt, ist es naheliegend, die
Probleme der Zeit in durch eine Dominanz instrumenteller Rationalität verursach-
ten Phänomenen der Verdinglichung und Entfremdung zu suchen (Strecker 2009a,
S. 227–228). Jedoch scheint Habermas' Darstellung dieser Problematik als Lebensweltkolonialisierung nicht gut zu Problemwahrnehmungen innerhalb der Gesellschaft zu passen. Dies steht zwar in gewissem Maße im Einklang mit den Argumenten dieser Theorie – schließlich soll sich die Lebensweltkolonialisierung
gerade dadurch auszeichnen, dass sie hinter dem Rücken der Subjekte vonstattengeht und für diese unsichtbar ist. Jedoch kommt man auch in voller Kenntnis von
Habermas' Theorie und mit dem Blick der soziologischen Beobachtung nicht um-
hin festzustellen, dass sich die prägenden Umbrüche und Krisen der letzten Jahrzehnte nur sehr bedingt als Lebensweltkolonialisierung fassen lassen. Einige der
Transformationen und Krisen waren deutlich politisch (Zuspitzung des Ost-West-
Konflikts und Friedensbewegung, Zusammenbruch des Ostblocks, 9/11 und War
on Terror), einige deutlich ökonomisch (Globalisierung, Neoliberalisierung,
Finanzkrise und Große Rezession), einige in den gesellschaftlichen Naturverhält-
nissen verortet (Klimakrise, Covid-19-Pandemie). Zwar stehen dem auch Prozesse
gegenüber, die sich als Lebensweltkolonialisierung beschreiben lassen – dies gilt
insbesondere für die zunehmende Organisierung immer neuer Lebensbereiche
nach Marktlogiken (Brunkhorst und Müller-Doohm 2009, S. 11), die sich entgegen

der Stoßrichtung der Habermas'schen Kritik verschärfte, nachdem der Keynesianismus als leitende ökonomische Doktrin durch die Neoklassik abgelöst wurde (Strecker 2009a, S. 231). Jedoch scheinen dies nicht die dominanten Krisen und Pathologien der Zeit zu sein – und zudem sind diese Prozesse den davon betroffenen Subjekten durchaus bewusst. Insgesamt scheint die von Habermas mit dem Begriff der Lebensweltkolonialisierung verbundene These einer *verdrängten* Kommunikation einfach zu überspitzt, um überzeugen zu können (Iser 2008, S. 137–151). Ein anderer Forschungsstrang versucht, dieses Problem zu umgehen, indem er einen in der TkH eher marginales Konzept aufgreift: Habermas spricht von der „Verständigungsform". Damit bezeichnet er eine „systematische Einschränkung von Kommunikation" (1981b, S. 278) in der Lebenswelt aufgrund des Verhältnisses zwischen System und Lebenswelt. Darauf basierend lässt sich mit einem Ausdruck von Thomas McCarthy (1989) eine „Kritik der Verständigungsverhältnisse" formulieren. Damit verbunden ist das Konzept der *systematisch verzerrten Kommunikation*, das einige Autor*innen auf verschiedene Gesellschaftsbereiche anzuwenden versuchen (Bohman 2000; Strecker 2009b; Biskamp 2016).

Zwar galt die TkH schon zum Zeitpunkt ihrer Veröffentlichung als Klassiker der Philosophie, Kommunikationstheorie und Gesellschaftstheorie und wurde intensiv diskutiert. Fragt man aber nach an ihr orientierter empirischer Forschung, erweist sie sich als eher steril. Die Forschung, die an Habermas anknüpft, um gegenwärtige Veränderungen der politischen Öffentlichkeit zu analysieren, bezieht sich eher auf das 20 Jahre ältere „Strukturwandel der Öffentlichkeit" (1962). Diese Frühschrift ist zwar in Hinblick auf philosophische Begründung und theoretische Struktur weitaus weniger dicht, gerade das trägt aber dazu bei, dass sie weniger sperrig ist. Zudem gab es hier einen neuen Rezeptionsschub, als das Buch 1989 – also deutlich *nach* der TkH, aber zu einer Zeit, als die Debatten um die Bedeutung der Zivilgesellschaft Fahrt aufnahmen – erstmals in englischer Übersetzung erschien (Fraser 2009).

Eine weitere Art, die Wirkungsgeschichte der TkH zu fassen, besteht in einer Genealogie der kritischen Theorie der Gesellschaft. Einer gängigen Darstellung zufolge stellen Adorno, Horkheimer, Marcuse und Benjamin die erste Generation kritischer Theorie, während Habermas die dominierende Figur der zweiten Generation sei. Darauf folge eine dritte und manchen Konzeptionen zufolge ein vierte Generation, die das Projekt einer kritischen Theorie der Gesellschaft weitertreibe. Zu diesen folgenden Generationen kritischer Theorie, die an Habermas anknüpfen, können zum Beispiel Seyla Benhabib, Nancy Fraser, Helmut Dubiel, Axel Honneth, Rainer Forst und Hartmut Rosa gezählt werden. Zwar knüpfen sie alle an Habermas' Werk an – auch an die TkH. Jedoch werden die inhaltlichen Verbindungen sowohl zwischen den drei Generationen als auch innerhalb der dritten Generation immer loser, die Abgrenzungen gegen andere Traditionen der Gesellschafts-kritik immer unschärfer, sodass der Stammbaum zerfasert und die Sinnhaftigkeit einer solchen genealogischen Perspektive zweifelhaft erscheint.

In der Kommunikationswissenschaft ist das Habermas'sche Werk feste Refe-renzgröße. Die größte Relevanz haben dabei die Kommunikationstheorie und Öf-fentlichkeitstheorie (Beck 2020, S. 39–41, 115–122; Krallmann und Ziemann 2006, S. 281–308; Wessler 2018). Weil Habermas den Diskursbegriff mitgeprägt hat, bildet er auch in den diskursanalytischen Ansätzen der Fachmethodologie eine stete Referenz – jedoch bleiben für die Forschungspraxis normativ weniger an-spruchsvolle, eher an Foucault denn an Habermas orientierte Ansätze in der Über-zahl (Fraas und Pentzold 2016; Meyen et al. 2019, S. 133–168). Obwohl die nor-mative Aufladung der Habermas'schen Kategorien oftmals kritisiert oder zurückgewiesen wird, erweist gerade sie sich doch immer wieder als besonders anregend (Karmasin et al. 2013): An Habermas orientierte normative Reflexionen können einerseits *evaluativ* vollzogen werden, etwa um die Qualität medialer De-batten zu diskutieren und diesbezügliche Verfalls- oder Fortschrittsdiagnosen zu begründen. Andererseits können sie auch *präskriptiv* angelegt sein, etwa als Grund-lage für die Ethik des journalistischen Arbeitens oder für die Forderung nach me-dienpolitischen Maßnahmen, die eine lebendigere, offenere, demokratischere Öffentlichkeit ermöglichen könnten. Insgesamt gelten auch in der Kommunika-tionswissenschaft die eben gemachten Einschränkungen in Hinblick auf den Stel-lenwert der TkH. Zwar wird diese zu Recht als Habermas' kommunikationstheore-tisches Hauptwerk betrachtet, jedoch bringt sie als theoretisches Paradigma kaum empirische Forschung hervor. Das ist angesichts der unbestreitbaren theoretischen Sperrigkeit nachvollziehbar, jedoch kann man es auch als Aufgabe und Ansporn betrachten: Gerade weil die TkH ein kommunikationstheoretisches Schlüsselwerk ist, das nur wenig empirische Forschung hervorgebracht hat, wären an ihr orien-tiere empirische Arbeiten umso verdienstvoller.

Entsprechende Ansätze gibt es durchaus. Insbesondere ist das Konzept der „ver-ständigungsorientierten Öffentlichkeitsarbeit" zu nennen, das Roland Burkart und Sabine Probst (1991) Anfang der 1990er anhand der empirischen Beforschung ei-nes Konflikts zwischen Politik und Zivilgesellschaft um den Bau einer Mülldepo-nie in Niederösterreich entwarfen. Dabei nutzen die beiden die Habermas'sche Konzeption von Geltungsansprüchen und ihrer Infragestellung, um den Aus-handlungsprozess zu analysieren, und entwerfen basierend darauf ein normatives Konzept. Verlangt wird, dass PR-Arbeit in einer demokratischen Gesellschaft nicht rein instrumentell und nicht bloß durch Massenmedien erfolgen dürfe, sondern auch verständigungsorientiert erfolgen müsse – gemeint ist, dass sie gerade im Konfliktfall den direkten „Dialog mit den jeweiligen Tellöffentlichkeiten" (166) suchen solle. Gerade diese nicht-instrumentelle Herangehensweise könne dann wiederum zu einer friedlichen Konfliktbearbeitung und einer in diesem Sinne erfolgreichen Kommunikation führen. Auch wenn der Umgang mit einigen von Habermas' Begriffen etwas großzügig ist und die Verständigungsorientierung nicht zuletzt aufgrund ihres instrumentellen Nutzens empfohlen wird, handelt es sich doch um eine ausgesprochen produktive Adaption der TkH in der kommunikationswissenschaftlichen Forschung. Hartmut Wessler (2018) hat in jüngerer Zeit einen neuerlichen Aufschlag zu einer fachlichen Aktualisierung des Habermas'schen Werkes gegeben. In seinem dezidiert für ein kommunikations- und medienwissenschaftliches Fachpublikum verfassten Buch *Habermas and the Media* arbeitet er heraus, wie sich Habermas' Blick auf die Medien im Laufe seines Wirkens entwickelte sowie welche normativen und empirischen Perspektiven sich daraus eröffnen.

Ein vielversprechendes Feld, um das Habermas'sche Werk zu aktualisieren, bildet die digitalisierte Kommunikation – nicht ausschließlich, aber insbesondere die in sozialen Medien. Wiederum wird hier vor allem der im Strukturwandelbuch entworfene Öffentlichkeitsbegriff aufgegriffen. So nutzen von Beginn der Digitalisierungsdebatten bis heute diverse Autor*innen die nahe liegenden Wendungen vom „neuen Strukturwandel der Öffentlichkeit" (Binder und Oelkers 2006) oder „digitalen Strukturwandel der Öffentlichkeit" (Bedford-Strohm et al. 2019). Die von Habermas entworfene Historiografie eines Wandels von einer hochbürgerlich-exklusiv-diskursiven Öffentlichkeit im 18. und 19. Jahrhundert hin zu einer kulturindustriell-massenmedialen Öffentlichkeit im 20. Jahrhundert schreit geradezu danach, durch die Diagnose einer im 21. Jahrhundert erneut strukturgewandelten, nunmehr digitalisierten Öffentlichkeit fortgeschrieben zu werden. Wie in der Digitalisierungsdiskussion insgesamt überwogen zunächst optimistische Einschätzungen, die das demokratisch-partizipative Potenzial der Digitalisierung hervorhoben, dann aber zunehmend pessimistischen Einschätzungen über Fragmentierung, Polarisierung, Kommerzialisierung und Entfremdung weichen mussten. Die Debatten über soziale Medien bieten auch eine bislang wenig verfolgte Möglichkeit, die zeitdiagnostische Pointe der TkH aufzugreifen und die These von der Lebensweltkolonialisierung durch System-Imperative mit 40 Jahren Verspätung zu retten: Große Teile lebensweltlicher Interaktionen – sowohl solche der Privatsphäre als auch solche der politischen Öffentlichkeit – spielen sich mittlerweile in den sozialen Medien ab. Dort sind die Interaktionen aber – hinter dem Rücken der Kommunizierenden! – durch Algorithmen strukturiert, deren Zwecke durch die kommerziellen Interessen der jeweiligen Plattform und der dort Werbetreibenden definiert sind (Hilgerloh-Nuske 2020).

Literatur

Aboulafia, M, (2017). Habermas und Mead. Über Universalität und Individualität. In A. Honneth & H. Joas (Hrsg.), *Kommunikatives Handeln. Beiträge zu Jürgen Habermas' ›Theorie des kommunikativen Handelns‹. Erweiterte und aktualisierte Ausgabe*. Frankfurt a.m.: Suhrkamp, S. 406–432.

Apel, K.-O. (1973a). *Transformation der Philosophie. Band I. Sprachanalytik, Semiotik, Hermeneutik*. Frankfurt a. M.: Suhrkamp.

Apel, K.-O. (1973b). *Transformation der Philosophie. Band II. Das Apriori der Kommunikationsgemeinschaft*. Frankfurt a. M.: Suhrkamp.

Beck, K. (2020). Kommunikationswissenschaft. Stuttgart: UTB.

Bedford-Strohm, J., Höhne, F. & Zeyher-Quattlender, J. (Hrsg.) (2019). *Digitaler Strukturwandel der Öffentlichkeit. Interdisziplinäre Perspektiven auf politische Partizipation im Wandel*. Baden-Baden: Nomos.

Biebricher, T. (2005). *Selbstkritik der Moderne. Foucault und Habermas im Vergleich*. Frankfurt a.m.: Campus.

Biskamp, F. (2016). *Orientalismus und demokratische Öffentlichkeit. Antimuslimischer Rassismus aus Sicht postkolonialer und neuerer kritischer Theorie*. Bielefeld: transcript.

Binder, U./Oelkers, J. (Hrsg.) (2006). *Der neue Strukturwandel von Öffentlichkeit. Reflexionen in pädagogischer Perspektive*. Weinheim: Beltz Juventa.

Bohman, J. F. (2000). ›When Water Chokes‹. Ideology, Communication, and Practical Rationality. *Constellations*, 7(3), S. 382–392.

Brunkhorst, H. & Müller-Doohm, S. (2009). Intellektuelle Biografie. In H. Brunkhorst, R. Kreide & C. Lafont (Hrsg.), *Habermas-Handbuch*. Stuttgart: Metzler, S. 1–14.

Burkart, R./Probst, S. (1991). Verständigungsorientierte Öffentlichkeitsarbeit. Eine kommunikationstheoretisch begründete Perspektive. *Publizistik* 1: 56–76.

Cohen, J. (1996). Critical Social Theory and Feminist Critiques. The Debate with Jürgen Habermas. In J. Meehan (Hrsg.), Fe*Feminists Read Habermas. Gendering the Subject of Discourse*. New York, NY: Routledge, S. 57–90.

Corchia, L., Müller-Doohm, S., & Outhwaite, W. (Hrsg.) (2019). *Habermas global. Wirkungsgeschichte eines Werks*. Berlin: Suhrkamp.

Forst, R. (2009). Diskursethik der Moral. In H. Brunkhorst, R. Kreide & C. Lafont (Hrsg.), *Habermas-Handbuch*. Stuttgart: Metzler, S. 234–240.

Fraas, C. & Pentzold, C. (2016). Diskursanalyse in der Kommunikationswissenschaft. In S. Averbeck-Lietz, M. Meyen (Hrsg.) *Handbuch nicht standardisierte Methoden in der Kommunikationswissenschaft*. Wiesbaden: Springer, S. 227–240.

Fraser, N. (1996). What's Critical about Critical Theory? In J. Meehan (Hrsg.), *Feminists Read Habermas. Gendering the Subject of Discourse*. New York, NY: Routledge, S. 21–55.

Fraser, N. (2009). Theorie der Öffentlichkeit. In H. Brunkhorst, R. Kreide & C. Lafont (Hrsg.), *Habermas-Handbuch*. Stuttgart: Metzler, S. 148–155.

Habermas, J. (1962). *Strukturwandel der Öffentlichkeit. Untersuchungen zu einer Kategorie der bürgerlichen Gesellschaft*. Frankfurt a.M.: Suhrkamp.

Habermas, J. (1968). *Erkenntnis und Interesse. Mit einem neuen Nachwort*. Frankfurt a.M.: Suhrkamp.

Habermas, J. (1973). *Legitimationsprobleme im Spätkapitalismus*. Frankfurt a.m.: Suhrkamp.

Habermas, J. (1981a). *Theorie des kommunikativen Handelns. Band 1. Handlungsrationalität und gesellschaftliche Rationalisierung*. Frankfurt a.M.: Suhrkamp.

Habermas, J. (1981b). *Theorie des kommunikativen Handelns. Band 2. Zur Kritik der funktionalistischen Vernunft*. Frankfurt a.M.: Suhrkamp.

Habermas, J. (1981c). *Kleine Politische Schriften (I-IV)*. Frankfurt a.M.: Suhrkamp.

Habermas, J. (1984). *Vorstudien und Ergänzungen zur Theorie des kommunikativen Handelns*. Frankfurt a.M.: Suhrkamp.

Habermas, J. (1985). Die Neue Unübersichtlichkeit. Kleine Politische Schriften V. Frankfurt a.M.: Suhrkamp.

Habermas, J. (1992). *Faktizität und Geltung: Beiträge zur Diskurstheorie des Rechts und des demokratischen Rechtsstaats*. Frankfurt a.M.: Suhrkamp.

Habermas, J. (2003). *Wahrheit und Rechtfertigung. Philosophische Aufsätze. Erweiterte Ausgabe*. Frankfurt a.M.: Suhrkamp.

Habermas, J. (2012). Nachmetaphysisches Denken II. Aufsätze und Repliken. Berlin: Suhrkamp.

Habermas, J. (2017). Entgegnung. In A. Honneth & H. Joas (Hrsg.), *Kommunikatives Handeln. Beiträge zu Jürgen Habermas' ›Theorie des kommunikativen Handelns‹. Erweiterte und aktualisierte Ausgabe*. Frankfurt a.M.: Suhrkamp, S. 327–405.

Habermas, J. (2019). *Auch eine Geschichte der Philosophie*. Berlin: Suhrkamp.

Hilgerloh-Nuske, J. K. (2020). *Die Kolonialisierung des Internets? Habermas' System-Lebenswelt Gegensatz in der digitalen Öffentlichkeit*. https://media.suub.uni-bremen.de/bitstream/elib/4384/4/ Kolonialisierung%20des%20Internets%20Hilgerloh-Nuske.pdf zugegriffen: 8. Dezember 2020.

Honneth, A. (1994). Kampf um Anerkennung. Zur moralischen Grammatik sozialer Konflikte. Frankfurt a.M.: Suhrkamp.

Iser, M. & Strecker, D. (2012). *Jürgen Habermas zur Einführung*. Reinbek: Junius.

Iser, M. (2008). *Empörung und Fortschritt. Grundlagen einer kritischen Theorie der Gesellschaft*. Frankfurt a.M.: Campus.

Karmasin, M., Rath, M. & Thomaß, B. (Hrsg.) (2013). *Normativität in der Kommunikationswissenschaft*. Wiesbaden: Springer VS.

Kettner, M. (2009). Pragmatizismus. In H. Brunkhorst, R. Kreide & C. Lafont (Hrsg.), *Habermas-Handbuch*. Stuttgart: Metzler, S. 26–29.

Krallmann, D./Ziemann, A. (2006). *Grundkurs Kommunikationswissenschaft*. Stuttgart: UTB

Lafont, C. (2009): Kommunikative Vernunft In H. Brunkhorst, R. Kreide & C. Lafont (Hrsg.), *Habermas-Handbuch*. Stuttgart: Metzler, S. 176–188.

Meehan, J. (Hrsg.). (1995). *Feminists Read Habermas. Gendering the Subject of Discourse*. New York, NY: Routledge.

Meyen, M., Löblich, M., Pfaff-Rüdiger, S. & Riesmeyer, X. (2019). *Qualitative Forschung in der Kommunikationswissenschaft. Eine praxisorientierte Einführung*. Wiesbaden: SpringerVS.

Möllers, C. (2009). Demokratie und Recht. In H. Brunkhorst, R. Kreide & C. Lafont (Hrsg.), *Habermas-Handbuch*. Stuttgart: Metzler, S. 254–263.

Müller-Doohm (2008). *Jürgen Habermas. Leben. Werk. Wirkung*. Frankfurt a.M.: Suhrkamp.

Rorty, R. (1996). Emancipating our Culture. A Response to Habermas In J. Niznik & J. T. Sanders (Hrsg.) *Debating the State of Philosophy*. Westport, CT: Praeger, S. 24–28.

Schnädelbach, H. (1992). *Zur Rehabilitierung des animal rationale. Vorträge und Abhandlungen. 2. Frankfurt.* a.M.: Suhrkamp.

Schnädelbach, H. (2017). Transformation der Kritischen Theorie. In A. Honneth & H. Joas (Hrsg.), *Kommunikatives Handeln. Beiträge zu Jürgen Habermas' ›Theorie des kommunikativen Handelns‹. Erweiterte und aktualisierte Ausgabe.* Frankfurt a.M.: Suhrkamp, S. 15–34.

Streeck, W. (2013). *Gekaufte Zeit. Die vertagte Krise des demokratischen Kapitalismus.* Berlin: Suhrkamp.

Strecker, D. (2009a). Theorie der Gesellschaft. In H. Brunkhorst, R. Kreide & C. Lafont (Hrsg.), *Habermas-Handbuch.* Stuttgart: Metzler, S. 220–234.

Strecker, D. (2009b). *Logik der Macht zum Ort der Kritik zwischen Theorie und Praxis.* Weilerswist: Velbrück.

Wessler, H. (2018). *Habermas and the media.* Cambridge, UK: Polity.

Wiggershaus, R. (2004). *Jürgen Habermas.* Reinbek: RoRoRo.

The Constitution of Society

von Anthony Giddens (1984)

Ulrike Röttger

Zusammenfassung

Die Strukturationstheorie ist eine allgemeine Sozial- bzw. Gesellschaftstheorie, die vom britischen Soziologen Anthony Giddens zu Beginn der 1980er-Jahre ausgearbeitet wurde. Im Zentrum der Strukturationstheorie steht eine umfassende Konzeptualisierung des Zusammenspiels von handelnden Personen bzw. Interaktionen mit Institutionen und strukturellen Rahmenbedingungen des Handelns. Zentrales Anliegen von Giddens ist dabei die Überwindung des Dualismus von Struktur und Handlung. Dies beinhaltet ein Verständnis von Struktur und Handlung als Dualität, das heißt als zwei unterschiedliche, einander wechselseitig bedingende Aspekte eines Ganzen. Gleichwohl Giddens die Strukturationstheorie als umfassende soziologische Grundlagentheorie angelegt hat, bietet sie zudem ein umfassendes begriffliches Instrumentarium, das sehr gut auch für empirische Forschung nutzbar ist. So finden sich zahlreiche empirische, wie auch theoretische Forschungsbeiträge in unterschiedlichen Disziplinen und Forschungsfeldern wie der Kommunikationswissenschaft, der Soziologie, der Politikwissenschaft, der Organisations- und Managementforschung, die sich auf die Strukturationstheorie beziehen.

Schlüsselwörter

Giddens · Strukturation · Strukturierung : Strukturationstheorie: Theorie der Strukturierung · Struktur · Handlung · Rekursivität · Dualität

U. Röttger (✉)
Westfälische Wilhelms-Universität Münster, Münster, Deutschland
E-Mail: ulrike.roettger@uni-muenster.de

© Der/die Autor(en), exklusiv lizenziert an Springer Fachmedien Wiesbaden GmbH, ein Teil von Springer Nature 2022
R. Spiller et al. (Hrsg.), *Schlüsselwerke: Theorien (in) der Kommunikationswissenschaft*, https://doi.org/10.1007/978-3-658-37354-2_23

361

1 Kurzbiografie

Die Strukturationstheorie (im Deutschen auch als Theorie der Strukturation bzw. Strukturierung bezeichnet) wurde von dem britischen Soziologen Anthony Giddens (*1938) entwickelt. Nach seinem Masterstudium in Soziologie an der London School of Economics and Political Science (LSE) promovierte er 1976 an der Universität Cambridge im Fach Soziologie. Giddens lehrte an verschiedenen englischen und US-amerikanischen Universitäten, bevor er von 1997 bis 2003 Direktor der London School of Economics and Political Science in London war. Giddens ist Mitbegründer des 1985 gegründeten akademischen Verlags Polity Press. Zudem war als Berater des britischen Premierministers Tony Blair aktiv und engagierte sich für das ‚Third Way Project' der britischen Labour-Regierung. Im Jahr 2004 wurde Anthony Giddens von Queen Elizabeth II. zum Mitglied des House of Lords ernannt und erhielt den Adelstitel auf Lebenszeit (zur ausführlichen Biografie siehe u. a. Kaspersen 2000; Lamla 2003; Reckwitz 2007).

2 Inhalt des Textes

Das 1984 von Giddens erstmals publizierte Buch ‚The Constitution of Society' bündelt seine an zahlreichen Stellen (u. a. Giddens 1976, 1977, 1979, 1981, 1982) publizierten Überlegungen zur Theorie der Strukturation in einem Hauptwerk. Zusammen mit dem Buch ‚Die Konsequenzen der Moderne' (Giddens 1996) zählt es zu seinen bekanntesten Publikationen. Mit der Strukturationstheorie setzt Giddens an der bis dato in der sozialwissenschaftlichen Theoriebildung dominanten Frontstellung von Struktur und Handlung an, die in seinen Augen im „Imperialismus des gesellschaftlichen Objekts" bei funktionalistischen und strukturalistischen Ansätzen einerseits und im „Imperialismus des Subjekts" bei interpretativen soziologischen Ansätzen andererseits zum Ausdruck kommt (Giddens 1997, S. 52). Giddens betrachtet demgegenüber Struktur und Handlung nicht als zwei gegensätzliche und letztlich unvereinbare Dualismen, sondern beschreibt sie vielmehr als Dualität, das heißt als zwei unterschiedliche, einander wechselseitig bedingende Aspekte eines Ganzen: Struktur ermöglicht und begrenzt Handeln und im Handeln wird Struktur produziert und reproduziert. Die Denkfigur der Rekursivität, die das Verhältnis von Struktur und Handlung als raumzeitlich wiederkehrende, wechselseitige Konstitution beschreibt, ist prägend für die Strukturationstheorie: Struktur, die das Ergebnis vorheriger Handlungen ist, stellt die ermöglichenden und restringierenden Bedingungen aktuellen Handelns dar, welches wiederum zukünftig handlungsrelevante Struktur (re-)produziert. In diesem Sinne sind gesellschaftliche Strukturen, die im

Zentrum von Giddens Überlegungen stehen, über die Zeit betrachtet sowohl Medium als auch Ergebnis des – gebündelten und routinierten – Handelns der Gesellschaftsmitglieder. Der zentrale Begriff der Strukturation betont dabei den Prozesscharakter der (Re-)Produktion: „Indem Individuen auf sie [Struktur, UR] Bezug nehmen, rekonstruieren sie Strukturmomente und tragen gleichzeitig zu ihrer Reproduktion bei. (…) So handelt es sich bei Struktur nicht um einen stabilen Zustand, sondern um einen fortlaufenden Prozess der Produktion und Reproduktion" (Klare 2010, S. 99).

Giddens versteht Struktur entsprechend nicht als etwas dem Handeln Äußerliches, sondern er beschreibt Struktur als „rules and resources, recursively implicated in the reproduction of social systems. Structure exists only as memory traces, the organic basis of human knowledgeability, and as instantiated in action" (Giddens 1984, S. 377). Die erwähnten Ressourcen umfassen allokative Ressourcen, die sich auf die Fähigkeiten zur Kontrolle materieller Aspekte (u. a. Rohstoffe, Technik/Technologien) beziehen und autoritative Ressourcen, die sich auf die Fähigkeit zur Beeinflussung von Menschen bzw. von Beziehungen zwischen Menschen beziehen (Giddens 1984, S. 33). Akteur*innen können durch die Anwendung allokativer und autoritativer Ressourcen im Handeln Macht ausüben und damit zugleich bestimmte Herrschaftsordnungen (re-)produzieren. Auch Regeln werden bei Giddens (1984, S. 18–20) weiter ausdifferenziert: Konstitutive Regeln benennen was in einem sozialen System Sinn macht und stellen damit eine bestimmte kognitive Ordnung her. Demgegenüber definieren regulative Regeln Rechte und Pflichten und implizieren damit eine Bewertung des Handelns (u. a. Ortmann 1995, S. 55). Allerdings ist zu beachten, dass die Unterscheidung in konstitutive und regulative Regeln insofern analytischen Charakter hat, als dass damit je unterschiedliche Aspekte, die Bestandteil empirisch vorfindbarer Regel sind, betont werden.

Die durch Regeln und Ressourcen konstituierte Strukturebene wird von Giddens in drei unterschiedliche Dimensionen differenziert: Signifikation (Sinnkonstitution), Legitimation und Herrschaft, die wiederum auf der Handlungsebene ihre Entsprechung in den Dimensionen Kommunikation, Machtausübung und Sanktion finden (siehe Abb. 1). Das durch Regeln und Ressourcen vermittelte Zusammenspiel von Struktur und Handlung kann exemplarisch anhand der Dimensionen Sinnkonstitution und Kommunikation verdeutlicht werden: So zeigt sich, dass Grammatik als sinnstiftende Struktur einer Sprache nur existiert, wenn Menschen sich im Rahmen kommunikativer Handlungen auf die spezifischen grammatischen Regeln einer Sprache beziehen. Indem sie dies tun, (re-)produzieren sie – meist unbewusst – Grammatik als sinnstiftende Struktur.

Klare (2010) weist darauf hin, dass Giddens Handeln als „bewusstes, aktives und folgenreiches Eingreifen (oder das bewusste Unterlassen eines Eingriffs) in

Struktur				
Strukturdimensio-nen	Sinnkonstitution	Herrschaft		Legitimation
Struktur besteht aus....	Regeln der Sinnkonstitution	Autoritative Ressourcen	Allokative Ressourcen	Regeln der Sanktionierung
Modalitäten	Deutungssche-mata	Politische Machtmittel	Ökonom. und technische Machtmittel	Normen
Dimensionen des sozialen Handelns	Kommunikation	Machtausübung		Sanktion
Handeln				

Abb. 1 **Dimensionen der Dualität von Struktur** (in Anlehnung an Giddens 1984, S. 29; Ortmann et al. 1990, S. 27, 30 und Röttger 2010, S. 138)

die Welt (…), mit der Folge einen Prozess oder einen Zustand zu beeinflussen, also etwas zu verändern", versteht (S. 94). Menschen bzw. Akteure verfügen entsprechend über Handlungsvermögen (Agency):

> Agency concerns events of which an individual is the perpetrator, in the sense that the individual could, at any phase in a given sequence of conduct, have acted differently. Whatever happened would not have happened if that individual had not intervened. Action is a continuous process, a flow… (Giddens 1984, S. 9)

Neben der Dualität von Struktur betont Giddens in Bezug auf die Konstitution der Gesellschaft die *Prinzipien der Raum-Zeit-Relation* sowie der *Sozial- und System-integration*. Mittels der Kategorien Raum und Zeit differenziert Giddens die Interaktionen von Akteur*innen in Systemen und unterscheidet dabei zwischen Sozial- und Systemintegration:

„Mit dem Begriff der Sozialintegration werden dabei Wechselwirkungen zwischen Praktiken von Akteuren in Situationen der Kopräsenz, also in räumlich-zeitlicher Gemeinsamkeit bezeichnet, mit dem Begriff der Systemin-tegration hingegen Wechselwirkungen zwischen Praktiken von Akteuren und Kollektiven über weite (ausgedehnte) Raum-Zeit-Spannen hinweg." (Endreß 2017, S. 229)

3 Bezug zum Gesamtwerk des Autors

Die Strukturationstheorie wurde und wird zwar sehr prominent rezipiert und stellt vermutlich das erste Stichwort dar, das die meisten Sozialwissenschaftler_innen mit Giddens verbinden. Letztlich hat die Strukturationstheorie aber nur einen relativ kleinen Anteil am umfassenden Gesamtwerk von Anthony Giddens.

Die wissenschaftlichen Arbeiten von Giddens lassen sich in verschiedene Phasen bzw. inhaltliche Bereiche unterteilen (u. a. Loyal 2003; Werlen 2012, S. 146–147). Den Ausgangspunkt bildet seine kritische Auseinandersetzung mit bestehenden Sozial- und Gesellschaftstheorien und Klassikern wie Marx, Durkheim und Weber (u. a. Giddens 1971). Aus dieser kritischen Analyse entstanden zum einen seine Überlegungen zur Entwicklung einer neuen allgemeinen Gesellschaftstheorie in Form der Strukturationstheorie (Giddens 1984) und zum anderen seine Theorie der Moderne (Giddens 1990). Die Theorie der Moderne stellt die Entwicklung der modernen Gesellschaft ins Zentrum und ist „um eine Rekonstruktion der spezifischen Strukturmerkmale jener hochmodernen oder spätmodernen Gegenwartsgesellschaften bemüht, die sich seit den 1970er- und 80er-Jahren ausbilden" (Reckwitz 2007, S. 321). Ab Mitte der 1990er-Jahre ist schließlich „bei Giddens – womöglich als Folge der gegenwartsanalytischen Ausrichtung seiner Arbeiten – im Anschluss an die Ausarbeitung einer allgemeinen Theorieperspektive die Entwicklung hin zu einem politisch engagierten Intellektuellen zu beobachten." (Endreß 2017, S. 221). In diese Zeit fallen unterschiedliche Publikationen, die sich mit Fragen der politischen Praxis befassen (Giddens 1994, 1998, 2009). Zudem war Giddens in dieser Zeit als Berater des britischen Premierministers Tony Blair aktiv.

4 Wirkungsgeschichte und Kritik

Die als allgemeine Sozialtheorie angelegte *Strukturationstheorie* ist Referenzpunkt für zahlreiche, sowohl theoretisch als auch empirisch ausgerichtete kommunikationswissenschaftliche Forschungsarbeiten. Angesichts der Offenheit und Anschlussfähigkeit der Theorie finden sich dabei vielfach weitere theoretische Ergänzungen, entweder auf Ebene anderer Grundlagentheorien oder in Bezug auf die jeweils konkreten Forschungsgegenstände. Gemeinsam ist den strukturationstheoretisch fundierten Forschungsarbeiten, dass sie den Fokus auf eine *Mehrebenenanalyse* legen bzw. eine Verbindung von Mikro-(Handlungsebene) und Makroebene (Ebene gesellschaftlicher Strukturen) anstreben. Dies geschieht vielfach über einen Zugang auf der Mesoebene (Ebene der Organisationen), da diese gewissermaßen als Vermittlungsinstanzen zwischen der Mikro- und Makroebene fungiert (Donges 2011, S. 218): Organisationen stellen zum einen Struktur dar, die Organisationsmitglieder in ihrem Handeln (re-)produzieren. Zum anderen sind Organisationen als handelnde korporative Akteure an der Reproduktion der Struktur auf der Ebene von Branchen, Teilsystemen oder der Gesellschaft insgesamt beteiligt. Die verschiedenen Reproduktionskreisläufe sind miteinander gekoppelt, wobei der direkte Einfluss personaler Akteur*innen mit jeder Ebene sinkt. Entsprechend findet sich eine Bezugnahme auf die Strukturationstheorie häufig in kommunikationswissenschaftlichen Forschungsarbeiten zu organisational gebundenen Kommunikationsformen und Handlungspraxen (insbesondere Journalismus und PR). Diese Forschungsbeiträge beziehen sich dabei zudem auf ein breites Spektrum an strukturationstheoretisch geprägten Beiträgen aus der allgemeinen Organisations- und Managementforschung (u. a. Ortmann et al. 1997; Ortmann und Sydow 2001; Schiller-Merkens 2008; Schwarz 2008). Neben dieser Gruppe von strukturationstheoretisch fundierten kommunikationswissenschaftlichen Analysen vornehmlich organisationsbezogener Phänomene und Prozesse existieren zudem einige Arbeiten, die das dynamische Zusammenwirken kommunikativer Handlungen und öffentlicher bzw. gesellschaftlicher Strukturen in den Blick nehmen. Übergeordnet geht es hier um die Frage, wie soziale Ordnung durch Kommunikation entsteht (Altmeppen et al. 2015). Löblich (2017) analysiert beispielsweise öffentlich verhandelte Prozesse der Zuschreibung, Aberkennung und des Erhalts von Legitimität im Zusammenspiel von Struktur und Handlung und Bachmann (2017) betrachtet Prozesse der Verantwortungszuschreibung zwischen „reflexiven Menschen in der Dualität von Struktur und Handeln" (Bachmann 2017, S. 7). Schließlich kann auf eine dritte Gruppe von Forschungsarbeiten verwiesen werden, die sozusagen aus einer Metaperspektive die Potenziale der Strukturationstheorie als kommunikationswissenschaftliche Basistheorie skizzieren (Banks und Riley 1993; Conrad 1993; Cozier und Witmer 2003; Falkheimer 2007, 2018; Weder 2008; Witmer 2006).

Das vielfältige Spektrum an kommunikationswissenschaftlichen, organisationsbezogenen Forschungsbeiträgen, die sich auf die Strukturationstheorie als Basistheorie beziehen, umfasst unter anderem theoretische Arbeiten zu Journalismus bzw. Medienorganisationen (u. a. Altmeppen 2007a, 2007b; Döbler 2003; Wyss 2004), zu digitalen Medien und Mediennutzung (u. a Haslett 2020; Wiggins und Bowers 2015) und zu Public Relations und Organisationskommunikation (Falkheimer 2007, 2018; Hauptmann 2012; Haslett 2013a, 2013b; Heracleous 2013; Heracleous und Hendry 2000; Norton 2007; Schauster 2013; Thießen 2011; Thießen und Ingenhoff 2011).

Daneben sind in den vergangenen Jahren zahlreiche organisationsbezogene Arbeiten in unserem Fach entstanden, die spezifische Fragestellungen empirisch unter Bezugnahme auf strukturationstheoretische Überlegungen untersuchen. Der Mehrzahl dieser Arbeiten ist gemeinsam, dass sie das Handeln von Organisationsmitgliedern im jeweiligen institutionellen Kontext analysieren und sich insbesondere für das dynamische Zusammenspiel von handlungsermöglichenden und -begrenzenden Strukturen einerseits und Struktur (re-)produzierenden Handeln andererseits interessieren. Zu nennen sind in diesem Zusammenhang beispielsweise empirische Studien zu Journalismus und Medienorganisationen (u. a. Bracker 2017; Bracker et al. 2017; Buschow 2018; Engels 2002; Quandt 2002; Wyss 2004), zur Beziehung von PR und Journalismus (Gottwald 2006), zu politischen Online-Kommunikation (Nitschke 2019) und zu Public Relations allgemein (u. a. Durham 2005; Klare 2010; Röttger 2005 u. 2010; Sommerfeldt 2012; Zühlsdorf 2002).

Die zahlreichen strukturationstheoretisch geprägten Forschungsbeiträge in unserem Fach verdeutlichen das Potenzial der Strukturationstheorie für die Kommunikationswissenschaft. Herauszustellen sind in diesem Zusammenhang zum einen Prozesse der öffentlichen Kommunikation, die mittels der Strukturationstheorie als dynamische (Re-)Produktionsprozesse zwischen Individuen, Organisationen, Institutionen und der Gesellschaft analysiert werden können. Zum anderen zeigt sich das Potenzial von Giddens' Theorie bei der Analyse organisationsgebundener Strukturen bzw. Praktiken im Kontext öffentlicher Kommunikationsprozesse, wie sie im Falle des Journalismus, der PR oder auch der Werbung vorliegen.

Die Strukturationstheorie liefert in der Mehrzahl der Studien den Analyserahmen und das begriffliche Instrumentarium für die empirische Analyse: Wie etablieren sich beispielsweise durch die Anwendung welcher (impliziten und expliziten) Regeln im Kontext der Social Media Nutzung Gesellschaften neue Strukturen öffentlicher Kommunikation und welche Rolle spielen dabei unterschiedliche Ressourcenausstattungen der involvierten Akteure? Oder: Welche neue, gelebte Kommunikationsstruktur und -kultur bildet sich durch die Einführung eines Social Intranets in Organisationen aus und welche Rolle spielen hier Alltagsroutinen sowie etablierte Deutungsmuster (z. B. darüber, was unter guter Kommunikation und Zusammenarbeit in der Organisation verstanden wird) und wie werden diese durch neue Social-Intranet-Praktiken modifiziert?

Die Strukturationstheorie ist als allgemeine Sozialtheorie konzipiert und in diesem Sinne universell und zeitlos: Immer dort, wo in sozialen Zusammenhängen reflexive Menschen handeln und sich dabei gleichzeitig auf vorhandene Struktur beziehen und Struktur schaffen, bietet die Strukturationstheorie wertvolle Ansatzpunkte zur Analyse und Erklärung. Dies gilt selbstverständlich nicht nur für aktuelle, sondern auch zukünftige Gesellschaften und für die Analyse neuer, digital vermittelter Kommunikationspraktiken und Kommunikationsmedien.

Literatur

Altmeppen, K. D. (2007a). Das Organisationsdispositiv des Journalismus. In K.-D. Altmeppen, T. Hanitzsch & C. Schlüter (Hrsg.), *Journalismustheorie: Next Generation* (S. 281–302). Wiesbaden: VS Verlag für Sozialwissenschaften.

Altmeppen, K. D. (2007b). *Journalismus und Medien als Organisationen: Leistungen, Strukturen und Management.* Springer-Verlag.

Altmeppen, K.-D., Donges, P., Künzer, M., Puppis, M., Röttger, U., & Wessler, H. (2015). Die Ordnung der Dinge durch Kommunikation: Eine Einleitung über Leistungen der Medien und Strukturen der Gesellschaft. In: Die Soziale Ordnung durch Kommunikation (S. 11–26). Baden Baden: Nomos.

Bachmann, P. (2017). *Medienunternehmen und der strategische Umgang mit Media Responsibility und Corporate Social Responsibility* Wiesbaden: Springer VS.

Banks, S. P., & Riley, P. (1993). Structuration theory as an ontology for communication research. *Annals of the International Communication Association, 16*(1), 167–196.

Bracker, I. (2017). Verantwortung von Medienunternehmen. Selbstbild und Fremdwahrnehmung in der öffentlichen Kommunikation. Baden-Baden: Nomos.

Bracker, I., Schuhknecht, S., & Altmeppen, K. D. (2017). Managing values: Analyzing corporate social responsibility in media companies from a structuration theory perspective. In: Altmeppen, K.-D., Hollifield, C. & van Loon J. (Hrsg.): *Value-Oriented Media Management* (S. 159–172). Cham: Springer.

Buschow, C. (2018). *Die Neuordnung des Journalismus.* Wiesbaden: Springer Fachmedien.

Conrad, C. (1993). Rhetorical/communication theory as an ontology for structuration research. *Annals of the International Communication Association, 16*(1), 197–208.

Cozier, Z. R., & Witmer, D. F. (November, 2003). *A structurationist perspective of public relations. A metatheoretical discussion of boundary spanning.* Presented to the Public Relations Division of the National Communication Association national convention, Miami Beach, FL.

Döbler, T. (2003). *Strukturation: ein neuer Focus auf Medien?* (Arbeitspapiere der Forschungsstelle für Medienwirtschaft und Kommunikationsforschung, 1-03). Stuttgart: Universität Hohenheim, Fak. Wirtschafts- und Sozialwissenschaften, Forschungsstelle für Medienwirtschaft und Kommunikationsforschung.

Donges, P. (2011). Politische Organisationen als Mikro-Meso-Makro-Link. In: Quandt, T. & Scheufele, B. (Hrsg.): *Ebenen der Kommunikation. Mikro-Meso-Makro-Links in der Kommunikationswissenschaft* (S. 217–231). Wiesbaden: VS-Verlag.

Durham, F. (2005). Public relations as structuration: A prescriptive critique of the StarLink global food contamination case. *Journal of Public Relations Research,* 17(1), 29–47.

Endreß, M. (2017). 13. Anthony Giddens: Strukturationstheorie. In: *Soziologische Theorien kompakt* (S. 220–236). Berlin, Boston: De Gruyter Oldenbourg.

Engels, K. (2002): Kommunikationsberufe im sozialen Wandel. Kommunikationstheoretische Überlegungen zur Veränderung institutioneller Strukturen erwerbsorientierter Kommunikationsarbeit. *M&K – Medien- & Kommunikationswissenschaft*, 50(1),7–25.

Falkheimer, J. (2007). Anthony Giddens and public relations: A third way perspective. *Public Relations Review, 33*(3), 287–293.

Falkheimer, J. (2018). On Giddens. Interpreting Public Relations through Antony Giddens's Structuration and Late Modernity Theories. In Ihlen, Ø. Fredriksson, M. (Hrsg.), *Public Relations and Social Theory: Key Figures, Concepts and Developments* (S. 177–192). New York, NY: Routledge.

Giddens, A. (1971). *Capitalism and Modern Social Theory. An Analysis of the Writings of Marx*, Durkheim and Max Weber. Cambridge: Cambridge University Press.

Giddens, A. (1976). *New Rules of Sociological Method: A Positive Critique of Interpretative Sociologies*. London: Basic Books.

Giddens, A. (1977). *Studies in Social and Political Theory*. London: Basic Books.

Giddens, A. (1979). *Central Problems in Social Theory. Action, Structure and Contradiction in Social Analysis*. Berkeley, Los Angeles, CA: University of California Press.

Giddens, A. (1981). *A Contemporary Critique of Historical Materialism*: Volume 1: Power, Property, and the State. Berkeley, Los Angeles, CA: University of California Press.

Giddens, A. (1982). *Profiles and Critiques in Social Theory*. Berkeley, Los Angeles, CA: University of California Press.

Giddens, A. (1984). *The Constitution of Society: Outline of the Theory of Structuration*. London: Polity Press.

Giddens, Anthony (1990): *The Consequences of Modernity*, Cambridge: Polity Press.

Giddens, A. (1996). *Konsequenzen der Moderne*. Frankfurt a.M.: Suhrkamp.

Giddens, A. (1997). *Die Konstitution der Gesellschaft. Grundzüge einer Theorie der Strukturierung* (3. Aufl.). Frankfurt, New York: Campus Verlag.

Giddens, A. (1994). *Beyond Left and Right. The Future of Radical Politics*. Kalifornien: Stanford University Press.

Giddens, A. (1998). *The Third Way: The Renewal of Social Democracy*. Cambridge: Polity Press.

Giddens, A. (2009). *Politics of Climate Change*. New Jersey: John Wiley & Sons.

Gottwald, F. (2006). *Gesundheitsöffentlichkeit: Entwicklung eines Netzwerkmodells für Journalismus und Public Relations* (Vol. 24). Konstanz: UVK Verlagsgesellschaft.

Haslett, B. B. (2013a). Structurational interaction. *Management Communication Quarterly*, 27(4), 615–622.

Haslett, B. B. (2013b). Communicating and organizing in context: The theory of structurational interaction. London: Routledge.

Haslett, B. B. (2020). A Face Model of Intercultural Communicative Competence: Integrating non-Western and Western Communication. *China Media Research, 16*(2), 24–39.

Hauptmann, S. (2012). *Social Media in Organisationen: Strukturation und computervermittelte Kommunikation*. Wiesbaden: Gabler Verlag.

Heracleous, L. (2013). The employment of structuration theory in organizational discourse: Exploring methodological challenges. *Management Communication Quarterly*, 27(4), 599–606.

Heracleous, L., & Hendry, J. (2000). Discourse and the study of organization: Toward a structurational perspective. *Human Relations*, 53(10), 1251–1286.

Kaspersen, L. B. (2000). *Anthony Giddens: An introduction to a social theorist.* New Jersey: Blackwell Publishing.

Klare, J. (2010). *Kommunikationsmanagement deutscher Unternehmen in China. Eine strukturationstheoretische Analyse.* Wiesbaden: VS Verlag für Sozialwissenschaften.

Lamla, J. (2003). *Anthony Giddens.* Frankfurt: Campus.

Loyal, S. (2003). *The Sociology of Anthony Giddens,* Pluto Press. ProQuest Ebook Central, https://ebookcentral.proquest.com/

Löblich, M. (2017). Legitimität in der Medienpolitik. Eine strukturationstheoretische und neo-institutionalistische Perspektive. *Publizistik, 62,* 425–443.

Nitschke, P. (2019). *Digitalisierung auf der Mesoebene: die Onlinekommunikation von Interessenorganisationen als Institutionalisierung.* Wiesbaden: Springer VS.

Norton, T. (2007). The structuration of public participation: Organizing environmental control. *Environmental Communication, 1*(2), 146–170.

Ortmann, G. (1995). *Formen der Produktion – Organisation und Rekursivität.* Opladen: Westdeutscher Verlag.

Ortmann, G., & Sydow, J.(Hrsg.). (2001). *Strategie und Strukturation. Strategisches Management von Unternehmen, Netzwerken und Konzernen.* Wiesbaden: Springer Gabler.

Ortmann, G., Sydow, J., & Türk, K. (1997). Organisation als reflexive Strukturation. In Ortmann, g., Sydow, J., & Türk, K. (Hrsg.), *Theorien der Organisation. Die Rückkehr der Gesellschaft* (S. 315–354). Opladen: Westdeutscher Verlag.

Ortmann, G., Windeler, A., Becker, A., & Schulz, H.-J. (1990). *Computer und Macht in Organisationen. Mikropolitische Analysen.* Opladen: Westdeutscher Verlag.

Quandt, T. (2002): Virtueller Journalismus im Netz? Eine strukturationstheoretische Annäherung an das Handeln in Online-Redaktionen. In: Baum, A. & Schmidt, S., J. (Hrsg.): *Fakten und Fiktionen. Über den Umgang mit Medienwirklichkeiten.* Konstanz: UVK, 233–253.

Reckwitz, A. (2007). Anthony Giddens. In Kaesler, D. (Hrsg.): *Klassiker der Soziologie, Band II. Von Talcott Parsons bis Anthony Giddens.* (5., überarb, aktual. u. erw. Auflage, S. 311–337). München: C.H. Beck.

Röttger, U. (2005). Kommunikationsmanagement in der Dualität von Struktur. Die Strukturationstheorie als kommunikationswissenschaftliche Basistheorie. *Medienwissenschaft Schweiz,* 1(2), 12–19.

Röttger, U. (2010). *Public Relations – Organisation und Profession. Öffentlichkeitsarbeit als Organisationsfunktion. Eine Berufsfeldstudie.* (2. Auflage). Wiesbaden: VS Verlag für Sozialwissenschaften.

Schauster, E. (2013). The Structuration of Crisis Management: Guiding a Process of Repair. *Journal of Professional Communication,* 2(1), 77–98.

Schiller-Merkens, S. (2008). *Institutioneller Wandel und Organisationen: Grundzüge einer strukturationstheoretischen Konzeption.* Wiesbaden: Springer VS.

Schwarz, S. (2008). *Strukturation, Organisation und Wissen: Neue Perspektiven in der Organisationsberatung.* Wiesbaden.

Sommerfeldt, E. J. (2012). The dynamics of activist power relationships: A structurationist exploration of the segmentation of activist publics. *International Journal of Strategic Communication,* 6(4), 269–286.

Thießen, A. (2011). *Organisationskommunikation in Krisen.* Wiesbaden: VS Verlag für Sozialwissenschaften.

Thießen, A., & Ingenhoff, D. (2011). Safeguarding reputation through strategic, integrated and situational crisis communication management: Development of the integrative model of crisis communication. *Corporate Communications: An International Journal, 16*(1), 8–26.

Weder, F. (2008). Produktion und Reproduktion von Öffentlichkeit: Über die Möglichkeiten, die Strukturationstheorie von Anthony Giddens für die Kommunikationswissenschaft nutzbar zu machen. In C. Winter, A. Hepp & F. Krotz (Hrsg.), Theorien der Kommunikations- und Medienwissenschaft. Grundlegende Diskussionen, Forschungsfelder und Theorieentwicklungen (S. 345–361). Wiesbaden: Springer VS.

Werlen, B. (2012). Anthony Giddens. In: Eckardt F. (Hrsg.) *Handbuch Stadtsoziologie.* (S. 145–166) Wiesbaden: VS Verlag für Sozialwissenschaften.

Wiggins, B. E., & Bowers, G. B. (2015). Memes as genre: A structurational analysis of the memescape. *new media & society, 17*(11), 1886–1906.

Witmer, D. F. (2006). Overcoming System and Culture Boundaries: Public Relations from a Structuration Perspective. In C. H. Botan & V. Hazleton (Hrsg.), *Public relations Theory II* (S. 361–374). Mahwah, NJ.

Wyss, V. (2004). Journalismus als duale Struktur. Grundlagen einer strukturationstheoretischen Journalismustheorie. In Löffelholz, M. (Hrsg.), *Theorien des Journalismus. Ein diskursives Handbuch* (2. Aufl., S. 305–320). Wiesbaden: VS-Verlag.

Zühlsdorf, A. (2002). *Gesellschaftsorientierte Public Relations: eine strukturationstheoretische Analyse der Interaktion von Unternehmen und kritischer Öffentlichkeit.* Wiesbaden: Westdeutscher Verlag.

Der Berliner Schlüssel. Erkundungen eines Liebhabers der Wissenschaften

von Bruno Latour (1991)

Sebastian Pranz

Erstauflage in englischer und französischer Sprache im Jahr 1991. Der Beitrag bezieht sich auf die Version von 2014.

Zusammenfassung

Welche Rolle spielen die Dinge in einer Theorie des Sozialen? Dieser Frage hat der französische Philosoph und Soziologe Bruno Latour einen Gutteil seines bis heute äußerst produktiven Forscherlebens gewidmet. Der Essay „Der Berliner Schlüssel", auf Deutsch erstmals erschienen im Jahr 1994, schlägt einen Handlungsbegriff vor, der sich radikal von den einschlägigen mikrosoziologischen Konzepten unterscheidet: Am Beispiel des Berliner Durchsteckschlüssels zeigt Latour, wie technische Artefakte ihren Benutzern bestimmte Handlungsprogramme aufzwängen. Dabei entfaltet er anhand präziser Beschreibungen die Kernthese der Akteur-Netzwerk-Theorie (ANT): Soziales Handeln geht nicht von Menschen aus. Stattdessen ‚wirkt' im Falle des Berliner Schlüssels ein komplexes Geflecht aus Objekten und Menschen, das sich weit über Zeit und Raum erstreckt: ein Akteur-Netzwerk. Anhand des ausgewählten Essays werden im Folgenden die zentralen Elemente der ANT vorgestellt und kontextuali-

S. Pranz (✉)
Hochschule Darmstadt, Dieburg, Deutschland
E-Mail: sebastian.pranz@h-da.de

© Der/die Autor(en), exklusiv lizenziert an Springer Fachmedien Wiesbaden GmbH, ein Teil von Springer Nature 2022
R. Spiller et al. (Hrsg.), *Schlüsselwerke: Theorien (in) der Kommunikationswissenschaft*, https://doi.org/10.1007/978-3-658-37354-2_24

siert. Auch wenn die Akteur-Netzwerk-Theorie keine Medientheorie im engeren Sinne ist, soll abschließend ihr Potenzial für die Analyse digitaler Infrastrukturen gezeigt werden.

Schlüsselwörter

Akteur-Netzwerk-Theorie · Techniksoziologie · Technikfolgen · Infrastrukturen · Netzwerke

1   Kurzbiografie

Bruno Latour wird 1947 als Sohn einer Winzerfamilie geboren und gilt heute als einer der wichtigsten zeitgenössischen Philosophen (siehe dazu auch Latour 2010), wobei seine Arbeiten an der Schnittstelle zu Wissenschafts- und Techniksoziologie, Ethnografie und politischer Soziologie anzusiedeln sind. Nach Studien in Afrika und Kalifornien konzentriert er sich auf die ethnografische Untersuchung der Wissenschaften.[1] Gemeinsam mit dem britischen Soziologen Steve Woolgar veröffentlicht Latour im Jahr 1979 seine Arbeit *Laboratory Life,* eine Studie über das Labor des Biochemikers Roger Guillemin. Das Werk stellt den Anfang einer wissenschaftssoziologischen Forschungslinie Latours dar (1993, 2003a, 2017), bei der es ihm um die verschiedenen Arten der wissenschaftlichen Wahrheitsfindung geht (Latour 2010). Im Jahr 1982 wird Latour Professor am Pariser *Écoles des Mines,* einer Hochschule mit Schwerpunkt auf den Ingenieurswissenschaften, wo er bis zu seiner Berufung an das Pariser *Institut d'études politiques* im Jahr 2006 lehrt. Gemeinsam mit dem französischen Soziologen und Ingenieur Michel Callon erscheint 1982 der Text „Die Demontage des großen Leviathans" (2006) der die interdisziplinäre Denkschule der *Sociology of Translation* begründet, aus der dann kurze Zeit später die Akteur-Netzwerk-Theorie hervorgeht (Gertenbach und Laux 2019, S. 87). Neben Latour, der schnell zum prominentesten Vertreter der ANT wird, sind hier auch die einflussreichen Arbeiten des Soziologen John Law (1984, 1992) sowie der Anthropologin und Philosophin Annemarie Mol (2010) zu nennen. Latour selbst hat sich in den letzten Jahren vor allem Fragen der politischen Ökologie zugewandt (2018; Latour et al. 2020). Neben seiner Forschung hat er sich auch als Kurator am Karlsruher ZKM betätigt.

---

[1] So ist es auf Latours Website zu lesen: bruno-latour.fr/ (Zugriff am 14.2.2021).

Latours Arbeiten zur ANT sollen im Folgenden am Beispiel eines Essays[2] vorgestellt werden, der 1991 zu einem Zeitpunkt erscheint, als die Arbeit an der Theorie bereits in die zweite Dekade geht. Auch wenn Latour hier nicht alle theoretischen Facetten der ANT thematisiert, ist der Berliner Schlüssel aus verschiedenen Gründen ein gutes Beispiel für seine Herangehensweise. Zum einen zeigt sich hier Latours Fähigkeit, dichte Beschreibungen von Alltagssituationen zu entwickeln, in denen er sich als rhetorisch versierter Beobachter erweist, der nicht mit Seitenhieben in Richtung etablierter soziologischer Ansätze spart.[3] Beides ist sicherlich charakteristisch für Bruno Latour und hat ihm ebenso viel Kritik wie Anerkennung eingebracht. Zum anderen ist der vorgestellte Text paradigmatisch für die Arbeitsweise der ANT, die die eigene Theoriebildung immer wieder der präzisen Dekonstruktion sozialer Situationen und dem *Wie* der methodischen Vorgehensweise (Latour 2004, S. 63) hintangestellt hat.

2   Inhalt des Textes

Das Patent Nr. 585232, angemeldet vom preußischen Schlossermeister Johann Schweiger[4] im Jahr 1912, prägte das Berliner Alltagsleben bis weit in die Neunziger Jahre hinein. Im Unterschied zu jedem anderen Schlüssel dieser Welt, besitzt der „Berliner Schlüssel" auf beiden Seiten einen ‚Bart' – also jenen Teil, den man ins Schloss einführt und der dort durch Drehen den Schlossriegel bewegt. Die Funktionsweise dieses rätselhaften Objekts hat nicht nur viele Neuberliner fasziniert (Prößer 2017) sondern auch Bruno Latour, der dem ‚Durchsteckschlüssel' einen eigenen Essayband (2014) gewidmet hat. Latour erzählt hier aus der Sicht einer jungen Archäologin, die sich in Berlin einleben möchte und dabei am Hoftor ihres Hauses scheitert: Wie jeden anderen Schlüssel, kann man den Berliner Schlüssel um 270° drehen und damit die Türe aufschließen. Tritt man dann in den Hausflur und möchte den Schlüssel abziehen, ist dieser allerdings im Schloss arretiert. Erst wenn man wieder zurück auf die Straße tritt, die Türe schließt und das

---

[2] Die englische Version des Textes (Latour 1991) gibt es, neben vielen anderen Texten von Latour, auf dessen Homepage zum Download: http://www.bruno-latour.fr (Zugriff am 13.2.2021).

[3] In diesen Sinne lässt sich auch der Untertitel der englischen Fassung (1991) des besprochenen Textes deuten: „The Berlin key or how to do words with things" kann als humorige Absage an das von John Austin entwickelte Programm der Sprechakttheorie verstanden werden: *How to Do Things With Words* (Austin 1962).

[4] Der Durchsteckschlüssel ist heute Teil des Museums der Dinge: https://www.museumderdinge.de/pflegschaften/?a=details&i=179 (Zugriff, 14.2.2021).

Schloss verriegelt, kann man den Schlüssel abziehen – und das Spiel beginnt von Neuem. Die archäologische Faszination, mit der Latours Protagonistin das eigentümliche Artefakt zunächst betrachtet, weicht ihrer wachsenden Frustration: Der Schlüssel lässt sich drehen, kann dann aber nicht aus dem Schloss gezogen werden; oder man schiebt ihn durch das Schloss wo er auf der anderen Seite „wie ein Gespenst" (Latour 1991, S. 14) wieder auftaucht – allerdings ohne die Türe zu verriegeln. Latour beschreibt nun selbst mit der Präzision eines Archäologen die verzweifelten Versuche seiner Figur, die sich in der Kälte der Berliner Nacht irgendwann fragt, ob es nun die teutonische Technikversessenheit ist, oder die paranoiden Fantasien des von Großmächten eingeschlossenen Westberlins, die zur Konstruktion dieses technischen Ungetüms geführt haben mögen.

Welchen Zweck erfüllt der Berliner Schlüssel? Wer damit spätabends die Haustüre seines Altbauwohnhauses aufschließt, schiebt den gedrehten Schlüssel durch das Schloss hindurch, betritt den Hausflur, schließt die Türe hinter sich, dreht den Schlüssel dann wieder zurück und verriegelt damit das Schloss von Innen. Die Türe ist abgeschlossen, man selbst der Kälte der Nacht entkommen und der Flur vor Unbefugten gesichert. In Preußen hielt man offensichtlich nichts davon, Schilder in den Hausflur zu hängen. Stattdessen zwingt der Berliner Schlüssel den Bewohnern der Stadt das gewünschte „Handlungsprogramm" einfach auf: ‚Bitte schließen Sie Nachts die Türe hinter sich ab, am Tag lassen Sie die Türe bitte unabgeschlossen' (Latour 1991, S. 16).

Die Soziologie konzipiert Handeln seit Weber (2009) prinzipiell als intentionales Handeln. Die junge Archäologin *handelt* in diesem Sinne, wenn sie den Schlüssel in das Schloss einführt, *um* die Türe *zu* öffnen. Das *‚um zu'* wurde dabei klassischerweise mit dem „subjektiven Sinn" (Weber 2009, S. 1) von menschlichen Akteur*innen verbunden, die sich in ihrem Handeln in intentionaler Weise auf Objekte oder andere Menschen beziehen. Wäre die Neuberlinerin bei zu hohem Tempo mit ihrem Citroën von der Straße abgekommen und hätte dabei die Haustüre durchschlagen, wäre der Weg in den Flur zwar frei aber es läge keine Handlung im Sinne Webers vor (siehe dazu auch Schneider 2008, S. 22). Wer handelt aber in der von Latour beschriebenen Situation? Ist es der Hausmeister, der den Mechanismus des Schlosses jeden Abend aktiviert, damit keine Unbefugten ins Haus eindringen? Ist es das Schloss, das den Bewohnern des Hauses ein bestimmtes Verhalten aufzwingt? Ist es Johann Schweiger, der auf die Idee mit dem Durchsteckschlüssel kam und so „ein winziges, in Metall gegossenes Stück preußischen Gehorsams" (Prößer 2017) erschuf?

Ganz allgemein kann man auch fragen: Welche Rolle spielen die Dinge im sozialen Gefüge unseres Alltags? Inwiefern bestimmen sie soziale Situationen und welche Verbindungen gehen sie mit menschlichen Akteur*innen ein? Bruno Latour hat einen Gutteil seiner immer noch andauernden wissenschaftlichen Karriere mit der Suche nach der Antwort auf diese und ähnliche Fragen verbracht. Sein Interesse gilt denjenigen Akteur*innen (oder, wie wir gleich noch sehen werden, ‚Aktanten‘), die von der Soziologie bis dato ignoriert wurden: „If action is limited a priori to what ‘intentional’, ‘meaningful’ humans do, it is hard to see how a hammer, a basket, a door closer, a cat, a rug, a mug, a list, or a tag could act." (Latour 2012, S. 71). Aus Sicht der ANT lässt sich die Frage, wer im Falle des Berliner Schlüssels handelt also nicht mit Blick auf einzelne Akteur*innen beantworten: „Der Berliner Schlüssel, das Haustor und der Hauswart befinden sich in einem erbitterten Kampf um Kontrolle und Zugang" (Latour 2014, S. 23). Sie bilden mit anderen Worten ein Akteur-Netzwerk, dessen Handlungsketten vom Altbauflur in Berlin in das Reichspatentamt des Jahres 1925 bis hin zur Schlosserei reichen, in der Johann Schweiger mithilfe von Metallfeilen, Bauzeichnungen und Feinwerkzeugen den ersten Prototyp des Durchsteckschlüssels entwickelte. Die ANT geht dabei von einem äußerst inklusiven Handlungsbegriff aus:

> *any thing* that does modify a state of affairs by making a difference is an actor – or, if it has no figuration yet, an actant. Thus, the questions to ask about any agent are simply the following: Does it make a difference in the course of some other agent's action or not? (Latour 2012, S. 71)

Latours Soziologie der Dinge löst sich damit dezidiert von den Pfadabhängigkeiten einer auf Begriffe wie ‚Gesellschaft‘, ‚Handeln‘ oder ‚Kommunikation‘ konzentrierten Soziologie, es geht nicht um menschliche Macht durch Diskurse oder Sprechakte und streng genommen vielleicht noch nicht mal um den Anspruch einer soziologischen Theorie (Gertenbach und Laux 2019, S. 119). Die ANT ist vielmehr eine Soziologie im „paradoxen Sinne, da sie die Existenz des offenkundigen Gegenstands der Soziologie hinterfragt, nämlich ‚die Gesellschaft‘ oder ‚das Soziale‘" (Couldry 2006, S. 100). Das Soziale ist bei Latour nur im Verbund mit der Technik und den Objekten zu sehen: „Niemand hat je reine Techniken gesehen – und niemand je reine Menschen. Wir sehen nur Assemblagen, Krisen, Dispute, Erfindungen, Kompromisse, Ersetzungen, Übersetzungen und immer komplizierter Gefüge, die immer mehr Elemente in Anspruch nehmen" (Latour 1996a, S. 21).

3   Bezug zum Gesamtwerk des Autors

Auf die Frage, welche Rolle die Dinge für die Wirklichkeit menschlicher Interaktionen spielen, hat Latour (2001) eine ebenso präzise wie polemische Antwort parat. Die klassische mikrosoziologische Auffassung, dass kopräsente Akteur*innen

miteinander kommunizieren und so *Turn* um *Turn* arbeitsteilig eine stabile Auffassung der ‚Wirklichkeit' entwickeln (siehe stellvertretend Garfinkel 1967 und Goffman 1986), verbannt er kurzerhand ins Reich der Zoologie:

> Diese klassische Definition der Interaktion scheint brauchbarer für eine Soziologie
> der Primaten als für eine Soziologie des Menschen zu sein. In der Tat erweist sich die
> Primatensoziologie als ein extremer Fall des Interaktionismus, denn alle Akteure sind
> kopräsent und in face-to-face-Handlungen involviert, deren Dynamik kontinuierlich
> von der Reaktion der anderen abhängig ist. (Latour 2001, S. 237)

Soziale Stabilität erhalten Situationen laut Latour erst über die Objekte, die als
Werkzeuge Interaktion vermitteln und kanalisieren, als *Infrastrukturen* räumliche
Vernetzungen erschaffen und schließlich als *Projektionsfläche* für soziale Attribu-
tionen dienen können (Latour 2001, S. 244). Der Berliner Schlüssel wäre in diesem
Sinne *Werkzeug,* insofern er den Zugang zur Hausgemeinschaft reguliert; er ist
gleichzeitig Teil einer *Infrastruktur,* zu der Schließdienste, Hausbesitzer*innen und
Architekt*innen gehören; und er übernimmt schließlich eine soziale Funktion, in-
dem er eine „Statusdifferenz" (Latour 2001, S. 244) zwischen Vermieter*innen,
Hausmeister*innen, Mieter*innen, Postbot*innen und Einbrecher*innen erzeugt.

Die Differenz zwischen einer Welt der Dinge und der sozialen Welt wird in der
ANT also entschieden zurückgewiesen. Handelnde sind hier *weder* Menschen
noch Dinge sondern sozio-technische Netzwerke, in denen „die jeweilige Handlungsfähigkeit eines Akteurs ihm nicht als eigenes Potential oder innere Qualität
zukommt, sondern aus der Verknüpfung mit weiteren Akteuren bzw. Entitäten resultiert" (Kneer 2009, S. 22). Die menschlichen Akteur*innen müssen dabei einen
Gutteil ihrer Handlungsmacht abgeben: Neben Schlüsseln und Schlüsselanhängern
wird die Welt der ANT von selbstfahrenden U-Bahnen, baulichen Verkehrsberuhi-
gungen, Sicherheitsgurten, Mikroben und Bakterien, Wurmkot, Gegensprechanla-
gen, Weidezäunen und anderen ‚Akteur*innen' bevölkert. Latour geht dabei von
einem Handlungsbegriff aus, der in seiner Komplexität weit über die situativ er-
fahrbare Wirklichkeit hinaus reicht: „Eines der Probleme in der Rezeption Latours
besteht darin, dass er die Welt, in der wir leben, beschreibt, dass wir sie so aber
nicht gleich wieder erkennen" (Krauss 2006, S. 437).

Während ‚Interaktionisten' wie Erving Goffman soziales Handeln immer vor
dem Hintergrund dessen verstehen, dem sich der Handelnde in einer Situation zuwenden kann, also dem situativen „Rahmen" (Goffman 2016, S. 18),[5] geht die
ANT von einem weitreichenden Netzwerk aus Handlungsketten aus, das die situative Realität gewissermaßen unterhalb der Oberfläche steuert. Hierin liegt eine

---

[5] Siehe auch den Beitrag von Marie-Kristin Döbler in diesem Band.

weitere Prämisse, in der sich die ANT von mikrosoziologischen Ansätzen wie der oben angesprochenen Rahmenanalyse unterscheidet: Während der „Goffmensch" (Hitzler 2010) selbst über ein quasi-soziologisches Wissen verfügt, das ihm hilft zu verstehen, was eigentlich vor sich geht (Goffman 2016, S. 16), erschließen sich die Akteur-Netzwerke nicht mehr ohne weiteres. Wie das Beispiel des Berliner Schlüssels zeigt, reichen die Hintergrundprozesse sowohl in räumlicher als auch in zeitlicher Hinsicht weit über die Situation hinaus, in der eine Neuberlinerin versucht Zugang zu ihrem Haus zu bekommen. Dazu kommt, dass manche „Wissensbestände, Praktiken und Gegenstände", sind sie erst mal hinreichend etabliert, die Umstände ihrer Entstehung unter einer sorgfältig verschlossenen Oberfläche verstecken (Gertenbach und Laux 2019, S. 29). Sie sind dann zu *Black Boxes* geworden, in denen „Denkweisen, Angewohnheiten, Kräfte und Objekte" abgelegt werden, die in der Situation „nicht länger beachtet werden" müssen (Callon und Latour 2006, S. 83).

Diese konzeptionellen Setzungen haben weitreichende Konsequenzen für die ANT als gesellschaftswissenschaftliches Erklärungsmodell. Netzwerke treten in der ANT an die Stelle einer Unterscheidung zwischen Mikro- und Makrosoziologie. Latour spricht sich vehement dafür aus, die Welt der gesellschaftlichen Beziehungen möglichst flach zu halten: „It might seem odd at first but we have to become the Flat-Earthers of social theory" (Latour 2012, S. 172). Die komplexen dreidimensionalen Gebilde, mit denen die Soziologie arbeitet, zieht Latour auseinander und streicht sie flach – wie eine Origamifigur die sich wieder in das ursprüngliche Blatt Papier verwandelt. Zurück bleibt ein komplexes Muster aus Falten oder: ein Netzwerk.

Wer den feinen und weitgespannten Fäden nachgehen will, muss – um im Bild des hier besprochenen Textes zu bleiben – archäologisch vorgehen. Latour selbst gibt den methodischen Rat, den Wirkungsketten zu folgen (2012, S. 173). Dabei können Wirkungen allerdings nicht nur von identifizierten Akteur*innen ausgehen, sondern auch von sogenannten ‚Aktanten'. Latour entleiht diesen Begriff aus der Erzähltheorie und bezeichnet damit „beobachtbare Kraftübertragungen", deren Ursprung noch nicht weiter geklärt ist (Gertenbach und Laux 2019, S. 128). In den Blick kommen damit auch undefinierte, diffuse oder im Verborgenen wirkende Kräfte, die noch keine soziale Ladung bekommen haben. Adressierbar werden diese Aktanten erst wenn sie Teil sozialer Figurationen geworden sind, also von anderen mit bestimmen Bedeutungen belegt wurden. Beispielhaft darstellen lässt sich das an der Corona-Pandemie, die zunächst als nicht weiter klassifizierte „mysteriöse Lungenkrankheit"[6] bezeichnet wird, Analysen im Labor bringen dann ein

---

[6] So die Sueddeutsche Zeitung vom 6. Januar 2020.

neuartiges Virus aus der Familie der Coronaviren zu Tage, das dann im Folgenden als „Killervirus"[7] die Weltordnung durcheinanderbringt. Natürlich ‚wirkt' die ganze Zeit über derselbe Erreger, allerdings zunächst als nicht weiter identifizierter Aktant. Erst mit seiner Entdeckung und wissenschaftlichen Klassifikation wird das Virus zum Akteur, der von Virologen, Politikern oder Impfgegnern mit den unterschiedlichsten sozialen Zuschreibungen versehen werden kann.[8]

4 Wirkungsgeschichte und Kritik

Latour hat seine vielfältigen Forschungsinteressen immer entlang interdisziplinärer Schnittstellen ausgerichtet und wurde seitens der (Technik-)Soziologie ebenso wahrgenommen, wie von der Philosophie und Ethnografie – wenngleich, wie er selbst süffisant feststellt, keine der genannten Disziplinen ihn gerne in die eigenen Reihen aufnehmen möchte (Krauss 2006, S. 432). Seine Arbeiten nehmen ihren Anfang im Feld der *Science & Technology Studies* in den 70er-Jahren. Gemeinsam mit dem britischen Soziologen Steve Woolgar veröffentlicht Latour eine ethnografische Studie (1986) über die naturwissenschaftliche Arbeit des Biochemikers und späteren Nobelpreis-Trägers Roger Guillemin (Rheinberger 2020). Ausgehend von einem sozialkonstruktivistisch geprägten Ansatz verstehen die Autoren das Wissen der Wissenschaft als sozial konstruiertes und institutionell abgesichertes Wissen (van Loon 2014, S. 100–101). Dabei kommen nicht nur Praktiken der Gewinnung und Sicherung wissenschaftlicher Erkenntnisse in den Blick, sondern eben auch die unterschiedlichsten technischen Hilfsmittel, mit denen Wissenschaftler Ordnung erzeugen:

> Inskriptionsgeräte, um Effekte spürbar und dadurch messbar zu machen; Visualisierungsgeräte, um Gegenstände sichtbar zu machen; Aufzählungsgeräte, um die Quantifizierung der Ereignisse zu ermöglichen; Protokolle, um Handlungen zu beschreiben; Formulare, um Ergebnisse einzutragen; Speichergeräte, um die Ergebnisse zu datieren … (van Loon 2014, S. 102)

In dieser in vielerlei Hinsicht originellen Studie scheint erstmals auch Latours Interesse an den unterschiedlichen *Übersetzungen* auf, die die gerade entdeckten, noch undefinierten Objekte im Laufe ihrer Erforschung durchlaufen, bis sie dann schließlich als wissenschaftliche Fakten publiziert werden (Gertenbach und Laux

[7] So die New York Times vom 08.12. 2020.
[8] Sie dazu auch ein aktuelles Gespräch zwischen Latour und dem deutschen Soziologen Hartmut Rosa (Latour und Rosa 2020).

2019, S. 26). Dieses Konzept wird zum programmatischen Kern einer neuen Schule, der „Sociology of Translation" aus der dann wenig später die „Actor-Network-Theory" hervorgeht (Latour 2012, S. 106).

Mit ihren ethnografischen Analysen der naturwissenschaftlichen Praxis machen sich die Vertreter der *Science & Technology Studies* allerdings nicht nur Freunde. Ganz im Gegenteil: Sie befeuern einen bereits heftig geführten Disput zwischen Naturwissenschaften und Kulturwissenschaften, der spätestens in den 90er-Jahren im Rahmen der sogenannten *Science Wars* eskaliert. Es sind Aussagen wie „les faits son faites" („die Fakten sind erzeugt') (Latour 2003b, S. 87), mit denen Latour die heiligen Kühe der Naturwissenschaften zur Schlachtbank führt. Dass das experimentell gewonnene und theoretisch abgesicherte Wissen über die Ordnung der Welt selbst konstruiert sein soll, wird von Naturwissenschaftlern wie dem Physiker Alan Sokal als Affront verstanden. Die physikalische Realität sei eben kein soziales oder semiotisches Konstrukt und wer das nicht glaube, so Sokal, könne gerne aus dem Fenster seines Appartements im 21. Stock springen (Sokal 1996a). In einem prominenten Hoax platziert der Physiker ein pseudo-konstruktivistisches Paper (1996b) in einem renommierten kulturwissenschaftlichen Journal und torpediert damit nun selbst die Konstruktionsprinzipien seiner Gegner.

Aber auch seitens der Geistes- und Kulturwissenschaften gibt es Kritik, etwa an den „hochtrabenden Behauptungen", die ANT sei „ein total und radikal neu erdachtes Modell sozialen Handelns" (Couldry 2006, S. 107; siehe auch Knipp 2012, S. 47). Davon abgesehen wird der ANT als „zeitdiagnostische[r] Metapher" (Otto 2016) häufig eine gewisse Unschärfe attestiert, etwa in Bezug auf die spezifische Art der Verbindungen im Netzwerk: „[D]ie Orientierung an Hybriditäten und Vermischungen hat in der ANT letztlich nur wenig Raum gelassen, um unterschiedliche Typen von Konnektivität überhaupt unterscheiden zu können" (Gertenbach und Laux 2019, S. 141). Nick Couldry kritisiert, dass die ANT zwar die Genese von Netzwerken in den Blick nimmt, darüber hinaus aber gänzlich uninteressiert an späteren Dynamiken bleibt: „wie hilft sie uns dabei zu verstehen, wie sich ein Netzwerk verändert und vielleicht destabilisiert wird?" (2006, S. 108). Das Desinteresse an der weiteren Entwicklung von Netzwerken führt zu einer Überhöhung von Netzwerkmacht, sodass die „Analyse in Richtung einer Erzählung über Erfolg kippt" (Couldry 2006, S. 109)

Dennoch: Rückblickend muss man den Vertreter*innen der ANT bescheinigen, dass sie mit dem ‚Netzwerk' relativ früh einen Begriff identifizieren, der spätestens in den gesellschaftlichen Diskursen der 90er-Jahre Karriere macht (Gertenbach und Laux 2019, S. 130). Auch wenn sie keine Medientheorie im engeren Sinne ist, etwa weil sie gänzlich indifferent gegenüber Inhalten und der Art ihrer Vermittlung bleibt, wird die ANT damit zu einem wichtigen Werkzeug bei der Analyse globaler

Netzwerk-Infrastrukturen. Wie das Beispiel des Berliner Schlüssels gezeigt hat, nimmt die Netzwerkanalyse nicht nur Technikfolgen in den Blick (etwa den technisch realisierte Ausschluss bestimmter Nutzergruppen), sondern sensibilisiert auch für die Voraussetzungen von Technologie (die konzeptionellen Entscheidungen eines preußischen Schlossers), die über ein sorgfältiges *Blackboxing* (die komplexe Mechanik des Schlosses) unsichtbar gemacht worden sind.

Hier kommt noch ein weiterer zentraler Aspekt ins Spiel, der die ANT für eine Medienanalyse qualifiziert: Vernetzung bedeutet Macht (Schubert 2019, S. 284). Dabei geht Latour von einem räumlichen Machtverständnis aus: Macht entsteht zum einen über die geografische Ausdehnung von Netzwerken, wobei der Ort, an dem Macht sichtbar wird, prinzipiell global mit anderen Orten vernetzt ist (Gertenbach und Laux 2019, S. 137). Je weiter ein Netzwerk sich erstreckt, je mehr Übersetzungen es organisiert, desto mächtiger ist es. Zum anderen ist Macht nicht lokalisierbar sondern verteilt sich über die unzähligen Knotenpunkte eines Netzwerkes (Couldry 2006, S. 107). Wie Couldry feststellt, argumentiert Latour damit auf dem Fundament der Diskursanalyse Michel Foucaults, der vorschlägt, Macht nicht auf intentionaler Ebene zu suchen, sondern als eine zirkulierende Kraft im Netzwerk des Diskurses:

> Kurz gesagt, man muss im Sinn haben, dass die Macht – außer man betrachtet sie von ganz oben und ganz von fern – nicht etwas ist, das sich zwischen denen, die sie haben und sie explizit innehaben, und dann denen, die sie nicht haben und sie erleiden, aufteilt. Die Macht muss, wie ich glaube, als etwas analysiert werden, das zirkuliert, oder eher noch als etwas, das nur in einer Kette funktioniert; sie ist niemals lokalisiert hier oder da, sie ist niemals in den Händen einiger, sie ist niemals angeeignet wie ein Reichtum oder ein Gut. Die Macht funktioniert, die Macht übt sich im Netz aus, und über dieses Netz zirkulieren die Individuen nicht nur, sondern sind auch stets in der Lage, diese Macht zu erleiden und auch sie auszuüben; sie sind niemals die träge oder zustimmende Zielscheibe der Macht, sie sind stets deren Überträger. Mit anderen Worten, die Macht geht durch die Individuen hindurch, sie wird nicht auf sie angewandt. (Foucault 2005, S. 114)

Wie Gertenbach und Laux feststellen, drehen sich zwar nahezu alle Schriften Latours um Prozesse der Mediatisierung, dennoch „ist es bemerkenswert, dass es hierbei selten um Medien im klassischen Sinne geht." (2019, S. 84). Die ANT ist also keine Medientheorie im engeren Sinne, bietet aber ein brauchbares Instrumentarium bei der Analyse von Medien, ihrer Materialität und Infrastrukturen. Vor diesem Hintergrund liegt es nahe, die ANT mit der Entwicklung und Ausbreitung elektronischer Netzwerke in Verbindung zu bringen. Als historisches Beispiel lässt sich etwa hier das ARPANET heranziehen, das in den 60er-Jahren im Auftrag des US-Militärs entwickelt wurde und als technologischer Vorgänger des Internet gelten kann (siehe Abb. 1). Das ARPANET ging maßgeblich auf die Arbeiten des Informatikers Paul Baran zurück, der an verteilten Netzwerken (*distributed networks*) forschte. Im Gegensatz zu zentralen Netzwerken werden Datenpakete in verteilten Netzwerken aufgeteilt und über verschiedene Knotenpunkte verschickt, um dann am Bestimmungsort wieder zusammengefügt zu werden. Neben Effizienzgesichtspunkten waren die Vorteile vor allem militärischer Natur, denn verteilte Netzwerke erlaubten „die Aufrechterhaltung der militärischen Kommunikation auch unter thermonuklearen Gefechtsbedingungen" (Schröter 2020, S. 208). Ihren historischen Sitz haben verteilte Netzwerke also in der Geopolitik des kalten Krieges. Sie sind die technologische Antwort auf einen möglichen atomaren Erstschlag, der Anfang der 60er-Jahre mit dem Abschuss eines US-Amerikanischen Spionageflugzeuges durch die Sowjets plötzlich zu einem möglichen Szenario geworden war.

Realisiert wurde das von Baran konzipierte Netzwerk jedoch nicht als verschlüsseltes Hochsicherheitsnetz, sondern als offener Zusammenschluss militärischer Einrichtungen wie der NSA oder dem Pentagon und verschiedenen ameri-

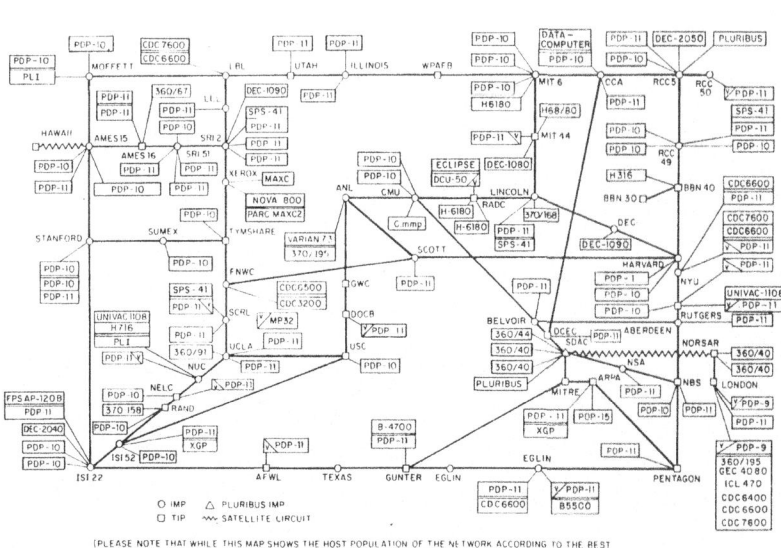

ARPANET LOGICAL MAP, MARCH 1977

Abb. 1 Im Jahr 1977 passte das Internet noch auf ein DIN A4-Blatt – das ARPANET verband militärische Großrechner im Pentagon und der NSA mit zivilen Einrichtungen in Universitäten. (Quelle: Wikimedia)

kanischen Universitäten (Schröter 2020, S. 209). Die Informatiker*innen der ersten Generation prägten das frühe Netz nicht nur in akademischer, sondern auch in
kultureller Hinsicht. So setzte sich etwa die E-Mail als primäres Kommunikations-
mittel durch, Alltagskommunikation vermischte sich mit akademischen Diskursen,
militärische Informationen standen neben Mailinglisten zum Thema Science-
Fiction (Castells 2005, S. 30). Manuel Castells beschreibt den Hybridcharakter des
frühen Netzwerkes sehr treffend:

> Wenn jedoch festzuhalten ist, dass das ARPANET kein militärisch ausgerichtetes
> Projekt war, so bedeutet dies nicht, dass seine ursprüngliche Verbindung mit dem
> Verteidigungsministerium ohne Folgen für die Entwicklung des Internet geblieben
> wäre. Denn trotz all der Weitsicht und all der Fähigkeiten, die diese Wissenschaftler
> bei ihrem Projekt an den Tag gelegt haben, haben sie doch niemals über das Ausmaß
> an Ressourcen verfügen können, das notwendig war, um ein Computernetzwerk auf-
> zubauen und alle entsprechenden Technologien zu entwerfen. (Castells 2005, S. 30)

Was verbindet uns als heutige Internetnutzer*innen mit den geopolitischen Strategien aus einer anderen Zeit? Aus Sicht der ANT könnte man sagen: Einiges. Denn
auch wenn das ARPANET im Jahr 1990 dem zivilen Internet weicht, das zuerst von
Technikpionier*innen und dann nach und nach von globalen Unternehmen und
Intermediären beherrscht wird, so lässt sich doch eine lange Kette von Übersetzungen denken, die eine banale Tätigkeit wie das Versenden einer E-Mail mit Paul
Barans berühmter Skizze verteilter Netzwerke verbindet. Mit Latour kann man nun
archäologisch die einzelnen Knotenpunkte dieses Netzes freilegen, indem man
fragt *what makes someone do something* (Latour 2012, S. 58). So kommt man von
den Innovationsgeldern des US-amerikanischen Verteidigungsministerium zur
Ressourcenpolitik der Hochschulrechenzentren, von der technischen Innovation
des TCP/IP-Protokolls bis zu einer globalen Infrastruktur aus Tiefseekabeln, vom
Abschuss einer U2 über Swerdlowsk im Jahr 1960 bis hin zum NSA-Skandal im
Jahr 2013.

Die Black Boxes sind seit den 1960er-Jahren jedoch deutlich komplexer geworden: „[a]rtefacts themselves have changed to the point where neither engineers nor
sociologists would recognize them any more," schreibt Latour (1996b, S. 8) in einem seiner eher seltenen Ausflüge in das Terrain der digitalen Netzwerke. Und
tatsächlich ist die Welt inzwischen von mehr oder weniger smarten Akteuren bevölkert: fliegende Überwachungskameras, autonome Glühbirnen, intelligente Wäl-
der und andere Entitäten verbinden sich zu einem omnipräsenten Meta-Netz, dem
„Internet of Everything" (Langley et al. 2021). Dahinterliegende Technologien wie
neuronale Netzwerke übersteigen in ihrer Komplexität nicht selten das analytische
Vermögen ihrer Erfinder*innen (Castelvecchi 2016). Je opaker die Technologien,

desto notwendiger ist der Blick auf ihre Voraussetzungen: Welche kulturellen Vorannahmen stecken in der Technologie? Welche politischen Entscheidungen haben zu ihrer Entwicklung geführt? Wer hat Zugang zum Quellcode? Wie divers sind die Teams der Entwickler*innen und was lässt sich über ihre Werte sagen? Wo werden Daten gespeichert und wer hat darauf Zugriff? Wo lassen sich Technikfolgen lokalisieren und wessen Rechte schränken sie ein? Es gibt also auch in Zukunft genug Anwendungsmöglichkeiten für eine kritische Archäologie der Dinge. Die empirische Herausforderung, die Beziehungen zwischen den Knotenpunkten zu erforschen (Latour 2012, S. 107) ist jedoch so komplex wie nie zuvor.

Literatur

Austin, J. L. (1962). *How to Do Things With Words.* Oxford University Press.
Callon, M., & Latour, B. (2006). Die Demontage des großen Leviathans: Wie Akteure die Makrostruktur der Realität bestimmen und Soziologen ihnen dabei helfen. In A. Belliger & D. J. Krieger (Hrsg.), *ANThology: Ein einführendes Handbuch zur Akteur-Netzwerk-Theorie* (S. 75–101). Transcript-Verl.
Castells, M. (2005). *Die Internet-Galaxie: Internet, Wirtschaft und Gesellschaft* (1. Aufl). VS, Verl. für Sozialwissenschaften.
Castelvecchi, D. (2016, November 16). *Deep Learning: Eine tückische Blackbox.* spektrum. https://www.spektrum.de/news/eine-tueckische-blackbox/1429906
Couldry, N. (2006). Akteur-Netzwerk-Theorie und Medien: Über Bedingungen und Grenzen von Konnektivitäten und Verbindungen. In A. Hepp, F. Krotz, S. Moores, & C. Winter (Hrsg.), *Konnektivität, Netzwerk und Fluss* (S. 101–117). VS Verlag für Sozialwissenschaften. https://doi.org/10.1007/978-3-531-90019-3_6
Foucault, M. (2005). Vorlesung vom 14. Januar 1976. In *Analytik der Macht* (S. 108–125). Suhrkamp.
Garfinkel, H. (1967). *Studies in Ethnomethodology.* Prentice-Hall.
Gertenbach, L., & Laux, H. (2019). *Zur Aktualität von Bruno Latour.* Springer Fachmedien Wiesbaden. https://doi.org/10.1007/978-3-531-18895-9
Goffman, E. (1986). *Frame Analysis. An Essay on the Organization of Experience.* Northeastern University Press.
Goffman, E. (2016). *Rahmen-Analyse: Ein Versuch über die Organisation von Alltagserfahrungen* (H. Vetter, Übers.; 9. Auflage). Suhrkamp.
Hitzler, R. (2010). Der Goffmensch. In A. Honer, M. Meuser, & M. Pfadenhauer (Hrsg.), *Fragile Sozialität* (S. 17–34). VS Verlag für Sozialwissenschaften. https://doi.org/10.1007/978-3-531-92017-7_1
Kneer, G. (2009). Akteur-Netzwerk-Theorie. In G. Kneer & M. Schroer (Hrsg.), *Handbuch Soziologische Theorien* (S. 19–39). VS Verlag für Sozialwissenschaften. https://doi.org/10.1007/978-3-531-91600-2_2
Knipp, R. (2012). Narrative der Dinge. Literarische Modellierungen von Mensch-Ding-Beziehungen. *Zeitschrift für Literaturwissenschaft und Linguistik, 168*(42), 47–61.

Krauss, W. (2006). Bruno Latour: Making Things Public. In S. Moebius & D. Quadflieg (Hrsg.), *Kultur. Theorien der Gegenwart* (S. 430–444). VS Verlag für Sozialwissenschaften. https://doi.org/10.1007/978-3-531-90017-9_34

Langley, D. J., van Doorn, J., Ng, I. C. L., Stieglitz, S., Lazovik, A., & Boonstra, A. (2021). The Internet of Everything: Smart things and their impact on business models. *Journal of Business Research, 122,* 853–863. https://doi.org/10.1016/j.jbusres.2019.12.035

Latour, B. (1991). The Berlin Key or How to Do Words with Things. In P. Graves-Brown (Hrsg.), *Matter, Materiality and Modern Culture* (S. 10–21). Routledge. http://www.bruno-latour.fr/sites/default/files/P-36-Berliner-KEY-GBpdf.pdf

Latour, B. (1993). *The pasteurization of France* (First Harvard University Press paperback ed). Harvard Univ. Press.

Latour, B. (1996a). Porträt von Gaston Lagaffe als Technikphilosoph. In *Der Berliner Schlüssel. Erkundungen eines Liebhabers der Wissenschaften* (S. 17–27.). Akademie Verlag.

Latour, B. (1996b). Social theory and the study of computerized work sites. In W. Orlinokowski & G. Walsham (Hrsg.), *Information Technology and Changes in Organizational Work* (S. 295–307). Chapman and Hall.

Latour, B. (2001). Eine Soziologie ohne Objekt?: Anmerkungen zur Interobjektivität. *Berliner Journal für Soziologie, 11*(2), 237–252. https://doi.org/10.1007/BF03204016

Latour, B. (2003a). *Science in action: How to follow scientists and engineers through society* (11. print). Harvard Univ. Press.

Latour, B. (2003b). The promises of constructivism. In *Chasing Technology: Matrix of Materiality* (S. 27–46). Indiana University Press.

Latour, B. (2004). On using ANT for studying information systems: A (somewhat) Socratic dialogue. In C. Avgerou, C. Ciborra, & F. F. Land (Hrsg.), *The Social Study of Information and Communication Study* (S. 62–76). Oxford University Press.

Latour, B. (2010). Coming out as a philosopher. *Social Studies of Science, 40*(4), 599–608. https://doi.org/10.1177/0306312710367697

Latour, B. (2012). *Reassembling the social: An introduction to actor-network-theory.* Oxford University Press.

Latour, B. (2014). *Der Berliner Schlüssel. Erkundungen eines Liebhabers der Wissenschaften.* botopress.

Latour, B. (2017). *Die Hoffnung der Pandora: Untersuchungen zur Wirklichkeit der Wissenschaft* (G. Roßler, Übers.; 6. Auflage). Suhrkamp.

Latour, B. (2018). *Das terrestrische Manifest* (B. Schwibs, Übers.; Deutsche Erstausgabe). Suhrkamp.

Latour, B., & Rosa, H. (2020, Oktober 18). *Die Welt danach: Bruno Latour und Hartmut Rosa über die Folgen der Corona-Krise. Gespräch auf dem Weltempfang der Frankfurter Buchmesse 2020.*

Latour, B., Russer, A., & Schwibs, B. (2020). *Kampf um Gaia: Acht Vorträge über das neue Klimaregime.*

Latour, B., & Woolgar, S. (1986). *Laboratory Life: The Construction of Scientific Facts.* Princeton University Press. https://doi.org/10.2307/j.ctt32bbxc

Law, J. (1984). On the Methods of Long-Distance Control: Vessels, Navigation and the Portuguese Route to India. *The Sociological Review, 32*(1_suppl), 234–263. https://doi.org/10.1111/j.1467-954X.1984.tb00114.x

Law, J. (1992). Notes on the theory of the actor-network: Ordering, strategy, and heterogeneity. *Systems Practice*, 5(4), 379–393. https://doi.org/10.1007/BF01059830

Mol, A. (2010). Actor-Network Theory: Sensitive Terms and Enduring Tensions. *Kölner Zeitschrift für Soziologie und Sozialpsychologie, Sonderheft 50: Soziologische Theorie kontrovers*, 253–269.

Otto, D. (2016). Die Akteur-Netzwerk-Theorie als zeitdiagnostische Metapher. In M. Junge (Hrsg.), *Metaphern soziologischer Zeitdiagnosen* (S. 181–196). Springer Fachmedien Wiesbaden. https://doi.org/10.1007/978-3-658-07080-9_11

Prößer, C. (2017, Januar 11). taz-Serie Verschwindende Dinge (9): Schließzwang mit zwei Bärten. *Die Tageszeitung: taz*. https://taz.de/!5370745/

Rheinberger, H.-J. (2020). Latour, Bruno. In H. L. Arnold (Hrsg.), *Kindlers Literatur Lexikon (KLL)* (S. 1–1). J.B. Metzler. https://doi.org/10.1007/978-3-476-05728-0_10231-1

Schneider, W. L. (2008). *Weber – Parsons – Mead – Schütz* (3. Aufl). VS Verl. für Sozialwissenschaften.

Schröter, J. (2020). Technikentstehung und Determination. In P. Klimczak, C. Petersen, & S. Schilling (Hrsg.), *Maschinen der Kommunikation* (S. 203–214). Springer Fachmedien Wiesbaden. https://doi.org/10.1007/978-3-658-27852-6_11

Schubert, C. (2019). Akteur-Netzwerk Theorie. In W. Wessels, *Das Politische System der Europäischen Union* (S. 1–24). Springer Fachmedien Wiesbaden. https://doi.org/10.1007/978-3-658-15953-5_16-1

Sokal, A. D. (1996a). *A Physicist Experiments With Cultural Studies*. https://physics.nyu.edu/sokal/lingua_franca_v4/lingua_franca_v4.html

Sokal, A. D. (1996b). Transgressing the Boundaries: Toward a Transformative Hermeneutics of Quantum Gravity. *Social Text, 46/47*, 217. https://doi.org/10.2307/466856

van Loon, J. (2014). Michel Callon und Bruno Latour: Vom naturwissenschaftlichen Wissen zur wissenschaftlichen Praxis. In D. Lengersdorf & M. Wieser (Hrsg.), *Schlüsselwerke der Science & Technology Studies* (S. 99–110). Springer Fachmedien Wiesbaden. https://doi.org/10.1007/978-3-531-19455-4_8

Weber, M. (2009). *Wirtschaft und Gesellschaft: Grundriss der verstehenden Soziologie* (5., rev. Aufl., Studienausg., [Nachdr.]). Mohr-Siebeck.

Medienkommunikation: Einführung in handlungs- und gesellschaftstheoretische Konzeptionen

von Horst Holzer (1994)

Sebastian Sevignani und Julia Polkowski

Zusammenfassung

Holzer bietet eine fünffache Funktionsbestimmung der Medien im Kapitalismus: Medien als Waren bilden ein profitables Feld der Kapitalakkumulation, sie haben eine Absatz- und Werbefunktion inne, dienen der Legitimation und Durchsetzung von Klasseninteressen und spielen eine Rolle bei der Reproduktion der ausgebeuteten Arbeitskräfte. Trotz des gesellschaftlichen Wandels ist von einer Kontinuität der fundamentalen Merkmale kapitalistischer Mediensysteme und der Medienorganisation auszugehen. Deshalb verwundert es kaum, dass Holzers Arbeiten nicht allein Anlass zur Kritik, sondern auch zur Weiterführung und Konkretisierung geben. In allen ‚Bausteinen' einer an Marx orientierten kritischen Kommunikationswissenschaft hat Holzer Pionierarbeit geleistet und zählt zu den Begründern einer, heute vor allem international lebendigen Tradition. Eine Einschätzung der Rezeption Holzers muss konstatieren, dass er

S. Sevignani (✉)
Friedrich-Schiller-Universität Jena, Jena, Deutschland
E-Mail: sebastian.sevignani@uni-jena.de

J. Polkowski
Heinrich-Heine-Universität Düsseldorf, Düsseldorf, Deutschland
E-Mail: julia.polkowski@uni-duesseldorf.de

© Der/die Autor(en), exklusiv lizenziert an Springer Fachmedien
Wiesbaden GmbH, ein Teil von Springer Nature 2022
R. Spiller et al. (Hrsg.), *Schlüsselwerke: Theorien (in) der Kommunikationswissenschaft*, https://doi.org/10.1007/978-3-658-37354-2_25

vom Machtpol des (deutschsprachigen) Fachs, der von gegenläufigen wissenschaftlichen Paradigmen geprägt war, mehr ignoriert, oder durch Entzug der Reproduktionsbedingungen seines wissenschaftlichen Arbeitens verhindert, als intellektuell kritisiert wurde.

Schlüsselwörter

Horst Holzer · Karl Marx · Historischer Materialismus · Politische Ökonomie · Kritische Theorie · Sozialpsychologie

1   Kurzbiografie

Horst Holzer (*1935 †2000) war ein deutschsprachiger Kommunikationssoziologe und Medienwissenschaftler in der an Marx anschließenden Tradition kritischer Kapitalismus- und Gesellschaftstheorie. Obgleich ihm zweifellos eine „pioneering intellectual role in the development of the critique of the political economy of communication" (Fuchs 2017, S. 686) zugesprochen werden kann, ist seine Reputation in der deutschsprachigen Kommunikationswissenschaft „bestenfalls gering" (Scheu und Wiedemann 2008, S. 10).[1] Ungeachtet seiner herausragenden wissenschaftlichen Leistungen (vgl. Dröge 2002; Langenbucher 2000; Scheu 2012) war Holzer ein politisches Opfer des „Kalten Krieges" in der deutschsprachigen Kommunikationswissenschaft (vgl. Klöckner 2017; Scheu und Wiedemann 2008; Bönkost 2011; Knoche 2005a, 411 ff.). Mehrmalige Rufe an Universitäten wurden aus politischen Gründen nicht realisiert. 1980 wurde er aus dem Beamtenverhältnis als wissenschaftlicher Rat und apl. Professor der LMU München aufgrund seiner langjährigen Mitgliedschaft in der Deutschen Kommunistischen Partei entlassen. Im Hintergrund stand die Annahme, eine solche Mitgliedschaft und das Ziel einer radikaldemokratischen Transformation der Gesellschaft – die BRD „war für Holzer eine Klassengesellschaft unter der Herrschaft des Kapitals, die es realdemokratisch zu transformieren galt" (Scheu und Wiedemann 2008, S. 9) – würden den Prinzipien des Grundgesetzes widersprechen.[2] Seine Bücher wurden

---

[1] Fuchs (2017). vergleicht Holzers Bedeutung mit der von des US-Amerikaners Dallas Smythe (vgl. Sevignani und Busche 2021), der als Gründer einer kommunikationswissenschaftlichen Teildisziplin gewürdigt wird und in Universitäten und staatlichen Behörden nachhaltig Einfluss ausüben konnte.

[2] Vgl. auch Zoll et al. (1996) zur Rolle des sog. ‚Radikalenerlasses' der Bundesregierung unter Willy Brandt für die Entwicklung kritischer Wissenschaft. Mitte der 1980er-Jahre wur-

im Zuge dieses Verfahrens sogar zeitweise aus der Münchner Universitätsbibliothek entfernt (Spiegel 1974).

Langenbucher schreibt in seinem Nachruf, dass das „persönliche Schicksal dieses Wissenschaftlers auf eine heute nur noch schwer nachvollziehbare Weise von einer Politik bestimmt wurde, der man wohl das Prädikat intellektuellenfeindlich geben muss" (2000, S. 500). So gab die akademische Biografie Holzers, die exemplarisch für das Schicksal eines breiteren Spektrums marxistisch inspirierter kritischer Ansätze, bzw. für „Adornos Erben in der Kommunikationswissenschaft" (Scheu 2012) steht, Anstoß für fachgeschichtliche Reflexionen. Scheu und Wiedemann (2008, S. 4) diskutieren „soziale und werkimmanente Rezeptionsbarrieren" für Holzers Arbeiten vor dem Hintergrund einer spezifischen Interpretation der Bourdieuschen Habitustheorie, die allerdings Gefahr läuft, individuelle Fehler und Verantwortung überzubetonen (Fuchs 2017, S. 1000): „Der Habitus Holzers als gesellschaftskritischer Soziologe entsprach nicht den Anforderungen eines Faches, das sich verstärkt als empirische Sozialwissenschaft definiert und eindeutig von normativen wissenschaftlichen Perspektiven distanziert hat" (Scheu und Wiedemann 2008, S. 11). Diese Anforderungen sind aber insofern zu problematisieren, dass durch den Verweis auf (vermeintlich) wertneutrale Forschung, mögliche implizite Normativität der etablierten eher konservativen Fachvertreter*innen, die „selbst oft sehr negative Erfahrungen mit den Studentenunruhen gemacht" (Scheu und Wiedemann 2008, S. 11) hatten, einem kritischen Diskurs entzogen wurde. Die wenig ausgeprägten methodologischen, wissenschaftstheoretischen und -soziologischen Debatten im Fach sowie die für die nach der sozial-empirischen Wende der Kommunikationswissenschaft typische Enthaltsamkeit gegenüber Makroperspektiven wirkten ebenfalls als Rezeptionsbarrieren (vgl. Scheu und Wiedemann 2008, S. 11). Knoche spricht in diesem Zusammenhang von einem Klima einer „unberechtigten Angst der Wissenschaftler*innen vor Marx", aber einer „berechtigte[n] Angst, als Marxist zu gelten" (Knoche 2005a, S. 411). In jüngerer Zeit gibt es allerdings Gegentendenzen (Karmasin et al. 2013; Öffentliche Kommunikationswissenschaft 2019) und im Anschluss an die fachgeschichtlichen Reflexionen explizite Bemühungen einer Rehabilitation des Werks von Holzer (Fuchs 2017, Netzwerk Kritische Kommunikationswissenschaft 2021).

---

den Berufsverbote von den Bundesländern nicht mehr ausgesprochen. Der Ruf von sozialistischem und kommunistischem Gedankengut als ‚demokratiefeindlich' (vgl. hierzu Abendroth 1988), welcher mittels der sog. ‚Extremismustheorie' untermauert wird, wirkte aber in Teilen der BRD, z. B. durch die Prüfpraxis des Verfassungsschutzes bei den Einstellungsverfahren im öffentlichen Dienst, fort.

Holzers Ansatz, wie er im hier ausgewählten Text in komprimierter Form grundgelegt ist, geht eine intensive Auseinandersetzung mit einer Reihe an konkurrierenden handlungs- und gesellschaftstheoretischen Ansätzen voraus, was typisch für das Gesamtwerk des Autors ist. Er war somit keineswegs ein Dogmatiker, sondern wurde im Gegenteil als „offener und konzilianter Gesprächspartner" (Langenbucher 2000, S. 501) beschrieben.

2   Inhalt des Textes

Die weitgehende Vergessenheit des historisch-materialistischen Ansatzes in der Kommunikationswissenschaft (Robes 1990) führt Holzer selbst primär auf den Zusammenbruch des realen Sozialismus zurück, welcher in der Folge auch im Westen marxistisches Gedankengut mit sich riss. *Historisch* steht dabei für die These, dass jene sozialen, ökonomischen und politischen Bedingungen, welche vorgeben, wie die Menschen ihr Leben gestalten (können), einem steten von den Handlungen der Menschen ausgehenden Wandel unterliegen. Die Bezeichnung *materialistisch* steht für den richtungsweisenden Treiber der historischen Entwicklung: Die Auseinandersetzung der Menschen mit der Natur, die heute dominant im Rahmen einer kapitalistischen Gesellschaft organisiert ist. Kapitalismus ist als eine Wirtschafts- und Gesellschaftsform zu verstehen, für welche die grundlegenden Eigenschaften der Privatproduktion und Arbeitsteilung, die Allokation von Ressourcen, produktiven Gütern und des erwirtschafteten Surplus durch Märkte (Warentausch), das konzentrierte Privateigentum an den Produktionsmitteln, Arbeitsmärkte sowie eine dynamische Akkumulationslogik und systemische Profitorientierung typisch sind. Diese sozialen Verhältnisse sind durch Ausbeutung und Entfremdung gekennzeichnet: Gesellschaftliche Gruppen eignen sich die Ergebnisse der Arbeit anderer gesellschaftlicher Gruppen an, können so Reichtum in ihren Händen konzentrieren und treten in ein Klassenverhältnis zu ihnen. Diese Ausbeutung findet im Kapitalismus in einer spezifischen Form, nämlich vermittelt über Marktfreiheiten, Warentausch und Geld, statt. Die Frage, ob und wie verausgabte Arbeit gesellschaftlich nützlich gewesen ist, kann sich aufgrund fehlender gesellschaftlicher Planung immer erst auf dem Markt, also nach dem Produktionsprozess, entscheiden. Vergesellschaftung findet hinter dem Rücken der Menschen und indirekt vermittelt über ihre Arbeitsprodukte statt; sie vollzieht sich ungeplant und unbewusst. Ihre Gesellschaftlichkeit tritt den Menschen deshalb verdinglicht als Geld und Kapital entgegen. Dies impliziert eine Verselbstständigungsdynamik sowie eine strukturelle Krisenanfälligkeit der kapitalistischen Produktionsdynamik, welche von Konkurrenz- und Wachstumsimperativen getrieben ist (Krause 2014). In dieser „Macht der

Machwerke über die Machenden" (Haug 2005, S. 161 f.) drückt sich die kapitalistische Vergesellschaftungsform als entfremdete aus.

Der Text enthält in kondensierter Form die *drei ‚Bausteine'*, welche nach Holzer den historisch-materialistischen Ansatz in der Medien- und Kommunikationswissenschaft ausmachen: Auf Basis einer historisch-materialistischen Informations- und Kommunikationstheorie entwickelte er eine kritische politische Ökonomie der Medien und der Kommunikationsverhältnisse in der BRD, welche auch eine Sozialpsychologie des Publikums miteinschließt.

Die *historisch-materialistische Informations- und Kommunikationstheorie* untersucht Kommunikation lediglich als einen allgemeinen gesellschaftlichen Tatbestand und sagt noch „nichts über realhistorische, konkret-gesellschaftlich bestimmte Kommunikationsweisen" aus. „Dennoch geben jene abstrakten Argumente die Möglichkeit, die Fragen zu benennen, die an jede historisch-konkrete Form von interaktions- oder ‚öffentlichkeits'-bezogener Kommunikation zu richten sind" (Holzer 1994, S. 190). Denn die Beziehung von öffentlicher Kommunikation und Gesellschaft ist nicht als einseitig – also ausschließlich von den gesellschaftlichen Verhältnissen her beeinflusst – zu betrachten, vielmehr besteht eine reziproke bzw. ‚dialektische' Beziehung zwischen beiden: Kommunikation wird nicht nur von sozialen Strukturen geformt, sondern wirkt zugleich an der Vergesellschaftung mit. Öffentliche Kommunikation kann damit auf dreierlei Weise charakterisiert werden: erstens als Resultat von Vergesellschaftung, zweitens als Mittel der Reproduktion von Gesellschaft und drittens als Medium, oder „Mit-Träger", kapitalistischer Aneignung.

Holzer (1994, S. 193–197) zeichnet dann die historische Entwicklung nach, wie die gesellschaftliche Kommunikation immer mehr unter den Einfluss des Kapitalverhältnisses geriet. *Kapitalisierung* umfasst verschiedene verwandte Prozesse, z. B. die Ökonomisierung (Durchsetzung ökonomischer Logiken, insbesondere der produktiven und allokativen Effizienzorientierung im Medienbereich), Vermarktlichung (Etablierung oder Ausweitung von Markt- bzw. Tauschbeziehungen im Medienbereich), Kommerzialisierung (Orientierung von Inhalten, Formaten usw. an der Verkaufbarkeit) und Kommodifizierung (Planung und Produktion von Medien für den Tausch auf Medienmärkten). Insbesondere die Durchsetzung einer krisenhaften Akkumulations- und Steigerungslogik durch die primäre Orientierung auf Profite treibt den Medienwandel an. In seiner *kritischen politischen Ökonomie der Medien und der Kommunikation* steht eine Klärung des Verhältnisses von Kapital und Staat im Vordergrund. Der Staat bzw. dessen medienpolitische Eingriffe werden als *relativ autonom* von konkreten Kapitalinteressen (in der Medienindustrie) begriffen. Weil „die Produktion der Massenmedien und die Distribution ihrer Botschaften im ökonomischen und im politisch-administrativen System ‚materiell' verankert sind [...], haben sie sowohl dem kapitalökonomischen wie dem integrationspolitischen Imperativ zu entsprechen" (Holzer 1994, S. 201). Vor diesem polit-ökonomischen Theoriehorizont ist die Bedeutung einer Unterscheidung in privatwirtschaftliche und öffentlich-rechtliche Medien zunächst relativiert.

Holzers Bestimmung einer *Sozialpsychologie des Publikums* betont die „Synchronisation zwischen dem medialen Angebot und den Ansprüchen des Publikums" (Holzer 1994, S. 214). Hierbei geht es nicht um die überlegenen Entdeckungsfunktionen des Marktes, sondern um eine Kompensationsthese: Medienkonsum erfüllt demnach vor allem Entlastungsfunktionen für den alltäglichen Stress und das Angebot vereinfachender Weltdeutungen trägt zu einer konsistenten und problemfreien Selbst- und Wirklichkeitskonstruktion der Rezipient*innen bei. Auf diese Weise bestätigen Medien im Kapitalismus, „indem sie auf die (publikumsbezogenen) Konsequenzen der Arbeits-, Reproduktions- und Entscheidungsverhältnisse, also auf die kompensatorisch motivierten Gebrauchswertansprüche des Publikums eingehen, genau diese Verhältnisse" (Holzer 1994, S. 214) und bieten nur „Scheinlösungen" (Holzer 1994, S. 215) für die alltäglichen Probleme des Publikums.

Holzers Darstellung kulminiert in einer *fünffachen Funktionsbestimmung der Medien im Kapitalismus* (Holzer 1994, S. 202 f., S. 208): Medien als Waren bilden erstens ein profitables Feld der Kapitalakkumulation, Medien haben zweitens eine Absatz- und drittens eine Werbefunktion inne. Viertens dienen Medien der Legitimation und Durchsetzung von Klasseninteressen und spielen fünftens eine Rolle bei der Reproduktion der ausgebeuteten Arbeitskräfte. Diese Funktionen geben die Art und Weise an, wie die Medien „von den Bedingungen und Erfordernissen des gesamten gesellschaftlichen (Re-)Produktionsprozesses geprägt sind" (Holzer 1994, S. 208) und enthalten zugleich die wichtigsten Konsequenzen, welche „die Gestaltung der Medienprogramme (Pressebeiträge, Radio- und Fernsehsendungen) ebenso wie die Situation der Medienbeschäftigten und der Medienrezipienten" (Holzer 1994, S. 208) betreffen. Die *kapitalökonomische* Funktion der Medien beinhaltet, dass deren Angebote als Waren produziert werden, den Prinzipien der Profitorientierung und den damit verbundenen Konkurrenz- und Wachstumsimperativen unterliegen. Die Medienindustrie – die selbst durch Eigentumsbeteiligungen mit der Gesamtwirtschaft verbunden ist – stellt eine profitable Anlagesphäre für das Kapital dar und stellt in Form von Informations- und Kommunikationstechnologie für die Gesamtwirtschaft wichtige Produktionsmittel bereit. Medien haben außerdem eine *absatzökonomische* Funktion, denn ihre Herstellung, Verbreitung und Rezeption erfordert Maschinen, Rohstoffe, Waren und Dienstleistungen (z. B. Druckerpressen, Papier, Fernseher, Auslieferungen), deren Absatz entsprechend angekurbelt wird. Die *warenzirkulierende* Funktion der Medien besteht darin, dass sie öffentliche Kommunikation als einen Werbekanal zum Anpreisen von Waren organisieren und so gesamtwirtschaftlich betrachtet für Absatz und funktionierende Akkumulation sorgen. Zudem übernehmen Medien Funktionen der *Herrschaftssicherung*. Diese ist erforderlich, da mit dem Kapitalismus systembedingt soziale Ungleichheiten und gesellschaftliche Krisen einhergehen, welche in der Bevölkerung schwindende Integrationsbereitschaft und Motivationsverluste nach sich ziehen können. Um systemgefährdenden Entwicklungen vorzubeugen bzw. diese abzufedern, verbreiten Medien Deutungsangebote, welche dazu geeignet sind, das Kapitalverhältnis selbst und die Kapitalisierungsprozesse samt ihrer krisenhaften Folgen zu legitimieren. Die *regenerative* Funktion besteht schließlich darin, den Bürger*innen einen Ausgleich zu den alltäglichen Frustrationen und Sorgen zu schaffen, welchen sie aufgrund der Ausbeutung und Unterdrückung im Rahmen ihrer Lohnarbeitsverhältnisse sowie der Entfremdung und der Krisenanfälligkeit des Kapitalismus insgesamt ausgesetzt sind (vgl. Holzer 1994, S. 211 ff.). Das Ziel ist es, ihre Arbeitskraft in dem Maße fallweise so zu de- oder zu qualifizieren, dass sie weiterhin auf Märkten zur Verfügung steht und Arbeiter*innen nicht beginnen, bestehende (Ausbeutungs-)Verhältnisse anzuzweifeln oder überwinden zu wollen. Holzer veranschaulicht die Funktionsbestimmung der Medien im Kapitalismus und ihr Ineinandergreifen anhand der Phänomene des Infotainments und der Personalisierung.

Diese Funktionsbestimmungen übersetzen sich aber nicht bruchlos in die Realität. Sie sind als strukturelle Imperative zu verstehen, deren Umsetzung von den gesellschaftlichen Kräfteverhältnissen abhängt, insbesondere von Verschiebungen im antagonistischen Verhältnis zwischen Kapital und Arbeit. Davon ist abhängig, in welchem Maße Informations- und Meinungsfreiheit bestehen und unter welchen Umständen emanzipativ orientierte Medienkommunikation stattfinden kann. Ferner spielen die Eigengesetzlichkeiten der Medieninstitutionen eine Rolle. So ist für die öffentlich-rechtlichen Rundfunkanstalten, welche institutionell weitgehend außerhalb des Marktes verortet sind, prinzipiell eine geringere Orientierung an Kapitalinteressen leitend. Aufgrund ihres para-staatlichen Charakters ist hier aber ein vergleichsweise größeres Interesse an der Herrschaftssicherung zu erwarten. Generell ist anzunehmen, dass sich diese Funktionen nur durchschnittlich und in Konkurrenz zueinander durchsetzen, was sich „sowohl im Gegeneinander innerhalb der einzelnen Sektoren (Presse, kommerzieller Hör- und Fernsehfunk, ARD/ZDF) wie in den Auseinandersetzungen zwischen diesen Sektoren" (Holzer 1994, S. 203) zeigt.

Holzer markiert schließlich auch *Leerstellen des historisch-materialistischen Ansatzes*: Besonders der sozial- und kommunikationstheoretische erste Baustein ist unterentwickelt. Hier müsse einerseits das Verhältnis von ökonomischen und kulturellen Aspekten der Medien zueinander besser geklärt werden, was eine präzise Bestimmung von Arbeit und Kommunikation erfordere. Andererseits bestehe weiterer Forschungsbedarf mit Blick auf die Frage, wie sich die Bestimmungen der primär analysierten gesellschaftlichen Kommunikationsweise (Funktionen der Medien im Kapitalismus) auf die Mikro- und Mesoebene der intersubjektiven Kommunikation übersetzen. Aufgrund des vorwiegend gesellschaftstheoretischen Ansatzes ist das Thema ‚Medienbeschäftigte' in der historisch-materialistischen Medienanalyse ausgeklammert geblieben. Das hat ihr „den Vorwurf eingebracht, sie würde eine weitgehende (wenn auch von den ökonomischen und staatlich-politischen Imperativen erzwungene) Identität zwischen Medienorganisationen und Medienbeschäftigten unterstellen" (Holzer 1994, S. 210). Im Hinblick auf die Sozialpsychologie des Publikums regt Holzer zudem eine „milieuspezifische Präzisierung" (Holzer 1994, S. 212) an und beklagt fehlende klassen- und schichtspezifische Untersuchungen zur Mediennutzung, für die etwa die kulturtheoretische Brechung der Klassentheorie durch Pierre Bourdieu (vgl. Sevignani 2020a) geeignete Ansätze bieten könnte (vgl. Holzer 1994, S. 215). Solche Differenzierungen seien auch für die Einschätzung einer Realisierbarkeit alternativer Medienorganisation notwendig, weil so bereits gelebte Medienkritiken sichtbar werden, die sich gegen die Abgehobenheit der Medienberichterstattung von den „täglich erleb- und erleidbaren Existenzbedingungen des Publikums" oder die Verbreitung von „Scheinlösungen" (vgl. Holzer 1994, S. 215) wenden.

3   Bezug zum Gesamtwerk des Autors

Holzer betreibt *Kommunikations- und Medienwissenschaft als kapitalismuskritische Gesellschaftsanalyse*. Sein Kapitalismusverständnis speist sich dabei aus drei Strömungen, die auch für den Diskussionszusammenhang der kritischen und materialistischen Kommunikationsforschung der 1970er- und 1980er-Jahre insgesamt einflussreich waren: Zum einen die Überlegungen der Frankfurter Schule zur Zentralität des Warentauschs als „Gesetz, nach dem die Fatalität der Menschheit abrollt" (Adorno 2003, S. 208; vgl. Prokop 2017), dann die Theorie des (Staats-) Monopolkapitalismus, wonach ökonomische Konkurrenz mit Hilfe staatlicher Eingriffe weitgehend still gestellt und ökonomische wie politische Macht in den Händen großer Konzerne konzentriert sei (vgl. Foster 2014; Prokop 2017) sowie schließlich der sog. Staatsableitungsdebatte (vgl. Holloway und Piciotto 1978), wonach die relative Autonomie staatlichen Handelns aus den Erfordernissen der Kapitalakkumulation „abgeleitet" wurde. Viele von Holzers Positionen wurden bereits in den 1970er-Jahren grundgelegt (vgl. Holzer 1973) und haben in den folgenden Jahren eine Ausarbeitung und Präzisierung erfahren, die nicht zuletzt kontinuierlich durch eine Diskussion konkurrierender Theorieangebote möglich wurde.

So gehen dem besprochenen Schlüsseltext einige Kapitel voran, in denen Holzer sich mit unterschiedlichen Ansätzen auseinandersetzt und dabei auf die Entwicklung eines, die Akteurs- bzw. Handlungs- sowie die Struktur- bzw. Systemperspektive integrierenden, dialektischen Ansatzes abzielt. Insbesondere die *Diskussion von Habermas* (Holzer 1994, Kapitel III.1; 1987; 1988) erweist sich als differenziert. Habermas' strikte Trennung von Arbeit und Interaktion bzw. Kommunikation, auf der auch seine Unterscheidung in System und Lebenswelt bzw. zwischen kommunikativem und zweckrationalem Handeln fußt, überzeugt ihn aber nicht, weil „im Prozeß der Produktion eben nicht nur die Produktivkräfte entwickelt werden, sondern auch die *gesellschaftlichen Beziehungen* eingeschlossen sind" (Holzer 1987, S. 27). Ein integratives Verständnis von Arbeit und Kommunikation liegt quer zu Habermas' Versuch, die in alle „Intersubjektivität eingelassene kommunikative Rationalität als das treibende Moment der Gattungsgeschichte zu entschlüsseln" (Holzer 1988, S. 990) und sie als Maßstab der Kritik gesellschaftlicher Verhältnisse zu verwenden. Bei Habermas erscheint schließlich die Möglichkeit eines radikalen Mediensystemwandels konzeptionell unmöglich, weil er eine gelungene Balance zwischen geld- und machtgesteuerten, also privatwirtschaftlich und staatlichen Massenmedien auf der einen und auf Verständigung gerichteten lebensweltlichen Öffentlichkeiten mit ihren wenig professionalisierten Teilmedien auf der anderen Seite favorisiere.

Holzers medienökonomische Analysen und insbesondere seine Sozialpsychologie des Publikums können als der Versuch einer *mediensoziologischen und empirischen Konkretisierung der Kulturindustriethesen der frühen Frankfurter Schule* verstanden werden. Zentral ist hier ein angenommener Zirkel von Manipulation und rückwirkendem Bedürfnis: „daß eine Veränderung massenmedialer Inhalte gegen die Masse des Publikums durchgesetzt werden muß, weil sich das kapitalistische System auf dem Umweg über die tagtägliche Lebenspraxis der Lohn- und Gehaltsabhängigen tief in das Bewußtsein eingegraben und die damit die Bereitschaft des Publikums den Verschleierungs- und Verführungstaktiken der Massenmedien aufzustehen, gefördert hat (und permanent weiter fördert)" (Holzer und Schmid 1972, S. 129). Während Anklänge einer Verführungstheorie des Publikums sicher problematisch sind, ist die u. a. von Horkheimer, Adorno, Löwenthal und Marcuse vorgenommene und von Holzer ausgearbeitete Einbettung von Medienwirkungen in einen durch den Kapitalismus bereits strukturierten Alltag, eine wichtige Perspektive (vgl. Holzer 1994, S. 215).

Holzer ging es um die *Verbindung von kritischer Theorie und empirischer Forschung.* Dies wird z. B. in seiner Habilitationsschrift „Gescheiterte Aufklärung?" (1971) deutlich. Hierin prüft er, in welchem Maße die Massenmedien den ihnen qua Grundgesetz zugeschriebenen Funktionen der Kritik und Kontrolle sowie der pluralistischen Darstellung gesellschaftlicher Positionen in der kapitalistischen Gesellschaft gerecht werden (können). Zur Beantwortung dieser Frage führt er umfangreiche Sekundäranalysen zum Medienangebot der BRD in den Bereichen Information und Unterhaltung sowie zu den Rezeptionsbedürfnissen der Bürger*innen durch. Er kommt zu dem Schluss, dass die Aufklärung durch die Massenmedien scheitert, weil die Inhalte und die Formen der Berichterstattung, wie beispielsweise die Personalisierung von politischen Informationen (Holzer 1971, S. 151 ff.), die realen gesellschaftlichen Macht- und Herrschaftsverhältnisse verschleiern. In „Theorie des Fernsehens" (1975) untersucht Holzer seine Thesen auch noch einmal speziell im Hinblick auf das damals immer bedeutsamer werdende audiovisuelle Medium.

Holzers Kritik zielt auf eine *radikaldemokratische Transformation des Mediensystems und eine alternative Organisation von Medien,* die er als Bedingung für die Verwirklichung von Meinungs-, Presse- und Rundfunkfreiheit erachtete. Für die „entscheidende Voraussetzung einer qualitativen Veränderung im Bereich der Massenmedien" hielt er „die Herstellung einer politischen Öffentlichkeit" (Holzer und Schmid 1972, S. 129), um die Medien an die gesellschaftlichen Gruppierungen, und zwar „ihrem Einfluß im gesellschaftlichen (Klassen-)Verhältnis entsprechend" (Holzer 1991, S. 14), rückzubinden. Für ihn hieß dies u. a. kritisch-theoretische und empirische Aufklärungsarbeit, betriebliche Mitbestimmung in den Massenmedien, wobei auch das Publikum in demokratische Entscheidungsprozesse einbezogen werden sollte, die Schaffung und politische Förderung gewerkschaftlich-orientierter Massenmedien, die Entflechtung und Enteignung von Medienkonzernen, die Förderung und Etablierung von Anzeigegenossenschaften, eine Ausweitung des Einflusses und gleichzeitige Demokratisierung der Medien des öffentlichen Rechts (v. a. durch eine Minderung deren Abhängigkeit von Werbeeinnahmen, mehr innerbetriebliche Mitbestimmung sowie die Veränderung der organisationalen und inhaltlichen Repräsentanz gesellschaftlicher Machtgruppen zugunsten der abhängig Arbeitenden).

In den 1980er-Jahren war das Aufkommen des *privaten Rundfunks* ein zentrales Thema Holzers. Auch hier knüpfte er kritisch an bestehende Rechtsnormen, wie die „Rundfunkfreiheit" (Holzer 1991, S. 7 ff.) an, deren Gehalt über eine kapitalistische Medienorganisation hinausweise. So thematisierte er die Zulassung des kommerziellen Rundfunks in der BRD als schwere Niederlage für eine radikaldemokratische Transformation des Mediensystems (Holzer 1991, S. 10 f.). Rundfunkfreiheit, und die im öffentlich-rechtlichen Rundfunk wirksamen „Restbestände" (vgl. Holzer 1991, S. 96 f.) davon, wurden vor allem von konservativ-liberaler Seite und in Interessenkonkordanz mit bestimmten Kapitalfraktionen (wie etwa der Telekomunikations- und der programmanbietenden Industrie) im Rahmen von Kommerzialisierungspolitiken zu einer bloßen „Rundfunkgewerbefreiheit" verkürzt. Aber auch im Hinblick auf aktuelle medienpolitische Debatten zum Überwachungskapitalismus (Zuboff 2018) im Allgemeinen und zum Aufstieg einer überwachungsbasierten Kultur- und Medienproduktion (Gandy 2011; Turow und Couldry 2018), samt ihren Implikationen für die informationelle Selbstbestimmung (vgl. Sevignani 2018a) im Speziellen, erweist sich Holzers Beschäftigung mit dem Thema der *Überwachung* (1984) als wegweisend. Er argumentierte, dass die Entwicklung von informations- und computertechnischen Verfahren die aufgrund ihrer Rationalisierungs- (Automatisierung, Arbeitslosigkeit, Arbeitsintensivierung) und Kontrollpotenziale (ökonomische Personal- und staatliche Bürgerüberwachung, Zerstörung kollegialer und kooperativer Beziehungen) den herrschaftlichen Zugriff von Kapital und Staat erheblich ausweiten (vgl. Holzer 1984, S. 6 f.).

4   Wirkungsgeschichte und Kritik

Eine kritisch-konstruktive Auseinandersetzung mit den Arbeiten Holzers (z. B. Prokop 1972a) erfolgte zu dessen Lebzeiten, insbesondere in den 1970er- und 1980er-Jahren waren seine Texte Teil eines lebendigen *Diskussionszusammenhangs kritischer und materialistischer Kommunikationsforschung* (vgl. Prokop 1972b, 1973, 1977, 1985a, b, c; Baacke 1974; insbesondere Hoffmann 1983). Neben den v. a. von den Kulturindustriethesen der Frankfurter Schule inspirierten Autoren nahmen außerdem Vertreter*innen teil, welche sich, wie Holzer selbst, positiver auf (real-)sozialistische Gesellschaftsentwürfe bezogen.

Dies hat, wie eingangs erwähnt, die Rezeption Holzers in der deutschsprachigen Kommunikations- und Medienwissenschaft aufgrund politischer Vorbehalte erschwert. Holzers eigene Standards, insbesondere von Literaturkenntnis, fairer Darstellung und darauf aufbauender Kritik, müssten jedoch auch an seine Kritiker*innen anlegbar sein. Was die kritisch-konstruktive Grundlagen-Kritik an Holzers Ansatz betrifft, welche häufig auch auf die an Marx anschließende Theorie insgesamt zielt,[3] wurden insbesondere die *demokratietheoretischen Implikationen sowie die Unterkomplexität des Ansatzes*, wie im Folgenden dargestellt, moniert.

---

[3] Vgl. hierzu die vortrefflichen Repliken von Eagleton (2012).

Vor allem die von der Frankfurter Schule übernommene Annahme, dass das Publikum manipuliert sei, wurde nicht, wie von Holzer intendiert, als notwendiger Erkenntnisfortschritt auf dem Weg hin zu einer Situation interpretiert, in welcher die Autonomie des Publikums durch förderliche soziale Bedingungen abgesichert ist. Vielmehr wurde die These selbst als ein *problematischer Eingriff in die Souveränität der Rezipient*innen* kritisiert (vgl. z. B. Neuberger 1997). Aber auch sein Insistieren, dass das kapitalistische Mediensystem der BRD den Anforderungen des Grundgesetzes und der Norm der Meinungsfreiheit nicht genüge, wurde als Einschränkung einer durch das marktliche Organisationsprinzip garantierten Meinungspluralität interpretiert. Hier ist allerdings entscheidend, was jeweils als Pluralität verstanden wird (vgl. zur Debatte um Vielzahl und Vielfalt in der Medienindustrie: Knoche 2005b).

Wichtige Kritiken, die auch zu Lernanstößen für die Weiterentwicklung historisch-materialistischer Kommunikations- und Medienforschung wurden, erhoben den Vorwurf der Unterkomplexität. Dieser Vorwurf wurde einerseits durch die Kritik eines *Strukturdeterminismus* bei gleichzeitiger Vernachlässigung der Handlungsebene konkretisiert. Es ist ohne Frage legitim zu diskutieren, ob die von Holzer angemahnte Dialektik von Struktur und Handlung von ihm immer durchgehalten wird. Z. B. wurde mit Bezug auf ein empirisch-sozialwissenschaftliche Fachverständnis und einen methodologischen Individualismus argumentiert, Holzer untersuche nicht konkrete journalistische Praktiken, sondern leite diese aus der Unternehmensstruktur von Medien einfach ab. Dadurch erweise sich der Ertrag für die Journalismusforschung als „sehr gering" (Löffelholz 2003, S. 33). Weiterführende Forschung sollte sich deshalb der von Holzer selbst ausgewiesenen theoretischen und empirischen Leerstellen auf der Meso-Ebene den Medienschaffenden widmen.

Andererseits, und oft komplementär, wird der Vorwurf der Unterkomplexität in Form einer Kritik des *ökonomischen Reduktionismus* erhoben, wie er sehr differenziert vor allem aus dem Kontext der Cultural Studies heraus formuliert wurde (Hall 2004a, b). Ökonomischer Reduktionismus kann Holzer nicht in Form einer einseitigen Perspektive vorgeworfen werden, weil er sich intensiv mit den ideologischen Wirkungen der Massenmedien im Rahmen einer Sozialpsychologie des Publikums beschäftigte. Im Mittelpunkt steht aber die Frage, ob polit-ökonomische Logiken, abgeleitet vom Ziel der kapitalistischen Profitmaximierung, so einflussreich sind, dass sie kulturelle Prozesse der Produktion, Zirkulation und Rezeption von Bedeutungen dominieren. Dabei wurde eine „Vorstellung des Publikums als einflussloser, von wirtschaftlichen und politischen Entwicklungen überrannter und sozial verunsicherter Masse" (Hepp 2013, S. 56) als defizitär ausgewiesen. Forscher*innen der Cultural Studies verweisen hier auf die Möglichkeit ausgehandelter oder gar widerständiger Rezeptionspraktiken, die in sehr unterschiedlichen kulturellen Erfahrungskontexten gründen. Diese Kritiken spielten in der Debatte zwischen Vertreter*innen der Cultural Studies und der (kritischen) politischen Ökonomie der Medien eine zentrale Rolle (vgl. Thiele und Klaus 2007; Garnham und Fuchs 2014; Drüeke und Klaus 2017) und führten zu Lernprozessen seitens historisch-materialistischer Kommunikations- und Medienforschung (vgl. Fuchs 2009; Sevignani 2020b).

Rau (2007) setzt sich aus medienökonomischer Sicht mit der *„Anpassungshypothese"* Holzers auseinander, wonach die Medien, wenn sie kommerziell und privatwirtschaftlich organisiert sind, ihre Inhalte aus absatzökonomischen Gründen einem Massengeschmack anpassen. In ihrer Pauschalität verkenne diese die Bedeutung einer „Trennung von Gesamtmarkt- und Teilmarktstrategien" (2007, S. 50), denn auch die Produktion von Nischenprodukten könne unter bestimmten Bedingungen für privatwirtschaftliche Akteure ökonomisch sinnvoll sein (vgl. zur Diskussion von ökonomischen Triebfedern von Homogenisierung und (formaler) Vielfalt, von Rimscha und Siegert 2015, S. 169 ff.). Andererseits problematisiert er aus einer eher handlungstheoretischen Sicht Holzers Wirkungsmodell. Laut Holzer ist der Massengeschmack, an welchen sich privatwirtschaftliche Medien (dann mit einer Gesamtmarktstrategie) anpassen, selbst kritisch zu hinterfragen, weil die Mediennutzungspräferenzen des Publikums mit dessen langfristigen Interessen in Konflikt stehen können (Problem der Entfremdung). Anzumerken ist, dass sich das Wirkungsmodell Holzers aufgrund seiner gesellschaftstheoretischen Stoßrichtung etwas komplexer darstellt als von Rau angenommen, wenn er es auf ein einseitiges „Indoktrinationsmodell" (Medienproduktion > Mediennutzung) reduziert (vgl. 2007, S. 47). Für Holzer lassen sich Medienproduktion und Mediennutzung, da sie gleichzeitig von den gesellschaftlichen Zusammenhängen und Funktionserfordernissen des Kapitalismus geprägt werden, nicht als voneinander isolierbare Variablen behandeln. Dennoch bleibt die, das Problem der Entfremdung betreffende Frage im Raum stehen, ob es sich bei befriedigten Bedürfnissen tatsächlich nur um ‚vermeintliche' Bedürfnisse handelt.

Trotz der genannten Barrieren und einer auf das Grundlegende zielenden Kritik, gab es vereinzelt auch *positive Rezeptionen*. Marcinkowski et al. (2001, S. 47–56) untersuchten ausgehend von Holzers Thesen die mediale Darstellung des Antagonismus zwischen Kapital und Arbeit sowie die Personalisierung gesellschaftlicher Tatbestände in den Fernsehnachrichten in den Jahren 1977 bis 1998. Göttlich (1997) folgt in seiner Studie über die Berücksichtigung des sozialen Kontexts der Mediennutzung in verschiedenen handlungstheoretischen Ansätzen der von Holzer formulierten Problemstellung einer Integration von system- und handlungstheoretischen Ansätzen. Wichtig sei, konzeptionelle „Einschränkungen zu überwinden, die eine Beliebigkeit von Textdeutungen bei manchen Vertretern der Cultural Studies oder ein verkürzter Handlungsbegriff des symbolischen Interaktionismus bergen" (Göttlich 1997, S. 111). Holzers Funktionsbestimmungen gingen außerdem an zentraler Stelle in Knoches (2002), Fuchs' (2009, 2017) und Sevignanis (2020b) Grundlegungen einer kritischen politischen Ökonomie der Medien und der Kommunikation ein. Unter anderem folgende Aspekte aus Holzers Arbeiten wurden produktiv aufgegriffen oder erweisen sich als anschlussfähig an neuere Debatten.

Historisch-materialistische Medien- und Kommunikationstheorie: Holzer (vgl. Holzer und Steinbacher 1975; Holzer 1977) bezog sich in seinen kommunikationstheoretischen Überlegungen auch auf die Kritische Psychologie bzw. die sog. Berliner Holzkamp Schule (vgl. Holzkamp 1987). Diese schloss an die kulturhistorische Schule in der Psychologie, mit Vertretern wie etwa Luria, Vygotsky, Galperin, insbesondere aber Leontjew an, leistete eine kritische Re-Interpretation der Freudschen Psychoanalyse (vgl. Holzkamp 1984) und formulierte Kritik an einer psychologischen Forschungslogik, welche die Subjektivität systematisch negiert (vgl. Markard 2000). Die für Holzer zentrale sozialtheoretisch integrative Verhältnisbestimmung von Arbeit und Kommunikation wurde in weiteren Arbeiten grundgelegt (vgl. Fuchs 2019) und medien- (Sevignani 2018b) sowie bedürfnistheoretisch (Sevignani 2019b) ergänzt. Insbesondere unter Bedingungen der Digitalisierung und im Hinblick auf Phänomene der aktiven Mediennutzung, wie der ‚Prosumption' Sozialer Medien und deren Ausbeutung in überwachungsbasierten Geschäftsmodellen der digitalen Medienindustrie (vgl. Andrejevic 2011; Sevignani 2019a), scheint die in den Sozialwissenschaften durch Habermas einflussreich etablierte strikte Trennung von produktiver und kommunikativer Tätigkeit nachhaltig in Frage gestellt. Zugleich hilft die kommunikations- und medientheoretische Fundierung auch die normativen Maßstäbe des Gesamtansatzes zu explizieren. Können doch kritische Schlüsselbegriffe wie Ausbeutung und Entfremdung nur vor dem Hintergrund eines zugleich kommunikativen und tätigen Bildes von den Menschen, deren Entwicklungspotenziale durch kapitalistische Kommunikationsverhältnisse eingeschränkt sind, überzeugen (vgl. Sevignani 2019b, S. 62).

Kritische politische Ökonomie der Medien und der Kommunikation: Holzers Arbeiten gingen insbesondere in Knoches Entwicklung einer kritisch-empirischen Medienkonzentrationstheorie (vgl. 2005b, c, 2013) ein. Der Staat betreibe eher „Medienkonzentrationsförderungspolitik" anstatt wirksame Medienkonzentrationskontrolle. Dabei werden regelmäßig die staatliche (Privatisierungs-, (De)Regulierungs-)Politik informierenden wettbewerbstheoretischen Leitbilder dem Stand der (fortschreitenden) Medienkonzentration angepasst und z. B. hohe Konzentrationsgrade mit dem Verweis auf internationale Wettbewerbsfähigkeit nationaler Medienunternehmen gerechtfertigt. Entgegen der Annahme, dass Wettbewerb geeignet sei, um Medienvielfalt zu gewährleisten, wird betont, dass Konkurrenz politisch moderiert zu Konzentrationsprozessen führt. Z. B. wird in der Debatte um die Regulierung von Social-Media-Plattformen das Leitbild des ‚potenziellen Wettbewerbs' bemüht, wonach hohe Konzentrationsgrade in dieser Medienteilindustrie gerechtfertigt scheinen, weil (u. a. aufgrund von Netzeffekten) die bestehenden Mono- oder Oligopole großer Konzerne schnell herausgefordert werden könnten. Letztere antizipieren diese Gefahr und handelten so (z. B. innovativ), als ob es einen tatsächlichen Wettbewerb gäbe. Zudem spielt auch hier die Politik der internationalen Wettbewerbsfähigkeit eine wichtige Rolle, wenn in der EU darüber debattiert wird, den US-amerikanischen und chinesischen, international führenden Plattformen eine europäische Alternative entgegenzusetzen. Wenige Kapitaleigner*innen von wenigen multimedialen, miteinander verflochtenen Medienkonzernen lassen von einer Vielzahl abhängig Arbeitender in einer Vielzahl von Märkten eine Vielzahl von Medienprodukten produzieren. Vielfalt erweist sich so eher als eine Viel*zahl*, handelt es sich doch vorwiegend um eine formale Diversifizierung bei gleichzeitiger inhaltlicher Homogenisierung; dennoch wird die Reichhaltigkeit an formaler Produktdiversifizierung als legitimitätsstiftende ‚Vielfalt' propagiert. Die Homogenität des Angebots entspricht auch bei Knoche den weitgehend homogenen Bewusstseins-, Bedürfnis- und Verhaltensstrukturen in der Bevölkerung. Die von Holzer markierte Leerstelle, wie sich die Strukturen des Medien-Kapitalismus in das Handeln von Akteuren (Unternehmen, Journalist*innen usw.) übersetzen, wird von Leidinger (2003; 2004, vgl. auch Theine et al. 2022) bearbeitet: Demnach wirkt Medieneigentum auf die Berichterstattung in unmittelbarer Weise (z. B. durch einen Anruf des Herausgebers bei der Chefredakteurin), in mittelbarer Weise (z. B. darüber, welche Unternehmensbereiche oder Redaktionen welche Ressourcen erhalten) oder durch eine „Schere im Kopf" von Journalist*innen (z. B. Selbstzensur, um die Karriere nicht zu gefährden).

Kritische Sozialpsychologie des Publikums: Die von Holzer angemahnte klassen- und milieuspezifische Präzisierung von Medienwirkungen wurde z. B. von Weiß (2009, 2013) geleistet. Er widmete sich, allerdings anknüpfend an die weniger materialistisch, sondern stärker kulturell orientierte Lebensstilforschung (Hradil 2006), einer Ausarbeitung politisch-kommunikativer Milieus, um näher zu ergründen, wie die Formen der Mediennutzung mit politischen Einstellungen und politischem Verhalten zusammenhängen. Auch im Rahmen der Cultural Studies gab es hierzu Beiträge (vgl. Meyen 2004, S. 31 ff.), jedoch ohne sie im Sinne Holzers an eine kapitalismuskritische und zugleich sozialpsychologische Perspektive rückzubinden. Zwei Entwicklungen seien hier hervorgehoben: Die erste, kritisch-psychologische, kann explizit an Holzer anschließen und hilft mit ihren zentralen Begriffen der restriktiven und verallgemeinerten Handlungsfähigkeit das Bild vom Publikum als Opfer der Manipulation nachhaltig zu überwinden. Konzeptionell fanden kritisch-psychologische Ansätze nur vereinzelt Eingang in kommunikations- und medienwissenschaftliche Debatten (vgl. Schenkel 1988; Sevignani 2019b). Eine Revision der psychoanalytischen Grundlagen (vgl. Krüger und Johanssen 2016), erfolgte in der Linie Althusser, Lacan und Zizek. Exemplarisch können hier die Arbeiten von Dean (2009, 2010) genannt werden. Sie kritisiert eine von den Subjekten imaginierte Weltreichweitenvergrößerung durch digitale Medien. Zahllose einzelne Kommunikationsakte führen zu einer „Kommunikationssituation ohne Kommunikation" (2016), d. h. von Kommunikationsakten ohne wirkliches Zuhören und Aneignungsprozesse. Subjekt-transformative Lernprozesse und damit eine progressive politische Formierung werden derart verhindert (vgl. auch Sevignani 2020c). Digitale Medien sprechen Subjekte nicht mehr in standardisierter Form an, sondern als eigeninitiative Individuen (Hendel et al. 2017; Drüeke und Klaus 2017; Elhanati 2017). Obwohl die Kommunikationswissenschaft sich seit einiger Zeit vermehrt psychologischen Ansätzen zuwendet, ist diese Art der Zuwendung, wie von Holzer kritisiert, selektiv auf eine in kritischer Tradition zu problematisierende „Variablen-Psychologie" gerichtet.

Rückblickend zeigen sich auch aus historisch-materialistischer Perspektive einige, v. a. kulturtheoretische, Limitationen von Holzers *Kapitalismusverständnis*. Fortschritte brachten hier regulationstheoretische Erweiterungen (vgl. Grisold 2009): Nicht nur politische, sondern auch kulturelle Regulation, d. h. bestimmte Deutungsmuster sowie Arbeits- und Konsumweisen machen die Akkumulation des Kapitals erst in ihrer konkret-historischen Ausprägung als ein spezifisches, in Phasen einteilbares, Zusammenspiel von Produktion, Zirkulation und Konsumtion möglich. Medial vermittelte Leitbilder z. B. von einem ‚gerechten' Maß an sozialer Ungleichheit (vgl. Grisold und Theine 2018) oder von ‚wünschenswerter' ökonomischer Entwicklung sind für die Regulation bzw. Reproduktion des Kapitalverhältnisses entscheidend (vgl. Sum und Jessop 2013). Als produktiv haben sich auch hegemonie- und ideologietheoretische Erweiterungen (vgl. Sevignani 2020c) der Kapitalismus- und Staatstheorie erwiesen, die das Ringen unterschiedlicher Machtgruppen um Zustimmung in der Zivilgesellschaft und in der ‚öffentlichen Meinung' in den Blick nehmen. Sodann wird der Kapitalismus in der neueren kritischen Gesellschaftstheorie als umkämpfte und konfliktträchtige Artikulation unterschiedlicher Produktions- und Reproduktionsweisen samt ihren spezifischen Ungleichheiten (z. B. entlang von Klasse, Geschlecht und Ethnie; vgl. Alnasseri 2003; Dörre 2009; Bhattacharya 2017; Fraser und Jaeggi 2020) begriffen. Mediensysteme werden hierbei als aus unterschiedlichen (moralischen) Medienökonomien (vgl. Murdock 2011) zusammengesetzt betrachtet, wobei die Kapitalakkumulation fortwährend auf nicht-kapitalistische, soziale, politische und kulturelle Ermöglichungsbedingungen und deren Inwertsetzung angewiesen ist. So lassen sich „Grenzkämpfe", z. B. um informationelle Selbstbestimmung zwischen einer kapitalistischen, überwachungsgetriebenen und einer Commons-basierten Medien- und Internetökonomie analysieren (Sevignani 2019a). Schließlich haben post-operaistische Ansätze (vgl. Birkner und Foltin 2010) betont, dass, u. a. vorangetrieben durch Medien- und Informationstechnologien, die ganze Gesellschaft zu einer Art Fabrik geworden sei. Im heutigen „kognitiven Kapitalismus" (Boutang 2012) spielten wissensbasierte Produktion und kommunikative Tätigkeiten für die Wertschöpfung auch über den engen Bereich der Medien- und Kommunikationsindustrien hinaus eine zentrale Rolle (vgl. Terranova 2000).

Trotz der gesellschaftlichen Veränderungen, einschließlich des Medienwandels, ist allgemein von einer Kontinuität der fundamentalen Merkmale kapitalistischer Mediensysteme und der Medienorganisation auszugehen. Deshalb verwundert es kaum, dass Holzers Arbeiten – im Zeitalter digitaler Kommunikation – nicht allein Anlass zur Kritik, sondern vielmehr auch Anlass zur Weiterführung und Konkretisierung gaben. Eine abschließende Einschätzung zur Rezeption Holzers muss konstatieren, dass er vom Machtpol des Fachs, der von gegenläufigen wissenschaftlichen Paradigmen geprägt war, mehr ignoriert, oder durch Entzug der Reproduktionsbedingungen seines wissenschaftlichen Arbeitens verhindert, als intellektuell kritisiert wurde. Die vorgebrachte Kritik erreichte häufig nicht die von Holzer selbst vorgelegten Standards, konnte aber in einigen Fällen Lernprozesse anstoßen. In allen „Bausteinen" einer an Marx orientierten kritischen Kommunikationswissenschaft – der historisch-materialistischen Informations- und Kommunikationstheorie, der kritischen politischen Ökonomie der Medien und der Kommunikation, einer gesellschaftstheoretisch orientierten Sozialpsychologie des Publikums sowie der Verbindung von kritischer Theorie und empirischer Forschung – hat Holzer Pionierarbeit geleistet. Das Niveau ihrer Integration zu einer umfassenden theoretisch fundierten, analytischen, zeitdiagnostisch intervenierenden und empirisch gestützten kritischen Medien- und Kommunikationswissenschaft aber nur in Ansätzen wieder erreicht.

Literatur

Abendroth, W. (1988). Das Grundgesetz. Eine Einführung in seine politischen Probleme. Stuttgart: Neske.

Alnasseri, S. (2003). Ursprüngliche Akkumulation, Artikulation und Regulation. Aspekte einer globalen Theorie der Regulation. In U. Brand & W. Raza (Hrsg.), Fit für den Postfordismus? Theoretisch-politische Perspektiven des Regulationsansatzes (S. 131–157). Westfälisches Dampfboot.

Adorno, T. W. (2003). Soziologische Schriften I. 5. Aufl. Bd. 8. Gesammelte Schriften. Frankfurt am Main: Suhrkamp.

Andrejevic, M. (2011). Facebook als neue Produktionsweise. In O. Leistert & T. Röhle (Hrsg.), Generation Facebook: Über das Leben im Social Net (S. 31–50). transcript.

Baacke, D. (Hrsg.). (1974). Kritische Medientheorien: Konzepte und Kommentare. Juventa.

Bhattacharya, T. (Hrsg.). (2017). Social Reproduction Theory: Remapping Class, Recentring Oppression. Pluto.

Birkner, M., & Foltin, R. (2010). (Post-)Operaismus: Von der Arbeiterautonomie zur Multitude. Schmetterling.

Bönkost, Jan. 2011. Im Schatten des Aufbruchs. Das erste Berufsverbot für Horst Holzer und die Uni Bremen. Grundrisse 39: 29–37.

Boutang, yann M. (2012). Cognitive capitalism. Polity.

Dean, J. (2009). Democracy and other Neoliberal fantasies: Communicative capitalism and left politics. Duke University Press.

Dean, J. (2010). Blog Theory: Feedback and Capture in the Circuits of Drive (1. Edition). Polity.

Dean, J. (2016). Kommunikativer Kapitalismus und Klassenkampf. In A. Demirović (Hrsg.), Transformation der Demokratie—Demokratische Transformation (S. 135–155). Westfälisches Dampfboot.

Dörre, K. (2009). Die neue Landnahme. Dynamiken und Grenzen des Finanzmarktkapitalismus. In K. Dörre, S. Lessenich, & H. Rosa (Hrsg.), Soziologie – Kapitalismus – Kritik: Eine Debatte (S. 21–86). Suhrkamp.

Drüeke, R., & Klaus, E. (2017). Medien im Spannungsfeld zwischen Kulturindustrie, Neoliberalismus und Medienhandeln. In U. Bittlingmayer, A. Demirovic, & T. Freytag (Hrsg.), Handbuch Kritische Theorie (S. 1–26). Springer.

Dröge, F. (2002). Horst Holzer: Gescheiterte Aufklärung? Politik, Ökonomie und Kommunikation in der Bundesrepublik Deutschland. In C. Holtz-Bacha & A. Kutsch (Hrsg.), Schlüsselwerke für die Kommunikationswissenschaft (S. 206–208). Westdeutscher Verlag.

Eagleton, T. (2012). Warum Marx recht hat. Ullstein.

Elhanati, M. (2017). Critical Theory and the Digital Culture-Industry. In U. Bittlingmayer, A. Demirovic, & T. Freytag (Hrsg.), Handbuch Kritische Theorie (S. 1–38). Springer.

Fuchs, C. (2009). Grundlagen der Kritik der Politischen Ökonomie der Medien. In P. Fleissner & N. Wanek (Hrsg.), Bruchstücke: Kritische Ansätze zu Politik und Ökonomie im globalisierten Kapitalismus (S. 97–111). trafo.

Foster, J. B. (2014). The Theory of Monopoly Capitalism: An Elaboration of Marxian Political Economy (Reprint Edition). Monthly Review Press.

Fraser, N., & Jaeggi, R. (2020). Kapitalismus: Ein Gespräch über kritische Theorie. Suhrkamp.

Fuchs, C. (2017). Die Kritik der Politischen Ökonomie der Medien/Kommunikation: Ein hochaktueller Ansatz. Publizistik, 62(3), 255–272.

Fuchs, C. (2019). Kommunikation und Kapitalismus: Eine kritische Theorie. UTB.

Gandy, O. H. (2011). „The political economy of personal information". In The handbook of political economy of communications, herausgegeben von Janet Wasko, Graham Murdock & Helena Sousa, 436–457. Malden, MA: Blackwell.

Garnham, N., & Fuchs, C. (2014). Revisiting the Political Economy of Communication. TripleC: Communication, Capitalism & Critique. Open Access Journal for a Global Sustainable Information Society, 12(1), 102–141.

Göttlich, U. (1997). Kontexte der Mediennutzung. Probleme einer handlungstheoretischen Modellierung der Medienrezeption. montage AV. Zeitschrift für Theorie und Geschichte audiovisueller Kommunikation, 6(1), 105–113.

Grisold, A. (2009). Zur Politischen Ökonomie der Medien: Eine heterodoxe Erweiterung. In J. Becker, A. Grisold, G. Mikl-Horke, R. Pirker, H. Rauchenschwandtner, O. Schwank, E. Springler, & Stockhammer, Heterodoxe Ökonomie (S. 147–176). Metropolis.

Grisold, A., & Theine, H. (2018). Zur Vermittlungsrolle von Massenmedien am Thema „Ungleichheit". Die Piketty-Rezeption. Wirtschaft und Gesellschaft, 44(2), 191–218.

Hall, S. (2004a). Kodieren/Dekodieren. In J. Koivisto & A. Merkens (Hrsg.), Ideologie, Identität, Repräsentation: Ausgewählte Schriften 4 (S. 66–80). Argument.

Hall, S. (2004b). Reflektionen über das Kodieren/Dekodieren-Modell. Ein Interview mit Stuart Hall. In J. Koivisto & A. Merkens (Hrsg.), Ideologie, Identität, Repräsentation: Ausgewählte Schriften 4 (S. 81–107). Argument.

Haug, W. F. (2005). Vorlesungen zur Einführung ins „Kapital". Argument.

Hendel, S., Lathan, M., & Trümpler, D. (2017). Der individuelle Ausdruck der Kulturindustrie. In U. Bittlingmayer, A. Demirovic, & T. Freytag (Hrsg.), Handbuch Kritische Theorie (S. 1–14). Springer Fachmedien.

Hepp, A. (2013). Netzwerke der Medien: Medienkulturen und Globalisierung. Springer-Verlag.

Holloway, J., & Piciotto, S. (Hrsg.). (1978). State and capital: A Marxist debate. Edward Arnold.

Holzkamp, K. (1984). Die Bedeutung der Freudschen Psychoanalyse für die marxistisch fundierte Psychologie. Forum Kritische Psychologie, 13, 15–40.

Holzkamp, K. (1987). Kritische Psychologie. In D. Frey & S. Greif (Hrsg.), Sozialpsychologie: Ein Handbuch in Schlüsselbegriffen (S. 75–80). Psychologie Verlags Union.

Hoffmann, B. (1983). On the development of a materialist theory of mass communications in West Germany. Media, Culture & Society, 5(1), 7–24.

Holzer, H. (1994). Medienkommunikation: Einführung in handlungs- und gesellschaftstheoretische Konzeptionen. Westdeutscher Verlag.

Holzer, H. (1991). Die Privaten: Kommerz in Funk und Fernsehen. Pahl-Rugenstein.

Holzer, H. (1988). Kommunikative Rationalität als Basis der Kritik zur Theorie des kommunikativen Handelns von Jürgen Habermas. Deutsche Zeitschrift für Philosophie, 36(11), 989–1002.

Holzer, H. (1987). Kommunikation oder gesellschaftliche Arbeit? Zur Theorie des kommunikativen Handelns von Jürgen Habermas. Akademie.

Holzer, H. (Hrsg., 1984). Orwell & Bundesrepublik. Erfassen-Überwachen-Manipulieren. Frankfurt a.M.: Verlag Marxistische Blätter.

Holzer, H. (1977). Thesen [Die Fruchtbarkeit kritisch-psychologischer Ansätze für die Theorie der Massenkommunikation]. In K.-H. Braun & K. Holzkamp (Hrsg.), Kritische Psychologie: Bericht über den 1. Internationalen Kongreß Kritische Psychologie vom 13.–15- Mai 1977 in Marburg. Band 2. Diskussion (S. 449–451). Pahl-Rugenstein.

Holzer, H., & Steinbacher, K. (Hrsg.). (1975). Sprache und Gesellschaft. Hoffmann und Campe.

Holzer, H. (1973). Kommunikationssoziologie. Rowohlt.

Holzer, H. (1971). Politik in Massenmedien: Zum Antagonismus von Presse- und Gewerbe-freiheit. In R. Zoll (Hrsg.), Manipulation der Meinungsbildung: Zum Problem hergestellter Öffentlichkeit (S. 68–108). Westdeutscher Verlag.

Holzer, H., & Schmid, J. (1972). „Alternativen". In Massenkommunikationsforschung 1: Produktion, herausgegeben von Dieter Prokop, 129–135. Frankfurt am Main: Fischer.

Hradil, S. (2006): Soziale Milieus – Eine praxisorientierte Forschungsperspektive. In: Aus Politik und Zeitgeschichte 44–45: 3–10.

Karmasin, M., Rath, M., & Thomaß, B. (Hrsg.). (2013). Normativität in der Kommunikationswissenschaft. Springer VS.

Klöckner, M. (2017). „In der Kommunikationswissenschaft ist der Kalte Krieg auch heute noch nicht zu Ende" Interview mit Sebastian Sevignani. heise online. Abgerufen 9. Februar 2021, von https://www.heise.de/tp/features/In-der-Kommunikationswissenschaft-ist-der-Kalte-Krieg-auch-heute-noch-nicht-zu-Ende-3772790.html

Knoche, M. (2005a). Medienökonomische Theorie und Ideologie im Kapitalismus: Einige zitatengestützte Überlegungen zu Marie Luise Kiefers „Medienökonomik" aus der Sicht einer Kritischen Politischen Ökonomie der Medien. In C.-M. Ridder, W. R. Langenbucher, U. Saxer, & C. Steininger (Hrsg.), Bausteine einer Theorie des öffentlich-rechtlichen Rundfunks. Festschrift für Marie Luise Kiefer (S. 406–435). VS Verlag für Sozialwissenschaften.

Knoche, M. (2005b). Medienkonzentration und Meinungsvielfalt: Von empirischen Studien zur kapitalismuskritischen Medienkonzentrationstheorie. In J. Wilke (Hrsg.), Die Aktualität der Anfänge: 40 Jahre Publizistikwissenschaft an der Johannes gutenberg-Universität Mainz (S. 117–140). Herbert von Halem.

Knoche, M. (2005c). Medienkonzentration als Macht- und Legitimationsproblem für Politik und Wissenschaft. Kritisch-empirische Konzentrationstheorie versus apologetisch-normative Wettbewerbstheorie. In P. Ahrweiler & B. Thomaß (Hrsg.), Internationale partizipatorische Kommunikationspolitik. Struktur und Visionen. Festschrift zum 60. Geburtstag von Hans J. Kleinsteuber (S. 117–140). Lit.

Knoche, M. (2013). Medienkonzentration. In B. Thomaß (Hrsg.), Mediensysteme im internationalen Vergleich (S. 135–161). UTB.

Knoche, M. (2002). Kommunikationswissenschaftliche Medienökonomie als Kritik der Politischen Ökonomie der Medien. In G. Siegert (Hrsg.), Medienökonomie in der Kommunikationswissenschaft: Bedeutung, Grundfragen und Entwicklungsperspektiven: Manfred Knoche zum 60. Geburtstag (S. 101–109). Lit.

Krause, A. (2014). Kritik der Politischen Ökonomie – Wachstum als Imperativ kapitalistischen Wirtschaftens. In I. Artus, A. Krause, O. Nachtwey, T. Reitz, C. Vellay, & J. Weyand (Hrsg.), Marx für SozialwissenschaftlerInnen: Eine Einführung (S. 135–160). Springer VS.

Krüger, S., & Johanssen, J. (2016). Thinking (with) the unconscious in media and communication studies: Introduction to the special issue. CM: Communication and Media, 11(38), 5–40.

Langenbucher, W. R. (2000). Im Gedenken an Horst Holzer. Publizistik, 45(4), 500–501.

Leidinger, C. (2003). Medien, Herrschaft, Globalisierung. Folgenabschätzung zu Medieninhalten im Zuge transnationaler Konzentrationsprozesse. 1., Aufl. Münster: Westfälisches Dampfboot.

Leidinger, C. (2003). Medien, Herrschaft, Globalisierung. Folgenabschätzung zu Medieninhalten im Zuge transnationaler Konzentrationsprozesse (1., Aufl.). Westfälisches
Dampfboot.

Löffelholz, M. (2003). Kommunikatorforschung: Journalistik. In G. Bentele, H.-B. Brosius,
& O. Jarren (Hrsg.), Öffentliche Kommunikation: Handbuch Kommunikations- und Medienwissenschaft (S. 28–53). VS Verlag für Sozialwissenschaften.

Marcinkowski, F., Greger, V. & Hüning, W. (2001). Stabilität und Wandel der Semantik des
Politischen. Theoretische Zugänge und empirische Befunde. In F. Marcinkowski (Hrsg.),
Die Politik der Massenmedien (S. 12–114). Herbert von Halem.

Markard, M. (2000). Kritische Psychologie: Methodik vom Standpunkt des Subjekts. Forum
Qualitative Sozialforschung/Forum: Qualitative Social Research, 1(2). http://www.
qualitative-research.net/index.php/fqs/article/view/1088

Meyen, M. (2004). Mediennutzung: Mediaforschung, Medienfunktionen, Nutzungsmuster. UTB.

Murdock, G. (2011). Political economies as moral economies: Commodities, gifts, and public goods. In J. Wasko, G. Murdock, & H. Sousa (Hrsg.), The handbook of political economy of communications (S. 13–40). Blackwell.

Neuberger, C. (1997). Was das Publikum wollen könnte. Autonome und repräsentative Bewertung journalistischer Leistungen. In H. Weßler, C. Matzen, O. Jarren, & U. Hasebrink
(Hrsg.), Perspektiven der Medienkritik: Die gesellschaftliche Auseinandersetzung mit
öffentlicher Kommunikation in der Mediengesellschaft. Dieter Roß zum 60. Geburtstag
(S. 171–184). VS Verlag für Sozialwissenschaften.

Öffentliche Kommunikationswissenschaft 2019: https://oeffentliche-kowi.org/oeffKowi/wp-
content/uploads/2019/02/Oeffentliche-Kowi-Charta.pdf

Prokop, D. (1972a). Zum Problem von Produktion und Kommunikation im Bereich der Massenmedien. In D. Prokop (Hrsg.), Massenkommunikationsforschung 1: Produktion
(S. 9–27). Fischer.

Prokop, D. (1972b). Massenkommunikationsforschung 1: Produktion. Fischer.

Prokop, D. (1973). Massenkommunikationsforschung 2: Konsumtion. Fischer.

Prokop, D. (1977). Massenkommunikationsforschung 3: Produktanalysen. Fischer.

Prokop, D. (1985a). Medienforschung 1: Konzerne, Macher, Kontrolleure. Fischer.

Prokop, D. (1985b). Medienforschung 2: Wünsche, Zielgruppen, Wirkungen. Fischer.

Prokop, D. (1985c). Medienforschung 3: Analysen, Kritiken, Ästhetik. Fischer.

Prokop, D. (2017). Theorie der Kulturindustrie. tredition.

Rau, H. (2007). Qualität in einer Ökonomie der Publizistik: Betriebswirtschaftliche Lösungen für die Redaktion. VS Verlag für Sozialwissenschaften.

Rimscha, B. von, & Siegert, G. (2015). Medienökonomie: Eine problemorientierte Einführung. VS Verlag für Sozialwissenschaften. https://www.springer.com/de/book/
9783531188010

Robes, J. (1990). Die vergessene Theorie: Historischer Materialismus und gesellschaftliche
Kommunikation: Zur Rekonstruktion des theoretischen Gehalts und der historischen Entwicklung eines kommunikationswissenschaftlichen Ansatzes. Silberburg.

Schenkel, R. (1988). Kommunikation und Wirkung: Gesellschaftliche und psychische Voraussetzungen medialer Kommunikation (1. Aufl.). Campus Verlag.

Scheu, A. M. (2012). Adornos Erben in der Kommunikationswissenschaft: Eine Verdrän-
gungsgeschichte? (1. Aufl.). Herbert von Halem Verlag.

Scheu, A. M., & Wiedemann, T. (2008). Kommunikationswissenschaft als Gesellschaftskritik: Die Ablehnung linker Theorien in der deutschen Kommunikationswissenschaft am Beispiel Horst Holzer. Medien & Zeit, 2008(4), 4–12.

Sevignani, S. (2020b). Kritische Politische Ökonomie. In J. Krone & T. Pellegrini (Hrsg.), Handbuch Medienökonomie (S. 71–98). Springer.

Sevignani, S. (2018a). Informationelle Selbstbestimmung: Privatheit im digitalen Kapitalismus. Indes: Zeitschrift für Politik und Gesellschaft, 2018(2), 40–47.

Sevignani, S. (2018b). Historisch-Materialistische Medien- und Kommunikationstheorie 2.0. Maske und Kothurn: Internationale Beiträge zur Theater-, Film- und Medienwissenschaft, 64(1/2), 59–88.

Sevignani, S. (2019a). Digitale Arbeit und Prosumption im Kapitalismus. In F. Butollo & S. Nuss (Hrsg.), Marx und die Roboter: Vernetzte Produktion, künstliche Intelligenz und lebendige Arbeit (S. 293–310). Dietz.

Sevignani, S. (2019b). The development of informational needs and prospects of a need-based critique of digital capitalism. Annual Review of Critical Psychology, 16, 523–543.

Sevignani, S. (2020a). Soziale Ungleichheit. In H. Rosa, J. Oberthür, U. Bohmann, J. Gregor, S. Lorenz, P. Schulz, S. Sevignani, & J. Varga, Gesellschaftstheorie (S. 155–190). UVK.

Sevignani, S. (2020c). Klassenbildung im digitalen Strukturwandel der Öffentlichkeit. Das Argument. Zeitschrift für Philosophie und Sozialwissenschaften, 335, 220–240.

Sevignani, Sebastian, and Isabelle Busche. 2021. Das Publikum als Ware: Dallas W. Smythe's: Communications: Blindspot of Western Marxism. In Handbuch der Werbeforschung, edited by Tino Meitz, Nils S. Borchers, and Brigitte Naderer. Wiesbaden: Springer. Forthcoming.

Spiegel 1974; https://www.spiegel.de/spiegel/print/d-41696697.html

Sum, N.-L., & Jessop, B. (2013). Towards a Cultural Political Economy: Putting Culture in its Place in Political Economy. Edward Elgar.

Terranova, T. (2000). Free labour: Producing culture for the digital economy. Social Texts, 18(2), 33–58.

Theine, H, Krüger, U, Perez Delgado, V. (2020). Medieneigentum und die Berichterstattung. Ein strukturierter Literaturüberblick. Tagung „Eigentum, Medien, Öffentlichkeit" vom 18.–20.11.2021 in Wien.

Thiele, M., & Klaus, E. (2007). Spannungsfelder zwischen Kritischer Politischer Ökonomie und Kritischen Cultural Studies. In C. Steininger (Hrsg.), Politische Ökonomie der Medien: Theorie und Anwendung (S. 137–160). Lit.

Turow, J., & Couldry, N. (2018). „Media as Data Extraction: Towards a New Map of a Transformed Communications Field". Journal of Communication 68(2): 415–423. https://doi.org/10.1093/joc/jqx011.

Weiß, R. (2013) Segmentierung politischer Kommunikation in Milieus. In K. Imhof, R. Blum, H. Bonfadelli & O. Jarren (Hrsg.), Stratifizierte und segmentierte Öffentlichkeit. Mediensymposium. (S. 205–217). Wiesbaden: Springer VS.

Weiß, R. (2009). Politisch-kommunikative Milieus. Notwendigkeit und Nutzen einer milieutheoretischen Analyse politischer Kommunikation. M&K Medien & Kommunikationswissenschaft 57(1), 3–22.

Zoll, R., Ellwein, T., Jesse, E., & Denninger, E. (1996). Der „Radikalenerlaß". In P. Imbusch & R. Zoll (Hrsg.), Friedens- und Konfliktforschung: Eine Einführung mit Quellen (S. 382–431). VS Verlag für Sozialwissenschaften.

Zuboff, S. (2018). Das Zeitalter des Überwachungskapitalismus. Campus.

Die Realität der Massenmedien

von Niklas Luhmann (1995)

Olaf Hoffjann

Zusammenfassung

In dem Buch „Die Realität der Massenmedien" entwickelt Niklas Luhmann eine Systemtheorie der Massenmedien. Luhmann konzipiert die Massenmedien dabei als gesellschaftliches Funktionssystem und setzt im Gegensatz zu anderen Funktionssystemen wie der Politik, Wirtschaft, Wissenschaft und dem Recht primär an einem technischen Verbreitungsmedium an. Die Funktion der Massenmedien erkennt er im Dirigieren der Selbstbeobachtung der Gesellschaft. In den Massenmedien verortet er drei Programmbereiche: Neben Nachrichten und Berichten – im Kern also dem Journalismus – sind dies die Werbung und Unterhaltung. Während bei Nachrichten und Berichten vorausgesetzt werde, dass sie zutreffen, wird der Werbung Unaufrichtigkeit unterstellt. In der Unterhaltung gehe es schließlich um einen Abbau einer selbsterzeugten Unsicherheit. Wie der Buchtitel „Die Realität der Massenmedien" bereits verdeutlicht, interessiert sich Luhmann vor allem für die Frage, was die Realität bzw. Wirklichkeit der Massenmedien charakterisiert. Aus seiner systemtheoretischen Perspektive geht er dabei nicht von einer Verzerrung bzw. Manipulation der Realität aus, sondern stellt die spezifischen Selektionen der Programmbereiche der Massenmedien in den Mittelpunkt. „Die Realität der Massenmedien" ist

---

Erstauflage 1995. Der Beitrag bezieht sich auf die zweite, erweiterte Auflage von 1996.

O. Hoffjann (✉)
Universität Bamberg, Bamberg, Deutschland
E-Mail: olaf.hoffjann@uni-bamberg.de

von der deutschsprachigen Kommunikationswissenschaft vielfach rezipiert worden, sah sich allerdings oft sehr grundsätzlicher Kritik ausgesetzt.

Schlüsselwörter

Systemtheorie · Funktionssystem · Luhmann · Massenmedien · Öffentlichkeit · Journalismus · Werbung · Unterhaltung

1   Kurzbiografie

„Theorie der Gesellschaft; Laufzeit: 30 Jahre; Kosten: keine". Diese Angaben machte Niklas Luhmann (1997, S. 11) kurz nach Antritt seiner Professur an der Universität Bielefeld im Jahre 1968 zu seinem geplanten Arbeitsprogramm. Seine eigenen Vorgaben hielt er weitgehend ein. Zeitlich war es fast eine Punktlandung: 1997 legte er mit der „Gesellschaft der Gesellschaft" eine Gesellschaftstheorie vor, die Essenz seiner knapp 100 Bücher und rund 500 Aufsätze (Jahraus et al. 2012, S. 443 ff.). Finanziell fällt das Urteil nicht ganz so eindeutig aus, wenn man die Gehälter von ihm und seinen Mitarbeitern berücksichtigt. Allerdings ist schwer vorstellbar, dass Luhmann in seinem akademischen Leben je einen Drittmittel-antrag gestellt hat. Niklas Luhmann war als Wissenschaftler alter Prägung weit-gehend ein Einzelkämpfer, ohne dass ihm der Austausch mit Kollegen unwichtig gewesen wäre (hierzu und zum Folgenden: Baecker 2012, S. 2–4).

Der 1927 in Lüneburg geborene Niklas Luhmann war bei seiner Berufung mit 40 Jahren immer noch recht jung. Gleichwohl ließen seine Studienwahl und seine ersten Berufsjahre diesen späteren Lebensweg kaum erwarten. Nach dem Kriegs-dienst mit anschließender amerikanischer Gefangenschaft und dem Abitur stu-dierte Luhmann von 1946 bis 1949 Rechtswissenschaften in Freiburg. An-schließend arbeitete er bis 1962 zunächst beim Oberverwaltungsgericht in Lüneburg und später im niedersächsischen Kultusministerium. Parallel fand er – gewissermaßen als Autodidakt – zur Philosophie und Soziologie. Der zentrale Wendepunkt in seinem Leben dürfte ein Stipendium der amerikanischen Regie-rung für deutsche Verwaltungsbeamte gewesen sein. Luhmann ging 1960/1961 an die *School of Government* in Harvard und lernte dort Talcott Parsons kennen, des-sen systemtheoretische Arbeiten ihn inspirierten, von dessen Strukturorientierung er sich aber schnell löste. Nach seiner Rückkehr nach Deutschland nahm seine akademische Karriere rasant Fahrt auf: Nach einem Wechsel an das Forschungs-institut der Hochschule für Verwaltungswissenschaften in Speyer und später an die Universität Münster wurde er 1966 innerhalb eines Jahres promoviert und habilitiert. Wenig später trat er die Professur an der neu gegründeten Universität Bielefeld an, an der er bis zu seiner Emeritierung 1993 forschte und lehrte. Während dieser Zeit nahm Luhmann zahlreiche Gastprofessuren wahr, erhielt verschiedene Ehrenpromotionen und galt früh gemeinsam mit Jürgen Habermas als einer der ‚großen' Soziologen Deutschlands, die beide bis heute weltweit rezipiert werden.

2 Inhalt des Textes

Das Buch „Die Realität der Massenmedien" geht auf einen Vortrag von Niklas Luhmann in der *Nordrhein-Westfälischen Akademie der Wissenschaften* in Düsseldorf 1994 zurück. Eine ausgearbeitete Fassung des Vortrags erschien bereits 1995. Diese ergänzte Luhmann und veröffentlichte sie 1996 als zweite Auflage.

Von der „Realität der Massenmedien" spricht Luhmann in einem doppelten Sinne. Zum einen seien die Operationen der Massenmedien selbst real: „Es wird gedruckt und gefunkt. Es wird gelesen. Sendungen werden empfangen […] Es macht daher guten Sinn, die reale Realität der Massenmedien als die in ihnen ablaufenden, sie durchlaufenden Kommunikationen anzusehen. Wir zweifeln nicht, dass solche Kommunikationen faktisch stattfinden" (Luhmann 1996, S. 12 f.). Zum anderen versteht er unter der Realität der Massenmedien, „was für sie oder durch sie für andere als Realität erscheint […] Die Massenmedien erzeugen eine transzendentale Illusion" (ebd., S. 14). Dieser zweite Aspekt ist das zentrale Motiv des Buches. Niklas Luhmann versucht zu erklären, was die Realität bzw. Wirklichkeit der Massenmedien charakterisiert. Wenn in der Systemtheorie soziale Systeme aus Kommunikation bestehen und sie sich durch ihren Sinn von anderen unterscheiden, stellt er damit die Frage nach dem Sinn massenmedialer Kommunikation.

Als Massenmedien versteht Luhmann alle Einrichtungen der Gesellschaft, „die sich zur Verbreitung von Kommunikation technischer Mittel der Vervielfältigung bedienen. Vor allem ist an Bücher, Zeitschriften, Zeitungen zu denken, die durch die Druckpresse hergestellt werden" (ebd., S. 10). Zum besseren Verständnis von Luhmanns Überlegungen, aber auch der späteren Kritik sind Massenmedien kurz in Luhmanns Medientheorie zu verorten. In einer Gesellschaft steigen mit ihrer zunehmenden Ausdifferenzierung ihre Komplexität und damit die Unwahrscheinlichkeit gelingender Kommunikation. Die Kommunikation muss dabei drei Probleme überwinden. Für jedes Problem der Kommunikation benennt Luhmann ein Medium, das „der Umformung unwahrscheinlicher in wahrscheinliche Kommunikation" (ders. 1993b, S. 28) dient. Die erste Unwahrscheinlichkeit ist, ob jemand überhaupt versteht, was der andere meint. Die Lösung dieses Problems kommt der Sprache zu, die hierzu symbolische Generalisierungen benutzt. Das zweite

Hindernis ist die Erreichbarkeit des Kommunikationspartners, das zunächst durch die Schrift und später durch technische Verbreitungsmedien gelöst wird – hierzu zählen die Massenmedien. Das dritte Problem ist schließlich der Erfolg der Kommunikation, also die Annahme der Kommunikation. In Rückgriff auf Parsons entwickelt Luhmann das Konzept der symbolisch generalisierten Kommunikationsmedien (ders. 1997), deren Funktion es ist, „reduzierte Komplexität übertragbar zu machen und für Anschlussselektivität auch in hochkontingenten Situationen zu sorgen" (ders. 1991, S. 174).

Im Mittelpunkt der „Realität der Massenmedien" steht damit ein technisches Verbreitungsmedium, das für ihn vor allem das Problem der Erreichbarkeit löst. Dies ist für Luhmann eine ungewöhnliche Entscheidung, da bei anderen Funktionssystemen wie der Wirtschaft oder Wissenschaft die exklusive Funktion und die damit zusammenhängenden Sinngrenzen die konstituierenden Elemente sind (s. auch Görke und Kohring 1996). Entsprechend findet Luhmann zur Funktion der Massenmedien erst im weiteren Verlauf des Buches und gibt hier gleich mehrere Antworten. Im Kern sieht er die Funktion der Massenmedien „im Dirigieren der Selbstbeobachtung des Gesellschaftssystems" (Luhmann 1996, S. 173). Die Massenmedien ermöglichten der Gesellschaft, sich gleichsam wie in einem Spiegel (ders. 1992) selbst zu beobachten. Darüber hinaus benennt er – überraschend unentschlossen – weitere Funktionen der Massenmedien. Dies beginnt dabei, dass die Massenmedien die Gesellschaft wachhielten: „Sie erzeugen eine ständig erneuerte Bereitschaft, mit Überraschungen, ja mit Störungen zu rechnen." (ders. 1996, S. 47) Dies setzt sich in der Bereitstellung eines Themenhaushaltes fort – „Nach ihrer Publikation können Themen als bekannt behandelt werden" (ebd., S. 29) –, der in der Zeitdimension ein gesellschaftliches Gedächtnis erzeugt (ebd., S. 120 f.). Und schließlich repräsentierten die Massenmedien die Öffentlichkeit (ebd., S. 188).

Kommunikationen der Massenmedien grenzen sich durch ihren Sinn von ihrer Umwelt ab. Mit dem Code kann in dualisierender Form bestimmt werden, welche Operationen zum System und welche anders codierten bzw. sinnfremden Operationen in der Umwelt des Systems ablaufen. Als Code weist er den Massenmedien die Unterscheidung von Information und Nichtinformation zu (ebd., S. 36). Auf der Ebene der Programme wird entschieden, was eine Information und was eine Nichtinformation ist. Luhmann benennt hier drei Programmbereiche, die sich auf Grund ihrer Kriterien unterscheiden (ebd., S. 51): Neben *Nachrichten und Berichten* – im Kern also dem Journalismus – sind dies die *Werbung* und *Unterhaltung*.

Bei *Nachrichten und Berichten* „wird vorausgesetzt und geglaubt, dass sie zutreffen, dass sie wahr sind" (ebd., S. 55). Während sich Nachrichten vor allem auf Tagesereignisse beziehen, informieren Berichte über Kontexte etwaiger

Neuigkeiten, dazu zählt Luhmann auch Sachbücher (ebd., S. 72). Zu Nachrichten arbeitet Luhmann besonders detailliert heraus, wie sie ausgewählt werden und was mithin ihre Realität charakterisiert. Zu diesen Selektoren zählt er insbesondere die journalistischen Nachrichtenfaktoren, die er in Anlehnung an Galtung und Ruge (1965) ausführlich erläutert. Konkret nennt er Überraschung, Konflikte, Quantitäten, lokaler Bezug, Normverstöße, Moral, Personalisierung und Aktualität (ebd., S. 58 ff.). Ebenfalls zu den Selektoren zählt er Meinungen, wenn diese als Nachricht verbreitet werden. Solche Meinungsäußerungen sind „Ereignisse, die gar nicht stattfinden würden, wenn es die Massenmedien nicht gäbe" (ebd., S. 70).

Von Nachrichten und Berichten unterscheidet sich die *Werbung* vor allem durch ihren Wahrheitsanspruch: „Nach der Wahrheit die Werbung [...] Die Werbung sucht zu manipulieren, sie arbeitet unaufrichtig und setzt voraus, dass das vorausgesetzt wird" (ebd., S. 85). Die Werbung deklariere zwar offen ihre Motive, verdecke aber raffiniert ihre konkreten Mittel. Da die bewusste Aufmerksamkeit nur extrem kurz in Anspruch genommen würde, bliebe keine Zeit für eine kritische Würdigung oder überlegte Entscheidung (ebd., S. 85 f.). Das große Spektrum der *Unterhaltung* reicht von übertragenen Sportereignissen (ebd., S. 96) bis hin zur Literatur. In der Unterhaltung gehe es sowohl darum, „überflüssige Zeit zu vernichten" (ebd., S. 96) als auch um einen Abbau einer selbsterzeugten Unsicherheit (ebd., S. 117) und eine Selbstverortung in der dargestellten Welt (ebd., S. 115).

Luhmann arbeitet die Unterschiede zwischen diesen drei Programmbereichen detailliert heraus, betont zugleich aber auch die wechselseitigen Anleihen im Kontext struktureller Kopplungen, wenn z. B. die Boulevard-Presse den Unterhaltungswert im Blick habe sowie die Werbung unterhalte und Berichte über Bekanntes aufnehme (ebd., S. 117).

Wie ein roter Faden zieht sich die Frage der Realitätskonstruktion durch das gesamte Buch, die die drei Programmbereiche der Massenmedien auf sehr unterschiedliche Art und Weise leisten (ebd., S. 149). Dazu greift Luhmann auch Überlegungen des *Radikalen Konstruktivismus* auf, dessen Diskussion Mitte der 1990er-Jahre in der deutschsprachigen Kommunikationswissenschaft einen Höhepunkt erreicht hatte. Er greift bereits an anderer Stelle (ders. 1994) geäußerte Überlegungen auf und entwickelt den *Radikalen Konstruktivismus* zu einer systemtheoretischen Variante, den operativen Konstruktivismus, weiter (ders. 1996, S. 17 f.). Für das Thema der Massenmedien folgt daraus, dass es ihm nicht um Fragen der Verzerrung bzw. – wie Luhmann wiederholt betont – der Manipulation der Realität ginge, als vielmehr um eine Konstruktion auf Basis der Selektionskriterien der Massenmedien: „die Massenmedien scheinen in allen Programmbereichen nicht auf die Erzeugung einer konsensuellen Realitätskonstruktion abzuzielen – oder wenn dies, dann ohne Erfolg. Ihre Welt enthält und reproduziert

Meinungsverschiedenheiten in Hülle und Fülle. Dies geschieht nicht nur, wenn über Konflikte berichtet wird, wenn sich ein Manipulationsverdacht aufdrängt oder wenn rein private Realitätssichten ‚life' [sic!] vorgeführt werden. Durchgehend arbeiten die Massenmedien immer auch an ihrer eigenen Diskreditierung. Sie kommentieren, sie bestreiten, sie korrigieren sich selbst." (ebd., S. 126)

3   Bezug zum Gesamtwerk

„Die Realität der Massenmedien" kann aus zwei Perspektiven auf Luhmanns umfangreiches Gesamtwerk bezogen werden. Erstens sind dies die Bezüge zum Beschreibungsobjekt, den Massenmedien. So herausragend die Rolle von Niklas Luhmann in der deutschsprachigen Kommunikationswissenschaft zu bewerten ist, so überschaubar ist die Zahl der Publikationen, in denen Luhmann sich mit Themen und Fragen der Kommunikationswissenschaft im Sinne der Publizistik beschäftigt hat. In der „Gesellschaft der Gesellschaft" (1997, S. 1096 ff.) sowie in der „Politik der Gesellschaft" (2000, u. a. S. 303 ff.) hat er noch einmal zentrale Überlegungen der „Realität der Massenmedien" aufgegriffen. Bereits deutlich früher und intensiver hatte sich Luhmann mit der öffentlichen Meinung beschäftigt (u. a. 1970, 1992, 1993a, 2000). Für sie hat er sich vor allem aus der Perspektive der Politik interessiert: „In dem Maße, als die Themenstruktur des politischen Kommunikationsprozesses, die wir öffentliche Meinung nennen, eine solche Leistung tatsächlich erbringt, übernimmt sie die Funktion eines Steuerungsmechanismus des politischen System, der zwar Herrschaftsausübung und Meinungsbildung nicht determiniert, aber die Grenzen des jeweils Möglichen festlegt." (ders. 1970, S. 16). Diesen Gedanken greift er in der „Realität der Massenmedien" zwar verschiedentlich auf (z. B. ders. 1996, S. 124), angesichts seines Interesses für die öffentliche Meinung überrascht es aber, wie wenig sich Luhmann in der „Realität der Massenmedien" für die Öffentlichkeit interessiert (ebd., S. 183–189) und welch nachgeordnete Rolle er ihr zuweist. Inhaltlich haben Massenmedien und Öffentlichkeit in Luhmanns Werk damit keine wesentliche Rolle gespielt. Darin unterscheidet er sich beispielsweise von Jürgen Habermas, der sich seit seiner Habilitationsschrift „Strukturwandel der Öffentlichkeit" (1968) immer wieder mit Fragen von Öffentlichkeit, Journalismus und Öffentlichkeitsarbeit beschäftigt hat.

Ganz anders stellt sich der Bezug zu Luhmanns Gesamtwerk dar, wenn man „Die Realität der Massenmedien" aus der Perspektive des von ihm entwickelten systemtheoretischen Theoriebaukastens betrachtet. So wendet Luhmann seine grundlegenden theoretischen Überlegungen zu gesellschaftlichen Funktionssystemen aus früheren Konzeptionen z. B. zur Wirtschaft (Luhmann 1988) und zur

Wissenschaft (Luhmann 1990) auf die Massenmedien an. „Die Realität der Massenmedien" ist damit eine für ihn nicht untypische *Anwendungsarbeit*. Untypisch ist eher, dass man bei den genannten beiden Büchern und auch in der posthum erschienenen „Politik der Gesellschaft" (2000) den Eindruck hat, dass er sich darin mit dem Gegenstand des Funktionssystems und mithin der einschlägigen Forschung deutlich intensiver auseinandergesetzt hat.

4 Wirkungsgeschichte und Kritik

Niklas Luhmann dürfte der Soziologe sein, der in der deutschsprachigen Kommunikationswissenschaft in den vergangenen 30 Jahren mit Abstand am meisten rezipiert wurde (zum Überblick Scholl 2002; Wendelin 2012). Im Gegensatz zu Jürgen Habermas fand er in der internationalen Kommunikationsforschung lange Zeit wenig Beachtung, erst in jüngerer Zeit sind in einigen Forschungsfeldern wie z. B. der Organisationskommunikations- und PR-Forschung vermehrt Bezüge zu finden (z. B. Holmström 2018; Schoeneborn 2011). Wegen Luhmanns intensiver Rezeption in der deutschsprachigen Kommunikationswissenschaft lohnt es sich, bei der Erläuterung der Wirkungsgeschichte und der Kritik zwischen der seines Gesamtwerkes und der „Realität der Massenmedien" zu unterscheiden. Denn das eine hängt mit dem anderen eng zusammen.

Eingang in die deutschsprachige Kommunikationswissenschaft hat Luhmanns Werk bereits in den 1960er-Jahren gefunden. Manfred Rühl wendete in seiner erstmals 1969 erschienenen Dissertation „Die Zeitungsredaktion als organisiertes soziales System" (hier: 1979) Luhmanns damalige systemtheoretische Konzeption bereits auf den Journalismus an – eine bis heute sehr lesenswerte Arbeit. Dazu nutzte Rühl vor allem das Potenzial der organisationstheoretischen Überlegungen. Seither sind mit Luhmanns Systemtheorie zahlreiche kommunikationswissenschaftliche Fragestellungen beschrieben worden, bei denen analytisch zwischen drei Ebenen unterschieden werden kann. Auf der Meso-Ebene steht wie bei Rühls Dissertationsschrift zu journalistischen Redaktionen die Organisation im Mittelpunkt. Ein solcher organisationstheoretischer Zugang wurde seither z. B. auch zu Fragen der PR und Organisationskommunikation angewandt (z. B. Hoffjann 2009). Davon zu unterscheiden sind auf einer Makro-Ebene gesellschaftstheoretische Arbeiten. So hat lange vor der „Realität der Massenmedien" bereits ebenfalls Manfred Rühl in seiner Habilitationsschrift „Journalismus und Gesellschaft" (1980) als erster eine Funktion des Journalismus für die Gesellschaft herausgearbeitet. Auf der Mikro-Ebene sind kommunikationstheoretische Arbeiten wie z. B. die von Klaus Merten (1977) zu verorten, einem ehemaligen Doktoranden und Mitarbeiter von Luhmann. Auch wenn die Systemtheorie lange Zeit als Empirie-feindlich galt, hat sie mittlerweile auch in zahlreichen empirischen Studien Anwendung gefunden. Vor allem sind hier die beiden Wellen der Studie „Journalismus in der Gesellschaft" zu nennen (Scholl und Weischenberg 1998; Weischenberg et al. 2006). Eine zentrale Frage ist dabei stets die Suche nach Indikatoren für Selbstreferenz (z. B. Weber 2000; Hoffjann und Lohse 2016). Klaus Merten erkannte als Vorteile einer systemtheoretischen Argumentation vor allem das angemessene Kommunikationsverständnis, die Möglichkeit, die Entstehung von Systemen zu beschreiben, ihre Anwendbarkeit sowohl für die Mikro- und Meso- als auch für die Makroebene und schließlich die Möglichkeit, Beziehungen zwischen diesen Systemebenen sowie zwischen Systemen wie Organisationen erläutern zu können (Merten 2009, S. 68).

Dies deutet die tiefen Spuren an, die Luhmann mit seinem Gesamtwerk in der Kommunikationswissenschaft bis heute hinterlassen hat. Allein die Arbeiten von Manfred Rühl zeigen, dass Luhmanns Systemtheorie bereits lange vor Erscheinen der „Realität der Massenmedien" die am meisten rezipierte soziologische Theorie in der deutschsprachigen Kommunikationswissenschaft gewesen ist. Neben Manfred Rühl erschienen zur Öffentlichkeit bzw. zum Journalismus weitere systemtheoretische Arbeiten u. a. von Blöbaum (1994), Weischenberg (1992) und vor allem von Frank Marcinkowski (1993), der Publizistik als Funktionssystem konzipiert und auf den sich Luhmann (1996, S. 173) bei seiner Funktionsbeschreibung explizit bezieht.

Diese Bedeutung von Luhmann für die deutschsprachige Kommunikationswissenschaft zum Zeitpunkt des Erscheinens der „Realität der Massenmedien" ist wichtig, um die Rezeption und Wirkungsgeschichte des Bandes im Fach zu verstehen. Pointiert formuliert: Das Buch wurde von den Systemtheoretikern des Faches sehnsüchtig erwartet. Es dürfte damals vielen Kommunikationswissenschaftlern durchaus gefallen haben, dass Luhmann ihren Forschungsgegenstand neben etablierten Disziplinen wie dem Recht und der Wirtschaft in den Rang eines Funktionssystems erhob. Dies hat aber nichts daran geändert, dass das Buch schon früh teilweise sehr harsch kritisiert wurde (z. B. Görke und Kohring 1996). Dies ist umso überraschender, weil bis heute systemtheoretisch arbeitende Kommunikationswissenschaftler sich häufig fast schon sklavisch an Luhmanns Texten orientieren und „orthodoxe Luhmann-Exegese" (Kleine 2016, S. 69) betreiben.

Die Kritik bezieht sich zumeist auf Luhmanns Wahl des Beschreibungsobjektes selbst: die Massenmedien. Während Luhmann in den Mittelpunkt der anderen Funktionssysteme das zu bearbeitende gesellschaftliche Problem bzw. die Funktion stellt, hat er sich mit den Massenmedien für ein technisches Verbreitungsmedium entschieden. Bei dem Versuch, in den Sinndimensionen einen Zusammenhang zwischen so unterschiedlichen massenmedialen Inhalten wie Werbung, Journalismus und Unterhaltung zu finden, entscheidet Luhmann (1996, S. 36) sich für den Code Information versus Nichtinformation – und sieht sich hier erneut massiver Kritik ausgesetzt. Mit Luhmann gegen Luhmann wurde argumentiert, dass die Unterscheidung Information/Nicht-Information in jedem System getroffen werde (Görke und Kohring 1996, 1997). Insgesamt entledigt sich Luhmann der Probleme nicht mehr, die er sich dadurch eingehandelt hat, dass er Verbreitungsmedien als ein Funktionssystem zu modellieren versucht, deren Autopoiesis bekanntermaßen über kommunikative Sinnzusammenhänge gesichert wird.

Diese kritische Auseinandersetzung hat zu einer Vielzahl weiterer systemtheoretischer Entwürfe geführt. Im Wesentlichen können sie mit Görke (2007) danach systematisiert werden, ob Öffentlichkeit als gesellschaftliches Funktionssystem mit ausdifferenzierten Leistungssystemen wie Journalismus, Werbung etc. verstanden wird, oder ob z. B. der Journalismus als eigenes Funktionssystem im Mittelpunkt der Beobachtung steht. Bei der so genannten *Differenzperspektive* werden Journalismus (Rühl 1980; Weischenberg 1992; Blöbaum 1994), Werbung (Zurstiege 1998) oder PR (Ronneberger und Rühl 1992; Dernbach 1998) als eigene Funktionssysteme konzipiert (Abb. 1). Es wird also gefragt, für welches gesamtgesellschaftliche Problem sie welche Lösung bereithalten.

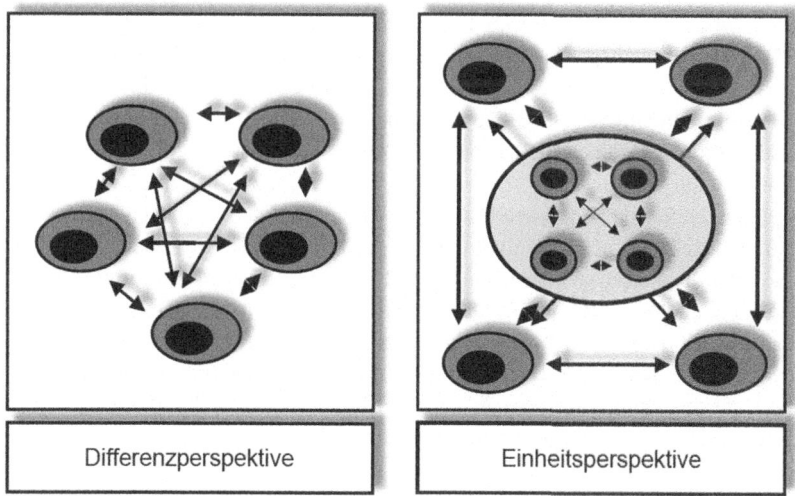

| Differenzperspektive | Einheitsperspektive |

Abb. 1 Differenzperspektive vs. Einheitsperspektive (Görke 2007, S. 175)

Davon abzugrenzen ist die so genannte *Einheitsperspektive*, in deren Mittelpunkt die Öffentlichkeit als gesellschaftliches Funktionssystem steht. Hierzu zählen u. a. die Arbeiten von Gerhards (1994), Kohring (1997), Hug (1997), Görke (1999, 2007) sowie Hoffjann und Arlt (2015). Marcinkowski nennt als Primärfunktion der Publizistik die „Ermöglichung der Selbstbeobachtung moderner Gesellschaften" (1993, S. 118). Die Konzeptionen von Hug (1997), Kohring (1997) und Görke (1999) schließen in vielen Punkten an diesen Entwurf an und weisen untereinander mehr Gemeinsamkeiten als Unterschiede auf. „Auf das Problem, in einer funktional ausdifferenzierten, von divergierenden Beobachterperspektiven gekennzeichneten Gesellschaft eine laufende Beobachtung von Ereignissen für die Ausbildung gegenseitiger Umwelterwartungen gewährleisten zu müssen, reagiert die Gesellschaft mit der Ausdifferenzierung eines eigenen Funktionssystems." (Kohring und Hug 1997, S. 21) Als Funktion der Öffentlichkeit erkennen sie die Orientierungs- bzw. Synchronisationsfunktion. Während Kohring als Code des Öffentlichkeitssystems mehrsystemzugehörig versus nicht-mehrsystemzugehörig bzw. Mehrsystemzugehörigkeit als symbolisch generalisiertes Kommunikationsmedium anführt (Kohring 1997, S. 250 f.), benennt Hug umweltrelevant versus nicht umweltrelevant bzw. Umweltrelevanz (Hug 1997, S. 327 ff.). Görke stellt sich mit seiner Entscheidung für aktuell versus nicht aktuell als Code bzw. Aktualität als symbolisch generalisiertem Kommunikationsmedium „in eine lange und gut abgesicherte kommunikationswissenschaftliche Tradition" (Scholl und Weischenberg 1998, S. 68).

Im Folgenden soll am Beispiel des jüngeren Ansatzes von Hoffjann und Arlt (2015) diese Einheitsperspektive ausführlicher skizziert werden. Hoffjann und Arlt (2015, S. 14 ff.) legen den Fokus auf die Information und folgen damit zunächst Luhmann: Öffentliche Mitteilungen, keineswegs alle, bedienen Informationsbedürfnisse der Publika, die auf dem Laufenden sein wollen, weil diese in einer „Entscheidungsgesellschaft" (Schimank 2005) jederzeit damit rechnen, Entscheidungen treffen zu müssen beziehungsweise von Entscheidungen anderer betroffen zu sein. Daraus folgt die Funktion des Öffentlichkeitssystems: „Mit Hilfe des Öffentlichkeitssystems informiert sich eine Gesellschaft über sich selbst." (Hoffjann und Arlt 2015, S. 14) Das Öffentlichkeitssystem löst damit ein kollektives Informationsproblem – mit der Ergänzung des Kollektiv-Gedankens grenzen sie sich von Luhmann ab: Jede Operation des Systems Öffentlichkeit basiert auf der Unterscheidung *kollektive Information/keine kollektive Information*. Dieser Code scheint zur Werbung und zur Unterhaltung besser zu passen als Vorschläge wie aktuell/nicht aktuell von Görke (2007). Als Erfolgsfaktor öffentlicher Kommunikation bzw. als symbolisch generalisiertes Kommunikationsmedium wird *Aufmerksamkeit* benannt (Hoffjann und Arlt 2015, S. 18). Öffentliche Kommunikation zeichnet sich dadurch aus, dass das Gewinnen und das Schenken von Aufmerksamkeit entscheidende Erfolgsbedingungen sind. Dies gilt grundsätzlich zwar für jede Mitteilung, in der Öffentlichkeit stellt dies eine besondere Herausforderung dar, weil es sich um Mitteilungen an Abwesende handelt, die gleichzeitig in ihren unterschiedlichen Rollen auch von vielen anderen ,angesprochen' werden. Aufmerksamkeit wird dadurch zu einem knappen Gut.

Wie hat sich das Öffentlichkeitssystem weiter ausdifferenziert? Unterschiedliche Formen öffentlicher Kommunikation identifizieren Hoffjann und Arlt (2015, S. 20 ff.) mittels der Frage, worauf eine öffentliche Information grundsätzlich gerichtet ist: Ist sie primär auf die durchzusetzenden Zwecke des Absenders, auf die Mitteilung als Beitrag zu einem Thema oder auf das Erleben des Adressaten gerichtet? Daraus ergeben sich die drei Programmtypen des Öffentlichkeitssystems, die sich wiederum weiter ausdifferenziert haben. Dazu muss die Analyse um eine Konkretisierungsstufe erweitert werden (Tab. 1), die zu Führungs- und Mischungsverhältnissen führen, die sich dauerhaft reproduzieren und als eigene Programmformate etablieren: Wenn man die analytisch erschlossenen Programmtypen zueinander in Beziehung setzt, dann lassen sich in einer Kreuztabelle verschiedene Zuschreibungen vornehmen. Es zeigt sich, dass sich auf diese Weise wichtige Formen bzw. Formate der real existierenden Programmvielfalt erschließen.

In der Öffentlichkeit wie in allen Funktionssystemen haben Binnendifferenzierungen zur Ausdifferenzierung von Publikums- und Leistungsrollen geführt (Gerhards 2001). Beispiele für Leistungsrollen bzw. -systeme sind im Rechtssystem z. B. Richter bzw. Gerichte, in der Medizin Ärzte und in der Wirtschaft Unternehmer. Eine solche Asymmetrie ist umso mehr institutionalisiert, je mehr die Leistungsrollen als Berufsrollen definiert werden und das Verhältnis von Leis-

Tab. 1 Formen öffentlicher Kommunikation (Hoffjann und Arlt 2015, S. 22)

Fokus auf … Ergänzt durch …	Absender: Strategie	Thema: Ereignis	Rezipient: Erlebnis
Absender: **Strategische** **Kommunikation**	Feld I: Agitation, Propaganda	Feld IV: Hohe Meinungs-, Kampagnen-Anteile der Berichterstattung	Feld VII: Popularisierung (z. B. Polit- Feste, Politik im Bierzelt)
Thema: **Ereignisorientierte** **Kommunikation**	Feld II: Öffentlichkeitsarbeit	Feld V: Nachrichten- und Informationsjournalismus	Feld VIII: Satire, Kabarett
Rezipient: **Erlebnisorientierte** **Kommunikation**	Feld III: Werbung	Feld VI: Infotainment, Boulevardisierung	Feld IX: Show, Comedy

tungs- und Komplementärrollen als Professionellen/Klienten-Verhältnis institutionalisiert ist (Stichweh 2008, S. 336).

Hoffjann und Arlt (2015, S. 23 f.) erkennen wie Görke (2007) vier Leistungssysteme: Journalismus, Werbung, Öffentlichkeitsarbeit und Unterhaltung. Alle vier Leistungssysteme veröffentlichen kollektive Mitteilungen – operieren also mit demselben Code und im selben Erfolgsmedium, der Aufmerksamkeit. Der zentrale Unterschied zwischen ihnen ist in der unterschiedlichen Programmierung des Codewertes zu finden. Dies ist der Sekundärcode bzw. die Leitdifferenz des jeweiligen Leistungssystems (Tab. 2). Der Journalismus operiert mit der Leitdifferenz Aktualität, die Unterhaltung mit der Differenz angenehmes Erleben, die Öffentlichkeitsarbeit überzeugt und die Werbung verführt.

Relevante Unterschiede zwischen den vier Leistungssystemen können mit zwei weiteren Unterscheidungen erläutert werden. Erstens ist dies die Frage, ob sich ihre öffentlichen Beschreibungen primär auf sich selbst oder auf andere beziehen. Zweitens ist es die Frage der Verbindlichkeit. Der Journalismus mit der Leitdifferenz Aktualität kann als verbindliche Fremddarstellung verstanden werden, die Unterhaltung mit der Leitdifferenz Angenehmes Erleben als unverbindliche Fremddarstellung, die Öffentlichkeitsarbeit als verbindliche Selbstdarstellung sowie die Werbung als unverbindliche Selbstdarstellung. Veröffentlichungen der Unterhaltung zeichnen sich dadurch aus, dass sie gerade nicht an den Entscheidungsbedarf der Publika anschließen, sondern auf den Entspannungs- und Ablenkungsbedarf abzielen.

Öffentlichkeitsarbeit und Werbung hingegen dienen der Selbstbeschreibung mit dem Ziel, Entscheidungen im Interesse der positiv Beschriebenen zu beeinflussen. Während in der Werbung als unverbindlicher Selbstdarstellung die

Tab. 2 Die Öffentlichkeit und ihre vier Leistungssysteme (Hoffjann und Arlt 2015, S. 39)

	Funktionssystem Öffentlichkeit			
Funktion der Öffentlichkeit	Information der Gesellschaft über sich selbst			
Leitdifferenz der Öffentlichkeit (Primärcode)	kollektive Information/keine kollektive Information			
Erfolgsmedium	Aufmerksamkeit			
Programme	*Ereignis*	*Erlebnis*	*Strategie*	
Leistungssysteme	*Journalismus*	*Unterhaltung*	*Öffentlichkeitsarbeit*	*Werbung*
Leitdifferenzen der Leistungssysteme (Sekundärcode)	Aktualität	Angenehmes Erleben	Überzeugen	Verführen

Ausblendungsregel weitgehend akzeptiert ist, wird bei der verbindlichen Selbstdarstellung der Öffentlichkeitsarbeit normativ erwartet, dass die Veröffentlichungen sachlich angemessen sind. Daher überrascht es nicht, dass sich Öffentlichkeitsarbeit und Werbung z. B. an den Darstellungsformen und der Ästhetik ihres Pendants auf der Fremddarstellungsseite orientieren, also die Öffentlichkeitsarbeit am Journalismus und die Werbung an der Unterhaltung (Hoffjann und Arlt 2015, S. 24).

Was ändert sich durch die Digitalisierung mit ihren neuen Formen wie sozialen Medien? Die Öffentlichkeit mit ihren Leistungssystemen sind über ihren (Sekundär-)Code bzw. den Sinn ihrer Kommunikation konzipiert worden. Vom Sinn einer Kommunikation sind die oben erläuterten technischen Verbreitungsmedien zu unterscheiden, die das Problem lösen, dass mit einer Kommunikation mehr Personen erreicht werden, als in einer konkreten Situation anwesend sind. Zwar hat sich die Kommunikationswissenschaft in früheren Jahren vor allem für Massenmedien wie Print, TV und Radio interessiert, die oben genannten Formen öffentlicher Kommunikation belegen aber, dass es öffentliche Kommunikation immer auch schon jenseits der Massenmedien gegeben hat – dies ist mithin kein neues Phänomen z. B. sozialer Medien. So sprachen Gerhards und Neidhardt (1991) lange vor der Digitalisierung neben der massenmedialen Öffentlichkeit bereits von Encounter- und Themenöffentlichkeiten. Öffentlichkeit hat es folglich immer schon auch auf der Mikro- und Mesoebene gegeben. Dies zeigt, dass es ‚die' Öffentlichkeit noch nie gegeben hat, sondern es ein Nebeneinander von Weltöffentlichkeit, nationalen und lokalen Öffentlichkeiten, Sachöffentlichkeiten etc. ist. Dazu könnten auch die – empirisch immer noch nicht belegten (Humborg und Nguyen 2018) – Filter Bubbles (Pariser 2012) gezählt werden. Kurzum: Die Informations- bzw. Orientierungs- und Synchronisationsfunktion des Öffentlichkeitssystems darf nicht mit einer ‚Gleichschaltung' der Weltöffentlichkeit verwechselt werden.

Die Systemtheorie bietet damit auch für Fragen der Digitalisierung einen geeigneten theoretischen Rahmen, der bislang allerdings – so scheint es – noch nicht ausgeschöpft worden ist. Der Fokus lag bislang zumeist auf den Folgen der Digitalisierung für die Öffentlichkeit und ihre Bereiche. So wird mit der Digitalisierung in der Regel eine enorme Zunahme von Komplexität medial vermittelter, öffentlicher Kommunikation (z. B. Neuberger 2019) oder gar eine Entfesselung (z. B. Ritzi 2020) verbunden. Neuberger (2009) hatte bereits zuvor herausgearbeitet, wie die Digitalisierung zu einem Ende des Gatekeeper-Monopols des Journalismus führen kann. Gemeinsam ist diesen Arbeiten, dass sie sich vor allem für die Folgen der Digitalisierung interessieren. Die grundlegenden Probleme, die eine Gesellschaft mit der Digitalisierung löst und wie sie Nassehi (2019) in den Mittelpunkt seiner Analyse stellt, sind im Kontext der Öffentlichkeit hingegen bislang kaum thematisiert worden.

Literatur

Baecker, D. (2012). Niklas Luhmann: Der Werdegang. In O. Jahraus, A. Nassehi, M. Grizelj, I. Saake, C. Kirchmeier, & J. Müller (Hrsg.), *Luhmann-Handbuch. Leben – Werk – Wirkung* (S. 1–3). Stuttgart: J. B. Metzler.

Blöbaum, B. (1994). *Journalismus als soziales System. Geschichte, Ausdifferenzierung und Verselbständigung.* Opladen: Westdeutscher Verlag.

Dernbach, B. (1998). *Public Relations für Abfall. Ökologie als Thema öffentlicher Kommunikation.* Opladen, Wiesbaden: Westdeutscher Verlag.

Galtung, J., & Ruge, M.H. (1965). The Strutcture of Foreign News. The Presentation of the Congo, Cuba und Cyprus Crises in four Norwegian Newspapers. *Journal of Peace Research*, 2, 64–91.

Gerhards, J. (1994). Politische Öffentlichkeit. Ein system- und akteurtheoretischer Bestimmungsversuch. In F. Neidhardt (Hrsg.), *Öffentlichkeit, öffentliche Meinung, soziale Bewegungen* (S. 77–105). Opladen: Westdeutscher Verlag.

Gerhards, J. (2001). Der Aufstand des Publikums. Eine systemtheoretische Interpretation des Kulturwandels in Deutschland zwischen 1960 und 1989. *Zeitschrift für Soziologie*, 30, 3, 163–184.

Gerhards, J., & Neidhardt, F. (1991). Strukturen und Funktionen moderner Öffentlichkeit: Fragestellungen und Ansätze. In S. Müller-Doohm, & K. Neumann-Braun (Hg.): *Öffentlichkeit, Kultur, Massenkommunikation. Beiträge zur Medien- und Kommunikationssoziologie* (S. 31–89). Oldenburg: BIS Verlag.

Görke, A. (1999). *Risikojournalismus und Risikogesellschaft. Sondierung und Theorieentwurf.* Opladen, Wiesbaden: Westdeutscher Verlag.

Görke, A. (2007). Perspektiven einer Systemtheorie öffentlicher Kommunikation. In C. Winter, A. Hepp, & F. Krotz (Hrsg.), *Theorien der Kommunikations- und Medienwissenschaft. Grundlegende Diskussionen, Forschungsfelder und Theorieentwicklungen* (S. 173–191). Wiesbaden: Verlag für Sozialwissenschaften.

Görke, A., & Kohring, M. (1996). Unterschiede, die Unterschiede machen: Neuere Theorieentwürfe zu Publizistik, Massenmedien und Journalismus. *Publizistik*, 41 (1), 15–31.

Görke, A., & Kohring, M. (1997). Worüber reden wir? Vom Nutzen systemtheoretischen Denkens für die Publizistikwissenschaft. *Medien Journal*, 21(1) 3–14.

Habermas, J. (1968). *Strukturwandel der Öffentlichkeit.* Neuwied, Berlin: Luchterhand.

Hoffjann, O. (2009). Public Relations als Differenzmanagement von externer Kontextsteuerung und interner Selbststeuerung. *Medien & Kommunikationswissenschaft*, 57 (3), 299–315.

Hoffjann, O., & Arlt, H. J. (2015). *Die nächste Öffentlichkeit: Theorieentwurf und Szenarien.* Wiesbaden: Springer.

Hoffjann, O., & Lohse, M. (2016). „Berliner Käseglocke" versus „Hannoveraner Verhältnisse"? Eine vergleichende Untersuchung der Beziehungen von Politik und Journalismus auf Bundes-und Länderebene. *M&K Medien & Kommunikationswissenschaft*, 64(2), 193–218.

Holmström, S. (2018). On Luhmann. Reframing public relations as part of society's evolutionary learning processes. In M. Fredriksson, & O. Ihlen (Hrsg.), *Public relations and social theory. Key figures and concepts* (S. 39–60; 2. Aufl.). New York: Taylor & Francis.

Hug, D. M. (1997). *Konflikte und Öffentlichkeit. Zur Rolle des Journalismus in sozialen Konflikten*. Opladen: Westdeutscher Verlag.

Humborg, C., & Nguyen, T. A. (2018). *Die publizistische Gesellschaft*. Springer VS: Wiesbaden.

Jahraus, O., Nassehi, A., Grizelj, M., Saake, I., Kirchmeier, C., & Müller, J. (Hrsg.) (2012). *Luhmann-Handbuch. Leben – Werk – Wirkung*. Stuttgart: J. B. Metzler.

Kleine, C. (2016). Niklas Luhmann und die Religionswissenschaft: Geht das zusammen? *Zeitschrift für Religionswissenschaft*, 24(1), 48–82.

Kohring, M. (1997). *Die Funktion des Wissenschaftsjournalismus. Ein systemtheoretischer Entwurf*. Opladen: Westdeutscher Verlag.

Kohring, M., & Hug, D. M. (1997). Öffentlichkeit und Journalismus. Zur Notwendigkeit der Beobachtung gesellschaftlicher Interdependenz – Ein systemtheoretischer Entwurf. *Medien Journal*, 21 (1), 15–33.

Luhmann, N. (1970). Öffentliche Meinung. *Politische Vierteljahresschrift*, 11(1), 2–28.

Luhmann, N. (1988). *Die Wirtschaft der Gesellschaft*. Frankfurt: Suhrkamp.

Luhmann, N. (1990). *Die Wissenschaft der Gesellschaft*. Frankfurt: Suhrkamp.

Luhmann, N. (1991). Einführende Bemerkungen zu einer Theorie symbolisch generalisierter Kommunikationsmedien. In Ders., *Soziologische Aufklärung 2. Aufsätze zur Theorie der Gesellschaft* (S. 170–192). Opladen: Westdeutscher Verlag.

Luhmann, N. (1992). Die Beobachtung der Beobachter im politischen System: Zur Theorie der öffentlichen Meinung. In H. Wilke (Hrsg.), *Öffentliche Meinung. Theorien, Methoden, Befunde* (S. 77–86). Freiburg, München: Alber.

Luhmann, N. (1993a). Gesellschaftliche Komplexität und öffentliche Meinung. In Ders., *Soziologische Aufklärung 5. Konstruktivistische Perspektiven* (S. 170–182). Opladen: Westdeutscher Verlag.

Luhmann, N. (1993b). Die Unwahrscheinlichkeit der Kommunikation. In Ders., *Soziologische Aufklärung 3. Soziales System, Gesellschaft, Organisation* (S. 25–34). Opladen: Westdeutscher Verlag.

Luhmann, N. (1994). Der „Radikale Konstruktivismus" als Theorie der Massenmedien? Bemerkungen zu einer irreführenden Debatte. *Communicatio Socialis*, 27(1), 7–12.

Luhmann, N. (1996). *Die Realität der Massenmedien* (2. erweiterte Auflage). Opladen: Westdeutscher Verlag.

Luhmann, N. (1997). *Die Gesellschaft der Gesellschaft*. Frankfurt: Suhrkamp.

Luhmann, N. (2000). *Die Politik der Gesellschaft*. Frankfurt: Suhrkamp.

Marcinkowski, F. (1993). *Publizistik als autopoietisches System. Politik und Massenmedien. Eine systemtheoretische Analyse*. Opladen: Westdeutscher Verlag.

Merten, K. (1977). *Kommunikation. Eine Begriffs- und Prozessanalyse*. Opladen: Westdeutscher Verlag.

Merten, K. (2009). Zur Theorie der PR-Theorien. Oder: Kann man PR-Theorien anders als systemisch modellieren? In U. Röttger (Hrsg.), *Theorien der Public Relations. Grundlagen und Perspektiven der PR-Forschung* (S. 51–70; 2. Aufl.). Wiesbaden: VS-Verlag.

Nassehi, A. (2019). *Muster. Theorie der digitalen Gesellschaft*. München: C.H. Beck.

Neuberger, C. (2009). Internet, Journalismus und Öffentlichkeit. In C. Neuberger, C. Nuernbergk, & M. Rischke (Hrsg.), *Journalismus im Internet* (S. 19–105). Wiesbaden: VS Verlag.

Neuberger C. (2019). Journalismus und Komplexität. In B. Dernbach, A. Godulla, & A. Sehl (Hrsg.), *Komplexität im Journalismus* (S. 31–39). Wiesbaden: Springer.

Pariser, E. (2012). *Filter Bubble: Wie wir im Internet entmündigt werden.* München: Carl Hanser.

Ritzi, Claudia (2020). Politische Öffentlichkeit zwischen Vielfalt und Fragmentierung. In J. Hofmann, N. Kersting, S. Ritzi, & W. J. Schünemann (Hrsg.), *Politik in der digitalen Gesellschaft* (S. 61–82). Bielefeld: transcript-Verlag.

Ronneberger, F., & Rühl, M. (1992). *Theorie der Public Relations. Ein Entwurf.* Opladen: Westdeutscher Verlag.

Rühl, M. (1979). *Die Zeitungsredaktion als organisiertes soziales System* (2. Aufl). Freiburg: Universitätsverlag Freiburg Schweiz.

Rühl, M. (1980). *Journalismus und Gesellschaft. Bestandsaufnahme und Theorieentwurf.* Mainz: v. Hase & Koehler Verlag.

Schimank, U. (2005). *Die Entscheidungsgesellschaft.* Wiesbaden: VS-Verlag.

Schoeneborn, D. (2011). Organization as communication: A Luhmannian perspective. *Management Communication Quarterly,* 25(4), 663–689.

Scholl, A. (2002) (Hrsg.). *Systemtheorie und Konstruktivismus in der Kommunikationswissenschaft.* Konstanz: UVK.

Scholl, A., & Weischenberg, S. (1998). *Journalismus in der Gesellschaft. Theorie, Methodologie, Empirie.* Opladen, Wiesbaden: Westdeutscher Verlag.

Stichweh, R. (2008). Professionen in einer functional differenzierten Gesellschaft. In: I. Saake, & W. Vogd (Hrsg.), *Moderne Mythen der Medizin. Studien zur organisierten Krankenbehandlung* (S. 329–344). Wiesbaden: VS-Verlag.

Weber, S. (2000). *Was steuert Journalismus? Ein System zwischen Selbstreferenz und Fremdsteuerung.* Konstanz: UVK.

Weischenberg, S., Malik, M., & Scholl, A. (2006). *Die Souffleure der Mediengesellschaft. Report über die Journalisten in Deutschland. Konstanz:* UVK.

Weischenberg, S. (1992). *Journalistik. Medienkommunikation: Theorie und Praxis. Band 1: Mediensysteme, Medienethik und Medieninstitutionen.* Opladen: Westdeutscher Verlag.

Wendelin, M. (2012). 5. Kommunikationswissenschaft. In O. Jahraus, A. Nassehi, M. Grizelj, I. Saake, C. Kirchmeier, & J. Müller (Hrsg.), *Luhmann-Handbuch. Leben – Werk – Wirkung* (S. 352–356). Stuttgart: J. B. Metzler.

Zurstiege, S. (1998). *Mannsbilder – Männlichkeit in der Werbung. Eine Untersuchung zur Darstellung von Männern in der Anzeigenwerbung der 50er, 70er und 90er Jahre.* Opladen, Wiesbaden: Westdeutscher Verlag.

The Rise of the Network Society

von Manuel Castells (1996*)

Ralf Spiller

Zusammenfassung

In diesem ersten Band von Manuel Castells Trilogie über das Informationszeitalter legt er eine umfassende technik-soziologische Analyse der Weltgesellschaft vor. Seine Kernthese ist, dass maßgebliche Funktionen und Prozesse im Informationszeitalter immer mehr in Form von Netzwerken organisiert sind. Netzwerke würden die neue soziale Morphologie unserer Gesellschaften bilden. Und die Verbreitung der Netzwerklogik verändere die Funktionsweise und die Ergebnisse von Produktions-, Erfahrungs-, Macht- und Kulturprozessen erheblich. Den größten Wandel sieht er in der Transformation der Kommunikation: Das Internet habe alle anderen Medien in sich aufgenommen, sodass ein multimodales System digitaler Kommunikation entstanden sei. Castells Theorie wurde international stark rezipiert und überwiegend positiv aufgenommen. Bemerkenswert ist, dass er den Begriff Netzwerk und die Netzwerkforschung populär machte, obwohl er selbst kein Netzwerkforscher war.

Schlüsselwörter

Netzwerkgesellschaft · Informationsgesellschaft · Informationszeitalter · Netzwerktechnologien · Informationalismus · Netzwerk

*Erstauflage 1996. Die hier verwendete Ausgabe ist die 2. Auflage von 2010.

R. Spiller (✉)
Hochschule Macromedia University of Applied Sciences, Köln, Deutschland
E-Mail: r.spiller@macromedia.de

427

1   Kurzbiografie

Manuel Castells wurde 1942 in Hellín (Spanien) geboren und wuchs überwiegend in Barcelona auf. Als Student engagierte er sich politisch in der Anti-Franco-Bewegung und musste schließlich nach Frankreich emigrieren (Castells und Ince 2003, S. 5–9). Dort schloss er sein Studium der Rechts- und Wirtschaftswissenschaften 1964 ab und promovierte anschließend in Soziologie. Er unterrichtete ab diesem Zeitpunkt an verschiedenen französischen Hochschulen bis er 1979 zum Professor für Soziologie sowie Stadt- und Regionalplanung an der University of California, Berkeley, berufen wurde. Dort forschte und lehrte er insgesamt 24 Jahre. Nach seiner Emeritierung im Jahr 2003 ging er an die University of Southern California und die *Annenberg School for Communication* als erster Inhaber des *Wallis Annenberg Chair of Communication*.

Castells wurde vor allen Dingen durch seine dreibändige Studie zur Weltgesellschaft als Netzwerkgesellschaft – „The Information Age: Economy, Society, and Culture" – bekannt, die erstmalig 1996 erschien. Er erhielt zahlreiche Auszeichnungen und Preise (u. a. Erich-Schelling-Architekturpreis (2004), Erasmus Medal der Academia Europaea (2011), Holberg-Preis (2012), Balzan-Preis (2013)) und gilt als einer der weltweit meistzitierten Soziologen und Kommunikationswissenschaftler.

Im Januar 2020 trat Castells auf Vorschlag der Partei Unidas Podemos das Amt des Ministers für Universitäten im Kabinett des spanischen Regierungschefs Pedro Sánchez (PSOE) an (Rößler 2020) und trat bereits im Dezember 2021 aus gesundheitlichen Gründen zurück (Silió 2021).

2   Inhalt des Textes

Rund zwölf Jahre hat Castells an seiner Studie zur Weltgesellschaft als Netzwerkgesellschaft gearbeitet. Sein Verleger empfahl ihm, daraus drei Bücher zu machen, so viel Stoff war bereits vorhanden. Das erste Buch „The Rise of the Network Society" (1996) wird hier besprochen. Die anderen beiden Bände „The Power of Identity" (1997) und „End of Millenium" (1998) haben ähnliche Umfänge (ca. 500 Seiten), sind aber weniger rezipiert worden. Im Vorwort zur Erstausgabe von 1996 legt Castells dar, dass sich sein Untersuchungsobjekt schneller entwickelt habe als er habe schreiben können.

Die Trilogie stellt den Versuch einer Synthese von wichtigen technologischen, ökonomischen und sozialen Entwicklungen dar, die in den 1990er-Jahren stattgefunden haben. Castells hat den Anspruch, in seiner Trilogie über das Informationszeitalter eine aktuelle Beschreibung der Weltgesellschaft und deren treibende Kräfte vorzulegen (Castells 2010, S. 26). Dabei arbeitet er in erster Linie historisch-vergleichend und führt zur Untermauerung seiner Argumente zahlreiche öffentlich zugängliche Quellen bzw. Daten an.

Der Ausgangspunkt seiner Analyse ist eine Beschreibung des revolutionären technologischen Wandels, der die sozialen Kontexte verändere. Im Fokus steht dabei die Informationstechnologie (a. a. O., S. 5). Castells betrachtet jedoch auch soziale Faktoren, wie die Suche nach Identität und entwickelt daher eine umfassende technik-soziologische Betrachtung der Weltgesellschaft. Er selbst drückt den Zweck seines Unterfangens so aus: (…) „to propose some elements of an exploratory, cross-cultural theory of economy and society in the Information Age, as it specifically refers to the emergence of a new social structure." (a. a. O., S. 26). Er strebt in dem Buch also nicht an, eine formale, systematische Gesellschaftstheorie zu präsentieren. Vielmehr ist der eigene Anspruch, „[to present] new concepts and a new theoretical perspective to understand the trends that characterize the structure and dynamics of our societies in the world of the twenty-first century." (ebd.).

Das Buch beginnt mit einer Zustandsbeschreibung der Welt, die geprägt sei von einer immer stärkeren Spaltung zwischen armen und reichen sowie technologisch fortgeschrittenen und zurückgebliebenen Nationen (a. a. O., S. 2). Der Prozess der aktuellen technologischen Revolution münde in eine kapitalistische und informationelle Gesellschaft, die je nach Land, je nach Geschichte, Kultur, Institutionen und ihrer speziellen Beziehung zum globalen kapitalistischen System und zur Informationstechnologie deutliche Unterschiede aufweisen könne (a. a. O., S. 13, 20). Das Besondere an der Entwicklung zu einer informationellen Gesellschaft sei nach Castells das Wissen, das sich immer weiter vermehre und selbst zur Produktivitätsressource werde (a. a. O., S. 17). Das neue technisch-ökonomische System könne am ehesten als eine Form von „informational capitalism" bezeichnet werden (a. a. O., S. 19). Dabei sei „informationalism" eng verbunden mit der Expansion und Verjüngung des Kapitalismus, genauso wie die Industrialisierung eng mit neuen Formen der Produktion gewesen sei (ebd.). Hinsichtlich des „informationalism" bezieht Castells sich explizit auf zwei Vordenker zu diesem Thema: Alain Touraine, einer seiner akademischen Lehrer, der den Begriff der post-industriellen Gesellschaft (mit)geprägt hat (Touraine 1969) und David Bell (1973), der ebenfalls eine kritische Bestandsaufnahme der Gesellschaft seiner Zeit vorgelegt hatte. Zudem erwähnt Castells noch Nicos Poulantzas (1978), einen Experten für Marxismus und Staatstheorie, der ihn ebenfalls stark beeinflusst habe (Castells 2016, S. 15).

Die Strukturen und Prozesse, die solche „informational societies" charakterisieren, sind im Kern das Thema des Buches (Castells 2010, S. 21). Castells beschreibt, wie die grundlegenden Aspekte von Netzwerken Veränderungen ermöglichen, die zu einer Vielzahl von Umwälzungen führen, wie z. B. der Dezentralisierung innerhalb von Unternehmen, Telearbeit von Arbeitnehmern, Interaktionen in der virtuellen Gemeinschaft und wirtschaftliche Globalisierung. Entsprechend behandelt er in verschiedenen Kapiteln systematisch diese Veränderungen in mehreren gesellschaftlichen Bereichen. Den größten Wandel sieht Castells bei der Transformation der Kommunikation, dass nämlich das Internet alle anderen Medien in sich aufnehme und so ein multimodales System digitaler Kommunikation entstanden sei (a. a. O., S. XXVII).

Der Einschluss bzw. Ausschluss in Netzwerken sowie die Architektur der Beziehungen zwischen Netzwerken werde durch Informationstechnologien ermöglicht, die mit Lichtgeschwindigkeit arbeiteten. Diese Netzwerke konfigurierten nach Castells dominante Prozesse und Funktionen in unseren Gesellschaften (a. a. O., S. 501). Gleichzeitig seien diese Netzwerke offene Strukturen, die grenzenlos expandieren und jederzeit neue Knotenpunkte integrieren könnten. Eine Netzwerk-basierte Sozialstruktur sei hoch-dynamisch, ein offenes System, fähig, sich selbst zu verändern ohne seine Balance zu gefährden. Netzwerke seien daher besonders geeignete Instrumente für eine kapitalistische Ökonomie, basierend auf Innovation, Globalisierung und dezentralisierter Konzentration (a. a. O., S. 502). Globalisierung ist für Castells nicht hinreichend beschrieben mit einem weltweiten Austausch von Waren und Dienstleistungen. Sie habe eine andere Qualität: Möglich machten das die globalen IT-Netzwerke, die Maschinen und Prozesse weltweit in Echtzeit steuern könnten (Göttlich 2007, S. 182).

Aus dem *Raum der Orte*, wie er unserer Alltagserfahrung verankert ist, wird bei Castells zunehmend ein *Raum der Ströme*. Die Grundlage dieses *Raumes der Ströme* sind Computernetzwerke. Die Orte verschwinden deshalb nicht, aber ihre Logik und ihre Bedeutung werden im Netzwerk aufgenommen und relativiert (Castells 2010, S. 459). Die Rolle der wichtigen Knotenpunkte übernehmen dabei vor allem die neuen „global cities".

Die Netzwerk-Morphologie ist nach Castells auch eine Quelle deutlicher Reorganisation von Machtbeziehungen. Die Schalter, die die Netzwerke miteinander verbinden, seien die neuen maßgeblichen Instrumente der Macht. Die neue Ökonomie sei organisiert um globale Netzwerke von Kapital, Management und Information, deren Zugang zu technologischem Know-how entscheidend sei für Produktivität und Wettbewerbsfähigkeit. Die neue Netzwerkgesellschaft sei immer noch eine kapitalistische Gesellschaft, sie sei nun aber global und in hohem Maß strukturiert rund um ein Netzwerk von Finanzflüssen (a. a. O., S. 502).

Der *Informationalismus* führe in seiner historischen Realität zu einer Konzentration und Globalisierung des Kapitals, indem er die dezentralisierende Kraft der Netzwerke nutze. Arbeit werde auf diese Weise in ihrer Leistung disaggregiert, in ihrer Organisation zersplittert, in ihrer Existenz diversifiziert und in ihrem kollektiven Handeln gespalten (a. a. O., S. 506).

In seiner Schlussbetrachtung fasst Castells zusammen, dass maßgebliche Funktionen und Prozesse im Informationszeitalter immer mehr in Form von Netzwerken organisiert seien. Netzwerke würden die neue soziale Morphologie unserer Gesellschaften bilden. Und die Verbreitung der Netzwerklogik verändere die Funktionsweise und die Ergebnisse von Produktions-, Erfahrungs-, Macht- und Kulturprozessen erheblich. Zwar habe es die vernetzte Form der sozialen Organisation auch schon zu anderen Zeiten und in anderen Räumen gegeben, aber das neue Paradigma der Informationstechnologie biete die materielle Grundlage für ihre Ausbreitung in der gesamten Sozialstruktur (a. a. O., S. 500).

3   Bezug zum Gesamtwerk des Autors

Nach seiner Promotion in Frankreich untersuchte Castells die Genese und Struktur sozialer Konflikte in modernen Metropolen, die er in einer viel beachteten Studie als Räume ungleich verteilten kollektiven Konsums beschrieb (Castells 1972). Das Buch erschien fünf Jahre später unter dem Titel „The Urban Question" in einer englischen Übersetzung der französischen Originalausgabe und war auch international ein großer Erfolg (Castells und Ince 2003, S. 15–16).

Bis Mitte der 80er-Jahre beschäftigte er sich in kulturvergleichender Perspektive mit der Rolle sozialer Bewegungen im städtischen Raum. Diese Arbeit mündete in das Werk „The City and the Grassroots" (1983), das Castells selbst als sein gelungenstes im Bereich der Stadtsoziologie ansieht (Castells und Ince 2003, S. 16–17). Mittlerweile war er ein international bekannter und anerkannter Stadtsoziologe geworden (Marcuse 2002).

Castells verwendete in seinen frühen Werken zum Teil die Terminologie eines strukturellen Marxismus, insbesondere, wenn er sich mit politischer Ökonomie beschäftigte. Er selbst sah sich jedoch nie als ein Anhänger dieser Lehre, sondern nutze vielmehr deren Werkzeuge für seine eigenen empirischen Analysen (Castells 2016, S. 15–16).

Seit Mitte der 80er-Jahre widmete sich Castells stärker dem Zusammenhang zwischen Technologie, Wirtschaft und Gesellschaft und wie sich diese in der städtischen Struktur widerspiegeln (z. B. Castells 1985, 1989; Mollenkopf und Castells 1991). Das wichtigste Buch in dieser Phase war „The Informational City" (Castells 1989), ein Werk, das eine neue Sichtweise auf urbane Realität eröffnete, indem es die geografischen Auswirkungen der informationellen Wirtschaft in den Blick nahm. Castells hatte zuvor in seinen Stadtanalysen sowohl die produktiven (Castells und Godard 1974) als auch die konsumptiven Aspekte (Castells 1977) hervorgehoben. Nun erweiterte er die Perspektive und konzentrierte sich stärker auf das Geflecht von Austausch-, Interaktions- und Kommunikationsprozessen (Castells 1989; Stalder 2006). Diese Perspektive verwendete er schließlich auch bei seinem dreibändigen Werk zum Informationszeitalter. Diese Trilogie war im Wesentlichen eine Zusammenführung zahlreicher Ideen, die er in den Jahrzehnten davor entwickelt hatte.

Viele seiner Gedanken schärfte er während zahlreicher mehrmonatiger Aufenthalte an Universitäten im Ausland (u. a. Südafrika, England, Russland, Niederlande, Taiwan, Singapur, Puerto Rico, Bolivien, Mexiko, Schweiz, Brasilien, Chile). Er suchte diese Orte zum Teil strategisch aus, um von ihnen zu lernen und diese Erkenntnisse in seine Studien einzubauen (Castells 2016, S. 7). Dabei hat er seine theoretischen Ansätze nie als abgeschlossen betrachtet, sondern eher als ein offenes theoretisches Feld, das mit neuen Erkenntnissen verfeinert werden kann und soll (a. a. O., S. 3).

Nahezu alle Arbeiten von Castells haben eine empirische Fundierung. Er folgt hier eher der US-amerikanischen Soziologie im Vergleich zur französischen, die einen starken theoretischen Schwerpunkt hat. Castells benutzt dabei in eklektischer Weise Sekundärquellen, statistische Analysen und Umfrageergebnisse, die seine Argumentation stützen. Vor allem aber hat er viel mit ethnografischen Methoden gearbeitet und Hunderte von Tiefeninterviews in vielen unterschiedlichen Kontexten geführt. „I always needed to see the human faces behind the analysis I was elaborating. I still do." (Castells 2016, S. 3–4).

Als Reaktion auf die Kritik an seiner Trilogie nahm Castells einige Überarbeitungen vor und beschäftigte sich in den Folgejahren stärker mit einzelnen Aspekten der Netzwerkgesellschaft, u. a. mit sozialen Aspekten des Internets (2001), der Macht von Kommunikationsnetzwerken (2009) und der Rolle von sozialen Bewegungen in der Netzwerkgesellschaft (2012). In seinen jüngsten Büchern widmet er sich verwandten zeitgenössischen Themen, nämlich der weltweiten Krise der Demokratien (Castells 2018) und der Identitäts- und Staatenbildung in Afrika (Castells und Lategan 2020).

4   Wirkungsgeschichte/Kritik

Namhafte zeitgenössische Soziologen wie Fernando Henrique Cardoso, Anthony Giddens und Alain Tourrain lobten Castells Trilogie überschwänglich (van Dijk 1999, S. 127). Insbesondere der erste Band wurde ein großer Erfolg, in zahlreiche

Sprachen übersetzt und bestätigte Castells' Position als einer der meist zitierten Sozialtheoretiker weltweit (Institut für Internationale Studien 2001; Castells und Ince 2003, S. 18–20)

Castells war es gelungen, zahlreiche Beobachtungen von ihm auf den prägnanten Begriff *Netzwerkgesellschaft* zu reduzieren, ähnlich wie das dem Soziologen Ulrich Beck mit dem Terminus *Risikogesellschaft* Mitte der 80er-Jahre gelungen war.

Allerdings bleibt Castells in vielerlei Hinsicht doch eher unbestimmt und metaphorisch (Hauck 2002; Anttiroiko 2015), z. B. im Hinblick auf die zentrale Frage, was er genau unter einem Netzwerk versteht. So schreibt er zu Knoten als elementaren Bestandteilen von Netzwerken:

> „What a node is, concretely speaking, depends on the kind of concrete networks of which we speak. They are stock exchange markets, and their ancillary advanced service centers, in the network of global financial flows. They are national councils of ministers and European Commissioners in the political network that governs the European Union. They are coca fields and poppy fields, clandestine laboratories, secret landing strips, street gangs, and money-laundering financial institutions in the network of drug traffic […]. They are television systems, entertainment studios, computer graphics milieus, news teams, and mobile devices generating, transmitting, and receiving signals in the global network of the new media […]." (Castells 2010, S. 501).

Castells behandelt Netzwerke überwiegend auf der Systemebene (Makroperspektive) und wählt dabei einen historischen Ansatz mit ausführlichen Analysen aktueller Trends – ganz anders als klassische Netzwerkforscher, die sich damit beschäftigen, wie einzelne Individuen oder Gruppen miteinander verbunden sind. Er umgeht damit den Formalismus der Netzwerkanalyse als Methode und kann auf diese Weise viel größere Bereiche der Realität behandeln (van Dijk 1999, S. 132)

Folglich ist Castells kein „klassischer" Netzwerkforscher, obwohl der Begriff „Netzwerkgesellschaft" im Titel des ersten Bandes der Trilogie auftaucht. Und so kann auch erklärt werden, dass er als einer der meistzitierten Soziologen der Gegenwart in der wissenschaftlichen Netzwerkliteratur kaum auftaucht (von Kardorff 2019, S. 106–107). Seine wesentliche Leistung war vielmehr das Zusammenführen zahlreicher Netzwerkstudien auf Mikro- und Mesoebene zu einer inhaltlichen Makro-Theorie weltgesellschaftlicher Entwicklungen (ebd.).

Gleichwohl bleibe der gesellschaftstheoretische Status der Netzwerkgesellschaft in Castells Werk nach Ansicht von Kardorff (a. a. O., S. 108–109) unterbestimmt. So sei unter netzwerktheoretischer Perspektive z. B. der Zusammenhang zwischen ökonomischen, sozialen und kulturellen Netzwerken auf unterschiedlichen Ebenen ebenso näher zu bestimmen gewesen wie die Rolle der in Netzen erzeugten Codes für die Veränderung von Sozialstrukturen. Ebenso habe er die sozialen Strukturen innerhalb von Netzwerken in seiner theoretischen Konzeption kaum berücksichtigt (Westermayer 2011, S. 3).

Castells nehme zudem die Globalisierung und Informationalisierung weitgehend kritiklos hin, und stelle keine Handlungsempfehlungen auf, was zu tun wäre, um bestimmte Auswirkungen von ihr zu verhindern oder zu verändern. Die Diskussion zum Thema werde so entpolitisiert (Marcuse 2002, S. 326). Die Handlungsfähigkeit der Akteure gerate aus dem Blickfeld und ihre sozialen Beziehungen würden verdinglicht, wenn Castells metaphorisch schreibt „Thus, above a diversity of human-flesh capitalists and capitalist groups there is a faceless collective capitalist, made up of financial flows operated by electronic networks" (Castells 2010, S. 505). Auch Konflikte würden in Castells Darstellung weitgehend außen vorgelassen, dabei spielten sie eine zentrale gesellschaftliche Rolle – auch in einer Netzwerkgesellschaft (Marcuse 2002, S. 333).

Die Perspektive der Netzwerkgesellschaft biete laut Kardorff (2019, S. 108–109) Potenzial für Verknüpfungen zu anderen Theorieentwürfen auf Makroebene, wie etwa zu Luhmanns Systemtheorie (1984) oder zu Harrison Whites Gesellschaftstheorie über Identität und Kontrolle (2008) oder zu soziologisch-historischen Studien wie Immanuel Wallersteins Weltsystemanalysen (2013). Zudem bietet Castells eine Reihe von Anknüpfungspunkten für detailliertere Netzwerkanalysen auf Meso- und Mikroebene, z. B. in sozialen Netzwerken. Castells hat insgesamt einen Rahmen geliefert, innerhalb dessen noch detaillierte Studien zu einzelnen Netzwerken erstellt werden können und auch einige seiner Annahmen geprüft werden könnten.

Inzwischen scheint Castells Paradigma der Netzwerkgesellschaft zunehmend von einem anderen Konzept herausgefordert zu werden, der *Plattformgesellschaft* (Van Dijck et al. 2018). Begründet wird dies damit, dass unsere soziale Ordnung immer mehr von digital-vernetzten Plattformen geprägt und die Abwicklung jeglicher Transaktionen über digitale Plattformen zunehmend normal, reguliert und standardisiert sei. Der digitale Raum der Vernetzung scheint zunehmend durch Plattformen und ihre Anbieter bestimmt zu werden. Ob und zu welchem Grad sich die Netzwerkgesellschaft bereits in eine Plattformgesellschaft verwandelt hat, bleibt jedoch noch zu erforschen.

Literatur

Anttiroiko, A. (2015). *Networks in Manuel Castells' theory of the network society.* http://mpra.ub.uni-muenchen.de/65617/ (letzter Zugriff: 06.01.2022).

Bell, D. (1973). *The coming of post-industrial society. A venture in social forecasting.* NY: Basic Book.

Castells, M. (1972). *La Question urbaine.* Paris: Maspero.

Castells, M. (1977). *The Urban Question. A Marxist Approach.* London: Edward Arnold.

Castells, M. (1983). *The City and the Grassrooots. A Cross-Cultural Theory of Urban Social Movements.* Berkeley/Los Angeles: Univ. California Press.

Castells, M. (1985). High Technology, Economic Restructuring, and the Urban-Regional Process in the United States. In: Castells, M. (Hrsg.) *High Technology, Space, and Society.* London: Sage.

Castells, M. (1989). *The Informational City. Information Technology, Economic Restructuring, and the Urban-Regional Process.* Oxford: Blackwell.

Castells, M. (1997). *The Power of Identity. The Information Age. Economy, Society and Culture,* Vol. II. Oxford: Blackwell.

Castells, M. (1998). *End of Millenium. The Information Age. Economy, Society and Culture,* Vol. III. Oxford: Blackwell.

Castells, M. (2001). *The Internet Galaxy: Reflections on the Internet, Business and Society.* Oxford: Oxford Univ. Press.

Castells, M. & Ince, M. (2003) *Conversations with Manuel Castells.* Cambridge, UK: Polity Press.

Castells, M. (2009). *Communication Power.* New York/Oxford: Oxford University Press.

Castells, M. (2010). *The Rise of the Network Society. The Information Age. Economy, Society and Culture,* 2nd edition, Vol. I. Oxford: Blackwell.

Castells, M. (2012). *Networks of Outrage and Hope: Social Movements in the Internet Age.* Cambridge: Polity Press.

Castells, M. (2016). A Sociology of Power: My Intellectual Journey, *Annual Review of Sociology,* 42:1, 1–19.

Castells, M. (2018). *Rupture: the crisis of liberal democracy.* Cambridge, UK, Polity Press.

Castells, M. & Lategan, B. (2020). *National Identity and State Formation in Africa,* Cambridge (UK): Polity Press.

Castells, M. and Godard, F. (1974) *Monopolville. Analyse des rapports entre l'entreprise, l'État et l'urbain à partir d'une enquête sur la croissance industrielle et urbaine de la région de Dunkerque.* (Avec la collaboration de Vivian Balanowski). Paris: Mouton.

Göttlich, U. (2007). Von der Fernseh- zur Netzwerkgesellschaft: Mobile Privatisierung als kulturelle Kontinuität in der Mediengesellschaft. In: Hieber, L./Schrage, D. (Hrsg.): Technologieentwicklung und Massenmedien. Bielefeld: Transcript Verlag, S. 181–195.

Hauck, G. (2002). Netzwerkgesellschaft?. *PERIPHERIE–Politik • Ökonomie • Kultur, 22* (85–86).

Institute of International Studies (2001). *Identity and Change in the Network Society. Conversation with Manuel Castells. Conversations with History:* Institute of International Studies, UC Berkeley, 9 May 2001, interviewed by Harry Kreisler. http://globetrotter. berkeley.edu/people/Castells/castells-con0.html (letzter Zugriff: 03.12.2021).

Luhmann, Niklas (1984). *Soziale Systeme. Grundriß einer allgemeinen Theorie.* Suhrkamp: Frankfurt am Main.

Marcuse, P. (2002). Entpolitisierte Globalisierungsdiskussion. Informationszeitalter und Netzwerkgesellschaft bei Manuel Castells, in: *PROKLA. Zeitschrift für kritische Sozialwissenschaft,* Heft 127, 32. Jg., 2002, Nr. 2, 321–344.

Mollenkopf, J. H., & Castells, M. (Eds.). (1991). Dual City: Restructuring New York. Russell Sage Foundation.

Poulantzas, N. (1978). *L'État, le pouvoir, le socialisme*. Paris: PUF.

Rößler, H.-C. (2020). *Neue Regierung in Spanien: Pedro Sánchez stellt sein Kabinett vor.* www.faz.net/aktuell/politik/ausland/pedro-sanchez-stellt-neue-regierung-fuer-spanien-vor-16577769.html (15.05.2021).

Silió, Elisa (2021). *El legado invisible de Castells.* https://elpais.com/sociedad/2021/12/20/actualidad/1640001521_117817.html (letzter Zugriff 09.01.2022).

Stalder, F. (2006) *Manuel Castells and the Theory of the Network Society.* Cambridge: Polity Press.

Touraine, A. (1969). *La société post-industrielle*, Paris: Editions Denoel et Gonthier.

Van Dijk, J. A. G. M. (1999). The One-Dimensional Network Society of Manuel Castells. *New Media & Society*, 1(1), 127–138.

Van Dijck, J.; Poell, T & De Waal, M. (2018). *The Platform Society. Public Values in a Connective World.* New York: Oxford University Press.

Von Kardorff, E. (2019) Castells (1996): The Rise of the Network Society. In: Holzer B., Stegbauer C. (eds.). *Schlüsselwerke der Netzwerkforschung.* Springer VS: Wiesbaden.

Wallerstein, I., Collins, R., Mann, M., Derluguian, G., & Calhoun, C. (2013). *Does capitalism have a future?*. Oxford: Oxford University Press.

Westermayer, T. (2011). Der Netzwerkbegriff in M. Castells „Der Aufstieg der Netzwerkgesellschaft". www.till-westermayer.de/uni/tw-castells-essay.pdf (letzter Zugriff: 07.02.2022).

White, H. C. (2008). *Identity and control: How social formations emerge.* Princeton: Princeton University Press.

Die Mediatisierung kommunikativen Handelns. Der Wandel von Alltag und sozialen Beziehungen, Kultur und Gesellschaft durch die Medien

von Friedrich Krotz (2001)

Leif Kramp

Zusammenfassung

Das Ziel des vorliegenden Beitrags ist eine Darstellung des Mediatisierungs-
ansatzes auf der Basis der konzeptionellen Überlegungen von Friedrich Krotz.
Als Schlüsselwerk schließt „Die Mediatisierung kommunikativen Handelns" an
Theorien mittlerer Reichweite an und plädiert für eine Neuordnung des bestehenden kommunikationswissenschaftlichen Wissens. Am Beispiel des Fernsehens auf öffentlichen Plätzen wird gezeigt, wie technische Kommunikationsmedien das Umfeld ihrer Nutzung und damit insbesondere den Alltag von
Individuen prägen. Krotz geht es um ein ganzheitliches Verständnis der Folgen
von medialem Wandel auf das soziale und kommunikative Handeln der Menschen. Das Ziel: Die Entwicklung von Bausteinen einer kommunikationswissenschaftlichen Theorie, bei der die gesellschaftliche Rolle der Medien und
ihre Implikationen auf das sozialisierte Individuum im Mittelpunkt stehen.

L. Kramp (✉)
ZeMKI, Zentrum für Medien-, Kommunikations- und Informationsforschung,
Universität Bremen, Bremen, Deutschland
E-Mail: kramp@uni-bremen.de

© Der/die Autor(en), exklusiv lizenziert an Springer Fachmedien
Wiesbaden GmbH, ein Teil von Springer Nature 2022
R. Spiller et al. (Hrsg.), *Schlüsselwerke: Theorien (in) der Kommunikati-
onswissenschaft*, https://doi.org/10.1007/978-3-658-37354-2_28

437

Schlüsselwörter

Friedrich Krotz · Mediatisierung · Metakonzept · Medienwandel ·
Soziokultureller Wandel

1   Kurzbiografie

Friedrich Krotz, geboren am 9. Januar 1950 im spanischen Barcelona, kam erst
spät im Alter von knapp 40 Jahren über Umwege in die Kommunikationswissenschaft. Sein akademischer Werdegang begann mit einem Erststudium der Mathematik, Physik und Wirtschaftsmathematik an der Technischen Universität Karls-
ruhe mit einer anschließenden Phase als angestellter Diplom-Mathematiker und
Lehrbeauftragter am Fachbereich Mathematik der Universität des Saarlandes. Parallel engagierte er sich breit medial, sozial und politisch: Er zeichnete als Mit-
gründer des Alternativmediums „Stadtzeitung" in Saarbrücken verantwortlich und
provozierte mit Überlegungen zur Abschaffung des Schulfaches Mathematik. In
Hamburg begann Friedrich Krotz 1978 sein Zweitstudium der Sozialwissenschaft
und schloss 1983 mit einer Diplomarbeit zum mathematischen Paradigma in
Soziologie und Sozialforschung ab. Im Mittelpunkt der Abschlussarbeit: der Soziologe Paul F. Lazarsfeld, dessen Kommunikationsmodell des Zweistufenflusses zur
Verbreitung von Informationen durch Massenmedien einen festen Platz im
kommunikationswissenschaftlichen Lehrkanon innehat.

Nach einer Phase verschiedener Tätigkeiten im Umfeld von Medienwirtschaft
und Hochschulen wurde Friedrich Krotz 1989 mit einer soziologischen Arbeit zur
EDV-gestützten qualitativen Analyse von Lebensweltmodellen an der Universität
Hamburg promoviert und blieb an der Elbe. Von 1989 bis 2001 entwickelte er als
wissenschaftlicher Referent am Hamburger Hans-Bredow-Institut sein kommuni-
kations- und medienwissenschaftliches Profil, das er in diversen Drittmittel-
projekten zur Fernsehnutzung, Medienkompetenz von Kindern und Jugendlichen
und digitalem Medienwandel schärfte. In jener prägenden Zeit entstand auch
seine Habilitationsschrift, die zu einem Schlüsselwerk der deutschsprachigen
Kommunikationswissenschaft avancierte und Thema des vorliegenden Beitrags ist.
Nach der Verleihung der venia legendi an der Universität Hamburg im Fach „Jour-
nalistik/Kommunikationswissenschaft" zog es Friedrich Krotz jeweils für kurze
Zeit nach Jena, Potsdam und Potsdam, wo er Vertretungsprofessuren wahrnahm.
Zum Wintersemester 2001/2002 nahm er einen Ruf auf eine C3-Professur für
Kommunikationssoziologie und -psychologie an der Wilhelms-Universität Müns-

ter an und wurde im Jahr 2003 fortberufen an die Universität Erfurt auf die Nachfolge von Peter Glotz auf die C4-Professur Kommunikationstheorie/Soziale Kommunikation. Zum Wintersemester 2010 schließlich wechselte er zu seiner letzten akademischen Station an der Universität Bremen und nahm den Ruf auf die Professur für Kommunikations- und Medienwissenschaft mit dem Schwerpunkt Soziale Kommunikation und Mediatisierungsforschung am Institut für Medien, Kommunikation und Information an, das im darauffolgenden Jahr in Zentrum für Medien-, Kommunikations- und Informationsforschung (ZeMKI) umbenannt wurde. Als wegweisend für die persönliche Forschungsarbeit als auch für das Forschungsfeld insgesamt kann die Einrichtung des Schwerpunktprogramms Mediatisierte Welten (SPP 1505) durch die Deutsche Forschungsgemeinschaft (DFG) gelten, das ab 2010, koordiniert an der Universität Bremen von Friedrich Krotz, seine Arbeit in 12 Teilprojekten an verschiedenen Standorten in Deutschland aufnahm und nach zweimaliger Verlängerung und teilweise neu hinzustoßenden Teilprojekten bis 2016 dazu beitrug, Mediatisierung als Rahmenkonzept empirisch reichhaltig zu unterfüttern.

Friedrich Krotz machte sich darüber hinaus um die Förderung des interdisziplinären Austauschs auch vielfach auf nationaler und internationaler Bühne in wissenschaftlichen Fachgesellschaften verdient, unter anderem als Mitbegründer der Fachgruppe Soziologie der Medienkommunikation in der Deutschen Gesellschaft für Publizistik und Kommunikationswissenschaft (DGPuK), in führenden Positionen der International Association for Media and Communication Research (IAMCR) oder als Mitglied des Fachkollegs Sozialwissenschaften der Deutschen Forschungsgemeinschaft (DFG) für die Kommunikationswissenschaft. Friedrich Krotz ist ebenfalls Mitbegründer und -herausgeber der Buchreihe „Medien – Kultur – Kommunikation" und setzte sich von 2008 bis 2016 als „responsible editor" der internationalen wissenschaftlichen Fachzeitschrift „Communications" für die Veröffentlichung kritischer und theoretisch breit orientierter Ansätze in der europäischen Kommunikationsforschung ein.

2   Inhalt des Textes

Die Mediatisierung kommunikativen Handelns als Konzept eines Metaprozesses sozialen Wandels ist das Ergebnis einer langjährigen wie grundsätzlichen Auseinandersetzung mit der Theoriearbeit in der Kommunikationswissenschaft. Krotz möchte nicht weniger versuchen als die „Vielfalt kommunikationswissenschaftlichen Wissens neu zu ordnen" (Krotz 2001, S. 13) – er argumentiert in der für ihn typischen feinsinnigen Direktheit, dass die einschlägigen Theorien mittlerer Reich-

weite, wie sie die Kommunikationswissenschaft hervorgebracht hat, nicht aus-
reichen, um den eng miteinander verwobenen Wandel von Medien, Kultur und
Gesellschaft insbesondere mit Blick auf individuelle Handlungsmustern und -be-
züge der Menschen in ihren unterschiedlichen Facetten, Bedingungen und Bezugnahmen zu analysieren. Seine Habilitationsschrift bildet einerseits das Ergebnis
seiner vielgestaltigen Forschungsaktivitäten als wissenschaftlicher Referent am
Hans-Bredow-Institut in Hamburg, aber auch einen Startpunkt für eine professo-
rale Karriere, die von einem Verständnis der Kommunikationswissenschaft als
Grundlagendisziplin vor allem für soziologische Fragestellungen angetrieben
wurde.

Sein Konzept der Mediatisierung entwickelt Friedrich Krotz entlang einer drei-
gliedrigen Struktur: Im ersten Drittel des Buches werden die grundlegenden theoretischen Bezüge erläutert (symbolische Welt, Kommunikation als symbolisch vermitteltes Handeln, Medienkommunikation als Modifikation von Kommunikation).
Die 1990er-Jahre, in der Krotz in unterschiedlichen Projekten zum Medienwandel
forschte, waren geprägt von hochdynamischen Veränderungen der Medienumgebungen durch die fortlaufende Differenzierung des Medienangebots im dua-
len Rundfunksystem und die zunehmende Verbreitung digitaler Medien. Diese
quantitative Zunahme der Verbreitung medienvermittelter Kommunikation in zeitlich, räumlich und sozialer Dimension führte sichtlich auch zu neuen Möglichkeiten des Umgangs mit und Einsatzes von Medien. Als Triebkräfte dieser neuen
Möglichkeiten identifiziert Krotz nicht die Medientechnologie oder Medieninhalte,
wie es eine klassische kommunikationswissenschaftliche Orientierung entlang
eines Modells des Informationstransports bzw. ihrer Transmission vermuten ließe,
sondern das soziale Handeln „eines sozial eingebetteten Individuums in der Gesellschaft" (ebd., S. 89). Entsprechend versteht er auch Medienwirkung nicht als von
Medien ausgehende Wirkung, sondern als Folge des Medienhandelns. Die Überlegungen fußen zum einen auf dem Symbolischen Interaktionismus nach George
Herbert Mead, der Kommunikation pragmatisch als situatives Handeln von Individuen versteht. Zum anderen beziehen sie auch die Tradition der Cultural Studies
mit ein, Kommunikation unter kulturellen und gesellschaftlichen (Macht-)Be-
dingungen und in entsprechenden Konstellationen zu untersuchen. Beide Ansätze
sieht Krotz allerdings als zu eng und verkürzt, um die Wechselwirkungen von sozialem und medialem Wandel zu erklären. Erst in ihrer Verbindung erkennt er eine
fruchtbare Basis, um sich hinreichend offen einem zusammenhängenden Verständnis davon anzunähern, wie sich „Alltag und Identität der Menschen, Kultur und
Gesellschaft" (ebd., S. 51) mit und mittels Medienkommunikation verändern.

Das zweite Drittel des Buches befasst sich empirisch mit Veränderungen der
Fernsehnutzung im öffentlichen Raum und den Folgen für das soziale und kommu-

nikative Handeln der Menschen. Auch hier kommt ein handlungstheoretisch-konstruktivistisches Verständnis von Kommunikation zum Tragen, bei dem das Subjekt im Mittelpunkt des Forschungsinteresses steht: Menschen konstruieren aktiv und situativ ihren Alltag durch (Medien-)Kommunikation. Welche Auswirkungen veränderte Nutzungsumstände des Fernsehens auf öffentlichen Plätzen haben, beschreibt Krotz im Hinblick auf bis dato für die Fernsehrezeption ungewohnte Orte wie den Bahnhof, den Flughafen, die Kneipe, die Imbissbude, eine Sportsbar und ein Sportgeschäft. Es ändern sich Bedingungen, Regeln und Situationsverläufe, es gibt „Gruppenprobleme" (ebd., S. 151) durch divergierende Interessen einzelner Individuen bei der gemeinsamen Mediennutzung. Am Beispiel des ‚Public Viewing' in unterschiedlichen Kontexten und kulturvergleichend in den USA und Deutschland wird gezeigt, wie vielschichtig der Wandel der Medienkommunikation soziokulturelle Prozesse prägt: Sowohl eine quantitative Steigerung hin zu einer Omnipräsenz von Medienkommunikation im privaten und öffentlichen Raum ist festzustellen als auch eine qualitative Steigerung der Bedeutung von Medienkommunikation für das Handeln der Menschen in ihrer alltäglichen Lebenswelt und für den soziokulturellen Wandel insgesamt.

Das letzte Drittel des Buches dient dazu, „Bausteine einer kommunikationswissenschaftlichen Theorie" zu entwerfen und nicht etwa eine geschlossene Theorie. Friedrich Krotz lässt keinen Zweifel an der intendierten Offenheit seines Konzeptes und der Vorläufigkeit seiner Thesen, die allenfalls eine „Annäherung an ein umfassendes Thema" (ebd., S. 188) darstellen sollen. Im letzten Abschnitt setzt er das eingangs grundlegend skizzierte und im Anschluss empirisch getestete Konzeptgerüst in Relation zu weiteren breiter diskutierten Metaprozessen gesellschaftlichen Wandels wie Globalisierung und Individualisierung und übt den Anschluss an kommunikationswissenschaftliche Erklärungsversuche für langfristige Folgen von Medienkommunikation. Dies geschieht zum Zwecke einer weiteren Explikation von Mediatisierung in Anlehnung an bestehende kommunikationswissenschaftliche Theorieansätze wie die Kultivierungsthese. Hier sieht er im Mediatisierungskonzept eine lang vermisste Klammer, um die bisher eher nebeneinanderstehenden, denn fruchtbar aufeinander verweisenden Ansätze miteinander in Beziehung setzen zu können. Dies zeigt er anhand der zunehmenden Komplexität und Spezialisierung von Medien sowie der übergreifenden Ökonomisierung von Medienangeboten, mit denen sich insgesamt auch die Handlungsbedingungen und (para-)sozialen Beziehungen, Wissensarten und kommunikative Orientierungen als auch das Gemeinschaftsverständnis und gesellschaftlichen Integrationsmechanismen verändern. Hierbei geht er insbesondere auf die Arbeiten von Joshua Meyrowitz (u. a. 1990, 1997) ein, dessen Impulse für die Analyse veränderter

Sozialisationsprozesse vor dem Hintergrund der Entwicklungen der Medien im Allgemeinen und des Fernsehens im Besonderen Krotz eingehend aufgreift.

Den Kern des Fazits bildet eine kritische Diskussion von Klassikertexten, allen voran von Marshall McLuhan (u. a. 1978, 1992) und seinen „Nachfolger[n]" (Krotz 2001, S. 232) Neil Postman (u. a. 1983, 1988), Vilém Flusser (1990, 1992) und Paul Virilio (1990, 1993), deren analytische Qualitäten den Autor verdrießlich zurücklassen: Zwar könnten die Arbeiten mit ihrem einhelligen Fokus auf Fragen der medial geprägten Veränderungen menschlicher Wahrnehmung und des sozialen Zusammenlebens durchaus als Anreiz für die Mediatisierungsforschung verstanden werden, doch überwögen empirische Leerstellen und unbelegte Behauptungen. Aufschlussreicher ist die nachfolgende Diskussion der Individualisierungsthese von Ulrich Beck (u. a. 1986, 1994) als die Mediatisierung begleitender Metaprozess sozialen Wandels im Hinblick auf Fragen von Integration und Identität, da „in der Verschränkung von Mediatisierung und Individualisierung deutlich [wird], wo hier neue Einflüsse entstehen, die Identität prägen und entwerfen – weil die Orientierung an Face-to-face-Kommunikation alleine dafür nicht mehr möglich ist" (Krotz 2001, 255). Die abschließenden Überlegungen betreffen einen Ausblick, der Mediatisierung – in Anlehnung an das Werk von Norbert Elias (u. a. 1972, 1993) – als Prozess der Zivilisation beschreibt und nach Implikationen fragt, die von einem Kommunikationsverständnis ausgehen, das konsequent individuelle, kulturelle und gesellschaftliche Bedingungen in die Analyse einbezieht.

Entsprechend wirft der Band mehr Fragen auf, als dass der Autor bereit wäre, Gewissheiten zu vermitteln. Die eingestreuten Hinweise und Einführungen in die Abschnitte des Buches dienen auch als Einladung, sich einem neu entstehenden Forschungsfeld anzuschließen und die konzeptionellen Argumente und Überlegungen empirisch wie theoretisch zu prüfen und weiterzuentwickeln: Wo findet Mediatisierung statt? Welche Vorbedingungen, Formen und Folgen können der Mediatisierung zugeschrieben werden? Wie reiben, wie bedingen, wie potenzieren sich Metaprozesse des sozialen Wandels unter dem Einfluss des Medienwandels? Die heuristische Anlage des Mediatisierungskonzepts ist in den Ausführungen unverkennbar und entfaltet unter dem Eindruck der weiter zunehmenden Verschränkung von technischen Kommunikationsmedien und soziokulturellen Domänen ihre besondere Relevanz für ein ganzheitliches, sozialwissenschaftlich fundiertes Forschungsprogramm in der Kommunikationswissenschaft und (weit) darüber hinaus.

3   Bezug zum Gesamtwerk des Autors

Mit seinem Interesse für die kulturellen und sozialen Folgen der Mediennutzung und ihres Wandels stieß Friedrich Krotz eben jenen unausweichlichen Prozess einer Kanonisierung an, den er in der Kommunikationswissenschaft für den Mediatisierungsbegriff in seiner Habilitation noch vermisste. Nun ist es seiner Lust an theoriefindender Forschung im Verbund und nicht minder geringerer Freude an der wissenschaftlichen Debatte zu verdanken, dass sich zum Mediatisierungsbegriff mittlerweile eine denkbar vielseitige, vielstimmige und interdisziplinäre Forschungsliteratur angesammelt hat. Krotz selbst hat produktiv dazu beigetragen, zunächst mit einer weiteren Monografie, die Fallstudien aus dem ersten Jahrzehnt des 21. Jahrhunderts zu interaktiven Medien (u. a. Kommunikation mit maschinellen Wesen), wechselseitiger Kommunikation unter digitalen Bedingungen und der sich wandelnden Nutzung produzierter Medienkommunikation präsentiert. Auch hier setzt sich Krotz kritisch mit Thesen auseinander, die mit der Verbreitung digitaler Medien in der Kommunikationswissenschaft schnell Popularität erlangten: Digitale Spaltung, Wissenskluthypothese, Medienkompetenzdefizite – und fordert auch hier einen Gesamtblick auf strukturelle und kulturelle Dimensionen, die allzu häufig ausgeblendet würden (Krotz 2007, S. 284).

Mit der Einrichtung des DFG-Schwerpunktprogramms 1505 Mediatisierte Welten konzentrierte sich Friedrich Krotz als Koordinator und Teilprojektleiter auf Handlungsfelder und Sozialwelten, in denen sich spezifische Formen gesellschaftlicher Praktiken und kultureller Sinngebung untrennbar mit Medien verschränken. Die Analyse der Verbundforschung fokussierte Fragen der Öffentlichkeit und Politik, des Alltags, sozialer Beziehungen und Geschlechterverhältnisse, Erwerbsarbeit und Konsum, gesellschaftlicher Institutionen und der Arbeitsorganisation. Gemeinsam mit Kolleg*innen gab Krotz eine ganze Reihe an Sammelbänden heraus, die neben Einzelveröffentlichungen der Teilprojekte die Gesamtergebnisse des Verbundes zur Diskussion stellten (Krotz und Hepp 2012; Krotz et al. 2014, 2017; Hepp und Krotz 2014). Auch über den Verbundzusammenhang hinaus fand er Mittel und Wege, neue Stimmen über Perspektiven der Mediatisierungsforschung zu integrieren (u. a. Hoffmann et al. 2017; Kalina et al. 2018; Eberwein et al. 2019).

Zu den prägenden Aktivitäten von Friedrich Krotz gehörte neben seiner regen Lehr- und Vortragstätigkeit auch die von ihm von 2008 bis 2016 verantwortlich herausgegebene internationale Fachzeitschrift „Communications: The European Journal of Communication Research". Das von Alphons Silbermann im Jahr 1975 gegründete Periodikum wurde 2011 als erstes kommunikationswissenschaftliches, in Deutschland erscheinendes wissenschaftliches Journal in den renommierten So-

cial Science Citation Index (SSCI) aufgenommen. Auch hier fand das international
wachsende Interesse an der Mediatisierungsforschung ein kritisches wie fort-
schrittliches Forum. Durch seine Beiträge zur Theorie- und qualitativen Methoden-
entwicklung, seine profilierten wissenschaftlichen Studien mit Einflüssen aus der
Kommunikationssoziologie und -psychologie und seine frühen „Grenzgänge"
(Hartmann und Hepp 2010, S. 15) zwischen Wissenschaft und Praxis hat Friedrich
Krotz das Selbstverständnis speziell der deutschsprachigen Kommunikationswissenschaft herausgefordert und ein international lebendiges und hochproduktives
Forschungsfeld erschlossen.

4   Wirkungsgeschichte und Kritik

Ein Meilenstein für die Etablierung des interdisziplinären Forschungsfeldes zur
Mediatisierung von Kultur und Gesellschaft war die Einrichtung einer temporären
Arbeitsgruppe der European Communication Research and Education Association
(ECREA) im Jahre 2011, ungefähr zehn Jahre nach Veröffentlichung des programmatischen Bandes von Friedrich Krotz. Im Herbst 2016 folgte die Anerkennung
der Arbeitsgruppe als vollwertige Sektion durch die Generalversammlung des
europäischen Dachverbandes für Kommunikationswissenschaft. Diese Entscheidung gründete sich auf die starke Resonanz, die das Mediatisierungskonzept
in den Vorjahren in der europäischen Kommunikationsforschung ausgelöst hatte:
Neben einem wachsenden Interesse im deutschsprachigen Wissenschaftsraum
wurde Mediatisierung insbesondere in den sozial- und kulturwissenschaftlich
orientierten Kreisen Skandinaviens und Großbritanniens zu einem rege diskutierten
und empirisch angewandten Konzept zur Untersuchung der übergreifenden Prägung von Kultur und Gesellschaft durch medienvermittelte Kommunikation
(u. v. a. Lundby 2009, 2014).

In der Mediatisierungsforschung entwickelten sich zwei maßgebliche Stränge,
die an unterschiedliche kommunikationswissenschaftliche Traditionen anschließen: Dies ist erstens der institutionalistische Ansatz, der dem hergebrachten
Fokus der Publizistik auf Massenkommunikation folgt und mit einem stark am
Journalismus ausgerichteten Medienbegriff operiert. Dieser Strang konzentriert
sich auf den Einfluss von (Nachrichten-)Medien auf bestimmte weitere Bereiche
von Kultur und Gesellschaft. Dabei werden sowohl die Medien an sich, aber auch
die übrigen kulturellen und gesellschaftlichen Bereiche als quasi unabhängig voneinander begriffen. Mediatisierung wird in dieser Tradition und im Rückgriff auf
die Ausführungen von Altheide und Snow (1979) zum Einfluss massenmedialer
Formate auf die Weltwahrnehmung anhand von „Medienlogiken" (Hjarvard 2008,

2013, 2017; Strömbäck 2008) untersucht, die sukzessive auf das Handeln in Bereichen wie der Politik oder der Religion Einfluss nimmt. Der Begriff der Medienlogiken soll hierbei den Einfluss unterschiedlicher Funktionsweisen von (institutionell verfasster) Medienkommunikation beschreiben helfen, also zum einen auf Ebene der Medieninhalte (z. B. Formate, Genres), zum anderen auf Ebene der Medienorganisation (z. B. Hierarchien, Arbeitsabläufe), aber auch der Medientechnologie (z. B. Geräte der Produktion und Nutzung). Das Erkenntnisinteresse liegt bei dieser Forschungsperspektive meist darauf, inwiefern Medienlogiken die Funktionsweisen bzw. Logiken der Bereiche, auf die sie Einfluss nehmen, verändern oder dabei auf Widerstände treffen.

Der zweite maßgebliche Strang folgt der sozialkonstruktivistischen Tradition, der auch die Arbeiten von Friedrich Krotz zuzuschreiben sind. Hier stehen praxistheoretische Überlegungen im Vordergrund, mit denen sich das individuelle oder auch kollektive Medienhandeln von Menschen analysieren lässt. Dies umfasst sowohl die Nutzung als auch die Produktion von Medien, ob durch Laien oder professionelle Akteur*innen, wobei der empirische Zugang in erster Linie über die Lebenswelt des Alltags bzw. „soziale Welten" (Krotz 2014, S. 15 ff.) erfolgt. Das Erkenntnisinteresse zielt hier vor allem auf die Frage, wie Wirklichkeit in bestimmten sozialen und kulturellen Kontexten durch soziale Praktiken der medienvermittelten Kommunikation konstruiert wird. Von Interesse ist hier beispielsweise, wie bestimmte soziale Praktiken, die für bestimmte soziale Gemeinschaften, Organisationen usf. charakteristisch sind, durch einen veränderten Umgang mit Medien selbst einem Wandel unterzogen werden. Untersucht werden unter anderem neue Kommunikationsformen, aber auch wie Handlungskonventionen unter Veränderungsdruck geraten oder sich dynamisch in andere Kontexte verlagern wie im Falle der fortwährenden digitalen Ausdifferenzierung von Mobilkommunikation.

Während Friedrich Krotz in seinem Schlüsselwerk aus dem Jahre 2001 zwar bereits die Potenziale vernetzter computervermittelter Kommunikation anriss, bezog er sich doch grundlegend auf eine vom (analogen) Fernsehen dominierte Medienumgebung, die eine Ausweitung auf öffentliche Räume erfuhr. Angesichts der immer rasanter ablaufenden Transformationskaskaden der digitalen Medienumgebung erscheint eine Verbindung beider Forschungsstränge unvermeidlich. Angesichts der mannigfaltigen Möglichkeiten digitaler Medienkommunikation wurde auch Kritik an der konzeptionellen Offenheit des Mediatisierungskonzepts laut: „Zwar sind Medien fast immer beteiligt, aber ob sie nur genutzt werden, nachhaltig prägen oder gar spezielle, neue Wirklichkeiten kreieren oder die vorfindlichen ‚nur' modifizieren, entscheidet sich in den jeweiligen Situationen und Konstellationen, unter der Maßgabe der Beteiligten, gemäß deren Interessen, Emotionen, Gewohnheiten und Handlungszielen jeweils unterschiedlich. Insofern unterfüttern und stützen empirische Sondierungen und Verifikationen das Paradigma ‚Mediatisierung', aber sie begrenzen und relativieren auch seine analytische Reichweite." (Kübler 2014)

Die Schärfung des Konzeptes wurde mit dem Entwurf einer Heuristik angegangenen, die beide Traditionen und Perspektiven des internationalen Forschungsfeldes zu Mediatisierungsprozessen aufgreift: Ein Forschungsnetzwerks der Universitäten Bremen und Hamburg unter Leitung von Andreas Hepp und Uwe Hasebrink stellte in Anlehnung an die bereits von Krotz gestreifte Figurationsanalyse von Norbert Elias als Teil von dessen Zivilisationstheorie den Ansatz der Kommunikativen Figurationen vor: Die Verbindung der unterschiedlichen Forschungslinien wird hierbei über die These einer grundlegenden Verschränkung von Individuum und Gesellschaft ermöglicht (Elias 1993, S. 139). Wie bereits im Falle des Mediatisierungskonzeptes erweist sich der Figurationsbegriff als nützliches Instrument, Formen gegenseitiger Bezugnahmen, Prägungen und „Verflechtung" (ebd., S. 141) zu beschreiben: Nicht die Personen oder Medien stehen im Vordergrund, sondern ihre kommunikativen Interdependenzen.

Während Institutionen über soziale Praktiken von Individuen definiert werden und Individuen wiederum über ihre Einbindung in soziale Beziehungen als gesellschaftliche Akteur*innen verstanden werden, wird Mediatisierung mit Blick auf die gegenseitigen Abhängigkeiten von Individuen in ihren kommunikativen Beziehungen zueinander analysierbar (Hepp et al. 2018). Als Beispiele werden traditionelle Institutionen wie die Familie, die Schule oder der Arbeitsplatz genannt, die unter dem Eindruck weiterer Digitalisierungsschübe und einer daraus folgenden „tiefgreifenden Mediatisierung" (Hepp 2020) von *kommunikativen Figurationen* konstituiert werden. Der auf Grundlage des Mediatisierungskonzepts weiterentwickelte Ansatz nimmt die Komplexität zeitgenössischer Verflechtungen von medienvermittelter Kommunikation und soziokulturellen Domänen an und bietet Anschlusspunkte für die Analyse des digital vernetzten Individuums in einer globalisierten Lebenswelt.

Interdependenzen existieren demzufolge in denkbar vielgestaltiger Form zwischen Individuen, Kollektivitäten und Organisationen. Empirisch werden kommunikative Figurationen über ihre Merkmalsdimensionen untersuchbar: einer Konstellation von kommunikativ in Beziehung zueinanderstehenden Akteur*innen, einem gemeinsamen Relevanzrahmen, der die sozialen Praktiken konstituiert, und bestimmten Formen der Kommunikation, die mit anderen sozialen Praktiken verwoben sind und sich gemeinhin auf ein Medienensemble stützen. Orientierung bei der Analyse geben eine Reihe von dominanten Trends der sich wandelnden (digitalen) Medienumgebung: Erstens die Ausdifferenzierung einer Vielzahl von technologisch basierten Kommunikationsmedien; zweitens eine zunehmende Konnektivität von und durch diese Medien, die die Möglichkeit bietet, individuell und kollektiv über Raum und Zeit hinweg in Verbindung miteinander zu treten; drittens eine zunehmende Omnipräsenz der Medien, die die Möglichkeit schafft, sich ständig und überall zu vernetzen; viertens ein schnelles Innovationstempo beim Entstehen neuer Medien und Dienste in immer kürzeren Zeiträumen; sowie fünftens eine Datafizierung, das heißt eine wachsende Relevanz medienvermittelter Daten und der ihnen zugrunde liegenden Software und Infrastruktur für das sozialen Leben. In ihrer Gesamtheit und engen Verknüpfung werden diese Trends als charakteristisch für den gegenwärtigen Wandel der Medienlandschaft verstanden (Hepp und Hasebrink 2017).

Hepp (2021) sieht das Konzept der kommunikativen Figuration als geeignetes „analytisches Werkzeug" für eine tiefgreifend mediatisierte Gesellschaft, die auf dem Weg sei, sich zu einer mehr und mehr digital konstituierten Gesellschaft zu entwickeln. Hier sei außerordentlich hilfreich, dass die Figurationsanalyse die Ebenen Mikro, Meso und Makro durchschreite und somit ermögliche, auch komplexe soziale Beziehungen von Individuen über Organisationen bis hin zu ganzen Gesellschaften zu untersuchen: „Eine Figuration kann z. B. eine Schulklasse sein, die von Schüler:innen und Lehrer:innen gebildet wird; sie kann das Serviceteam in einem Bistro sein, eine Firma, eine Stadt oder ein ganzer Staat. Verschiedene Figurationen überschneiden sich miteinander, sind aber jeweils verschieden durch die Handlungsorientierungen ihrer Mitglieder und den damit verbundenen Relevanzrahmen." (ebd.) Zugleich sieht Hepp die Notwendigkeit, stärker auch neuartige materielle Dimensionen von digitalen Medien in die Analyse einzubeziehen: Auch wenn Medien in zunehmender Zahl softwarebasiert seien, würden komplexe Aufgaben an Algorithmen delegiert. So halte Automatisierung wie im Falle von algorithmischer Kommunikation (Social Bots/Agents, Smartspeaker) vermehrt Einzug in menschliche Kommunikationsbeziehungen und würfe Fragen nach der Handlungsfähigkeit (Agency) von digitalen Medien auf. Wenngleich auch das menschliche Medienhandeln weiterhin zentraler Ausgangspunkt für die Analyse des zusammenhängenden Wandels von Medien, Kultur und Gesellschaft bleibt, zeigt sich das Mediatisierungskonzept als anschluss- und ausbaufähig, um die kommunikative Konstruktion von Wirklichkeit auch in Zeiten turbulenten Medientransformation zu erforschen.

Literatur

Beck, U. (1986). Risikogesellschaft, Frankfurt am Main: Suhrkamp.
Beck, U. (1994): The Debate on the „Individualization Theory" in Today's Sociology in Gennany, in: Soziologie, Special Edition 3 (1994), Journal of the Deutsche Gesellschaft für Soziologie, S. 191–200.

Couldry, N. (2008). Mediatization or mediation? Alternative understandings of the emergent space of digital storytelling. In: New Media & Society, 10 (3), S. 373–391.

Couldry, N., Hepp, A. (Hrsg.) (2013). "Conceptualising Mediatization." Special issue of Communication Theory, 3 (2013).

Couldry, N., Hepp, A. (2017). The Mediated Construction of Reality. Cambridge/Malden: Polity.

Driessens, O., Bolin, G., Hepp, A., Hjarvard, S. (Hrsg.) (2017). Dynamics of Mediatization. Institutional Change and Everyday Transformations in a Digital Age. Basingstoke: Palgrave Macmillan.

Eberwein, T., Karmasin, M., Krotz, F. & Rath, M. (Hrsg.) (2019). Responsibility and Resistance. Ethics in Mediatized Worlds. Wiesbaden: Springer VS.

Elias, N. (1972). Über den Prozess der Zivilisation, 2 Bände, 2. Auflage, Frankfurt am Main. Suhrkamp.

Elias, N. (1993). Was ist Soziologie? Weinheim: Juventa.

Flusser, V. (1990). Die Macht des Bildes. In H.v. Amelunxen/A. Ujica (Hrsg.): Television/Revolution. Das Ultimatum des Bildes. Marburg: Jonas, S. 125–132.

Flusser, V. (1992). Automation und künstlerische Kompetenz. In K.P. Dencker (Hrsg.): Interface, Band I: Elektronische Medien und künstlerische Kreativität. Hamburg: Hans-Bredow-Institut, S. 148–160.

Hartmann, M., Hepp, A. (Hrsg.) (2010). Die Mediatisierung der Alltagswelt. Festschrift zu Ehren von Friedrich Krotz. Wiesbaden: VS.

Hepp, A. (2012). Cultures of Mediatization. Cambridge: Polity Press.

Hepp, A. (2012). Mediatization and the 'molding force' of the media. In: Communications, 37(1), 1–28.

Hepp, A. (2013). Medienkultur. Die Kultur mediatisierter Welten. 2. Auflage. Wiesbaden: VS.

Hepp, A. (2013). The communicative figurations of mediatized worlds: Mediatization research in times of the 'mediation of everything'. In: European Journal of Communication, published online 16 September 2013.

Hepp, A. (2020). Deep Mediatization. London: Routledge.

Hepp, A. (2021). Auf dem Weg zur digitalen Gesellschaft. Über die tiefgreifende Mediatisierung der sozialen Welt. Köln: Herbert von Halem.

Hepp, A., Hasebrink, U. (2017). Kommunikative Figurationen. Ein konzeptioneller Rahmen zur Erforschung kommunikativer Konstruktionsprozesse in Zeiten tiefgreifender Mediatisierung. *Medien & Kommunikationswissenschaft*, 65, S. 330–347.

Hepp, A., Krotz, F. (Hrsg.) (2014). Mediatized worlds: Culture and society in a media age. London: Palgrave.

Hepp, A., Hjarvard, S., Lundby, K. (2010). Mediatization: Empirical perspectives. An introduction to a special issue. In: Communications, 35 (3), S. 223–228.

Hepp, A., Hjarvard, S., Lundby, K. (Hrsg.) (2010). "Mediatization: Empirical perspectives." Special issue of Communications, 35 (2010).

Hepp, A., Hasebrink, U., Breiter, A. (Hrsg.) (2018). Communicative Figurations. Transforming Communications in Times of Deep Mediatization. Basingstoke: Palgrave Macmillan.

Hjarvard, S. (2008a). The Mediatization of Society. A Theory of the Media as Agents of Social and Cultural Change. In: Nordicom Review, 29 (2), S. 105–134.

Hjarvard, S. (ed.) (2008b). The mediatization of religion: Enchatment, media and popular culture Bristol, Northern Lights. Film and Media Studies Yearbook 2008, Bristol: Intellect.

Hjarvard, S. (2012). Doing the Right Thing: Media and Communication Studies in a Mediatized World. In: Nordicom Review, Supplement, 33 (1), S. 27–34.

Hjarvard, S. (2013). The mediatization of culture and society. London [Routledge] 2013.

Hjarvard, S. (2017). Mediatization. In: P. Rössler, C. Höffner, A. Cynthia, L.v. Zoonen (Hrsg.). International encyclopedia of media effects. New York: Wiley, S. 1221–1240.

Hjarvard, S., Nybro, L., Horsbøl, A. (Hrsg.) (2013). "Mediatization and Cultural Change." Special issue of MedieKultur. Journal of media and communication research, 29 (2013).

Hoffmann, D., Krotz, F., Reißmann, W. (Hrsg.) (2017). Mediatisierung und Mediensozialisation: Prozesse - Räume – Praktiken. Wiesbaden: VS.

Jansson, A. (2002). The Mediatization of Consumption: Towards an Analytical Framework of Image Culture. In: Journal of Consumer Culture, 2, S. 5–31.

Kalina, A., Krotz, F., Rath, M., Roth-Ebner, C. (Hrsg.) (2018). Mediatisierte Gesellschaften. Medienkommunikation und Sozialwelten im Wandel. Baden-Baden: Nomos.

Kaun, A. (2011). Mediatization versus Mediation: Contemporary Concepts under Scrutiny. Research Overview from Riksbankens Jubileumsfond, in: Fornäs, Johan and Kaun, Anne (eds): Medialisering av kultur, politik, vardag och forskning: Slutrapport från Riksbankens Jubileumsfonds forskarsymposium i Stockholm 18–19 augusti 2011, Södertörn: Medierstudier vid Södertörn, S. 16–38.

Kriesi, H., Lavenex, S., Esser, F., Matthes, J., Bühlmann, M., Bochsler, D. (Hrsg.) (2013). Democracy in the age of globalization and mediatization. London: Macmillan.

Krotz, F. (2001). Die Mediatisierung des kommunikativen Handelns. Der Wandel von Alltag und sozialen Beziehungen, Kultur und Gesellschaft durch die Medien. Wiesbaden: Westdeutscher Verlag.

Krotz, F. (2007). Mediatisierung: Fallstudien zum Wandel von Kommunikation. Wiesbaden: VS.

Krotz, F. (2009). Mediatization: A Concept With Which to Grasp Media and Societal Change. In: Lundby, Knut (Hrsg.): Mediatization: Concept, Changes, Consequences. New York: Peter Lang, S. 19–38.

Krotz, F. (2014). Einleitung: Projektübergreifende Konzepte und theoretische Bezüge der Untersuchung mediatisierter Welten. In F. Krotz, C. Despotović, M.-M. Kruse (Hrsg.) (2014). Die Mediatisierung sozialer Welten. Synergien empirischer Forschung. Wiesbaden: VS, S. 7–32.

Krotz, F. (2017). Explaining the mediatisation approach. In: JAVNOST – THE PUBLIC: Mediatisation and Beyond. A Critical Appraisal of Media Transformation. Vol. 24, 2 p. 103–118. Reprinted in I. T. Trivundza, H. Nieminen, N. Carpentier, & J. Trappel, (Hrsg.) (2018). Critical Perspectives on Media, Power and Change. London: Routledge, S. 103–118.

Krotz, F. (2018). Media logic and the Mediatization approach. A Good Partnership, a Mésalliance or a Misunderstanding? In C. Thimm, M. Anastasiadis & J. Einspaenner-Pflock (Hrsg.): Media logic revisited. Cham, Switzerland: Palgrave Macmillan, S. 41–62.

Krotz, F. (2018). Mediatisation: The Transformation of Everyday Life and Social Relations, Institutions and Enterprises, Culture and Society in the Context of Media Change. In:

P. Vihalemm, A. Masso & S. Operman (Hrsg.): The Routledge International Handbook of European Social Transformations, London: Routledge, S. 269–282.

Krotz, F., Hepp, A. (Hrsg.) (2012). Mediatisierte Welten. Forschungsfelder und Beschreibungsansätze. Wiesbaden: VS.

Krotz, F., Despotović, C., Kruse, M.-M. (Hrsg.) (2014). Die Mediatisierung sozialer Welten. Synergien empirischer Forschung. Wiesbaden: VS.

Krotz, F., Despotović, C., Kruse, M.-M. (Hrsg.) (2017). Mediatisierung als Metaprozess. Transformationen, Formen der Entwicklung und die Generierung von Neuem. Wiesbaden: VS.

Kübler, H.-D. (2014). Mediatisierung. rezensionen:kommunikation:medien, 03.09.2014. https://www.rkm-journal.de/archives/16818

Lingard, B., Rawolle, S. (2004). Mediatizing educational policy: The journalistic field, science policy, and cross-field effects. In: Journal of education policy, 19 (3), S. 361–380.

Lundby, K. (ed.) (2009). Mediatization: Concept, Changes, Consequences New York: Peter Lang.

Lundby, K. (ed.) (2014). Mediatization of Communication. Handbooks of Communication Science vol. 21. Berlin/Boston: De Gruyter Mouton.

McLuhan, M. (1978). Wohin steuert die Welt? Wien: Europaverlag.

McLuhan, M. (1992 [1964]). Die magischen Kanäle. Düsseldorf: ECON.

Meyrowitz, J. (1990). Die Fernsehgesellschaft. 2 Bände. Weinheim/Basel: Beltz.

Meyrowitz, J. (1997). Shifting Worlds of Strangers: Medium Theory and Changes in "Them" Versus "Us". Sociology Inquiry, 67, S. 59–71.

Postrnan, N. (1983). Das Verschwinden der Kindheit. Frankfurt am Main: Fischer.

Postrnan, N. (1988). Wir amüsieren uns zu Tode. Urteilsbildung im Zeitalter der Unterhaltungsindustrie. Frankfurt am Main: Fischer.

Schulz, W. (2004): Reconstructing Mediatization as an Analytical Concept. In: European Journal of Communication, 19 (1), S. 87–101.

Strömbäck, J. (2008). Four Phases of Mediatization: An Analysis of the Mediatization of Politics. In: The International Journal of Press/Politics, 13 (3), S. 228–246.

Thimm, Caja, Anastasiadis, Mario, Einspänner-Pflock, Jessica (Hrsg.) (2018). Media Logics Revisited. Modelling the Interplay between Media Institutions, Media Technology and Societal Change. Basingstoke: Palgrave Macmillan.

Virilio, P. (1990): Die beendete Welt beginnen. In: H.v. Amelunxen/A. Ujica (Hrsg.): Television/Revolution. Das Ultimatum des Bildes. Marburg: Jonas, S. 147–152.

Virilio, P. (1993): Krieg und Fernsehen. München: Hanser.

Vowe, G. (2006). Mediatisierung der Politik? Ein theoretischer Ansatz auf dem Prüfstand. In: Publizistik, 51 (4), S. 437–455.

Autor*innenverzeichnis

Biskamp, Floris, Dr., Koordinator und Postdoc im Promotionskolleg Rechtspopulistische Sozialpolitik und exkludierende Solidarität an der Eberhard Karls Universität Tübingen. Forschungsgebiete: Gesellschaftstheorie, Politische Theorie, Politische Ökonomie, Rassismusforschung, Populismusforschung. E-Mail: floris. biskamp@uni-tuebingen.de

Brückerhoff, Björn, Dr., beschäftigt sich als Journalist, Autor und Dozent mit der digitalen Transformation aus gesellschaftlicher, publizistischer und ökonomischer Sicht (www.brueckerhoff.de). Für das von ihm seit 1998 veröffentlichte Online-Medienmagazin Neue Gegenwart® (www.neuegegenwart.de) hat er den Grimme Online Award sowie Lead Awards erhalten. Seine Dissertation „Orientierung durch Suchmaschinen. Ein dynamisch-transaktional gedachtes Modell" ist im Herbert von Halem-Verlag erschienen. E-Mail: bb@brueckerhoff.de

Degen, Matthias, Prof. Dr., Professor für Journalismus und Direktor des Instituts für Journalismus und Public Relations an der Westfälischen Hochschule Gelsenkirchen. Forschungsgebiete: Journalismus, Politische Kommunikation, Soziale Medien, E-Mail: matthias.degen@w-hs.de

Döbler, Marie-Kristin, Dr., wissenschaftliche Mitarbeiterin am Institut für Soziologie an den Universitäten Erlangen und Tübingen. Arbeitsschwerpunkte: qualitative Untersuchungen persönlicher Beziehungen (Paare, Familien, Freundschaften), sozialer Situationen und Interaktionen, (Nicht-)Präsenzen, Wissen, Gedächtnis, familiärer Übergangsphasen und des Alter(n)s. E-Mail: Marie-Kristin. Doebler@uni-tuebingen.de

© Der/die Herausgeber bzw. der/die Autor(en), exklusiv lizenziert an Springer Fachmedien Wiesbaden GmbH, ein Teil von Springer Nature 2022
R. Spiller et al. (Hrsg.), *Schlüsselwerke: Theorien (in) der Kommunikationswissenschaft*, https://doi.org/10.1007/978-3-658-37354-2

Döbler, Thomas, Prof. Dr., Professor für Medienmanagement an der Hochschule Macromedia University of Applied Sciences, Stuttgart. Forschungsschwerpunkte: Medienökonomie, Mediensoziologie, Diffusionsforschung. E-Mail: t.doebler@macromedia.de

Dohle, Marco, PD Dr., Mitarbeiter in der Abteilung für Kommunikations- und Medienwissenschaft der Heinrich-Heine-Universität Düsseldorf. Forschungsschwerpunkte: Politische Online-Kommunikation, Wahrnehmung von Medieneinflüssen, Hostile-Media-Effekt, Berichterstattung über Flucht und Migration. E-Mail: marco.dohle@hhu.de

Godulla, Alexander, Prof. Dr., Diplom-Journalist Univ., Universitätsprofessor für Empirische Kommunikations- und Medienforschung am Institut für Kommunikations- und Medienwissenschaft (IfKMW) der Universität Leipzig. Forschungsgebiete: Innovationsfelder der öffentlichen Kommunikation, cross- und transmediales Storytelling, neue Darstellungsformen in Journalismus und Corporate Publishing, visuelle Kommunikation, E-Mail: alexander.godulla@uni-leipzig.de

Haumer, Florian, Prof. Dr., Professor für Medienmanagement an der Hochschule Macromedia University of Applied Sciences München, Dekan der Fakultät Kultur, Medien und Psychologie, Forschungsgebiete: Medienwirkungsforschung, Medienmanagement, Strategische Kommunikation. E-Mail: f.haumer@macromedia.de

Hoffjann, Olaf, Univ.-Prof. Dr., Professor für Organisationskommunikation und Öffentlichkeitsarbeit am Institut für Kommunikationswissenschaft der Otto-Friedrich-Universität Bamberg. Forschungsgebiete: Public Relations, Vertrauen und politische Kommunikation. E-Mail: olaf.hoffjann@uni-bamberg.de

Kramp, Leif, Dr., Forschungskoordinator des Zentrums für Medien-, Kommunikations- und Informationsforschung (ZeMKI), einer Zentralen Wissenschaftlichen Einrichtung der Universität Bremen. Forschungsschwerpunkte: Transformation des Journalismus, tiefgreifende Mediatisierung, Medienhandeln junger Menschen und Media Heritage Management. E-Mail: kramp@uni-bremen.de

Kronewald, Elke, Prof. Dr., Professorin für Kommunikationsmanagement und PR-Evaluation am Fachbereich Medien der Fachhochschule Kiel. Forschungsgebiete: Organisations- und Krisenkommunikation, Issues Management, Mediennutzung, Inhaltsanalyse. E-Mail: elke.kronewald@fh-kiel.de

Maurer, Marcus, Prof. Dr., Professor für Kommunikationswissenschaft mit dem Schwerpunkt Politische Kommunikation am Institut für Publizistik der Johannes Gutenberg-Universität Mainz. Forschungsgebiete: Politische Kommunikation, Medienwirkungsforschung, Online-Kommunikation, empirische Methoden, E-Mail: mmaurer@uni-mainz.de

Meißner, Sebastian, Prof. Dr., Professor für Medienmanagement an der Hochschule Macromedia University of Applied Sciences Hamburg. Forschungsgebiete: Mediensoziologie, Medienkultur, Medienwirkungen, E-Mail: se.meissner@macromedia.de

Meltzer, Christine E., Dr., wissenschaftliche Mitarbeiterin am Institut für Publizistik der Johannes Gutenberg-Universität Mainz. Forschungsschwerpunkte: Rolle von Medien in Intergruppenkonflikten, Analyse der medialen Abbildung von Gewalt, geschlechtsspezifische Aspekte medialer Darstellungen sowie Wirkung dieser Darstellungen auf die Wahrnehmungen von und Einstellungen gegenüber sozialen Gruppen. E-Mail: meltzer@uni-mainz.de

Pentzold, Christian, Prof. Dr., Professor für Medien- und Kommunikationswissenschaft am Institut für Kommunikations- und Medienwissenschaft der Universität Leipzig. Forschungsgebiete: Aneignung digitaler Technologien; Mediendiskurse; Mensch-Machine-Kommunikation; Medien und Zeit; Medien und Erinnerungsforschung. E-Mail: christian.pentzold@uni-leipzig.de

Polkowski, Julia, M. A., Wissenschaftliche Mitarbeiterin in der Abteilung für Kommunikations- und Medienwissenschaft am Institut für Sozialwissenschaften der Heinrich-Heine-Universität Düsseldorf. Forschungsgebiete: Politische Kommunikation, Öffentlichkeit und Ideologie, Medien und soziale Ungleichheit. E-Mail: julia.polkowski@hhu.de

Pranz, Sebastian, Prof. Dr., Professor für Technologieentwicklung in der Onlinekommunikation an der Hochschule Darmstadt. Er arbeitet zu digitalen Innovationen und neuen Erzählformen. Als Medienentwickler berät er Redaktionen und Unternehmen.n. E-Mail: sp@sebastianpranz.de

Rademacher, Lars, Prof. Dr., Professor für Unternehmens- und Nachhaltigkeitskommunikation am Fachbereich Media der Hochschule Darmstadt. Forschungsgebiete: Public Legitimacy, CSR-Kommunikation, PR-Ethik und Kommunikative Führung. E-Mail: lars.rademacher@h-da.de

Rosset, Magdalena, M.A. ist wissenschaftliche Mitarbeiterin am Institut für Journalistik und Kommunikationsforschung (IJK) der Hochschule für Musik, Theater und Medien Hannover. Ihre Forschungsschwerpunkte liegen in den Bereichen strategische Kommunikation und Gesundheitskommunikation. E-Mail: magdalena.rosset@ijk.hmtm-hannover.de

Röttger, Ulrike, Prof. Dr., Professorin für Public-Relations-Forschung am Institut für Kommunikationswissenschaft der Westfälischen Wilhelms-Universität Münster. Forschungsschwerpunkte: Vertrauen und strategische Kommunikation, kommunale (strategische) Kommunikation, Hochschul-PR, Kommunikationsberatung. E-Mail: ulrike.roettger@uni-muenster.de

Rudeloff, Christian, Prof. Dr., Professor für Medienmanagement an der Hochschule Macromedia University of Applied Sciences Hamburg. Forschungsgebiete: Strategische Kommunikation und Entrepreneurship, Markenkommunikation, Mediensoziologie. E-Mail: c.rudeloff@macromedia.de

Sandhu, Swaran, Prof. Dr., Professor für Unternehmenskommunikation mit Schwerpunkt Public Relations an der Hochschule der Medien, Stuttgart. Forschungsgebiete: Neo-Institutionalismus, PR/Organisationskommunikation, soziale Netzwerkanalyse. E-Mail: sandhu@hdm-stuttgart.de

Schenk, Michael, Prof. Dr. Dr. habil. em., 1986 bis 2015 ordentlicher Professor für Kommunikationswissenschaft und Sozialforschung an der Fakultät für Wirtschafts-und Sozialwissenschaften der Universität Hohenheim. Forschungsschwerpunkte: Mediennutzung und Medienwirkung; Onlinekommunikation sowie Soziale Netzwerkanalyse. E-Mail: fmk@uni-hohenheim.de

Scheufele, Bertram, Prof. Dr., Studium der Publizistikwissenschaft (Hauptfach), Soziologie und Kunstgeschichte (Nebenfächer) in Mainz, seit Oktober 2010 Professor für Kommunikationswissenschaft, insb. Medienpolitik an der Universität Hohenheim, dort auch Geschäftsführender Direktor des Institut für Kommunikationswissenschaft; Email: bertram.scheufele@uni-hohenheim.de

Schneiders, Pascal, M.A., ist wissenschaftlicher Mitarbeiter am Institut für Publizistik der Johannes Gutenberg-Universität Mainz. Er hat einen M.A.-Abschluss in Medienmanagement von der Johannes Gutenberg-Universität. Seine Forschungsinteressen umfassen die Prozesse und Implikationen des Wandels des Nachrichtenökosystems aus einer Nutzer- und Medienregulierungsperspektive, E-Mail: pascal.schneiders@uni-mainz.de

Schoeneborn, Dennis, Prof. Dr., Full Professor of Communication, Organization and CSR, Copenhagen Business School, sowie Gastprofessor für Organisationsforschung, Leuphana Universität Lüneburg. Forschungsgebiete: Organisationstheorie, Organisationskommunikation, CSR-Kommunikation, Digitale Medien, Neue Formen des Organisierens. E-Mail: ds.msc@cbs.dk.

Sevignani, Sebastian, Dr., wissenschaftlicher Mitarbeiter am Institut für Soziologie der Friedrich-Schiller-Universität Jena. Forschungsgebiete: Strukturwandel der Öffentlichkeit und der Privatheit, Kulturelle und Politische Ökonomie der Medien & Kommunikation, Digitaler Kapitalismus sowie eine kritische Theorie der (informationellen) Bedürfnisse. E-Mail: sebastian.sevignan@uni-jena.de

Spiller, Ralf, Prof. Dr., Professor für Medien- und Kommunikationsmanagement an der Hochschule Macromedia University of Applied Sciences Köln. Forschungsschwerpunkte: Strategische Kommunikation, Kampagnen, Digitaler Journalismus. E-Mail: r.spiller@macromedia.de

Stark, Birgit, Prof. Dr., Professorin für Kommunikationswissenschaft mit dem inhaltlichen Schwerpunkt Medienkonvergenz am Institut für Publizistik der Johannes Gutenberg-Universität Mainz. Zu ihren Forschungsschwerpunkten zählen Medienqualität, Fragmentierung, Medienstrukturen und -systeme sowie vergleichende Medienforschung. Aktuelle Drittmittelprojekte beschäftigen sich mit den Folgen des digitalen Strukturwandels der Öffentlichkeit auf Medieninhalte und -nutzung, E-Mail: birgit.stark@uni-mainz.de

Wolf, Cornelia, Prof. Dr., Professorin für Online-Kommunikation am Institut für Kommunikations- und Medienwissenschaft der Universität Leipzig. Forschungsgebiete: digitale und crossmediale Kommunikationsstrategien von Organisationen, multimediale Darstellungsformen, cross- und transmediales Storytelling, Medienwandel und Institutionalisierung von Medieninnovationen, E-Mail: cornelia.wolf@uni-leipzig.de

Wolfram, Gernot, Prof. Dr., Professor für Medien- und Kulturmanagement an der Macromedia Hochschule Berlin. Forschungsschwerpunkte: Cultural Studies und Medien, neue Beteiligungsformen innerhalb (digitaler) Kulturformate und internationale Kulturkooperationen. Zahlreiche Publikationen zu kultureller Diversität und Empowerment-Strukturen. Seit 2015 externer Fachreferent für Kultur und Medien bei der Bundeszentrale für politische Bildung. E-Mail: g.wolfram@macromedia.de

The manufacturer's authorised representative in the EU is Springer
Nature Customer Service Centre GmbH, Europaplatz 3, 69115 Heidelberg,
Germany. If you have any concerns regarding our products, please
contact ProductSafety@springernature.com

Printed and bound by CPI Group (UK) Ltd, Croydon, CR0 4YY
28/04/2026
02098495-0003